高等學校創新能力提升計劃（2011計劃）
出土文獻與中國古代文明研究協同創新中心
"金文與青銅器研究"平臺集刊

青銅器與金文

第三輯

北京大學出土文獻研究所 編

上海古籍出版社

《青銅器與金文》

第三輯

顧　　問：李學勤　裘錫圭　李伯謙　林　澐
編輯委員會（以姓氏筆畫爲序，帶★者爲本輯執行編委）：
　　　　朱鳳瀚　李　零　何景成　周　亞　陳　絜
　　　　陳英傑　張昌平　董　珊　劉　源　韓　巍★

主　　編：朱鳳瀚
編輯助理：劉　麗　楊　博　趙慶淼　［捷］石安瑞
封面集字：王　鐸

目　録

也論西周金文中的"拜手稽首" ……………………………………………… 朱鳳瀚 / 1
跋新見無嬰俎銘 ……………………………………………………………… 張光裕 / 17
兒方尊、兒方彝銘文小考 …………………………………………………… 吴鎮烽 / 23
異🖼簋銘文釋論 ……………………………………………………………… 胡　寧 / 33
"小子𦘔簋"與卜辭滳水地望補證 …………………………………………… 田秋棉 / 42
疑尊、卣補議 ………………………………………………………………… 許夢陽 / 50
介紹幾件中國國家博物館舊藏的西周青銅器 ……………………………… 田　率 / 61
法國賽努奇博物館藏虢叔甬鐘 ……………………………………………… 風儀誠 / 83
試論晉公盤銘文及相關問題 ………………………………………………… 管文韜 / 94

説冢 …………………………………………………………………………… 謝明文 / 123
試説西周金文中的"對"字 …………………………………………………… 黄益飛 / 130
甲骨金文中的"亞"字及其相關問題之檢討 ………………………………… 陳　絜 / 136
釋何尊"隹王恭德裕天順我不敏"句 ………………………………………… 羅新慧 / 150
從金文"辟"字所關涉的人物關係看"辟"的身份性質 ……………………… 陳英傑 / 154
青銅樂器銘文所見"樂"字套語 ……………………………………………… 孫思雅 / 163
王孫遺者鐘與《洪範》新證 ………………………………………………… 張懷通 / 172

"周公居東"新解 ……………………………………………………………… 張　海 / 181
長子就封與庶子就封——西周早期高等級宗族分宗模式探析 …………… 楊　坤 / 188
金文"菶京"若干問題的再檢視 ……………………………………………… 趙慶淼 / 204
西周金文"執駒"及《詩經》相關内容考述 ………………………………… 劉海宇 / 221
翼城大河口M1017、M2002兩墓的年代及相關問題 ……………………… 韓　巍 / 230
裘衛鼎盉銘文與西周土田移轉 ……………………………………………… 馮　時 / 257
畿内井氏家族世系補議 ……………………………………………………… 韋心瀅 / 275

周代的婚姻和社會網絡：青銅器銘文所見女性稱名原則之考察 ………… 李　峰 / 284

關於一千年來中國古代青銅器研究史的幾點思考………………………… 張懋鎔 / 301
凸顯紋飾：商周青銅器填紋工藝 ………………………………………… 蘇榮譽 / 313
山東益都蘇埠屯貴族墓葬的銅禮器器用 ………………………………… 楊　博 / 368
交流策略的演變：從辛莊頭考古發現探討中原與北方民族關係的變遷 ……… 金秋月 / 383
《萊蕪金石志》收錄連弧紋銘文鏡銘文研究 …………………………… 亓民帥 / 404

也論西周金文中的"拜手稽首"

朱鳳瀚*

一、文章的緣起

西周金文中的"拜手稽首"或"拜稽首",其具體的語義,可見段玉裁《說文解字注》,段氏在"捧(拜)字"下注曰:"何注《公羊傳》曰'頭至手曰拜手'。……既跪而拱手,而頭俯至於手,與心平,是之謂頭至手。……頷首者何也,拜頭至地也。既跪而拱手下至於地,而頭亦下至於地。"在銘文中,"拜手稽首"常會省去"手"稱"拜稽首"。筆者之所以要再討論這一個詞語,緣起於十餘年前對士山盤銘文的討論。[1]

士山盤是西周中期偏晚一篇涉及廷禮册命銘文的器物,其銘文如下(其中未加標點一段,是大家在讀法上有異議的):

> 隹(唯)王十又六年九月既生霸甲
> 申,王才(在)周新宫。王各大室,即立(位)。
> 士山入門,立中廷北卿(向)。王乎(呼)乍(作)册尹
> 册令(命)山曰:于入荠侯,徣遑蠱荆(刑)
> 丮(方)服眔大虐服履服六孳
> 服荠侯、蠱、丮(方)賓貝、金。山拜稽首。[2]
> 敢對訊(揚)天子丕顯休,用乍(作)文
> 考釐中(仲)寶隣般(盤)盉,山其萬年永用。

這裏先不討論此銘文中在斷句與釋讀方面有分歧的部分,不討論具體究竟應該如何讀,而是想討論"王呼作册尹册命山曰"至"山拜稽首"之間的一段銘文,是單純的册命語還是含

---

* 北京大學中國古代史研究中心、出土文獻與中國古代文明研究協同創新中心教授。
[1] 對於士山盤銘文的再思考以及本文所論内容,筆者已在《中國國家博物館近年來徵集的西周有銘青銅器續考》(收入《近藏集粹》,北京時代華文書局,2017年)中討論過,但該文涉及較多器物,限於篇幅,本文所要討論的問題在此文中未能充分地展開。
[2] 本文中常出現的幾個字,如"頷首"之"頷"均徑作"稽","對訊"、"對訊"之"訊"、"訊"均徑作"揚"。

有記述語。不少學者將"堇侯、蠱、𠂤賓貝金"理解爲山出使執行王命到了這幾個屬邦,按當時禮制,這幾個屬邦首領"賓"山以貝、金,即回送王使者以禮物。但若做這樣理解,則勢必是認爲銘文在"山拜稽首"前,在記載山受命後,又記載了山離開王廷册命的場所出去執行了一段王命,而"山拜稽首"則是在執行此王命後回想起王的册命而表示感激的語言,已不在廷禮册命之場合。這自然就產生一個問題,在廷禮類銘文(按:本文所謂"廷禮類銘文"是指記述在王或高級貴族之廷堂舉行的對下屬之册命、賞賜禮儀之銘文)中,在上級(王、高級貴族)册命之"曰"後,在受册命(賞賜)者"拜手稽首"前,可否會有離開廷禮場合的記實性銘辭?當然這也即是説,"拜手稽首"是在廷禮場合下受册命或賞賜後當場實施的動作,還是已離開廷禮場合隔空遥行的禮儀?筆者感到,此問題不僅關乎此盤銘的釋讀,也涉及對"拜手稽首"語句性質的認識。正由此引發筆者討論"拜手稽首"的興趣。

在本文展開這一討論前,需要説明的是,有關此問題最新的也是迄今最爲系統、深入的研究成果,是石安瑞博士 2017 年發表的論文。[1] 他在這篇文章中表述了如下觀點:

(一)"拜手稽首"爲西周時期廷禮册命儀式的步驟之一。

(二)早在西周初年,"拜手稽首"的用法已不限於對實際動作的描寫,其從跪拜禮的專名經過轉喻手法,成爲形式化的套語。

(三)在西周銘文中,"拜手稽首"和"對揚某休"已形成固定的詞組搭配,"首"、"休"押韻,成爲西周銘文中最早的韻文,應視爲屬於銘文編纂領域的表示感謝并謙恭的"言語行爲",而非對實際動作的歷史記録。

(四)西周金文中"拜手稽首曰"後的一段話,未必是在實際場合所説出話語的記録,而經常是在編纂者起草銘文底稿時所采取的模仿發言或宣告的一種文體。

應該承認,安瑞的論證建立在很縝密的思考與邏輯推論基礎上,有相當的説服力。他文中的上述觀點,其中(一)、(二)我是完全同意的。(三)講到"拜手稽首"與"對揚某休"二者密合,即常形成前後相連語句也是事實,但是否形成固定的詞組搭配,是製作銘文時編纂的"言語行爲",則似乎可以再考慮。(四)"拜手稽首曰"後邊的話是否全部屬於模仿發言的文體,似亦需要再檢討。對於"拜手稽首"語句性質的討論,有一點是相當重要的,即應區分其施用的語境,在不同的語境下,不同的文體形式中,其性質似有不同。鑒於此,本文下邊的討論,將"拜手稽首"按其應用的場合,亦即其語境的不同,分別分析其性質的差別,所討論的重點則是廷禮(包括廷禮册命與賞賜)場合下這一語句的性質。

爲了使討論有一個較完整的框架,下文在有些問題的討論上,不可避免地會有石安瑞博士論文中已涉及的、已講過的問題,或用到石安瑞博士論文中已引用過的資料,好在上邊已

---

[1] 石安瑞:《由銅器銘文的編纂角度看西周金文中"拜手稽首"的性質》,《青銅器與金文》第一輯,上海古籍出版社,2017 年。

將他的論文觀點做了介紹。實際上本文所持的基本觀點早在2017年發表的論文中即有所表述，[1]只是當時未專就此問題做充分展開。應該說，像西周金文中"拜手稽首"這樣的語句，屬於最常見到且已近於"熟視無睹"的類型，其本身內容沒有多少不好懂之處，但認真求證其性質，則又感到確有難以判定的難處，下面的討論與一些看法，仍是初步的、不成熟的，請安瑞與諸位專家賜正。

二、以往對涉及"拜手稽首"銘辭的解釋

陳夢家先生在《西周銅器斷代》下編"西周銅器總論"之"周禮部分"中曾有專論"西周金文中的策命"一節，在總結了他所徵引的72篇廷禮册命不同形式的銘文後，認爲在此種銘文中"受策以後，受命者拜手稽首，以答揚天子之休，通常是接着記述因此爲祖考作祀器并附以祈壽求福的吉語"，[2] 體會陳先生的意思，受命拜手稽首是"受策以後"當場進行的動作。但下面言"以答揚天子之休"用了一個"以"字，則似乎是將銘文中必有的"對揚"的一句話聯繫"拜手稽首"，認爲是拜手稽首所要表達的目的、思想。在同一節文字中，陳先生又曰"既已册命以後，則一般的都要拜稽首，對揚王休，繼之以作器紀念祖考并祈求福壽"。[3] 從此段文字看，也似乎是將"對揚王休"當成在"拜稽首"後現場的動作。這裏即牽扯到兩個問題：一是在廷禮銘文中，陳先生所言"拜稽首"是記受命者在册命現場的行爲是否可信？二是其下"對揚"是否"拜手稽首"之目的？二者是否必有聯繫？以往老一輩的治西周金文諸家對於記廷禮的銘文中涉及這兩個相連語句的上述問題，似并未做過認真的辨析，如唐蘭先生在《西周青銅器銘文分代史徵》中，將穆王時的遹簋銘文"王親賜遹鞞"後"遹拜首稽首敢對揚穆王休用作文考文乙尊彝"（原釋文即未加標點）意譯爲"遹拜手捱叩頭，敢對揚穆王的休美，用以做文考父乙的祭器"。[4] 在"敢對揚"之前用了逗號，"對揚"與"拜首稽首"的關係并不明朗，或即認爲"對揚"句與"拜手稽首"句應連讀，這也是以往不少研究者一般的標點方法。

比較明確地將"對揚"句與"拜手稽首"分開的是上個世紀60年代林澐、張亞初《〈對揚補釋〉質疑》一文，該文在引大盂鼎銘"盂用對王休，用作祖南公寶鼎"後曰："由此可見，'對王休'是作器時盂所說的感恩戴德之詞，是作器的原因。"[5]依照此說，"對揚王休"是表明作器的原因，那自然只能與下面"用作"句相聯繫，與"拜手稽首"則無必然聯繫了。

近年來在此問題上做進一步論述的是虞萬里先生在《金文"對揚"歷史觀》一文中所表述的觀點，即"受命者聽史官宣讀命辭畢，行再拜稽首之禮"，"所謂的'對揚王休'與册命禮儀無

---

[1] 拙作：《中國國家博物館近年來徵集的西周有銘青銅器續考》。
[2] 陳夢家：《西周銅器斷代》上册，中華書局，2004年，第403頁。
[3] 陳夢家：《西周銅器斷代》上册，第408頁。
[4] 唐蘭：《西周青銅器銘文分代史徵》（上），上海古籍出版社，2016年，第373、374頁。
[5] 林澐、張亞初：《〈對揚補釋〉質疑》，《考古》1964年第5期。

必然聯繫"。[1] 因此,此文在廷禮銘文的釋文中,在"拜手稽首"與"對揚"之間使用了句號。當然,按這種看法,"拜手稽首"是記錄在廷禮現場的行爲。虞先生對銘文的讀法是有道理的。

虞先生文章發表在1992年初,自此後,研究金文的學者似未再在與"拜手稽首"有關的問題上做更深入的研究。近年來則有2017年筆者論及"拜手稽首"的文章與石安瑞博士專論此問題的文章,我們所表達的不盡相同的看法,説明有關討論還當繼續。

三、廷禮銘文中"拜手稽首"作爲現場行爲的展現

西周時的廷禮册命(或賞賜)銘文中,多數僅在史官宣讀完册命文書後,或公布完賞賜物後,即記"拜手稽首",[2] 即作器者本人在現場之拜謝儀節,下面多數不再記受册命或受賞賜者此動作後還有什麽話語,或在此動作後還做了什麽事。但有幾篇銘文則記錄了"拜手稽首"同時或隨後更多的行爲,例如:

善夫山鼎:山拜稽首,受册,佩以出,反入(納)堇(瑾)章(璋)。(《銘圖》02490)

頌鼎:頌拜稽首,受令册,佩以出,反入(納)堇(瑾)章(璋)。(《銘圖》02492－02494)

晋侯穌鐘:穌拜稽首,受駒以出,反入(納),拜稽首。(《銘圖》15307、15308,鐘B乙、丙)

四十二年逑鼎:逑拜稽首,受册賚以出。(《銘圖》02501、02502)[3]

四十三年逑鼎:逑拜稽首,受册,佩以出,反入(納)堇(瑾)圭。(《銘圖》02503－02512)

上引幾篇銘文中多言受册命者(亦即器主人)"受册"、"受令(命)册",這裏的"册"自然是指廷禮時王命史官宣讀的書寫有册命文書的簡册,銘文中所記錄的王册命時的語言即應是書寫在此簡册上的,由此也可得知器銘中所記錄的由史官宣讀的王册命語,應該本於受命

---

[1] 虞萬里:《金文"對揚"歷史觀》,《語言研究》1992年第1期。
[2] 從金文資料看,西周早期中葉約康王時,已有在受王册令或受王賞賜後記"拜稽首"之文例,如康王時的井侯簋(《銘圖》05274),但此時這種文例并不多,未形成習慣性的記録語。銘文中"拜稽首"(或"拜手稽首")較多見,還是在西周中葉以後,亦即記廷禮册命或賞賜的銘文漸成爲西周器銘的主題後,可知"拜手稽首"句,是伴隨着廷禮類銘文的成熟與套式化而作爲該類銘辭一個基本組成句式而常見於銘辭,并由此亦影響到非廷禮場合的禮節記録。
[3] 同銘言"王呼史減册賚逑"賚通賚,皆來母之部字,賜予也,"册賚"即以册賜予,册是書寫王命的簡册,故相當於册命。"受册賚以出",下引四十三年鼎銘言"受册",故此處之"册賚"即相當於言所賜之册。

者所得到的册命文書簡册(推測應該是副本,正本當作爲檔案保存於王朝),關於這一點,陳夢家《西周銅器斷代》亦已講到。[1] 善夫山鼎和頌鼎銘文均言"佩以出",是指善夫山與頌佩帶着王賞賜的禮服(具體應該是指佩帶着其中的朱黄[衡],即腰上所繫大帶。《説文》:"佩,大帶佩也。")[2]走出受册命之中廷,二人均受到王賞禮服(包括"朱黄[衡]")見諸器銘。[3] "反入(納)瑾璋",或"反入(納)瑾圭",應是指受册命者出中廷後,又返回向王敬納瑾圭或瑾璋,以表感激之情。瑾,美玉也,瑾璋、瑾圭應指以質地優美的玉製成的璋、圭。

從以上幾例銘辭可知,在實際的廷禮禮儀"拜手稽首"後,受册命(或受賞賜)者尚有一系列的動作,同類銘文中多數未記録這些動作,應只是省略,并非没有。同時也正因"拜手稽首"下面有此類動作之記録,也就證明此類銘文中"拜手稽首"是在廷禮現場的行爲,不是作器時才銘上的"言語行爲"。兩周時期行廷禮時,受册命、賞賜者在受命後要有"拜手稽首"的儀節,亦見於傳世之東周典籍,自然也可作參考。例如:《左傳》昭公三年:"夏四月,鄭伯如晉,公孫段相,甚敬而卑,禮無違者。晉侯嘉焉,授之以策,曰:子豐有勞於晉國,余聞而弗忘。賜女(汝)州田,以胙乃舊勳。伯石再拜稽首,受策以出。""子豐"是公孫段之父。東周禮書,如《儀禮·覲禮》、《周禮·春官·大宗伯》、《禮記·祭統》皆有類似的記述。虞萬里先生討論"對揚"的文章已引録較多,此不再贅引。[4]

四、《大雅·江漢》所見"拜手稽首"

"拜手稽首"出現在《詩經》中的《大雅·江漢》,也涉及在廷禮場合對此語句使用是否有脱離廷禮現場之可能的問題,其詩句四至六章云:

  王命召虎,來旬來宣。文武受命,召公維翰。無曰予小子,召公是似。肇敏戎公,用錫爾祉。
  釐爾圭瓚,秬鬯一卣。告于文人,錫山土田。于周受命,自召祖命。虎拜稽首,天子萬年。
  虎拜稽首,對揚王休,作召公考,天子萬壽。明明天子,令聞不已,矢其文德,洽此四國。

---

[1] 陳夢家:《西周銅器斷代》,第408-409頁。
[2] 唐蘭:《毛公鼎"朱韍、蔥衡、玉環、玉瑹"新解——駁漢人"蔥珩佩玉"説》,《光明日報》1961年5月9日,收入《唐蘭先生金文論集》,紫禁城出版社,1995年。
[3] 善夫山鼎銘文記王賞賜物中有"玄衣黹屯(純)、赤市、朱黄(衡)、絲(鑾)旂",頌鼎銘文記賞賜物中亦有以上禮服。
[4] 虞萬里:《金文"對揚"歷史觀》,按:"拜手稽首"爲當面實施的禮節,亦見於西周文獻,如《尚書·洛誥》有王、周公相互行"拜手稽首"之記録,上引石安瑞文章亦已徵引、説明。

這三章中前兩章(即四、五章),近同於金文中廷禮册命銘文的記實性銘辭,故在末尾,亦記"虎拜稽首"。朱熹《詩集傳》曰:"而召公拜稽首,以受王命之策書也。"亦是依此句爲廷禮現場行爲實録。但末一章開頭,又重言"虎拜稽首",下接"對揚王休,作召公考"像是作器銘文中語序。"作召公考",諸家解釋不同,一説"考"讀"孝",認爲"作召公考"即"作孝召公"之倒文;[1] 一説訓"考"爲"成",如毛傳,鄭箋曰:"稱揚王之德美,君臣之言宜相成也。王命召虎用召祖命,故虎對王亦爲召康公受王命之時對成王命之辭,謂如其所言者,天子萬壽以下是也。"其説勉强,且多有想象之處。相對而言,朱熹《詩集傳》所云:"言穆公既受賜,遂答稱天子之美命,作康公之廟器,而勒王策命之詞,以考其成,且祝天子以萬壽也。"將末章詩義聯繫"作康公之廟器",并舉了古器物銘文"邿拜稽首,敢對揚天子休命,用作朕皇考龔伯尊敦",認爲"語正相類",相當有見地。此詩之末章"對揚王休,作召公考"確應是與記廷禮册命銘文的末尾作器時所銘語句近同,再聯繫上面兩章的仿廷禮册命銘辭格式,可以認爲此詩之末三章實際是將一篇廷禮册命銘文改爲詩句。因此,此三章之第二章尾部言"虎拜稽首",即相當於廷禮銘文記述受命者之儀節。末一章以"虎拜稽首"開頭,重複上一章尾句,應是作爲詩所采取的一種文學性處理形式,用以承續上章。類似的此種手法,如《大雅·靈臺》的末二章:

　　　　虡業維樅,賁鼓維鏞。於論鼓鍾,於樂辟廱。

　　　　於論鼓鍾,於樂辟廱。鼉鼓逢逢,矇瞍奏公。

所以,《江漢》中"虎拜稽首"的二次出現,并不能證明廷禮類銘文中此種語句可以脱離開廷禮册命或賞賜的現場。

依上文所做分析,可以認爲對於最常見的廷禮類銘文,"拜手稽首"是作器者本人在刊布其所受册命(或受賞賜)的文書語句後,記述的當場所施禮節,用以表示所記確是本人在現場恭聽,當面受命的記實性銘辭。

五、廷禮銘文後所附賓禮中的"拜手稽首"

在屬於記述廷禮的銘文中,有少數還附帶有作器者對執行王册命旨意的王朝官吏行賓禮的記録。如宣王時期的吴虎鼎銘文(《銘圖》02446),記録宣王在周康宫夷宫,在伯衛(導)入右吴虎進入中廷後,命善夫豐生、𧥺工雍毅(?)重申厲王命,將吴㽙的舊疆土交付吴虎,并明確此疆土北、東、南、西四境,而後又言:"氒(厥)盟(具)履封:豐生、雍毅、白(伯)衛(導)、内嗣土寺付。吴虎拜稽首,天子休。"接下來又記:"賓善夫豐生、章(璋)、馬匹;賓𧥺工

---

[1] 羅文宗:《詩經釋證》,陝西人民出版社,1995年。

雍毅章(璋)、馬匹;賓内嗣土寺粦(曹)璧;爰書:尹友守史,迺賓史粦(曹)韋兩;虎拜手稽首。敢對揚天子不(丕)顯魯休,用乍(作)朕皇且(祖)考庚孟隣鼎,其子子孫孫永寶。"[1]

以上銘文中,前一個"吳虎拜稽首,天子休",是記在廷禮場合下宣布王册封之命後,吳虎對宣王當面所行禮節。"天子休"一句夾在上下記實性的文句之間,應是扼要地以記略的形式概括了吳虎在"拜稽首"同時所頌揚王之語,而并未記錄全部語句。與單純記廷禮的銘文不同的是,下面的銘文繼言吳虎對王所命參與履(踏查)封土與記錄封土(建檔案)的王朝官吏——"賓"禮物。因此,此鼎銘實際是兩段記實性銘辭的連續刊載。前一段記廷禮銘文後徑轉向記賓禮,所以,廷禮册命後的"拜稽首"即使從語句、文義角度看,也不可能是作器時的銘辭。同時,如認可銘文記賓禮一段亦屬記實性銘辭,則賓禮後的"虎拜手稽首"也有很大可能是向這些王朝官吏當面所行禮,[2]吳虎所以要禮遇這些王朝官吏,自然也是出於對王的崇敬。

與此吳虎鼎類似的情況見於西周晚期的大簋,其銘文曰:

> 隹(唯)十又二年三月既生霸丁亥,王才(在)䢍侲宫,王乎(呼)吳師召大,易(賜)趞襲里。王令善夫家曰趞襲曰:余既易(賜)大乃里。襲賓家章(璋)、帛束,襲令家曰天子,余弗敢龏,家目(以)襲覆大易(賜)里,大賓家觶章(璋)、馬兩,賓襲觶章(璋)、帛束。大拜稽首。敢對揚天子不(丕)顯休,用乍(作)朕皇考刺(烈)白(伯)隣殷,其子子孫孫永寶用。(《銘圖》05344,蓋銘)

以上銘文中,屬於廷禮賞賜之内容,止於王令吳師召大,當廷賞賜大趞襲里。所記述此後之事即已脫離廷禮場合,是王令善夫家當面向趞襲傳達他的旨意,即要襲將屬於他的里轉讓給大。襲依禮對王的使者家賓禮物,并請家代他向王轉達其不敢違抗天子之命的態度,并與家一起履(踏查)要轉讓給大的里。大接受里後,依禮分别賓家、襲禮物,然後,銘文記"大拜稽首。敢對揚天子丕顯休,用作……",此"拜稽首"很顯然是面對王的使者家(從實際禮儀

---

[1] 爰書尹友守史,李學勤先生《吳虎鼎考釋》(《考古與文物》1998年3期)將"爰"歸上句,讀作"媛"。爰讀作媛,在金文中似未有他例。疑"爰"應歸爲下讀。"爰書"一詞,見於漢代典籍,指犯人口供之筆錄,注家將"爰"釋作"易"、"換",指以書易口辭。這裏的"爰書",或是將履封測量出的一些具體數據或現場説明記錄在册。記錄者即"尹友守史",李學勤先生釋爲尹氏僚屬假任爲史者,是收藏文書的官員。"假官",即臨時授予官銜者。但這裏的"守"也可能即是守其職位之義,守史,即專任史職者。本銘中此"守史"應是王朝基層史官。
[2] "拜手稽首"禮節,可以在貴族彼此間施行,亦見大河口墓地M1017所出霸伯盂銘文,銘文中記録作爲王使之伯考出使霸,霸伯尚在接待作爲"賓"的伯考時,即曾對伯考行過"拜稽首"禮。如"惟三月,王吏(使)白(伯)考蔑尚厤(歷),歸(饋)柔(茅)旁(芳)鬯,臧(贓)。尚拜稽首。既稽首,徃(延)賓……"(銘文見《考古》2011年第7期;《考古學報》2018年第1期)。

上講也應該包括轉讓里給他的趞奡)所行禮節,這與上引吳虎鼎銘,吳虎向參與踏查與記錄封土的王朝官吏行禮是類似的禮儀。此簋銘末言對揚天子休,是講作器緣由,與上文"拜稽首"已沒有關係,關於這點詳下文。

六、非廷禮的賞賜場合下作器者對賞賜者的"拜手稽首"

言及"拜手稽首"的銘辭,還有的是在非廷禮的賞賜場合下發生的行爲,此也當是受賞賜者向賞賜者當面致敬的動作。比如:昭王時的班簋銘文記王命班:"遣令(命)曰:'以乃族從父征,咁戫(城)衛父身,三年靜東國,亡不成肬。'"(《銘圖》05401)王令班"以乃族從父征",即從班父毛公征。銘文下面記毛公在"靜東國"後有一番禀告王的話語,下面繼言"班拜稽首"曰云云,所云則是讚頌其父毛公的話語,這裏的"拜稽首"與其所云,應是聽了毛公向他轉達禀告王的話語後致敬毛公的禮節與話語的記錄。

又如尹姞鼎銘文:

穆公乍(作)尹姞宗室于繇林,唯六月既生霸乙卯,休天君弗望穆公聖粦明趩(弼)事先王,各于君姞宗室繇林。君蔑尹姞曆,易(賜)玉五品,馬四匹,拜稽首。對揚天君休,用乍(作)寶齍。(《銘圖》03039)

尹姞"拜稽首",應是在"天君"親臨尹姞宗室所在之繇林當面賞賜尹姞後,尹姞現場所行禮節之記錄。

七、"拜手稽首,曰"與其後話語是否現場實錄

在西周器銘中,有少數銘辭在記録"拜手稽首"後,繼言"曰",并記録了所曰的一段言語。1964年林澐、張亞初先生在論"對揚"的文中,認爲這種語句中"曰"字後面的"對揚……休"是說話的內容,是感激讚美之語。[1] 以石安瑞論文爲代表,則持有否定"曰"後是當場話語的意見。然而,"拜手稽首,曰"的形式,實際出現在不同的語境場合下,也應按所出語境做進一步分析。

先看西周早期偏晚的令鼎銘文記王在諆田"耤農"後,舉行射禮,然後自諆田歸,王親自駕車,淨仲作僕幫助王,"令眔奮先馬走。王曰:令眔奮,乃克至,余其舍女(汝)臣十家。王至于淨宮,令拜稽首,曰'小子逎學'。令對揚王休"(《銘圖》02451)。令因爲能快步走在馬車前面,得到王賞賜臣,於是"拜稽首",同時言"小子逎學"(意即"小子我這是學習")。像這

---

[1] 林澐、張亞初:《〈對揚補釋〉質疑》。

類話語只適用於當着王的面,表示感謝與恪守謙卑之本分,不會是作器時的銘辭。説明在非廷禮類記實性的"拜手稽首"後接"曰"及所云,有可能是現場言行之記録。在此銘文言"令對揚王休",從文義看,令先對王自稱"小子",如"對王休"句也是當王面講的,而不會在自稱"小子"時又稱己名。所以"令對揚王休"應該已是作器時的語言,只是下邊省了作器句,蓋因此器年代較早,"對揚"句後接作器句還未形成慣用的格式。

同樣屬於非廷禮類銘文中出現"拜手稽首,曰"形式的還有䗬鼎銘文,文曰:

佳(唯)三月初吉,䗬來遘于妊氏
令䗬事保厥家,因付厥祖僕二家。
䗬拜稽首,曰:"休朕皇君弗醒(忘)厥
寶臣。"對揚,用作寶䵼。(《銘圖》02405)

䗬作爲妊氏主管之家族的舊臣,因事外出又返回主家時,仍受到主家宗婦之重用,并賜其原屬於其祖的兩家奴僕,此時䗬對妊氏當面致謝行禮,并説出感激話語,是符合情理的。下面的"對揚"句,自然與令鼎相近,可歸於作器時的銘辭。像上述這種非廷禮場合下的"拜手稽首,曰"云云,既然有很大可能是作器者當面施禮儀性言行,則這種語句形式用於廷禮類銘辭中,應該也有屬於記實性銘辭的可能。

廷禮類銘文中,有"拜手稽首,曰"銘辭的,如1955年郿縣李村出土的盠駒尊,屬西周中期偏晚器,其銘文曰:

佳(唯)王十又二月,辰才(在)甲申,王初執駒于庌。王乎(呼)師豦召盠。王親旨(詣)盠,駒賜兩,拜稽首,曰:王弗望(忘)厥舊宗小子,啻皇盠身。[1] 盠曰:王倗下,不(丕)其則,[2] 邁(萬)年保我邁(萬)宗。盠曰:余其敢對揚天子之休,余用作朕父考大仲寶䵼彝。(《銘圖》11812)

這篇銘文記録了三段盠的言語,第一段緊接在"拜稽首"後,以"拜稽首,曰"下録言語形式展開,未再記曰的主語,從這一語句的形式看,將"曰"與其後的話語理解爲盠在廷禮場合

---

[1] 啻皇,似可讀作"茁皇",茁,《詩·召南·騶虞》"彼茁者葭",朱熹《集傳》曰:"茁,生出壯盛之貌。"皇,大也,美也。這裏似用作使動詞。

[2] 倗,在此似可讀作"馮",《左傳》襄公十三年"君子稱其功以加小人,小人伐其技以馮君子"杜預注"加,陵也","馮亦陵也"。丕,大也;則,法則。盠曰"王倗下,丕其則",大意是説王凌駕於上廣泛地施行其法則,下曰"萬年保我萬宗"則是承上面對王政的頌揚,表達自己的願望。

"拜稽首"時，一邊行禮一邊説出的對王的感激言語，應較符合此處之語境。[1]

至於此銘"拜稽首，曰"形式的語句下面的兩個"盠曰"及其言語，從其所言內容看，前者仍是頌揚語，但後者則顯然是作器時語句。所以，這兩個有主語的"曰"，即應該不是廷禮現場言行之記錄，可以視爲作器時所寫語辭。這樣看來，廷禮場合下的"拜稽首，曰"與後面語句，多有是現場言行實錄的可能，但不與廷禮現場"拜稽首"相聯繫的"器主曰"的形式，即未必是現場實錄。

在非廷禮類銘文中有"拜稽首，曰"句的辭例中，比較複雜的是西周晚期的無㠱簋銘文，其文曰：

> 王征南尸（夷），王易（賜）無㠱馬四匹，無㠱拜手稽首，曰："敢對揚天子魯休令（命）。"無㠱用作朕皇祖釐季障簋。無㠱其萬年，子子孫孫永寶用。（《銘圖》05244－05247，部分）

此銘從文義看，不排斥是王親賜無㠱馬，所記"拜手稽首"可以歸屬於上文歸納的對賞賜者當面致謝的儀節，至於下文所記無㠱所"曰"的"對揚"句，按上述對"拜手稽首，曰"句的分析，應該認爲是無㠱在"拜手稽首"同時所講的感激之語，但是，這個感激語確與上引的幾例不同，因爲銘文中"對揚"類語句，一般皆會歸爲作器銘辭中的作器理由句（詳下文）。然而即使是這樣，這種用於作器理由的句子，難道不可能當面講出來嗎？《詩經・大雅・江漢》："對揚王休。"鄭玄箋云："對，荅；休，美。……虎既拜而荅王策命之時，稱揚王之美德。""荅"通"答"。鄭玄箋釋對爲答，如將答理解爲"當面應對"，則實際上將"對揚"解釋爲一種描述狀態的語言，那麽"對揚"就不適合作爲當面講出的話語。如果本銘本義真是以此"拜手稽首，曰"所云爲當面所講頌揚之語，則牽扯到對"對揚"的解釋。那就可以考慮"對揚"之"對"訓"答"，取答"報也"，即報答之意。這樣無㠱所曰"敢對揚天子魯休命"即"敢不報答、稱揚天子美好的册命"。"答"取"報答"之義，亦見《上述・牧誓》"昏棄厥肆弗答"蔡沈集傳"答，報也"。對多數作器銘辭中的"對揚"句而言亦皆適合。

需要斟酌的是，因爲此銘非屬廷禮類銘文，"拜手稽首"不能按廷禮類銘文慣例那樣認爲必是現場行爲，無㠱自然有可能在作器時采用"言語行爲"，即假設面對王致謝，將通常采用的作器理由句以"拜手稽首，曰"的話語形式寫出，像石安瑞文中所指出的，是采取"模倣發言

---

[1] 當然，這裏涉及一個問題，在上引石安瑞論文中提到，"拜稽首"後一段話中具備對答周王話語的條件之一是將周王應該稱作"天子"，至晚自西周中期開始，似不得當面將周王稱呼作"王"。但從迄今所見西周金文辭例來看，極少有臣屬當面稱呼王的例子，所以可資説明這一點的材料並不多。大致可以認爲是西周早期文獻的《尚書》中的誥命，如《召誥》、《洛誥》，有召公、周公當面稱王爲"王"的文句。

或宣告的一種文體"。關於以上兩種可能,何者更爲合乎銘文作者原意,還需要進一步思考。

八、非當面實施的"拜手稽首"

非對受稽拜者當面實施的"拜手稽首",在銘文中較少出現,其情況大約可分爲以下兩類:

(一) 對已故先人的稽拜

此種情況見於西周早期偏晚的沈子它簋蓋銘文(《銘圖》05384),它屬於凡,凡是周公之後裔(見《左傳》僖公二十四年、襄公十二年)。此銘是以"它曰"開頭的一篇非敘事性的帶有祈匄性質的銘辭,主述其承"吾考"之令,將其父考之神主升於周公宗中,并緬懷其考與先公之功業,祈求先人賜予福佑。[1] 銘首即曰:"它曰:拜頴(稽)首,敢𪓐卲告。朕吾考令乃鴇沈子作𥎌于周公宗,陟二公,不敢不𥎌。"[2]

可見,這裏的"拜稽首"是它對其昭告的先人神靈所施,是用這種想象中的當面實施的禮節性動作來表示對先人的崇敬。

類似的用法,亦見於西周中期的𢦏簋銘文(《銘圖》05379)。所記非廷禮册命亦非賞賜。𢦏在銘文中記載曰"𢦏率有嗣、師氏奔追𢦏戎于蹮(棫)林,鬥(搏)戎獸",取得戰績,獲馘、執訊,并俘獲有多種"戎兵"(即兵器)、戎人。非常特殊的是,𢦏記載曰,所以能夠戰勝戎人,是因爲"朕文母競敏䛐行,休宕𠂤(厥)心,永襲(襲)𠂤(厥)身,卑(俾)克𠂤(厥)啻(敵)","競敏"之"敏"在這裏當讀作"誨",誨,《説文》:"曉教也。"段玉裁注曰"曉之以破其晦,是曰誨";競,在此或可讀作"竸",盡也。競誨,是盡力地教誨。"䛐"字右下部是否從"卩"待再考,但字或從"攴"得聲。《説文》:"啟,教也。"《尚書·梓材》:"王啟監。"孫星衍《尚書今古文注疏》引《説文》云"啟者,教也"。"啟行"應是教導其行,即教導如何做事。休,《詩經·周頌·載見》"休有烈光",鄭玄箋"休者,休然盛壯"。宕,定母陽部字,可讀作聲韵并同的"蕩",《玉篇》:"蕩,廣也。"《詩經·大雅·蕩》:"蕩蕩上帝。"朱熹《詩集傳》:"蕩,廣大貌。"是在此作動詞開闊之意。唐蘭《西周青銅器銘文分代史徵》雖無專門注解"宕"字,但在釋文中釋此"宕"爲"開拓"之義,應亦是取讀"蕩"之説。"厥心"及下文"厥身"在這裏應是𢦏指自己的心胸與身體。所以𢦏追念其母對他的恩典的這段話,大意應是:我的母親盡心盡力地教誨我,教導我如何處事,極大地開闊了我的心胸,(母親的教誨)永遠爲我所承繼,使我能夠戰勝這些敵人。此段話後,𢦏在記述了戰績後又言"乃子𢦏拜稽首。對揚文母福剌(烈),用乍(作)父母日庚寶隣簋,卑(俾)乃子𢦏萬年用夙夜隣㝬(享)孝于𠂤(厥)文母",這裏出現了

---

[1] 楊坤:《沈子它簋銘文與西周宗法》,《出土文獻》第十四輯,中西書局,2019年。
[2] "乃鴇沈子"之鴇,李學勤認爲是鸇(鸇)字異構,在器銘中應讀作"亶","沈"字應讀作"諶",二字屬義近連用,皆可訓爲誠、信。見《魯器帥鼎》,收入《綴古集》,上海古籍出版社,1998年。

"拜稽首"的語句,彧的母親既已去世,則這裏所言彧"拜稽首"應是彧在想象着母親即在身邊,在聽自己的贊揚與懷念,這種語境下的"拜手稽首"雖非真實的當場行爲,但從作器者的身心感受看,仍可以視作與受稽拜者是一種想象中面對面的施禮的動作。

(二) 對受稽拜者之"遥拜"

這種遥拜,是作器者在爲作器而專門撰寫的銘辭中,因對賜予其恩惠者心懷感激,故在贊頌語中增加"拜手稽首"之語,以示無比崇敬之情,此猶如後世寫書信,在文末會對長輩或尊者使用動作詞"頓首"之語。這種用法,可見於西周中期偏晚的盠方尊銘文(《銘圖》11814):

> 隹(唯)八月初吉,王各于周廟,穆公右盠立中廷,北卿(嚮)。王册令尹賜盠:赤芾、幽亢、攸勒,曰:用嗣六師王行、三有嗣……盠拜稽首。敢對揚王休,用作朕文祖益公寶䵼彝。盠曰:天子不(丕)叚不(丕)其萬年保我萬邦。盠敢拜稽首曰:刺(烈)刺(烈)朕身,遹(更)朕先寶事。

此銘在記廷禮場合所施"拜稽首"後接的是"敢對揚王休",這已屬於作器時申明作器理由的銘辭,已非記廷禮場合的行爲。下邊在作器銘辭下又連接一個"盠曰",一個"盠敢拜稽首曰",這與上引盠駒尊銘末兩個"盠曰"的形式相近,也都應屬於作器時寫下的銘辭,所曰之文句并非廷禮場合下之話語,則後一個"盠敢拜稽首,曰"之"拜稽首"亦必非記錄廷禮場合下之行爲,這一"拜稽首"及其所曰,皆可以視爲一種"遥拜",假設王在場當面致敬,是書面上的表敬語,即所謂"言語行爲"。

屬於此種"遥拜"情況的還有虞簋銘文(《銘圖》05173):

> 虞拜稽首,休朕匋君公伯,易厥臣虞井五榶,易(賜)袁胄、干戈。虞弗敢望(忘)公伯休。對揚伯休,用乍(作)祖考寶䵼彝。

此銘已屬記述廷禮的銘文,但從銘文文義看,虞受其兄匋君公伯之賞賜雖是貴族家族内的禮儀活動,但亦當有一定的廷禮儀式。西周中期後,貴族家族内部仿王朝制度的家族政治化加强,已有不少銘辭爲證。[1] 但虞在本銘中,未按照通常慣例,按時、日、場景、册命(賞賜)記述受賞賜的廷禮。"拜稽首"放在了銘文開頭,顯然已是作器時的語句,以"拜稽首"這種言語行爲來表示對其兄(即公伯)的感謝之情。

另一類似的例子,是西周晚期的南宫乎鐘銘文(《銘圖》15495)。南宫乎鐘應是一套編

---

[1] 參見拙著:《商周家族形態研究》(增訂本),天津古籍出版社,2004年。

鐘,現僅可見一通高54釐米的鐘,其銘文與常見的鐘銘不一樣,是在甬上有一段銘文:

> 嗣土南宫乍(作)大鑵龢(協)鐘,丝(兹)鐘名曰無昊。

這段銘文在甬上,其位置與其對鐘名的介紹,在西周鐘銘中甚少見。這段銘文相對獨立,不與鉦部、鼓部的銘文連讀。

在鉦部與左鼓部有銘文:

> 先且(祖)南宫,亞且(祖)公中(仲)必父之家。天子其萬年釁壽,眔(以上鉦部)永保四方,配皇天。乎拜手稽首,敢對揚天子不(丕)顯魯休,用乍(作)朕皇且(祖)南公、亞且(祖)公中(仲)(以上左鼓部)。

以上鉦部與左鼓部銘文,按慣例應是連讀的,鉦部開頭的一句話,不是一個完整的句子,連上讀,但上面的銘文在另一鐘上。在此句話下面,又有幾句祝福王的話語,這幾句話并未記明是在廷禮等場合當面贊頌的話語,顯然是鐘銘之書面辭,下面的"乎拜手稽首",自然亦是非廷禮場合的"遥拜"性質的銘辭,其用法與上引盨方尊中第二個"拜稽首"相近。

由於有以上辭例,證明銘文中的"拜手稽首",在非記廷禮的銘文中偶有以"遥拜"的性質出現,但不多見。

九、"拜手稽首"與常同出的"對揚"語之關係

上文已談到,"拜手稽首"後邊雖亦多接有"對揚"句,但"拜手稽首"是廷禮中的一種儀節,而"對揚"則并非是在廷禮場合要施行的動作與要表達的語言。關於"對揚"非現場行爲與册命禮無必然聯繫,早已有學者做過較詳盡與明確的表述與論證,[1]不必再做過多討論。這裏只略做補充論述。

在迄今所見衆多的不同時期的廷禮類銘文中,有這樣兩個近似於規律的文例,一是此類銘文中有可能沒有"拜手稽首"句,但仍會有"對揚"句,且罕見無"對揚"句;二是"對揚"句後必緊跟有"用作"某某先人之器句,極少有不跟"用作"句的。[2]

對以上兩點現象最好的解釋應是,"拜手稽首"并非與"對揚"句有必然之聯繫,而"對

---

[1] 林澐、張亞初:《〈對揚補釋〉質疑》;虞萬里:《金文"對揚"歷史觀》,《語言研究》1992年第1期。
[2] 未跟有"用作"句的如令鼎"令拜稽首,曰:小子迺學。令對揚王休"(《銘圖》02451),但令鼎從銘文字體看,不晚於昭王(器形未見),尚屬西周早期器。

揚"句必與"用作"句有必然聯繫。"用作"某某先人之器,是在銘末最常見的句式,"用作"之"用"一般被理解爲"因此"、"因而",但這在西周時期最常見的詞語用法,在後世的文章中却已并不常見。在古代漢語中,可以找到的屬於此種用法之例子,如《史記·趙世家》:"王前欲伐齊,員彊諫,已而有功,用是反怨。"劉淇《助字辨略》曰:"用是,猶云因此也。"是,此也。用,即因也。《禮記·禮運》:"今大道既隱,天下爲家……以賢勇知,以功爲己。故謀用是作,而兵由此起。""用是作"與"由此起"對言。王引之《經傳釋詞》釋此句曰"用,亦'由'也,互文耳"。"用"既相當於"因"、"由",皆表原因、原由之詞,將銘文中"用作"理解作"因而作"是妥帖的。

"用作"既然是"因而作",則前邊的"對揚"句,自然即是講作器之緣由。這一點,上文所引林澐、張亞初先生的論文亦已明確指出。[1] 當然,作器之緣由雖是爲了"對揚"王或上級貴族之休美,但器物却是爲作器者先人所作。可見,作器本身即有兩重含義,其一是直接對王或上級貴族表示感激之情,而這點是通過器銘來顯示的,即器銘轉載廷禮册命或賞賜語,賴以銘記恩德,這正是回應"對揚"句要表達的意思;其二是器用則是爲祭祀先人,蓋因在觀念上認爲所以有上述受册命、受賞賜之榮耀,全賴先人所賜福佑與蔭庇。但先人一般亦皆是世代服侍於王,是王或上級貴族之臣僚,祭祀先人也有"秉德慕屯"(善鼎,《銘圖》02487)、承繼先人功烈之意。[2]

"拜手稽首"作爲記述廷禮場合下的動作之語,與常出現在下邊的說明作器緣由的"對揚"句雖無文義上的必然聯繫,但不可否認的是,二者常常是在文句次序上緊密相連。

由上文所援引的銘文例證可知在廷禮場合下,受册命與受賞賜者在對王或上級貴族行"拜手稽首"禮節的同時,又可能會講幾句感激或贊美賞賜者的話(而且并非必是"對揚"句,如上舉盠駒尊銘所示),同時也會有受册(從王朝史官手中接受寫有册命文書的簡册)、佩帶賞賜的服飾出中廷之門,然後又"反納瑾璋"或"反納瑾圭"的一系列禮儀行爲。只是用"拜手稽首"之動作概括了廷禮致謝這一環節,在記"拜手稽首"後結束對廷禮的記述,轉向作器環節,以"對揚"句概括了作器緣由,并與爲先人作器句構成較固定的銘辭格式。絕大多數廷禮類銘文在文末均採用了此一格式,像記述廷禮銘文開頭必記廷禮發生之年代、時日、地點、右

---

[1] 林澐、張亞初《〈對揚補釋〉質疑》(《考古》1964年第5期)已指出,"用對揚王休"之類句,應是用作某某器的原因或目的。沈文倬《有關〈對揚補釋〉的幾個問題》一文(《杭州大學學報》1981年第11卷第3期)認爲"對揚王休"句都是承"某拜稽首"之後而緊接"用作某尊彝",并云"此句之屬上或屬下是個應予注意的問題。如屬下讀將成爲作器的原因"。言屬下讀是説明作器原因是正確的。
[2] 虞萬里《金文"對揚"歷史觀》已論及此,其文曰:"按理,享受恩賜,稱揚授者,與父母祖上無甚關係,而均説作父母祖上的尊彝,這完全是爲了'崇揚先祖',以達到'崇孝'的目的。"按:"崇孝"是銘辭希冀達到的目的,受王或上級册命賞賜而爲祖先作器,還有上文所述將榮耀歸於先人之蔭庇與請求先人繼續佑助之義。

者,末尾多記"拜手稽首"一樣,是西周中期後廷禮類銘文漸呈格式化、套子化的反映。

十、結　語

現將本文對西周器銘中的"拜手稽首"的文義、用法做一歸納,并對相關問題做一申述:

1. 在廷禮類(包括廷禮册命、賞賜)的銘文中,"拜手稽首"是作器者在迻録廷禮册命或賞賜文書語句後,對本人在現場向册命者或賞賜者(王或上級貴族)行致謝禮儀行爲的實録。作器者之所以要在記録廷禮場合下所行册命或賞賜禮儀及册命文書内容後,銘記本人"拜手稽首"之現場行爲,一方面,是與廷禮類銘文開頭記實性的内容(時日、地點、右者、册命宣布者等)有個對應,可謂"有頭有尾",以完整記録廷禮。另一方面,也應有表示本人是身在現場當面聆聽的意義,用以强化銘辭記録之真實性。

2. 在賞賜的器銘中,對賞賜者所行"拜手稽首",或行賓禮場合下對所賓者行"拜手稽首"均是作器者對本人當面所行致謝禮節的記録。

3. 在非廷禮類銘文或廷禮類銘文末尾已屬於專爲作器所寫銘辭中有少數非對受稽者當面實施的"拜手稽首",其性質或是對逝去的先人致敬,這是一種出於極度懷念與感恩而將逝者想象爲在自己面前的表達情感的銘辭;或是出於對王(或上級貴族)給予自己的恩典無限感激而進行想象中的"遥拜",此即石安瑞博士文章所云"言語行爲"。

4. 廷禮類銘文中的"拜手稽首,曰"及後邊的語句,應是現場言行,是行禮時同時表達感激與頌揚之言語。非廷禮類銘文中"拜手稽首,曰",則要視銘辭具體的語境做區分,有的可能屬於作器時的銘辭。

5. 在廷禮類銘辭中,常在"拜手稽首"句後跟有"對揚"句,通常屬於申述作器的理由(即對册命或賞賜者表示感謝與對此一事的紀念),故其下一般會接作器句,在銘文中,這已屬於作器時專門書寫的銘辭,與"拜手稽首"句屬於廷禮行爲之實録,二者間文義并無必然的聯繫,所以在爲此類銘文做釋文時,"拜手稽首"與"對揚"句中間即可以使用句號,[1]以明確此類銘辭的文例。這自然亦有助於正確理解銘文所要表達的文義。

對於此第五點,早已有學者論證過并做過明確表述,這在上文已做過介紹,此只是在進一步論證後做一重申,重點還是在於强調"拜手稽首"句與"對揚"句雖常相聯繫,但其性質實有不同。

在以上幾點看法的基礎上,再回到本文開頭所引士山盤銘文的釋讀問題上。如將廷禮銘文中的"拜手稽首"認定是廷禮現場的行爲,不是可以脱離行禮場合使用的語句,那麼,在廷禮類銘文中,"拜手稽首"句前的銘辭内容,即應記述的是册命(及賞賜)進行時的現場言

---

[1] 上引虞萬里文亦是如此斷句。

行,包括當廷宣布的册命文書語句(如上文所提到的,這類文句應即是作器者所得到的册命文書之副本大意的迻録)。如果這一認識可信,士山盤銘文中士山"拜稽首"之前的文句,似即應理解作皆是王的册命語。而在這種限制下如何解讀此銘文,則是否可以認爲在"山拜手稽首"前還記録了山在廷禮場合之外的行爲,就值得討論了。筆者已有過簡略的探討,[1]但未必妥當,還請大家賜正,此不再贅述。

---

[1] 請參見拙作:《中國國家博物館近年來徵集的西周有銘青銅器續考》,(收入《近藏集粹》)。

跋新見無嬰俎銘[*]

張光裕[**]

丙申（2016）春月，友人告知新得帶銘春秋銅俎，并傳來照片，赫然得見"自作歓俎"四字。傳世及出土帶銘俎器極爲鮮見，自名爲"俎"者，更是從未之見。今該器自名爲"俎"，對俎之形制及稱名之確定至爲重要。經目驗并徵得物主同意，將該俎資料略作介紹。

俎高22釐米，縱長31.5釐米，寬18.5釐米。俎器正面中部有鏤空兩對短身回首龍紋圖案，四周皆圍飾變體獸紋。器兩側上翹，器面呈矩形，四高足（圖一、圖二），器足上方有橫梁設計，跟器身相連，與常見俎器形制無大差異。器外底四周及足內，仍見範土留存，是器有可能未經使用。銘文位於俎面右側，四行二十字（圖三，1）：

  無嬰擇其吉
  金自乍歓俎
  無嬰眉壽㾁（無）
  嬰（期）永保用之

圖一

圖二

---

[*] 本文原稿曾於2018.5.17復旦網（www.gwz.fudan.edu.cn/Web/Show/4249）刊登，今稍做補充。
[**] 香港恒生大學中文系講座教授。

1　　　　　　　　　　2

圖三

器主爲"無嬰","嬰"字亦見用於同銘"眉壽厤(無)嬰(期)"句。"嬰"字形構,金文多見,不贅舉。揆諸文例,"眉壽厤(無)嬰"之"嬰"字,雖與作器者署名相同,於此應可假爲"期",金文中有：

嬰(其)眉壽萬年無諆。《上鄀公簠》,(《新收》NA0401)
嬰(其)眉壽萬年無記(諆)。《上鄀府簠》,(襄陽博物館藏,《大邦之夢——吴越楚青銅器》第90-92頁)
其眉壽無䜴。《王子申盞盂》,(《集成》4643)
眉壽無其。《子季嬴青簠》,(《集成》4594)

"嬰""諆""記(諆)""䜴""其"皆以"其""己"爲聲,讀爲"期"。《上鄀公簠》及《上鄀府簠》"其眉壽"書作"嬰眉壽","厤(無)嬰"亦與此同例。

"厤(無)嬰(期)","厤"字从"厂"从"林","林",《説文》云：

葩之總名也。林之爲言微也,微纖爲功,象形。凡林之屬皆从林。

《段注》：

苴,枲實也……苴本謂麻實,因以爲苴麻之名……林微音近,春秋説題辭曰,"麻之爲言微也"。林、麻古蓋同字。

有學者以爲有可能爲"散"之初文,[1]然該字形亦見於楚簡,可讀爲"麻",如:

疏衰齊戊(牡)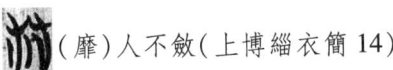(麻)實(経)(郭店六德簡 28)

又可假爲"靡",如:

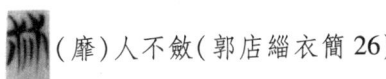(靡)人不斂(上博緇衣簡 14)

(靡)人不斂(郭店緇衣簡 26)

(靡)有□(新蔡乙四簡 53)

至於本銘"厤"之字形,曾見春秋侯馬盟書,"麻夷非(彼)是(氏)",麻即書作" ",是語"麻"字有讀爲"靡"、"昧"、"亡"或"滅"者,[2]今不俱引。揆諸古音,"麻"、"無"俱屬明紐,歌、魚旁轉,俎銘"厤嬰"於此疑讀爲"厤(無)嬰(期)","眉壽厤(無)嬰(期)",正爲金文熟語。本銘作器者爲"無嬰",金文中以"無某"稱名者屢見,如:

無虁《無虁卣》,(《集成》5306)
無壽《無壽甗》,(《集成》904)
　　《無壽觚》,(《考古與文物》1998 年第 4 期,第 96 頁)
無需《孟簋》,(《集成》4612)
無吴《無吴簋》,(《集成》4228)
無妻《無妻鼎》,(《集成》2814)

---

[1] 季旭昇:《説文新證》(上),藝文印書館,2002 年,第 585 頁。
[2] 參見朱德熙、裘錫圭:《戰國文字研究(六種)》,《考古學報》1972 年第 1 期;陳夢家:《東周盟誓與出土載書》,《考古》1966 第 5 期;董珊:《侯馬、溫縣盟書中"明殛視之"的句法分析》,《古文字研究》第二十七輯,中華書局,2008 年;郭沫若:《侯馬盟書試探》,《文物》1966 年第 2 期;張頷:《侯馬東周遺址發現晉國朱書文字》,《文物》1966 第 2 期;沈培:《侯馬、溫縣盟書"明亟視之"及傳世古籍相關問題合論》,《中國語文》2017 年第 3 期。

無敄《無敄鼎》,(《集成》2432)
　　《無敄簋》,(《集成》3664)
　　《無敄甗》,(《集成》944)
無殳《柞伯鼎》,(《文物》2006 年第 5 期)[1]

金文中有《不嬰簋》,"不嬰""無嬰",其取名之意似應相若。

俎銘云"自作歔俎",金文"俎"字形構,最早見於西周《三年瘌壺》,字兩見作 [俎][俎] (《集成》9726、9727)

于豪亮率先指出該字象俎器側面之形。[2] 又春秋《鄭太子之孫壺》銘"我皇祖文考"(《銘圖》12445),"祖"字於蓋、器各一見,書作"[祖]"(蓋)"[祖]"(器),形構與《三年瘌壺》"俎"字相同,并讀"俎"爲"祖"。惟考諸今日所見"俎"器之稱名,多從實物與文獻稱述,并結合字形做判斷,然"俎"器明確自名爲"俎"者,過去從未之見。今案傳世及出土俎器并具銘文者,除本器外猶見國家歷史博物館所藏《王子臣俎》,銘在器面兩側,書體爲鳥篆,各兩行,每行四字,合共八字:

　　王子臣(頤)乍
　　鸞彝用冬(《銘圖》06321)

與王子臣同名之器,猶有兩件《王子臣鼎》,其一未見著録,銘在器口沿下內壁,亦鳥篆,自右左行,行一字,共八字:

　　王子臣(頤)乍鸞彝鮴鼎

《王子臣俎》雖有銘文,然無助俎器稱名之探究。本器則自名曰"歔俎"(圖三,2),於古文字及禮學研究至爲重要。

"歔"字不見於字書,於金文亦首見。細審原器,右旁似"邑"形,而實从"欠",與甲骨文[吹](《甲骨文字詁林》0343 吹字條)、金文[欠](《史次鼎》《集成》1354)所从偏旁"欠"相當。金文另有"齋"字,多見於方鼎,如:

---

[1] 參見鄔國盛:《關於柞伯鼎銘"無殳"一詞的一點意見》,《新出金文與西周歷史》,上海古籍出版社,2011 年,第 305 – 309 頁。
[2] 于豪亮:《説俎字》,《于豪亮學術文存》,中華書局,1985 年,第 77 – 81 頁。

趞用作氒文考寶障齋《趞方鼎》（《集成》2730）
（吕）用乍寶齋《吕方鼎》（《集成》2754）
聲乍寶齋鼎《聲方鼎》（《集成》2067）

然亦見用於鬲者，如

戲伯乍餴齋《戲伯鬲》（《集成》0667）
伯邦父乍齋鬲《伯邦父鬲》（《集成》0560）
微伯乍齋鬲《微伯鬲》（《集成》0516）

"齋"字，過去一般認爲从齊得聲，用作器名修飾語，疑"歝"字亦然，與"齋"義亦近同。今俎稱"歝俎"，猶鼎、鬲之稱"齋鼎"、"餴齋"也。

俎銘"歝"字作"▨"，"歝"字，亦見《清華簡》第捌册，字兩見，作▨（邦政04）、▨（邦政08），與俎銘形構相當。[1]《清華簡》"邦家之政"簡4：

其味不歝，其政平而不苛。

又簡8：

其味雜而歝，其鬼神庶多。

原書《注四》云：

歝，讀爲"齊"，調和。
《禮記·少儀》："凡羞有涪者，不以齊。"《鄭注》："齊，和也。"
《墨子·節用》中："不極五味之調，芬香之和，不致遠國珍怪異物。"

引《鄭注》讀"歝"爲"齊"，釋作調和，頗有見地。蓋以齊爲和，反之則不齊和矣。《孔疏》則更曾做進一步詮釋：

---

[1] 陳民鎮君於2018.12.17"清華大學王國維講座"提問環節已提示清華簡有"歝"字，謹此致謝！

若羞有汁,則有鹽梅齊和。若食者更調和之,則嫌薄主人味,故"不以齊"也。

是知"齊"有"和"義,"齊"字於飲食中使用,固與"味和"攸關。今俎銘自名"猷俎",或亦當有"齊和"之意。考諸俎乃進食之用,贊者於鼎前跪坐,匕肉於俎,然後復跪坐進薦。今"猷"字從"欠","欠"字於此似爲張口就食之形,所食者乃齊和美食,鼎、鬲等食器,要皆與"食饗"或"祭饗"配合,《説文》云:

> 鼎,三足兩耳,和五味之寶器也。

故鼎、鬲每以"齋"字自名,或亦與齊和之美味食材有連帶關係,且《曾伯克父甘婁簠》有"用齋用鬻,用盛黍稷稻粱"用語,[1]"齋"、"鬻"二字同見,由是或可窺見"猷"字形構用意所在。而"齊"有"齊一""齊備"義者,則應與《説文解字》:

> 齊,禾麥吐穗上平也。象形。

所指"平"義有關。固然,文獻別有"粢"字,乃從"次"得聲。《左傳》桓公二年:

> 大羹不致,粢食不鑿,昭其儉也。

《孔疏》云:

> 粢亦諸穀總名。

"粢"字據《説文》或從米作"粢",或從食作"餈","餈"或從齊作"齍",又有從"齊"從"禾"之"齋",至於《詩·鄘風·牆有茨》,《説文》引韓詩作"牆有薺","齊"、"次"皆爲從紐脂部,互換之例仍多,今暫不俱引,然上述諸字之類比關係至明,"猷"、"齋"構形因由,亦可以此作爲參照。惟"粢""粢""餈""齍""齋"爲穀類專用字,與盛肉之俎用途有别,兩者自然又未可完全相提并論也。

要之,今《無嬰俎》明言"自作猷俎",無論對青銅器、文獻以及考古學科之研究,其意義與價值之重大不言而喻。

---

[1] 張光裕:《新見〈曾伯克父甘婁簠〉簡釋》,《青銅器與金文》(第二輯),上海古籍出版社,2018年。

兒方尊、兒方彝銘文小考

吴鎮烽[*]

2017年4月香港大唐春季拍賣會上有一件兒方彝，此後筆者又見到另一件兒方彝和一件兒方尊的資料，銘文雖不長，但器形、紋飾頗有特點，銘文内容也有較爲重要的價值，今做介紹，并述己見，以求教方家。

兒方尊是三段式，俗稱天圓地方式，上段呈圓形，喇叭口，頸粗長；中段爲腹部，呈橢方形，微向外鼓；下段是高圈足，呈方形，足沿外撇。通體有四條寬綽的扉棱，腹部扉棱出牙，上部扉棱伸出口沿，拓寬了人們的視野，具有很强的立體感，給人以美的享受。頸部以扉棱爲中綫，飾蕉葉紋，葉内填以倒置的一對夔龍，腹部四組紋飾，獸角向上相對内卷，與常見的上卷角獸面紋迥異，圈足飾變形夔龍紋（又稱竊曲紋）。紋飾高凸，不施地紋（圖一）。

圖一　兒方尊

兩件兒方彝形制、紋飾、銘文基本相同。横截面均呈長方形，侈口方唇，曲壁平底，内有隔，將體腔分成兩部分，方圈足，沿外侈，蓋呈四坡屋頂形，中脊上有一個四坡屋頂形小鈕。紋飾風格與方尊一致，扉棱寬綽，腹壁四角的扉棱出牙。腹壁和蓋面裝飾的卷角獸面紋與方尊相同，但蓋面的獸面紋倒置，圈足亦飾變形夔龍紋，通體不施地紋（圖二，1）。甲方彝通高22釐米、口横15.5釐米、口縱13釐米；乙方彝稍小（具體尺寸不詳），在墓中因受壓梢有變形，一條扉棱殘破，蓋的四條坡脊出檐較長（圖二，2）。

兒方尊和兒方彝的造型、裝飾與衆不同，在傳世和新出土的青銅器中極爲少見，與此相同或相近的目前僅有兩組器物，一組是2006年山西絳縣横水鎮西周墓地出土的覯爾方尊、覯爾方彝和覯爾方觥（圖三、四），[2]其形制、紋飾可説是與兒方尊、兒方彝均完全相同（當然，

---

[*] 陝西省考古研究院研究員。
[2] 大連現代博物館、山西博物院、山西省考古研究所編：《晋國雄風：山西出土兩周文物精華》，萬卷出版公司，2009年。

圖二　兒方彝

圖三　覭爾方尊　　　　　　　　圖四　覭爾方彝

構圖上有些細微差異);另一組是 1963 年陝西扶風縣法門鎮齊家村一座西周銅器窖藏出土的日己方尊、日己方彝和日己方觥,[1]其中日己方尊的形制、卷角獸面紋也與之相同(圖

---

[1] 梁星彭、馮孝堂:《陝西長安、扶風出土西周銅器》,《考古》1963 年第 8 期。

五),方彝雖然屬於直壁式,但其主體紋飾——卷角獸面紋却與兒器組和覷爾器組基本相同(圖六)。山西絳縣横水鎮是倗國的墓地,倗國爲媿姓之國,懷姓九宗的一支,是商周時期鬼方的後裔,從其使用日名和族徽也可知其不是姬周族類。日己器組雖然出土在周原,但其銘文也用日名和族徽,顯非周人系統,有没有可能也是來自鬼族的後裔,有待進一步考證。

圖五　日己方尊

圖六　日己方彝

覷爾方尊、兒方尊的造型屬於王世民等先生在《西周青銅器分期斷代研究》所分的Ⅰ型2式尊,日己方彝屬於Ⅰ型2式方彝,[1]時代均定爲西周早期;而Ⅰ型2式尊的典型器物令方尊、榮子方尊,主體紋飾屬於陳公柔、張長壽先生《殷周青銅容器上獸面紋的斷代研究》中所分的Ⅰ型3式,[2]流行於殷墟二期到西周早期。日己器組的主體花紋——卷角獸面紋,陳、張二位先生定爲Ⅰ型10式,時代是西周昭穆時期。另外,覷爾器組和兒方尊、兒方彝圈足上所飾的變形夔龍紋(即《殷周青銅容器上獸面紋的斷代研究》中的Ⅰ型2式竊曲紋)常見於西周中期前段。

這批器物的銘文書體也呈波磔體向玉柱體過渡的形式,正是西周昭穆時期流行的書體。這樣看來,把兒方尊、兒方彝和覷爾器組的時代定爲西周昭穆時期是比較合適的。

---

[1] 王世民、陳公柔、張長壽:《西周青銅器分期斷代研究》,文物出版社,1999年,第112、140頁。
[2] 王世民、陳公柔、張長壽:《西周青銅器分期斷代研究》,第226-228頁。

方尊銘文爲 26 字(圖七),行文從右向左,兩件兒方彝均蓋、器對銘,各 27 字(圖八、九),行文從左向右。方尊和方彝銘文内容相同,但方尊銘文缺少最後一個"用"字。兒器銘辭過於簡約,實難理解,現做初步梳理考釋。

圖七　兒方尊銘文

銘文按兒方尊原行款隸寫(并按兒方彝銘文補入"用"字)如下:

佳(唯)王八月,
戎伐董,膚
夊。彭,蜀(逐)追,
工(功)于蒿(郊),兒用
郛(俘)器盨(鑄)旅
彝,子₌(子子)孫永用。

1. 戎伐董

"戎"指北方的少數部族。與兒方尊、兒方彝時代大致相同的薯簋、臣諫簋、霸伯盤、格仲

1. 兒方彝甲蓋銘

2. 兒方彝甲器銘

圖八

28 青銅器與金文(第三輯)

1. 兒方彝乙蓋銘

2. 兒方彝乙器銘

圖九

簋都是記載戎人侵犯楷、軝、霸等諸侯小國的器物。菁簋有"叡戎大出于楷",臣諫簋有"戎大出于軝",霸伯盤有"戎大捷于霸",格仲簋有"戎捷于桑原"。[1] 李學勤先生指出"叡"是"朔"的假借字,"叡(朔)"指北方,"叡戎"就是北方之戎。楷國就是史書所載的黎國(也稱耆國),故址在今山西黎城縣黎侯鎮附近。軝國是西周時期一個小諸侯國,文獻失載,從"戎大出于軝,邢侯搏戎",并派臣諫率兵駐守,可知軝國在邢國的附近,也就是今河北南部或者山西晉中地區東部。霸國是一個未見文獻記載的西周諸侯國,金文亦作"格",有人認爲就是春秋時期的潞國。西周到春秋時期就在今山西翼城隆化鎮和長治潞城區一帶。另外,2009年甘肅合水縣何家畔村西周墓出土的伯碩父鼎,銘文記載伯碩父受命"遹司冢戎、叡方"。從這些資料可知,北戎就是分布在這些國家北部的戎族部落,地處今隴東、陝北、山西中北部到河北西部一帶。兒器組中的戎人應該就是北戎的一支。

"伐"謂攻打、征伐。《孟子·告子下》:"是故天子討而不伐。"焦循正義:"討者,上對下也。伐者,敵國相征伐也。"

"堇",王寧先生釋"爇",[2] 不確。甲骨文和早期金文"堇"字均从火,象人在火上之形。西周後期開始發生訛變,遂从火从土不分,春秋以後基本都是从土。此"堇"字與五年琱生簋的"堇"字構形完全相同。"堇"在此當爲國族名或者城邑名,西周早期青銅器有堇伯鼎(銘圖01594、01595),春秋時期晉國有堇陰邑。《左傳·文公七年》:"先蔑將下軍,先都佐之。步招禦戎,戎津爲右。及堇陰。"杜注:"堇陰,晉地。"秦蕙田《五禮通考》云:"堇陰,文七年趙盾禦秦師于堇陰。杜注:晉地。疑亦當在蒲州府榮河縣,蓋蒲州界接潼關,與秦以大河爲限。秦晉戰爭剗首、令狐、河曲、羇馬,俱在今永濟、臨晉、榮河、猗氏之地。"1954年榮河縣與萬泉縣合并,稱爲萬榮縣。所以,堇陰故址當在今山西萬榮縣西南。西周時期的堇國或者堇邑有可能就是此地。"戎伐堇"是説戎人攻打堇國(或者堇邑)。

2. 膚殳

"膚"本義是人或動物體表的一層組織,即皮膚,有時亦包括肌肉。《詩·衛風·碩人》:"手如柔荑,膚如凝脂。"《孟子·告子上》:"無尺寸之膚不愛焉,則無尺寸之膚不養也。"焦循正義:"膚,爲肌肉。"在上古用於祭祀或供食用的肉類也稱爲"膚"。《儀禮·聘禮》:"膚、鮮魚、鮮腊,設扃鼏。"鄭玄注:"膚,豕肉也。"《禮記·內則》:"麋膚,魚醢。"鄭玄注:"膚,切肉也。"從上下文來看,"膚殳"二字當爲敘述戎人伐堇的行爲動作。"膚"在銘文中并不能用其本義來解釋。王寧先生認爲"膚"可讀爲"虜"或"擄","殳"象手持刈鉤斬刈之形,是"殊"的

---

[1] 李學勤:《菁簋銘文考釋》,《故宮博物院院刊》2001年第1期;李學勤、唐雲明:《元氏銅器與西周的邢國》,《考古》1979年第1期;謝堯亭等:《山西翼城大河口西周墓地1017號墓發掘》,《考古學報》2018年第1期;謝堯亭等:《山西翼城大河口西周墓地2002號墓發掘》,《考古學報》2018年第2期。
[2] 王寧:《兒方彝銘文釋讀》,新浪博客,2018年6月11日。

本字,也就是誅殺的"誅"的初文,"殳"、"殊(誅)"乃古今字關係,意思擄掠誅殺,[1]此説可從。

3. 酻

"酻"字常見於殷墟甲骨文,亦見於商周金文。金文中"酻"也用於人名,如商末周初的酻尊、酻簋,但主要還是用於與祭祀有關的銘文中。商代金文僅見於戲鼎,銘文是"戊寅,王曰:戲隱馬酻,賜貝";西周金文見於早期的叔矢鼎,銘文是"王酻、大栅,秉在成周,咸秉",棘狀鼎銘文有"唯王初秉于成周,乙亥,王酻祀在北宗",麥尊銘文有"王饗莽京,酻祀";中期前段的繁卣,銘文有"唯九月初吉癸丑,公酻祀,越旬又一日辛亥,公禘酻辛公祀"。

"酻"字迄今仍未得到確釋。徐桐柏、吴大澂、阮元釋爲"酎",劉心源釋爲"酬",均非是。羅振玉、孫詒讓、馬敘倫、郭沫若、高鴻縉釋爲"酒",[2]亦不合甲骨金文意。李孝定雖釋爲"酒",但他認爲:"字从酉从彡,乃象形字。然从彡(水滴形)終嫌與彡(毛髮)易淆,故主篆文變彡爲水,是易象形爲會意。甲骨金文酒字名詞作酉,至作酻者,則爲酒祭之專名,從彡象酒滴沃地以祭之象。"[3]此説雖然還是釋"酒",但他和祭祀聯繫起來,認爲是一種祭祀禮儀則較前説爲優。近年李學勤先生在其《談叔矢方鼎及其他》一文中認爲"酻"字雖然目前還不能確釋,但從卜辭看,它作爲與祭祀有關的動詞,可單獨使用,也可與種種祀典相連使用。例如:酻伐、酻升伐、酻歲、酻菫、酻彡、酻亡(報)、酻毛、酻宜、酻叠、酻燎、酻秉、酻品、酻御、酻祭、酻告等等。所以"酻"是與祭祀有關的一個近似"享"、"獻"之類意義寬泛的動詞,但并不是一個特定的祀典或祀典中特定的儀節。[4]

筆者認爲此字从酉(酒)从彡。"彡"確象酒滴沃地之形,李孝定所説的"酻"是酒祭之專名有一定道理。不論是酻祭、酻祀、酻秉(禱)、酻告、酻宜、酻燎等祭祀儀式,"酻"應是諸多祭祀的一個重要環節,"酻"是名詞,是一種祭名或者祭祀的一種儀節則是明確的。

在兒方尊、兒方彝銘文中,"酻"應是"酻日"之省,是紀時之詞,意思是説在酻祀的這一天。

4. 蜀追

"蜀"字幾位先生釋爲"睘"或"䙷",讀爲"還",以爲是戎人伐菫,擄掠之後返還。筆者以爲不確。"睘"字金文作"⿱目衣"(番生簋),上從目,下從衣,中部有圓環,从辵的"還"字,亦如是作。戰國石刻文字作"⿱目衣",目字稍有訛變。"蜀"就是野生的蠶,未經馴化的蠶。"蜀"字周原甲骨作"⿱⺈虫",金文作"⿱⺈虫"(班簋),蠶身上端加一飾筆,似人形,左下方加虫

---

[1] 王寧:《兒方彝銘文釋讀》,新浪博客,2018年6月11日。
[2] 周法高主編:《金文詁林》,香港中文大學出版,1974年,第8375-8376頁。
[3] 李孝定:《甲骨文字集釋》,中研院歷史語言研究所專刊之五十,1965年,第4399-4400頁。
[4] 李學勤:《談叔矢方鼎及其他》,《文物》2017年第10期。

旁;戰國時期作"🀀"(戈銘)或"🀀"(璽印)。"🀀",蠹目也有所訛變,且省去蠹身。《説文·虫部》:"蜀,葵中蠹也。从虫,上目象蜀頭形,中象其身蜎蜎。"段玉裁注:"葵,《爾雅》釋文引作桑。"《詩·豳風·東山》云:"蜎蜎者蠋(蜀),烝在桑野。"毛傳:"蜎蜎,蠋貌,桑蟲也。"鄭玄箋:"蠋蜎蜎然特行,久處桑野,有似勞苦者。"兒方尊、兒方彝銘文中這個字,正是上从目,下从虫,目下的人形只是右側短了些,其構形與"睘"或"寰"字相差甚遠,當改釋"蜀"字。

"蜀"在此可有兩解。

其一,讀爲"獨"。"獨"字从蜀聲,例當通假。郭店楚簡本《老子》甲簡21:"蜀立而不亥(改)。"馬王堆帛書《老子》甲、乙本"蜀"均作"獨"。又銀雀山竹簡《王兵》:"所意之國能蜀利之,所亞(惡)之國能蜀害之。"《管子·爲兵之數》内容相同,作:"所愛之國而獨利之,所惡之國而獨害之。"又《石鼓·吾車》有:"射其豜蜀。"郭沫若先生云:"蜀,叚爲獨,當指離羣獨逸者。"[1]"蜀"與"獨"不僅音可通假,義亦相若。《方言》卷十二:"一,蜀也。南楚謂之獨。"郭璞注:"蜀,猶獨耳。""獨追"例同"邢侯搏戎",不能理解爲單槍匹馬獨自一人追殺敵人,應是獨自率領部屬追殺敵人。

其二,讀爲"逐"。古音"蜀"和"逐"分别在禪紐屋部和定紐覺部。屋覺旁轉,定禪準旁紐,故可通假。如《易·姤》:"羸豕孚蹢躅。"《釋文》:"躅,古文作蹱。"《集解》蹢作蹵。[2]"逐"與"追"爲同義詞,義爲追趕,驅逐。《左傳·莊公十年》:"(曹劌)下視其轍,登軾而望之,曰:'可矣!'遂逐齊師。"《公羊傳·莊公十八年》:"夏,追戎於濟西。""逐追"係同義詞連用,亦作追逐。

"獨追"與"逐追"在此銘文中均可讀通,但兩相比較,筆者認爲釋作"逐追"較優。"逐追"獨立成句,是説兒率其部屬追擊敵人。

5. 工于蒿

首先説"蒿"。"蒿"可讀爲"鎬",也可通假爲"郊",在此銘文中似以讀"郊"爲妥。因爲戎伐堇,事件發生在今山西西南部,距周都鎬京甚遠,它應是堇邑的郊野。

"工"有兩解。其一,讀爲"攻",義爲攻擊,進攻。有攻必有守。"攻于郊"是説進攻駐守在堇之郊區的戎軍。但是,上一句"逐追"是説兒已率部追擊敵人,那就是説敵人誅殺擄掠之後,已經離開了堇地,那麽在郊攻擊就没有對象了。所以,釋讀爲"攻"并不貼合上下文意。其二,讀爲"功"。"工"與"功"音同字通。《尚書·皋陶謨》:"天工人其代之。"孫星衍《今古文注疏》:"工,一作功。"《漢書·律曆志》引作"天功"。《吕氏春秋·孟冬》:"工有不當。"畢沅新校正:"《月令》'工'作'功'。"古語中,名詞後面用介詞結構作補語,該名詞一般用作動

---

[1] 郭沫若:《郭沫若全集·石鼓文研究、詛楚文考釋》,科學出版社,1982年,第76頁。
[2] 高亨纂著、董治安整理:《古字通假會典》,齊魯書社,1989年,第693頁。

詞。所以,"功于郊"意思就是在郊獲得了戰功。

6. 孚器

"孚"讀爲"俘"。"俘器"就是繳獲敵人的兵器之類。

通過以上分析,我們認爲兒方尊、兒方彝銘文是記載戎人侵伐菫國,一個名叫兒的軍將殺敵立功的事迹。銘文語譯如下:在周曆的某年八月,戎人侵伐菫國,擄掠誅殺。酌日,兒率部追擊敵人,在(菫國)郊野立有戰功,於是用繳獲敵人的兵器,鑄造了這件旅彝,希冀子孫永遠寶用。

(2019年元月8日於西安豐景佳園寓所書齋)

異□簋銘文釋論

胡 寧[*]

　　新近公布的異□簋(學者命名爲異好簋、異好盂、異簋等)銘文,與其他銅器銘文相較,相當獨特,無論用詞還是行文結構皆非同尋常,釋讀與理解文意的難度也就較大,目前已有多位學者參與討論,提出意見。筆者認爲此器應命名爲異□簋,銘文與西周早期族群遷徙相關,有較重要的史料價值,擬在學界已有觀點的基礎上略陳己見,以與同好討論。

一、器物基本情況與銘文已有釋讀意見

　　這件器物,最早由曹錦炎先生在"饒宗頤教授百歲華誕國際學術研討會"上發文公布,取名爲"異好簋",并釋讀銘文。[1] 隨後吳鎮烽先生在復旦大學出土文獻與古文字研究中心網站上發文探討,公布了器形照片(圖一)和較清楚的銘文照片(圖二),認爲"鑒於它沒有附耳,

圖一　異□簋　　　　　　　　　　　　圖二　異□簋銘文

---

[*] 上海大學歷史系副教授。
[1] 曹錦炎:《異好簋銘文小考》,"饒宗頤教授百歲華誕國際學術研討會"論文,香港大學,2015年12月5-7日。本文引用曹先生觀點,皆出自此文,不一一出注。

且時代在西周早期前段,所以稱爲盂比較合適"。朱鳳瀚先生則認爲:"此器高僅 17 釐米,體形甚小,迄今稱爲'盂'者,除了商末周初少數小型的盂(但也多高達 20 釐米以上)外,西周時盂均高在 40 釐米以上。小型盂是盛食器,大型者應是盛水器。從形體上看此器仍以稱爲'簋'較妥。"[1]筆者贊同後説,此器高僅 17 釐米,而盂通常器形較大,故仍稱爲"簋"。

吴鎮烽先生從器形、紋飾、銘文字體等方面分析,認爲此器的時代應爲西周早期前段,"即武成二世,以成王世的可能性最大,最晚不超過康王早期"。[2] 朱鳳瀚先生則認爲應在西周早期約康王時。[3] 新亭客先生主要依據銘文做判斷,説:"異簋銘文布局井然,縱横皆成行列,各行字數相等,各列字數也相等,目前所知,這種風格的器銘最早出現在西周康、昭王世。與武、成王世的器銘相比,異簋銘文的書法也顯出一些變化,中肥筆減少,波磔有所收斂,字構趨於勻稱,這些因素是斷代研究須要綜合考量的。"[4] 從此器紋飾來看,所飾夔紋、獨體蛇紋確爲商代至周初流行的。而銘文不僅竪成行,横亦基本成行,就目前所見西周早期器物來説,確是康、昭時期才有的現象。因此綜合考慮,將此器視爲西周康王時器物,或較合理。

銘文 5 行,每行 7 字,共 35 字(含合文 1),專文釋讀者主要有七家。爲便讀者,先將七家釋文列表介紹於下:

表一　異■簋銘文主要釋讀意見

釋讀者	器名	器主	釋　　　文
曹錦炎	異好簋	異好	我曰:"異好,我隹(唯)曰:若我王涉宲事乍(作)器,無徉(逢)多爲它。異好小子其肇乍(作)器,廼我興復(還)。"異好自兹。
吴鎮烽	異好盂	異好	非(人名)曰:"異好,我(人名)隹(唯)曰:若我王涉宲事乍(作)器,無徉(逢)多爲它。異□小子其肇乍(作)器,廼戈興復(還)。"異好自兹。
董珊	異好簋	異好	非曰異好:"我唯曰:若我王涉(瀕—頻)寵事作器,無逢多爲它。"異好(稽?)小子,其肇作器,廼弋(必)興,還異好自兹。[5]

---

[1] 朱鳳瀚:《金文所見西周貴族家族作器制度》,《青銅器與金文》第 1 輯,上海古籍出版社,2017 年,第 24 頁。

[2] 吴鎮烽:《〈異好簋銘文小考〉補正》,復旦大學出土文獻與古文字研究中心網站(http://www.gwz.fudan.edu.cn/Web/Show/2691),2015 年 12 月 22 日。本文引用吴先生觀點,皆出自此文,不一一出注。

[3] 朱鳳瀚:《金文所見西周貴族家族作器制度》,《青銅器與金文》第 1 輯,上海古籍出版社,2017 年,第 24 頁。

[4] 新亭客:《異簋銘文尋證》,復旦大學出土文獻與古文字研究中心網站(http://www.gwz.fudan.edu.cn/Web/Show/4188),2017 年 12 月 13 日。本文引用新亭客先生觀點,皆出自此文,不一一出注。

[5] 董珊:《異好簋銘小箋》,復旦大學出土文獻與古文字研究中心網站(http://www.gwz.fudan.edu.cn/Web/Show/2695),2015 年 12 月 13 日。本文引用董先生觀點,皆出自此文,不一一出注。

續表

釋讀者	器名	器主	釋　　文
陳治軍	異好簋	異好	非曰異好："我唯曰：若我王涉，宣事作器，無逢多爲它。"異好小子其肇作器，廼必興還。異好自兹。[1]
張崇禮	異好簋	異好	非曰："異好，我唯曰：若我王頻宣，事(使)作器，無逢多爲它。"異視(氏)小子，其肇作器，廼弌(式)興還異好自兹。[2]
朱鳳瀚	非簋	非	非曰："異好，我佳(惟)曰若：'我王(往)瀕宣事乍(作)器，無徣(逢)多爲它(也)。異□小子其肇乍(作)器。廼必興遠，異好自兹(兹)。'"
新亭客	異簋	異	非曰異好我，佳曰若我王。瀕宗事乍器，無逢多爲它。異載小子，其肇乍器。廼必興遠，異好自兹。

除表列七家意見外，還有王寧、黄傑等先生在吴、董諸家文章下發表評論，提出自己的看法。諸家在釋讀上的分歧主要集中在以下幾個字上，因爲釋讀的分歧，造成斷句和理解上的歧異。

1. 第一字曹錦炎先生釋爲"我"；吴鎮烽先生指出應爲"非"，諸家從之。

2. "王"後一字，曹、吴、董、陳四位先生釋爲"涉"；張、朱、新亭客三位先生釋爲"瀕"字省"貝"。此外王寧先生疑讀爲"造"，指作器。[3]

3. 第二個"異"字後一字，曹先生釋爲"好"，陳治軍先生、朱鳳瀚先生從之；吴先生指出非"好"字；董珊先生疑爲"稽"；張崇禮先生釋爲"視"并讀爲"氏"；新亭客先生釋爲"載"。

4. "廼"後一字，曹先生認爲是"我"字殘形；吴先生認爲是"戈"字；董先生釋爲"弌"并讀爲"必"，陳治軍、朱鳳瀚、新亭客三位先生從之；張先生亦釋爲"弌"但讀爲"式"；黄傑先生認爲是"逆"字。[4]

二、銘　文　新　釋

此篇開頭兩句，誠如新亭客先生所言，"'非曰……佳(惟)曰……'是一個并列判斷複句，非、佳(惟)分别表示否定判斷、排他性的肯定判斷。'非……惟……'多見於《詩》《書》"。則"非"應不是人名。另外，"非曰異好"與結尾所言"異好自兹"，顯然有對應關係。開頭所言，是(目前)尚不能説"異好"；結尾所言，是自此"異好"。則"異好"定非器主名，否則以"異好

---

[1] 陳治軍：《異好簋銘文補釋》，復旦大學出土文獻與古文字研究中心網站(http://www.gwz.fudan.edu.cn/Web/Show/2698)，2015年12月24日。本文引用陳先生觀點，皆出自此文，不一一出注。
[2] 張崇禮：《異好簋銘文考釋》，復旦大學出土文獻與古文字研究中心網站(http://www.gwz.fudan.edu.cn/Web/Show/2702)，2015年12月27日。本文引用張先生觀點，皆出自此文，不一一出注。
[3] 見董珊先生文後評論第1樓。
[4] 見董珊先生文後評論第3樓。

"自兹"結尾就十分突兀,顯得語意未完,無論怎樣都無法說通。"好"應爲形容詞,而"異"當是族氏名,器主名當是"異▨小子其肇乍(作)器"中的"異▨"。"小子",彝銘中習見,不少學者有過探討,筆者贊同朱鳳瀚先生的觀點,"小子"指小宗之長,即從屬於大宗的分族族長。[1] 嚴志斌先生進一步做了專文論述,認爲"小子"是"宗小子"的省稱,有五類出現方式:"一、小子;二、小子某;三、宗小子;四、某小子(某);五、余小子、余唯小子、余雖小子、爾有唯小子、汝小子。""第四類某小子某者,前一'某'可能是族氏名,或地(國)名,或其宗子之名,如▨、遭、顔、衛。後一'某'當亦是小子的私名"。[2] "異▨小子"實即"某小子某"形式中後一某字提前,成爲"氏+私名+小子"的形式,後接"其肇作器",爲器主自稱無疑。▨字字形似有殘損,難以準確識讀。

好,《說文》:"美也。"《爾雅·釋言》:"稱,好也。"邢昺疏:"好,謂美好。""非曰異好"可譯爲"不是說異家族美好","異好自兹"可譯爲"異家族從此美好"。這樣說,是因爲作器多是因"好"而作,"用以銘功頌德"。[3]《禮記·祭統》曰:

　　夫鼎有銘,銘者,自名也。自名以稱揚其先祖之美,而明著之後世者也。爲先祖者,莫不有美焉,莫不有惡焉,銘之義,稱美而不稱惡,此孝子孝孫之心也。唯賢者能之。銘者,論譔其先祖之有德善,功烈勳勞慶賞聲名列於天下,而酌之祭器;自成其名焉,以祀其先祖者也。顯揚先祖,所以崇孝也。身比焉,順也。明示後世,教也。夫銘者,壹稱而上下皆得焉耳矣。是故君子之觀於銘也,既美其所稱,又美其所爲。

目今所見彝器銘文,有美先輩功德者,也有美自身功德者(因某事受賞賜、獲得褒獎和任命等,册命銘文中多敘王嘉獎功績之言),後者在後世子孫"陳器觀銘"時當然也就成了"先祖之美"。《左傳》襄公十九年記載"季武子以所得於齊之兵作林鐘而銘魯功焉"一事,臧武仲說了一段話,其中有:"且夫大伐小,取其所得,以作彝器,銘其功烈,以示子孫,昭明德而懲無禮也。"有功烈可稱揚,故作器美之。銘文開始就說"非曰異好",是謙辭,表示并不是有什麽功德要稱述,"我惟曰若我王▨休事作器"表示作器只是爲了表示順從王事。是何王事? 關鍵就在▨字的訓釋上。

▨字是本銘釋讀的一個關鍵點,曹錦炎先生釋爲"涉",吳鎮烽先生從之,認爲是"經歷"之義。金文"涉"字作▨、▨、▨、▨等形,兩足被水流隔開,象涉水而過,▨字二"止"在

---

[1] 朱鳳瀚:《商周家族形態研究(增訂版)》,天津古籍出版社,2004年。
[2] 嚴志斌:《關於商周小子的幾點看法》,《文物春秋》2001年第6期。
[3] 朱鳳瀚:《中國青銅器綜論》,上海古籍出版社,2009年,第25頁。

"川"一側,顯然不同。董珊先生説:"所謂'涉'字,所從兩'止'皆爲左足,且在'川'旁的同一側,因此恐怕不會是'涉'字。我認爲該字可能釋爲'瀕'字異體(真部),可讀爲'頒'或'班'(文部,通假例見《古字通假會典》第105－107頁"賓"字聲系下),訓爲'分','頒寵事'可比較:《周禮·天官冢宰》'膳夫'職:'凡肉脩之頒賜。'又'酒正'職:'掌酒之賜頒。'《地官司徒》:'以頒職作事。'邢侯簋:'復厥頻(瀕—頒)福。'意思是報答周王所頒賜的福胙。""頒寵事"的表述方式文獻中似未見類似,邢侯簋銘文中的"頻"當訓爲"多","頻福"即多福,似非"頒福"之意。

又,效卣銘文(《集成》5433)和效尊銘文(《集成》6009)中有此字,作 ▨、▨ 形,釋讀爭議較多,有瀕、涉、從、巡、卑等意見。效卣、效尊兩器銘文內容相同,其中有:"王易(賜)公貝五十朋,公易(賜)氒▨子效貝廿朋。""效"是器主名,"▨子"是他對於"公"而言的身份。新亭客先生先將▨字釋爲"瀕",又引效卣銘文爲證,認爲此字當借爲"別",效卣銘文中"▨子"即《禮記·喪服小記》"別子爲祖,繼別爲宗,繼禰者爲小宗"的"別子"。這樣講,有三方面問題:

首先,"瀕"字從頁從涉,若省"頁"則就是"涉"字,實際上與直接釋爲"涉"没什麼區別。《説文》:"瀕,水厓。人所賓附,頻蹙不前而止。從頁從涉。"彝銘中誠如張政烺先生指出,是"頻"的異體,或表示"頻繁、多",如井侯簋銘文:"拜稽首,魯天子造厥瀕(頻)福。"或義爲"并",如默簋銘文:"用康惠朕皇文剌(烈)且(祖)考,其各(格)前文人,其瀕(頻)才(在)帝庭陟降。""頁"作爲此字主要構件,"頻蹙"之意由此而顯,是不能省略的。

其次,"別子"一詞固然見於典籍,除了前文所引《喪服小記》一段外,尚見於《禮記·大傳》:"有百世不遷之宗,有五世則遷之宗。百世不遷者,別子之後也;宗其繼別子之所自出者,百世不遷者也。宗其繼高祖者,五世則遷者也。"凡此兩段,是研究宗法制度的最重要的材料,但内涵不易索解,古來多有爭議,《喪服小記》鄭玄注:"別子爲祖者,諸侯之庶子,別爲後世爲始祖也。謂之別子者,公子不得禰先君。繼別爲宗者,別子之世長子,爲其族人爲宗,所謂百世不遷之宗也。"孫希旦《集解》:"愚謂繼別之宗,謂之大宗,言其百世不遷,宗之者衆也。"[1]"別子"正是"百世不遷"的大宗之長,而新亭客先生説"小宗的首位小子——小宗宗長稱作別子……公和效乃是子和別子、大宗宗長和小宗宗長的關係",顯然理解有誤。宗法上所言的"大宗",就是指諸侯之別子開始的這一宗。儘管依此上推,別子之於諸侯也是小宗,但絶不這樣説。天子、諸侯是君,君臣關係是凌駕於宗族關係的,不能與天子、諸侯論起大、小宗來,所以説"諸侯不敢祖天子,大夫不敢祖諸侯","君有合族之道,族人不得以其戚戚君位也",宗統不能僭越君統。即便效卣、效尊銘文中的"公"是諸侯,而器主效要特别説明

---

[1]（清）孫希旦:《禮記集解》卷三十二,中華書局,1989年,第867－868頁。

"公"與自己的父子關係,也絕不會以專用於説明宗法之始的"别子"自稱,無論傳世文獻還是出土文獻中都没有以"别子"自稱或稱呼别人的例子。

最後,如果把✶字讀爲"别",整句句意如何講通呢? 新亭客先生認爲宨字讀"宗","兼表宗族、宗廟",以"别宗"釋✶宨。論證過程姑置勿論,"宗"字从"示",習見於彝銘,屬常用字,有何緣故偏偏僅在此銘中棄常形不用而非要寫成宨呢? 宨字在金文文獻中亦有多處用例,一般公認爲"休賜"之義,如令簋銘文有"令敢揚皇王宨",郭沫若先生説:"宨字兩見,當是休之異文。……又對揚王休,乃古人恒語。此言揚皇王宨,例正相合。"[1] 白川静先生進一步論曰:"宨,用作休賜之義。……休的初義不是休息,而是休光、休賜之意。"[2] 以"休賜"釋宨,諸用例能講明白,若釋爲"宗",則扞格難通。

按✶字從川從辵,可隸定爲雎,當是"徙"字異構。甲骨卜辭和商代金文中有字作✶、✶、✶、✶、✶等形,二"止"同處"彳"之一側,異説頗多,孫海波、李孝定、于省吾等先生認爲即"赽(徙、徙)"字,[3] 當是。"徙"字所表示的,是沿道路而行,無論是二人之左足還是一人之雙足,皆沿道路朝同一方向,"雎"字從川,則象沿水岸而行。古人遷徙,往往遵自然河流而行,既可避免迷失,又可保證途中供水。在效卣、效尊銘文中的"雎(徙)"假借爲"適","徙"是心紐支部字,"適(嫡)"是端紐錫部字,舌、齒相鄰,主要元音相同,音近可通。"適(嫡)子""庶子"之稱,典籍中很常見,不煩舉例。

在此器銘文中,宨字仍是休賜之義,按"賜"(典籍中多寫作"錫")恒與"封"聯繫在一起,故有"封賜"一語。封某人於某地也就是把土地人民賜給某人,賜某人山川田地也就是把某人封在那裏,《詩經·魯頌·閟宫》:"乃命魯公,俾侯于東;錫之山川,土田附庸。"又《大雅·崧高》:"王錫申伯,四牡蹻蹻,鈎膺濯濯。王遣申伯,路車乘馬。我圖爾居,莫如南土。錫爾介圭,以作爾寶。往近王舅,南土是保。"又《大雅·韓奕》:"王錫韓侯,其追其貊,奄受北國,因以其伯。"又《大雅·江漢》:"肇敏戎公,用錫爾祉。釐爾圭瓚,秬鬯一卣,告于文人。錫山土田,于周受命,自召祖命。"凡此數詩,言"錫"山川、土田、介珪、戎狄等,都是封侯之意。《春秋》和《左傳》中多處言天子派人賜某公或某侯命,也就是在諸侯國新國君剛剛繼位時,舉行象徵性的册命儀式,也就是每一代諸侯都應重新受封。卿大夫受賜田地采邑,如《左傳》僖公元年"公賜季友汶陽之田及費",當然也就是一種封賞和任命。所受的城邑稱爲"賜邑",如《左傳》僖公五年"陳轅宣仲怨鄭申侯之反己於召陵,故勸之城其賜邑",故銘文"徙宨"即"徙賜",類似於後世所言"徙封",表示將封地采邑改到别處。

"無䢔(逢)多爲它"是一句,"無"如曹錦炎先生言,是"副詞,表否定"。"多"當借爲

---

[1] 郭沫若:《兩周金文辭大系圖録考釋》(第三册),上海書店出版社,1999年,第5頁。
[2] [日]白川静通釋、曹兆蘭選譯:《金文通釋選譯》,武漢大學出版社,2000年,第47頁。
[3] 于省吾:《甲骨文字詁林》,中華書局,1996年,第2235-2236頁。

"哆",《法言·吾子》:"中正則雅,多哇則鄭。"王念孫《讀書雜志》:"多,讀爲哆。哆,邪也。下文云:'述正道而稍邪哆者有矣,未有述邪哆而稍正也。'哆與多古字通用。""它"字本象蛇形,甲骨卜辭中多假爲"㞢",義爲"害","亡它"就是沒有災害,"它……"就是危害什麼,卜辭中習見。此銘亦然,"無逢多爲它"即"不要遭逢邪(物)爲害"。

"肇作器"之"肇"是"開始"的意思,朱鳳瀚先生曾有專文論述,指出金文中的"肇"字并非虛詞,而是表示初始之義的實詞,朱先生説:

> 西周器銘恒言器主爲其先人"肇乍(作)"某器。《爾雅·釋詁》:"初、哉、首、基、肇、祖、元……始也。"肇作即始作,亦即初作。……當時爲宗族、宗法社會,一族之宗子于本宗族有主持祭祀先人的義務與權力,製作宗廟祭器即爲此種義務與權力之表徵,在貴族家族中被視爲莊重而神聖之事。凡言"肇作",一般應是在初嗣宗子之位不久(或從大宗本家分立新支而己爲新支家長)時。在器銘上説明是初作,不僅表現了對首次鑄作宗廟禮器之重視,而且也是藉器銘將自己初主家祀之事記錄下來,以志紀念。[1]

此器器主自稱"小子"(小宗宗子)且言"肇作",再聯繫"若我王徙休事",則此器應是奉王命從大宗分出并遷徙到別處的小宗宗子所作的第一件彝器。

"廼必興還"一句,"必"字曹錦炎先生釋爲"我",吳鎮烽先生説"現存筆畫似戈",董珊先生認爲"是'柲'字初文,讀爲'必'"。新亭客先生觀銘文"戈"形兩側似有淺劃,認爲此字當是"必"。按此字確當釋爲"必",但非用作確定之辭,而應借作"畢"。必、畢音同,典籍中多有通假之例,《墨子·所染》:"染於蒼則蒼,染於黃則黃,所入者變,其色亦變,五入必而已則爲五色矣。""必"即通"畢",終、盡之義。"廼必"即"廼畢",也即"乃終",《周易·坤卦·象辭》:"西南得朋,乃與類行;東北喪朋,乃終有慶。"興,《廣韻》:"盛也。"《詩經·小雅·天保》:"天保定爾,以莫不興。"鄭箋:"興,盛也。""還"可通"皇",義爲大。《尚書·無逸》"皇自敬德",《後漢書》卷五十四《楊震傳》作"還自敬德","皇""還"同紐(匣紐),一陽部一元部,元陽通轉。興、還(皇)二字連用,爲興盛發達之義。"廼必興還"即言終將興旺發達。

綜上所述,筆者認爲此器銘文當釋讀爲:

> 非曰異好,我隹(惟)曰若我王胜(徙)宝(休)事作器,無逄(逢)多爲它。異 小子其肇乍(作)器,廼必興還,異好自兹。

---

[1] 朱鳳瀚:《論周金文中"肇"字的字義》,《北京師範大學學報(人文社會科學版)》2000年第2期。

可意譯爲:

> 不是説異氏有什麽美好的功業,我只是説順從我王改賜新地之事而作器,不要碰到邪物爲害。異■小子第一次作器,終將興旺發達,異氏自此越來越美好。

三、銘文的史料價值

此器爲西周早期器,而西周早期正是人口遷徙較多較頻繁的時期。隨着周王朝的建立和在東方的開拓,大量西土家族遷移到東部,多爲軍事殖民性質。爲了加强對殷遺民的控制管理,周王朝對殷遺家族也進行了大規模的遷徙。趙慶淼博士的學位論文《商周時期的族群遷徙與地名變遷》根據遷徙情形的不同,將商周族群的遷徙分爲三種類型:"都邑遷徙型""分封遷徙型"和"征服遷徙型","所謂'都邑遷徙型',是指因國族的都城、族邑等中心聚落發生遷移而造成的族群遷徙"。"所謂'分封遷徙型',是指因最高統治者推行分封制度而導致的族群遷徙。衆所周知,隨着周王朝推行'授民、授疆土'的'封邦建國'運動,大量宗室貴族率其家族成員離開故土,遷徙至受封地區建立新的族居地"。"'征服遷徙型'是指征服者采取行政或軍事手段,迫使被征服者實行的强制性遷徙。例如商周古文字材料中常出現關於'奠'的記録,據學者研究表明,'奠'即統治者將征服或附屬國族的一部或全部,'奠置'在王朝所控制的區域内。……再如武王克商後,廣大殷遺民在周人'分而治之'的統治策略下,部分族氏被遷至新的地域(如成周、岐周等地)實行集中管理;部分族氏則淪爲周人貴族的附屬群體,并隨後者的分封而遷徙;有些較大的族組織則被肢解分割,再分別徙至新的居地"。[1]

無論哪種類型的遷徙,都往往伴隨着族群的分裂,而西周早期三種類型遷徙皆多且往往結合在一起。異■簋銘文中所言遷徙之事,指的應是哪種類型呢? 器主稱周王爲"我王",《詩經·大雅·民勞》:"柔遠能邇,以定我王。"鄭箋:"當以此定我周家爲王之功。言我者,同姓親也。"則異■爲姬姓貴族的可能性很大,這樣就基本排除了"征服遷徙型"。此器年代最可能在康王時期,而非剛剛建立周王朝、營建洛邑之時,故"都邑遷徙型"的可能性也不大。這樣,就只剩下"分封遷徙型",分封,在諸侯的層面上是封邦建國,在王朝或諸侯國卿大夫的層面上則是賜予采邑田地,後者其實更多,這正與上文對"雌宫"的訓釋相合。

"異"作爲氏名,吴鎮烽先生疑讀爲"冀"或"翼","冀、翼爲古國名,春秋時皆屬晋地,見《左傳》,翼在今山西省翼城縣東南,冀在今山西省河津縣東北"。異通翼,金文中有其例,如虢叔旅鐘銘文(《集成》00238):"皇考嚴才(在)上,異(翼)在下。"又如大盂鼎銘文(《集成》02837):"古(故)天異(翼)臨子,灋保先王,匍有四方。"又曶鼎銘文(《集成》02838)中"井叔

---

[1] 趙慶淼:《商周時期的族群遷徙與地名變遷》,南開大學博士學位論文,2016年,第32-33頁。

才(在)異"之"異"也是地名,所指應爲一地。按翼地本屬古唐國,後成王封唐叔虞於此地,後爲晉國都城。此器銘文的"異"是否爲晉國公族,是從何處遷往何處,目前還無從詳考。儘管如此,異❋簋銘文言及西周早期族群遷徙之事,是相關研究領域難得的寶貴史料。特別值得注意的是,銘文中説"無(逢)多爲它",在始作器時之所以要這樣説,當是因爲剛剛遷到新地,對新環境尚未適應,[1]懷着對當地神秘力量的恐懼和戒備,[2]應該也舉行了一些巫術儀式以祓除不祥,關於這方面,有待進一步深入研究。

---

[1] 遷到新地,往往有一段適應過程,《尚書·盤庚》載盤庚遷殷之事,也説"民不適有居"。
[2] 這種心理在古代是非常普遍的,直到明清時期,漢人移民進入西南地區,對於南方少數民族"蠱毒"的恐懼是相關傳説愈傳愈神異的原因。

"小子𡖊簋"與卜辭滴水地望補證

田秋棉

　　殷墟卜辭中習見之河流名稱有河、滴、洹等,其中滴水地望,歷來爭訟紛紜。按現藏德國某氏的"小子𡖊簋",器銘涉及商末征人方這一重要歷史事件。因銘文拓本不甚清晰,釋文多有争議。今筆者不揣孤陋,擬對銘文做出補釋,并欲以此爲基礎,就新近學者所提出的滴爲東土水名説[1]略做補證。疏誤不當,容或難免,尚祈方家不吝指正。

　　從器型(圖一,1)來看,"小子𡖊簋"深腹,器腹下部微鼓,口徑與腹徑大致相等,近腹底圓曲内收,圈足較高,雙半環耳,耳下有長方形珥。參考朱鳳瀚先生《中國青銅器綜論》的型式劃分,該簋屬C型Ⅲ式,其年代比較接近西周早期。[2] 就《考古》雜志所公布的器物照片看,[3]器身似有一定的銹蝕,器腹外表以素面爲主,僅腹部偏上飾帶狀獸面紋,其紋飾風格又近乎晚商之器。若結合銘文具體内容判斷,其時代則確屬殷末無疑。

　　該簋鑄有銘文5行30餘字(圖一,2,《三代》8·33·2,《集成》4138)。由於拓本漫漶不清,具體釋讀多存分歧,其中通行的釋文[4]作:

　　　　癸巳,𧓻商(賞)小子𡖊貝十朋,才(在)上䇂,隹(唯)𧓻令伐人方,𡖊寶貝,用乍(作)文父丁障(尊)彝,才(在)十月四。𩫏。

即將"𡖊"視爲器主,"小子𡖊簋"之定名蓋緣此而來。

　　李學勤先生則另有一種讀法,[5]曰:

---

* 本文爲國家社科重大項目"出土先秦文獻地理資料整理與研究及地圖編繪"(18ZDA176)階段性成果。
** 南開大學歷史學院博士研究生。
[1] 陳絜、趙慶淼:《"泰山田獵區"與商末東土地理——以田獵卜辭"盂"、"𣂰"諸地地望考察爲中心》,《歷史研究》2015年第5期;陳絜:《卜辭滴水與晚商東土地理》,《中國史研究》2017年第4期。
[2] 朱鳳瀚:《中國青銅器綜論》(上),上海古籍出版社,第128頁。
[3] 晏琬(李學勤):《北京、遼寧出土銅器與周初的燕》,《考古》1975年第5期。
[4] 張亞初:《殷商金文集成引得》,中華書局,2001年,第74頁;中國社會科學院考古研究所:《殷商金文集成》(修訂本),中華書局,2007年;中研院歷史語言研究所"殷周金文暨青銅器資料庫"(http://bronze.asdc.sinica.edu.tw/rubbing.php?04138)。
[5] 晏琬(李學勤):《北京、遼寧出土銅器與周初的燕》,《考古》1975年第5期。

癸巳,䚄商(賞)小子䍤(?)貝十朋,才(在)□㠯,惟䚄令伐人方䙴,䍤(?)用乍(作)文父丁彝,才(在)十月彡。䢧𢑱。

王恩田先生隸定與李説基本相同,唯釋"㠯"前之字爲"冓",[1]其辭曰:

癸巳,䚄賞小子䍤貝十朋,在冓㠯。佳䚄令伐人方䙴。[䍤]用作文父丁障彝,在十月彡。𢑱。

此外,張政烺先生的釋讀也較爲獨特,他以爲"人方䙴"之後有"蔑曆"一句,[2]即:

癸巳,䚄商小子□貝十朋,才□㠯。惟䚄令伐人方䙴。蔑曆,用乍文父丁尊彝,才十月彡。

图一 "小子䍤簋"器形照片及銘文

1. "小子䍤簋"器形照片,《考古》75·5 2. "小子䍤簋"銘文拓本,《三代》8·33·2 3. "小子䍤簋"銘文摹本

---

[1] 王恩田:《人方位置與征人方路綫新證》,中國社會科學院甲骨學殷商史研究中心編輯組:《胡厚宣先生紀念文集》,科學出版社,1998年,第104-116頁。
[2] 張政烺:《哀成叔鼎釋文》,《古文字研究》第5輯,中華書局,1981年;又收錄於氏著《張政烺文史論集》,中華書局,2004年,第582頁。

對比以上幾種意見,可知分歧主要有四:其一是第一行器主"小子"之名諱,其二是第二行"才囗/莽自"還是"在上魯",其三則是第三行"人方夐"與"用"字之間的文字隸定和釋讀,其四即銘文末尾是"在十月彡"還是"在十四月"。其中第二行"才"下一字,拓本作"▨",其筆畫依稀可辨,可摹作"▨",即甲金文常見的"莽"字,[1] "自"字相對清晰,唯作反書,故王氏隸定"才莽自"可從。第三行"伐人方夐"之下部分的釋讀尤爲關鍵,目前學者意見大概也分三類:一是讀爲"賓貝";另一類則讀爲"蔑曆";還有就是以李先生爲代表的、將其中"▨"字及其下無法看清筆畫的那一部分視作一字,以爲即器主小子某的私名。[2] 細審銘文,各家意見似以李說爲長。不過,對比首行小子私名處,"人方夐"與"用"字之間所餘空隙似可容至少兩字,故釋爲"网"或有未安。當然,也絕非所謂的"賓貝"與"蔑曆",今試論如下。

首先,從禮制角度分析,此處作"賓貝"似有不妥。衆所周知,金文中以"賓貝"爲代表的"賓"某人以某物,往往與答謝來賓、使臣有關,例如:

(1) 唯十又九年,王在斥,王姜令作册睘安尸伯,尸伯**賓**睘貝、布,揚王姜休,用作文考癸寶尊器。(作册睘卣,《集成》5407,西周昭王)

(2) 唯六月既生霸辛巳,王令遹眔叔肆父歸(饋)吳姬饌器。師黃**賓**遹章(璋)一、馬兩,吳姬**賓**帛束。遹對揚天子休,用作尊簋季姜。(遹簋,《集成》4195,西周中期)

《說文》:"賓,所敬也。"金文中"賓"多是主人針對賓客的一種饋贈禮節,一般用於答謝爲己奔走或受命出使而來之賓客。如上述作册睘卣銘中,器主睘受王姜之命問安尸伯(尸伯殆即王姜之父),尸伯因此贈送睘貨貝、布帛等物品。遹簋銘所講與之類似,即遹和叔肆父受周王之命饋贈吳姬禮器,故師黃、吳姬夫婦贈送給遹玉璋、馬匹、布帛等物品,以答謝遹等爲己奔走之勞,可見被"賓"者基本屬於"使臣"的角色。由此返觀"小子鼂簋"銘,所述顯然不同,故"賓貝"之釋依據不足。[3]

張政烺先生釋作"蔑曆",當然也有問題。按"蔑曆"是金文習語,大意即如今之表彰,一般寫在

---

[1] "莽"字於甲骨金文常見,有"▨"(《合集》6196)、"▨"(《合集》27824)、"▨"(《合集》9239)、"▨"(《集成》7191)等幾種寫法,簋銘即第三種寫法。《說文·莽部》:"莽,交積材也。象對交之形。"徐中舒、李孝定皆以爲象兩魚相遇,是莽遇之本字,可信。參徐中舒主編:《甲骨文字典》卷4,四川辭書出版社,2014年,第443頁;李孝定編:《甲骨文字集釋》卷4,中研院歷史語言研究所出版,1982年,第1401頁。

[2] 晏琬(李學勤):《北京、遼寧出土銅器與周初的燕》,《考古》1975年第5期。

[3] 這個問題韋心瀅先生亦有很好的分析,讀者自可參閱,見韋心瀅:《從流散海外殷末青銅器見帝辛十五祀征夷方史事》,《中國國家博物館館刊》2015年第3期。

具體的賞賜行爲之前。也就是説,"蔑曆"是賞賜之前提,故二者在語序上往往前後相接,如:

(1) 乙卯,王令保及殷東或五侯,征(誕)兄(貺)六品。**賓蔑曆于保,賜賓**,用作文父癸宗寶尊彝。遘于四方,会王大祀,祓于周,在二月既望。(賓卣,[1]《集成》5415,西周早期)

(2) 伯雍父來自䵼(胡),**蔑録曆,賜赤金**。對揚伯休,用作文祖辛公寶𣪘簋,其子子孫孫永寶。(録簋,《集成》4122,西周中期)

賓被保賞賜,其前提是爲保所"蔑曆"。同樣,録被賞賜也是以受伯雍父"蔑曆"爲先決,但"小子𠭯簋"銘文并未涉及賞賜之事,故"令伐人方𠭯"之後不太可能是"蔑曆"二字。

"賓貝"也好,"蔑曆"也罷,其實最爲重要的是,此類解釋似均與"𠭯"下之字的形構不符。按金文中的"賓"與"蔑"字,其通行寫法大致可以歸納成下表:

表一 金文"賓"、"蔑"字形表

金文"賓"字形構				
	《集成》5412	《集成》4195	《集成》9104	《集成》4298
金文"蔑"字形構				
	《集成》4122	《集成》4238	《集成》2509	《集成》10166

其中"賓貝"之賓,最初殆爲賓客義之引申,字从宀从丏,後來則添加義符"貝"而作 圖、圖、圖 之形,當然有時所从之貝會訛變作鼎。[2] 而蔑字卜辭作 圖 (《懷特》1633,自組),从戈、媚聲,或从伐、媚省聲,形構十分清晰,其造字之初的本義或與伐相近,[3] 只是上表最後的"圖"字實爲假借用法,其本義當與某種農作物或農事有關。而"小子𠭯簋"3行第5字其左上似从声(即"磬"字初文)、右上似从戈(或即戉之殘)、下部則爲"方",與卜辭習見之"𣪊"字極其相似。

按殷墟卜辭中"𣪊"寫法有五,主要有从戉、从殳之別,[4] 今將从戉的形構列表如表二。

---

[1] 舊稱"保卣",但該器主實爲賓,故本文更名爲"賓卣"。按此前唐蘭先生已有此説,參氏著:《西周青銅器銘文分代史徵》,中華書局,1986年,第64頁。
[2] 如鄭邢叔鐘銘文"圖"字(《集成》22,西周晚期)所示。
[3] 陳絜:《卜辭中的"夢"字及其他》,《殷都學刊》2011年第4期。
[4] 陳絜、趙慶淼:《"泰山田獵區"與商末東土地理——以田獵卜辭"盂"、"𣪊"諸地地望考察爲中心》,《歷史研究》2015年第5期。

表二　卜辭"觱"字形表

A 類		B 類	
[字形]	[字形]	[字形]	[字形]
《合集》28886	《合集》28883	《屯南》256	《合集》28887

按表二所列兩類从戉（鉞）之"觱"字，其最顯著的區别就在於鉞柲的直與曲，而"小子𠭯"簋銘文中"[字]"字，其右上所从殆爲曲柲"戉"字之殘，也就是説，該字或即卜辭从戉之"觱"的 B 類形構，似可摹作"[字]"。

從金文文本判斷，"小子𠭯簋"銘第 3 行"用"字之上的殘文殆爲器主之私名，故其形構當與首行第 7 字同。殊爲可惜的是，這兩處均漫漶不清，究爲何字已無從辨識。過去有學者隸定爲"𠭯"，似乎不太準確。李先生則釋作"网"，與通行説法已有明確區分，即或不中，似亦不遠。按該簋銘文第 3 行第 4 字即有"𠭯"字，拓本作"[字]"，上从网、下从每，結構清晰，且字形較爲頎長，幾乎占用兩個字的空間。而第一行"小子"和"貝"之間所餘空間有限，無法容下一形體頎長的"𠭯"字。所以"小子𠭯"之釋，斷不可信。更爲要緊的是，"人方𠭯"亦見於晚商金文和相關殷墟刻辭，是東土人方的一支。例如：

　　乙巳，子令小子𠧧先以人於堇，子光商（賞）𠧧貝二朋，子曰："貝唯襪女（汝）
　　曆。"𠧧用乍（作）母辛彝，在十月，月唯子曰："令望人方𠭯。"（以上文字見於器蓋；
　　圖二，1）冀。母辛。（以上文字見於器底；圖二，2）（小子𠧧卣銘文，《集成》5417，
　　商末）

上引小子𠧧卣銘"令望人方𠭯"一句，研究者或釋作"命令小子𠧧至於人方𠭯"，[1]但將其中的"望"字訓作監察、[2]監視[3]或偵察似乎更爲穩妥。不管今人如何解釋，"人方𠭯"是指晚商東土人方中以"𠭯"爲稱的一支，這一點當無可争議。[4]可見"𠭯"并非器主之名諱，將之定名爲"小子𠭯簋"欠妥。當然，器主之名究竟是网抑或其他，目前尚不敢遽定，暫付闕如，

---

[1] 馬承源主編：《商周青銅器銘文選》第三册，文物出版社，1988 年，第 4 頁。
[2] 劉釗：《卜辭所見殷代的軍事活動》，《古文字研究》第 16 輯，中華書局，1989 年，第 102－103 頁。
[3] 趙誠：《甲骨文行爲動詞探索（一）》，《古文字研究》第 17 輯，中華書局，1989 年，第 334 頁。
[4] 此外，黄組卜辭《上博》54806.2 有"多侯甾伐人方白……人方白[字]……"云云之殘辭，過去多讀作"人方伯𠭯"，將之與小子𠧧卣銘"人方𠭯"相聯繫，當然有一定道理。但其中的"[字]"字下部所从與"𠭯"、有較大區别，究竟是否𠭯字尚須再討論。即便舊釋不誤，"人方白[字]"亦有斷讀作"人方白、[字]"之可能，因爲東土原本就有白地（《合集》33091）、白麓（《合集》35501），還有白族（或白族首領）之記載（《合集》33091）。另卜辭"某伯"習見，"某伯某"亦偶有所見，但"伯某"者罕有適例，這同樣是一個需要關注的現象。所以，《上博》54806.2 可能不太適合用於討論人方𠭯的問題。

"小子𠷎簋"與卜辭滴水地望補證 47

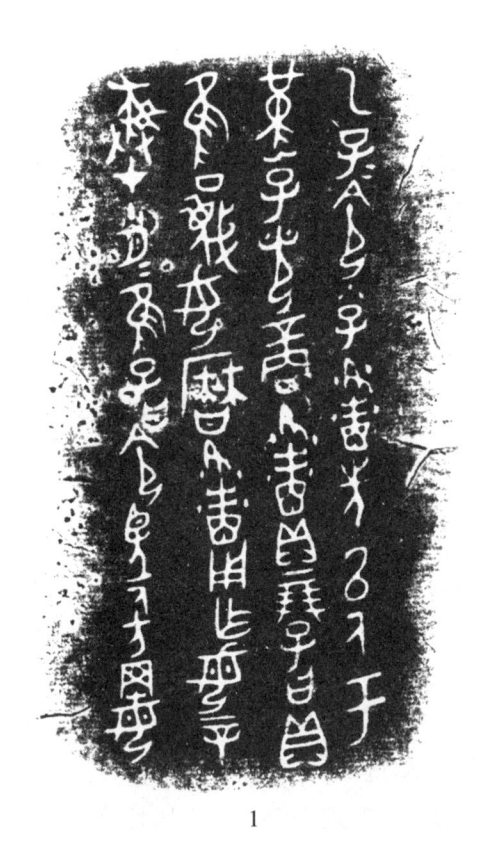

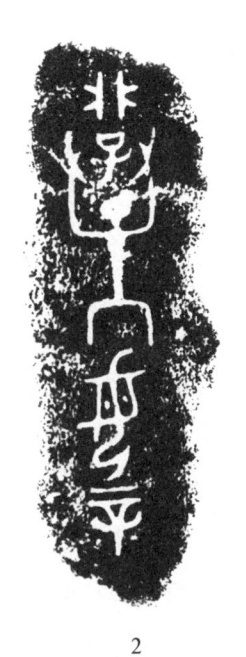

1　　　　　　　　　　　　2

圖二　小子𠷎卣銘文拓本
1. 器蓋銘文拓本　2. 器底銘文拓本

以待方望之士補苴。

"小子𠷎簋"第 3 行"𠛱"與私名之間是否還有其他文字,眼下亦不易判斷,日後若能有新的清晰拓本或 X 光照片,一切疑問或均可冰釋。此外,銘文最後一句,李先生等讀爲"在十月肜",實際上金文中"肜"一般作"彡"(二祀邲其卣,《集成》5412,晚商)或"彡"(仲肜盨,《集成》4372,西周晚期),寫成三長兩短或三短兩長,而同時代的卜辭則作"彡"(《合集》22832,無名組)、"彡"(《合集》35446,黃組)、"彡"(《合集》35534,黃組)之形,筆畫從三到五不定,但其共同點是斜向下筆,而"小子𠷎簋"銘文中的"三",其四筆基本等長且平直,當是常見之"四"字。"在十四月"之紀時,在商周金文中出現頻度頗高,亦可見於卜辭與文獻材料。[1]

---

[1] 如叔虞鼎(《文物》2001 年第 8 期,西周早期)、鄧公簋(《集成》3858,西周中期)、郘公緘鼎(《集成》2753,春秋)等。另外還見于晚商卜辭(《合集》21897)與《左傳》(襄公二十七年)等材料。由此可見,從晚商到春秋,失閏頻繁,曆法比較粗略,故欲以今天的合天曆去推演或復原商周古曆,恐怕是件可以再商議的事情。

至此,我們可將"小子䍙簋"銘文關鍵文字摹寫如圖一,3,并隸寫其銘文如下:

癸巳,䰧商(賞)小子□貝十朋,才(在)䖒𠂤,佳(唯)䰧令伐人方䍙、𠂤,□用乍(作)文父丁尊彝,才(在)十月四。獎。

需要補充解釋的是"令伐人方䍙、𠂤"一句,對照周初塱方鼎銘文(《集成》2739)"征伐東尸(夷)䕫伯、尃(薄)古(姑)"之辭,可推知䍙與𠂤均屬人方小邦族,即如䕫氏、薄姑悉屬東夷一般。而據本器銘文所載,在殷末時期,它一度爲人方所侵占,故才有了王朝友族獎"伐人方䍙、𠂤"之軍事行動。[1]

經過以上分析可知,"小子䍙簋"的定名其實是錯誤的。而銘文"䖒"、"𠂤"兩字的辨識,則爲卜辭滴水方位地望之確定,提供了新的佐證,這也是該器銘文最爲重要的史料價值之所在。卜辭滴水地望問題,歷來備受學界關注,所得結論亦頗多分歧。新近陳絜師通過對《合集》36501 殘詞補苴與考釋,提出了卜辭滴水即山東汶水下游鄣邑(今山東東平接汶上鎮鄣城村)附近之河流或汶水流經鄣邑段之專名、鄣與𠂤地僅半日行程的新主張,筆者認爲是說可信。而"小子䍙簋"言及𠂤爲東土人方部族,故可想見,卜辭多處提到的"涉滴射𠂤"[2]之滴水,一定位於安陽以東區域。又"小子䍙簋"提到獎族(其族居地在今山東濟南長清一帶[3])之"䰧"[4]在䖒地賞賜器主小子某,而䖒地恰恰又是習見之卜辭地名,經常與𣏟(濫)、龜(龜陰一帶)、蘄(闡)、壴、沚、諆、蜀等東土地名或族群成組出現,[5]所以亦在東土無疑,據考證與《水經注·汶水》所記載溝水有關,其地坐落於今肥城、泰安間。[6] 有意思的是,䖒與丘商(即"商"之別稱,《春秋》經傳作"鄑")還具有同版關係,占卜時日又多是前後銜接,如據賓組卜辭(《合集》9774,圖三)記載,商王在壬子日"戠于丘商"、轉天的癸丑日則占卜䖒是否受年,這也完全符合滴即商邑附近之水名的推測。

---

[1] 按淄水、汶水流域的某些土地或邑落,經常會在商王朝和人方勢力間輾轉易手,比較典型的如黃組卜辭中的田獵地舊(如《合集》37434),位於今山東萊蕪一帶,一度是人方的居邑,故受到商王朝軍事力量的打擊(如《屯南》2064:"王族敦人方舊。")。同樣,如《合集》37620 等記載的商末田獵點雍(今淄水上游一帶),也曾是人方雍伯的邑聚(棗盉,《滕州前掌大墓地》上冊,文物出版社,2005 年,第 303 頁)。
[2] 如《合集》28882、28883、28340 與《屯南》256 諸辭所示。
[3] 陳絜:《小臣缶鼎與晚商獎族族居地》,《青銅器與金文》第 2 輯,上海古籍出版社,2018 年,第 75 - 89 頁。
[4] 張政烺先生認爲商周銘文中有幾例"䰧"與賞賜之事相關,可能不是人名而是美稱,"䰧"的地位與同時期王、子、侯、卿事相當。參張政烺:《哀成叔鼎釋文》,載氏著《張政烺文史論集》,中華書局,2004 年,第 581 - 586 頁。
[5] 如《合集》32996、32997 諸辭所示。
[6] 陳絜、田秋棉:《卜辭"龜"地與武丁時期的王室田獵區》,《故宫博物院院刊》2018 年第 1 期。

圖三 《合集》9774

　　當然，"小子𪎮簋"還涉及商代曆法的"十四月"問題，這需要做專門的討論，就不在本文展開了。

　　附記：本文是在業師陳絜先生的啟發與指導下完成的。初稿寫於 2016 年 4 月，并在北京大學主辦的"青銅器與金文"學術研討會（2016 年 5 月 29 日）上宣讀，會後在聽取與會專家及匿審專家的意見後又做了進一步的修訂，於此一并致謝！

疑尊、疑卣補議

許夢陽*

2011年，法國希拉克博物館曾展出一批中國銅器，其中有兩件有銘銅器疑尊、疑卣，非常重要。北京大學考古文博學院董珊先生對其進行了深入研究，繼而屬文發表，[1]李學勤、黃傑諸位先生亦相繼參與討論。[2] 本文在諸位先生的討論基礎上，再談一些自己的淺見。

一、器物的形制

疑尊（圖一）體高28釐米，寬24.2釐米，呈三段式。器身作圓筒狀，體形較寬。侈口，腹部微鼓，下有圈足。

以銅尊之肩的有無爲標準，可分爲有肩尊和無肩尊，疑尊顯然屬於無肩尊的類型。朱鳳瀚先生將無肩尊中口部外張不大的銅尊細分爲三個亞形："中腰微鼓""中腰鼓張明顯"和"腹壁自頸向下圓轉斜張"。斷代上，微鼓者自商代晚期至西周早期居多，鼓張明顯者多是西周早期至中期器，而腹部垂傾明顯者則已在西周中期之後。[3] 通過朱先生的總結可以看出，對於無肩尊而言，腰腹部的鼓張程度是可以作爲斷代參考的。與疑尊形制類似的，如西周早期甘肅靈臺白草坡M1出土的銅尊、[4]西周早期偏晚的㝬尊（《集成》05989，圖二）和扶風莊白H1出土的商尊，它們腰腹部的鼓張伴隨時代的推進而逐漸加劇。到了西周中期，銅尊腹部的傾垂已經極大，如曲沃曲村晉國墓M6081出土的銅尊[5]和扶風莊白H1出土的豐尊，[6]時代大約已經到了穆王之時，和商末周初的無肩尊差別極爲明顯了。

上舉諸例中以對㝬尊的討論最多，如郭沫若先生認爲㝬尊、㝬卣應是成王時器；[7]

---

* 北京大學博士研究生，"2011"協同創新中心成員。
[1] 董珊：《疑尊、疑卣考釋》，《中國國家博物館館刊》2012年第9期。
[2] 李學勤：《疑尊、卣別解》，《饒宗頤國學院院刊》2014年創刊號，第1－6頁；黃傑：《疑尊、疑卣及"栗成左"戈銘文補釋》，《中國國家博物館館刊》2014年第5期，第78－82頁。
[3] 朱鳳瀚：《中國青銅器綜論》，上海古籍出版社，2009年，第179－180頁。
[4] 甘肅省博物館文物隊：《甘肅靈臺白草坡西周墓》，《考古學報》1977年第2期，第99－130頁。
[5] 北京大學考古文博學院、山西省考古研究所：《天馬—曲村遺址北趙晉侯墓地第六次發掘》，《文物》2001年第8期，第4－21、55頁。
[6] 陝西周原考古隊：《陝西扶風莊白一號西周青銅器窖藏發掘簡報》，《文物》1978年第3期，第1－18、98－104頁。
[7] 郭沫若：《郭沫若全集·考古編第八卷·兩周金文辭大系圖錄考釋（二）》，科學出版社，2002年，第45－48頁。

圖一　疑尊　　　　　　　　　　　　　　圖二　睘尊

唐蘭先生則認定睘尊銘文與昭王南征有關,將它們排在了昭王時期;[1] 彭裕商先生認爲睘尊屬圓尊,"鼓腹下移,矮圈足",他將此類尊的年代斷定爲"起於成康之際,而流行於昭穆時期";[2] 另外亦有以睘尊爲康王時器的。[3] 雖然諸家對睘尊的具體時代各執己見,但其與無肩尊鼓腹的時代特點相符,當在西周中期之前是可以確定的。以上諸銅尊按時代早晚,大略可以排爲白草坡 M1：15 銅尊、莊白 H1：11 商尊、睘尊、曲村 M6081：36 銅尊、豐尊。將疑尊放入此序列中做一比對,可知其腹部鼓張程度顯然早於曲村 M6081：36 銅尊與豐尊,時代應在西周早期。

疑卣(圖三)高 29 釐米,亦呈三段式;腹部微鼓,圈足較矮;有提梁,提梁與器身相接之處飾有

圖三　疑卣

---

[1] 故宫博物院編：《唐蘭先生金文論集》,紫禁城出版社,1995 年,第 45 - 48 頁。另外,支持昭王説的還有王世民等先生,參看王世民、陳公柔、張長壽：《西周青銅器分期斷代研究》,文物出版社,1999 年,第 117 - 118 頁。
[2] 彭裕商：《西周青銅器年代綜合研究》,巴蜀書社,2003 年,第 184 頁。
[3] 杜勇、沈長雲：《金文斷代方法探微》,人民出版社,2002 年,第 105 - 107 頁。

獸首;卣蓋上有圈足狀捉手;其紋飾與疑尊大體相同,惟卣蓋頂部亦飾有大獸面紋。

與疑卣形制相似的銅卣,一般可稱作扁罐形卣,其主要特點是"腹身與器口、足橫截面呈扁圓形,短直頸""最大徑在腹中部"及"提梁兩端作獸首"等,[1] 比較典型的例子如小子𠭯卣(《集成》05417,圖四)、河南襄縣丁營霍莊西周墓出土史卣(圖五),時代集中在西周早期偏早。[2] 但須注意的是,此類銅卣的器蓋上一般是鈕形捉手,而疑卣則是圈足狀捉手。圈足狀捉手的扁罐形卣之最大徑在下腹部,而非腹中部,如鼎卣(圖六)、臣辰卣(圖七)等,時代約在西周早期偏晚。[3] 彭裕商先生在爲銅卣分類時,劃出了一類罐式卣,其特點是"蓋頂圈形捉手,體較高",如𨙸卣、[4] 保卣(《集成 05415》,圖八)、應公卣(《集成》05177,圖九)等,形制與疑卣亦較接近,𨙸卣、保卣屬成王時期,而應公卣約在康王前後。[5] 由上可見,扁罐形卣在周初演進過程中,存在鈕形捉手逐漸被圈足狀捉手替代、腹部傾垂加劇的趨勢。西周早期偏早時,扁罐形卣上的鈕形和圈足狀兩種捉手是并存的,但器腹最大徑均在腹中部。疑卣腹部微鼓,捉手作圈足狀,時代應在西周早期偏早時。

圖四　小子𠭯卣

疑尊、疑卣的紋飾較爲繁複,其口沿下端有蕉葉狀三角紋,類似於商晚期之射女鼎(《集成》01377);腹部之上及圈足部分均有花冠顧首狀鳥紋(實際上蕉葉紋内部也有簡化了的此類紋飾),喙分上下,上喙下勾,尾部下垂;腹部爲大獸面紋,回字形目,目上有眉,眉上有冠,旁有小耳,側有卷尾,獸面的口鼻難以辨認。主紋飾之外以雷紋作底紋,雷紋呈 C 字形排列,較爲細密。

比較值得注意的是花冠顧首鳥紋,此紋飾以細陽綫勾勒鳥類的象形,鳥首回顧,上有喙,喙分上下,下喙短小,上喙下勾,首後有冠,冠的表現十分抽象。軀幹向後蜷曲,尾部直垂,足

[1]《中國青銅器綜論》,第 201－202 頁。
[2]《中國青銅器綜論》,第 202 頁。
[3]《中國青銅器綜論》,第 202 頁。
[4] 洛陽博物館:《洛陽北瑶西周墓清理記》,《考古》1972 年第 2 期,第 35－36、72 頁。
[5]《西周青銅器年代綜合研究》,第 188 頁。

圖五　史卣

圖六　鼎卣

圖七　臣辰卣

圖八　保卣

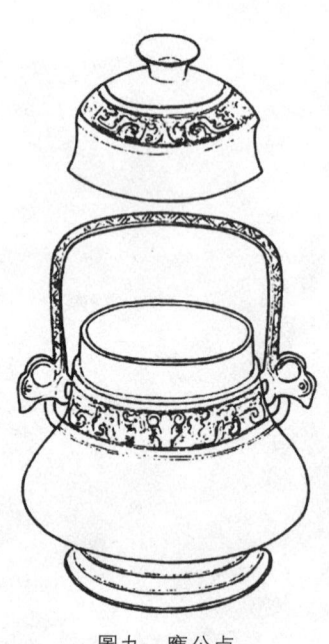

圖九　應公卣　　　　　　　圖十　小臣單觶

爪後探。總體而言,是一種比較少見的紋飾。關於這一紋飾,李學勤先生認爲是"橫 S 形顧首夔紋帶";董珊先生則將其與滕侯橢方鼎(《集成》02154)、[1] 小臣單觶(《集成》06512,圖十)、天馬—曲村 M6210：11 卣[2] 對比,認爲紋飾相類似,皆屬西周早期。[3] 西周各式鳥紋的喙部往往用單綫條表現,疑尊、卣喙部却由上下喙構成,頗類似龍紋上下唇之分。不過下唇和下喙仍有方向上的差别,疑尊、卣當爲喙而非唇。彭裕商先生將龍紋分爲八類,其中有"水草型顧首龍紋",代表器物如商代的子父丁卣、成王時的保卣和西周早期的龍紋尊等,[4] 與天馬—曲村 M6210：11 卣的顧首龍紋十分類似。保卣之龍紋爲一身雙首,又與小臣單觶的龍鳳連紋形式相近。這類龍紋與疑尊、卣的鳳鳥紋表現手法多有相通之處,可能僅在"喙"與"唇(舌)"的塑造上稍加區别。

另外,西周早期偏晚出現了一類大鳥紋,整體結構與疑尊、卣的鳳鳥紋亦有相似之處。如上海博物館藏西周早期偏晚時的夆莫父卣(《集成》13086),其上大鳥紋,尾部上翹,其後皆有若干垂地的尾,尖喙,有長羽冠,與疑尊、卣的鳳鳥紋結構十分相似。這一類大鳥紋多見於西周早中期之際,有可能受到了花冠顧首鳥紋的影響,化抽象的形象爲寫實了。

---

[1] 滕縣博物館編:《山東滕縣發現滕侯銅器墓》,《考古》1984 年第 4 期,第 333－337、391 頁。
[2] 北京大學考古學系商周組、山西省考古研究所編:《天馬—曲村(1980－1989)》第二册,科學出版社,2000 年,第 374 頁。
[3] 《疑尊、疑卣考釋》,第 74 頁。
[4] 《西周青銅器年代綜合研究》,第 532－533 頁。

綜上,通過與其他器物的形制和紋飾加以對比,可知疑尊、卣的時代應在西周早期偏早之時。

二、器物的銘文與補釋

疑尊、疑卣同銘,共三篇,尊銘在器底,卣銘分別在器蓋和器底,共五列四十五字。銘文格式并不規整,而是信筆寫來,大小錯落。字形恣肆縱橫而奧古,大多字形的結構和用筆的輕重變化,都有自然而優美的表現。銘文整體成列不成行;在某些字的寫法上,仍延續了商末波磔體的特徵;有肥筆,首尾略有出鋒,這些則都是西周早期銘文的特徵。本篇銘文可以隸定爲:

隹(惟)中(仲)羍父于入噩侯于鏊城,徣(借)兄(贶)珥于宋白(伯)。公呼乎(呼)遴逆中(仲)氏于侃。丁卯,遴至告,賞商(賞)貝,揚皇君休,用乍(作)父乙寶尊彝。

"羍",董珊先生以此字爲合文,隸定作"義",見於殷墟黄組卜辭(《合集》36522)。按,"義"字金文中典型的寫法應是從義從丮,見於亞義方彝(《集成》09852)、倗鬲(《集成》00586)、南宫柳鼎(《集成》02805)等,與羍字有異。當從李學勤先生釋爲羍,即仲羍父。

"珥",董珊先生釋爲臣;李學勤先生釋爲"珥";黄傑先生則認爲此字尚可討論。按,董珊先生將臣讀作"頤",訓爲"養",取給養之義,此説亦見《爾雅》:"頤、艾、育,養也。"[1] 即仲羍父納噩侯於鏊城,又贈送宋伯給養品。這種解釋雖然從通假和句意上看的確可行的,但是珥隸定爲臣却尚有問題。董珊先生是據孟姬安甗(《集成》00910)和井姬甗(《集成》00908)兩篇銘文中"姬"的字形來隸定"珥"字的,"姬"字的演變過程比較清晰,[2] 它的臣旁形似梳篦,[3] 所以外側縱貫的一竪都會有向外的、横向的凸出,即象形梳篦的齒。限於材料的缺乏,現在只能觀察疑卣器蓋銘文拓本、疑卣器底銘文(卣底銘)和疑尊器底銘文照片,在這三篇銘文之中,卣蓋銘和尊銘的"珥"字比較近似,都可以明顯看到橫向突出上多了一筆竪劃,卣底銘雖相對模糊,但仍可依稀辨別出一筆較短的竪劃。甲骨文、金文中所見的"姬"字(或其他从"臣"旁的字)未見到這一添筆,故若將珥隸定爲臣,在字形上可能還有不足。李學勤先生釋此字爲"耳",訓爲"珥",其説可從。

---

[1] (清)郝懿行:《爾雅義疏》,上海古籍出版社,1982年,第308頁。
[2] 容庚編著:《金文編》,中華書局,1985年,第787-788頁。
[3] 徐中舒主編:《甲骨文字典》,四川辭書出版社,1989年,第1302頁。

"",董珊先生從裘錫圭先生釋爲"姛",即"姒",但并非姓氏之"姒",而是對年長尊貴婦女的敬稱,那麽公姒應該是地位較高的女性,而且極可能就是作器者的主母。裘先生説:"'姒'在上古當爲女子之尊稱"、"商代王之配偶中,其尊者當可稱'姒',卜辭中之'姛'可能多爲此種人,但其他貴族配偶之尊者應亦可稱'姒',甚至不能完全排斥卜辭中的某些'姛',係稱呼王或其他貴族之姊的可能"、"稱王配爲'后'疑是周人之習。'司'、'后'雖由一字分化,但從卜辭'姛'之各種寫法所包含之表音成分來看,卜辭中用作女性稱謂之'姛'只能讀爲'姒'"。[1] 按,西周早期銘文中姒姓已經出現,如王姒鼎(《集成》01721)之"王姒"、芮公叔盤(《集成》14514)之"内(芮)姒",并不必是"女子之尊稱",此處仍將"公姒"之"姒"理解爲姓更好。

另外,本篇銘文有幾個詞組比較關鍵,對銘文的釋讀起到重要作用。

"于入",後一字銘文作"![]",李學勤、黄傑二位先生均釋此字爲"卜"。黄傑先生雖認爲金文"卜"字與疑尊、卣此字"也有差别",但他又舉甲骨字形比對,如、,并説"考慮到器主是西周早期宋國人、殷遺民,其所鑄器中字的寫法與甲骨文相似,就不足爲奇了"。按,商末卜鼎(《集成》00142)之"卜"字作![],與黄文列舉卜孟簋(《集成》04334)之![]相比,兆枝高低雖有不同,然而筆畫、角度卻基本類似,而與![]字并不相類。西周早期金文中"入"字,如大盂鼎中作![],和![]只有角度稍稍不同。![]、![]和甲骨文一脉相承,如、等等,故此字仍當釋作"入"。

"于入"一詞目前僅見於士山盤一例:"王乎作册尹册命山,曰:于入莽侯。""于入"這個詞中"于"的用法比較確定,李學勤、朱鳳瀚等幾位先生都認爲"于"是"前往"的意思,在甲骨、金文中可以找到成例,[2] 傳世文獻中也有"于征伐商(《尚書·武成》)"的用法。"入"字或認爲是"進入"的意思,[3] 或認爲"入"讀若"納"。[4]《左傳》中的"入"基本上都是直接在後面跟上地名或是國名,如閔公二年"狄入衛,遂從之"、成公二年"齊高固入晋師"等,并没有"入某人"的例子,這種語境下解釋成"進入"不如讀爲"納"更佳。"納"(入)字的意思,《左傳》成公十八年所説:"凡去其國,國逆而立之,曰'入';復其位,曰'復歸';諸侯納之,曰'歸';以惡曰'復入'。"但楊伯峻先生已經在注解中對此提出了懷疑:"四條釋春秋經,書法

---

[1] 裘錫圭:《説"姛"》,李宗焜主編:《古文字與古代史》(第二輯),中研院歷史語言研究所,2009年,第117-121頁。
[2] 張玉金:《出土戰國文獻虛詞研究》,人民出版社,2011年,第58-107頁。
[3] 參看朱鳳瀚:《士山盤銘文初釋》,《中國歷史文物》2002年第1期,第4-7頁;黄錫全:《士山盤銘文别議》,《中國歷史文物》2003年第2期,第60-65頁。
[4] 參看李學勤:《論士山盤——西周王朝干預諸侯政事一例》,《遜亨集——吕紹綱教授古稀紀念文集》,吉林大學出版社,2003年;李學勤:《文物中的古文明》,商務印書館,2008年,第195-198頁;董珊:《談士山盤銘文的"服"字義》,《故宫博物院院刊》2004年第1期,第78-85頁。

條例,但考之春秋全部經文,甚不相合。"[1]那"納"字究竟如何解釋呢？兹舉《左傳》、《國語》中八例：

> 秋,秦人納芮伯萬於芮。（桓公十年）
> 冬,會於袤,謀伐鄭,將納厲公也。（桓公十五年）
> 冬,伐衛,納惠公也。（莊公五年）
> 納子糾也。（莊公九年）
> 納而不定,廢而不立,以德爲怨,秦不其然。（僖公十五年）
> 重耳告舅犯曰："里克欲納我。"（《國語·晉語》）
> 文公即位二年,欲用其民。子犯曰："民未知義,盍納天子以示之義？"乃納襄王於周。（《國語·晉語》）
> 既刺三郤,欒書弑厲公,乃納孫周而立之,寔爲悼公。（《國語·晉語》）

可以看出,"某納某"的本質就是某國或某人使用武力使另一人繼承其國的君位,但這裏不僅包含了幫助出奔出逃、經歷政變的國君復位,也包含了將那些具有一定政治影響力的候選人推到臺前,從而也印證了楊伯峻的懷疑,即《左傳》成公十八年的說法的確是錯誤的。那回到疑尊、卣中,"仲𠭯父于入噩侯于盩城"就是指仲𠭯父納鄂侯於盩城,鄂侯是被仲𠭯父推到臺前的,這和他在商末一度失勢的背景有關,詳見下文。

"至告",亦見於靜方鼎銘文"八月初吉庚申,至告于成周"以及乖伯簋（《集成》04331）銘文"王命益公征眉敖,益公至告,二月眉敖至見,獻帛"。[2] 李學勤先生曾談論過"至告"（或作"至,告"）的問題,他認爲"至"就是到所征伐的目的地,[3]這與疑尊、疑卣的"至告"是不同的。不論"至"的內容是征討、召喚還是其他原因,都表示的是其主語到達了某個地方從而完成了"告"的使命,"至告"一詞只是表示這一系列行爲的完成,并不必須具有征伐等特殊的含義。

"皇君",商金文中所見"君"字止一例,而"皇君"亦不見於西周早期,但在整個西周中後期都有此語例,并且基本都是家臣對家主的稱呼。[4] 疑尊、疑卣使用"皇君"一詞,可説是填

---

[1] 楊伯峻：《春秋左傳注》（修訂本）,中華書局,1981年,第911頁。
[2] 《疑尊、疑卣考釋》,第77頁。
[3] 李學勤：《從柞伯簋銘談〈世俘〉文例》,《江海學刊》2007年第5期;李學勤：《通向文明之路》,商務印書館,2010年,第126–129頁。
[4] 陳英傑：《金文中"君"字之意義及其相關問題探析》,原載《中國文藝》第33期,藝文印書館,2007年;此處引自復旦大學出土文獻與古文字研究中心網站（http://www.gwz.fudan.edu.cn/srcshow.asp?src_id=389）,2008年4月2日。

補了西周早期的空白,應該是使用這一詞組較早的例子。

綜上,本篇銘文的大意就很清楚了:仲夆父納鄂侯於盩城,并贈送珥給宋伯。公姒命令疑到侃地迎接仲夆父,丁卯日,疑順利返回并對公姒做了匯報。公姒賞給疑貝,疑贊頌了公姒的功德,并爲其父乙作尊、卣以表紀念。

三、關於銘文内容的討論

疑尊、卣銘文涉及了六個人物、兩個地名、多個事件,内容十分豐富,本文主要討論兩個問題。

第一個問題,是宋伯、公姒、仲夆父以及疑的關係。董珊先生表示諸人關係"目前都無佐證,尚難以討論",李學勤先生則認爲宋伯是宋公稽,公姒爲其妻子,仲夆父爲其入周爲官的弟弟。筆者認爲,四個人中,宋伯是當時的宋君,這一點應該没有爭議。公姒賞賜疑,而疑隨即"揚皇君㑗",李、董二位先生均認爲"皇君"即指公姒。保侃母壺(《集成》09646)有"揚姒休"的語例,將公姒稱作皇君,則公姒必然和宋伯有密切的關係,其中確以宋伯妻子的可能性最大。西周中期前段有次尊(《集成》11792)、次卣(《集成》13314),銘文記載諸侯之妻"公姞令次司田人"事,可見周人諸侯的妻子的確也是可以参與政事、發號施令的。由仲夆父"于入噩侯"和"覎宋伯"的任務和公姒派人"逆"之的情况來看,他應該是周王朝的一個等級不低的官員,來自中央,至於是不是和宋伯、公姒還有血緣關係,僅憑疑尊、卣銘文恐似難以確定。作器者疑的身份,綜合其父稱日名、被公姒差遣以迎接王朝重臣的任務來看,應是宋伯手下地位較高的貴族。

第二個問題,是噩侯與宋伯的身份。銘文中,作器者疑只負責在侃地迎接仲夆父,并未參與噩侯之事,噩侯與公姒亦無甚關係,但疑却從仲夆父于入噩侯説起,所以在他看來,"于入噩侯"和"覎宋伯"這兩件事應當具有很强的關聯性,噩侯和宋伯也應該有某種聯繫。

噩即鄂,金文中屢見與噩相關的内容,如噩侯馭方鼎(《集成》02810)、噩侯簋(《集成》03928)等,都證明了噩是西周中後期南國的一個重要諸侯,但西周早期的材料則相對缺乏。《史記·殷本紀》:

> 以西伯昌、九侯、鄂侯爲三公。九侯有好女,入之紂。九侯女不憙淫,紂怒,殺之,而醢九侯。鄂侯争之彊,辨之疾,并脯鄂侯。西伯昌聞之,竊嘆。崇侯虎聞之,以告紂,紂囚西伯羑里。[1]

---

[1]《史記》(修訂本),中華書局,2013年,第136-137頁。

李學勤先生曾總結鄂國地望，[1]主要有三說：河內野王（即沁陽）、南陽西鄂、武昌之鄂，近年隨州羊子山鄂侯墓的發現有力地證明西周早期鄂國已經存在於隨棗走廊了。[2] 但是，商末的鄂國是不是已經在湖北，這還有討論的餘地。《殷本紀》所記紂王有三公之事，這可能出於後世的構擬，但鄂侯地位頗高則當屬事實。鄂侯可以"爭之彊，辨之疾"，說明他是紂王近臣。徐少華先生曾論證過商末有兩處鄂，[3]一在山西鄉寧，一在河南沁陽，鄂國在商末由鄉寧遷徙到了沁陽，後來也有學者對此進行了詳細考證并對徐說加以支持。[4] 又，馬承源先生認爲周武王封邘，導致了鄂國的南遷南陽。[5] 從這些討論來看，鄂國地望三說可能并非此是彼非的互相齟齬之談，而恰恰展現了鄂國在商末周初的遷徙路綫。疑尊、疑卣中，"嫠城"和"侃"兩個地方具體地望尚有待研究。"侃"可能通"衍"，[6]李學勤先生認爲在鄭州附近。"嫠城"，董珊先生認爲可能是南陽之鄂以北的犨城，此說雖是由鄂國地望按圖索驥而得，但鑒於上文所說"納"的含義，"嫠城"是鄂國定居點的可能性很大，確實最可能在南陽之鄂附近。鄂侯作爲商末的舊貴族，在被周人征服後重新分封繼而遷徙到新的地方，與宋的建立如出一轍。疑尊、疑卣講"于入噩侯于嫠城"，正是對這件事情的描述。

"宋伯"一詞罕見，以往無論金文還是傳世文獻皆稱"宋公"。宋的國君稱公，應是在宋公稽的時候，《史記·宋微子世家》："微子開卒，立其弟衍，是爲微仲。微仲卒，子宋公稽立。"[7]微子啓是紂王的長兄，微仲是微子的弟弟，而宋公稽則是微仲的兒子，他的繼位已是在成王分封之時。關於宋國早期的歷史，陳立柱先生提出過一種看法：微子耄耋之年去商投周，武王伐紂後被封於商丘附近之孟渚。武王以紂子武庚繼殷之嗣，武庚却再次反叛，終至被消滅，從此殷商的正宗轉向了微仲、稽一支，他們得以祭祀殷商先祖，而稽則在成王時被封爲第一個宋公。宋國的始封在成王時，而微子的始封則在武王時。[8] 宋國稱公是從宋公稽開始的，而在微子時只能稱"伯"，應取"方伯"之"伯"義，同於《西伯戡黎》之"伯"。疑尊、疑卣的宋伯以微子啓的可能更大。

最後，再看銘文說的"仲夆父于入噩侯于嫠城，誕既珥于宋伯"就比較清楚了，銘文所記述的就是周王朝中央派遣仲夆父對兩位殷商舊貴族鄂侯和宋伯進行安置、善後的工作。武王滅商後，封微子啓於宋地，故名之爲宋伯。周人派遣仲夆父來到沁陽一帶，先是指揮、監督

---

[1] 李學勤：《論周初的鄂國》，《中華文史論叢》2008年第4期；李學勤：《通向文明之路》，第183-187頁。
[2] 張昌平：《論隨州羊子山新出鄂國青銅器》，《文物》2011年第11期，第87-94頁。
[3] 徐少華：《鄂國銅器及其歷史地理綜考》，《考古與文物》1994年第2期。
[4] 白晨辰：《從文獻及考古資料看殷周鄂國的歷史變遷》，河南大學碩士畢業論文，2016年，第22-27頁。
[5] 馬承源：《商周青銅器銘文選（三）》，文物出版社，1988年，第102、281頁。
[6] 裘錫圭：《釋"侃""衍"》，《裘錫圭學術文集·甲骨文卷》，復旦大學出版社，2012年，第378-386頁。
[7] 《史記》（修訂本），第1947頁。
[8] 詳參陳立柱：《微子封建考》，《歷史研究》2005年第6期，第63-73頁。

鄂侯南遷,然後去給已經完成遷徙的宋伯"睍珥",代表王室表示嘉許和安撫。

四、小　結

微子的分封,是周初的重要事件之一;武王、周公、成王對待殷商後人的態度和方法,也是整個周初政治的重要課題。疑尊、疑卣的銘文,在一定程度上還原了殷周之際多方博弈的場景:紂王末年統治力的急劇下降,使得一些有實力的殷商貴族出於各種考慮,轉投周人懷抱,爲自己博取將來的政治前途。鄂侯、微子這樣本就居於高位的貴族在最後嘗試挽救紂王無果後,便尋求與周人的合作,這種合作絕不是周人對商人的強迫,而是雙方的互相妥協,并且應該伴隨着互相的政治承諾。[1]　正因這些舊貴族的倒戈,武王才有足夠的底氣對天下宣稱"受有億兆夷人,離心離德(《尚書·泰誓》)"。

武王滅商後,周人在中原地區統治尚較薄弱,武王才需要讓武庚留在殷商故地彈壓、安撫殘存的反抗力量,讓微子、鄂侯分別戍守通往東國、南國的咽喉要地,對這些殷商遺民既相互分化又加以利用。亦因如此,周人才要派出一個地位頗高的仲夆父去"納"噩侯、"睍"宋伯了。

初稿於 2014.6
修改於 2019.6

---

[1]　如《吕氏春秋》記載:"又使保召公就微子開於共頭之下,而與之盟曰:'世爲長侯,守殷常祀,相逢桑林,宜私孟諸。'"見許維遹:《吕氏春秋集釋》,中華書局,第 267-268 頁。

介紹幾件中國國家博物館舊藏的西周青銅器

田 率[*]

中國國家博物館以收藏商周青銅器著稱於世，其舊藏主要是原中國歷史博物館乃至更早的國立北京歷史博物館接受調撥、捐贈及徵購所得。1984年始，中國社會科學院考古研究所編撰《殷周金文集成》（以下簡稱《集成》），廣泛搜羅資料，時中國歷史博物館所藏商周具銘青銅器也在其列。然而受時代限制，某些器物出現遺漏或信息錯訛，之後的金文著錄如吳鎮烽先生編著的《商周青銅器銘文暨圖像集成》、《商周青銅器銘文暨圖像集成續編》也未盡收或糾正，現將以往存在上述遺漏錯訛之器擇取一二，獻於學界，以供方家探討。

或伯鬲

高18釐米、口徑14.1釐米，1955年文物局劃撥。器形爲侈口，雙立耳，束頸，腹部微鼓，分襠，三柱形足根。通體素面，僅頸部有兩道凸弦紋（圖一）。琉璃河燕國墓地ⅠM50、ⅠM52出土的兩件弦紋鬲（ⅠM50:6、ⅠM52:14）[1]與之形制、紋飾俱同，時代在西周早期前段。

口沿下內壁鑄銘4字（圖二）：

或白（伯）乍（作）彝。

傳世有一件與之同銘的或伯鼎（《銘圖》[2] 01231）（圖三），原藏吳式芬，現已下落不明，也無器影資料存世。在上海博物館舊藏的《三代吉金

圖一 或伯鬲

---

[*] 中國國家博物館副研究館員。
[1] 北京市文物研究所：《琉璃河西周燕國墓地1973-1977》，文物出版社，1995年，圖版陸拾壹：3、4。
[2] 吳鎮烽：《商周青銅器銘文暨圖像集成》（以下簡稱"《銘圖》"），上海古籍出版社，2012年。

1. 或伯鬲銘文　　2. 或伯鬲銘文拓本
圖二　　　　　　　　　　　　　　　　圖三　或伯鼎銘文拓本

文存》中,容庚先生曾有眉批指出吳式芬舊藏的或伯鼎器型應爲鬲。我們推測或伯鼎早已亡佚,容庚先生也沒有見過原器,但他有可能目睹過(或獲知)現藏於國家博物館的這件或伯鬲,遂認爲所見(或所聞)鬲之銘文即此鼎銘,故做此眉批。但經與鼎銘拓本對照,"乍"字的位置和個別筆畫明顯不同,可知二者確實不是一器。國博所藏這件或伯鬲塵封已久,不爲世人所知。

字還見於以下諸例:

① ▨者作旅鼎,用匄偆魯福,用綏福禄,用作文考宮伯寶尊彝。(或者鼎《銘圖》02248)

② ▨者作宮伯寶尊彝。(或者簋《銘圖》04483)

③ 王令毛公以邦冢君、徒馭、▨人伐東國猾戎。(班簋《銘圖》05401)

④ 晉侯厥率亞旅、小子、▨人先陷入,折首百,執訊十又一夫。(晉侯穌鐘《銘圖》15301、15302)

⑤ 余賜汝釐(萊)都,朕(密)、劇其檣(縣)三百,余命汝司以鄭(萊)、姻、▨徒四千,爲汝敵寮。(叔夷鐘二《銘圖》15553)

⑥ 余賜汝釐(萊)都,朕(密)、劇其檣(縣)三百,余命汝司以鄭(萊),姻、▨徒四千,爲汝敵寮。(叔夷鎛《銘圖》15829)

⑦ 許大▨伯國父作叔嫣繼鼎,其萬壽無疆,子子孫永寶用享。(伯國父鼎《銘續》0194)

另有以此字爲聲旁者,如:

⑧ 多友又左折首執訊,乃󰀀󰀀,至于楊冢。(多友鼎《銘圖》02500)
⑨ 󰀀󰀀󰀀󰀀迺罟。(《石鼓文·原道》)

此字從戈,從󰀀,楊樹達先生認爲󰀀是上從口,下從土,此字即《説文·戈部》的或。[1] 󰀀在①、③、⑧中的寫法相同,②中增加了兩點作爲飾筆,④、⑤、⑥、⑦作反書,⑨中很明顯下部從土,至戰國及小篆時"土"訛變成"壬",故可釋爲或。

本銘中的或顯然是作器者的國氏名,①、②作器者文考稱"宮伯",宮似不作氏名解,而是西周貴族慣用的謚號。"或者"這一人名是"氏+名(單字名)"的格式。[2] ②簋的器形作敞口,深腹,腹壁斜直內收,矮圈足,圈足壁微鼓,一對獸首半環形耳,下有垂珥。頸部前後增飾浮雕小獸首,頸部、圈足飾由雲雷紋構成的饕餮紋,背脊上有"列旗";②簋腹部的形制與1969年陝西長武出土的楣仲簋[3]相近。從①、②兩器的銘文字體來看,筆畫粗細均勻,"宀"也不作出檐狀,時代在西周早期偏晚,所以或者很可能是國博簋的作器者或伯的後代。

③、④中的或人,學界一般認爲是某種具有特定職務的群體,如鐵人(冶鐵之官)、秩人(運輸糧草服雜役之人)等。連劭名先生認爲或是"鐵"的本字,讀爲"夷",或人泛指少數民族。[4] 而王輝先生、陳雙新先生等認爲或是國族名,[5]頗具啟發性。班簋、晉侯穌鐘、叔夷鐘等器中的或應該是同一國族。班簋、晉侯穌鐘中周師伐東國(後者還包括南國),或人也協助參加了戰爭。叔夷鐘、鎛中的或與萊、𦷾等國族一同受叔夷管轄。《玉篇·戈部》:"或,國名也,在三苗東。"如此而言或族居住的區域應在東方。

裹 簋

高14.2釐米、口徑20.3釐米、足徑17.7釐米,1961年購自韵古齋。器形作侈口,束頸,垂腹,圈足較矮,下有一周矮折沿,一對獸首半環形耳,下有方形垂珥。頸部飾一周竊曲紋,間飾目紋,以細綫雷紋填地,前後增飾浮雕小獸首。頸部紋飾帶下及圈足各飾一周凸弦紋(圖四)。

---

[1] 楊樹達:《積微居金文説》(增訂本),中華書局,1997年,第179-180頁。
[2] 不排除或者是雙字名的可能,如此則無法確知作器者的族氏。
[3] 尚志儒、吳鎮烽、朱捷元:《陝西省近年收集的部分商周青銅器》,《文物資料叢刊》2,文物出版社,1978年,第24頁,圖版拾:1。
[4] 連劭名:《西周班簋銘文新考》,《北京文物與考古》2004年第1期。
[5] 王輝:《商周金文》,文物出版社,2006年,第103頁;陳雙新:《金文新釋三則》,《古漢語研究》2002年第2期。

圖四　裹簋

這種侈口束頸垂腹圈足簋盛行於西周中期,廿七年裘衛簋[1]與此簋器形相同,裘衛簋舊被認爲是穆王時期的器物,現學界傾向於將其歸入恭王世,這件簋係西周中期典型之作。

內底鑄銘疑有 8 字,因底有破損,曾被補鑄,故有幾字缺失,現隸定如下(圖五):

1. 裹簋銘文　　　2. 裹簋銘文拓本

圖五

---

[1] 岐山縣文化館、陝西省文管會:《陝西省岐山縣董家村西周銅器窖穴發掘簡報》,《文物》1976 年第 5 期,圖版肆:6。

裛(寰)乍(作)寶□,萬年□□。

作器者名裛,此字應是寰字之省形,如望山 M2 第 50 號簡 "睘" 字省作 "㝵"。

䚻叔簋

高 14.7 釐米、口徑 22.1 釐米、足徑 16.4 釐米,1954 年購藏。器形爲侈口,下腹部微鼓,圈足下接一周折邊,一對獸首半環形耳,下有長方形珥。頸部及圈足飾鳥首龍身紋,皆以粗陽綫爲表現形式,頸部前後增設小獸首,腹部飾直棱紋,器耳爲鳥獸嵌合式,獸角略高於口沿(圖六)。與此簋形制較爲接近的可舉出邢臺葛家莊 M73 出土的竝簋、[1] 濟陽劉臺子西周墓 M6 出土的簋(M6：29)[2] 等,這種侈口束頸圈足簋腹部還未顯現傾垂之態,仍帶有西周早期的時代特徵。

圖六　䚻叔簋

內底鑄銘 12 字(圖七):

䚻(御)弔(叔)乍(作)䅲(旅)彝,子₌(子子)孫₌(孫孫)永寶用。

作器者 "䚻叔" 可歸於 "國(氏)名+排行" 的人名格式。西周金文中 䚻 字亦有如下之形:

---

[1] 任亞珊、郭瑞海、賈金標:《1993-1997 年邢臺葛家莊先商遺址、兩周貴族墓地考古工作的主要收穫》,《三代文明研究(一)——1998 年河北邢臺中國商周文明國際學術研討會論文集》,科學出版社,1999 年,第 13 頁,圖八。
[2] 山東省文物考古研究所:《山東濟陽劉臺子西周六號墓清理報告》,《文物》1996 年第 12 期,圖一〇。

1. 𠟭叔簋銘文　　2. 𠟭叔簋銘文拓本

圖七

1. ▢（𠟭叔䵼蓋，《銘圖》05558）

2. ▢（𠟭伯簋，《銘圖》05765）

3. ▢（𠟭函簋，《銘圖》04549）

4. ▢（旟鼎，《銘圖》02321）

這個字從▢從呂從刂，▢是丙字的古體，《説文》："丙，舌皃，从谷省，象形。▢，古文丙。"此字應隸定爲𠟭，從呂得聲。▢、▢是𠟭的異體，分别添加了卜（從銘文拓本的筆畫來看，更可能是屮之形）、竹之省形作爲義符，▢中原爲"呂"的部分訛變成"田"。𠟭，白于藍先生釋爲"禦"，[1]在例1、2、3皆作氏名，例4文句爲"王姜賜旟田三田于待𠟭"，待𠟭是地名。禦從御得聲，《字彙・彳部》："御，姓也。"《通志・氏族略四》："御氏，《周禮》有御人之職，其後爲氏。"西周御氏家族的情況未見於傳統文獻，而屬於御氏的銅器即前揭三例。

𠟭函簋（圖八）現藏於日本出光美術館，器形作侈口，束頸，鼓腹，圈足，一對獸首銜形耳，下有垂珥。口沿下飾目雲紋，腹部飾斜方格乳釘紋，圈足飾斜三角目雲紋。與之器形、紋飾俱同的是天馬—曲村西周墓地 M6080 出土的斜方格乳釘紋簋（M6080：11、14），時代在西周早期前段。銘曰（圖九）：

𠟭函作祖戊寶尊彝，▢。

---

[1] 白于藍：《釋"▢"》，《古文字研究》第二十四輯，中華書局，2002 年。

圖八　劊甾簋（日本出光美術館藏）

劊甾是"氏+私名"的人名格式，劊甾的祖父使用日名，句末又綴 這一族名，可知器主之身份是典型的殷遺民。

劊伯簋器形作窄平沿，斜壁平底，兩壁有一對獸首耳，方圈足外侈，各邊有一個長缺口，四壁飾波帶紋。此簋形制、紋飾與藍田輞川公社指甲灣村窖藏出土的仲其父簋[1]近同，時代爲西周晚期。簋銘曰（圖一〇）：

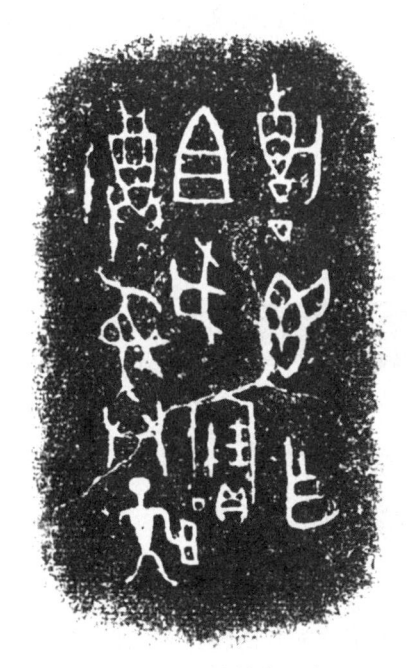

圖九　劊甾簋銘文拓本 　　　圖一〇　劊伯簋銘文拓本

---

[1] 吴鎮烽、朱捷元、尚志儒：《陝西永壽、藍田出土西周青銅器》，《考古》1979年第2期，圖版陸：4。

副伯作孟姬鐈。

這件簋是副伯爲夫人孟姬所作,副伯的夫人是姬姓女子,根據周代"同姓不婚"的原則,可知副氏是非姬姓的殷商舊族。副伯與副叔生活時代俱在西周晚期,從其稱謂上看,二人關係可能爲兄弟。

傳世的副叔盨蓋與國博的這件簋係一人所作,盨蓋與此簋銘文基本相同,唯"旅盨"與"旅彝"之別(圖一一)。副叔盨蓋曾經爲吳雲、何方穀遞藏,《商周金文總著錄表》、《集成》、《銘圖》等金文著錄皆言此盨蓋藏於中國歷史博物館或中國國家博物館,經查中國國家博物館藏品舊賬,并無此盨蓋,僅收藏副叔所作的這件簋,所以以往的著錄有誤。

副叔盨蓋(圖一二)呈橢方形,蓋頂矩形鈕兩相連接。蓋頂飾大竊曲紋,蓋沿飾重環紋。其形制與西周晚期的克盨(《銘圖》05678)、伯誇父盨(《銘圖》05508)的蓋十分近似,紋飾也是西周晚期青銅盨常見的樣式,時代定爲西周晚期是没有問題的。而國博副叔簋僅從器形、紋飾上看,是西周早期的典型之物,但從銘文字體上看,與副叔盨蓋銘相同,帶有明顯的西周晚期風格,字體修長,筆道粗細均匀。"旅"字所從之"㫃"作 形,表現爲旗旒的筆畫呈圓折狀,下垂至地,這種形體多見於西周晚期;而 下的 這部分應是横寫的"止",旅字添加辵或止等義符常見於春秋時期的金文中,這件簋銘中旅字的這種寫法算是比較早的先例。

圖一一　副叔盨銘文拓本

圖一二　副叔盨蓋

青銅器器形、紋飾與銘文字體發展存在不平衡性的現象值得思考,器形與紋飾的演變存在一定程度上的滯後性、保守性,這樣的例子并非偶見,如新見的懋尊(《銘續》0791)、懋卣(《銘續》0880)銘文中有"穆王"之謚號,是恭王時期的標準器,銘文字體也與西周中期吻合,但形制與紋飾却極具西周初年的特徵。

叔噩父簋蓋

蓋高 5 釐米、口徑 16.1 釐米，原藏方若，1949 年入藏。蓋面呈緩坡狀，蓋頂有圈形捉手，蓋面飾瓦紋（圖一三）。

圖一三　國博藏叔噩父簋蓋

蓋内鑄銘 4 行 23 字（圖一四）：

1. 國博藏叔噩父簋蓋銘文　　　　　　2. 國博藏叔噩父簋蓋銘文拓本

圖一四

弔（叔）噩父乍（作）䱷（鷺）姬旅殷（簋），甘（其）夙（夙）夜用言（享）孝于皇君，甘（其）萬年永寶用。

根據《集成》、《銘圖》等著録,還有三件同銘簋,應爲一人同時所作:

1.《銘圖》05003,現藏於英國牛津大學亞士摩蘭博物館,器蓋俱全(圖一五)。弇口,鼓腹,矮圈足,獸首銜環雙耳,通體飾瓦紋。

1. 英國牛津大學亞士摩蘭博物館藏叔噩父簋

2. 英國牛津大學亞士摩蘭博物館藏叔噩父簋蓋銘拓本

3. 英國牛津大學亞士摩蘭博物館藏叔噩父簋器銘拓本

圖一五

蓋銘23字:

叔噩父作䫉姬旅簋,其夙夜用喜孝于皇君,其萬年永寶用。

器銘8字:

叔噩父作䫉姬旅簋。

2.《銘圖》05004,著録有器、蓋銘文拓本(圖一六),《集成》、《銘圖》等書對其流傳經歷描述爲原藏上海博物館,現藏中國歷史博物館或中國國家博物館。經核查原始賬目,國博僅收藏一件簋蓋,并無器身,此蓋據檔案記載,係1949年來自方若舊藏,并非來自上海博物館調撥。另外根據《銘圖》等著録提供的蓋銘拓本,蓋上的一圈子口略有變形,而國博所藏的蓋口是周正的,二者明顯不同。故《集成》、《銘圖》等書著録這件簋的流傳收藏信息有誤。

3.《銘圖》05005,器、蓋銘文俱已著録(圖一七),現藏於上海博物館。

4.《銘圖》05006,下落不明,僅存不完整的器銘4字(圖一八)。

介紹幾件中國國家博物館舊藏的西周青銅器 71

1. 叔噩父簋(《銘圖》05004)
蓋銘拓本

2. 叔噩父簋(《銘圖》05004)器銘拓本

圖一六

1. 上海博物館藏叔噩父簋蓋銘拓本

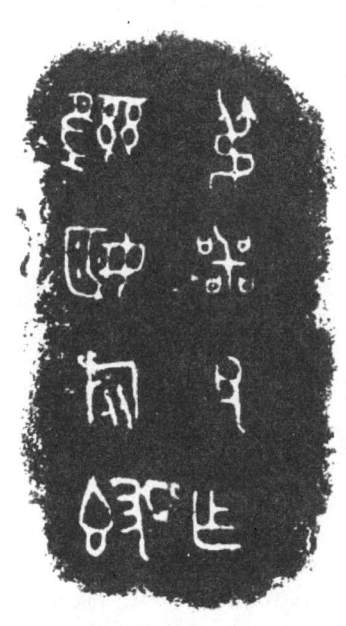

2. 上海博物館藏叔噩父簋器銘拓本

圖一七

圖一八 下落不明的叔噩父簋器銘拓本

根據上述情況,我們推測這件簋蓋有可能是《銘圖》編號 05006 那件簋的蓋,器身殘損,已不知去向。

從牛津大學亞士摩蘭博物館收藏的完整的叔噩父簋來看,其形制與豆閉簋(《銘圖》05326)、1974 年扶風法門強家村窖藏出土的即簋(《銘圖》05290)、1959 年藍田寺坡村窖藏出土的詢簋(《銘圖》05378)、國博收藏的乖伯簋(《銘圖》05385)、上海博物館收藏的無㠯簋(《銘圖》05245)等相同。這種斂口鼓腹小獸首銜環耳形制的簋存在時間不長,流行於西周中期後段至西周晚期偏早:豆閉簋中的右者井伯,還見於七年趞曹鼎(《銘圖》02433)、利鼎(《銘圖》02452)等器;即簋中的右者定伯與井伯同見於懿王世的五祀衛鼎(《銘圖》02497),還見於衛盉(《銘圖》14800);乖伯簋中的益公,在走馬休盤(《銘圖》14534)中仍擔任册命儀式的右者,與井伯同見於懿王時期的永盂(《銘圖》06230)。上述諸器所涉及的井伯、益公、定伯俱是恭、懿時期的王朝執政大臣,諸器的時代在恭、懿二世。而詢簋器形雖與上述諸簋相同,但其時代却稍晚,詢之父師酉任仕懿王世,詢的活動年代在懿、孝、夷時期,詢簋中的右者益公也應是乖伯簋中的益公的後嗣。

叔噩父簋與上述諸簋相比,從造型上看,口徑與腹深的比例要小,瓦紋也顯得疏朗,其年代應略早一些。西周時期通身(合蓋)飾瓦紋,布局較疏朗的銅簋,傳世品可舉出姚嬰母簋(《銘圖》04802)、敔簋(《銘圖》05083)、賢簋(《銘圖》05070)、畬簋兩件(《銘圖》04115、05204)、弔父丁簋(《銘圖》03805)等,從諸簋銘文字體風格來看,頗具西周中期偏早的特徵;考古出土的可舉出陝西扶風北吕 VM148 出土的瓦紋簋(M148：3)、[1] 山西絳縣橫水墓地 M2 出土的瓦紋簋(M2：62)[2] 等。橫水 M2 的埋葬年代約在恭、懿之際,北吕 VM148 墓葬時代在西周中期後段,約懿、孝時期。[3] 瓦紋布局疏朗之簋盛行於西周中期,以西周中期前段爲主。

再結合叔噩父簋銘文字體風貌考慮,其時代約在西周中期中葉。

作器者叔噩父是"排行+字+父(男子美稱)"的人名格式。[4] 鰠姬是一位女性,叔噩父與鰠姬的關係爲夫妻的可能性比較大,皇君指代叔噩父的父親。商周時期金文中所記載已出嫁女子在夫家祭祀的對象多爲姑舅,即丈夫的父母,如"淲姬作父庚尊簋,用作乃後御,孫子其萬年永寶"(淲姬簋《銘圖》04900)、"陸婦作高姑尊彝"(《銘圖》04435)等。本簋銘可與室叔簋(《銘圖》05207)銘參讀:

---

[1] 羅西章:《北吕周人墓地》,西北大學出版社,1995 年,圖版十八:1。

[2] 山西省考古研究所、運城市文物工作站、絳縣文化局:《山西絳縣橫水西周墓發掘簡報》,《文物》2006 年第 8 期,圖三一。

[3] 羅西章:《北吕周人墓地》,西北大學出版社,1995 年,第 145 頁。

[4] 有學者將器主叔噩父歸於噩國公室,是不正確的。西周金文人名中,"某父"之某是常見的男子之字,噩是器主的字,而不是國氏名,故此人與噩國無關。

> 唯王五月,辰在丙戌,室叔作豐姞憖旅簋,豐姞憖用宿夜享孝于諴公,于室叔朋友,兹簋猷𠂤。亦壽人。子孫其永寶用。

室叔簋是室叔專爲其配偶豐姞憖所製,[1]"朋友"含義爲本族的同姓親屬,這裏當然指的是室叔家族的成員,對應前句的諴公也是室叔的先人(諴爲其謚號,公爲尊稱),很可能就是室叔的父考。豐姞不僅助祭其夫家先人外,還要宴饗丈夫的族人。豐姞顯然是室叔家族的宗婦,承擔着爲夫君合族睦親的職責,同樣反映西周宗婦這一職責的還可參看叔妣簋(《銘圖》05133)銘文:

> 叔妣作寶尊簋,眔中(仲)氏萬年,用侃喜百生(姓)、甸(朋)友眔子婦,子孫永寶,用夙夜享孝于宗室。

"侃喜"亦作"喜侃",侃與衎義同,《詩·商頌·那》:"奏鼓簡簡,衎我烈祖。"毛傳:"衎,樂也。"喜也訓爲樂(《説文·口部》),二字同義連用,與兮仲鐘(《銘圖》15232)"侃喜前文人"、士父鐘(《銘圖》15496)"喜侃皇考"不同,這裏用作生人。"百生"的含義與商代卜辭中的"多生"相同,泛指衆多家族的族長,[2]這裏指叔妣的夫君仲氏所屬家族中各支族人的首領,也可能同宗不同氏。"朋友"是仲氏家族的同姓親屬,[3]具體而言應當包括同胞兄弟及從父兄弟、從祖兄弟等兄弟輩族人。[4]"子婦"爲諸子、諸婦。叔妣作爲仲氏家族的宗婦,作此簋歡娛喜樂夫君的同姓各族族長、同族兄弟及其諸子、諸婦。所以本銘中的䲹姬與豐姞、叔妣身份相同,是叔噩父家族的宗婦,履行助理祭祀丈夫先人的職責。宗婦所做的這些襄理夫君的事務,皆遵循於宗子家族的宗法儀軌之中。

䲹字從鳥,從䜌,䜌亦聲。䜌爲聯的本字,䜌以絲得聲,二字聲韵俱同,故此字可釋爲鸞。[5]"鸞姬"這種女性人名應該是"氏+姓"的格式,[6]鸞通欒,如《吕氏春秋·驕恣》"趙簡子沈鸞徼於河",《説苑·君道》"鸞徼"作"欒徼",欒徼是晉國世卿欒氏家族成員。從鸞姬

---

[1] 朱鳳瀚:《商周家族形態研究》(增訂本),天津古籍出版社,2004年,第293頁。
[2] 張政烺:《古代中國的十進制氏族組織》,《張政烺文史論集》,中華書局,2004年。
[3] 參見錢宗範:《朋友考》,《中華文史論叢》第8輯,上海古籍出版社,1978年,第272頁;朱鳳瀚:《商周家族形態研究(增訂本)》,第293頁;晁福林:《夏商西周的社會變遷》,北京師範大學出版社,1996年,第283頁;寇占民:《兩周銅器銘文"佣友"考》,《東南文化》2010年第5期。
[4] 朱鳳瀚:《商周家族形態研究》(增訂本),第297頁。
[5] 裘錫圭:《戰國璽印文字考釋三篇》,《裘錫圭學術文集》3,復旦大學出版社,2015年。
[6] 鸞姬這一女名還可以按照私名冠於姓之前的格式理解(參見謝明文:《談談周代金文女子稱謂研究中應該注意的幾個問題》,《出土文獻》第十輯,中西書局,2017年),此人爲姬姓女子,名鸞。

的人名格式得知,西周金文中的欒氏爲姬姓,欒氏貴族有欒伯,見於西周晚期的欒伯盤(《銘圖》14527)。春秋時期晉國的欒氏出自晉靖侯之孫賓,封於欒,以邑爲氏;齊國有姜姓的欒氏,惠公之子堅,字子欒,其後裔以字爲氏。西周欒氏似乎與晉、齊的欒氏關係不大。

伯梡盧簋

失蓋,高 15.5 釐米、口徑 18 釐米,1962 年羅伯昭捐贈。器形作弇口,鼓腹,最大徑在腹中部偏下,平底,圈足連鑄三獸面扁足,一對小方鈕耳(原本可能有銜環,現已失)。口沿下飾一周含目竊曲紋,腹部飾瓦紋,圈足飾無目竊曲紋(圖一九)。

圖一九　國博藏伯梡盧簋

與此簋器形、紋飾酷肖的是 1980 年陝西長安馬王鎮新旺村出土的史叀簋,[1] 銘文字體瘦勁修長,風格趨近虢季子白盤,具有西周晚期偏晚的時代特徵。

內底鑄有銘文 28 字(圖二〇):

　　白(伯)梡盧肇(肇)乍(作)皇考剌(烈)公隣(尊)殷(簋),用亯(享)用孝,萬年
　　釁(眉)耆(壽),旎(允)才(在)立(位),子=(子子)孫=(孫孫)永寶。

伯梡盧簋現存有 2 件:一件爲錢泳(錢梅溪)舊藏,現藏於遼寧省博物館,《銘圖》05086(圖二一);一件爲 1978 年出現於北京通縣物資回收公司,後經修復現藏於首都博物

---

[1] 陳穎:《長安縣新旺村出土的兩件青銅器》,《文博》1985 年第 3 期,圖版貳:5。

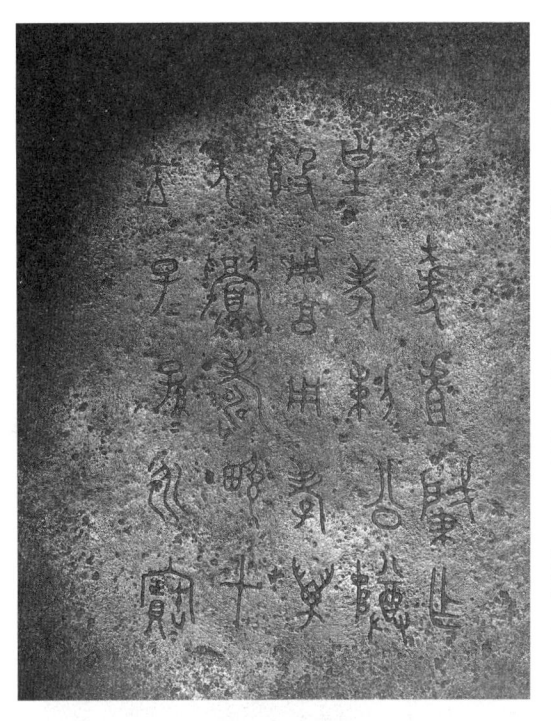

介紹幾件中國國家博物館舊藏的西周青銅器

1. 國博藏伯梃虘簋銘文　　　　　　　　2. 國博藏伯梃虘簋銘文拓本

圖二〇

圖二一　遼寧省博物館藏伯梃虘簋銘文拓本

館,《銘圖》05085（圖二二）。另有兩件至遲爲宋代出土,最早著錄於《宣和博古圖》,現已下落不明,《銘圖》05087（圖二三）、05088（圖二四）。程長新先生、張先得先生考證首博伯梡盧簋很有可能就是《宣和博古圖》卷十七第八頁"周刺公敦"之二,[1] 即與《銘圖》05088 的伯梡盧簋是同一件。另《宣和博古圖》卷十七第七頁"周刺公敦"之一（《銘圖》05087）這件已下落不明。上述這幾件伯梡盧簋器形、紋飾、銘文俱同。器形作弇口,鼓腹,一對獸首半環形耳,下有方形垂珥,圈足下連鑄三獸面扁足,形制與宣、幽時期的伊簋（《銘圖》05339）、師寰簋（《銘圖》05366）、頌簋（《銘圖》05390）等接近。口沿下飾一周中間爲目紋、整體呈橫 S 形的竊曲紋,前後有簡省變體小獸面紋,腹部飾瓦紋,圈足飾垂鱗紋。已被著錄的這幾件伯梡盧簋器耳的造型、竊曲紋樣式與本簋不同,可稱爲伯梡盧簋 A 型,國博所藏的這件可稱爲伯梡盧簋 B 型,未被著錄。根據前文的討論,伯梡盧簋 A 型雖然著錄有四件,但實際上只是三件,伯梡盧簋 A 型、B 型,銘文內容、字體特徵完全相同,這四件簋似乎不能作爲一組"列簋"使用。

1. 首都博物館藏伯梡盧簋　　　　　　2. 首都博物館藏伯梡盧簋銘文拓本

圖二二

西周晚期用簋制度已相當成熟,通常情況下構成一組"列簋"的幾件簋形制、紋飾、大小基本相同,追求整齊劃一,而這四件伯梡盧簋中唯獨國博的這件與眾不同,而這四件簋的銘文內容和字體風格又都相同,我們猜測原本有兩組伯梡盧簋,皆爲同時所做,甲組有四件（A 型）,乙組可能有四件（B 型）,甲組中遺失了一件,後用乙組的這件（國博伯梡盧簋）補充成四件,這種推測的前提是這四件簋爲同坑所出,由於資料闕如,難以證實。

---

[1] 程長新、張先得:《伯梡盧簋之再發現》,《文物》1980 年第 5 期。

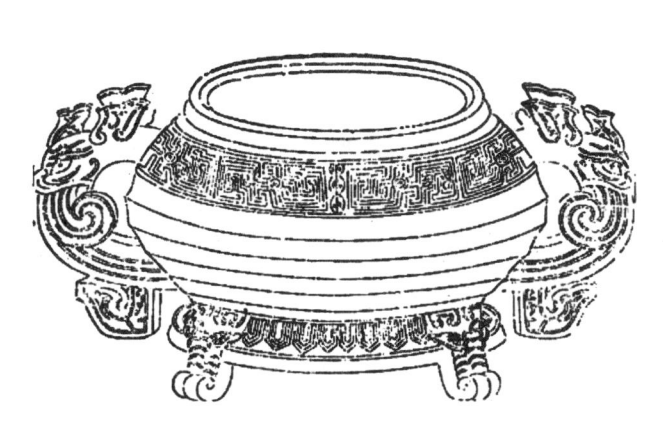

1.《宣和博古圖》卷十七第七頁著録的伯梡盧簋(《銘圖》05087)

2.《宣和博古圖》卷十七第七頁著録的伯梡盧簋(《銘圖》05087銘文摹本)

圖二三

1.《宣和博古圖》卷十七第八頁著録的伯梡盧簋(《銘圖》05088)

2.《宣和博古圖》卷十七第八頁著録的伯梡盧簋(《銘圖》05088)銘文摹本

圖二四

作器者爲伯梡盧，梡盧是雙字名，而冠"伯"既表示其排行，也很可能表明他的宗子身份。從"肇作"某器的辭例來看，肇訓爲始(《爾雅·釋詁》)，表示器主即任宗子後首次製作宗廟祭祀禮器，[1]

---

[1] 朱鳳瀚：《論周金文中"肇"字的字義》，《北京師範大學學報》2000年第2期。

這幾件簋是伯樵盧爲祭享先考剌(烈)公同時所作。"昳在位"是金文嘏辭發達成熟的慣語，流行於西周中晚期至春秋早期，亦見於師毻簋蓋(《銘圖》05330)、猷簋(《銘圖》05372)，而秦公鐘(《銘圖》15566)、秦公鎛(《銘圖》15824－15826)作"畯龡在位"，秦公鎛(《銘圖》15827)作"畯䦆在位"。龡從令得聲，讀爲令。昳、令、䦆是并列狀語，昳字從田、允聲，秦公鎛等器中此字下又加"止"作夋，舊多讀爲駿，訓爲長(《爾雅·釋詁》)，今依張政烺先生、裘錫圭先生讀爲允，[1]訓爲信(《說文》)、誠(《爾雅·釋詁》)；令，《爾雅·釋詁上》訓爲善；䦆，《說文》云"礙不行也"，《廣韵·質韵》曰"頓也"，這是本義，引申爲保持、維持義。這組嘏辭的含義爲信實地、美好地、永固地身在其位。

屮 盉

高 21 釐米、口徑 13.5 釐米，重 1.5 千克。1981 年章立凡捐贈。器形作侈口，束頸，鼓腹，略分襠爲四，襠底近平，下有四柱足，腹前有管狀流，後有獸首鋬，鋬下有方垂珥，蓋面微隆，上有半環形鈕，一側有小鈕以環鏈與鋬相連。頸部飾雲紋組成的饕餮紋，流飾三角紋，鋬上飾雲紋(圖二五)。此盉形制頗似北京琉璃河燕國墓地 M1193 出土的克盉(M1193：167)，[2]時代是典型的西周早期前段，約成、康之際。羅振玉舊藏有一件盉(《銘圖》14694)，器形與本盉相似，唯流口與鋬的位置光素無紋，僅頸部有兩道凸弦紋，銘文內容相同。

圖二五　屮盉

---

[1] 裘錫圭:《"以學術爲天下公器"的學者精神——緬懷張政烺先生》,《中華讀書報》2012 年 5 月 15 日。
[2] 中國社會科學院考古研究所、北京市文物研究所琉璃河考古隊:《北京琉璃河 1193 號大墓發掘簡報》,《考古》1990 年第 1 期, 圖版貳: 1。

蓋内鑄銘 4 字（圖二六）：

丫（屮）乍（作）处（從）彝。

屮爲作器者的族名，屮族器物迄今發現不多，有明確出土地點的是 1966 年河北磁縣下七垣村商代墓葬出土的屮啟鼎（《銘圖》00651），時代最晚者已至西周中期。

处是在"从"字上增加意符"止"而成的，"從彝"之從表示該器的用途。北宋時期河南河清出土十餘件銅器，其中鼎、簋、甗、觚、盉等 5 件自名"從彝"，而同出的一件銅卣則稱"尊彝"，吕大臨指出"疑五物者，爲此彝（按指那件卣）陪設，故謂之從彝"。[1] 後王黼、薛尚功、黄伯思、趙希鵠等宋儒繼而發揮其

圖二六　屮盉銘文

義，從禮制、鑄造、盛放祭品等不同角度闡述了從彝爲陪器的含義。自名爲從彝的器物包括食器、酒器、水器、樂器及用器等類别，涉及祭祀、征行、日用等功能，它不僅是作爲不同用途器物的從屬器，而且也是同類同期或同組銅器的從屬器。[2] 近期吴鎮烽先生撰文研究認爲，從器與行器、遣器、走器等性質相同，都是用於死人隨葬的器物，[3] 頗具啟發性。

卷曲夔紋盉

高 14.8 釐米、口徑 9.6 釐米。1964 年購藏。失蓋，器形爲平唇，侈口，短束頸，寬折肩，收腹，圜底，下有三短粗的袋狀足，肩部一側置管狀長流，流口作龍首曲喙形，另一側肩腹置龍首鋬。肩部飾卷曲夔紋，流管飾三角雲紋（圖二七）。

這類體形寬矮的罐腹盉存世量較少，其由商晚期至西周早期的深腹罐形盉演變發展而成，腹部爲低矮寬扁的罐形，折肩者居多。目前所見有無足和有足兩類：前者數量極少，可舉出寧波愛城文化發展有限公司收藏的一件鳥紋盉[4]及内蒙古赤峰寧城小黑石溝 M8501 出

---

[1] 吕大臨：《考古圖》卷四，中華書局，1987 年，第 68 頁。
[2] 雒有倉：《説"從彝"及其相關問題》，《古文字研究》第三十一輯，中華書局，2016 年。
[3] 吴鎮烽：《論青銅器中的"行器"及其相關器物》，復旦大學出土文獻與古文字研究中心網站（http://www.gwz.fudan.edu.cn/Web/Show/4287），2018 年 9 月 11 日。
[4] 此件盉肩部飾分尾鳥紋，鳥紋造型與扶風莊白一號窖藏出土的史牆盤（《銘圖》14541）、平頂山滍陽嶺應國墓地出土的應侯再簋（M84∶68）（《銘圖》05639）等器相似，富有西周中期的典型特徵。

圖二七　卷曲夔紋盉

土的腰盉（M8501：6）[1]。後者按照足部的造型不同，又可分爲圈足式、柱足式、袋足式、扁足式四種。圈足式目前僅見一例，泉屋博古館藏鳥蓋盉[2]，時代爲西周晚期；柱足式的以師轉鋆（《銘圖》14712）、國家博物館收藏的作册吴盉（《銘圖》14797）、新近重新問世的自作攸鋆（世稱"虎鋆"）等爲代表，時代在西周中期至兩周末葉；這件盉與現藏於美國舊金山亞洲藝術博物館的季良父盉（《銘圖》14774）、故宫博物院收藏的王仲皇父盉（《銘圖》14775）、長安張家坡西周窖藏出土的伯百父鋆（38號）、[3] 岐山董家村窖藏出土的重環紋盉、[4] 1972年陝西乾縣薛録公社出土的竊曲紋盉[5] 等同屬袋足式，腹壁斜直，近底處急收，流行於西周晚期；湖北京山蘇家壟出土的銅盉[6] 是四獸形扁足，時代在春秋早期。鬲腹盉和扁圓腹盉是西周中晚期銅盉形制的主流，寬矮的罐腹盉豐富了這一時期銅盉的類型。

鄭鬥叔鐘

通高38.8釐米，1957年購自振寰閣。管狀甬中空，與體腔相通，甬身粗壯較短，闊旋，無

---

[1] 内蒙古自治區文物考古研究所、寧城縣遼中京博物館：《小黑石溝——夏家店上層文化遺址發掘報告》，科學出版社，2009年，第268頁，圖二一四。此件盉時代約在西周中晚期。

[2] [日] 林巳奈夫：《殷周青銅器綜覽》（第一卷），上海古籍出版社，2017年，第212頁，盉75。

[3] 中國科學院考古研究所：《長安張家坡西周銅器群》，文物出版社，1965年，圖版貳叁：1。

[4] 龐懷清等：《陝西省岐山縣董家村西周銅器窖穴發掘簡報》，《文物》1976年第5期，圖版叁：2。

[5] 尚志儒、吴鎮烽、朱捷元：《陝西省近年收集的部分商周青銅器》，《文物資料叢刊》2，文物出版社，1978年，第24頁，圖八。

[6] 湖北省博物館：《湖北京山發現曾國銅器》，《文物》1972年第2期，圖四。

幹，短枚。旋上飾四組細陽綫構成的雲紋，中間有凸起的目紋。鐘面鉦部界格由陰綫構成（圖二八）。舞上、篆間及中鼓部飾粗陰綫勾勒的雲紋（圖二九）。與此鐘形制較爲接近的甬鐘可舉出1976年陝西扶風莊白1號窖藏出土的六式鐘甲、乙兩件（76FZJ1：60、58）[1]及山西曲沃晉侯墓地M8盜掘出土的晉侯穌鐘A丙、B丙（《銘圖》15300、15308）等，此鐘的時代應在西周晚期。

圖二八　鄭閈鐘 　　　　　　圖二九　鄭閈鐘舞部

鉦間鑄有銘文14字（圖三〇）：

奠（鄭）閈弔（叔）乍（作）薔（林）穌鐘，用言甘（其）皇考丵弔（叔）。

內容爲鄭閈叔爲祭享先父丵叔而作此套悦耳動聽的編鐘。

《古本竹書紀年》："自周受命至穆王百年，穆王以下都于西鄭，穆王所居鄭宫、春宫。"西鄭在今陝西鳳翔一帶。[2] 結合大簋（《銘圖》05170）、三年瘨壺（《銘圖》12441、12442）、免尊（《銘圖》11805）、免簠（《銘圖》05974）、懋尊（《銘續》0791）、懋卣（《銘續》0880）等器銘文記

---

[1] 曹瑋：《周原出土青銅器》，巴蜀書社，2005年，第893、897頁。
[2] 盧連成：《周都城鄭考》，《考古與文物叢刊2·古文字論集》，1983年；王輝：《周畿內地名小記》，《考古與文物》1985年第3期；李峰：《西周金文中的鄭地和鄭國東遷》，《文物》2006年第9期；龐小霞：《西周井（邢）氏居邑與商周鄭地》，《考古與文物》2014年第3期。

載來看，西周中期以降，周王在鄭地的宗廟多次舉行册命儀式，賞賜臣工，此地環境優越，具有廣袤的林地、山澤、牧場，是歸周王直屬統轄的大邑。鄭牧馬受簋蓋（《銘圖》04848－04850）等器表示鄭邑還設有牧馬等王官。鄭邑中還聚居着井氏、虢氏、趙氏等世家大族的分支，如鄭井伯、鄭井叔、鄭虢仲、鄭虢叔、鄭趙伯。

按照金文人名慣例，閈係器主之氏。由於此鐘具體出土地點不明，難以明確判斷其族屬。如歸於西鄭，則與井、虢、趙氏家族情況相同，器主是居於鄭邑中的閈氏；如歸於鄭國則與鄭義伯（鄭義伯盨《銘圖》05576、鄭義伯罐《銘圖》14008、鄭義伯匜《銘圖》14891）、鄭登伯（鄭登伯鼎《銘圖》02108、鄭登伯鬲《銘圖》02794－02796、鄭登伯盨《銘圖》05569）、鄭登叔（鄭登

圖三〇　鄭閈鐘銘文

叔盨《銘圖》05580、05581）等相類，即與義氏、登氏同屬於鄭國肇始之時的重要世族。而從銘文字體上看，其端莊、修長的風格，整飭、規範的布局，與兩周之際鄭國諸氏銅器銘文錯落鬆散之特徵有别，故此鐘作器者身份更可能是居於鄭邑的貴族。

閈叔先考夷叔之夷應理解爲這位先人的謚號，《説文·火部》："夷，火餘也。"段玉裁注："引申爲凡餘之偁。……《方言》：'藎、餘也。'周鄭之閒曰藎。或曰孓。藎者，叚借字也。"餘可訓爲饒（《説文·食部》）、盈（《廣雅·釋詁四》），可見夷當爲美謚。

法國賽努奇博物館藏虢叔甬鐘*

風儀誠**

　　法國賽努奇博物館藏有一件體型較大帶有長篇銘文的中國古代青銅甬鐘。根據銘文内容，甬鐘作者叫"虢叔"，下文以"虢叔鐘"稱之。[1] 這件器物未見於中國出版的銅器及銘文圖録。筆者有幸見到實物，認爲它有一定學術價值，特此將其介紹給讀者。

　　賽努奇博物館藏虢叔甬鐘通高 57.5 釐米，重 22.5 千克。甬長約 18 釐米，衡徑約 5 釐米。平舞，舞橫約 27 釐米。鼓中高約 11.5 釐米、左右高約 18.5 釐米。中鼓部飾變形夔鳳紋，篆間及舞頂飾蟠虺紋。[2] 甬部飾分三組：上組爲三角紋，而中、下組爲蟠虺紋（圖一）。另甬上旋飾一種竊曲紋，設獸頭斡。鐘正面鉦間、正面左鼓及背面右鼓均有銘文，共 149 字，分爲正面鉦間三行、正面左鼓八行和背面右鼓八行。

　　該甬鐘形制與紋飾都符合春秋晚期至戰國早期的時代特徵，可是銘文的字體和内容都與其不合，銘文顯然是僞刻。法國學者很早就知道銘文有問題，所以没有將其作爲真品在博物館圖録上發表。[3] 2013－2014 年賽努奇博物館舉辦的"中國帝國時代青銅器：自宋代至清代"臨時展覽中也展出了虢叔甬鐘，可是未將其收入圖録。

　　筆者在整理賽努奇博物館所藏有銘銅器的工作中注意到這枚甬鐘。儘管虢叔甬鐘上的銘文是僞造的，可是它還是具有研究價值。該鐘很早入藏，爲亨利·賽努奇（1821－1896）在

圖一　賽努奇博物館藏虢叔甬鐘

（引自路易·拉盧瓦：《中國音樂》第 33 頁）

---

* 本文由法國高等研究實踐學院博士生鍾量先生修改，筆者在此表示感謝。
** 作者係法國高等研究實踐學院教授。

[1] 筆者釋爲"虢"的字，與兩周金文中常見的"虢"字有一定區別。不過，考慮到此銘文中有些字的寫法也與常見形態不同，"虢"字并不是特例，因此還是釋其爲"虢"。
[2] 飾紋名稱采用朱鳳瀚對長治 M269∶10 甬鐘的描述（見朱鳳瀚：《中國青銅器綜論》，上海古籍出版社，2009 年，第 364 頁）。
[3] 在二十世紀初曾經出版過虢叔甬鐘的黑白照片，可是僅作爲《中國音樂》的插圖而未加説明，見 Louis Laloy, *La musique chinoise*, Henri Laurens éditeur, Paris, p. 33, pl. 3.

1871 或 1872 年在亞洲親自購買文物時所得。賽努奇舊藏中國古代青銅器的大部分爲他在日本東京和中國揚州、上海和北京所購。[1] 由此可以確定這篇假銘文的製作不會晚於光緒年間,是古代銘文僞造史的史料。

銘 文 内 容

銘文中有不少形式古怪的文字,有的不易辨識,不過根據字形及上下文等信息可以寫出全部釋文。

隹王十又二月既望辰才壬午
王才成周各大室册令虢叔
若曰女尸余經乃先祖余既
　　　（以上爲正面鉦間銘文）
尃乃心
令女政于
朕三軍簫成朕師
旂丨政德諫罰朕庶
民左右毋諱尸不敢弗
憨戒易女彤矢繼旐車
馬戎兵豎僕三百又五十堇
裦其政事又共于公所厰
　　　（以上爲正面左鼓銘文）
鼻乃吉金用鑄寶鎛用
訇于皇祖皇考用旛瀆
壽霝命難老不顯龍
光其萬僵屯□魯□
而又事卑若鍾鼓外内
其乍福元孫
萬年□嚞
羕僕用
　　　（以上爲背面右鼓銘文）

---

[1] 有關賽努奇在中國和日本購買文物的情況可以參考 Théodore Duret, *Voyage en Asie*, Paris, Michel Lévy, 1974.

銘文開頭部分屬於典型的西周時期"册命"銘文,而之後部分與東周時期銘文内容更爲接近。這篇銘文顯然是雜糅了多篇不同時代銘文特徵的模仿之作。

熟悉兩周銘文的學者不難發現該銘文的一大部分來自著名的東周時期的"叔尸鎛"銘文(《集成》285)。[1] 不過,僞造者并没有把叔尸鎛銘文的全部内容直接抄在甬鐘上,而是進行了一定的編輯工作。爲了清楚表明兩篇銘文之間的關係,以下釋文僅限於基本文字隸定,不涉及釋字、標點等内容。[2]

隹王十又二月既望辰才壬午王才成周各大室册令虢叔若曰<u>女尸余經乃先祖余既尃乃心令女政于朕三軍簫成朕師旗</u>」(之)<u>政德諫罰朕庶民左右母諱尸不敢弗憨戒易女</u>彤矢鑾旂馬車戎兵釐僕三百又五十葷<u>燹其政事又共于公所歔罨</u>乃吉金用鑄寶鎛用亯于皇祖皇考用旂釁壽霝命難老不顯龍光其萬僵屯□魯□<u>而又事卑若鍾鼓外内</u>其乍福元孫萬年□齎羕僳用(虢叔鐘)

上文下劃綫部分内容見於叔尸鎛,其全部釋文如下,下劃綫内容代表與虢叔鐘相同部分:

隹王五月辰才戊寅師于淄淳公曰<u>女尸余經乃先祖余既尃乃心</u>女少心畏忌女不象夙夜宦執而政事余引猒乃心余<u>命女政于朕三軍簫成朕師旗之政德諫罰朕庶民左右母諱尸不敢弗憨戒</u>虔卹乃死事獻龢三軍徒遹窜行師酋中冞罰公曰尸女汝敬共辪令女雁鬲公家女巩燹朕行師女肇敏于戎攻余易女釐都□□其縣三百余命女嗣辝釐遹或徒四千爲女敬𡪹乃敢用拜頴首弗敢不對揚朕辟皇君之易休命公曰尸女康能乃又事罘乃敬𡪹余用粦屯厚乃命女尸母曰余少子女尃余于飸卹虔卹不易左右余一人余命女夒差卿爲大事靪命于外内之事中尃盟荆女台尃戒公家雁卹余于盟卹女台卹余躾身余<u>易女馬車戎兵釐僕三百又五十家</u>女台戒戎技尸用或敢再拜頴首雁受君公之易光余弗敢灋乃命尸典其先舊及其高且虢成唐又敢才帝所尃受天命从剷伐頣后敗氒靈師伊少臣隹楠咸有九州處墨之堵不顯穆公之孫其配襄公之姡而餓公之女寧生弔尸是辟于齊侯所是少心恭遵靈力若虎<u>董燹其政事又共于公所歔罨</u>吉金鈇鑄鋅鋁<u>用</u>皎鑄其寶鎛用亯于<u>其皇且皇妣皇母皇考</u>用旂釁壽霝命難老不顯皇且其乍福元孫其萬福屯魯穌獸<u>而又事卑若鍾鼓外内</u>剴辟哉𠭰達而佣剿母或承頴女考壽萬年羕僳其身卑百斯男而孰斯宇簫義政齊侯左右母疾母已至于葉曰武靈成子孫羕僳用亯(叔尸鎛)

---

[1] 此銘文與叔尸鐘銘文(《集成》272到278,七件)大致相同。
[2] 有關尸叔鎛銘文内容,詳見馬承源:《商周青銅器銘文選》(第四卷),文物出版社,1990年,第538-543頁。

比較兩篇銘文的釋文可以看出,偽造者不僅從叔尸鎛選出部分内容刻在虢叔鐘上,并且對此進行少量改動。比如虢叔鐘銘文中引用叔尸鎛銘文内容基本上按照原銘文順序,只有在最後部分稍微調整,如把"其乍(作)福元孫"放在"卑(俾)若鍾(鐘)鼓外内"之後。偽造者有時會减少一個字,如把叔尸鎛的"鑄其寶鎛用亯(享)于皇祖"改爲"鑄寶鎛用亯(享)于皇祖",减少了"其"字;或者增加一個字,如把"羃(擇)吉金"改爲"羃(擇)乃吉金",多了一個"乃"字。有時偽造者也會改换了一個字,如把"命女(汝)政于朕(朕)三軍"改成"令女(汝)政于朕(朕)三軍",把"命"字改成"令"字。

偽造者爲什麼要改變引用的叔尸鎛銘文内容? 主要是爲了創造出一篇内容獨特的銘文。其基本原則是把叔尸鎛銘文的部分内容穿插在一種西周時期典型册命銘文的格式中。筆者認爲偽造者對叔尸鎛銘文内容的選擇及改動大體上也符合這一原則。除了叔尸鎛銘文之外,偽造者也參考了來源至今不清楚的其他銘文。

根據中研院歷史語言研究所的"殷周金文暨青銅器資料庫",虢叔鐘起始的"隹王十又二月"這一日期僅見於盠駒尊銘文(《集成》6011)的開頭部分。可是後一件器物出土於 1955 年,當時虢叔鐘已在法國收藏有 80 多年,銘文偽造者是無法参考這篇晚出的銘文的。因此筆者懷疑虢叔鐘銘文的日期部分内容很可能是根據别的銘文修改而來。[1] 比如走簋(《集成》4244)有"隹王十又二年三月既望"(下劃綫部分與虢叔鐘銘文相同);縣改簋(《集成》4269)有"隹十又二月既望辰才壬午"等等。由於偽造者對參考引用的已有銘文加以修改,導致現在很難看出他藉助的原始銘文的本來面貌。

在清末流行銅器圖録中"王才成周"這一表達方式見於 7 件器物,如西周早期的小臣夌鼎(《集成》2775)和德鼎(《集成》2661),以及西周晚期的敔簋(《集成》4323)。

"各(格)大室"常見於西周中晚期銘文,而在大多數西周晚期銘文中,其後會出現"即立(位)"。而虢叔鐘中銘文之後與"册令"連寫,在已知金文中好像没有第二例存在。

"虢叔"這一人名見於 20 多處西周中晚期銘文。[2] 其中有幾件見於宋代圖録中,如虢叔禹(《集成》525)或瘐鼎(《集成》2742),也有見於清代阮元《積古齋鐘鼎彝器款識》圖録中,如虢叔旅鐘(《集成》328)。

在賞賜品中虢叔鐘銘文提到"彤矢",這種器物也見於曹載奎《懷米山房吉金圖》所收伯晨鼎銘文(《集成》2816)中,只是使用合文方式寫成。在商周金文中用兩個字的方式記載"彤矢"僅見於 1840 年出土西周晚期虢季子白盤銘文(《集成》10173)。

---

[1] 目前學者使用的數據庫或工具書都是按當代學術要求,因此不收集學界公認爲偽銘的資料。而宋代以來的偽造者并没有這種相關知識,因此他們會引用今天學界公認爲偽銘的資料。在這一方面,目前缺少囊括所有宋代至清末銅器銘文(不分真假)、方便進行檢索查找的工具書或數據庫。

[2] 見吴鎮烽:《金文人名彙編(修訂本)》,中華書局,2006 年,第 378 頁。

"不顯龍(寵)光"一句僅見於宋代圖錄中所收遲父鐘銘文(《集成》103)。值得注意的是在宋代圖錄中遲父鐘銘文有不同摹本。《歷代鐘鼎彝器款識法帖》和《考古圖》所收摹本中,釋爲"龍"的字非常古怪,已經完全失去了原貌。與此相比,《嘯堂集古録》和《博古圖》所收摹本中的"龍"字與西周晚期至東周時期銘文中的"龍"字基本一致,并且與虢叔鐘銘文中的"龍"字也很接近。因此,僞造者參考的圖録,很可能是《嘯堂集古録》或《博古圖》。[1]

　總而言之,虢叔鐘銘文的僞造者使用了不同來源的資料來構造一篇新的銘文。僞造銘文參考的資料中大段内容來自叔尸鎛,另外零星引用了若干當時已爲人所知的銘文。由於僞造者對參考引用的原始銘文的改動,很多内容的具體來源不容易判斷。另外,在尋找僞造者參考的原始銘文的工作中,其對古文字的字形修改也帶來了不少困難。

虢叔鐘的古文字

　虢叔鐘銘文大量引用叔尸鎛銘文是無可争議的,然而僞造銘文中使用的文字與叔尸鎛有一定的差異。

　對於兩篇銘文使用的文字存在的差異,筆者認爲并不完全是因爲抄手没有能力抄得正確,有一部分明顯是因爲僞造者故意使用與叔尸鎛不同的字形(見表一)。比如在銘文的前段出現{祖},叔尸鎛寫成"且"而虢叔鐘寫成"祖"。[2] {右},叔尸鎛寫成"右"而虢叔鐘寫成"又"。叔尸鎛中"不"字最上端帶有裝飾筆的一横,而虢叔鐘的"不"字没有。同樣,叔尸鎛銘文中"其"字從"丌",而虢叔鐘的不從"丌"。總體而言,除了"祖"字以外,虢叔鐘的文字與叔尸鎛相比更接近西周時期的風格,把"命"字改成"令"字也符合這種復古做法。

表一　《嘯堂集古録》叔尸鎛與賽努奇博物館虢叔鐘銘文字形對照表

	{祖}	{右}	{不}	{其}
叔尸鎛				
虢叔鐘[3]				

[1] 見薛尚功撰:《歷代鐘鼎彝器款識法帖》,《宋人著録金文叢刊》,中華書局,1986年,第28頁;吕大臨等撰:《考古圖》,《四庫藝術叢書》,上海古籍出版社,1991年,第204頁;王俅撰:《嘯堂集古録》,《宋人著録金文叢刊》,中華書局,1985年,第171頁;王黼編纂:《重修宣和博古圖》,《四庫藝術叢書》,上海古籍出版社,1991年,第853頁。
[2] 實際上"祖"字從"示"從"且"的寫法也見於叔尸鎛,只是位於銘文的後部,用於記載"高祖"和"皇祖"。
[3] 虢叔鐘銘文没有拓片只有照片。由於擔心照片印刷效果不够清晰,筆者在本文中采用電腦處理照片。由於本人技術有限,在字形精準度上僅提供參考。

與此同時,有些字受到了晚期字體的影響(見表二)。最明顯的例子是日期中使用的地支"午",與兩周金文中的不同,却與漢代篆書中的"午"十分接近。[1]"霝(靈)命"中的"霝"字下邊三個三角形的"口"部,接近於漢代以後的古文。虢叔鐘銘文中的"敢"字,其右部從"攵"。此字不僅與叔尸鎛銘文中的"敢"字不同,與其他西周時期常見的不從"攵"而從"又"的"敢"字也不同,也許是受到了戰國時期出土資料或者漢代以後古文的影響。最後,銘文中"周"、"各"、"若"等字口部的兩條竪綫不向上出頭,這種寫法即使在戰國晚期也不多見。

表二 虢叔鐘銘文中的晚期字形

午	霝	敢	周	各

僞造者的計劃和知識水平

如上文所述,僞造者的目的是創造一篇西周時期特色的長篇銘文。爲此他特地從叔尸鎛銘文中選出若干篇幅較長的引文,在此基礎上再添加了一些來源不同的篇幅較短的西周時期銘文。爲了增加欺騙性,他還故意改造了引文的部分内容而且使用了與引用的原始銘文不同的字形。從内容改造可以看出,僞造者對商周銘文比較熟悉,但是對銘文文意整體把握尚存在一些問題,比如銘文開始講到"册令虢叔"與之後講到的"若曰女(汝)尸余經乃先祖……"顯然互有矛盾。另外在僞造者改造之後,虢叔鐘銘文中似把"卑(俾)若鍾(鐘)鼓外内"當一句連讀,而今天一般認爲"外内"應該與下文連讀,即"卑(俾)若鍾(鐘)鼓,外内剭(闔)辟(闢)"。不過在筆者看來,虢叔鐘銘文的最大問題不在内容而在其字形。上文已經提到了該銘文中出現了更晚時期文字的現象,如"午"、"敢"、"霝"等。此外還有一些字失去了其正常字形,如"十"、"尸"、"壽"、"事"、"而"等。由此看來,僞造者的古文字學水平不是很高。

僞造銘文的技術

僞造銘文最常見的方法有兩種:第一是鑄造假青銅器的同時鑄出其銘文;第二是在已有的真青銅器上鏤刻銘文。經過觀察,筆者認爲虢叔鐘銘文的僞造情況與這兩種方法都有所區别。文字不像是在堅硬的銅器上直接鏤刻,陰文筆畫邊緣經常略微凸起,文字似在比較柔

---

[1] 見商承祚編著:《石刻篆文編》,中華書局,1996年,第674-675頁。

軟的載體上加工而來。這種現象看似吻合清代出現的用腐蝕法僞造銘文的痕迹:"這種方法是在青銅器需要刻銘的部位塗上蠟,在蠟上刻好字,然後用三氯化鐵在刻好的字口上咬腐,最後將蠟去掉,就會出現凹陷的字口。"[1] 不過,虢叔鐘的情況還比較特殊,從銘文邊緣來看,銅器上有銘文的部位表面似比其他部位高一些。筆者因此懷疑僞造者首先在器物上塗了一層很薄的不明材料構成的塗層,之後用某種方法刻上的銘文,這只是筆者的推測,將來希望可以對器物構成進行科學分析,得出銘文僞造技術方面更可靠的結論。

上文通過對虢叔鐘銘文的內容、用字字形及鑄造技術的討論可以肯定其屬於僞銘。事實上法國學者很早就意識到該銘文有問題,所以把虢叔鐘作爲贋品處理,將其閒置在博物館的庫房中。然而經過初步研究,筆者發現虢叔鐘器物本身不是贋品而是真品,虢叔鐘器物和銘文屬於真器假銘。

虢叔鐘爲真器

虢叔鐘的形制和紋飾具有春秋晚期至戰國早期的時代特徵,其鼓部上的紋飾較爲特殊。據筆者所掌握資料,帶有該紋飾的編鐘在科學考古發現中僅有一例:於 1972 年山西省長治市分水嶺 269 號墓中出土,距賽努奇購買虢叔鐘已有一百年。[2] 墓中出土了一套 9 枚甬鐘組成的編鐘。令人遺憾的是,據發掘報告記載,其中 5 枚甬鐘出土之後就失踪了,因此長治博物館目前僅存 4 枚。[3] 分水嶺 269 號墓出土的甬鐘,尤其是鼓部上的變形夔鳳紋與虢叔鐘極爲相似(圖二)。[4] 由於這種紋飾并不常見,因此在虢叔鐘出現同樣的紋飾不太可能是偶然,更不可能是清末僞造者造假所爲。

此外,非科學出土青銅器中還有三枚甬鐘與賽努奇博物館收藏的虢叔鐘非常相似。一枚爲日本京都藤井有鄰館所藏、一枚爲吉林大學考古與藝術博物館所藏、一枚爲比利時王家

---

[1] 見程長新、王文昶、程瑞秀:《銅器辨僞淺説》,《文物》1989 年第 8、11、12 期;又載於《銅器辨僞淺説》,文物出版社,1991 年,第 118 頁。
[2] 見山西省文物工作委員會晋東南工作組、山西省長治市博物館:《長治分水嶺 269、270 號東周墓》,《考古學報》1974 年第 2 期,第 69-71 頁。
[3] 《長治分水嶺東周墓地》中記載:"其中 5 件被盜,現存 4 件。"見山西省考古研究所、山西省博物院、長治市博物館:《長治分水嶺東周墓地》,文物出版社,2010 年,第 340 頁。值得注意的是日本東京出光美術館收藏的 3 枚甬鐘及中國嘉德香港 2014 春季拍賣會中出現的 2 枚甬鐘(見出光美術館編:《中國の工藝》,平凡社,1989 年,第 175 號;見中國嘉德總公司網站:http://www.cguardian.com.hk/tc/auction/auction-details.php?id=66869),其形制、紋飾與分水嶺 269 號墓出土甬鐘均十分相似。此外,出光美術館收藏的 3 枚甬鐘大小與 M269 中編號爲 14、16、17 的甬鐘基本一致,而 2014 年香港拍賣的 2 枚甬鐘大小與 M269 中編號爲 12、18 的甬鐘也基本一致。詳見本文附表。
[4] 這種紋飾在馬承源主編的《商周青銅器紋飾》中僅有一例。見馬承源主編:《商周青銅器紋飾》,文物出版社,1984 年,第 86 頁,235 號紋飾(書中倒置)。該鐘也許就來自分水嶺 M269,可惜書中對其具體來源未加説明。

1   2

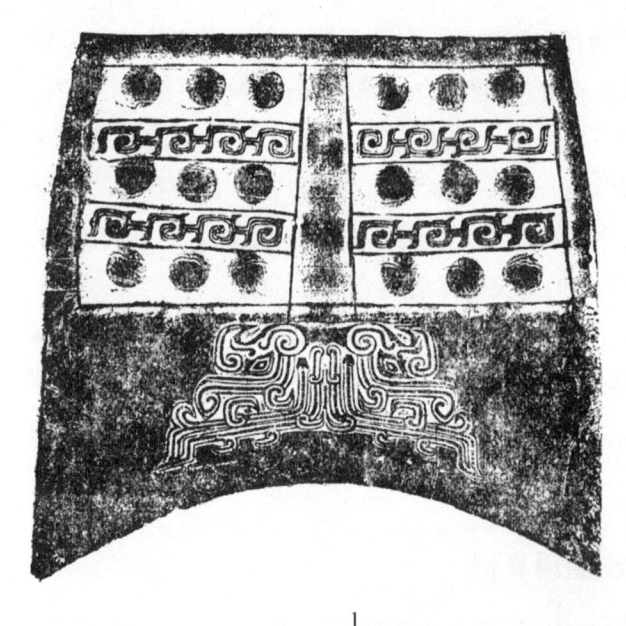

圖二

1. 分水嶺 M269：10 甬鐘局部拓片（引自《考古學報》1974 年第 2 期第 71 頁圖一〇） 2. 虢叔甬鐘局部照片（引自路易·拉盧瓦《中國音樂》第 33 頁）

博物館所藏。[1] 日本京都藤井有鄰館所藏的甬鐘通高 46.8 釐米，器物最早見於 1929 年出版《有鄰大觀》。[2] 吉林大學考古與藝術博物館所藏的甬鐘高 52 釐米，大概在 50 或 60 年代入藏，似未見於圖錄。[3] 比利時王家博物館所藏的甬鐘通高 30.5 釐米，1955 年入藏。[4] 第三枚甬鐘據博物館檔案記載爲北京琉璃廠著名古玩商人黃伯川舊藏，曾在其以黃濬爲名所編的圖錄中發表。[5] 鐘鉦間有僞銘九字"益公爲楚氏穌鐘用寶"，其中"氏穌"竟然爲合文，該僞銘應是模仿青島市博物館收藏益公鐘銘文（《集成》16）。[6] 另外，根據相關單位提

---

[1] 林巳奈夫 1989 年曾經發表過日本和比利時收藏 2 枚甬鐘的信息，見林巳奈夫：《春秋戰國時代青銅器の研究》（殷周青銅器綜覽三），吉川弘文館，1989 年，第 182 頁（日本鐘）和第 240 頁（比利時鐘），有關第二枚甬鐘書中僅提供了紋飾拓本。

[2] 見有鄰館：《有鄰大觀》，京都，1929 年，第四圖。有關這份資料，筆者感謝崎川隆先生所提供的信息。

[3] 筆者最早知道吉大收藏甬鐘的信息，是由崎川隆先生告知。此後筆者拜托井中偉先生與博物館聯繫。文中該枚甬鐘的具體數據是由吉林大學考古與藝術博物館相關部門提供。筆者藉此對各位專家及相關單位表示感謝。

[4] 這枚甬鐘信息，由比利時王家博物館遠東部部長 Vandeperre 先生提供。筆者於此表示感謝。

[5] 見黃濬：《尊古齋所見吉金圖》，《金石學叢書》，臺聯國風出版社，1965 年，第 23–24 頁。

[6] 比利時王家博物館檔案中有 1997 年 9 月 14 日松丸道雄的書信，信中指出鐘上銘文爲假。之後博物館負責人認爲甬鐘也是僞造。可是根據博物館提供照片來看，筆者認爲該甬鐘與賽努奇博物館所藏虢叔鐘的情況一樣，爲眞器僞銘。此外，博物館檔案中有比利時博物館中央研究室 1955 年 1 月 31 日的報告，指出據銅器和銅銹分析，該器物應爲古銅器，但是無法知道其具體年代。

供的照片,吉林大學考古與藝術博物館和比利時王家博物館所藏甬鐘鼓部與兩銑的内腔均有明顯銼磨痕迹。筆者在虢叔鐘上也曾經親眼觀察到類似痕迹,應該是古人調整編鐘聲音而留下的,[1]在十九世紀末收藏的銅鐘上發現這種加工痕迹更加讓人相信虢叔鐘是一件真器。

由上可見,在分水嶺269號墓編鐘1972年重見天日之前,四枚形制、紋飾與其十分類似的甬鐘已經在十九世紀至二十世紀上半葉之間出土。筆者對這四件甬鐘的出土細節一無所知,不過依據其形式和紋飾,它們應該都來自同一源頭。據研究,"長治分水嶺同一墓地出土的相同類型的銅器,其合金成分和金相組織都非常近似,説明它們大都産自同一個鑄造地,甚至是同一批次鑄造的"。[2] 按照這一分析,將來或許可以對上文來源不明的幾枚甬鐘進行合金成分分析,來進一步證明它們與分水嶺出土銅器的關係。目前對上述形制、紋飾相似的13枚甬鐘還没有進行全面科學分析,筆者也僅親眼觀察了賽努奇博物館所藏的一枚甬鐘而不是全部實物。在此筆者只能提出一種假設:它們很可能都出於長治一帶同一處作坊。另外由於甬鐘大小不一(具體數據見附表),也不能排除這些甬鐘原來屬於同一套編鐘的可能性。這一假設如果成立的話,這套編鐘中的最大甬鐘就是賽努奇博物館所藏的虢叔鐘。

結　語

通過以上分析,筆者認爲賽努奇博物館藏的虢叔鐘原來是一枚春秋晚期至戰國早期的無銘甬鐘,其生産地點可能在山西長治一帶。清代晚期從古墓出土之後,在虢季子白盤出土的1840年和賽努奇從中國購買銅器回到法國的1872年之間,有一名中國僞造者在虢叔鐘上使用了類似腐蝕法的技術加上了他自己編撰的銘文。由於當時收藏家特别重視有銘銅器,"無字之器,僞刻銘文"成爲道光至清末很流行的僞造銘文方法。[3] 有意思的是,泰奥多爾·杜赫在描述他與賽努奇1872年5月在北京購買古代銅器的時候,就特别强調當時"中國人按照銘文的字數來决定銅器的價錢,式樣一樣而年代相同的兩件銅器中,銘文長的一件肯定貴得多"。[4] 爲了寫出篇幅很長的銘文,僞造者參考了當時流行的宋代和清代銅器圖録,在叔尸鎛銘文的基礎上加上了其他的銘文内容,製作出一篇有西周册命銘文風格的149字長的長篇銘文。爲了避免有人發現他所參考的資料,僞造者在一定的程度上修改了引用的叔

---

[1] 見華覺明、賈雲福:《先秦編鐘設計製作的探討》,《自然科學史研究》1983年第1期,第81-82頁。
[2] 見韓炳華、崔劍鋒:《山西長治分水嶺東周墓地出土青銅器的科學分析》,《考古》2009年第7期,第88頁;又收録在山西省考古研究所、山西博物院、長治市博物館:《長治分水嶺東周墓地》,文物出版社,2010年,第385頁。
[3] 見容庚:《商周彝器通考》,上海人民出版社,2008年,第168頁。
[4] Théodore Duret, *Voyage en Asie*, Paris, Michel Lévy, 1974, p. 125.

尸鎛銘文内容并且盡量使用與引用銘文不同的字形。由於僞造者在古文字方面知識有限，他僞造的古代銘文并不成功。筆者懷疑在當時的中國古董市場上很多人可以看出這件銘文是僞造的。而爲了高價賣出這件器物，最好的辦法是賣給不懂古文字的西方收藏家。在這樣的情況下賽努奇買到了這件文物。現藏於賽努奇博物館的虢叔甬鐘，是具有悠久歷史的一件文物。它既體現了東周時期的鑄造工藝，又反映出清代末年一名古董僞造者的知識和技術。

附表：參考數據

	通高（釐米）	甬長（釐米）		銑間（釐米）		鼓間（釐米）		重量（千克）	出土時間
	甲	甲	乙	甲	乙	甲	乙	乙	
M269：10	43.5	15.8	15.7	22	22	17.3	17.2	10.5	1972 年
M269：13	40.6	14.5	14	19.4	20	15.3	16	8.25	1972 年
M269：15	36.4	13.3	13.3	18	18	14	14	6.4	1972 年
M269：11	33.2	12.6	12.5	16.5	16.5	12.9	13	4.7	1972 年
M269：12			11.5		15.5		12	4.8	1972 年
M269：14			11.5		14.2		11	3.9	1972 年
M269：16			10.5		13		10	3.3	1972 年
M269：17			9.8		12		9.3	2.8	1972 年
M269：18			9		10.5		8.4	2.4	1972 年

數據來源：甲：項陽、陶正剛主編：《中國音樂文物大系·山西卷》，大象出版社，2000 年，第 357 頁，表 30；乙：山西省文物工作委員會晉東南工作組、山西省長治市博物館：《長治分水嶺 268、270 號東周墓》，《考古學報》1974 年第 2 期，第 70 頁，表二。

	高（釐米）	銑間（釐米）	鼓間（釐米）	首次發表
出光美術館甬鐘	28	14.1	11	1989 年
出光美術館甬鐘	27.1	12.8	9.8	1989 年
出光美術館甬鐘	25.1	11.8	9.2	1989 年

數據來源：出光美術館編：《中國の工藝》，平凡社，1989 年，第 175 號。

	高（釐米）	首次發表
2014 年中國嘉德（香港）公司拍賣	31.5	1990 年
2014 年中國嘉德（香港）公司拍賣	23.8	1990 年

數據來源：Jessica Rawson and Emma Bunker, *Ancient Chinese and Ordos Bronzes*, Hong Kong: The Oriental Ceramic Society of Hong Kong, 1990, pp. 152－153.

		通高（釐米）	重量（千克）	其他（釐米）	入藏或首次發表
1	賽努奇博物館甬鐘	57.5	22.5	甬長 22.5	最晚 1872 年購買
2	吉林大學考古與藝術博物館甬鐘	52	17.55	鐘寬 28.5	50 至 60 年代入藏
3	藤井有鄰館	46.8			1929 年發表
4	比利時王家博物館	30.5		鐘寬 14.5 鐘外徑 11.2	1955 年入藏 1936 年《尊古齋》收錄

數據來源：1. 親手測量；2. 博物館提供；3. 有鄰館：《有鄰大觀》，京都，1929 年，第四圖；4. 博物館提供。

試論晉公盤銘文及相關問題

管文韜[*]

晉公盤是近年來新見的一件重要青銅器,由吳鎮烽先生首先披露,後收錄于《銘續》0952。該盤鑄造精美,盤内鑄有多隻圓雕動物,可以原地旋轉;盤中心的圓雕立鳥鳥嘴可以啟閉,[1]形制罕見,工藝精湛,彰顯了作器者身份地位的高貴。盤內壁有銘文七處,每處各三行,共鑄銘180字(含合文1,重文1),其内容與清代已見著録的晉公盆(銘圖6274,又稱晉公蠱)銘文基本相同。晉公盆久佚,現存銘文拓片多有模糊漫漶之處,約四分之一的内容已難以辨識;特別是原銘有兩處補鑄遮住了一部分銘文,致使學者們對該器的作器者聚訟紛紜。晉公盤銘文則較爲清晰,雖有補鑄遮擋了少量文字,但足以據之校讀盆銘,考定作器之晉公,并廓清之前的種種誤解,爲研究春秋史提供新的珍貴史料。因此晉公盤甫一公布,便受到大家關注。但近來學者們針對此盤的研究并不多,究其原因大抵由於一方面此前已經有許多學者對盆銘有了很好的研究,高論在先,剩義無多;另一方面有些學者對盤銘的真僞表示了質疑,致使大家在使用資料時有所顧忌。我在學習前輩時賢論著的基礎上,對晉公盤銘文有一些不成熟的想法,今不揣冒昧,寫下來向大家請教。

值得説明的是,現今大家討論晉公盤銘文,所使用的原始資料基本據吳鎮烽《晉公盤與晉公蠱銘文對讀》一文(下簡稱"吳文")或《銘續》0952所公布的銘文照片,但照片的清晰度并不高,一些筆畫仍難以看清。在本文寫作過程中,蒙董珊先生和朱鳳瀚先生惠示更清晰的晉公盤銘文照片。我們參照更清晰的照片,利用電腦將《銘續》0952所收原爲曲面的盤壁銘文照片調整近直,重做一份晉公盤摹本,并附于後,以期有助討論。

本文的研究分三部分:一、對晉公盤銘文的辨僞;二、晉公盤銘文補釋;三、對盤銘所涉及相關問題的討論。由於晉公盤的研究文章相對較少,加之晉公盆銘文與之基本相同,因此我們在下面討論具體字詞的時候,也兼引學者對晉公盆銘文的研究看法。

一、晉公盤辨僞

在討論銘文之前,我們先對晉公盤的真僞問題做一點辨別。吳鎮烽先生在網絡上公布

---

[*] 北京大學考古文博學院博士。
[1] 據吳鎮烽:《晉公盤與晉公蠱銘文對讀》,復旦大學出土文獻與古文字研究中心網站(http://www.gwz.fudan.edu.cn/Web/Show/2297),2014年6月22日。

該器時,自然未懷疑晉公盤的真偽,此文下評論區衆網友的討論也皆是基於此器爲真的基礎上的。後王恩田先生發表文章,首疑其偽,認爲"晉公盤屬於偽器,鐵案難移"。[1] 其後鄧佩玲女士復爲申論,認爲銘文的真偽性"確實仍有不少可再討論的空間"。[2] 近來王澤文先生又在討論盆銘時提到盤銘,説"不論晉公盤是否爲真"云云,[3] 謝明文先生在討論晉公蠆時也在文末按語中指出"此盤銘可疑,其真偽有待進一步討論",[4] 可見許多學者還是對晉公盤的真偽有所懷疑的。晉公盤的真偽問題實是本文討論的基礎,因此必須對其真實性加以申述。

綜合王恩田先生和鄧佩玲女士兩篇文章的觀點來看,認爲晉公盤銘偽主要基於以下五點理由:(A)銘文字體特殊;(B)謚號不能通假;(C)器物形制不合;(D)銘文韵讀有疏;(E)文辭存在疑問。根據我們後面對銘文內容的討論,晉公盤的銘文除自名處以外全同於晉公盆,諸家既皆不疑晉公盆爲偽,因此對於與之同銘的晉公盤來説,最後兩條質疑的理由,實際上也就不復存在了。下面我們主要來檢討一下前三條質疑。

對晉公盤銘文字體表示懷疑者,基本都認爲晉公盤的銘文屬於刻銘。[5] 在檢討具體字形之前,我們必須先對盤銘是刻是鑄的情況進行檢討。吳鎮烽先生起初公布盤銘的時候,也認爲晉公盤屬於刻銘。但吳文文末評論區網友"戰國時代"(董珊)則認爲是鑄銘,并給出三點理由:

(1)全銘分爲七處,每一處爲一塊貼在內範上的銘文範片,看銘文的照片,範片邊緣痕迹均清晰可見。
(2)第三片中字損之處常常在範片裂開之處。
(3)全銘爲鑄出,并不排除鑄好之後再加補刻。但全銘連一處補刻痕迹都没有。[6]

今從更清晰的照片看,董珊先生認爲是鑄銘正確可從。對比刻銘常見的綫條細勁、粗細均一、轉折方直、筆畫銜接處往往多見刀鋒交叠等情況來看,晉公盤銘文綫條富有粗細變化,起

---

[1] 王恩田:《晉公盤辨偽》,復旦大學出土文獻與古文字研究中心網站(http://www.gwz.fudan.edu.cn/Web/Show/2457),2015年3月3日。
[2] 鄧佩玲:《〈晉公盤〉銘文的文字及韵讀問題》,《青銅器與金文(第二輯)》,上海古籍出版社,2018年,第299-314頁。
[3] 王澤文:《重論晉公蠆年代和曆日——兼説晉公盤(提要)》,"紀念清華簡入藏暨清華大學出土文獻研究與保護中心成立十週年國際學術研討會"論文,2018年11月18日。
[4] 謝明文:《晉公蠆銘文補釋》,收入《商周文字論集》,上海古籍出版社,2017年,第208頁。
[5] 如前引鄧佩玲、王澤文二文。
[6] 見吳文文末評論區3、35樓網友的評論。

筆方圓并用，收筆較尖，字形偶有敧正錯落，充滿毛筆書寫意趣，這些特徵只有鑄銘才能做到。《銘續》0952 也已從董珊説，著録爲鑄銘。可略做補正的是，銘文中似有少量筆畫可見鑄後補刻的痕迹。如銘文第二片"三"字横畫的末端、"秉"字"禾"部的斜筆、"敬"字"攴"旁的横筆，第五片"台"字的首筆等處，見下圖：

| 四 | 秉 | 敬 | 台 |

從這些補刻痕迹也可看出其與主體文字之間區別顯著，益知盤銘應係鑄出。

對單個文字構型的懷疑，主要見於鄧佩玲女士《談〈晉公盤〉銘文的韵讀及文字問題》一文（下簡稱"鄧文"）。鄧文羅列了 19 例晉公盤字形，并與金文中相關字形進行比對，認爲晉公盤的許多字形或"爲金文中首見"，或"與金文中習見寫法明顯有別"，乃至"部分文字寫法更明顯出現錯誤"。事實上，這些例子大多都是值得商榷的，它們大致可以歸爲四類：

（1）盆銘盤銘寫法實相同。如"廷"字，盤銘作"趕"，鄧文謂"從來未見有如'趕'中'人'、'土'分寫的例子"，實則晉公盆銘"廷"也寫作"趕"，與盤銘一致。類似的情況又如鄧文中所舉"皇"字等。

（2）盤銘文字係三晉系文字寫法。如"宅"字，盤銘作"庀"，鄧文認爲"晉公盆以'庀'作'宅'乃金文首見"。實際上，三晉文字中宅一般都寫作"厇""冴""仛""冇"（俱見《類編》298）等形，合於盤銘；又"宅"《説文》古文正作"庂"，即可隸定爲"庀"。

（3）所據盤銘照片不清。如鄧文認爲盤銘"胤"字中部作束絲狀，而對照更清楚的照片來看，中部下端作"肉"旁甚明。類似的情況又如鄧文所舉盤銘的"鑾"字等。

（4）盤銘一些寫法確爲前所罕見。如鄧文所舉"克"、"魯"、"耆"、"寶"等字。這些字的寫法與常見金文字形不同，原因也頗爲複雜：一些可能與銘文書寫特徵較强有關，有較多日常書寫的簡化習慣在内（如"魯"），一些則屬於古文字形體中常見的單複無别或變形聲化現象（如"耆"、"寶"等）。總之這些字的形態都是有理據可説的，符合古文字構形發展的一般規律。概言之，盤銘文字從字形上看找不到爲僞的確證，反宜當作難得的春秋時期三晉文字典例進行研究。

王恩田先生提出"謚號不能通假"的觀點，來證明晉公盤係僞造，[1] 這也是值得商榷的。謚號字有多種寫法，對應語言中同一個詞，是十分正常的現象，類似的例子不勝枚舉：如金文"卲王"即"昭王"；"厲王"金文作"剌王"，"剌"字後世又或作"烈"；"鳌公"文獻又作"僖公"等等，皆是其例。而晉公盤"獻公"寫作"憲公"，據王澤文先生披露：

---

[1] 王恩田：《晉公盤辨僞》。

恰好此時,在調查一些機構所收藏的金文拓本時,讓我有一個機緣看到一張舊的晉公蠱的銘文拓片。這張拓片中,雖然有些字不如其他著録的清晰,但"憲公"的"憲"字却很清楚。回頭再看其他拓片,有些的確也有殘筆依稀可見。在晉公盤出現以前,似乎没有學者提到這件器物屬於晉文公或晉惠公,所以,僞造或對拓片進行補筆的可能性不大。[1]

若王澤文之説可信,則更是晉公盤爲真的直接證據。至於晉公盤的器物形制,學者多已舉出上海博物館藏的子仲姜盤,二者盤中都有可以360°旋轉的浮雕動物,形制相近,唯後者年代略早。王恩田先生認爲晉公盤的形制可疑,主要是基於王恩田先生先入爲主地認爲晉公盆的作器者是定公,相較晉公盆的製造粗劣,認爲定公時無力製造如此精美的器物。今按晉公盤爲晉文公所作,由文中"烈考獻公"已經得以確證(詳後),故説爲定公實則無據。又晉公盆早佚,今僅傳全形拓本,器物具體情况實際不明確,不宜據之妄下結論;退一步講,即使晉公盆製作粗劣,以此來類推同銘的器物也應是粗劣的,只能説是一種類比推理,只能推導出或然性的結論,并不能得出必然性的結果。

事實上,我們若以常理度之,對於一件原銘清晰的銘文,製作一件銘辭模糊的仿品,尚屬不難;但如果對於一件原本模糊不清的原銘,製作一件仿品而又能將原銘殘損之處補充得字形清晰、文辭通順,其難度就可想而知了。單從這點來看,晉公盤也難説是僞器。綜合上述分析,既往質疑晉公盤是僞器的理由都是站不住腳的,晉公盤是一件春秋時期晉國重要的長銘銅器,殆無疑義。

二、晉公盤銘文補釋

在明確了銘文爲真之後,我們可以對銘文再略做一些研究。首先按照我們的理解,并參考各家學者的意見,依其原行款迻録全銘,然後逐文加以解釋。釋文中,凡破讀的字用圓括號( )標出,擬補的字用方括號[ ]標出。原銘有韵,我們把韵腳字加粗標出,後用小字加方頭括號【 】標出韵腳歸部。

隹(唯)王正月初吉丁亥,晉(晉)公
曰:"我皇且(祖)唐(唐—唐)**公**【東】,雍(膺)受大**命**【耕】,
左右武**王**【陽】,毅(毅—教)畏(畏—威)百**蠻**(蠻),
廣闢(闢)三(四)**方**【陽】,至于不**廷**【耕】,莫

---

[1] 王澤文:《重論晉公蠱年代和曆日——兼説晉公盤(提要)》。

[不]秉敬(敬)[耕]。王命䚄(觴—唐)公[東],建庀(宅)京
𠂤(師),君百生(姓)乍(作)邦[東]。我剌(烈)
考憲(獻)公[東],克大(?)□獣,彊武
魯宿,霝(靈)□(寵?)不(丕?)□,虩₌(赫赫)才(在)
上[陽],嚴𡩁(寅)夔(恭)天命[耕],台(以)龏(龔)
朕(朕)身,𠦪静晉(晉)邦[東]。"公曰:"余
隹(唯)今小子,敢(敢)帥井(型)先王[陽],秉
德𩁹₌(秩)[秩],晢(協)燮萬邦[東],訦₌(哀)[哀]莫
不日頻(比)觀(況)[陽]。余咸畜胤
士[之],乍(作)𢎁(蒙)左右[之],保辥(乂)王國[職],
刺畚(除)虩(僞)扅(詐),台(以)厰(嚴)虩若
否[之]。乍(作)元女孟姬宗彝般(盤),
䵼(將)廣啟邦[東],虔夔(恭)盟(盟)祀,卲(昭)
合(合)皇卿,晢(協)訓(順)百𩕳(揆)。隹(唯)
今小子,𧤛(敕)辥(乂)爾家,宗婦
楚邦[東]。烏(於)屖(昭)萬年[真],晉(晉)邦佳(唯)
韓(翰)[元],永康(康)寚(寶)。"

下面我們在引用銘文時,若無特別需要,皆徑寫出破讀以後的釋文,不再做嚴格的隸定。
唯王正月初吉丁亥,晋公曰:我皇祖唐公,膺受大命,左右武王,敎威百蠻,廣闢四方,至于不廷,莫[不]秉敬。
"敎威"之"敎"原寫作"𢼒",吳文隸定作"毅",謂:

"毅",即殺字的異體,讀爲敎。"戠"即"畏",讀爲威。敎威,蔡侯産劍作戠戜(威敎)。威,威嚴;敎,令也;《荀子·大略》:"以其敎出必行。"楊倞注:"敎,謂戒令。"威敎,威嚴的命令。"毅戠百蠻",就是以威嚴的戒令管理眾多的非華夏部族。

網友"曰古氏"則認爲"毅畏"當讀爲"暴威",并疑蔡侯産劍銘文末二字"戠戜"可讀爲"威暴"。[1] 薛培武先生贊同"曰古氏"之說,并進一步申論,認爲所謂的"暴"字,原銘左側應從爻、從肉、從勹,爻、勹皆聲,并且說:

---

[1] 見吳文文末評論區第20樓網友的評論。

我們認爲將蔡侯産之"戠戏"及"A 威"(引按,A 即 𣪘字)分別讀爲"威暴"和"暴威",是比較好的一種考慮,(當然也可以因音近而考慮讀爲"教威"和"威教")而且"暴威"成詞見於《後漢書·虞傅蓋臧列傳》:"主人當鑒戒曹輩,反旌退師,何宜久辱盛怒,暴威於吾城之下哉!"此處是用爲貶義之殘暴義,而《晉公盤》之"A 威",可以如吴鎮烽先生那樣理解,總之,就是說用嚴酷的威力征討"百蠻"之意。[1]

吴、薛的看法我們認爲各有得失。薛氏認爲此字從勹、爻雙聲,是正確的,因此我們將其隸定作𣪘;但認爲此處應讀爲暴威則非。我們認爲吴鎮烽先生以"𣪘"爲"敎"的異體,在這裏讀爲"敎威"也都是正確的,但是理解作"威嚴的戒令"則非。金文中常見近義詞連用時前後順序可以顛倒無别的情況,如"夾召"又作"召夾"、"帥井"又作"井帥"、"喜侃"又作"侃喜"、"賜休"又作"休賜"、"咸既"又作"既咸"等。[2] 由此,從"教威"又可作"威教"來看,在"教威百蠻"這句話中"教威"應理解成由兩個動詞構成詞義相關聯的并列結構,義爲"教化威懾"。[3] 吴、薛俱理解作定中結構,失之(薛說所謂"暴威"見於《後漢書》的例子,在原文中顯然是作爲述賓結構的,與銘文用法全然不同)。

"教威"古書鮮見,但"威教"一詞屢見於古書,《後漢書·列女傳》:"孤之威教,欲令四海風靡,何有不行於一婦人乎!"《後漢書·蔡邕列傳》下李賢注引《漢名臣奏》張文疏云:"政以賄成,刑放於寵,推類敘意,探指求原,皆象群下貪狼,威教妄施,或苦蝗蟲。"漢永康元年《濟陰太守孟郁修堯廟碑》(嚴可均《全後漢文》卷一百):"歷典六郡,威教若神。"這些用例中的"威教"皆可理解作兩個詞義相聯繫的名詞構成的并列結構,義爲"聲威教化"。[4] 蔡侯産劍謂"蔡侯産作威教",大抵與此同義。名動相因是古漢語中的常見現象,因此"教威"在晉公盤銘中用作動詞也就不難理解了。

"不廷",盆銘郭沫若釋作"大廷",謂:

大廷即大庭,《續漢·郡國志》"魯國有大庭氏庫"注引杜預云:"大庭氏,古國

---

[1] 薛培武:《金文札記之一》,簡帛網(http://www.bsm.org.cn/show_article.php?id=2544),2016年5月6日。
[2] 有關研究可參看楊懷源:《西周金文詞彙研究》,四川大學歷史文化學院博士學位論文,2006年,第166–185頁。
[3] 承朱鳳瀚先生賜教,"教"《説文》曰:"上所施,下所效也。"是上對下有威嚴而使其效法。"威"也可訓則也,法也(見《爾雅·釋言》、《後漢書·李固傳》"斗酢酉丁元氣"李賢注引《春秋保乾圖》宋均注),故教、威二者詞義密切相關。
[4] 與"威教"義近的詞,古書又作"聲教",如《尚書·禹貢》"聲教迄于四海"等,例多不具引。

名,在城内,魯於其處作庫。"《文選·東京賦》"大庭氏何以尚兹"薛注亦云:"大庭,古國名。"本銘所言,亦正是國名。《莊子·胠篋篇》言"昔者容成氏、大庭氏、伯皇氏、中央氏、栗陸氏、驪畜氏、軒轅氏、赫胥氏、尊盧氏、祝融氏、伏羲氏、神農氏"云云,舉一以反三,則所謂神農氏、軒轅氏等等,亦必爲古國族名矣。[1]

今之學者咸蹈是説。[2] 而事實上這一看法并不可靠。"廷"上一字,盤銘作"不",盆銘諸拓本俱殘泐甚重,難以辨識,惟《三代》18·14 所著録拓本稍顯清晰。細審拓本作:

此字最上部的一筆横畫與下部三岔形筆畫尚隱約可見。此字無疑也應釋爲"不",合於盤銘。"大"實爲誤釋。吴鎮烽(2014)謂盤銘的"不廷"應讀成"丕庭",仍理解成"大庭",則是歧中之歧。"不廷"猶言"不庭"、"不庭方","庭"訓作"直","不庭方"指不朝見臣服的方國,爲先秦古書習見,例多不具引。

盤銘"莫"字下脱"不"字,今據盆銘補。莫下兩字,吴文公布的圖片作:

此兩字造型奇詭,吴文推測首一字疑似"秉"字,下部筆畫缺刻;第二字則不識,直接寫作"𣫞"。此文後評論區多位網友分别對這兩個字的釋讀提出了意見,網友"曰古氏"的意見值得注意,他說:

> 戰國先生以爲銘文爲鑄銘,當是。由此出發,很懷疑第5行"莫𠂤𣫞"之"𠂤"字就應該如吴先生所説是"秉"字,而下爲"敬"字(參《戰國古文字典》781－783 頁,即三晋系文字中的"敬"字都没有左下方的"口",而且只有三晋系文字的"敬"字有此特徵,正與此字形左部基本相符);(結合辭例)若能够確定此字爲"敬"字的話,那這

---

[1] 郭沫若:《兩周金文辭大系圖録考釋》,科學出版社,1957 年,第 231 頁。
[2] 補記:王澤文《重論晋公盦年代和曆日——兼説晋公盤(提要)》("紀念清華簡入藏暨清華大學出土文獻研究與保護中心成立十周年國際學術研討會"論文,2018 年 11 月 18 日)已認爲盆銘"至于"下兩字應理解作"不廷",但其認爲原銘作"大廷",并疑"大"是"不"之訛,則非。

兩個字形之所以如此寫法似乎可以做這樣的猜測：大概是因在鑄造過程中銘文範產生了脫落錯位（參下文"合"字所從的"口"筆畫不全，似乎亦是筆畫脫落導致），導致"秉"字的下部的筆畫移到"敬"字右上方，并與攴字上部黏連結合，從而產生了兩個"怪字"？[1]

從更清晰的盤銘照片來看，"曰古氏"的意見似可從。"㪽"字右上方細審照片似亦可見三岔狀筆畫，若將其移到上一字下，則"㪽"字右側僅剩攴旁，"秉敬"二字就十分容易辨識了，如下圖：

盤銘照片　　　　　摹本　　　　　據摹本調整筆畫後

"至于不廷，莫不秉敬"意思大概可以意譯為"至於那些（原本）不肯來朝臣服的地方，（如今）也沒有不畢恭畢敬（服事周天子）的"。

王命唐公，建宅京師，君百姓作邦。

"宅"原銘作"厇"。"百"下一字，吳文所附的照片作 ，吳氏隸定作"匕"，引唐蘭、何琳儀說讀為"鎮"，認為"'百匕'可能指的就是這些被征服的戎狄部落。'君百匕作邦'，意思是說在眾多被征服的部族的土地上做主宰，建立自己的國家"。網友"鹿鳴"認為："所謂'匕'字，似應釋為'生'。該字圖作 ，左半筆畫未剔銹，可補作 。'君百生乍邦'應讀為'君百生（姓），乍（作）邦'。"[2] 結合更清晰的照片看，"鹿鳴"釋"生"可從。此字最下方橫畫左側明顯出頭，豎畫下部中段有圓點，左側上部的筆畫依稀可見痕跡，似未完全鑄出。

我烈考憲公，克大（?）□猷，疆武魯宿，靈□（寵?）不（丕?）□；赫赫在上，嚴寅恭天命，以業朕身，鼏靜晉邦。

此句稱頌獻公。"剌（烈）"字以下位於盤內壁另一處銘文區域內，該處銘文範片有開裂，後經補鑄，範片開裂位置的位置字也有些錯位，導致該處銘文中部數字殘損難以辨識。

"考"字盤銘殘損，下部"丂"形尚殘存可辨，對照盆銘可知是"考"字。"憲"字盆銘殘損不可辨，導致前輩學者對晉公盆的作器者產生種種爭論；今據盤銘，確定為"憲"字，唯此字上部筆畫剝蝕不甚清晰。"憲公"即"獻公"，吳文已據之考證晉公盤的作器者應是獻公子文公，可從。

獻公的頌辭有殘損，意思不是很好理解，下面試著加以解釋。

---

[1] 見吳文文末評論區第30樓網友的評論。
[2] 見吳文文末評論區1樓網友的評論。

"克"字上部所從的"由"旁寫法前所未見,其中部一筆向左下方衝出,"口"形的橫畫右側出頭,都是很特殊的寫法;結合本片銘文範頗多破損,頗疑"由"部中豎筆畫向下衝出係範壞所致。"由"部"口"形橫畫向右出頭的寫法又見於師同鼎的"冑"字,作 ▨,可比對。"克"下一字吳文原釋作亢,細審照片,"大"形兩足間似無筆畫,故此暫釋"大",不能排除也可能是"亢"、"立"等字。"猷",吳文舊釋"配",後《銘續》改從黃傑先生意見改釋爲"猷",[1] 從照片來看似可信。

"彊武魯宿",是贊美獻公品德的話,但具體解釋諸家解釋分歧較大。吳鎮烽、張崇禮、心睿等先生都曾對這句話進行過解釋,[2] 但仍皆意覺未安。這裏不再一一列舉諸家觀點,僅談下個人認識。我認爲,"彊"、"魯"在晉公盤銘中分別修飾"武"、"宿",此句話的結構可以分析爲由兩個偏正短語并列而成。"武"指勇武、雄武,"宿"則讀成"肅",有威嚴、莊敬一類的意思(參看《詩・周頌・清廟》"肅雝顯相"毛傳、《禮記・玉藻》"色容厲肅"孔穎達疏)。這句話大概是説獻公既有雄强的武德,又有莊敬的美德(《逸周書・謚法解》有"剛德克就曰肅"的説法,又"威德剛武曰圉"《史記・高祖功臣侯者年表》司馬貞《索隱》引此作"威德彊武",均可與盤銘此句相對照),這種并列方式與沈培先生指出曾伯霥簠(銘圖 05979)"元武孔夷"的説法近似。[3] 這句話的意思比較難懂,這裏只是提出一種解釋供大家批評。

"靈"原作"龗",讀作"靈",諸家無異辭。其下一字吳文公布的照片僅可見右半部,釋爲"名",不確。今從更清晰的照片來看,此字作:

此字左旁磨蝕嚴重,筆畫已極淺,但從照片看還能依稀辨識出左側爲"音"形,對照其上"龗"字的寫法,右側所謂"名"的"𠂊"部分無疑應該與"音"形連起來構成"龍"字。此字右下方的筆畫具體是否是口、其下有無筆畫不可知,故此字目前也尚難準確隸定。但從已有筆畫來看,此字應從"龍"聲。尋繹音理,"龗囗"似可讀作"靈寵",《詩・商頌・長發》"何天之龍"

---

[1] 見吳文文末評論區 38 樓網友的評論。
[2] 分別見吳文;張崇禮:《晉公盤銘文補釋》,復旦大學出土文獻與古文字研究中心網站(http://www.gwz.fudan.edu.cn/Web/Show/2301),2014 年 7 月 3 日;心睿:《〈晉公盤〉"彊武魯宿"解詁》,簡帛網(http://www.bsm.org.cn/show_article.php?id=2668),2016 年 11 月 19 日。
[3] 沈培:《新出曾伯霥壺銘的"元犀"與舊著録銅器銘文中相關詞語考釋》,復旦大學出土文獻與古文字研究中心網站(http://www.gwz.fudan.edu.cn/Web/Show/4212),2018 年 1 月 23 日。文韜按,沈培先生指出曾伯霥簠"元武孔夤"讀作"元武孔夷",從音理與文義上看,或可從;但其謂新出曾伯霥壺的銘文作"孔武元犀"堪與之對照,則非。沈文所謂"元"字,發掘者原釋作"下"。此字拓片較模糊,具體爲何僅從拓片無法確定。去歲十月,我幸得見曾伯霥壺原器,此字蓋銘及器銘均作"下",發掘者原釋不誤,釋"元"不確。

鄭玄箋:"龍當作寵。""靈"、"寵"二字義近連用,都有榮寵、恩澤一類的意思。裘錫圭先生在討論戎生編鐘時,對"靈"有非常好的解釋,他說:

> 霝,讀爲威靈之"靈"。《國語·晉語四》記公子重耳流亡至楚時回答楚王的話,有"若以君之靈得復(《左傳·僖公二十三年》記同一事,"復"作"反")晉國"之語,韋昭注:"靈,神也。"鐘銘此句"靈"字義同。這種用法的"靈"字,《左傳》等書中常見,引申而有"福"義(《廣雅·釋言》釋"靈"爲"福")。漢代以後往往以"靈光"、"寵靈"等語指朝廷恩澤。就以上引《國語》、《左傳》裏的"以君之靈"一語來說,也未嘗不可以認爲已含有"托君之福"的意思。鐘銘"靈"字似乎也有可能應該這樣理解。[1]

故盤銘"靈寵"即"寵靈",即恩澤義。寵下一字爲"不",結合文義來看宜讀作"丕",不下一字殘損。

"赫赫在上"見於《詩·大雅·大明》,是當時習見的用語。

"嚴"、"寅"、"恭"俱訓作"敬",屬義近連用。[2] 類似的說法又見於秦公簋(銘圖05370)和秦公鎛(銘圖15827),作"嚴恭寅天命"。

"業"原寫作"虋",從二業,去聲,係"業"之繁構。據季旭昇先生研究,業本"從大、從丵,會人出擊之意",引申而有治理、保護義。[3] 吳文破讀爲"乂",似不必。

"静"字吳文原釋作"嘉",後《銘續》改從黃傑先生意見改釋"静",[4] 是。"静"上一字作:

此字吳文釋作"孔",其所附照片似經過修描。今據未經修描的照片,此字筆畫較模糊,但明顯不是"孔",從可見筆畫來看疑是"鼏"字。[5] "鼏"當讀爲"謐",訓爲寧、靜。此字又見於春秋時期齊國的國差譫(銘圖19256),字形作,辭例爲"齊邦鼏(謐)静安寧",皆頗堪與此相對照。

總結上文討論,獻公的頌辭雖然語有殘缺,但其義大致可通。大意是說:我的烈考獻公,有勇有謀,威嚴莊敬,賜給我無盡的恩澤;他烜赫的神靈在帝廷恭敬地奉事天命,來保佑我的

---

[1] 裘錫圭:《戎生編鐘銘文考釋》,收入《裘錫圭學術文集·金文及其他古文字卷》,復旦大學出版社,2012年,第108頁。
[2] 參看陳英傑:《西周金文作器用途銘辭研究》,綫裝書局,2009年,第368頁。
[3] 季旭昇:《說文新證》,福建人民出版社,2010年,第168頁。
[4] 見吳文文末評論區11樓網友的評論。
[5] 此承劉曉晗同學提示,謹致謝忱。

身體、安定我的國家。

公曰:余唯今小子,敢帥型先王,秉德秩[秩],協燮萬邦,哀[哀]莫不日比況。

唯原作"雔",唐蘭先生認爲是晋定公名,讀作"午"。[1] 李學勤先生則隸定作"雔",讀爲"唯",[2] 謝明文先生在《晋公盞銘文補釋》(下文簡稱爲"謝文")中沿用此隸定及讀法。[3] 張政烺先生則釋作"雔"讀作"惟"。[4] 從盤銘來看,隸定作"雔"大抵不錯,在文中也應該用作虛詞。但此字何以從"午",仍值得進一步研究。

對照盆銘,"豳"、"哀"二字下皆脱重文號,今據補。"豳豳",于省吾、楊樹達皆讀爲"秩秩",陳劍先生復從字形和音理上加以申論,[5]可信。《詩·秦風·小戎》有"秩秩德音",可與盤銘合觀。

下文我們所謂的"協",盤銘、盆銘皆作"🜩",我們隸定作"替"。此字古文字中習見,然對此字的考釋意見衆多,迄未達成共識,且涉及的問題也十分複雜,此處有必要做一廓清。爲方便討論,先把有關文例及字形羅列如下:

　　馭尊(《銘圖》11807):唯十又三月既生霸丁卯,馭從師雍父戍于🜩自之年。
　　録戎卣(《銘圖》13331):王令戎曰:獻!淮夷敢伐内國,汝其以成周師氏戍于🜩自。
　　秦公鎛(《銘圖》15827):作淑龢鎛,厥名曰🜩邦。
　　秦景公石磬殘銘(《銘圖》19805):……🜩……

由上述例句可知,此字在語境中可以作爲地名(🜩自)和動詞(🜩邦)使用。此字過去有多種釋法,或釋作"古",用爲動詞時讀作"輔"、"固";或釋作"叶",用作動詞讀爲"協"。[6] 陳夢家先生則最早疑此字可以隸定作"珇",謂"從由從丰(疑是玉)",[7]其後林

---

[1] 唐蘭:《晋公雔盞考釋》,收入《唐蘭先生金文論集》,紫禁城出版社,1995年,第15頁。
[2] 李學勤:《晋公盞的幾個問題》,《出土文獻研究(第一輯)》,文物出版社,1985年,第135頁。
[3] 謝明文:《晋公盞銘文補釋》,收入《商周文字論集》,上海古籍出版社,2017年,第183頁。
[4] 張政烺著,朱鳳瀚等整理:《張政烺批注〈兩周金文辭大系考釋〉》(整理稿),中華書局,2011年,第160頁。
[5] 于省吾:《釋𤔲𤔲》,收入《雙劍誃殷契駢枝三編·附古文雜釋》,大業印刷局,又見周法高主編:《金文詁林》卷12第1590號下引,香港中文大學,第6871－6872頁;楊樹達:《晋公盞再跋》,收入《積微居金文説》,中國科學院,1952年,第74頁;陳劍:《甲骨金文舊釋"蠹"之字及相關諸字新釋》,《出土文獻與古文字研究(第二輯)》,復旦大學出版社,2008年,第39－44頁。
[6] 見陳劍:《釋"山"》,《出土文獻與古文字研究(第三輯)》,復旦大學出版社,2010年,第53－61頁引衆家説。
[7] 陳夢家:《西周銅器斷代》,中華書局,2004年,第117頁。

澐先生對釋"珅"之說復爲申論。[1] 陳劍先生則撰長文（下簡稱"陳文"），對古文字中從"由"的字做全面梳理，認爲卜辭中的"屮""山"等形都應釋爲"由"，卜辭習見之"屮王事"應該讀爲"堪王事"，"屮雨"可讀爲"甚雨"；在此基礎上他着眼於字形演變的一致性，同意將金文中的"𡊩"都隸定作"珅"，并認爲用作動詞時可讀爲"柔"。[2] 謝文同意陳文之説，將盆銘的"𡊩蠻百邦"讀成"柔蠻百邦"，可能代表了目前最主流的意見。

我們不同意隸定作"珅"讀爲"柔"的看法，反而傾向於舊説，認爲此字應該隸定作"嵒"，讀爲"協"，但具體論證上與前輩諸家不同。

先談隸定作"珅"的明顯問題。西周金文中，"玉"字已基本無作"丰"形的寫法，而在"珅"字中，這一寫法却一直保留到了春秋晚期，而春秋金文中玉旁從無此類寫法，特別是這些字形裏所謂的"玉"形還有作兩橫者、中豎斜曳者，都是甚至不見於甲骨"玉"字的寫法。[3] 學者隸定作"珅"，按古文字發展的一般規律，"玉"旁在此字形應作爲意符，"珅"本爲語言中的哪個詞所造似難以解釋。因此綜合來看，將此字隸定爲"珅"並不可靠。

學者們基本都同意，甲骨文中的"屮"字（或寫作"山"）與金文中的"𡊩"有明顯的源流關係。貝冢茂樹、伊藤道治、楊樹達等學者很早就將甲骨中的"屮"字與叶（協）字聯繫起來（叶《説文》大徐本爲協字或體，小徐本爲協字古文）。[4] 金文中，將"𡊩"讀爲"叶"最早大概由徐中舒先生提出，他説：

此役戍守之地爲叶𠂤，叶金文作屮或作𡊩，從丰從十即象契刻與結繩形，當未有文字以前即以木契和結繩紀事與數，契刻與結繩合，則其義爲叶，讀與葉同。甲骨"叶五事"（引者按：即"屮王事"）屢見，作屮，叶又或作汁，并即𡊩之省文。葉春秋時楚邑，地在今河南葉縣南。[5]

徐氏此説分析字形問題較多，因此其釋讀并未得到太多重視。其後從其所釋讀"嵒"爲協者，有伍士謙、王輝等學者，[6]吳文亦做此釋，且均將此字與説文"協"字古文"叶"相聯

---

[1] 林澐：《新版〈金文編〉正文部分釋字商榷》，中國古文字研究會第八屆學術討論會論文（江蘇太倉），1990年。
[2] 陳劍：《釋"屮"》，第1-89頁。
[3] 學者一般認爲，早期文字中"丰"與"玉"二者形態無別，係"一形多用"現象，後來才分化爲兩個字（參看姚萱：《從古文字資料看量詞"个"的來源》，《中國文字》新三十七期，藝文印書館，2011年），因此將早期文字中的丰形隸定爲玉是可以的。但至春秋時期，這種分化應早已完成。
[4] 見陳劍：《釋"屮"》第11頁引衆家説。
[5] 徐中舒：《禹鼎的年代及其相關問題》，《考古學報》1959年第3期。
[6] 伍士謙：《秦公鐘考釋》，《四川大學學報》1980年第2期；王輝：《秦銅器銘文編年集釋》，三秦出版社，1990年，第30頁。

繫,但對所從之"㞢"形似皆無説。

我們認爲釋"協"之説可靠,對"㞢"形最直接的分析是將其理解作綴加的聲符。傳統古音分部中,㞢在見母月部,協在匣母葉部,兩者聲母可牙喉通轉,韵部似相隔較遠。但實際上,上古兩部的語音關係很密切。根據古音學家的構擬,月部和葉部的主元音相同,只有韵尾收唇與收舌的區别(如王力先生構擬月部爲-at,葉部爲-ap;又"㞢"中古怪韵開口二等字,"協"中古帖韵一等字,張富海先生則分别構擬成-reets 與-eep[1])。出土文獻與傳世文獻中,葉部字也往往得與月部字相通,如"瀘"(葉部)可讀爲"廢"(月部)(如大盂鼎"勿瀘(廢)朕命"),"夾"(葉部)可以讀作"介"(月部)(如清華簡《耆夜》"昭公保奭爲夾(介)"),"介"(月部)可讀爲"甲"(葉部)(《釋名·釋兵》,又文獻習見"介"訓作甲,如"介冑"、"介兵"、"蟲介"等)等。可見"㞢"作爲"協"的聲符,是没有問題的。

陳文認爲甲骨文中的"山"不能釋爲"叶"讀作"協",提出兩點理由:①"叶"字罕見先秦古書,②將"山王事"讀成"協王事"不合卜辭文意。在此基礎上,陳文進一步論證了金文中的"𦥑"字也應是甲骨文中的"山",讀作"由",并據前文所引的重要地名"𦥑自"(遇甗,銘圖3359)寫作"𦥑自",指出𦥑字所從也應是由。[2] 事實上,這三條意見都不能否定我們的看法。這還要從分析"山"的構形説起。陳文將"山"釋爲"由",其根本立足點在於"山"從"丨"聲。裘錫圭先生曾指出,"丨"本來是"針"的初文。[3] "針"古音爲章母侵部開口字,與溪母侵部開口的"堪"和余母幽部開口的"由"都有密切的語音關係,[4]因此陳文才得出如上結論。但實際上,"針"與"協"(匣母葉部開口)的語音關係也很密切,從"丨"得聲的"山"完全也可以讀爲"協"(《説文》的"叶"字本身就可以看成"山"的晚期隸定字,不必疑以"叶"字古書罕見)。由於"丨"在古音上與侵部、幽部、葉部都有密切聯繫,因此"山"在早期完全有可能既可以讀作"由"、"堪",又可以讀作"協"的,這與將卜辭中的"山王事"讀成"堪王事"并不矛盾。金文"𦥑"綴加㞢形,可能本就有加注聲符分化"協"與"由"的作用。遇甗的"𦥑"字,應該是"𦥑"未加注㞢聲滯古的寫法。將"𦥑邦"讀成"協邦",從文義上看也十分妥帖。因此,我們將晉公盤銘文中的"𦥑"隸定作"㒦",分析爲從㞢、從十(針)雙聲,讀作"協"。[5] 這樣看

---

[1] 是説聞之於張富海:"上古音概説"課程,首都師範大學文學院,2017 年秋季學期。
[2] 陳劍:《釋"山"》,第 11—12、53—62 頁。
[3] 裘錫圭:《釋郭店〈緇衣〉"出言有丨,黎民所訓"——兼説"丨"爲"針"之初文》,收入《裘錫圭學術文集·簡牘帛書卷》,復旦大學出版社,2012 年,第 389—394 頁。
[4] 陳劍:《釋"山"》,第 72—76 頁。
[5] 齊國古璽文及陶文中還常見一個從口從𦥑之字,作以下諸形:

　　　璽彙 3685　　　陶彙 3.31　　　陶彙 3.27　　　陶彙 3.553　　　陶彙 3.552

這些字在璽印及陶文中一般用作人名,此字無疑也應從𦥑得聲,其本義及在古璽和陶文中的具體讀法待考。

來,徐中舒先生認爲金文中的"昔自"位於今河南葉縣南的説法仍值得重視。[1]

"協燮萬邦"之"燮"訓爲"和",乃古書常訓。吳文已指出此句與《尚書·堯典》"協和萬邦"、《尚書·顧命》"燮和天下"相同,是説安和所有諸侯國,甚是。

"頫虩"謝文讀作"卑恭",訓作恭順貌,主語爲前一小句的"萬邦"。謝文文末按語又提及吳振武先生讀此爲"比況",則這一段話幾個分句的主語都承前省略"余"(晋公),似更通暢,故暫取吳振武先生説。

余咸畜胤士,作蒙左右,保乂王國,剌除僞詐,以嚴虩若否。

所謂"蒙"字,盤銘原寫作" ",盆銘此字筆勢與之小異,細審實則把此字左側的三斜筆移到右上方,故二者實本一字。有盤銘此字對照,過去將盆銘此字釋作"馮",讀爲"淜"、"朋"等,[2]現在看來皆不確。張崇禮先生將此字隸定爲"犮",疑即"髮"字,從"犮"聲讀爲"蔽",[3]理解的大致方向是對的,但讀法似顯迂曲。單育辰先生將此字隸定作"虍",讀爲"吾"或"乎";網友"曰古氏"隸定爲"伏",讀爲"備",[4]都顯於字形無徵。綜合來看,王寧先生的意見較值得重視,他説:"所謂'馮'字,盤銘是在'犬'左加彡,盆銘是在'犬'的頸部加彡,疑當是'尨'字,如何解釋待考,但這句是做左右幫手的意思還是比較明白的。"[5]今按,此字當從王寧隸定爲"尨",只不過此字在盤銘中犬頭頸部的寫法筆勢小變,可同甲骨文"尨"字與金文中從犬的幾字比較:

| 合 4652·賓 | 合 11208·賓 | 銘圖 02181 | 銘圖 02423 | 銘圖 03339 |

"尨"在銘文中讀爲同爲明母東部之"蒙"。今本《周易》有蒙卦,上博簡《周易》正寫作"尨"。《詩·商頌·長發》"爲下國駿厖","駿厖"魯詩作"駿蒙",齊詩作"恂蒙"。馬瑞辰釋云:

> 竊考《荀子·榮辱篇》引作"駿蒙",《大戴·將軍文子篇》引作"恂蒙"。駿與恂、厖與蒙,古并聲近通用。《大學》"恂栗",鄭注"恂讀爲峻";《詩》"狐裘蒙戎",《左傳》作"厖戎",是其證也。此詩當以"恂蒙"爲正。恂讀爲徇,《呂氏春秋·忠廉

---

[1] 徐中舒:《禹鼎的年代及其相關問題》。
[2] 見謝文第 183 頁。
[3] 張崇禮:《晋公盤銘文補釋》。
[4] 見吳文文末評論區 6、27 樓網友的評論。
[5] 見吳文文末評論區 47 樓網友的評論。

篇》高注:"徇,猶衛也。"是徇有庇衛之義。又《大雅·桑柔》"其下侯旬",傳:"旬,言陰均也。"正義引《爾雅·釋言》:"洵,均也。"李巡曰:"洵,偏之均也。"恂、洵義亦近。蒙通作幪,《説文》:"幪,蓋衣也。"《廣雅·釋詁》:"幪,覆也。"幪即幪字之俗。"爲下國恂蒙"猶云爲下國庇覆耳。《荀子·榮辱篇》"是夫羣居和一之道也",下引詩此句爲證,則恂蒙有羣相庇蔭之象。《法言》"震風凌雨,然後知夏屋之爲帡幪也",注:"帡幪,蓋覆也。"恂蒙猶言帡幪耳。[1]

可知蒙訓爲覆,引申而有庇、衛義。"作蒙左右"意即在晋公身邊捍衛晋公。此句又可與西周金文中類似的話做對照,如毛公鼎(銘圖 02518)"以乃族捍禦王身"、師詢簋(銘圖 05402)"率以乃友捍禦王身"、師克盨(銘圖 05680-05682)"捍禦王身,作爪牙"等。體會這些銘文的意思,皆與晋公盤銘相近,區別無非在於一爲周王命令臣下,一爲晋公自我稱述而已。

"保乂王國"之"乂",訓爲治,其字隸定作"䢃",謝文第 204 頁對其構形有很好的分析,可參看。

"保乂王國"下四字,郭沫若先生據盆銘讀爲"刜奧(票—暴)霖(舒)侳(迮)",謂"暴者擊之,受迮迫者舒之,猶言吊民伐罪或除暴安良矣"。[2] 謝文大體同意郭説,只是將"侳"改隸定作"屖"。盆銘此四字較模糊,今考盤銘,此四字作:

對照盆銘,知此四字與盆銘實應相同,而郭、謝二氏所論非是。對盤銘此句解讀,吴文隸定作"刜禽霖㞕",讀爲"拂敹畏忌",理解爲"小心謹慎地輔佐國君";網友"曰古氏"認爲"禽"應釋成"僉",讀成"拂庚畏忌";[3] 王寧先生認爲"霖"應釋爲"震"之古文,讀作"弗殄振

---

[1] 馬瑞辰:《毛詩傳箋通釋》,中華書局,1989 年,第 1178-1179 頁。
[2] 郭沫若:《兩周金文辭大系圖録考釋》,第 231 頁。
[3] 見吴文文末評論區 26、27、41 樓網友的評論。

作",理解成"不斷振旅興師";[1]張崇禮則讀作"弼典威儀",意爲"輔助主管諸侯的行爲規範"。[2] 可見,諸家於此句分歧頗大。事實上,我們認爲這是由於未能重視與盆銘對讀的結果。現在有了盤銘清晰的字形,我們反觀盆銘,吳文已指出,郭氏所謂"奭"字實際上係盤銘"㦱"之繁構(詳後);所謂"䫉"字實際上也是"靈"之誤釋。結合兩件器物通篇銘文來看,除自名部分以外兩篇銘文內容應幾乎完全相同。這是一個非常重要的定點。准此,我們來看盆銘舊讀爲"𨒌"的一字,原作:

與之相對應的盤銘作:

根據前文推論,二者應該是同一個字的不同寫法。此字該如何分析呢？前引學者將盤銘此字讀作"忌"、"儀",其立論點基本都是此字從"啟"得聲,但對照盤銘後文"將廣啟邦"之"啟"的寫法與此明顯不類,可知此字右邊所從殆非"啟"字。對照盆銘,此字明顯從"乍"得聲,而值得注意的是,盆銘此字右上角有類似爪形的筆畫,謝文認爲其應與右下方的"又"形合觀,表示兩手持物進獻於尸,"乍"形可能兼有表意作用,表示某種供品,整個字應是"胙"的表意字。我們的意見與此不同。我們認爲,盆銘此字應隸定作"厚",其右上方的"爪"形,即盤銘此字中部所從的"日"形。而兩個字都應是以"笮"的表義初文爲聲。古文字中有下揭幾字:

| 合61·師歷間 | 銘圖15004·䵼匜 | 銘圖02207 | 銘圖02934 | 銘圖19781 | 銘圖05278 |

周忠兵先生對這些字做了較爲深入的研究,他從䵼匜(銘圖15004)中訓爲墨刑的"䵼䵼"兩字出發,認爲二字所從的意符"象手持帶齒的工具對人的面部或額頭擊刺",應該就是古書中表示黥刑的"笮"字的表義初文。由此他繫聯起甲骨中衆多也可以釋爲"笮"的字(如上引合61),較之"䵼䵼"兩字所從的意符,僅僅是將正面的人形換成側面而已。周忠兵先生還指出,用以施加墨刑的刺青工具,即上引古文字中類似爪形的部分也單獨成字,在"族氏銘文"中又寫作""(銘圖07540),結合秦公大墓石磬銘文中用作"鉏鋙"之"鉏"來看,這

---

[1] 見吳文文末評論區47樓網友的評論。
[2] 張崇禮:《晉公盤銘文補釋》。

種鋸齒狀的帶柄刺青工具本身也可以稱爲"筆"。[1] 我們同意這些分析,這裏還可以略做三點補充:一是帶柄刺青工具"✦"在作爲偏旁出現時其柄部可以省略,如上引銘圖 15004 "𪓿"字;二是作爲偏旁出現時,筆形可以從手形上脱落,乃至移位,如上引銘圖 02934 ✦字;三是晚期文字中,手形有類化爲支旁的傾向,如上引銘圖 19781 的 ✦字。

基於此我們再看晉公盆銘的"𡰜"字,其右部除去"乍"外的部分就是"筆",右上方的"爪形"實際上是象鋸齒形,僅僅是筆與手之間被綴加的聲符"乍"割裂;晉公盤銘對應之字可隷定成"𡰜",其除尸旁外剩餘部分無疑也是筆,只不過手形被類化爲了支旁,而鋸齒的形狀左側粘連了"尸"形的一部分筆畫("尸"形本即人形之變,參看上引合 61 ✦字,該字若截取鋸形與其粘連的人形部分筆畫正作 ✦),這與"以"字的演變過程(✦→✦)如出一轍。故盆銘和盤銘的兩字,實際上都可分析爲從尸、筆聲。

"𩲡"從鬼或畏得聲,"𡰜"從筆或乍得聲,此兩字似可讀作"僞詐",指虛僞狡詐的奸佞之徒。《大戴禮記·文王官人》:"質不斷,辭不至,少其所不足,謀而不已,曰僞詐者也。"《管子·兵法》:"故不可量則衆彊不能圖,不可數則僞詐不敢嚮。"《管子·君臣下》:"然則躁作姦邪僞詐之人,不敢試也。此禮正民之道也。"《管子·正》:"守慎正名,僞詐自止。""僞詐"亦可曰"詐僞",張家山漢簡《二年律令·爵律》:"諸詐(詐)僞自爵、爵免、免人者,皆黥爲城旦舂。"

我們既已將此句後兩字讀成"僞詐",體味文義此句當與上文"咸畜胤土,作蒙左右"形成對比,有攘除身邊奸邪的意思。據此再來看此句話中的前兩個字。我們先從第二個字説起,吳文將此字隷定作"龠",并將盆銘對應之字隷定爲"龥"。後來討論盤銘者亦大多同意此隷定,并根據其從"典"聲尋求説解。今按,此字又見於以下諸器,分別作:

晉公盆(銘圖 06274)　　癲鐘(銘圖 15593 – 15595)　　龏簋(銘續 0422)

晉公盆銘對應之字,吳文已指出其上部從"臼",係盤銘之繁構,對照癲鐘和龏簋此字,可知盆銘中部所從也應爲"余"形,其下從册從収。盤銘此字上部余形省去中間一横,三歧筆複寫并與册形結合形成此形(又"册"字金文或作 ✦[銘圖 5291],此字上部亦可看作是這類册形與余形結合簡化而成)。此字下部亦單獨成字,甲骨、金文習見,學者舊多隷定作"典",不確,當從謝明文先生説隷定作"𠦪"或"𠦝",本義爲"舉册"。[2] 盤銘此字較難嚴格隷定,我們暫沿按癲鐘較標準的字形隷定作"龥"。

---

[1] 周忠兵:《從甲骨金文材料看商周時的墨刑》,《出土文獻與古文字研究(第四輯)》,上海古籍出版社,2011 年,第 14 – 32 頁。

[2] 謝明文:《"✦"、"✦"等字補釋》,《中國文字》新三十六期,藝文印書館,2011 年,第 99 – 109 頁。

"叙"字在癲鐘中所處辭例爲"丕顯高祖、亞祖、文考,克明厥心,胥尹叙厥威儀,用辟先王",裘錫圭先生在引及此條銘文時將"叙"字括讀爲"敘",[1]從文義上看是非常妥帖的。謝明文先生亦主此説,并將"叙"字分析爲從"毄(册)"、"余"聲,指出癲鐘銘文中的"叙(敘)""似與《尚書·皋陶謨》'惇敘九族,庶明勵翼'之'敘'義近"。[2] 循此看法,我們認爲晋公盤銘中此字也可考慮從"余"聲讀爲"除"。上博簡"除"皆寫作"敘",徐在國先生認爲楚簡中"敘"即"去除"之"除"的專字。[3]

"刜"在此處似不必破讀,刜、除義近連用,二者皆有"去"的意思。《楚辭·九歎·愍命》"刜讒賊於中廇兮,選吕管於榛薄",文義蓋與此相近。王逸注:"刜,去也。""咸畜胤士"、"刜除僞詐"即"親賢臣、遠小人"之意。

"以嚴虩若否",謝文、吳文都有討論,"嚴"訓敬,"虩"訓懼,整句話意爲"國事不管好壞,都以敬畏之心待之"。

作元女孟姬宗彝盤,將廣啟邦,虔恭盟祀,昭合皇卿,協順百揆。唯今小子,敕乂爾家,宗婦楚邦。

"作元女孟姬宗彝盤"一句,對應的盆銘殘泐甚重,謝文補爲"乍(作)元女孟[姬]□□䞣(媵)䀓三(四)[䀓]"。根據盤銘來看,"孟姬"下無疑也應該補"宗彝"兩字,細審盆銘"彝"字下部尚依稀可辨。從盆銘容字來看,"四䀓"下至"虔"之間似難以再容下四字;與盤銘對讀,頗疑所謂"三䀓"兩字實際上應是"牆(將)"字誤釋,"三"形可能是"爿"形殘損後的結果,而"䀓"所剩下的"酉"形實際上可能是"甾"形。"牆"下至"虔"之間餘三字位置,當依盤銘補爲"(將)廣啟邦"。

"卲(昭)合",盆銘作"合卲(昭)",[4]吳文認爲應破讀爲"昭答",表示誠敬地酬答,似不必。"昭合"表示配合意,可能更符合古人的想法。[5]"卿"字吳文認爲是"卿"之誤,可疑,此字構形理據及具體讀法尚待研究(文韜按,見文末補記)。

"百𢍏",當從董珊先生說讀爲"百揆"。[6]盤銘"𢍏"字左右複寫,并將盆銘"𢍏"中部曲筆簡化成短竪。

---

[1] 裘錫圭:《史牆盤銘解釋》,收入《裘錫圭學術文集·金文及其他古文字卷》,復旦大學出版社,2012年,第13頁。
[2] 謝明文《"𢍏"、"𢍏"等字補釋》。
[3] 徐在國:《上博楚簡文字聲系》,安徽大學出版社,2013年,第1412–1413頁。
[4] 盆銘"合"字下謝文補"揚"字,同文引董珊先生説認爲補"卲"字。今從《三代》18·14所收盆銘拓本來看,似依稀可見"卲"字所從之"卩"。
[5] 見謝文第184頁引董珊先生説;又董珊:《説"天命"與"德配"——西周册命金文的再研究》,北京大學"出土文獻與中國古代文明研究協同創新中心"金文與青銅器研討班第一期"西周金文與青銅器"主題演講,2015年6月23日。
[6] 見謝文第203頁引董珊先生説,又謝文按曰:"疑讀爲'輔'。"

"敕"字吴文原隸定作"警",讀作敕,訓爲整。可從。此字所從"束"形内部原有兩點,當屬於無意義的"乘隙加點"飾筆,可嚴格隸定作"警"。黄傑先生認爲此字應分析作從諫從攴,讀作諫[1],非是。"敕乂"是當時的成語,又見於譽鼎(銘圖2439)、大克鼎(銘圖2513)、作册封鬲(銘圖3037-3038)、逑盤(銘圖14543)等銘文。這些銘文中的"敕"字舊多釋爲"諫",今從張富海先生說改釋[2]。

"宗婦楚邦"吴文謂:"'宗婦'謂大宗子之婦。'宗婦楚邦'是説做楚國的宗婦,也就是做楚國國君的嫡妃。從這一句可知孟姬是嫁給了當時在位的楚王。"可從。

於昭萬年,晉邦唯翰,永賡寶。

"昭"字盆銘寫作█,構形較奇詭,具體如何隸定衆家尚有爭論,但方濬益、郭沫若、唐蘭、謝明文諸家都認爲此字從"召"聲,讀作"昭"。[3] 盤銘此字亦從召聲,吴文將之隸定爲"屈",從更清晰的照片來看,不確,此字原寫作█,中部從火,當隸定作"屈"。"於昭于天"見於《詩·大雅·文王》《詩·周頌·桓》。"於昭萬年"即"昭顯萬年"之義。[4]

"晉邦唯翰"謝文認爲應理解成"翰晉邦",即"藩翰晉國"之意,可從。盤銘"鶾(翰)"字寫作█,鳥形(或隹形)的寫法較盆銘筆勢小有變化,大抵是把像鳥背的部分與鳥翅的筆畫連起來書寫造成的。對照盆銘,知當爲同一字無疑。

"永康寶"從吴文,讀作"永賡寶",意爲"賡續不斷地永寶此器",亦即"子子孫孫永寶用"之意。"寶"(幫母幽部)盤銘原寫作"寋",右下方的"貝"形變作"杲"(見母宵部),或許有聲化的作用。

以上大致對晉公盤全銘的詞句進行了討論。在此基礎上可以將全銘内容結構簡做劃分。根據文意及韵讀的不同,我們大體同意謝文的意見,將銘文劃分爲三段。自開頭至"鼏静晉邦"爲第一段,爲追述先祖先考功績;自"公曰"至"以嚴虢若否"爲第二段,爲晉公自述其業;其餘爲第三段,爲作器緣由及晉公對孟姬的告誡和祝福。[5] 限於學識,上述許多意見未必可靠,有待大家的批評。

三、晉公盤相關諸問題討論

1. 晉公盤的作器背景與曆日

有關晉公盤的作器者,吴鎮烽先生已有較詳細的考證,由於銘文中有"烈考憲公"的記録,故作器晉公只能是獻公之子。獻公子得立爲國君者三人:公子卓、惠公夷吾、文公重耳。

---

[1] 見吴文文末評論區9、49樓網友的評論。
[2] 張富海:《"敕"字補説》,"先秦兩漢訛字學術研討會"論文,清華大學出土文獻研究與保護中心,2018年7月14日。
[3] 見謝文第205頁引衆家説。
[4] 謝文第206頁。
[5] 吴鎮烽(2014)認爲從"公曰"到"協順百揆"爲第二段,是晉公自述,表白自己的作爲,不確。

其中公子卓早觴,可以不做考慮。具體到惠公夷吾與文公重耳之間,吳文指出:

> 晉惠公夷吾是文公重耳的異母弟,在獻公末年立儲的變亂中逃到梁國,獻公死後,依靠秦、齊的勢力回國繼位。據史書記載看,在位的十四年中,主要安定國內和處理周王室的變亂,以及與秦國的關係。這時,楚國國力還不是很強盛,晉國與楚國既未結盟,來往亦少,又沒有發生過大的衝突。晉、楚聯姻沒有政治上的需求。況且,惠公即位時不過十七、八歲,死時也就三十二、三歲,不可能有成年女兒出嫁。所以,惠公夷吾嫁女與楚王的可能性較小。

這一看法是有道理的。學者們多已指出,銘文中說"秉德秩秩,協燮萬邦"、"咸畜胤士,作蒙左右,保乂王國,剌殄偽詐",這些都更符合於晉文公重耳的口吻;另外,史載重耳在流亡期間曾經受到楚成王的禮遇(《左傳·僖公二十三年》、《史記·晉世家》),因此回國即位後嫁女鞏固晉楚聯盟更是十分自然的事。這些都可證明晉公盤當爲文公所作。具體的作器時間,也只能在晉文公即位後不久。董珊先生指出:"此次嫁女與楚,事情似應發生在城濮之戰前,晉文公將同宗之女嫁給楚成王,目的是報答楚王的厚遇,加強同盟關係。不過,因爲晉文公五年發生城濮之戰,晉楚之好并未能維持太久。"[1]可從。

關於銘文中出嫁的"元女孟姬"的身份,吳文已指出,重耳已將自己的女兒嫁於趙衰,生有原同、屏括、樓嬰三子,因此出嫁楚王的孟姬不會是重耳的親生女兒,只能是文公同宗中之長女,這是很有道理的。王澤文先生考證孟姬時又聯繫清華簡七《晉文公入於晉》"……[王]母,毋察於好臧媥斐皆見"一句,認爲嫁女之事與此有關,[2]則似不必。

還有必要一說的是晉公盤銘文開頭的曆日"唯王正月初吉丁亥"。"初吉丁亥"這樣的曆日在金文中極其常見。我們也曾對這一時期的銅器銘文中的紀日情況進行過統計。根據我們的統計,春秋時期有紀日的銅器共 209 例(據《銘圖》、《銘續》,并汰其同組同銘者),其中,干支爲"丁亥"者 116 例,占 55.5%(另有"吉日唯亥"、"□亥"等具體日期不明者未計入統計)。可見"丁亥"日在古人心中的重要位置。

銅器中出現這麼多丁亥日,顯然不是偶然的,龐樸、王和、岑仲勉等多位學者都曾先後指出,"初吉丁亥"春秋後逐漸演變爲一種表示吉利的虛文套話,不代表真正的作器時間。[3]

---

[1] 董珊:《銘鑄晉史——從出土文獻談晉國與晉文化》,山西博物院講座文稿,https://mp.weixin.qq.com/s/vftDNlXSkP_aUFg11O_Dfw。
[2] 王澤文:《重論晉公墓年代和曆日——兼説晉公盤(提要)》。
[3] 龐樸:《"五月丙午"與"正月丁亥"》,《文物》1976 年第 6 期;王和:《金文月相管見——兼與劉啟益同志商榷》,《中國史研究》1987 年第 1 期;岑仲勉:《周金文所見之吉凶宜忌日》,收入《兩周文史論叢》,中華書局,2004 年。

類似的情況文獻中也有迹象,如《儀禮·少牢饋食禮》:"孝孫某,來日丁亥,用薦歲事于皇祖伯某,以某妃配某氏。"鄭注:"丁未必亥也,直舉一日以言之耳。《禘于大廟禮》曰'日用丁亥',不得丁亥,則己亥、辛亥亦用之,無則苟有亥焉可也。"這裏的丁亥是虛擬的吉日,反映的是先秦時期盛行的諏日、擇吉的現象。可見"初吉丁亥"是很有可能作爲虛擬曆日出現的。據此,也已有多位學者指出,過去常被認爲是月相之一的"初吉",實際上也可能只是泛指每月的第一個吉日,而非具體的日期。

至於晉公盤的曆日是虛擬還是紀實呢?由於過去未能對晉公盆作器之晉公的確切身份取得共識,大家對曆日的看法也不一致。實際上即使是同一學者前後看法都可能不同,如李學勤先生起初認爲:

> (晉公䥽)銘文開頭說"唯王正月初吉丁亥",很多研究金文的學者已指出這樣的曆朔是虛擬的吉日,和漢代器物習見"五月丙午"一樣。所以,用這一句去推算作器年,是不可靠的。[1]

後來李學勤先生的看法有所更改,他說:

> (晉公䥽)銘云"唯王正月初吉丁亥",應屬晉平公廿六年(公元前532年),丁亥爲初一日。該年爲楚靈王九年,魯昭公十年。[2]

與李學勤先生後來的態度類似,王澤文先生也認爲晉公盆的曆日是紀實的。他舊以盆爲平公作,而曆譜却不能排下,故疑青銅器銘文中的周正,與《左傳》中反映的周正不盡一致;在此基礎上,推定昭公五年(平公廿一年,公元前537年)晉曆建丑,則晉公盆恰好可以排入正月上旬。[3] 這些看法實際上都是囿於當時材料所限,未弄清具體的作器晉公,現在看來都是不正確的。後王澤文先生根據新出晉公盤意識到此晉公應爲文公,對曆譜又重做分析。據前面的討論城濮之戰在文公五年,此器應作於文公五年前。查張培瑜《中國先秦史曆表》:僖公廿五年(周襄王十七年,文公二年,公元前635年)正月乙酉朔,丁亥初三日;僖公廿六年(文公三年,公元前634年)正月己卯朔,丁亥初九日。王氏又據銘文語氣推斷,作器時間更

---

[1] 李學勤:《晉公䥽的幾個問題》,《出土文獻研究(第一輯)》,文物出版社,1985年,第134頁。
[2] 李學勤:《秦公編磬的綴聯及其曆日》,收入《夏商周年代學札記》,遼寧大學出版社,1999年,第119頁。
[3] 王澤文:《晉公䥽再研究》,《華學》第八輯,紫禁城出版社,2006年,第44—45頁。同文還指出,"前人研究已經證明,《左傳》反映的有關這些國家的曆日資料,有相當部分與《春秋》所反映的魯國曆法有出入"。

可能是在文公殺王子帶,朝王之後的文公三年,可備一説。[1] 若此説可信,則晉公盤的曆日就應是紀實的而非虚擬的,這裏的初吉也很有可能是具體的月相,而不是初干吉日之意了。

曆日是虚擬還是紀實的界綫何在？金文中習見的丁亥、庚午等干支是否皆爲虚擬？這是青銅器年代學研究首先要面對的重要問題。晉公盤的發現,無疑爲探索這一問題提供了新的寶貴資料。

2. 與相關諸器的對讀及引申

晉公盤銘文有很嚴密的層次和邏輯結構,是當時習見的文辭格套,可以與一大批時代相近的器物相對讀,從中我們能發現一些有趣的現象。下面試簡做討論。

晉公盤銘開頭爲晉公追述先祖唐叔虞輔佐周武王平定天下的功業事迹。武王去世時,成王尚年幼,唐叔虞作爲成王弟,年歲只能更小,不可能"左右武王,教威百蠻,廣闢四方",因此我們認爲這是當時習見的一種套話。類似的追述先祖功績的銘文還有很多,學者們多已指出這段話可以與秦公諸器銘文對讀:[2]

秦公簋(銘圖 05370):秦公曰:"丕顯朕皇祖受天命,鼐宅禹迹,十又二公,在帝之鄙,[3] 嚴恭寅天命,保業厥秦,虩事蠻夏。"

秦公鐘(銘圖 15565):秦公曰:"我先祖受天命,賞宅受國,烈烈昭文公、静公、憲公,不象惰于上,昭合皇天,以虩事蠻方。"

秦公鎛(銘圖 15827):秦公曰:"丕顯朕皇祖受天命,肇有下國,十又二公,不惰上下,嚴龏寅天命,保業厥秦,虩事蠻夏。"

金文中類似格套的話,又如下揭五例:

史牆盤(銘圖 14541):静幽高祖,在微靈處,雩武王既翦殷,微史烈祖乃來見武王,武王則令周公舍宇,于周俾處。柔惠乙祖,克仇匹厥辟,遠猷腹心。

逨盤(銘圖 14543):雩朕皇高祖公叔,克仇匹成王,成受大命……

戎生編鐘(銘圖 15239-15241):休台皇祖憲公,桓桓翼翼,啟厥明心,廣經其猷,將承穆天子羨靈,用建于兹外土,遹司蠻戎,用榦不廷方。至于台皇考卲伯,爰爰穆穆,懿鮮不僭,召匹晉侯,用恭王命。

單伯昊生鐘(銘圖 15265):丕顯皇祖、烈考,仇匹先王,恭勤大命。

---

[1] 王澤文:《重論晉公蠶年代和曆日——兼説晉公盤(提要)》。
[2] 見吴文文末評論區 14、16、25 等樓網友的評論。
[3] "鄙"從董珊先生説,是説聞之於《古文字學通論》課程上,北京大學 2015 年秋季學期。

曾侯膳鐘(銘續 31029)：伯括上諤,左右文武,撻殷之命,撫定天下。

　　細分析上引數例,實則又可以分作兩小類：秦公諸器只言自己祖先受天命,保業厥秦,并不言祖先與周王室的關係;單伯鐘、曾侯鐘、戎生鐘、逨盤、牆盤等則重點在於表述自己先祖輔佐周天子的事迹。晉公盤明顯屬於後一類。仔細體會兩者表述重點的不同,不難發現,銘文提及先祖輔佐周王的功業,是爲了"表明出身",反映自己祖先與天子的密切聯繫,以彰顯自己身份地位的高貴。這其下又可以再分兩類：一類如單伯、曾侯,屬於文武之胤,是天子的同宗;[1]一類如微氏,是最早一批投靠周人的"革命先驅"。而秦公的先祖血統和身份相較而言就不那麽烜赫了,甚至有些低微,[2]因此秦公作器,不會談及自己的祖先與天子的關係。晉公作爲唐叔虞之後,血統高貴,在盤銘中首先談及祖先唐公輔佐周王的事迹,其用意也就不難理解了。

　　晉公盤在講完唐公的事迹之後,接着説了一大段其父獻公的頌辭("我烈考憲公……䚢静晉邦"),這也是頗堪玩味的。我們知道,史書記載獻公晚年有"二五耦"、"驪姬之亂",直接導致了文公的出奔,文公在外流亡十九年,晉國政治也動蕩了近二十年,其根源都在獻公,但銘文對此未著一字,只是盛贊獻公的功德,《禮記·祭統》："銘之義,稱美而不稱惡。"正是其最好的注脚。稱述較近的祖先的格套也見於上引的單伯昊生鐘、戎生編鐘、曾侯膳鐘、牆盤諸器,除炫耀自己家世外,可能也有以示自己不"數典忘祖"的用意。

　　盤銘第二段爲晉公自述其業,類似的内容可以與如下幾例對讀：

晉姜鼎(銘圖 02491)：余唯嗣朕先姑君晉邦,余不暇荒寧,經雝明德,宣㽙我猷,用紹匹台辟,敏揚厥光烈,虔不惰,魯覃京師,辥我萬民。

秦公鐘(銘圖 15565)：余小子,余夙夕虔敬朕祀,以受多福,克明㽙心,龢和胤士,咸畜左右,藹藹允義,翼受明德,以康奠朕國,鎣百蠻俱即其服。

䣭兒句鑃(銘圖 15984)：余執壯于戎功且武,余畢恭畏忌,余不敢誇舍……

　　這種的自我稱述一般還多以表明決心,效法先祖爲開頭,繼而敘述自己的美德和功業,

---

[1]戎生編鐘的作者者身份與年代衆家看法尚不統一,但從銘文也能看出戎生家族與周王室關係之密切。
[2]《史記·秦本紀》載秦的先祖"蜚廉生惡來。惡來有力,蜚廉善走,父子俱以材力事殷紂。周武王之伐紂,并殺惡來。是時蜚廉爲紂石〈鑄〉北方……死,遂葬於霍太山。……惡來革者,蜚廉子也,蚤死。有子曰女防。女防生旁皋,旁皋生太几,太几生大駱,大駱生非子。……非子居犬丘,好馬及畜,善養息之。犬丘人言之周孝王,孝王召使主馬于汧渭之間,馬大蕃息。……於是孝王曰：'昔伯翳爲舜主畜,畜多息,故有土,賜姓嬴。今其後世亦爲朕息馬,朕其分土爲附庸。'邑之秦,使復續嬴氏祀,號曰秦嬴"。

其用意實際上是爲了將自己與功業烜赫的先祖相比并,突出自己的功業,强調其接班人的身份。討論至此,我們有必要把這種格套的段落結構梳理如下:

(1) 作器者追溯元祖的功業;
(2) 作器者追溯近祖的功業;
(3) 作器者表達效法先輩的決心,并稱述自己的功業。

結合前面的分析不難發現,實際上前面的(1)(2)兩層,都是在爲最後的(3)層次做鋪墊,追述先輩,有炫耀門庭、褒揚自己的意思在。這種格套,實際上又見於西周的册命金文,册命金文中册命者(通常是王)對受册命者的命辭,也通常是先以追述文武、先臣的功德開頭,再過渡到受册命者的近祖的功業,最後才是對受册命者具體官職的任命和從政的告誡。這和我們討論的晉公盤的層次完全相同,只不過一個是自述,一個是他人稱述;由於敘述者不同,其背後的心態也未必一致。[1]

還值得注意的是,這類"三段式"的銘文,一般都以"器主曰"開篇,前引秦公諸器、單氏諸器、戎生編鐘、曾侯膡鐘、配兒句鑃、晉姜鼎無不如此(史牆盤但以"曰"字開頭,可看作是省去器主的一種縮略寫法),晉公盤亦然。這個現象很值得注意。裘錫圭先生在考證戎生編鐘時最早發現此現象,但未做具體論述,他說:

> 先記時接着以器主"曰"引出銘文之例,過去却只見於東周銅器銘文。除晉姜鼎之外,還有晉公䵼、郘鐘、蔡侯申鐘及鎛、陳肪簠、陳逆簠、配兒鉤鑃、三兒簠、哀成叔鼎、陳侯因資敦等。這是很可注意的。[2]

其後,何樹環、陳英傑、黄庭頎等先生都對兩周金文中"器主曰"開篇的銘辭進行了全面梳理研究,皆有創獲。[3] 黄庭頎先生更是通過羅列兩周銘文資料,論證兩周存在一個從"述祖"到"揚己"的轉變趨勢,認爲銘文"雖仍有稱頌先祖的部分,然其重點更偏向器主對自身的期許"、"銘文以明確宣告器主自身價值爲中心,無論是省略述祖之辭還是自報家門格式,都僅是爲了釐清器主的身份地位并襯托其政治實力而生",[4] 這些都與我們前述的看法大致相同,但具體論述上略有不同,可參看。兩周"器主曰"類銘辭的性質,諸家看法不一,我們這

---

[1] 董珊先生認爲册命金文背後透露出來的思想觀念是周人的"天命觀"與"德配觀"(參看董珊:《説"天命"與"德配"——西周册命金文的再研究》),則春秋時期强調的重點與之已有不同。
[2] 裘錫圭:《戎生編鐘銘文考釋》,第104頁。
[3] 何樹環:《讀〈逨盤〉銘文瑣記》,《文與哲》2003年第3期;陳英傑:《兩周金文"器主曰"開篇銘辭研究》,收入《西周金文作器用途銘辭研究》,綫裝書局,2009年,第818-835頁;黄庭頎:《從述祖到揚己——兩周"器主曰"開篇銘文研究》,(臺灣)《清華中文學報》2017年第17期。
[4] 黄庭頎:《從述祖到揚己——兩周"器主曰"開篇銘文研究》。

裏無意對其做通篇的整理討論。值得注意的是上引何樹環先生的看法,他將這類銘辭與《詩經·周頌》相聯繫,認爲這類銘文"很可能即是'頌'這類文體,銘文所記載者或可視爲當時宗廟中頌辭的忠實體現"。[1]

何氏的説法很值得重視。今存《周頌》三十篇,每篇只有寥寥數句,與其他兩頌的篇數和長度迥然不類,故從王國維起就已懷疑今本《周頌》散亂缺失,章次錯亂,并試圖加以考訂修正;其後姚小鷗等學者也有類似努力。清華簡《周公之琴舞》公布以後,又再一次引起大家對《周頌》篇章分合次第的研究熱潮。[2] 本文不打算對《周頌》篇章問題進行過多討論,此僅想指出,如果我們打亂今本《周頌》次第,只按內容來看的話,《周頌》的許多篇章無疑也是可以按晉公盤銘文類似的結構層次來分類的。[3] 如追述稱贊先祖功業者:

《執競》:執競武王,無競維烈。不顯成康,上帝是皇。自彼成康,奄有四方,斤斤其明。

《思文》:思文后稷,克配彼天。立我烝民,莫匪爾極。貽我來牟,帝命率育。無此疆爾界,陳常于時夏。

《武》:於皇武王,無競維烈。允文文王,克開厥後。嗣武受之,勝殷遏劉,耆定爾功。

《桓》:桓桓武王,保有厥士,于以四方,克定厥家。

《昊天有成命》:昊天有成命,二后受之。成王不敢康,夙夜基命宥密。於緝熙,單厥心,肆其靖之。

表達自己帥型先王志向者如:

《我將》:儀式刑文王之典,日靖四方。伊嘏文王,既右饗之。我其夙夜,畏天之威,于時保之。

《訪落》:維予小子,未堪家多難。紹庭上下,陟降厥家。休矣皇考,以保明其身。

---

[1] 何樹環:《讀〈逨盤〉銘文瑣記》,第13頁。
[2] 有關《周頌》研究問題,可參看李佳玉:《近三十年〈詩經·周頌〉的研究綜述》,《現代語文》2016年第10期;李守奎:《清華簡〈周公之琴舞〉與周頌》,《文物》2012年第8期;張旭暉:《〈詩經·周頌〉研究綜述》,《中國詩歌研究動態》2015年第2期。
[3] 值得説明的是,上引何樹環先生文并未將《周頌》進行分類,而是認爲今本《周頌》在祭祀先王的篇章中,一章詩內就會先稱述先王功烈,再述及自身。我們不同意這種看法,如何文所舉的《維天之命》、《烈文》、《我將》三章,其實都沒有專門稱述先王功烈的句子,而重點在於表達自己效法先王的志向和祈求先王的保佑。

《閔予小子》：維予小子，夙夜敬止。於乎皇王，繼序思不忘。

《敬之》：維予小子，不聰敬止。日就月將，學有緝熙于光明。佛時仔肩，示我顯德行。

《賚》：文王既勤止，我應受之，敷時繹思，我徂維求定。時周之命，於繹思。

另外《周頌》許多篇章還都有祈求祖先賜福保佑的語句，類似金文的嘏辭。從上舉幾例不難發現《周頌》與晉公盤銘文在內容上的高度相似性，這應該不是偶然的。《周頌》的創作年代，學者們一般認爲是在周初，個別篇章不超過西周中期。可見，晉公盤銘文的文辭體例是有着很古的淵源的。但具體到晉公盤銘文的性質上，我們不認爲它單單僅是宗廟中的頌辭（詳下），這則與《周頌》不同。

3. 銘文的展示性及其後世影響

我們在討論過晉公盤銘文的文體格式可以上追到《周頌》時代後，很容易產生的一個問題是：晉公盤的銘文是否也是宗廟頌辭呢？我們認爲晉公盤銘文既可以作爲昭告祖先的頌辭，同時也具有一定的給生者的展示性。這個問題比較複雜，我們先從比晉公盤略晚的《墨子》中的一條記載說起：

《墨子·兼愛下》：何知先聖六王之親行之也？子墨子曰："吾非與之并世同時，親聞其聲、見其色也；以其所書於竹帛、鏤於金石、琢於槃盂，傳遺後世子孫者知之。"

在墨子的心目中，被"鏤於金石、琢於槃盂"的青銅器銘文，其重要功用就是將古人的德行"傳遺後世子孫者知之"。這就是說，墨子的時代，已經認爲青銅器銘文具有給生人閱讀的展示性作用了。[1] 這自然讓我們聯想到，晉公盤的銘文很可能也具有類似的展示性。下面試做分析。

根據董珊先生的研究，青銅器按其功能可以分爲祭器、燕器、明器三類，分別對應人鬼交通、人生所用和鬼所用三種情況。[2] 准此，我們來看晉公盤和晉公盆的自名一句。盤銘說"作元女孟姬宗彝盤"，明指其是作爲宗廟祭器的；對應的盆銘爲"作元女孟姬媵盉"，則明言其功能是媵器（燕器）。同銘器物，既可作爲人鬼交通的祭器，亦可作爲生人使用的燕器，可見這種銘文既具有宗廟頌辭、昭告神靈的功能，也具有向生人炫耀閥閱、顯現地位的作用。換言之，我們通過晉公盤和晉公盆的對讀，可以看到這類銘文同時兼具的禮儀性與展示性。

---

[1] 殷周時期許多青銅器銘文常鑄造在器物內底、口沿內壁等處，不便生人閱讀觀看，它們應該是用於昭告祖先神祇的。

[2] 董珊：《它簋蓋新釋——西周凡國銅器的新發現》，《出土文獻與古文字研究》第六輯，上海古籍出版社，2015年，第178頁。

結合盤銘最後一段話屬於晉公對生者孟姬的告誡和祝福來看,這種向生者展示的用意就更爲突出了。

我們可以看到,類似的文體在《周頌》的時代,尚只作爲宗廟頌辭出現,其或許也有向生者伐矜的用意,但總是以向祖先禱告爲主要目的的。西周早、中期,以"器主曰"開篇的禱辭類銘文如它簋(銘圖05384)、彧方鼎(銘圖02489)等莫不如是。但到了春秋時期,隨着青銅器用途的漸漸變化,同一文體的用途也在改變。晉公盤銘文的年代,正好處於青銅器銘文由祭祀的禮制性向給生人的展示性的過渡時期上,因此同銘器物才可以兼具用器和祭器兩個用途。隨着時代的推移,戰國秦漢的工官題銘、秦權、漢鏡等金文中,已經全然不見宗廟祭祀的銘文,而全是向生者展示的語句了。這實質上反映的是青銅器禮制性用途逐漸削弱,漸漸向生活用器性質的轉變。這既是製作銅器觀念的變化,更是以社會觀念與社會模式的深刻變化爲背景的,其背後所折射出的宏大話題,遠不是本文可以容納的了。

最後值得一説的是,我們所討論的晉公盤這類具有展示性的文體格式,即先盛贊遠祖、近祖,再自我誇耀的"三段式"稱述傳統也被後世所繼承,其影響十分深遠。漢以後琢於盤盂者少,勒碑刻銘者衆,這種格式在石刻文獻中完整地保留了下來。如立於漢中平三年的張遷碑,在盛贊張遷功德之前,先用一大段文字介紹他的先祖功績:

> 君之先出自有周,周宣王中興,有張仲,以孝友爲行,披覽詩雅,焕知其祖。高帝龍興,有張良,善用籌策,在帷幕之內,決勝負千里之外,析珪於留。文景之間,有張釋之,建忠弼之謨。帝游上林,問禽狩所有。苑令不對,更問嗇夫,嗇夫事對。於是進嗇夫爲令,令退爲嗇夫。釋之議爲不可:苑令有公卿之才,嗇夫喋喋小吏,非社稷之重。上從言。孝武時,有張騫,廣通風俗,開定畿寓,南苞八蠻,西羈六戎,北震五秋,東勤九夷。荒遠既殯,各貢所有。張是輔漢,世載其德。爰既且於君,蓋其繾綣。纘戎鴻緒,牧守相係,不殞高問。

類似的語句在其他歷代碑刻中也隨處可見。漢人於墓前也多有立碑,這些碑文無疑具有向世人炫耀展示墓主人生平事迹的作用。曹魏以來,政府禁立私碑,自由立碑的狀況不復存在,[1]墓誌銘逐漸代替墓碑,衍生出新的葬俗。墓誌銘埋於墓壙,已不具有向生人展示的功能,但這種文體却被保留了下來。[2] 如宋楊懷忠墓誌説:

---

[1] 劉濤:《魏晋南朝的禁碑與立碑》,《故宫博物院院刊》2001年第3期。
[2] 我曾以此想法向董珊先生請教,承他提示,後世墓誌銘原石雖當時人不得見,但身份顯赫之人的墓誌銘一般會延請當時的名家撰文,又會被收入名家別集中流傳後昆,從這點看,這些墓誌銘的文辭也有一定的展示性。

公諱懷忠,字國臣,淮甸廬州人也,即漢開輔楊震之族望矣。源流且遠,文武挺生,代有英奇,史無虛載。曾祖謙……祖漢昭……父仁捷……

這些都與晉公盤銘文的格套相仿佛。從中我們不難看到,從《周頌》到後世的墓誌,雖然語辭內涵及應用意義都幾經變化,但這種格式卻是一以貫之的。

四、小　　結

以上我們對晉公盤的銘文進行了考釋,并對與銘文有關的問題做了簡要討論,現將本文收穫小結如下:

1. 辨僞方面,我們認爲新見晉公盤能補苴晉公盆銘文之闕,是晉文公時代的標準器,從各種情況來看,該器絕非僞器。

2. 銘文方面,我們糾正了先前學者對一些字形的誤認,對有爭議字再做考釋,并對全銘進行了疏通。

3. 曆日方面,我們同意晉公盤的曆日如非虛擬,則能夠排入文公時代的曆譜中,對我們探索"初吉丁亥"的問題提供了新的資料。

4. 銘文格式方面,我們將其向前與《周頌》聯繫,向後與歷代碑刻聯繫,認爲晉公盤銘文前兩段具有高度程式化的格式,影響深遠。其後雖類似文辭的內涵、用途幾經變化,但格式卻一直保留了下來。

5. 銘文性質方面,我們通過盤銘與盆銘的對讀,認爲晉公盤的時代恰處青銅器由禮制向日用的過渡階段,器物兼具祭器和燕器的功能,銘文也從禮制性開始走向展示性,這種展示性并被後世所繼承。

從器物組合的角度考慮,晉公盤是水器,盤多與匜、盉成組出現,但目前發現的同銘器物僅有作爲食器的晉公盆,二者并不能形成器物組合。因此同銘、同組器物以後很可能還會再發現,值得我們期待。

以上所論,僅爲我的一孔之見,自知臆想之處甚多,還有待大家的批評。

2019 年 1 月 13 日寫完
2019 年 3 月 23 日修改

拙文初稿蒙朱鳳瀚老師、董珊老師審閱指正,謹致謝忱!

引書簡稱:
　合　　　中國社會科學院歷史研究所:《甲骨文合集》,中華書局,1978－1982 年。
　銘圖　　吳鎮烽:《商周青銅器銘文暨圖像集成》,上海古籍出版社,2012 年。

銘續	吴鎮烽：《商周青銅器銘文暨圖像集成續編》，上海古籍出版社，2016年。
三代	羅振玉：《三代吉金文存》，中華書局，1983年。
類編	高明、涂白奎：《古文字類編（增訂本）》，上海古籍出版社，2008年。
璽彙	羅福頤主編：《古璽彙編》，文物出版社，1981年。
陶彙	高明：《古陶文彙編》，中華書局，1990年。

看校補記：

拙文寫成後，得悉山西省公安廳已從境外追回被盜掘販賣的晋公盤，現藏山西青銅博物館。

晋公盤銘文中的"卿"字，董珊先生讀爲"壻（壻）"，認爲"皇卿（壻）"即指元女之美好的夫婿，可從。説見董珊《秦武公銅器銘文的新發現》，"青銅器、金文與商周禮樂文化"學術研討會論文，北京語言大學，2019年6月3日。

2019年10月14日記

附：晋公盤摹本（管文韜摹）

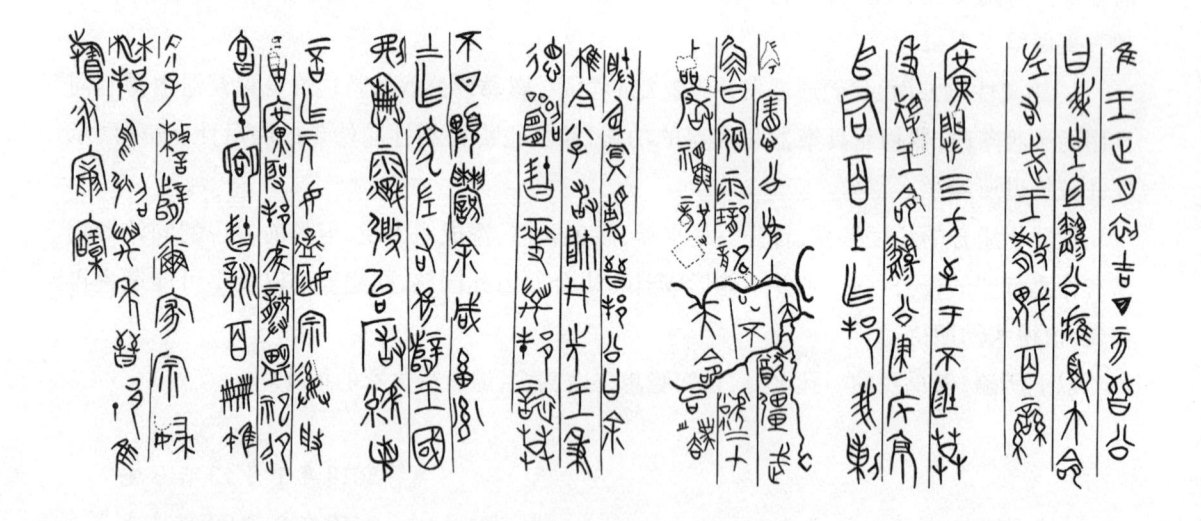

説 冢[*]

謝明文[**]

《説文》:"冢,高墳也。从勹、豕聲。"李家浩先生在《戰國時代的"冢"字》一文中釋出了許多戰國時代的"冢"字,但在該文中,李先生相信《説文》對"冢"字的分析。[1] 然而不少古文字研究者對《説文》的分析提出了異議,如張世超先生等著《金文形義通解》認爲"冢"從"豕"聲。[2] 何琳儀先生《戰國古文字典》在分析"冢"字時説:

冢(引者按:原文冢字皆用"｜"表示,下文不再説明),金文作 、。从豙之初文,主聲。冢,端紐東部;主,端紐侯部。侯、東陰陽對轉。冢爲主之準聲首。戰國文字承襲金文。豙形或省作豕形,主形或譌變作ㄢ、ㄢ、ㄢ等形,或豕形與主形借用部分筆畫,或加飾筆卜。[3]

季旭昇先生《説文新證》在解釋"冢"字字形時説:

從豕,主聲。古文字"宗"、"宔(主)"同字;"宗(精紐冬部)"、"從(從紐東部)",二字音近可通,《包山》2.257"冢脯二筭",注520:"讀如豴。《説文》:'生六月豚也。'《周禮·夏官·大司馬》:'大獸小禽。'鄭司農注:'一歲爲豵,二歲爲豝。'" 旭昇案:疑此爲"冢"之本義。《説文》誤"主聲"爲"勹",誤"豕"爲"豕聲"(當爲聲化所致)。[4]

---

[*] 本文受到國家社科基金青年項目"商代金文的全面整理與研究及資料庫建設"(項目編號16CYY031)、復旦大學"雙一流"建設人文社科一流創新團隊項目"出土文獻與古文字研究"子課題"商周金文拾遺——《集成》、《銘圖》、《銘續》未録金文的整理與研究"(項目編號IDH3148004／005)的資助。

[**] 復旦大學出土文獻與古文字研究中心、出土文獻與中國古代文明研究協同創新中心副研究員。

[1] 李家浩:《戰國時代的"冢"字》,《著名中年語言學家自選集·李家浩卷》,安徽教育出版社,2002年,第1-14頁。

[2] 張世超等著:《金文形義通解》,中文出版社,1996年,第2286-2287頁。

[3] 何琳儀:《戰國古文字典——戰國文字聲系》,中華書局,1998年,第360頁。

[4] 季旭昇:《説文新證》,藝文印書館,2014年,第715-716頁。

《説文新證》在解釋其義時説："疑爲'狋'。《説文》釋爲'高墳也'，當爲假借（'高墳'之本字應作塚）。"

周寶宏先生在分析"冢"字時説："西周金文中冢字多用爲'大'義，而且冢字常見。大義與《説文》所釋'高墳'之義也相因，冢字從豕（或豖），主聲，本義當與大、與豕皆有關，秦漢文字與冡訛混。"[1] "冢"字在目前已經發表的商代文字中未見，它在西周金文中數見，作如下之形：

A: 親簋，[2]《銘圖》05362，西周中期前段

B: [3] 班簋，《集成》04341，西周中期

C: 趞簋，《集成》04266，西周中期

D: 多友鼎，《集成》02835，西周晚期（夷王世）

E: 召壺蓋，《集成》09728，西周中期

它們所處文例分別爲：

（1）王乎（呼）乍（作）册尹册釐（申）令（命）親曰：叚（嘏）乃且（祖）服乍（作）A（冢）嗣（司）馬，女（汝）妯諫訊有粦（？），取遺（賻）十乎（鋝），易（錫）女（汝）赤市（韍）、幽黃（衡）、金車、金勒、旂。（親簋）

（2）王令毛公㠯（以）邦B（冢）君、土（徒）馭、戜人伐東或（國）痛戎。（班簋）

（3）王若曰：趞，命女（汝）乍（作）嫩自（師）C（冢）嗣（司）馬，啻官僕、射、士。（趞簋）

（4）乃轶追，至于D（楊）冢，公車折首百又十又五人，執訊三人。（多友鼎）

（5）王乎（呼）尹氏册令（命）召，曰：叓（更）乃且（祖）考乍（作）E（冢）嗣（司）土（徒）于成周八自（師），易（錫）女（汝）甝（秬）鬯一卣、幺（玄）袞衣、赤巾〈市〉、幽黃（衡）、赤舃、攸（鋚）勒、綠（䜌）旂，用事。（召壺蓋）

---

[1] 李學勤主編：《字源》（中册），天津古籍出版社，2012年，第804頁。

[2] 親簋銘文彩照見於中國國家博物館、中國書法家協會：《中國國家博物館典藏——甲骨文、金文集粹》，安徽美術出版社，2015年，第199頁。

[3] 三形分別選自《集成》04341A、04341B、04341C。劉心源：《古文審》5.1摹作""（《金文文獻集成》第11册，香港明石文化國際出版有限公司、綫裝書局，2004-2005年，第467頁）。

從西周金文看,"豕"字所從的"㇆"與"主"字不類,它們不是一字。由於"主"、"豕"音近,東周文字中"豕"字所從之"㇆"變作"主"應屬於變形聲化,因此不能據東周文字已經變形聲化從"主"聲的寫法來探討"豕"的本義。從目前資料看,"豕"字所從之"㇆"究竟是什麽,並不清楚,應存疑待考。[1] 但據西周金文資料,我們可對其最初所從之動物形到底是什麽做一些討論。

商周金文中,"象"字主要有下列三種寫法:[2]

F: ▣ 趞觶,《集成》06516   ▣ 克鐘,《集成》00204－00208

▣ 逑盤,《考古與文物》2003 年第 3 期第 10 頁圖一八

G: ▣ 井侯簋,《集成》04241   ▣ 录伯戈簋,《集成》04302

▣ 史牆盤,《集成》10175

H: ▣ 叔弓鐘,《集成》00272   ▣ 叔弓鎛,《集成》00285   ▣ 邾公華鐘,《集成》00245

F－H中,表示"豕"形腹部的筆畫皆省去。G 中"豕"身上多出來的一斜筆,貫穿表示豕背部的筆畫,F 中那一斜筆位於豕的頸部,F 當由 G 變來。[3] 比較可知,A 實從 F,B 實從 G。C 與 B 相比,前者所從"▣"中的"豕"身上多出來的那一斜筆只不過未貫穿豕的背部而已。師寰簋(《集成》04313)"象"字,器銘作"▣",蓋銘作"▣",後者位於豕頸部的那一斜筆未貫穿頸部,而"▣"則是"豕"身上多出來的那一斜筆未貫穿豕的背部,兩者恰可類比。因此"▣"當是 B 中所從 G 類形的變體。《珍秦齋古印展》25 有人名"▣"字,《三晉文字編》釋作"豕",[4]可信。大概當時寫該字的人已經不清楚"▣"類形豕背"丿"形的來源及意義,於是在其基礎上又在豕背上加上圈形筆畫,把所從之"豕"改作當時常見的 H 類形。此字所從象形實即 G、H 兩類象形的雜糅。《珍秦齋古印展》此例"豕"字亦說明東周文字中"豕"仍有從"象"作之例。據以上所論,可知 A、B、C 三者實際上都是從"象"。E 從夊(豛),此類寫法的豕,西周金文僅此一見,東周金文似未見,似當看作"豕"的變體。D 從豕,東周文字中的"豕"當是承襲此類從"豕"的"豕"演變而來。《說文》從豕當是在從豕的基礎上變形聲化而

―――――――――

[1] "㇆"不知是否與"匿"字所從之"匚"有關,待考。
[2] 陳劍:《金文"象"字考釋》,《甲骨金文考釋論集》,綫裝書局,2007 年,第 243－272 頁。
[3] 陳劍:《金文"象"字考釋》。
[4] 湯志彪:《三晉文字編》,作家出版社,2013 年,第 1339 頁。

來。古文字中有一些本非"豕"而是與"豕"相關之形,在文字的演變過程中往往變作"豕"。如"家"本從"叚(豭)"得聲,但在甲骨文中,其所從"叚(豭)"形有的已變作"豕"形,兩周金文中"家"字基本上都是從"豕"作。又如"彖"作爲偏旁時,亦經常變作"豕"形。[1] 據此再結合 A、B、C 出現的時代比從豕的 D 出現的時代要早,因此我們認爲"冢"很可能最早本是從"彖"的,從"豕"的寫法是後來的變體。

冢,上古爲端母東部,中古屬合口三等字;彖,上古爲透母元部,中古屬於合口一等字。兩者聲母同屬舌音。又東部和元部合口上古偶有通轉,張富海先生曾對此有舉例,如:"疃"(元部合口),從童(東部)得聲;"竀"(元部合口)與"孔"、"空"(皆東部)同源;《尚書·堯典》:"允釐百工,庶績咸熙","百工"即"百官"。[2] 因此,我們懷疑較早寫法的"冢"字所從之"彖"很可能有一定的表音作用。

新近出版的《商周青銅器銘文暨圖像集成續編》(下文簡稱《銘圖續》)0449 著録了一件左右簋,[3] 其銘文中有如下一句話:

(6) 王命左右曰:尿(續)乃且(祖)考乍(作)彖嗣(司)工于帇(蔡),易(錫)女(汝)幽黄(衡)、攸(鋚)勒、纞(鑾)旂,用事。

"嗣(司)"後之字,原作"■",《銘圖續》釋作"立(位)"。該形中間竪筆沒有穿透上部横畫,與同銘"立"作"■"有別,當改釋作"工"。"乃"前之字,原作"■",《銘圖續》釋作"更"。此字作尸形右邊有三小點,它實從尸從小,可隸作"尿"。它與"更"無關,應與金文中數見的"屎"、"屎"是一字異體。據"屎"、"屎"在金文中的一般用法,我們認爲"尿"可讀作訓"繼"的"續"/"纂"。豆閉簋(《集成》04276):"王曰:閉,易(錫)女(汝)哉(織)衣、⊙市(韍)、纞(鑾)旂,用俤(屎)(續)乃且(祖)考事。"其中"俤(屎)"的用法與左右簋"尿"的用法相同。"嗣(司)"前一字,原作"■",《銘圖續》釋作"豕",讀爲"冢"。《説文·豕部》:"豕,豕絆足行豕豕。从豕,繫二足。"許多研究者已經指出此説有誤,并據甲骨文,指出"豕"本象"去勢之豕"之形。"■"與"豕"明顯有別,而與 G 類寫法的"彖"字寫法相合,故所謂"豕"字應改釋作"彖"。

比較例(1)、例(3)、例(5),可知例(6)"彖嗣(司)工"之"彖"與"冢嗣(司)馬"、"冢嗣(司)土(徒)"之"冢"相當,又據上文所論較早寫法的"冢"字本從"彖",而所從之"彖"可能有一定的表音作用,我們認爲左右簋之"彖"當是用作"冢"。"家"本從"叚(豭)"得聲,兩周金文中"家"字基本上都是從"豕",但亦偶有以"叚(豭)"爲"家"者,見於頌鼎(《集成》

---

[1] 陳劍:《金文"彖"字考釋》,《甲骨金文考釋論集》,綫裝書局,2007 年,第 243—272 頁。
[2] 張富海:《毛公鼎銘文補釋一則》,《中國典籍與文化》2011 年第 2 期。
[3] 吴鎮烽:《商周青銅器銘文暨圖像集成續編》第 2 卷,上海古籍出版社,2016 年,第 135 頁。

02829），左右簋"象"用作"豕"的例子正與之類似。例(6)這個例子正可反證較早寫法的"冢"字所從之"象"確有一定的表音作用。

春秋早期的兩件復封壺(《銘圖》12447、12448)銘文中有如下一句：

(7) 齊大(太)王孫遏(復)封I嗣(司)右大徒，戠〈諆〉(畢)[1]龏(恭)威(畏)諆(忌)，不J夙夜，從其政事，起₌(桓桓)乍(作)聖(聽)公命。

I,復封壺甲拓本作"■",復封壺乙拓本作"■"。J,復封壺甲拓本作"■",復封壺乙拓本作"■"。《銘圖》皆釋作"羕"。[2] 我曾把它們都改釋作"象",并讀J爲墮。[3] 魏宜輝先生亦把它們改釋作"象",并讀I爲"專",讀J爲"墮"。[4] 傅修才先生在爲中華字庫金文包做釋文時,把I改釋作"㹚(主)"。

復封壺甲J與H寫法相同,確當改釋作"象",據文義當讀作"墮"。而I與J在字形上既有聯繫而又有區別,區別在於前者中確實有類似"豆"之形。如果僅僅根據I從豆,把它讀爲主,從語音以及文義兩方面看,都是非常合適的。但仔細比較,復封壺甲J(象)中"凵"形位於豕背上,而復封壺甲I中類似"豆"之形亦是位於豕背上。復封壺乙J(象)中"凵"形從豕背上脱離出來,位於豕背右側,而復封壺乙I中類似"豆"之形亦從豕背上脱離出來,位於豕背右側。從這種對應關係來看,我們認爲I與J在字形上應是有聯繫的,I應是"象"之變體,據左右簋"象"用作"豕"之例,疑它在銘文中也可能表示"豕"這個詞。可能是由於要表示"豕"這個詞,而"象"、"豕"兩者語音畢竟不密合,於是I就在J的基礎上把"象"中"凵"形加以改造作近似"豆"形(豆爲定母侯部,豕爲端母東部,兩者聲母同屬舌音,韵部陰陽對轉)來表讀音。

𢻻蛮壺(《集成》09734)銘文中有一句作：

---

[1] 我們曾把"戠"釋作"諆(畢)"(謝明文:《從語法角度談談金文中"穆穆"的訓釋等相關問題》,《古籍研究》總第57-58卷,安徽大學出版社,2013年,第53-61頁)。孟蓬生先生主張把"戠"讀作訓"敬"之"翼"(孟蓬生:《釋清華簡〈封許之命〉的"象"字——兼論"象"字的古韵歸部》,復旦大學出土文獻與古文字研究中心網站,2015年4月21日)。魏宜輝先生釋讀作"諆(恁)"(魏宜輝:《復封壺銘文補釋》,第一屆漢語史研究的材料、方法與學術史觀研討會暨南京大學漢語史研究所成立大會會議論文,2016年6月23-24日)。
[2] 吳鎮烽:《商周青銅器銘文暨圖像集成》第22卷,上海古籍出版社,2012年,第412-419頁。
[3] 謝明文:《從語法角度談談金文中"穆穆"的訓釋等相關問題》,《古籍研究》總第57-58卷,安徽大學出版社,2013年,第53-61頁。
[4] 魏宜輝:《復封壺銘文補釋》,第一屆漢語史研究的材料、方法與學術史觀研討會暨南京大學漢語史研究所成立大會會議論文,2016年6月23-24日。

(8) 或得賢佐司馬賈,而冢任之邦。

其中"冢"字,舊一般讀作"重"。《金文形義通解》認爲:"學者或讀'冢'爲'重',亦通,然'冢'本有大義,自可引申爲重義或厚重義,故不必以假借讀之。"[1]

中山王䁅方壺(《集成》09735)有與例(8)相關的銘文作:

(9) 余知其忠信也,而🀆任之邦,是以游夕飲食,寧有遽惕。賈竭志盡忠,以佐佑厥辟,不貳其心,受任佐邦,夙夜匪懈,進賢措能,亡有轒息,以明辟光。

其中"🀆",舊一般被隸定爲從"言"、從"傳",讀爲"專"。董珊先生認爲整個字可分析爲從"言"、"𠩵"聲,"尌"旁在這個字中是基本聲符,"𠩵"是此聲符的繁化,"尌任"應該讀爲"屬任"。董先生又把好蚉壺"冢任"與"尌任"聯繫起來考慮,他説:

"冢任"從前多讀爲"重任"。但是古書中"重任"一般都是用作名詞,沒有用作動詞的。古音"冢"跟"屬"聲母都是舌音,韵部爲陽入對轉,以音近而可構成通假關係,因此我們認爲,大鼎銘"冢任"也要讀爲"屬任",正和方壺銘"尌任"文例完全相同。上舉《漢書·佞幸傳》顏師古注"屬,委也",可見大鼎銘"委任"跟"屬任"的詞義也相同。此外,方壺銘文還説司馬賈"受任佐邦","受任"跟"委任"、"屬任"詞義相對。[2]

白于藍先生差不多在同時發表了《釋中山王䁅方壺中的"屬"字》一文,其觀點與董珊先生的觀點不謀而合。[3]

董、白兩位先生認爲"🀆"從"尌"聲,非常正確。他們把"🀆任"、"冢任"都讀爲"屬任",如果僅從好蚉壺、中山王䁅方壺兩銘來看,他們的意見是非常有道理的。但如果上文我們關於 I 的分析可靠的話,有的問題恐怕應另外考慮。"齊太王孫復封 I(冢)司右大徒"之"I(冢)"與好蚉壺(《集成》09734)"或得賢佐司馬賈,而冢任之邦"之"冢"都位於動詞前面,兩者恐怕得綜合起來考慮。如果據後者讀作"屬"的意見,"冢䢃(司)右大徒"似應理解爲"(復封)被委任管理右大徒",但總覺文義不通暢。在例(1)、(2)、(3)、(5)、(6)中"冢"都是形容

---

[1] 張世超等著:《金文形義通解》,中文出版社,1996年,第 2288 頁。
[2] 董珊:《中山國題銘考釋拾遺(三則)》,《北京大學中國古文獻研究中心集刊》第四輯,北京大學出版社,2004年,第 345-354 頁。
[3] 白于藍:《釋中山王䁅方壺中的"屬"字》,《古文字研究》第 25 輯,中華書局,2004年,第 290-295 頁。

詞,作定語修飾其後的名詞,研究者一般據古書訓爲"大"。例(7)"齊太王孫復封冢司右大徒"與例(8)"或得賢佐司馬賈,而冢任之邦"之"冢",我們認爲似乎没有必要破讀,它們應與作定語的"冢"統一起來考慮,只不過前者是副詞,作狀語修飾其後的動詞而已,[1]這種用法的"冢"應與"大"、"全面"、"總"一類意思比較接近。如果我們對例(7)Ⅰ的分析可信,據它所從之"豆"皆表音,又結合"尌"本從"豆"聲來看,那麽有没有可能應反過來,即例(9)"護任之邦"之"護"應讀爲"冢"呢? 還是"護"與"冢"只是偶然音近但表示兩個不同的詞呢? 我們傾向後一種情形,至於事實究竟如何,有待進一步的研究。

寫於 2016 年 10 月

拙文蒙鄔可晶先生審閲指正。

附記:網友 ee 在武漢大學簡帛網簡帛論壇發帖《〈商周青銅器銘文暨圖像集成續編〉釋文校訂》,在談到左右簋(《銘圖續》0449)時認爲:"'更'訛爲'尸'形,'冢'訛成'象'形,可疑。"(2016 年 11 月 4 日,http://www.bsm.org.cn/bbs/read.php? tid = 3407)我們以筆名"無語"在該帖下對此有回應(2016 年 11 月 6 日)。

2016 年 11 月 6 日

本文曾提交給浙江財經大學主辦的"古文字與漢語歷史音韻研究"高端論壇(2018 年 3 月 31－4 月 1 日)。文中提及傅修才先生將Ⅰ改釋作"狟(主)"的意見又見於傅修才《東周山東諸侯國金文整理與研究》(復旦大學博士學位論文,指導教師:裘錫圭,2017 年,第 24－25 頁),讀者可參看。另周代銘文中習見的、一般所謂的"得工"之"得",我們贊成湯餘惠先生釋讀作"(冢)"的意見,"(冢)工"之"冢"與"冢司馬"、"冢司土"、"冢司工"之"冢"用法相同(詳另文)。

---

[1] 按我們的意見,"冢任之邦"之"冢任"是偏正關係。中山王䁂鼎(《集成》02840)有"匡(委)任之邦","委任"是并列關係,似没有必要將它們加以牽合。

試說西周金文中的"對"字

黄益飛*

"對"字在商周古文字中習見,且西周金文中又有"對揚"的固定辭例,故其字形結構雖複雜多變,却不難辨識。關於其字形變化陳昭容、馬承源等學者已有深入研釋,[1]前輩學者的討論爲相關研究的深入開展奠定了堅實基礎。近年,又刊布了不少新資料,爲深入的討論提供了契機。今在前輩學者研究基礎之上,結合新材料,就對字之形構及義訓做進一步探討。

一、"對"字之形構

商代甲骨文中"對"字目前只有數例,且形構一致,作 ,从丵从土从又。[2]

西周金文中,"對"字的形構比較複雜。朱芳圃曾將金文中的對字分爲四類:第一類,象手持 ,或兩手奉之;第二類,象手持辛;第三類,象手持丵,或兩手奉之,與篆文業同;第四類,象兩手舉 若丵。其他或增貝,或省又,朱氏以爲古人作字,任意增省,不拘常規。[3]

陳昭容將金文所見對字按形體分爲八類:第一類,从丵从土从又;第二類,从丵从又;第三類,从丵从土从廾;第四類,从丵从廾;第五類,从丵从土从卂;第六類从丵从卂;第七類,从丵从土;第八類,从丵从土从又从貝,并在分類的基礎上討論了對字的本義。[4]

馬承源則將對字形體分爲九類:A類,从丵从土从又(丑);B類,包括从丵从土从又(丑)、从丵从土从又(丑)从口兩類,部分丵部上作三點;C類,从丵从土从廾;D類,从丰从土从卂;E類,从丵从土从卂;F類,从丵从土;G類,从丵从又;H類,从丵从卂;I類,从丵从廾。[5]

陳昭容、馬承源二氏的分類較朱芳圃已大爲細化,陳、馬二氏的分類也基本相同,陳氏所分第一類與馬氏的A類、第二類與G類、第三類與C類、第四類與I類、第五類與E類、第六類與H類、第七類與F類等七類完全相同,陳氏所分第八類、馬氏所分D類應互相補足,馬氏所分B類可以再做細分。

---

* 中國社會科學院考古研究所。
[1] 陳昭容:《釋古文字中的"丵"及从"丵"諸字》,《中國文字》新二十二期,藝文印書館,1997年;馬承源:《晉侯鮅盨》,氏著:《中國青銅器研究》,上海古籍出版社,2002年。
[2] 李孝定:《甲骨文字集釋·第三》,中研院史語所,1970年。
[3] 朱芳圃:《殷周文字釋叢》卷上,中華書局,1962年。
[4] 陳昭容:《釋古文字中的"丵"及从"丵"諸字》,《中國文字》新二十二期,藝文印書館,1997年。
[5] 馬承源:《晉侯鮅盨》,氏著:《中國青銅器研究》,上海古籍出版社,2002年。

今日所見古文字材料已超出前人所見之範疇。下面根據目前所見古文字材料，再做一些補充。

（一）❇（❇）

此即陳氏所分的第一類、馬氏所分 A 類，此類形體直接襲自商代甲骨文，也是西周金文中較爲常見的形體。❇，从丵从土从又；❇即朱氏所謂兩手奉❇之對。學者或以此類對字从土聲，[1]其説可商。土古屬透紐魚部，對古屬端紐物部，聲紐雖近，而韻部較遠，古音相去較遠。

此類形構之對字，形體亦有變化，或作❇；或从𠬪作❇（即陳氏所分第五類、馬氏所分 E 類），古文字从𠬪从又可互作不別，故❇乃❇之繁體。

對字又作❇、❇、❇、❇、❇（後三種形體見於馬氏所舉 B 類），應即❇之省變或訛體。❇，左部所从與皇字相似，學者據此認爲對从皇，乃依對之訛體爲説，并不足取。

此類形體之省變大致如下所示。

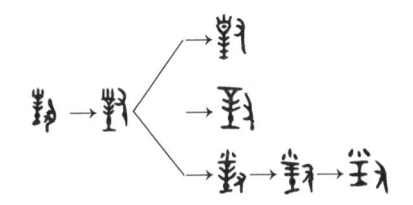

❇ → ❇ ⟨ → ❇
             → ❇
             → ❇ → ❇ → ❇

（二）❇

❇或省又（𠂇），只作❇（此即陳氏所分第七類、馬氏所舉 F 類）。此類對字亦猶封（❇）字省略又（𠂇），僅作❇。

（三）❇（❇）

❇，乃新見之字形。作❇之對，見於剛發表的山西翼城大河口西周墓地 2002 號墓所出霸姬盤銘文，同墓所出霸姬盉銘文之對字則作❇。[2]

❇，从丵从田从又；❇，从丵从田从廾，乃❇之繁體。古文字土、田作爲形旁互作不別，故❇與❇應爲一字之異構。

（四）❇

❇字僅見於彔伯簋，从貝，❇聲。學者或以該字以貝爲聲符，[3]似亦可通。

（五）❇

---

[1] 高鴻縉：《中國字例》第二篇，三民書局，1960 年。
[2] 山西省考古研究所、臨汾市文物局、翼城縣文物旅游局聯合考古隊，山西大學北方考古研究中心，中國人民大學出土文獻與中國古代文明研究協同創新中心：《山西翼城大河口西周墓地 2002 號墓發掘》，《考古學報》2018 年第 2 期。
[3] 張以仁：《有關"對"字的一些問題》，見氏著：《中國語文學論集》，東升出版事業有限公司，1981 年。

此即陳氏所劃分之第三類、馬氏所舉 G 類。🔣,从丵从又,應即🔣之省。

此類形構之對,或从廾,作🔣(即陳氏所劃分之第四類、馬氏所舉 I 類);或从𠬞,作🔣(即陳氏所劃分之第六類、馬氏所舉 H 類),皆🔣之繁體。又从辛作🔣者,朱芳圃引羅振玉云:"金文中別字極多,與後世碑版同,不可盡據爲典要。即以此器(即同簋)言之,對字作🔣,譌別已甚。"[1]按:作🔣者應係誤摹,本應爲从辛从又之字,辛爲丵之變體。[2]

此類對字亦有作🔣者。🔣,从𡴂从又,𡴂或爲丵之省變。

(六) 🔣

🔣,亦新見之字形。作🔣者,見於最近公布的山西翼城大河口西周墓地 M1017 號墓所出霸伯山簋銘文,[3]字凡兩見。🔣,即《説文·丵部》之對,應从口,🔣聲。

(七) 🔣

🔣,又作🔣(見於馬氏所舉 B 類)。🔣,見於北京琉璃河燕國墓地 1193 號墓所出之克罍;[4] 🔣,見於此鼎(《集成》2821)。

🔣,應从口,🔣省聲。西周金文中从口之字,偶見口貫於竪筆之中者,如霸字或作🔣,口在竪筆之上;或作🔣,口則貫於竪筆之中。🔣亦即《説文·丵部》之對。

(八) 🔣

🔣,亦新見之字形,見於山西翼城大河口墓地 M2002 所出霸仲鼎(M2002∶9)、霸仲簋(M2002∶8、M2002∶33),[5]字凡五見。从貝,對聲。

(九) 其他

除了上舉字形之外,對字還有🔣、🔣、🔣等形體。

🔣,見於趞簋(《集成》4266)。🔣左部所从或爲𡴂之變體。馬承源先生摹作🔣,[6]似誤。

🔣,从丵从士从又。西周金文从士、从土,每每混用不别。如在字,或作🔣,从士,才聲;或作🔣,从土,才聲。

---

[1] 朱芳圃:《殷周文字釋叢》卷上,中華書局,1962 年。

[2] 陳英傑:《談〈金文編〉的🔣和庚姬𣪕的甫》,《古文字研究》第 32 輯,中華書局,2018 年。

[3] 山西省考古研究所、臨汾市文物局、翼城縣文物旅游局聯合考古隊,山西大學北方考古研究中心:《山西翼城大河口西周墓地 1017 號墓發掘》,《考古學報》2018 年第 1 期。

[4] 中國社會科學院考古研究所、北京市文物研究所琉璃河考古隊:《北京琉璃河 1193 號大墓發掘簡報》,《考古》1990 年第 1 期。

[5] 山西省考古研究所、臨汾市文物局、翼城縣文物旅游局聯合考古隊,山西大學北方考古研究中心,中國人民大學出土文獻與中國古代文明研究協同創新中心:《山西翼城大河口西周墓地 2002 號墓發掘》,《考古學報》2018 年第 2 期。

[6] 馬承源:《晉侯𮥰盨》,氏著:《中國青銅器研究》,上海古籍出版社,2002 年。

☒，从丵从火从又。西周金文从火、从土，也多混用不别。如堇字，或作☒，从黄从火；[1] 或作☒，从黄从土。

☒，从丰从土从廾，古文字从封與从丵，意義相近，故混用不别。

這幾類字形，當如羅振玉所言多爲別體字，不可據爲典要。

二、"對"字之義訓

下面對"對"字的字義進行簡要的討論。

上舉(一)—(三)、(五)四類字形，皆承襲殷卜辭對(☒)字而來，或有所省變，皆對之本字（詳下文）。

（一）从口之對

上揭(六)、(七)兩類對字皆从口(☒、☒)，乃《説文·丵部》之對。宋儒趙明誠以商周彝銘所見對字不从口，趙氏《金石録·跋尾》云："周以後諸品款識對字最多，皆無从口者，疑李斯變古法作小篆，對字始从口，至文帝復改之耳。"學者多從之。今由西周金文知《説文》之篆體☒西周時期已經存在，是籀文之正體。《説文·丵部》："對，譍無方也。从丵从口从寸。"按：許說不足取。對，从口，☒聲（☒省聲），應入口部。章太炎已指出，从口之對與不从口之對應爲兩字。[2] 對，乃應答之本字。段玉裁《注》："《聘禮》注曰：'對，答問也。'按對答古通用。云'譍無方'者，所謂善待問者如撞鐘，叩以大者則大鳴，叩以小者則小鳴也。"

《説文·丵部》："對，對或从士。漢文帝以爲責對而爲言，多非誠對，故去其口以从士也。"嚴可均謂"漢文以下廿二字當是校語，漢文帝者異代人稱謂"，其説可從。對之古文或从士，説者以爲漢文帝所改定，實則从士之別體，已見於西周金文（☒），亦非漢文帝臆造。

（二）从貝之䝱

第四、八兩類皆从貝對聲（或从☒，或从☒），或即䝱之本字。《説文·人部》："帀也。从人對聲。"段玉裁《注》："帀也。汲古閣及《集韵》、《類篇》皆作帀。宋刻葉抄及《廣韵》作市。今按市爲長。其字从對則無口匝意。蓋即今之兑換字也。"依段説，䝱爲兑換字，故古从貝，作☒。

三、"對"(☒)字本義的思考

（一）對(☒)與封

對字與封字意義相近，章太炎已有此説。[3] 楊樹達亦云："對，古鐘鼎文多作對，許君稱

---

[1] 吳大澂：《説文古籀補》第十三，中華書局，2011年。
[2] 章太炎：《章太炎全集·小學答問》，上海人民出版社，2014年。
[3] 章太炎：《章太炎全集·小學答問》，上海人民出版社，2014年。

漢文去口从士之説非也,宋趙明誠《金石録》載古器物銘大夫始鼎跋已糾之矣。余友陳君公培喜研文字之學,一日訪余於嶽麓山,謂余曰:'對字从寸从丵,與應對義不相涉。《詩·大雅·皇矣》篇云:"帝作邦作對。"對與邦并言,對義當與邦近。許君訓應無方,殆非是。'余按陳君之説甚磧。《左氏傳》記楚之始興也,曰:'若敖、蚡冒篳路藍縷以啟山林。'宣公十二年。又記鄭之始建也,曰:'昔我先君桓公與商人皆出自周,庸次比耦以艾殺此地,斬之蓬蒿藜藋而共處之。'昭公十六年。此對字从寸从丵之義也。"[1]按:陳公培、楊樹達以邦、對義近,其説甚是。然楊氏説从寸从丵之義則不達造字之本恉。

李孝定云:"疑(對)與'封'之構造法同。封作 ⛰,象一手持 丰 樹於土上之形。丰 爲植物之象形字。其初誼當爲樹木於某處以爲疆域之標識,猶今之界碑。……對字从丵,丵許訓叢生艸,與封字从 丰 同意,字亦象以手持丵樹之形,其下亦从土。……封之於對,其異衹在丵、丰 之別。……召伯虎簋銘云:'𢓈 𣪘 宗君其休。'𢓈 揚連文爲金文習語,可見 𢓈 必爲對字無疑。"[2]按:李氏孝定説對字之形構頗爲精闢。

(二) 對與畿(遂)

封與對不僅意義相近,而且二者似關乎三代的政治體制和邦畿制度。學者已經指出,商代的政治區劃即以中商(大邑商)爲中心,其外爲國,再外爲方。[3] 國即外服,國以内是天子的統治區域,方則爲敵對勢力。西周制度則與商代相類。[4]

國以内的區域即邦,"四域之國與方之間必有四封,是爲四疆,故知'邦'本指四封四疆以内之地,包括内服王庭與外服之國。這種由王所建立的包括王廷與諸侯國的王朝政體,於上古時代本稱爲'邦'"。[5]

而邦的界限在形式上是通過封實現的,學者早已指出古邦、封爲一字。[6] 郭沫若即認爲,封本封樹之本字,古之封疆實以樹爲之,太古之民多利用自然樹木爲族與族之間的畛域。[7] 故封字,从木,从土(田),从又會意。後來封字的意義擴大,但凡與劃定邊界有關者,皆可稱作封。是"邦(封)"者,乃在天子之邦與敵對之方間封樹疆界。商代王廷所在之大邑商與外服諸侯國的廣大區域,即文獻所説的王畿。外服侯國與王畿之間,亦有界限。文獻中將此界限亦稱爲封。《周禮·地官·封人》:"封人掌詔王之社壝,爲畿封而樹之。"鄭玄

---

[1] 楊樹達:《積微居小學述林·釋對》,上海古籍出版社,2007年。
[2] 李孝定:《甲骨文字集釋·第三》,中研院史語所,1970年。
[3] 陳夢家:《殷虚卜辭綜述》,科學出版社,1956年,第325頁。
[4] 馮時:《中國古代的天文與人文》,中國社會科學出版社,2006年,第22-37頁。
[5] 馮時:《殷周畿服及相關制度考》,《考古學集刊》第20集,中國社會科學出版社,2017年。
[6] 王國維:《史籀篇疏證》,《王國維遺書》第六册,上海書店,1983年;郭沫若:《釋封》,《甲骨文字研究》,大東書局,1931年。
[7] 郭沫若:《釋封》,《甲骨文字研究》,大東書局,1931年。

《注》:"畿上有封,若今時界矣。"孫詒讓《正義》:"此畿封據距王國五百里大界言之,實則近郊、遠郊及甸稍縣都亦皆有封。《大戴禮記·王言篇》云:'五十里而封。'蓋王國近郊之封也。"是也。

對(對)字與封字造字原理相同,意義亦相近,那麽對可能也指稱某一有封樹的特殊地域。從古音上看,對(對)與畿、遂字讀音皆近。對古屬物部,畿古屬微部,韵部對轉可通。《說文·田部》:"畿,天子千里地。以遠近言之,則言畿也。从田,幾省聲。"段玉裁《注》:"天子千里地,即天子五百里内田也。五百里自其一面言,千里自其四面言,爲方百里者百也。《商頌》:'邦畿千里。'《傳》曰:'畿、疆也。'……以逮近言之則言畿。……許言以逮近言之則曰畿者,謂畿取近天子,故稱畿,畿與近合音取切。古惟王畿稱畿,甸服外無稱畿者。至周而侯、甸、男、采、衛、蠻、夷、鎮、藩皆曰畿。直以其遞相傅近轉移叚借名之,非古也。故許以近釋畿。"《詩·大雅·皇矣》:"帝作邦作對。"對或可解釋爲畿。

周代王畿又有國野之分,即《周禮》所謂的"體國經野"。《周禮·載師》注引司馬法曰:"王國百里爲郊。"《大宰》注則曰:"邦中,在城郭者;四郊,去國百里。"皆以去都邑百里以内爲郊,《說文·邑部》亦云:"郊,距國百里爲郊。"距國百里以内爲郊,郊分六鄉。距國百里至二百里爲野,野設六遂。[1] 六鄉、六遂作爲周代基本的行政區劃,在金文材料中迄今還未見到明確的記載。對與遂的讀音也比較接近,遂古屬邪紐物部字,對古屬端紐物部字,韵部相同。《楚辭·九歌》:"天時墜兮,威靈怒。"《考異》:"墜,《文苑》作懟。"是其證。對是否也可專門指六遂區域,這種可能性也不能排除。國包括邑和六鄉,野包括既可專指六遂,也指王城一百里至五百里這一廣大區域。廣義上的對如果可以指稱王畿,狹義的對是否也可以專指六遂。

對指代某一具體區域在甲骨文中偶見,如甲骨文零星所見東對、西對、北對的記載,但材料比較有限,難以深入討論。以上的推論權作一種假設,需要古文字材料的進一步積累和研究方法的不斷創新,才有可能獲得更爲清晰的認識。

附記:由衷感謝匿名審稿專家提出的富有建設的修改意見。

---

[1] 可參楊寬:《西周史》第五章,上海人民出版社,2003年。

甲骨金文中的"亞"字及其相關問題之檢討[*]

陳 絜[**]

衆所周知,甲骨、金文中經常用"亞"或其省體"亙",以表鑄造之義。同時,也會使用由上述二體衍生而成的"窑"與"宦"字,以表達同樣的詞義。但"亞"字本義究竟是什麼,至今尚有很大分歧。與之相關的"窑"、"寶"、"郘"、"賣"、"實"、"玨"等一系列文字,自然也很難取得明晰而統一的認識。近年來,陳劍先生提出"亞"爲"琮"之表義初文的新主張,[1]在學界產生了很大的影響,也促使研究者對相關問題的進一步思考,其貢獻是顯而易見的。當然,這一新説是否可以視爲定論,或許還有商討餘地。私意以爲,甲金文中的"亞"字,實乃商周範鑄技藝的表義初文,也即後世通行的"鑄"字之早期寫法;而"窑"字以下的相關文字,悉以"亞(鑄)"爲其聲符。今結合甲骨、金文具體資料,試予討論。"亞"字釋讀,還牽涉商周古國、地理及用玉制度等問題,我們也一並在文末予以簡要闡述。

一、"亞"字釋義

商周古文字資料中亞字,其簡體作亙,由該字衍生或與之相關的其他文字則有玨(亢鼎,《資料庫》NA1439)、宦(或"窑")、寶、賣(或"實")、郘等。陳劍先生以爲亙即玉琮之象形初文,後增添義符"玉"而作玨。宦則從亙得聲,金文"甲宦乙某物"、"對揚某人宦"、"其日受宦"之類的詞句,其宦字當破讀爲"寵"。其他如"用宦丁宗彝"(戍鈴方彝,《集成》9894,商末)、"宦父丁尊彝"(父丁簋,《集成》3604,晚商)、"用宦兹彝"(孟簋,《集成》4163,西周早期)等,其"宦"字當讀爲"造"。至於"亞侯"、"亙人"之類,則破讀爲"崇",與文獻所記載的晚商著名的崇侯虎一族有關。[2] 應該説,這是目前衆多解釋中收集資料最爲完備、論述最爲系統的一種新觀點。

但仔細揣摩,此説還存在一些令人疑惑費解之處。其一,從語法上講,"寵"字通常不帶

---

[*] 本文爲國家社科重大項目"出土先秦文獻地理資料整理與研究及地圖編繪"(18ZDA176)階段性成果。
[**] 南開大學歷史學院、出土文獻與中國古代文明研究協同創新中心教授。
[1] 陳劍:《釋"琮"及相關諸字》,載氏著:《甲骨金文考釋論集》,綫裝書局,2007年,第273-316頁。
[2] 陳劍:《釋"琮"及相關諸字》,載氏著:《甲骨金文考釋論集》,第273-316頁。

雙賓語，"寵某人某物"或"寵某人以某物"之類的句式，在先秦文獻中似乎未曾得見。其二，金文有"賓受(授)"、"受(授)宦"之辭，同時又可但稱爲"受(授)"，可見"賓"或"宦"字其詞義當近於"授"，故二字可以同義複合。[1] 而"寵"字詞義與"授"并不相近。其三，"造"字本義爲即也、就也，具製作、製造義，恐怕比較晚起，至少目前在春秋以前的銅器銘文等出土材料中，尚難找出"造"可訓製作、鑄造的確鑿例證來。[2] 至於今文《尚書》等傳世文獻中的"新造國"、"肇造區夏"，大概也是後世轉寫過程中的假借或改易所致。[3] 其四，據《周禮·春官·大宗伯》記載，琮爲天子禮地之器，當時"以玉作六器，以禮天地四方：以蒼璧禮天，以黃琮禮地，以青圭禮東方，以赤璋禮南方，以白琥禮西方，以玄璜禮北方"。儘管兩周各諸侯國墓葬中偶有琮形器出土，但形體均甚是短小，未必是真正意義上的禮玉之琮。孫慶偉先生認爲，墓葬所出琮形器一部分爲束髮用具，還有一些則專門放置於墓主人的大腿根部，乃生殖崇拜或與性文化有關的器具而已。[4] 此均與"禮地之琮"無涉。這也從一個側面説明：真正的玉琮，當爲天子所專擅，非諸侯、大夫所能僭越使用。可惜至今尚未找到西周王陵，相關推論尚無從驗證。不過，在一個"唯器與名不可以假人"的時代，但不知卻其賞賜其族人作册掣"玉琮"一枚（作册掣卣，《集成》5414，商末）的企圖何在，亦難明大保甗花費重金購置"玉琮"（亢鼎，《資料庫》NA1439）又意欲何爲。其五，大家所熟悉的从雙手、从鬲、从火、从皿的 ![字] (鬻)字，以及其後衍生的各類形聲字形，似僅見於西周以降的各式資料中，在語言文字和青銅製造工藝高度發達的商代，竟然没有專門的與鑄造銅器本身相關的"鑄"字，[5] 非得借用一個於聲韻均不相類的"琮"字來表述相關詞義，實在是令人費解。其六，爲何要以俯視的方式爲玉琮造專用名詞，而其他器物用字基本都是采用正面的平視形式？若是俯視，我們完全可以徑寫作"◯"或"▣"之形，演化過程亦毋須太過複雜。其七，用聲爲一系、陰陽對轉來貫通琮、造二字，在證據上似乎也略顯薄弱。如何用其他更直接的方式來解決"用宦某器"與"對揚某人宦"之間的所謂的語音與詞義的隔閡，須得重新思考。竊以爲，過去學者讀

---

[1] 金文尚有"受(授)資(賚)"（敔簋，《集成》4323）、"受(授)休(醻)"（耳尊，《集成》6007），亦均屬同義複合詞，可見宦或賓其詞義亦近資與休(醻)，與寵無涉。
[2] "造"具製作、製造義主要見於戰國兵器銘刻。
[3] 按史牆盤銘（《集成》10175）有周武王"肇![字]周邦"之語，其中的"![字]"字从又、从鬲、从火，實即![字]（鬻＝鑄）字之省形，也就是省去了其中一手，屬"繁簡無别例"，"徹"字則从鬲、从又或爪而作"![字]"，所以過去"肇徹周邦"之讀恐怕有誤。所謂"肇鑄周邦"，即同於大盂鼎銘（《集成》2837）"武王嗣文王作邦"。大盂鼎武王"作邦"與牆盤"肇鑄周邦"等語，大概就是"新造國"一詞的祖型。西周金文"造"字作"![字]"（頌鼎，《集成》2828），以"舟"爲聲符，而古音舟、鑄二字均爲章紐、幽部字，可以相通，如《尚書·無逸》"俤張"亦作"譸張"，即其證例。又"作"、"鑄"義近，金文中每每互作。所以，今文《尚書》多處出現的"新造國"，竊以爲是"新鑄邦"或"新作邦"等詞在漢代寫錄過程中的假借或改易所致，不能作爲相關討論的證據。
[4] 孫慶偉：《周代用玉制度研究》，上海古籍出版社，2008年，第193頁。
[5] 按：林澐先生等主張，卜辭已有"鬻(鑄)黄吕"的記載，但該版卜辭文字不甚清晰，故暫予存疑。

"亞"爲"鑄",應該予以充分重視。當然不能否認,這也僅僅是一種假借用法。不過,從相關資料分析可知,其中的"亞"或"㠯"字,即爲"鑄"字初文之一種,是商代青銅範鑄工藝的表義初文。若以此爲基礎,今所見古文字資料中的所謂疑問,似乎均能得到順利解決。下面不妨從周代金文中出現與使用的"鑄"字談起。

周代銅器銘文中,學界所習知的表示青銅禮器製作行爲的多用"作"、"鑄"二字,甚至二字同義複合而作"作鑄"或"鑄作",前者如小臣守簋(《集成》4179,西周早期)、仲偯盨(《集成》4399,西周中期)、彔盨(《集成》4360,西周晚期)、晉侯對簋(《資料庫》NA0857,西周晚期)諸器銘文所示,後者可由毚鬲銘文(《集成》633)爲例。[1] 大家熟悉的"鑄"字,無非有幾類:

其一爲初文形式的表義字,其完整者从雙手、从鬲、从火、从皿而作 ![字] (盥)(王壺蓋,《集成》9551),表達用火燒造器物的行爲,其初始本義或專指陶器的燒製。省略雙手則作 ![字] (盥)(芮公鬲,《集成》711),省去皿則作 ![字] (爨)(番匊生壺,《集成》9705)。這些都可以看作是表示陶器燒製行爲的"鑄"字的會意形式的表義初文。

其二便是在會意字的基礎上添加義符"金"而作 ![字] (盥)(榮伯鬲,《集成》632,西周中期),只是考慮字體結構與筆畫繁瑣而省去了初文中的"火",即所謂"省聲"。這一从"金"的鑄字,大概是專門爲鑄銅行爲而後造的。

其三則是在會意字的基礎上標注聲符" ![字] (疇)",并省火形而作 ![字] (盥)(毚鬲,《集成》633),進一步省略相關部首而作 ![字] (豐)(彔盨,《集成》4358)、 ![字] (盥)(王人瓶,《集成》941)之形,基本屬於"省形"之列。

其四就是在初文基礎上添加義符"金"的同時又標注聲符"疇"而形成的 ![字] (鑄公簋,《集成》4574)的各種變體,如 ![字] (鑄子叔黑頤簠,《集成》3944)、 ![字] (臺北故宮藏晉侯鬲二)、 ![字] (虢叔盨,《集成》4389)、 ![字] (師同鼎,《集成》2779)等。

需要注意的是,此類學界所公認的"鑄"字,是從西周以後才開始使用的,最早出現在周初大保諸器銘文上,有其極強的時代特徵。

商代表示鑄造含義的用字,目前看來主要也是兩個:其一爲詞義相對寬泛的"作"。其二則爲"亞"及其同系列的"㠯"、"㠯"等字,例子極多,如"亞父丁"(爵,《集成》8472)、"㠯父癸"(鼎,《集成》2427)、"㠯父戊"(方彝,《集成》9878、9879;圖一,1)、"㠯父丁"(觚,《集成》7293)、"万刻用㠯丁宗彝"(方彝,《集成》9894)、"㠯父乙寢口"(卣,《集成》5203)、"㠯父丁"(簋,《集成》3604;圖一,2)、"宰䜌㠯父丁"(鼎,《集成》2010)、"王商(賞)小臣䵼(䣙),㠯祖乙"(簋,《資料庫》NA0962)等等。

---

[1]《集成》46 昆疕王鐘銘有"貯作"一詞,一般破讀爲"鑄作",似可再討論。

1 　　　　　　　　2

圖一　金文"𠅏"字讀"鑄"之例

1. 父戊方彝銘文,《集成》9878　2. 父丁簋銘文,《集成》3604

　　這個原本用以表示鑄造義的"亞"及其同音字"𠅏"或"𠅏",入周以後其詞義有了很大變化,極少使用其初始本義,目前比較確定的依然使用鑄造義的例子僅有西周早中期之交的孟簋一器,其銘文(《集成》4163,圖二)曰:

1 　　　　　　　　2

圖二　孟簋及其銘文

1. 孟簋,《資料庫》04163　2. 孟簋銘文,《集成》4163

孟曰：朕文考罖毛公、遣仲征無需，毛公錫朕文考臣自厥工。對揚朕考錫休（醻），用宜（鑄）茲彝，乍（祚）厥子孫，子孫其永寶。

由此可見，用"亞"、"䆼"、"宜"等字表示鑄造之詞義，同樣具有時代性與種群特徵，它與周初始出現的"盩（鑄）"字的替代關係亦甚爲明顯。例如西周早期的作册大方鼎銘（《集成》2758－2760，圖三）云：

公來盩（鑄）武王、成王異鼎。唯四月既生霸己丑，公賞作册大白馬。大揚皇天尹大保宜，用作祖丁寶尊彝。寓册。

銘文中"盩"讀"鑄"，即鑄作之義；而"宜"字則表賜予（實際應該是"醻錫"，詳下）之義。對此學界向無異議。作册大使用"寓册"之族氏銘文，當係商遺貴族無疑。從中不難看出，周代以降出現了表示鑄造之義的新的專字"盩"後，"亞"、"宜"、"䆼"等字通常僅表示醻賞之類的意思了，原先的鑄造義基本廢棄不用。說明入周以後的商遺民對"盩"、"亞/宜"二詞之使用，也是具有比較嚴格的區分的。這大概正是商遺受到周人文化的影響所導致的用字習慣上的改變。

圖三　作册大鼎及其銘文
1. 作册大鼎，《資料庫》02760　2. 作册大鼎銘文，《集成》2760

衆所周知，就青銅器製作技術而言，商人的水平遠高於西土周族。時至今日，我們甚至找不出一件明確屬於周人自己製作的先周時期的青銅禮器。待周人入主中原，便借用其早先體現以燒製陶鬲爲代表的製陶技藝的"鑒"字,以表達鑄造青銅禮器的行爲,周初所鑄銅器多苦窳不堪,[1]很能説明周人在銅器製作中的技術水準相對要落後許多。到了西周成康之際,在商遺尤其是工匠的幫助下,製銅工藝有了長足進步,才於初文"鑒"字基礎上添加義符"金",其文字含義始與真正意義上的青銅器製作牽扯上關係。與之相反,商人青銅製作技術在當時可謂無與倫比。今人很難想象,商人竟然沒有造出一個足以體現自身高超銅器製作技藝的專用字,反而須待無論文化還是技術均相對落後的周人來創製。

前舉大量的辭例業已證明,商金文中的亞、𠁁、𠂤等字,必具有或假借爲"鑄造"之詞義,所以我們在此大膽做一推測,像亞、⊞這樣的文字,其實就是商代青銅範鑄技術的表現:其中的内框"口"或内圓"○",代表範芯(頂範、底範與範芯通常是一體的);四周的"冂_丨"形,代表腹範;介於其間的筆畫,則爲起固定内外範作用的榫卯構件。大致可用下列圖示以體現:○(與範芯一體的頂範或底範)+⊠(帶楔子的腹範)=⊞。而各種字形的邏輯變化則爲:⊞→⊞→亞→𠁁。也就是説,⊞及其省構亞與𠁁,就是商人自己使用或創造的表示"鑄造"詞義的鑄字的表義初文,體現的是商人自己的銅器鑄造工藝中範塊拼接技藝。所以,今人所見的殷商時期的銅器文字,鑄字作𠁁,或假借祝禱義的"𠂤"字(詳下)以表達"鑄造"之義,而周人則用我們熟知的、一直沿用至今的"鑄"字,相互間的界限比較分明。

二、甲骨、金文相關資料的釋讀

倘若以"鑄"、"𠂤(禱)"之音爲文字釋讀基礎,涉及"亞"及其衍生諸字的卜辭與金文資料,竊以爲均能得到一以貫之的解釋,不必借助於韵部對轉與旁轉,或者聲紐是否一系等手段。今分别列舉説明如下:

其一,表鑄造之義,動詞。前文所舉的"亞某人(先祖)"、"𠂤某器"與"用𠂤某器"者均屬此類。

其二,讀作"禱"、"祝",禱告、禱祝之謂,動詞。例如:

1. 壬子卜,貞:微伯𠂤,亡疾。(《合集》20084;自組,圖四,1)
2. 辛未卜,㱿貞:𠂤告于祖乙
   辛未卜,㱿貞:勿𠂤告于祖乙。(《合集》667,賓組;圖四,2)

---

[1] 党玉琨盗掘的陝西寶雞戴家灣銅器以及新見湖北隨州羊子山、陝西寶雞石鼓山等銅器雖説精美絶倫,但其來歷與鑄造地目前尚有諸多爭議。而筆者以爲,這些器物大多出自中原與東土,無從證明周初周人的銅器鑄造工藝水準已達到可與殷商媲美的高度。

3. 貞：……卲曰……(《合集》18606,賓組)

4. ……卲禦……(《合集》15122,賓組)

5. 甲寅卜,王更農示亞。五月。(《合集》10474,賓組)

6. 戊寅,其誕亞于丁。

   更庚誕亞。(《合集》32981,歷組)

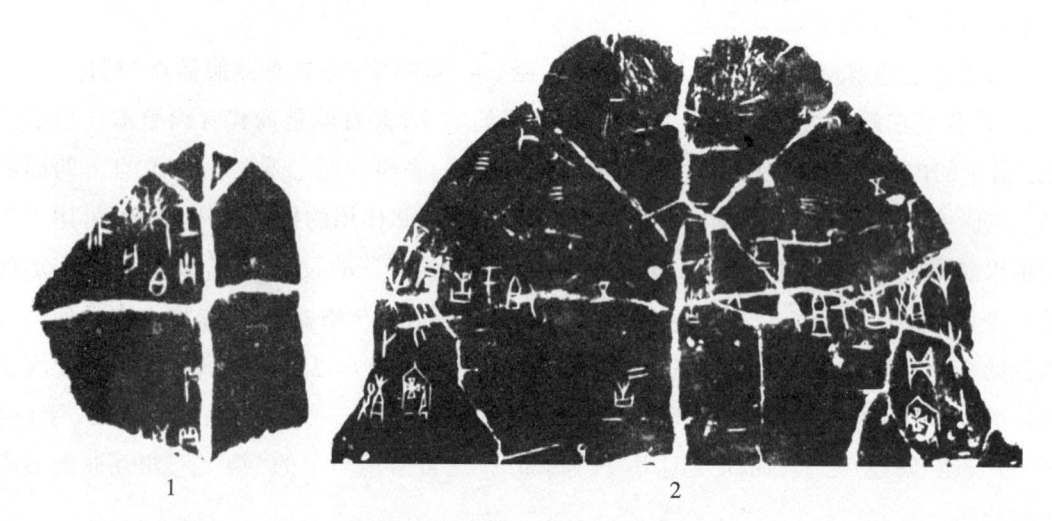

圖四　卜辭"卲"字讀"禱/祝"之例
1.《合集》20084　2.《合集》667,局部

按：卲字从卩、宜聲,殆祭禱之本字。聯繫文獻"鑄國"又作"祝國",[1]所以也可以考慮讀作"祝"。祝、禱音義皆近,并無抵觸。上引辭 1 即是説,微氏首領"微伯"祝禱神靈,希望可以得"無疾"之福。辭 2 則爲是否向祖乙禱告求福。辭 3、辭 4 文辭殘損嚴重,但讀作"禱"或"祝"大致亦通。辭 5 祝禱於農神,辭 6 則是占卜具體的祝禱日期。

其三,"珏"字即"璹"之初文,美玉的一種,名詞。如：

1. 乙亥,仰其易(錫)作册豐瑞一、珏一,用作祖癸尊彝,在六月,隹王六祀,翌日。亞貘。(作册豐卣,《集成》5414,商末;圖五,1)

2. 乙未,公大保買大珏于庶亞,才(財)五十朋。公令亢歸(饋)庶亞貝五十朋,以(與)茅䋣(純)、鬯齫(䩅)、牛一。亞賓亢澤(賵)、金二勻(鈞)。亢對亞宦(䣼),用作父己。夫册。(亢鼎,《資料庫》NA1439,西周早期;圖五,2)

---

[1] 按：黃帝之後所封之鑄國,《呂氏春秋·慎大覽》作"鑄",《史記·周本紀》則寫作"祝"。

图五　金文讀"珷"爲"璹"例
1. 作册嬛卣,《集成》5414　2. 亢鼎銘文,《資料庫》NA1439

按：作册嬛卣及亢鼎銘文中的"珷"字,依馬承源先生之説,當讀作"大球小球"之球(璆)。[1] 這當然不失爲一説,因璆、鑄二字古音均屬幽部,可以假借爲用。不過,徑釋爲"璹"字或許更準確,按《説文》玉部曰："璹,玉器也。从玉、壽聲。讀若淑。"也即説,璹、琡義同。按《爾雅·釋器》有曰："璋大八寸謂之琡。"[2] 如此釋讀,既不必"乞靈於聲韵",亦無臣子違禮僭越之憂,簡捷明瞭,庶幾乎近是。

其四,讀作"醻",《爾雅·釋詁》："酬、酢、侑,報也。"一般亦表示以財物醻答、賞賜於人,即《士冠禮》"主人醻賓,束帛、儷皮"者是也。[3] 按"醻"既可解釋爲平輩間的醻賓、醻謝、醻報、醻答,亦可理解爲尊上對屬下的醻賞,具體視語境與人物關係而定。例如上引作册大方鼎銘中的"公賞作册大白馬,大揚皇天尹大保宫",其"宫"字讀"醻",表醻賞義,體現的是上下級之間的尊卑關係。同樣,堯簋蓋銘(又稱"楷侯簋蓋銘",《集成》4139;圖六,1)有"堯其日受(授)宫(醻)"之辭,其中的"受宫"當讀作"授醻",是一種被動的用法,亦屬於上(文母楷

---

[1] 馬承源：《亢鼎銘文——西周早期用貝幣交易玉器的記録》,《上海博物館集刊》第 8 輯,上海書畫出版社,2000 年,第 120-123 頁;又收録於氏著《中國青銅器研究》,上海古籍出版社,2000 年,第 343-347 頁。
[2] 郭璞注,邢昺疏：《爾雅注疏》卷 5,阮元校刻：《十三經注疏》,第 8 册,藝文印書館,2007 年,第 80 頁。
[3] 按：新出霸伯簋有"井叔……使伐用昌(疇)百井二量、虎皮一"語,其中的"疇"字李零先生讀作"醻",其讀至當。參氏著：《太行東西與燕山南北》,《青銅器與金文》第 2 輯,上海古籍出版社,2018 年,第 29-52 頁。

妊)對下(尭)的一種醻賞。至於亢鼎銘文"亢對亞宦"中的"宦(醻)",則可以理解爲醻賓、醻謝、醻報與醻答,相互間的關係比較平等,器主亢之所以能夠從亞那兒得到驊與金等醻賓之禮品,緣於亢受太保奭之命具體完成此次玉器買賣交易。也即文獻所講的"以財貨曰醻,所以申暢厚意也"。

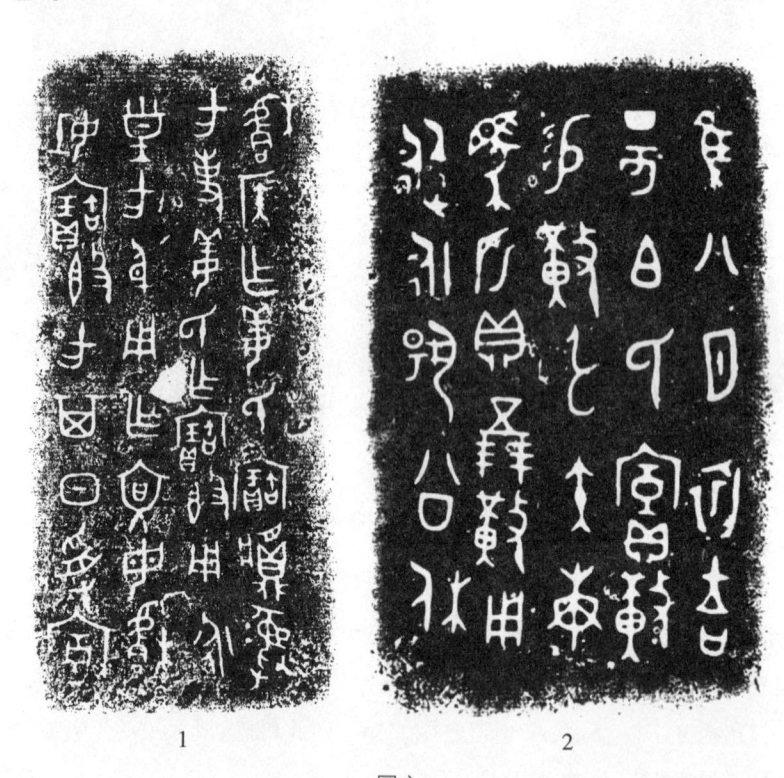

圖六
1. 尭簋蓋銘,《集成》4139　2. 敔簋銘文,《集成》4099

此外,西周金文中還有"賨"、"寶"二字,似爲以貨物醻謝、醻賞予人的後造本字。例如敔簋銘文(《集成》4099)有曰:"伯氏賨敔,錫敔弓矢束、馬匹、貝五朋。"其中的賨字殆從貝、宦聲,表醻賞之義。

而更爲複雜的寶字,可分析爲從玉、從貝、宦聲,所從玉字,當屬義符的疊加,同樣表醻賞之義,例如:

剌祖文考弋寶(醻)受(授)牆爾黹福。(史牆盤,《集成》10175;圖七)

其中的"寶受"殆屬同義複合之辭,所以亦可如尭簋蓋銘,倒置作"受宦",其詞義殆與金文習見之"受休"、"受賨"相近。尤須注意的是,與史牆盤同出的癲鐘(《集成》246)有銘文曰"弋皇且(祖)考……褱受余爾黹福",適可佐證"寶受"與"受"詞義相同。也就是說,寶、受

1　　　　　　　　　　　　　　　　2

圖七　史牆盤及其銘文
1. 史牆盤,《資料庫》10175　2. 史牆盤銘文,《集成》10175

(授)、休、[1] 賚諸字詞義相近,視寶爲表醻賞、醻謝義的本字殆可成立。唯該字形晚出,故視之爲後造本字。

這裏需要補充説明的是,"甲賓/寶乙,錫乙某物"之用例,其前一句"甲賓/寶乙"中"賓"或"寶",往往是指醻賞之意願,後一句"錫乙某物"則指實際的賞賜行爲。西周金文中與之類似的例子有"豐公……賚師衛,錫貝六朋"(師衛鼎,《銘圖》2185,西周早期)、"侯休(醻)于耳,錫臣十家"(耳尊,《集成》6007,西周早期)。這也説明"賓"、"寶"及其早期的假借字"宝"或"室",其詞義均與"賚"、"休(醻)"相同或類似。

總之,金文"甲宝(或室)乙某物"、"甲賓乙"、"對揚某人宝"、"其日受宝"、"寶受"等文句,均可讀作"醻"。其中"宝"、"室"之類,屬假借用法,而"賓"與"寶"則爲後造本字。

三、商周時期的亞(鑄)地與鑄國

甲骨與金文資料中的亞(鑄)及其衍生諸字,還用作地名與族名,例如:

1. 貞:叀……令比亞侯。(《合集》3310,賓組;圖八,1)

---

[1] 金文中表賞賜義的"休"字,亦當讀"醻"爲是。按:休、醻均爲幽部字,具有假借的音理依據。過去往往讀"賓(醻)"、"宝(假借爲醻)"爲"休",似有本末倒置之嫌。

2. 丁亥卜……䰜侯……(《合集》3311,賓組)

3. 貞：王呼犬䰜省,从南。(《合集》10976 正,賓組)

4. 叀壴令視于䰜。(《合集》8092,賓組;圖八,2)

5. 貞：竝……于䰜。(《合集》8098,賓組)

6. 竝其比䰜。(《合集》32808,歷組)

7. 戍室(鑄)無壽作祖戊彝。(戍鑄無壽觚,商末)

圖八　甲金文中的"鑄"地例
1.《合集》3310　2.《合集》8092　3.戍鑄無壽觚銘文

上引資料 1 與 2 爲一組,説明武丁時期,王朝曾在鑄地設置偵刺敵情的斥候之官。例 3 爲田獵卜辭,"犬鑄"即出自鑄地或鑄族的犬官。考慮到晚商田獵區的中心地帶在今泰山周邊,而犬職一般又由田獵區周邊的土著擔當,[1] 故鑄地似應在東土範圍内尋找。而例 4 至例 7,恰恰爲我們提供了鑄地在東土的重要佐證。其中例 4 是説命令壴偵視鑄地;例 5 則是講讓竝會同鑄從事某事;例 7"戍鑄無壽"指鑄地的戍官名曰無壽,而該器出土於山東省桓臺縣田莊村,也即説無壽的族居地可能就在今山東桓臺一帶。依照卜辭記載,壴地近商(鄣),大致應該在

---

[1] 陳絜、趙慶淼：《"泰山田獵區"與商末東土地理——以田獵卜辭"盂"、"𢦚"諸地地望考察爲中心》,《歷史研究》2015 年第 5 期;陳絜：《商周東土開發與象之南遷不復》,《歷史研究》2016 年第 5 期;陳絜：《卜辭滴水與晚商東土地理》,《中國史研究》2017 年第 4 期;陳絜、田秋棉：《卜辭"龜"地與武丁時期的王室田獵區》,《故宫博物院院刊》2018 年第 1 期。

汶水下游地帶。[1] 又山東省濰坊壽光市古城鄉"益都侯城"遺址曾出土大批己(紀)立族銅器,[2]而《春秋經》莊公元年有"齊遷紀邢、鄑、郚"之記載,《論語·憲問》則曰管仲"奪伯氏駢邑三百",卜辭立族當與之相關聯。[3] 這就是說,晚商但凡與鑄相關的族與人,均活躍於東土,故鑄地恐怕應該是在今山東境内找尋。

尤爲關鍵的是,鑄地還曾是商末"敦陰美方"的經由地,如據《合集》36896+《合補》11283、《合集》36810+36612(即《後》上 11·8+《菁》9·12,董作賓綴合)、蔡哲茂《綴續》538(即《合集》36809+36788)、《合集》36951+36789、《合集》36941、《英藏》補 59、《合集》31816 與《合補》11276 等資料,我們可以復原"敦陰美方"的整個行進路綫,即從河東兆出發(其前一站可能爲"大邑商"),最後抵達泰山東南的曹地,具體爲河東兆→洛→卣(鄏)谷、禺(遇)→鑄→牅→陰美方→牅→西→樧☒→麥→☒→鷖(?)→∥→曹。通過這一行程,可以斷定,鑄應該與牅地鄰近。這裏所提及的多數地名都是能够與《春秋》經傳等文獻所載的東土地名相照應。例如"河東兆"即《春秋經》定公十四年"秋,齊侯、宋公會于洮"之洮,大致在今山東菏澤鄄城西南。"洛"即《春秋經》閔公元年"秋八月,公及齊侯盟于落姑"之"落姑"的急讀,其地在今山東平陰、東平間。"鄏"即《春秋經》僖公元年"冬十月壬午,公子友帥師敗莒師于酈"之"酈",其地大致是在山東肥城境内。[4] "禺"可讀作"遇",即《春秋經》襄公十五年"夏,齊侯伐我北鄙,圍成。公救成,至遇"的遇地,大致應在肥城南部的汶水沿岸地帶。[5] "牅"應該在今山東寧陽堌城鎮一帶。[6] "西"應該在"汶陽之田"的範圍内,大致坐落於今泰安市轄境内。據《水經·汶水注》,汶水上游有麥地,殆即卜辭之"麥",在今山東泰安、萊蕪間。[7] 若鷖字釋讀無誤,則可與《春秋經》莊公二十九年"城諸及防"、文公二年"季孫行父帥師城諸及鄆"之"諸"相聯繫,其地殆坐落於泰山以南、汶水以北之區域範圍。[8] 而∥似今山東泰安市一帶、曹地今山東泰安市東境。[9] 至於商王朝所敦伐的陰美方,當然也在東

---

[1] 陳絜:《卜辭滴水與晚商東土地理》,《中國史研究》2017 年第 4 期。
[2] 壽光縣博物館:《山東壽光縣新發現一批紀國銅器》,《文物》1985 年第 3 期。
[3] 陳絜、田秋棉:《卜辭"龜"地與武丁時期的王室田獵區》,《故宫博物院院刊》2018 年第 1 期。
[4] 陳絜:《商周東土開發與象之南遷不復》,《歷史研究》2016 年第 5 期。
[5] 陳絜:《小臣缶鼎與晚商槳族族居地》,《青銅器與金文》第 2 輯,上海古籍出版社,2018 年,第 75 - 89 頁。
[6] 鄭傑祥:《商代地理概論》,中州古籍出版社,1994 年,第 185 頁;裘錫圭:《牅伯卣的形制和銘文》,載《保利藏金(續)》,嶺南美術出版社,2001 年,第 245 - 249 頁;陳絜:《卜辭京、鴻地望與先秦齊魯交通》,《史學集刊》2016 年第 6 期;陳絜:《商周東土開發與象之南遷不復》,《歷史研究》2016 年第 5 期。
[7] 陳絜:《塱方鼎銘與周公東征路綫初探》,載《古文字與古代史》第四輯,中研院歷史語言研究所,2015 年,第 261 - 290 頁。
[8] 陳絜:《"四祀邲其卣"與晚商東土交通》,《青銅器與金文》第 1 輯,上海古籍出版社,2017 年。
[9] 陳絜:《塱方鼎銘與周公東征路綫初探》;陳絜、趙慶森:《"泰山田獵區"與商末東土地理——以田獵卜辭"盂"、"斝"諸地地望考察爲中心》。

土汶水下游沿岸。[1]

也就是説,整個行程的主要經由地基本集中在汶水流域一帶,所以鑄地恐怕也在汶水流域。《史記·秦本紀》有秦昭襄王"三十六年,客卿竈攻齊,取剛、壽"之記載,這裏的剛、壽二地的關係,恰恰與卜辭䵼、鑄成組相契合。所以,晚商見載於甲骨、金文的東土鑄地,應該就在汶水下游沿岸,大致應該在今山東肥城汶陽鎮一帶尋找,其地理位置當與周初"封黄帝之後于鑄(亦作"祝")"的鑄地相關。

需要注意的是,西周金文等資料中亦見一鑄地。如據西周中期的卯簋蓋銘(《集成》4327;圖九,1)記載,王朝卿士榮伯曾對其家臣卯大行賞賜,包括土地若干,即"易(錫)于乍一田,易(錫)于宦(鑄)一田,易(錫)于隊一田,易(錫)于截一田",説明宗周附近同樣有"鑄"地。再如山西曲沃北趙晋公室墓地 M31 曾出土文王玉環一枚,其上刻有 12 字,[2]曰:"玟(文)王卜曰:我眔(逮)䏁(唐)人弘戔(翦)叀(鑄)人。"(圖九,2)這些活動於西土的鑄人,與東土鑄族究竟存在怎樣的關係,我們留待日後再做討論。

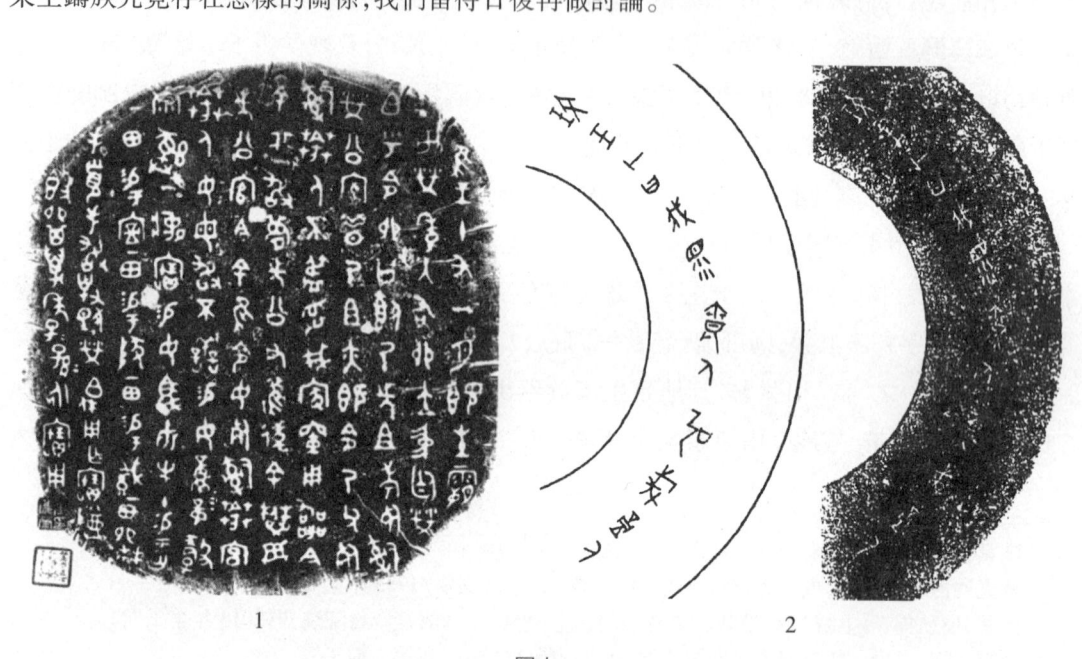

圖九
1. 卯簋蓋銘文,《集成》4327 2. 文王玉環,《文物》94·8

---

[1] 山東曲阜安上村 1933 年曾出土春秋時期的孟弢父簋,其銘文(《集成》3962、3963)曰:"孟弢父作會伯妊媵簋八,其萬年子子孫孫永寶用。"按:銘文會字舊釋爲"㠯",不確。會字作 ,从今、从云,無名組《合集》28537 飲酒之飲作" ",即从會、从云,所从之云當爲叠加聲符,故會字實爲雙聲字。由此可見,東土當有會地。又黄組卜辭征人方卜辭有"云莫河(?)邑",同時又有陰美方,竊疑所指實與歓、會同。

[2] 山西省考古研究所、北京大學考古學系:《天馬—曲村遺址北趙晋侯墓地第三次發掘》,《文物》1994 年第 8 期,第 22-33 頁。

四、簡 單 結 語

通過以上論述,我們大致可得出兩點粗淺的認識:

第一,甲骨金文中的"亞"及其省體"亙",乃商代範鑄工藝的表義初文,也即周代通行的"鑄"字的早期寫法。"珇"可釋作璹,即"璋大八寸謂之琡(璹)"之璹。"卹"可釋爲禱或祝,表祝禱之義。"窐"與其省體"宦",以及从止(趾)之"窒",其本義或亦與"卹"同。至於周代始見的"賣"與"寶"字,可釋爲醻,即以貨物酬答、醻謝予人的後造本字。總之,甲骨金文中的"亞"及其衍生文字,其讀音均與"壽"近,無須破讀。至於金文習見"錫休"之"休",亦當視爲"醻"字之假借。

第二,晚商卜辭與金文所見的、作爲地名的"亞"與"宦",實即見諸後世文獻所記載的東土"鑄(祝)"地,大致應坐落在今山東肥城汶陽鎮一帶。入周之後,其地轉賜給"黃帝之後",於是便有了妊姓之鑄國。至於西土鑄地,可能與商末周初大規模的族群遷徙活動有關,具體留待日後再做討論。

2016 年 12 月 15 日初稿
2018 年 9 月 10 日再訂
2019 年 1 月 18 日三訂

釋何尊"隹王恭德裕天順我不敏"句

羅新慧[*]

何尊銘文包含有諸多重要周初歷史信息,如武王克商、周人營成周等,也包含有重要思想概念,如周人之"天命"、"德"、"中或(國)"等。銘文中"隹王恭德裕天"句,既涉及"德",又包含"天",對於瞭解西周早期的思想觀念,彌足珍貴。但翻檢相關研究,則知學者們對於此句之釋,頗不相同,尚有辨析的必要。

何尊銘文謂:

> 隹王初䙴宅於成周,復禀珷王豊(禮),祼(祼)自天,在四月丙戌,王誥宗小子于京室,曰:昔才在爾考公氏,克逑玟王,肆玟王受茲大命,隹珷王既克大邑商,則廷告于天,曰:余其宅茲中或(國),自茲辥民。烏乎,爾有雖小子亡戠(識),視于公氏,有勛于天,徹令(命),敬享哉!叀[1]王龏(恭)德谷天▨我不每(敏)。王咸誥,何易貝卅朋,用乍䕃公寶尊彝,隹王五祀。(《集成》6014)

銘文記載了周王追溯武王克商後的誥天之辭,并令宗小子學習"公氏",恪敬於天。然後周王說"唯王恭德裕天▨我不敏"。

關於此句,多數學者讀爲"唯王恭德谷天,▨我不敏",只有少數學者讀爲"唯王恭德,谷天▨我不敏"。[2] 對於句意的理解,"谷"字是關鍵之一。

"谷",學者一般以爲即"裕"字,但對於其義的理解,則大相徑庭。臚列學者之釋如下:

> 1. "裕"意爲順應。馬承源先生指出"裕有敬重順從的意思。通欲。《禮記·祭義》'其薦之也敬以欲',注:婉順貌",[3] 以爲"裕天"爲順應上天。唐蘭先生也將

---

[*] 北京師範大學歷史學院教授。

[1] "叀"字之釋,一般讀爲"唯",亦有學者指出當讀爲"助",見李學勤:《論董家村青銅器群》,《文物》1976年第6期,又收入《新出青銅器研究》,文物出版社,1990年,第98頁。

[2] 有學者將"▨"隸定爲"臨"字,可取,見謝明文:《說臨》,《出土文獻與古文字》第六輯,上海古籍出版社,2015年。

[3] 馬承源:《何尊銘文初釋》,《文物》1976年第1期。

"裕天"釋爲順天。[1] 照此理解,"裕"與"恭"相對,皆爲動詞,表示周王崇敬德與天。

2. 裕爲裕容之義。馬承源先生引《廣雅·釋詁四》"裕,容也",以爲此句意爲"王之恭德裕容於天"。[2]

3. 將"裕天"釋爲恪守天命,將此句譯爲"我恪遵天命,你們要緊緊地跟隨我才是"。[3]

4. 谷(裕),爲祭祀義。劉翔等先生認爲:"谷天,豐裕地祭享天神。谷,通'裕'。《國語·魯語》'神求優裕於享者也'。"因此,此句意爲"王崇尚道德,豐享天神,訓戒我等不聽慧之人"。[4] 王輝先生同樣以爲"裕"有祭祀義,他引《篇海》"裕,祭也"爲釋,以"裕天"爲祭天。[5]

可見,學者們有關"谷天"之釋,各有其解。

事實上,學者們理解頗有歧義的"裕"字,亦屢見於《尚書》"周書":

宏于天,若德裕乃身,不廢在王命。

汝亦罔不克敬典,乃由裕民,惟文王之敬忌,乃裕民曰:我惟有及,則予一人以懌。[6]

用康乃心,顧乃德,遠乃猷,裕乃以民寧,不汝瑕殄。[7]

明作有功,惇大成裕,汝永有辭。

彼裕我民,無遠用戾。[8]

---

[1] 唐蘭:《西周青銅器銘文分代史徵》,中華書局,1986年,第74頁。但唐先生對於"裕"何以訓爲"順",無釋。

[2] 馬承源:《商周青銅器銘文選》三,文物出版社,1988年。

[3] 陳世輝、湯餘惠:《古文字學概要》,吉林大學出版社,1988年,第200頁。

[4] 劉翔、陳抗、陳初生、董琨:《商周古文字讀本》,語文出版社,1989年,第76頁。

[5] 王輝:《商周金文》,文物出版社,2006年,第43頁。

[6] 此句十分難解,歷來聚訟紛紜。一般將"裕"解爲"道",指導引。于省吾先生讀此句爲"'汝亦罔不克敬典乃由','裕民惟王之敬忌'……《爾雅釋詁》:'典、法,常也。''典'、'法'同訓。'由',行也。言汝亦毋不能敬法汝之所行,蓋勉其治民有逮於先人,故下接以欲民惟文王之敬忌也。'乃裕民曰','我惟有及','則予一人以懌'。'及不及'古人語例……'乃裕民曰,我惟有及'二語,乃假設之詞,我民自稱也,欲民能自謂其有所及,則予一人因而喜悦也"(《雙劍誃尚書新證》卷二,中華書局,2009年,第129頁)。

[7] 以上三例見《尚書正義·康誥》,《十三經注疏》,中華書局,1980年,第203頁。

[8] 《尚書正義·洛誥》,《十三經注疏》,中華書局,1980年,第215頁。"彼裕我民,無遠用戾"句,亦有學者將"裕"解爲"道",于省吾先生説"彼猶夫也。……戾,至也……言無以遠而有所違戾不來也"(《雙劍誃尚書新證》卷二,第130頁)。

告君乃猷裕,我不以後人迷。[1]
爾曷不忱裕之于爾多方。[2]

上引《尚書》"周書"中的"裕"字,雖非生僻字,但其義難解。釋義之不同,甚至導致句讀各不相同。歸納歷代經學家之釋,主要有兩種:

1. 以"裕"爲寬義。《説文》"裕,衣物饒也",段玉裁注"引伸爲凡寬足之稱。《方言》'裕,道也。東齊曰裕'"。[3] 由於"裕"有寬之義,因此大多數經學家采取此釋。另外,《康誥》中的"宏于天,若德裕乃身,不廢在王命"句見引於《荀子·富國》,[4] 楊倞注謂"弘覆如天,又順於德,是乃所以寬裕汝身。言百姓與足,君孰不足也",[5] 以"寬"與"裕"并言,進一步加深了"裕"之"寬"義。因此,注釋家多采此説。但不難看出,以"寬"釋"裕",在某些句式中,齟齬難通,特別是《君奭》篇中的"告君乃猷裕"句,殊不可解。

2. 裕,道也。清代經學家王引之倡此説。王引之注解《康誥》"用康乃心,顧乃德,遠乃猷,裕乃以民寧,不汝瑕殄"句,將此句讀爲"遠乃猷裕",以爲句式同於《君奭》篇的"告君乃猷裕"。他還認爲,所謂的"猷裕",即爲道之義:

"用康乃心,顧乃德,遠乃猷裕,乃以民寧,不女瑕殄",引之謹案:當以"遠乃猷裕"爲句。《方言》曰:"裕、猷,道也。東齊曰裕。"或曰猷遠乃猷裕即遠乃道也。《君奭》曰"告君乃猷裕",與此同。"乃以民寧,不女瑕殄",猶云乃以殷民世享耳。傳斷"裕乃以民寧"爲句,則不辭矣。又案:猷由古字通,道謂之猷裕,道民亦謂之猷裕。上文曰"乃由裕民,惟文王之敬忌,乃裕民曰:我惟有及",皆是也。解者失其義久矣。[6]

王引之以"道"釋"裕",就《君奭》"告君乃猷裕"句看,尚可讀通,但以之解《周書》中其他詞句,則迂曲費解。

《尚書》注釋研究中,又有學者將西周金文與《尚書》對照,以金文辭例解《尚書》,對於

---

[1]《尚書正義·君奭》,《十三經注疏》,中華書局,1980年,第225頁。此句于省吾先生釋爲"'告君乃猷','裕我不以後人迷',言告君以謀猷,欲我不與後人有所迷惑也"(《雙劍誃尚書新證》卷二,第130頁)。

[2]《尚書正義·多方》,《十三經注疏》,中華書局,1980年,第229頁。

[3]《説文解字注》"衣部",上海古籍出版社,1988年,第395頁。

[4]《荀子·富國》篇略有不同"宏覆乎天,若德裕乃身"。

[5] 王先謙:《荀子集解》上,中華書局,1988年,第178頁。

[6] 王引之:《經義述聞》卷四,江蘇古籍出版社,2009年,第94頁。

《尚書》文字的理解十分有益。其中,楊筠如、于省吾先生均結合西周金文對《尚書》"周書"中的"裕"字提出新見。楊筠如先生釋《康誥》篇説:

> 毛公鼎"俗我弗作先王憂","俗女弗以乃辟圅于艱",師訇敦"谷女弗以乃辟圅于囏",俗、谷即此文之"裕",并假爲"欲"。[1]

楊先生以爲"周書"中的"裕"當理解爲金文中的"谷"/俗。同樣,于省吾先生也參照金文讀"裕"爲"欲",他在釋《尚書·康誥》"宏于天若德,裕乃身不廢在王命"句時,指出:

> "裕"讀"欲"。金文作"俗"或"谷"。毛公鼎"俗我弗作先王憂","俗女弗以乃辟圅于囏"。"欲"从"欠",後起字,本作"谷"。"弘于天若德,裕乃身不廢在王命","天若德"即《酒誥》之"天若元德"。或以"裕"屬上句讀,非是。"在",于也。言弘于天若德,欲汝身不廢于王命也。[2]

兩位先生釋《周書》之"裕"字,不約而同以金文爲參照,指出《尚書》中的"裕"當爲"欲",所説極富洞見。如此,《周書》中的"裕"既不當"寬"講,也不是"道"之義。

"欲",楊樹達先生曾總結"欲"之用法:1. 外動詞。願也。如《史記·封禪書》"即欲與神通,宫室被服非象神,神物不至"。2. 時間副詞,將也。如《漢書·田廣明傳》"對曰:爲侯者得束歸不?上曰:女欲不貴矣"。[3] 裴學海先生亦歸納"欲"字意義:1. "欲"猶"將"也。如《史記·陳丞相世家》"且陛下即問長安中盗賊數,君欲彊對邪"? 2. "欲"猶"有"也。如《孟子·梁惠王》"天下之欲疾其君者"。[4]

綜合幾位先生的考證,可説何尊中的"谷"亦當讀爲"欲",表願望。此句可讀爲"叀王恭德,欲天順我不敏",意爲協助周王恭德,期盼上天監臨我不敏之人。

---

[1] 楊筠如:《尚書覈詁》,陝西人民出版社,2005年,第260頁。該書首次面世於1928年。
[2] 于省吾:《雙劍誃尚書新證》卷二,第127-128頁。該書初版於1934年。
[3] 楊樹達:《詞詮》,中華書局,1978年,第443頁。
[4] 裴學海:《古書虛字集釋》,中華書局,2004年,第63頁。

從金文"辟"字所關涉的人物關係看"辟"的身份性質

陳英傑*

　　金文中的人物關係是金文研究的一項重要課題,人物關係的正確考定,是研究當時政治制度、宗法關係、家族形態等内容的一個重要基礎。金文人物關係中親屬關係最顯眼,這跟銅器製作的目的有關,如"子、孫、祖、妣、考、母、兄、弟、姑"等都是親屬關係詞。但在金文的記事中,還涉及王臣關係、[1]同僚關係、宗法關係、婚姻關係等,問題非常複雜。金文中的稱謂有君統稱謂,也有宗統稱謂,這兩種稱謂在同一篇銘文中或混合使用,或前後文進行敘述上的轉换,轉换的原因既涉及書寫者的問題,也涉及以第幾人稱敘述和面向誰敘述(指銘文内容說給誰聽)的問題。這都影響對相關人物關係的確定。我曾經全面地梳理過金文中"君"、"辟"、"史"等字詞,涉及了人物關係問題,但當時注重詞義的訓釋,人物關係并没有作爲考察的重點。[2]張懷通先生在拙文對金文"辟"字詞義考釋的基礎上,曾做出如下判斷:"首先,辟在先秦時代不僅僅是君王個人的稱呼,而是所有發號施令者的通稱。其次,辟既可以指稱丈夫、父親、宗子或君長,也可以指稱國王、諸侯、官吏,表明辟是一個兼攝宗統與君統、族權與政權的尊號,反映了先秦時代家國一體的社會政治結構。第三,由丈夫、父親、宗子或君長的義項出現得較早看,辟的含義的發展可能經歷了一個從家族推及國家的過程。"他説:"以這樣的判斷爲基礎……我們就應對辟的宗統屬性給予格外關注。"[3]本文的撰寫,是想在原來詞義考釋的基礎上,重新審視金文中相關人物的身份關係,以進一步確定"辟"的身份性質。

　　1. 夫妻關係:"辟"指丈夫,死稱、他稱

　　1.1　麇婦瓡(《殷周金文集成》[4]7312,商代晚期):"甲午,麇婦易(賜)貝于妭,用作辟

---

* 首都師範大學文學院、出土文獻與中國古代文明研究協同創新中心教授。
[1] 周王稱"王"、"皇王"、"天子"等,"天子"是周王獨享的稱謂。後世帝國背景下的"君臣關係"是戰國以來逐步形成的,不適合西周的情况。戰國中期的中山王器始出現"君臣"連用對舉之詞。整個兩周時期的金文都没有稱周王爲"君"的,稱"君王"則始見於西周晚期。
[2] 陳英傑:《金文中"君"字之意義及相關問題探析》,《中國文字》新33期,藝文印書館,2007年;《談金文中"辟"字的意義》,《中國文字學報》第二輯,商務印書館,2008年;《史、吏、事、使分化時代層次考》,《中國文字》新40期,藝文印書館,2014年。
[3] 張懷通:《〈洪範〉"三德"章新釋》,《中國經學》第24輯,廣西師範大學出版社,2019年。
[4] 下簡稱《集成》。

日乙尊彝。臤（族名）。"麋婦爵(《集成》9029、9030)："麋婦辟彝。冀（族名）。"《禮記·曲禮下》記載，祭祀時妻稱已故的丈夫曰"皇辟"。[1] 所謂"麋"字作分別作 ▨（觚），▨、▨（爵），顯然是一個字。吳鎮烽先生則分別隸爲"麋"(《銘圖》9854)、"黾"(《銘圖》8464－8465)，[2] 而且把麋婦觚的族名擬補爲"[鑊]臤"。所謂"[鑊]臤"見於臤父丁鼎(《集成》1852)和仲子賏汓觚(《集成》9298)，1926－1928年間在陝西寶雞縣戴家灣盜掘出土；又見於汓鼎(《集成》2318)，與仲子賏汓觚爲同一人。金文中還有更多的"臤"族器，且有與冀族同出者，如臤父辛爵(《集成》8613)與癸父癸尊(《集成》5665)同坑出土（1953年陝西岐山縣京當鄉禮村），另同出者還有矢宁父乙鼎(《集成》1825)、冉父乙觚(《集成》7100)、魚父癸觶(《集成》6343)，均是同時代的器物。觚銘的"甿"跟鳳簋(《集成》3712)"甿易（賜）鳳玉，用作祖癸彝，臤"中的"甿"可能是同一個人。[3] 麋婦觚族名擬補爲"[鑊]臤"，缺乏道理。

麋婦觚與麋婦爵，觚、爵族名文字不同。如果認爲麋是婦所出之族國，那麽這兩個麋婦就是不同的兩個人，出自同一族的兩個麋婦分別出嫁到臤族和冀族。

1.2　庚姬尊(《集成》5997，西周早期，又名商尊)、庚姬卣(《集成》5404，又名商卣)："隹五月，辰才（在）丁亥，帝司賞庚姬貝卅朋迨丝（絲）廿尋（鋝）商（賞），用作文辟日丁寶尊彝。冀。"尊、卣與牆盤等微史家族器物同出於陝西扶風莊白一號窖藏。該銘結構與麋婦觚同，學界對銘文的理解及作器者的判定頗多爭議。[4] 庚姬是姬姓女子嫁予庚氏者，"文辟日丁"爲

---

[1] 另參黃銘崇：《論殷周金文中以"辟"爲丈夫歿稱的用法》，《中研院歷史語言研究所集刊》第72本2分，2001年。

[2] 吳鎮烽：《商周青銅器銘文暨圖像集成》，上海古籍出版社，2012年，文中簡稱《銘圖》；《商周青銅器銘文暨圖像集成續編》，上海古籍出版社，2016年，文中簡稱《銘續》。

[3] 關於"甿"的身份，參李學勤：《殷商至周初的甿與甿臣》，《殷都學刊》2008年第3期。

[4] 參陳英傑：《西周金文作器用途銘辭研究》，綫裝書局，2008年，第65、109、884頁；何景成：《商末周初的冀族研究》，《考古》2008年第11期；黃錦前：《京師畯尊讀釋》，《文物春秋》2017年第1期。趙慶淼先生看過拙文後說："竊疑'弋絲廿鋝商'，或可讀爲'式絲廿鋝賞'。裘先生在討論虛詞'式'、'異'與'唯'的用法相近時，曾舉出一些典籍所見'唯……是……'結構的賓語前置文例，我推測本銘的'式'字用法與上述'唯'可能是相同的，'式絲廿鋝賞'也許就是'式賞絲廿鋝'的倒裝，表示補充說明'貝卅朋'之外的賞賜。"(2018年10月3日來信)趙先生的說法有其道理。他所說裘先生文即《卜辭"異"字和詩、書裏的"式"字》(《中國語言學報》第1期，商務印書館，1983年)，收入《裘錫圭學術文集》第一卷"甲骨文卷"，復旦大學出版社，2012年。裘先生認爲卜辭裏的虛詞"異"的語法性質跟"唯"、"允"相近，卜辭、金文、古書裏的"異"、"翼"、"式"、"弋"等不同的寫法實際上代表同一個詞（至少可以說"式-弋"和"異-翼"代表一對語法性質十分接近的親屬詞)，其可以表示可能、意願、勸令等意義，除此之外，有的用例跟"乃"意義相近，有的還不好解釋。據裘先生的研究，"異"、"式"跟"唯"的用法十分接近，但不是同一個詞，用法上有區別，裘先生所舉"唯……是……"的辭例，都是與"非"或"匪"對言，意在通過與它們相對應的否定詞的不同，說明"異"與"唯"的區別。不過，庚姬尊銘中"迨"讀爲"式"是合適的，可以解釋爲"乃"，該句動詞賓語"絲廿尋"前置，但提賓好像不是"迨"的作用。

庚姬的丈夫。庚氏屬於嬰族的一個分支,曾與周人及其他異姓貴族通婚。[1]

1.3　婦傳尊(《銘續》785,西周早期):"婦傳作辟日己鬱(鬱)尊彝。"

1.4　南姞甗(《銘圖》3355,西周中期):"南姞肇作皇辟伯氏寶䵼彝。"是南姞爲其丈夫"皇辟伯氏"作器。"伯氏"在金文中經常指大宗宗子。"皇辟"與"伯氏"連用,説明其内涵應各有所指。"伯氏"屬於宗法性質的稱謂。

1.5　孟姬㝬簋(《集成》4071－4072,西周晚期):"孟姬㝬自作䵼簋,其用追考(孝)于其辟君武公,孟姬其子孫永寶。"[2]西周中期的縣妃簋(《集成》4269)中縣妃稱自己的丈夫縣伯爲"君"。"君"在金文中可指王后及周天子之外的所有官員,"辟君"連稱,應看作同義連文。

1.6　晉姜鼎(《集成》2826,春秋早期):"隹九月丁亥,晉姜曰:余隹司(嗣)朕先姑君晉邦,余不叚妄寧,至(經)雝(雍)明德,宣卹我猷,用𨨏匹辟辟……"晉姜是晉文侯夫人,"辟"即其夫文侯,作器是在文侯身後,其子昭侯在位的時期。[3]

用"辟"指稱丈夫多見於非姬姓族銅器銘文中,且均爲死稱。姬姓女子稱其夫爲"辟",可以看作是入鄉隨俗。

2. 父子關係:"辟"指父親,死稱、他稱

𢘽方鼎(《集成》2824,西周中期):"𢘽曰:烏虖!王唯念𢘽辟剌(烈)考甲公,王用肇使乃子𢘽率虎臣御(禦)淮戎。𢘽曰:烏虖!朕文考甲公、文母日庚……唯㽙使乃子𢘽萬年辟事天子,毋又(有)眈(尤)于㽙身。𢘽拜頴首,對揚王令,用作文母日庚寶尊䵼彝。"𢘽家族爲非姬姓族。該器 1975 年 3 月出土於陝西扶風縣法門鎮莊白村西周墓葬,同出有𢘽方鼎(《集成》2789,作器對象是"文祖乙公、文妣日戊")、𢘽方鼎(《集成》2824,銘中出現"文考甲公、文母日庚","文考甲公"又稱"剌考甲公",作器對象是"文母日庚")、𢘽鼎(《集成》2074)、𢘽簋(《集成》4322,作器對象是"文母日庚")、伯𢘽簋(《集成》3489)、𢘽甗(《集成》837)、伯𢘽飲觶(《集成》6454,自名"飲觶")、伯𢘽飲觶(《集成》6455,自名"旅彝")、伯雍父盤(《集成》10074)等。[4] 𢘽又稱伯𢘽,伯雍父爲其字,應該是繼承其父爲宗子,其爲王臣,官職爲師氏,故又稱師雍父。[5]　由録尊

---

[1] 朱鳳瀚:《商周家族形態研究》(增訂本),天津古籍出版社,2004 年,第 266 頁。

[2] 出土於湖北棗陽,與陽飤生簋、匜同出。參王少泉:《湖北穀城、棗陽出土周代青銅器》,《考古》1987 年第 5 期。劉彬徽先生認爲"辟君武公"乃孟姬父祖輩先君,或爲其丈夫之官號。參《湖北出土的兩周金文國别與年代補記》,《古文字研究》第十九輯,中華書局,1992 年。

[3] 李學勤:《戎生編鐘論釋》,《文物》1999 年第 9 期。另參吴毅强:《晉姜鼎補論》,《中國歷史文物》2009 年第 6 期;趙劍莉:《晉國夫人考》,《内蒙古農業大學學報》2012 年第 1 期。或認爲晉姜是文侯之父晉穆侯夫人。

[4] 參羅西章、吴鎮烽、雒忠如:《陝西扶風出土西周伯𢘽諸器》,《文物》1976 年第 6 期。

[5] 關於𢘽和雍父稱名的關係,參李學勤:《從新出青銅器看長江下游文化的發展》,《文物》1980 年第 8 期,收入氏著:《新出青銅器研究》,人民美術出版社,2016 年,第 224 頁;朱鳳瀚:《商周家族形態研究》(增訂本),第 363 頁。

(《集成》5419)、録卣(《集成》5420,舊稱録或卣)可知,[1]録爲其家臣。由夒鼎(《集成》2721)、[2]遇甗(《集成》948)[3]知,夒(亦作遇)也是伯雍父家臣。

"辟剌考"連稱,"考"是親屬稱謂詞。

3. 王臣關係:"辟"指周王,指先王、時王均可

3.1 大盂鼎(《集成》2837,西周早期),周王對盂自稱"余乃辟一人",生稱。盂之祖爲"南公",屬南宮氏,姬姓。[4] 銘云"隹殷邊侯、田(甸)雩(與)殷正百辟,率肄于酉(酒)","殷正百辟"指殷王朝百官。[5]

3.2 太保罍(《銘圖》13831,西周早期)、盉(《銘圖》14789):"王曰:'大俈(保),隹乃明乃心,享于乃辟。'余大對乃享,令克侯于匽(燕)。"太保指召公,"乃辟"指周王,指先王。召公族姓有歧説,多認爲屬姬姓(或以爲被周王室賜予姬姓)。

3.3 師詢簋(《集成》4342,西周中期):"王若曰:師詢,丕顯文、武,膺受天令(命),亦則繇汝乃聖祖考克殷肱先王,作厥爪牙,用夾嚮毕辟,奠大令(命),敬擩雩(于)政,肆皇帝亡斁,臨保我有周,雩四方民亡不康静。王曰:師詢……嚮汝彶屯(純)卹(恤)周邦,妥立余小子,覒乃事……敬明乃心,率以乃友干(捍)害(禦)王身,欲汝弗以乃辟圅(陷)于囏……詢頴首,敢對揚天子休,用作朕刺(烈)祖乙伯、曁益姬寶簋。"詢爲師酉之子。師酉鼎(《銘圖》2475,西周中期)云:"隹王四祀九月初吉丁亥,王各于大室,使師俗召師酉。王窺(親)衺(懋)宫師酉,易(賜)豹裘。曰:囂夙夜辟事我一人。酉敢拜頴首,對揚皇天子丕顯休,用作朕文考乙伯、究姬寶尊鼎。"師酉家族屬非姬姓貴族,與姬姓族通婚,師詢、師酉都是王臣。師酉對於周天子使用"辟事"用語,周天子對師詢稱自己爲"乃辟"、"厥辟"。

辟事義,又見於痶簋(《集成》4170,西周中期):"痶曰:顨皇祖考龢威儀,用辟先王。"痶家族爲殷遺民,另參痶鐘(《集成》247-250)。又如䍙盨(《集成》4469,西周晚期):"王曰:䍙,敬明乃心,用辟我一人,善效(教)乃友内(人)辟……叔邦父、叔姞萬年子子孫孫永寶用。"

---

[1] 銘曰:"王令戜曰:敤淮尸(夷)敢伐内國,汝其以成周師氏戍于由自(師)。伯雍父蔑録曆,易貝十朋,録拜頴首,對揚伯休,用作文考乙公寶尊彝。""對揚伯休"的"伯"是尊稱,即指伯雍父。
[2] 銘曰:"隹十又一月,師雍父省道至于䜌,夒從,其父蔑夒曆,易金,對揚其父休,用作寶鼎。""其父"即師雍父。
[3] 銘曰:"隹六月既死霸丙寅,師雍父戍才(在)由自(師),遇從師雍父,肩史(使)遇事于䜌侯,侯蔑遇曆,易遇金,用作旅甗。"鼎、甗光緒二十二年(1896年)同出土於山東黄縣之萊陰。
[4] 朱鳳瀚:《商周家族形態研究》(增訂本)第339頁;黄鳳春、胡剛:《説西周金文中的"南公"——兼論隨州葉家山西周曾國墓地的族屬》,《江漢考古》2014年第2期;樊森、黄勁偉:《西周早期"南公"家族世系探略》,《西南大學學報》2016年第5期。韓巍主張南宮氏是源出東方而被周王室"賜予"姬姓的異族,參《從葉家山墓地看西周南宮氏與曾國——兼論"周初賜姓説"》,《青銅器與金文》第一輯,上海古籍出版社,2017年。
[5] 秦公鎛(《集成》270,春秋晚期)中的"百辟"即是百官的意思,鑫鎛(《集成》271,春秋中期)"齊辟鑒(鮑)叔之孫"的"辟"義同,高官、大官之謂。

量盨即銘中的叔邦父,駒父盨蓋(《集成》4464)中稱南仲邦父,[1]當是姬姓族。

3.4 史牆盤(《集成》10175,西周中期):"逑匹氒辟……龕(堪)事氒辟。""辟"均指周王。史牆家族是殷遺民,非姬姓,擔任王官。銘中"隹辟孝畣(友)"的"辟"是動詞"以爲法則"之義。

3.5 逑盤(《銘圖》14543,西周晚期):"匍保氒辟考(孝)王、諆(夷)王,又(有)成于周邦。"另"用辟龏王、懿王"、"享辟剌(厲)王"之"辟"則是辟事義。逑鐘(《銘圖》15634－15636,西周晚期)云:"逑曰:丕顯朕皇考,克俗明氒心,帥用氒先祖考政德,享辟先王;逑御于氒辟,不敢豙(惰)。"逑屬姬姓族。

3.6 大克鼎(《集成》2836,西周晚期)云:"克曰:穆穆朕文祖師華父,恖(聰)■(或隸鍪,或以爲下從兔)氒心,甯静于猷,盍(淑)悊(慎)氒德,肆克龏(恭)保氒辟龏(恭)王,諫(敕)辟王家,叀(惠)于萬民……永念于氒(厥)孫辟天子。"稱恭王爲"辟"。小克鼎(《集成》2796－2802,西周晚期)云:"隹(唯)王二十又三年九月,王在宗周,王命善夫克舍令于成周,遹正八自(師)之年,克作朕皇祖釐季寶宗彝。克其日用䚄朕辟魯休,用匄康勳、屯右、眉壽、永令(命)、靁終,萬年無疆,克其子子孫孫永寶用。"據大克鼎,這裏的"朕辟"指的應該是周王。朱鳳瀚先生認爲,克家族當非姬姓。郭沫若認爲伯克壺(《集成》9725,西周中期後段)的伯克就是大克鼎的克,朱先生從之。[2]伯克稱對其賞賜的伯大師爲"天君王伯",則伯克當爲伯大師家臣,後被晋升爲膳夫,成爲王朝重臣。克之子梁其也是王朝重臣。

3.7 毛公鼎(《集成》2841,西周晚期)"王若曰:……亦唯先正□辥氒辟"、"欲汝弗以乃辟陷于艱"。"氒辟"指"先正"(前代官長)所輔佐之周王,王對毛公講話自稱"乃辟"。毛公厝爲周王室宗親。"先正"不一定是姬姓。

3.8 虢叔旅鐘(《集成》238－242,西周晚期):"虢叔旅曰:丕顯皇考惠叔,穆₌(穆穆)秉元明德,御于氒辟,覒屯(純)亡敃(愍)。旅敢肇帥井(型)皇考威義(儀),□御于天子。酒天子多易旅休。旅對天子魯休揚,用作朕皇考惠叔大鐟龢鐘。"上言其考"御于氒辟",下言其自己"御于天子","厥辟"與"天子"變文同義。虢叔爲姬姓。

3.9 作册䰯卣(《集成》5432,西周早期):"隹公大史見服于宗周年。才(在)二月既望乙亥,公大史咸見服于辟王,辨于多正。雩四月既生霸庚午,王遣公大史。公大史在豐,賞作册䰯馬。揚公休,用作日已旅尊彝。"

伯碩父鼎(《銘圖》2438,西周晚期):"隹王三月初吉辛丑,伯碩父作尊鼎,用道用行,用考(孝)用享于卿事、辟王、庶弟、元䤿(兄),我用與嗣□戎䐒方。伯碩父龢(申)姜其受萬福無疆……""卿事、辟王"爲押韵而調換次序。伯公父簋(《集成》4628,西周晚期):"伯大師小子

---

[1]馬承源主編:《商周青銅器銘文選》(三),文物出版社,1988年,第313頁。
[2]朱鳳瀚:《商周家族形態研究》(增訂本),第341、346頁。

伯公父作簠……我用召卿事、辟王。"亦有韵。叔多父盤(《銘圖》14532、14533,西周晚期)則曰"辟王、卿事"。

3.10 眉壽鐘(《集成》40、41,西周晚期):"龕事朕辟皇王。""朕辟皇王"與獻簋"朕辟天子"結構相同。但鐘銘殘,器主身份不明。

4. 侯臣關係:"辟"指諸侯

4.1 麥尊(《集成》6015,西周早期)云:"王令辟井(邢)侯……作册麥易金于辟侯,麥揚,用作寶尊彝,用󰀀侯逆󰀀,遝明令,唯天子休于麥辟侯之年鑄。"稱邢侯爲"辟邢侯"、"辟侯"、"侯"、"麥辟侯"。

麥方彝(《集成》9893,西周早期):"辟井(邢)侯光乎正事,󰀀于麥𩫬(宮),易金,用作尊彝,用󰀀井(邢)侯出入遝令。"

臣諫簋(《集成》4237,西周中期)中的"皇辟侯"指邢侯。

4.2 叔趯父卣(《集成》5428、5429,西周中期,又稱倏卣):"叔趯父曰:……汝其用饗乃辟軝侯逆𦅷出入事人。"李學勤先生認爲臣諫與叔趯父是一個人,一名一字。[1] 李先生認爲叔趯父是倏之兄的依據是"余𢿍爲汝兹小鬱彝"這句話,讀"𢿍"爲"兄"。[2] 這個字謝明文先生認爲是一個虛詞。[3]

4.3 叔卣(《銘圖》13327、13328,西周中期):"侯曰:……叔對揚辟君休,用作朕文考寶尊彝。""辟君"即銘文開首的"侯",是魯侯。另參叔卣(《銘圖》13347)。

4.4 叔夷鎛(《集成》285,春秋晚期)"對揚朕辟皇君之易休命",叔夷是商人後裔,爲齊國臣子,"朕辟皇君"指齊靈公。

4.5 䧹羌鐘(《集成》157-161,戰國早期)"乎辟韓宗歔",辟指韓景侯。

4.6 梁十九年亡智鼎(《集成》2746,戰國中期)"穆󰀀魯辟",辟指魏惠王。

5. 主臣關係:"辟"指家主,臣包括血緣關係的宗親和非血緣關係的家臣

5.1 師䚄鼎(《集成》2830,西周中期):"唯王八祀正月,辰才(在)丁卯。王曰:'師䚄!女(汝)克盡(藎)乃身,臣朕皇考穆󰀀王;用乃孔德,璱(遜)屯(純)乃用心,引正乃辟安德。更余小子肇盩(淑)先王德,易(賜)女(汝)……大師金膺、鋚勒。用井(型)乃聖祖考隣明㣇辟前王,事余一人。'䚄拜頴首,休伯大師肩䠱䚄臣皇辟,天子亦弗諆公上父㝢德,䚄稽𩒣,伯大師不自作。小子夙夕專由先祖剌(烈)德,用臣皇辟;伯亦克𢦏(款)由先祖軙,孫子一䫞皇辟

---

[1] 李學勤、唐雲明:《元氏銅器與西周的邢國》,《考古》1979年第1期;另參楊文山:《青銅器叔趯父卣與邢、軝關係——兩周邢國歷史綜合研究之六》,《文物春秋》2007年第5期。

[2] 朱鳳瀚先生亦主兄弟説,認爲這一組同銘酒器(二卣、一尊)是作爲宗子的叔趯父爲其弟倏所作器,參《金文所見西周貴族家族作器制度》,《青銅器與金文》第一輯,上海古籍出版社,2017年。

[3] 謝明文:《臣諫簋銘文補釋》,《中國國家博物館館刊》2014年第3期,收入氏著:《商周文字論集》,上海古籍出版社,2017年。

懿德,用保王身。觐敢蠚王,卑(俾)天子萬年,束韐伯大師武,臣保天子,用毕剌(烈)祖叩(孚)德。觐敢對王休,用妥作公上父尊于朕考章(郭)季易父毃宗。"師望鼎(《集成》2812,西周中期):"大師小子師望曰:丕顯皇考宄公,穆穆克盟(明)毕心,惄(慎)毕(厥)德,用辟于先王,翆屯亡叞(愍),望肇帥井(型)皇考,虔夙夜出內王命,不敢不匄不娈,王用弗鼃聖人之後,多蔑曆易(賜)休,望敢對揚天子丕顯魯休,用作朕皇考宄公尊鼎。"該鼎與師觐鼎屬同一家族,"宄公"是師觐的諡。虢季是虢國公族,周王室宗親。"師"是"大師"的屬官,師觐是伯大師的屬臣,自稱"伯大師"的"小子"。[1] 朱鳳瀚先生認爲,"小子"是貴族家族成員,"伯大師"是師觐的兄輩,他們共祖(公上父)但不同父,伯大師與之是同祖的從兄弟,伯大師一支屬此一家族中大宗本家,世代繼承大師職,師望一支則是此一家族中小宗分支。[2] 師觐跟伯大師是直接隸屬關係,跟周王是間接隸屬關係,師觐侍奉穆王、恭王兩朝,從銘文看,他同樣也侍奉伯大師及其父,銘文中師觐既要感謝伯大師,也要感謝周天子。周王所説的"引正乃辟安德"的"乃辟"不會是穆王,而應該是師觐的上司(可能是伯大師之父)。"休伯大師肩棚觐臣皇辟"的"皇辟"指的是伯大師,是師觐對伯大師讓自己繼續作爲屬臣的感謝。"小子夙夕專由先祖剌(烈)德,用臣皇辟;伯亦克豢(款)由先祖䮕,孫子一𩰀皇辟懿德,用保王身",這句話前一句説的是師觐自己,後一句是對伯大師的頌揚,"用保王身"是總括師觐和伯大師而言的,其中的"皇辟"都指的是伯大師。前一句是師觐自己表明決心,臣事伯大師;後一句是説伯大師繼承先祖之事業,其子孫也承受他的美德,以保王身。把銘文中的"皇辟"解爲周王,可能是不妥的。

5.2 召圜器(《集成》10360,西周早期):"隹十又二月初吉丁卯,盠肇進事,旋(奔)走事皇辟君,休王自穀事(使)賞畢土方五十里,盠弗敢鼃(忘)王休異,用作𣪘宫旅彝。"河南洛陽出土的尊(《集成》6004,西周早期)、卣(《集成》5416),與此爲同一人所作,銘云:"唯九月,才(在)炎𠂤(師),甲午,伯懋父賜(賜)盠白馬。"[3] 盠可能是伯懋父的家臣。[4] "皇辟君"應該是其家主之尊稱。

5.3 獻簋(《集成》4205,西周早期):"隹九月既望庚寅,楷伯于邐王休,亡尤,朕辟天子、楷伯令毕臣獻金車,對朕辟休,作朕文考光父乙,十枻(世)不鼃(忘)獻身才(在)畢公家,受天子休。"對於"朕辟天子、楷伯"的結構,我們認爲"朕辟"包括天子和楷伯。[5] 馬承源先生

---

[1] 李學勤:《西周中期青銅器的重要標尺——周原莊白、強家兩處青銅器窖藏的綜合研究》,《中國歷史博物館館刊》1979 年第 1 期,收入氏著:《新出青銅器研究》,人民美術出版社,2016 年,第 73 頁。
[2] 參朱鳳瀚:《商周家族形態研究》(增訂本),第 313、359 頁。
[3] 陳夢家:《西周銅器斷代(二)》,《考古》1955 年第 10 册,第 79 頁;馬承源:《商周青銅器銘文選》(三),第 72 頁。
[4] 陳夢家懷疑盠是畢公高,參《西周銅器斷代(二)》第 105 頁。
[5] 陳英傑:《西周金文作器用途銘辭研究》,綫裝書局,2008 年,第 775 頁。

認爲楷伯爲畢公的高等家臣,又是器主獻的上司。[1] 陳夢家先生認爲楷伯即畢公之子畢仲,[2]朱鳳瀚先生據之而認爲楷伯當屬畢公家族之小宗分支,獻是殷遺民,爲楷伯家臣。[3] 畢公係文王第十五子,身歷文武成康四代。李學勤先生根據清華簡《耆夜》認爲,獻簋中的獻是楷伯之臣,而自稱"不忘獻身在畢公家",表明楷伯是畢公别子,分封於楷。周朝建立之後,將畢公一子分封到畢公征服過的黎國,簋銘的楷(黎)伯是畢公之子,他與成王是同輩兄弟,如果王是康王,那就更低一輩了。[4] 我們認爲,"獻"爲楷伯異姓家臣、楷伯爲畢公之子的説法是可信的。

5.4 禹鼎(《集成》2833,西周晚期):"禹曰:'丕顯趄皇祖穆公,克夾詔先王,奠四方,肆武公亦弗叚望(忘)朕聖祖考幽大叔、懿叔,命禹𢓊(纘)朕聖祖考,政于井(邢)邦。肆禹亦弗敢惷,賜(錫)共(供)朕辟之命。'……王迺命西六𠂤(師)、殷八𠂤(師)……肆武公迺遣禹率公戎車百乘、斯(厮)馭二百、徒千……肆禹又(有)成。敢對揚武公丕顯耿光。用作大寶鼎。"禹是武公的家臣,其家族屬井氏,姬姓。[5] 由多友鼎(《集成》2835)可知,多友亦是武公家臣。銘中武公"迺命向父佋(召)多友"的"向父"即禹(叔向父)。[6] 這説明,顯赫的王臣由於勢力衰落,其身份轉换成爲其他顯貴的臣屬。

5.5 師害簋(《集成》4116,西周晚期):"麇生召父師害□仲𢯽,以召其辟,休畀成事。"召爲輔佐義。

5.6 釀京鼎(《集成》2398,西周早期)銘殘,云:"……釀京……[揚]辟商(賞)……用作享……尊彝。"依據其他相關文例,這裏的"辟"很可能指家主。

綜上,金文中的"辟"字關涉的人物關係有五種:夫妻關係、父子關係、王臣關係、侯臣關係、主臣關係,"辟"字集政權、族權、夫權、父權於一身。指稱周王的用詞有單稱之"王"以及"天子"、"余一人",這些詞其他人是絕對不能用的(周王之外的王稱都有限定詞),而"辟"可以用來指周王(先王或時王)。姬姓王臣和非姬姓王臣都可以稱周王爲"辟"。王臣的家臣也可以稱周王爲"辟",但金文中僅見獻簋一例。以"辟"稱周天子,帶人稱代詞的有"乃辟"、"厥辟"、"朕辟",也可以"辟王"、"朕辟皇王"連稱,西周晚期產生"君王"一詞。師訇鼎的"皇辟",召圜器的"皇辟君",若説指稱周王,尚缺乏確鑿的證據。我們傾向於認爲,"皇辟"

---

[1] 馬承源主編:《商周青銅器銘文選》(三),第56頁。杜勇認同"楷伯爲畢公的高等家臣"的説法,但他依據張政烺先生的意見把銘中的兩個"獻"看作動詞,認爲楷伯爲器主,楷非姬姓,參《從清華簡〈耆夜〉看古書的形成》,《中原文化研究》2013年第6期。
[2] 陳夢家:《西周銅器斷代(二)》,《考古》1955年第10册,第106-107頁。
[3] 朱鳳瀚:《商周家族形態研究》(增訂本),第316頁。
[4] 李學勤:《從清華簡談到周代黎國》,《出土文獻》第一輯,中西書局,2010年;另參陳民鎮、江林昌:《"西伯戡黎"新證——從清華簡〈耆夜〉看周人伐黎的史事》,《東嶽論叢》2011年第10期。
[5] 參朱鳳瀚:《商周家族形態研究》(增訂本),第348頁。
[6] 李先登:《禹鼎集釋》,《中國歷史博物館館刊》1984年第6期。

不用以指稱周王。另外還有一個值得注意的用詞現象,西周金文中凡用爲動詞辟事意義的"辟",其對象只用於周天子。

"辟"可以跟其他稱謂詞合用,如指丈夫的"皇辟伯氏","伯氏"是宗法稱謂;"辟君武公"之"武公"是謚稱,"辟君"是同義連文,但并非等義。稱父親的"辟刺考","刺考"是親族稱謂;稱諸侯的"辟侯","侯"是爵稱;"朕辟皇君"可以看作"辟君"的擴展詞。"皇辟君"、"皇辟"之"皇"是美大之辭。也就是說,"辟"是不同於宗法稱謂、親族稱謂、爵稱、謚稱的一個詞,它代表着權力、權威,周天子可以說是天下萬民所有人的"辟"。這是其他跟"辟"詞義有交叉的詞如"君"、"尹"、"公"等所不具備的。所以,《洪範》九疇中的第六疇云:"惟辟作福,惟辟作威,惟辟玉食;臣無有作福、作威、玉食。"從金文材料可以看出,"辟"的權威意涵是有層次的,周天子是所有人的"辟",諸侯只能是其臣下的辟,家主只能是家臣的辟,父親是兒子的辟,丈夫是妻子的辟。就現有材料看,"辟"的這種用法是進入周代新出現的,但金文材料似乎并不能證明它是一個宗統屬性的稱謂(即"宗子辟")。"辟"所從之辛旁是由丂訛變來的,它的構形理據尚難以圓滿解釋,但由從丂之字(如辭、嗣、宰、辨等)及辟字的用法來看,《爾雅·釋詁》"辟,法也"的意義應該是比較古老的。

由克器可知,當時各宗族的家臣是可以通過某種途徑而進行身份轉換成爲王臣的。由師虎鼎和師望鼎、獻簋看,血緣關係的小宗和非血緣關係的家臣,直接臣服於大宗宗子和家主,同時又奉周天子於宗子和家主之上,以顯示周天子對所有宗族及其同姓和異姓成員的絶對統治權威。[1]

2018 年 10 月 4 日急就
2019 年 3 月 31 日修訂

---

[1] 朱鳳瀚先生曾根據獻簋說:"此是西周早期器,故知家臣制於西周早期即已存在。由此銘亦可見,當時家臣雖直接臣服於家主,但仍尊崇天子,奉天子於家主之上。"參《商周家族形態研究》(增訂本)第316頁。我們這段話是在朱先生判斷基礎上進一步推衍的。但朱先生以"朕"爲獻自稱,"辟"解爲動詞"進見君王"之義,與我們看法有別(該書第336頁注16)。金文中"朕"均作領格,没有主格用法。

青銅樂器銘文所見"樂"字套語

孫思雅[*]

兩周時期青銅樂器銘文中出現一類專有的、表明作器用途的銘辭,本文將其歸爲樂器銘文專屬套語。形式常用作:"用樂△△"、"以樂△△"、"康樂△△"。

根據筆者統計,目前可知傳世及出土的兩周時期鑄銘青銅樂器約 715 件,其中能組合成編鐘編鎛者約 75 套。[1] 因青銅樂器獨有的音樂屬性,樂器銘文形成了特有的結構模式及專屬用語。從樂器銘文的結構與發展來看,一篇成熟的(春秋時期)樂器銘文結構包括:"干支紀時+某某作某鐘+作器用途銘辭+(描寫鐘聲用語)+結語"五部分,如春秋晚期徐國的《徐王子旃鐘》:

> 唯正月初吉元日癸亥,徐王子旃擇其吉金自作龢鐘。以敬盟祀,以樂嘉賓,朋友,諸賢,兼以父兄、庶士,以宴以喜。中翰且鍚(鐊),元鳴孔煌,其音悠悠,聞于四方。龍龍熙熙,眉壽無期,子子孫孫,萬世鼓之。(《集成》00182;《銘圖》15532)

"用樂/以樂△△"辭例基本出現在一篇樂器銘文中"作器用途銘辭"部分裏。"用/以"作爲介詞+"樂"引進動作行爲的憑藉對象,前後常與其他作器用途銘辭如"用享/用祈/用宴……"連用,使銘文表現出整齊而集中的形式特點。如西周晚期《鮮鐘》:"用侃喜上下,用樂好賓,用祈多福……"(《集成》00143;《銘圖》15415)、春秋晚期《郏公牼鐘》:"以樂其身,以宴大夫,以饎諸士……"(《集成》00149-00152)等。

本文即是對兩周時期樂器銘文中"用樂/以樂△△"的變化進行整理研究,先是分別對"用樂△△"、"以樂△△"、"康樂△△"辭例進行歸類,而後對其所反映的"受樂"對象及"用樂"觀念做進一步分析,以期對樂器銘文有進一步認識,對青銅樂器及其相關研究有所助益。

---

[*] 北京大學歷史學系博雅博士後。
[1] 本文所收集的關於有銘青銅樂器的資料來源包括三部分:一爲中國社會科學院考古研究所編《殷周金文集成(鐘、鎛卷)》(中華書局,2007 年);二爲吳鎮烽編著的《商周青銅器銘文暨圖像集成》(上海古籍出版社,2012 年)及其《商周青銅器銘文暨圖像集成續編》(上海古籍出版社,2016 年);三爲中國音樂文物大系總編輯部編撰的《中國音樂文物大系》(大象出版社,1996 年)全十六卷之青銅樂器部分。

一、用 樂 △ △

套語"用樂△△"出現在西周中期至春秋晚期鐘鎛銘文上。辭例常作:"用宴用喜/以喜,用樂△△……"用,介詞,意爲"用以"。根據銘文前後句可以理解爲用音樂來娛樂某某(使某某快樂)之意,其具體形式又可以進一步分爲以下五種情況。

1. 用……樂文人、大神

西周中期後段(孝王世時期)的《瘋鐘(1式)》及《瘋鐘(2式)》有辭例作:"用昭格喜侃樂前文人……"及"用追孝享祀昭各樂大神……"。筆者認爲"用……樂△△"是"用樂△△"在樂器銘文發展初期尚未形成固定套語的早期形式。

- 《瘋鐘(1式)》:用昭格喜侃樂前文人,用祓壽、匄永命。[1]
- 《瘋鐘(2式)》:用追孝享祀昭各樂大神,大神其陟降嚴祐。

"文人"指前代有文德的人。《尚書・文侯之命》:"汝肇刑文武,用會紹乃辟,追孝于前文人。"孔傳:"追孝於前文德之人。"楊樹達按:"《文字説》謂《尚書・文侯之命》及《兮仲鐘》、《追敦》皆言'前文人',知'前文人'爲周時習見之語,因古文'文'字或從'心'……後人遂誤釋爲'寧'。《尚書・大誥》屢言'前寧人',皆當爲'前文人'。"[2] "大神"亦指先人。[3] 西周銅器銘文屢見稱器主先人爲神,如稱文神、文神人、先神等。[4] 在樂器銘文中亦出現這種情況,反映了西周中期,青銅樂器的主要用途及目的是以用音樂來娛樂祖先神。

2. 用樂+稱謂名詞

春秋時期,"用樂"後多以直接"稱謂名詞"爲主,如用樂嘉賓、父兄、大夫、朋友、諸侯、諸士、正卿等,顯示出從用音樂來娛樂祖先神靈,逐步發展成用音樂來娛樂人(他人)的明顯趨勢。如:

- 《鮮鐘》:用樂好賓,用祈多福。[5]
- 《虘鐘》:用享大宗,用漾(樂)好賓。[6]

---

[1] 西周中期後段孝王世,《集成》00246、00247;《銘圖》15592、15593。
[2] 楊樹達:《讀吳中丞字説書後》,載氏著:《積微居小學述林》,上海古籍出版社,2007年,第269頁。
[3] 裘錫圭:《獄簋銘補釋》,《安徽大學學報(哲學社會科學版)》2008年第4期,第4-10頁。
[4] 吳振武:《新見西周禹簋銘文釋讀》,《史學集刊》2006年第2期,第85頁。
[5] 西周中期,《集成》00143;《銘圖》15415。
[6] 西周中期後段,《集成》00088;《銘圖》15269。

- 《楚大師登鐘》：用宴用喜,用樂庶諸侯及我父兄……[1]
- 《楚太師鄧子辥慎鎛》：用樂庶諸侯,及我父兄。[2]
- 《王孫遺者鐘》：用宴以饎,用爍(樂)嘉賓父兄,及我朋友。[3]
- 《邾公鈁鐘》：用樂我嘉賓,及我正卿。[4]
- 《子璋鐘》：用樂父兄、諸士。[5]
- 《鮑氏鐘》：用樂嘉賓,及我朋友。[6]
- 《許子塦自鎛》：用宴以饎,用樂嘉賓、大夫,及我朋友。[7]
- 《嘉賓鐘》：用樂嘉賓、父兄、大夫、朋友。[8]

3. 用樂用享、用樂以喜。

銘文中亦有一種情況是"用樂"後没有接具體的娱樂對象,而是與其他表作器用途用語并列,形式作：用樂用享(《虢季鐘》)、用樂以喜(《溠夫人鎛》)等形式,如：

- 《虢季鐘》：用享追孝于其皇考,用祈壽,用樂用高(享)。[9]
- 《溠夫人鎛》：……用樂以喜。[10]

4. (用)樂△△

春秋晚期有三套編鐘將"用樂△△"形式的套語省略作："樂我父兄、樂諸父兄弟、樂我先祖。"對比同時期(春秋晚期)邾國的《邾公鈁鐘》："用樂我嘉賓,及我正卿……""(用)樂△△"應爲"用樂△△"的省略形式,即省略介詞"用"。如：

- 《文公之母弟鐘》：用匽(宴)樂諸父兄弟。[11]

---

[1] 春秋早期,楚國,《銘圖》15511。
[2] 春秋早期,楚國,《銘圖續編》1045。
[3] 春秋晚期,楚國,《集成》00261;《銘圖》15632。
[4] 春秋晚期,邾國,《集成》00102;《銘圖》15275。
[5] 春秋晚期,許國,《集成》00113;《銘圖》15324。
[6] 春秋晚期,齊國,《集成》00142;《銘圖》15416。
[7] 春秋時期,許國,《集成》00153;《銘圖》15792。
[8] 春秋晚期,《集成》00051;《銘圖》15179。
[9] 春秋早期或西周晚期,虢國,《銘圖》15361。
[10] 春秋晚期,宋國,《續編銘圖》1040。銘文殘缺。
[11] 春秋晚期,《銘圖》15277。

- 《僕兒鐘》：以追孝先祖，樂我父兄，飲飤歌舞。[1]
- 《邱黛鐘》：我以享孝，樂我先祖，以祈眉壽。[2]

5. "△△用樂"

將"用樂"放在句末的情況在兩周樂器銘文中非常少見，目前可知僅有春秋中期晉國的《子犯鐘》一例。《子犯鐘》一套十六件，前八件、後八件銘文連讀，在第八件與第十六件鐘的鉦間有："萬年無疆，子子孫孫永寶用樂。"右圖爲第八件鐘銘拓片。

二、以樂△△

套語"以樂△△"出現在春秋中期至戰國早期的鐘鎛銘文上。"以樂△△"中的"以"與"用樂△△"中的"用"所表示的語法意義相同，"以樂△△"所表達的含義亦與"用樂△△"相同。只是從春秋中期開始，樂器銘文中才有見"以樂△△"形式，出現時間晚於"用樂△△"。其主要形式有兩種。

1. 以樂+稱謂名詞

與"用樂△△"相同，"以樂"後亦以接稱謂名詞爲主，但其稱謂名詞的類別，或者說用樂娛樂的對象表達得更爲清晰，具體可以分爲三類：王侯類、賓客類及親屬類。

(1) 以樂+楚王、諸侯、諸士、大酉、大夫、庶士

- 《王孫誥鐘一》：用宴以喜，以樂楚王、諸侯、嘉賓及我父兄、諸士。[3]
- 《仲子平鐘》：以濼(樂)其大酉(首)，聖智尃良。[4]
- 《邾公華鐘》：以卹(恤)其祭祀盟祀，以樂大夫，以宴士庶子。[5]
- 《裏兒鎛》：以樂嘉賓，及我庶士。[6]

(2) 以樂+我父兄、君子、嘉賓、賓客……

---

[1] 春秋晚期，楚國，《集成》00183；《銘圖》15528。
[2] 春秋晚期，晉國，《集成》00225；《銘圖》15570。
[3] 春秋晚期前段，楚國，《銘圖》15606。
[4] 春秋晚期，莒國，《集成》00172；《銘圖》15502。
[5] 春秋晚期，邾國，《集成》00245；《銘圖》15591。
[6] 春秋時期，《銘圖》15805。

- 《季子康鎛》：以從我師行,以樂我父兄,其眉壽萬年。[1]
- 《敬事天王鐘》：至于父兄,以樂君子。[2]
- 《徐王子旃鐘》：以敬盟祀,以樂嘉賓、朋友、諸賢,兼以父兄、庶士,以宴以喜。[3]
- 《沇兒鎛》：余以宴以饎,以㦷(樂)嘉賓,及我父兄、庶士。[4]
- 《越王朱句鐘》：以樂賓客,志(誌)勞專(賻)諸侯,生往矣。[5]

(3) 以樂+考、嫡祖

- 《越王者旨於賜鐘》：我以樂考、嫡祖、大夫、賓客,日日以鼓之。[6]

2. 以樂+其身、我心

從上文所引的銘文辭例可以看到,"用樂△△"及"以樂△△"的娛樂對象爲娛樂祖先神靈或娛樂他人。然而發展至春秋晚期,樂器銘文的作器用途部分,出現了開始強調用音樂來娛樂自身的辭例。如春秋晚期南方地區的鐘銘上產生了"以樂自身"、"以樂我心"的用例,如:

- 《郑公牼鐘》：以樂其身,以宴大夫,以喜諸士。[7]
- 《達邗鐘》：我以題以南,中鳴媞(是)好,我以樂我心,它它巳巳,子子孫孫,永保用之。[8]

3. 特別之例"子樂父兄"

1978 年河南省固始縣侯古堆一號墓出土《鄱子成周鐘》(鈕鐘 9 枚)與《侯古堆鎛》(鎛鐘 8 枚),共計青銅鐘 17 枚。兩套鐘鎛銘文中皆有"子樂父兄,萬年無期"一句:[9]

- 《鄱子成周鐘》：子樂父靰(兄),萬年無諆(期)。[10]

---

[1] 春秋中期,鍾離國,編鎛五件同銘,《銘圖》15787—15791。
[2] 春秋晚期前段,楚國,《集成》00074;《銘圖》15223。
[3] 春秋晚期,徐國,《集成》00182;《銘圖》15532。
[4] 春秋晚期,徐國,《集成》00203;《銘圖》15819。
[5] 戰國早期,越國,《集成》00171;《銘圖》15430。
[6] 戰國早期,越國,《銘圖》15417。
[7] 春秋晚期郑宣公,郑國,《集成》00150;《銘圖》15422。
[8] 春秋晚期,徐國,《銘圖》15520。
[9] 吳鎮烽在其《商周青銅器銘文暨圖像集成》中將《侯古堆鎛》歸爲吳國器。
[10] 春秋晚期,楚國,《銘圖》15261。

•《侯古堆鎛》：子樂父胜（兄），萬年無諅（期）。[1]

由於該墓的年代及墓主的身份，學界持有兩方意見，所以兩套編鐘編鎛的所屬國别尚不好定論。

一説，主張爲春秋晚期宋景公之季妹、吴國太子夫差的夫人勾吴之墓。吴太子夫差取潘之後，攜帶夫人占領潘地時，夫人發病致死，埋葬於此。[2] 墓中出土的番國銅器即是夫差克番之後所獲得的番國戰利品。[3] 此種觀點依據同墓中出土的《青銅簠》銘文"有殷天乙湯孫宋公欒作其妹勾吴夫人季子媵簠（M1P：37－1、2）"以及《史記·吴太伯世家》記載的公元前504年吴太子夫差率師伐楚"取番"一事。

二説，主張爲戰國初年楚國封君的家屬之墓。如李學勤將此墓列爲楚墓。[4] 進而有學者根據墓中出土的《鄱子成周鐘》九件中，有多件器主"鄱子成周"之名是明顯剷掉原器主名後而補刻的，所以推斷，番國最遲在春秋晚期已完全被楚國所滅（曾是楚鄀鄰近的一個附屬小國）。番氏很有可能是楚滅番後入仕於楚的番後裔。楚滅番後，番氏仍得到重用，故番氏貴族仍得以用國名爲氏稱。[5] 後有學者從銅器類型學及墓主人身份等級所决定的葬器制度方面，進一步證明此墓爲楚人墓葬之説。[6]

關於"子樂父兄"的釋讀，趙世綱《固始侯古堆出土樂器研究》讀作："孔樂父兄，萬年無期。"（"樂"前一字，字形原作"子"）趙説根據文義認爲"子"當是"孔"字，并舉淅川下寺出土的《王孫誥鐘》"元鳴孔煌"之"孔"寫作"子"爲例，認爲子當是孔字。[7] 謝明文認同此説，但他核查趙文所舉之例，發現此例非也，又補《秦公大墓石磬》、《王孫遺者鐘》中"孔"寫作"子"之例。[8] 此兩套鐘鎛辭例後在《新收殷周青銅器銘文暨器影彙編》[9]及吴鎮鋒《商周青銅

---

[1] 春秋晚期，吴國，《銘圖》15806。
[2] 河南省文物考古研究所編著：《固始侯古堆一號墓》，大象出版社，2004年，第101頁。
[3] 中國社會科學院考古研究所：《新中國的考古發現與研究》，文物出版社，1984年，第315－316頁。
[4] 李學勤：《東周與秦代文明》，文物出版社，1991年，第126頁。
[5] 鄒芙都：《楚系銘文綜合研究》，四川大學博士學位論文，2004年，第90頁。
[6] 張聞捷：《固始侯古堆一號墓的年代與墓主》，《華夏考古》2015年第2期，第99頁。
[7] 趙世綱：《固始侯古堆出土樂器研究》釋文如下："唯正月初吉丁亥，□□擇其吉金，自作穌鐘，肆肆倉倉，嘉平元貢，孔樂父兄，萬年無期，□□參壽，其永鼓之，百歲外，遂以止音。"河南省文物考古研究所編著：《固始侯古堆一號墓》，大象出版社，2004年，附録四《固始侯古堆出土樂器研究》（趙世綱執筆），第125－133頁。
[8] 謝明文：《固始侯古堆一號墓所出編鎛補釋》注20："趙文所舉此例，恐誤。經淅川下寺出土的王孫誥鐘（《新收》428－443）'元鳴孔煌'之'孔'，凡是比較清晰的字形，在子的頭部都有一筆，仍是'孔'字。"見《出土文獻與古文字研究（第四輯）》，上海古籍出版社，2011年，第102－107頁。
[9] 鍾柏生、陳昭容、黄銘崇、袁國華編：《新收殷周青銅器銘文暨器影彙編》，藝文印書館，2006年，第276－282頁。

器銘文暨圖像集成》中收録,釋文爲:"子樂父兄,萬年無期。"

筆者認爲"子樂父兄"當從原字讀,"子"或爲名詞作狀語,放在動詞"樂"前;或"子"與"以"通假,由於"子"上古音爲"之部精母(上聲)","以"上古音爲"之部喻母(上聲)",[1]"子"、"以"上古音韵部相同,同屬"之"部,且都是舌尖音,有通假之可能。故在此將其歸爲套語"以樂△△"一類,解"子樂父兄"之意爲:用樂使得父兄快樂。[2]

三、康樂 △ △

戰國時期銅器銘文中出現了"康樂△△"或"△△康樂"用語:

- 《者汈鐘》:用叟(甬)剌(烈)竝(壯),光之于聿(肆),汝其用丝(兹),妥(綏)安乃壽,叀(惠)牆(逸)康樂,訛之不[曾]……[3]
- 《康樂鐘》:康樂□□……□保眉□于君子。[4]

與"用樂△△"及"以樂△△"不同的是,"康樂△△"除了出現在戰國時期的樂鐘銘文上,還出現在一件戰國早期的盛酒器《令狐君嗣子壺》銘文上:"束束昌昌,康樂我家,屖屖康盄(淑),承受純德,祈無疆……"(《集成》00719、00720),[5]大意爲使我家人健康安樂。[6]

筆者認爲,這種情況可能反映了"用樂△△"套語發展至戰國時期,用作動詞的"樂",其詞義從早期指奏樂以使人快樂,已經擴展延伸到更爲廣泛的快樂與安康之意。傳世文獻亦有"康樂"用語,如《禮記·樂記》言:"嘽諧、慢易、繁文、簡節之音作,而民康樂。"孔穎達疏:"言君若道德嘽和疏易,則樂音多文采,而節奏簡略,則下民所以安樂也。"[7]《史記·樂書》亦曰:"而民康樂。"張守節正義:"樂,安。"[8]

---

[1] 唐作藩:《上古音手册》,江蘇人民出版社,1982年,第154頁、第180頁。
[2] 或還有一種可能爲名詞意動,即名詞作意動詞,表示"以……"的意思。"子"詞類活用作動詞,與"樂"形成連動式結構。如《論語·顏淵》:"齊景公問政於孔子。孔子對曰:君君,臣臣,父父,子子。公曰:善哉! 信如君不君,臣不臣,父不父,子不子,雖有粟,吾得而食諸?"第一個"子"字用作名詞,第二個"子"字用作動詞。
[3] 戰國早期,越國,《集成》00123;《銘圖》15334。
[4] 戰國晚期,楚國,《銘圖》15152。
[5] 戰國早期,韓國,《集成》09719。郭沫若認爲:此器之作者蓋晋之大夫,封於令狐者也,見氏著:《兩周金文辭大系圖録考釋》,第504頁。
[6] 令狐在今山西臨猗西南,春秋中期令狐是晋國魏氏的封邑,戰國時期歸屬魏國。
[7] 十三經注疏整理委員會整理:《禮記正義》,北京大學出版社,1999年,樂記第十九,第1105頁。
[8] (漢)司馬遷撰:《史記》,中華書局,1959年,卷二十四,樂書,第1206頁。

四、結　論

　　以上即是對"用樂△△"和"以樂△△"所形成的兩周樂器銘文專有套語所做之分析。套語"用樂△△"、"以樂△△"所出現的語境，以及"用"、"以"二字所表示的語法意義，都表現出很大的相似性。一般出現在樂器銘文"某某作某器"之後的"作器用途銘辭"中，以"用樂"或"以樂"加"稱謂名詞"的形式出現，且其後所接的"稱謂名詞"多爲音樂所要的娛樂對象，如大神、文人、父兄、大夫、朋友、諸侯、諸士、正卿、嘉賓等。隨着時間的發展，一器銘文中連用兩個或兩個以上"用……"、"以……"表示作器用途的情況越加明顯。因此，本文將此類形式歸爲樂器銘文專屬套語，即專門用來表示與音樂相關"作器用途"的常用套語。

　　"用樂△△"與"以樂△△"二者的不同之處有二：一是在使用頻率上，"用樂△△"略高於"以樂△△"；二是在出現及流行的時間上，"用樂△△"主要見於西周中晚期，其次是春秋時期，而"以樂△△"主要見於春秋中晚期，其次是戰國時期，戰國早期出現"康樂△△"。這似乎表明此類"用樂△△"、"以樂△△"用語大體上存在着先後的替代關係。而戰國時期"康樂△△"的出現，反映了"樂"字含義的擴大，娛樂、快樂之意已開始脱離音樂。

　　此外，"用樂"和"以樂"後所接對象的變化，反映了兩周時期青銅樂器的使用場合與"受樂"對象之差別。筆者將其劃分爲兩周時期"用樂觀念"的三個層面。[1]

　　1. "樂神"。西周中晚期樂器銘文中出現強調用音樂娛樂"文人"、"大神"的情況，反映了早期青銅樂器的主要用途是用以祭祀，主要目的除了作器者用以追孝、祈福外，還用音樂來愉悦祖先（神），如《瘋鐘》"用追孝享祀昭各樂大神"等。這種用音樂來娛樂祖先神靈的情況，與商周時期祖先崇拜的宗教觀念有關。他們希望通過對祖先神靈的祭拜而得到庇護，"樂"便是直接而有力的方式之一。《詩經》不少篇章記載了當時以樂娛神的情況，如，《詩經·商頌·那》曰："奏鼓簡簡，衎我烈祖。湯孫奏假，綏我思成。"毛《傳》曰："衎，樂也。烈祖湯，有功烈之祖也。假，大也。"鄭《箋》言："奏鼓，奏堂下樂也。烈祖，湯也，湯孫大甲也。假，升；綏，安也。以金奏堂下諸縣，其聲和大簡簡然，以樂我功烈之祖成湯、湯孫大甲。又奏升堂之樂弦歌之，乃安我心所思而成之，謂神明來格也。"[2]《詩經·小雅·楚茨》亦描述了祭祀典禮中音樂與祭禮的關係："禮儀既備，鐘鼓既戒。孝孫徂位，工祝致告。神具醉止，皇尸載起。鐘鼓送尸，神保聿歸。"正義曰："此受嘏之後，言祭畢之事，故云祭祀之禮儀既畢備

---

[1]　參考黃鳴：《從先秦樂器銘文看先秦儒家樂論之嬗變》（《阜陽師範學院學報（社會科學版）》2004 年第 6 期，第 10 頁）。黃氏文中將西周樂器銘文主要是鐘銘中表明鑄器目的的銘辭歸爲"追孝論、祈福論、娛神論、娛樂論"四類，筆者得以啓發，根據"用樂"和"以樂"後所接對象的變化，進一步將兩周時期"用樂觀念"劃分爲三個層面。

[2]　十三經注疏整理委員會整理：《毛詩正義》，北京大學出版社，1999 年，第 1431 頁。

矣,鐘鼓之音聲既告戒矣。謂擊鐘鼓以告戒廟中之人,言祭畢也。"[1]

2."樂人"。西周晚期至春秋早期,隨着禮樂制度的成熟,"樂"的内涵逐漸豐富。"樂"的功能從早期的祭祀典禮及祖先崇拜等禮儀活動,轉向爲王權統治及階級制度服務。樂器銘文中"用樂"和"以樂"後所接的"受樂"對象變化,顯示出"樂"的功能逐步發展成用音樂來娱樂人(他人)——即王侯、親朋、諸士、庶人等,如《王孫誥鐘》:"以樂楚王、諸侯、嘉賓及我父兄、諸士。"這種"受樂"對象從"以樂娱神"到"以樂娱人"的轉變,反映了在此階段青銅樂器的主要使用場合從祭禮奏樂發展到以音樂來宴享。而此階段樂器銘文記載"受樂"對象的不同,即"以樂"不同等級的王、諸侯、大夫、士,也顯示了禮樂制度中的層級規範。

3."樂己"。春秋晚期開始,"樂"的功能從娱神、娱人下降到娱樂自身的心靈及感官。作器者在樂器銘文中明確説明其目的是用音樂來娱樂自己,如《邾公牼鐘》"以樂其身"、《遱邟鐘》:"以樂我心"。與此同時,人們對音樂的聲音效果有了更多要求,如樂器銘文中出現描述聲音的用語"鎗鎗鏓鏓"、"鍺鍺雝雝"、"元鳴孔煌"、"中翰且揚"等。這種對音樂的感官追求,以及將音樂視爲娱樂身心的藝術享受,顯示出了春秋晚期人的自我意識的覺醒與發展。

綜上所述,筆者認爲,從"用樂△△"和"以樂△△"所形成的兩周樂器銘文專有套語的發展變化可以看出,兩周時期用樂活動中使用場合、受樂對象等具體情況的變化,亦可管窺兩周時期宗教、政治及用樂觀念的轉變。

---

[1] 十三經注疏整理委員會整理:《毛詩正義》,第821頁。

王孫遺者鐘與《洪範》新證

張懷通[*]

  王孫遺者鐘是一組春秋時代晚期的青銅樂器,清代光緒年間出土於湖北宜都,幾經轉手,大約在上世紀三四十年代流傳到國外,現藏於美國舊金山亞洲美術博物館。[1] 該鐘有銘文113個(重文4個),爲了便於研究,現在將其全部抄録於下。

  唯正月初吉丁亥,王孫遺者擇其吉金,自作龢鐘。中翰且颺,元鳴孔煌,用享以孝,于我皇祖文考,用祈眉壽。余溫恭舒遲,畏忌趩趩。肅哲聖武,惠于政德,淑于威儀,謀猷丕飤。簡簡和鐘,用宴以喜,用樂嘉賓父兄,及我朋友。余恁台心,誕中余德,和涉民人,余溥徇于國。皇皇熙熙,萬年無期,世萬孫子,永保鼓之。[2]

  對於王孫遺者鐘的文字、王孫遺者的身份、器物的時代與國別等問題,方濬益、[3]吳闓生、[4]郭沫若、[5]孫啟康、[6]劉翔[7]等學者,進行了詳盡而深入的討論,取得了很大成績。但稍感遺憾的是,學者將銘文内容當作常見的一般性嘏辭來對待,没有發現其與《洪範》有較大關係。爲此,筆者在前輩學者成果的基礎上,對王孫遺者鐘與《洪範》的關係,以及《洪範》相關範疇的内容與性質等問題,進行初步探討。不妥之處,敬請方家批評指正。

---

[*] 河北師範大學歷史文化學院教授。
[1] 中國社會科學院考古研究所編:《殷周金文集成》(修訂增補本),中華書局,2007年,第305-306、788頁;劉翔:《王孫遺者鐘新釋》,《江漢論壇》1983年第8期。
[2] 王孫遺者鐘銘文的隸定,綜合採納了如下學者的觀點:郭沫若:《兩周金文辭大系圖録考釋(二)》,《郭沫若全集》考古編第八卷,科學出版社,2002年,第346-347頁;張亞初:《殷周金文集成引得》,中華書局,2001年,第12頁;于省吾:《雙劍誃吉金文選》,中華書局,1998年,第107-109頁;郭國權:《河南淅川縣下寺春秋楚墓青銅器銘文集釋》,吉林大學碩士學位論文,2008年,第58-68頁。筆者按:本文對於王孫遺者鐘銘文,以及其他青銅器銘文的隸定,除了本文將要討論的核心内容之外,其餘部分都採用寬式。
[3] 方濬益:《綴遺齋彝器款識》卷二·二七。
[4] 轉引自于省吾:《雙劍誃吉金文選》,第107-108頁。
[5] 郭沫若:《兩周金文辭大系圖録考釋(二)》,《郭沫若全集》考古編第八卷,第346-349頁。
[6] 孫啟康:《楚器〈王孫遺者鐘〉考辨》,《江漢考古》1983年第4期。
[7] 劉翔:《王孫遺者鐘新釋》,《江漢論壇》1983年第8期。

"惠于政德,淑于威儀"與《洪範》"五事"

王孫遺者鐘與《洪範》有緊密關係,主要表現在兩點上。第一,王孫遺者鐘的"余溫恭舒遲,畏忌趩趩。肅哲聖武,惠于政德,淑于威儀,謀猷丕飭"一句話,與《洪範》第二疇"五事"的內容可以互證。第二,王孫遺者鐘的"簡簡和鐘,用宴以喜,用樂嘉賓父兄,及我朋友。余恁台心,誕中余德,和沴民人,余溥徇于國"一句話,與《洪範》第六疇"三德"的內容可以互證。

先看第一點。"余溫恭舒遲,畏忌趩趩。肅哲聖武,惠于政德,淑于威儀,謀猷丕飭",這段話中有幾個關鍵字詞——肅、哲、聖、謀——值得特別注意。肅,嚴謹、端正。[1] 哲,知、智慧。[2] 聖,通、精通。[3] 謀,與猷同義,謀猷即謀劃,謀略。[4] 這幾個字詞也出現在《洪範》第二疇"五事"中。

> 二,五事:一曰貌,二曰言,三曰視,四曰聽,五曰思。貌曰恭,言曰從,視曰明,聽曰聰,思曰睿。恭作肅,從作乂,明作哲,聰作謀,睿作聖。[5]

該節"先説五事之名,次説五事應該怎麽做,最後説做好五事將得到的效果"。[6] 前兩個層次是基礎,後一個層次是效果,于省吾先生説"蓋恭作肅,從作乂,明作哲,聰作謀,睿作聖,上下二字義皆相屬。貌恭作肅,言從作辭,視明作哲,聽聰作敏,思睿作聖",[7]其中的晢即哲,今古文經的差異;[8]辭即乂,辭是乂的本字;[9]敏,與謀聲近相通。[10] 在效果的層次上,"五事"使用了與王孫遺者鐘相同的詞語——肅、哲、謀、聖。兩相對比,王孫遺者鐘少了一個"乂"字,多了一個"武"字(詳解見下文)。

乂字在王孫遺者鐘中雖然沒有出現,但意思已經暗含於此前的語句——溫恭舒遲,畏忌趩趩——之中。(1)溫。原字作⟨⟩。劉釗先生隸定爲溫,他説"'⟨⟩'即來自甲骨文的

---

[1] 《詩經·小雅·黍苗》:"肅肅謝功,召伯營之。"鄭玄箋注:"肅肅,嚴正之貌。"見阮元校刻:《十三經注疏》,中華書局,1980年,第495頁。
[2] 段玉裁:《説文解字注》,上海古籍出版社,1988年,第57頁。
[3] 段玉裁:《説文解字注》,第592頁。
[4] 劉彬徽:《楚系青銅器研究》,湖北教育出版社,1995年,第313頁;趙世綱:《淅川下寺春秋楚墓青銅器銘文考索》,《淅川下寺春秋楚墓》,文物出版社,1991年,第359頁。
[5] 顧頡剛、劉起釪:《尚書校釋譯論》,中華書局,2005年,第1155頁。
[6] 顧頡剛、劉起釪:《尚書校釋譯論》,第1157頁。
[7] 于省吾:《雙劍誃尚書新證》,中華書局,2009年,第100頁。
[8] 顧頡剛、劉起釪:《尚書校釋譯論》,第1157頁。
[9] 于省吾:《雙劍誃尚書新證》,第100頁。
[10] 王引之:《經義述聞》,《四部備要》第11冊,中華書局,1989年,第52-53頁。

''形,與王孫誥編鐘''同爲一字的金文其他形體,却從甲骨文的''形變爲從'囟'作''等形。這種變化應該是一種'變形音化'","''應即'盈'字所從之'囚',後分化出'昷',又孳乳出'溫'、'蘊'、'熅'、'慍'諸字"。[1] (2)恭。或隸定爲龏,龏與恭相通。學者一致認爲其含義是恭敬。(3)舒遲。舒,原字作;遲,原字作。郭沫若、趙世綱、馬承源等先生將其隸定爲穌犀,穌讀爲舒,犀通作遲,穌犀即舒遲,意爲從容閑雅。[2] (4)畏忌趩趩。畏忌,戒慎顧忌。趩趩,即翼翼。學者一致認爲其大意是小心翼翼。[3]

所謂"溫恭舒遲,畏忌趩趩",就是謙和恭敬、從容閑雅、小心翼翼。其意思凝結爲一個字,就是從或乂。于省吾先生解釋《洪範》"五事"中的"從作乂"說:"辥(乂——引者注)在金文中均係輔相之義,從謂順從。"[4] 由此可見,"從作乂"與"溫恭舒遲,畏忌趩趩"的含義基本相同。那麼"溫恭舒遲,畏忌趩趩"說的就是有順從與輔相之義的"從作乂"之義。

至此,王孫遺者鐘中的"乂"、肅、哲、聖、謀,與《洪範》第二疇"五事"中的肅、乂、哲、謀、聖就完全對上了號。此其一。

其二,王孫遺者鐘的"乂"、肅、哲、聖、謀的單字的含義已經明確,而五個文字的整體含義是什麼呢?其實,這個問題王孫遺者鐘已經給出了回答,答案就在這五個文字的中間,即"惠于政德,淑于威儀"。

惠,仁;淑,善;威儀,"就是禮容"。[5] 趙世綱先生對這句話的解釋是:"既能施以政德,又能以身作則,做出榜樣。"[6]伍仕謙先生的解釋是:"爲政以恩德服人","禮容美善,望之可親。"[7]

---

[1] 劉釗:《釋慍》,《容庚先生百年誕辰紀念文集》,廣東人民出版社,1998年,第479-486頁。筆者按:也有學者將該字隸定爲卤,含義爲草木實垂(趙世綱、劉笑春:《王子午鼎銘文試釋》,《文物》1980年第10期);或隸定爲卣,讀爲弘,含義是大(王輝:《商周金文》,文物出版社,2006年,第289頁);或即函,含義是嚴(伍仕謙:《王子午鼎、王孫誥鐘銘文考釋》,《古文字研究》第九輯,中華書局,1984年)。本文采納劉釗先生的觀點。

[2] 郭沫若:《兩周金文辭大系圖録考釋(二)》,《郭沫若全集》考古編第八卷,第348頁。趙世綱、劉笑春:《王子午鼎銘文試釋》,《文物》1980年第10期。馬承源:《商周青銅器銘文選》,文物出版社,1990年,第428頁。筆者按:楊樹達先生將字隸定爲䊸,將字隸定爲辟,認爲:"䊸蓋即舍字,別加聲旁夫,舍夫同模部也。舍余古音同,䊸實假爲余字。'酓䊸䊸辟',言敬恭我君也。……或疑銘文既有余字,此不當作䊸,然金文中同一字以異體作之者多矣,不足怪也。"見氏著:《王孫遺諸鐘再跋》,《積微居金文説》,上海古籍出版社,2013年,第63-64頁。吳闓生先生將前一字隸定爲舒,認爲舒即徐;後一字隸定爲辟,認爲徐辟就是徐國之君,王孫是其子孫的僭稱。于省吾先生贊同吳闓生的觀點。二位學者見解,俱見于省吾:《雙劍誃吉金文選》,第107-108頁。

[3] 郭國權:《河南淅川縣下寺春秋楚墓青銅器銘文集釋》,吉林大學碩士學位論文,2008年,第44-46頁。

[4] 于省吾:《雙劍誃尚書新證》,第100頁。

[5] 裘錫圭先生説:"古代所謂威儀也就是禮容。"見氏著:《史牆盤銘解釋》,《裘錫圭學術文集》(3),復旦大學出版社,2012年,第14頁。

[6] 趙世綱、劉笑春:《王子午鼎銘文試釋》,《文物》1980年第10期。

[7] 伍仕謙:《王子午鼎、王孫誥鐘銘文考釋》,《古文字研究》第九輯,中華書局,1984年。

伍先生所用"禮容"一詞最爲準確,而趙先生所用"以身作則"、"榜樣"等,也是禮容的近義詞。

所謂禮容,就是"行禮者的體態,容貌等",[1]"是人的性情在行禮過程中的自然流露"。[2] 先秦時代的禮容有一個從頭部到全身、從神色到姿態的逐步發展完善的過程,但自始至終都在現實政治生活中發揮重大作用,《左傳》襄公三十一年云:"君有君之威儀,其臣畏而愛之,則而象之,故能有其國家,令聞長世。臣有臣之威儀,其下畏而愛之,故能守其官職,保族宜家。順是以下皆如是,是以上下能固也。"[3] 據此,可以將威儀即禮容的作用概括爲:保國、守職、宜家、增進君臣團結。而努力踐行禮容,充分發揮禮容的作用,以至於達到政治的境界,自然是政德的題中應有之義。

由此看來,"惠于政德,淑于威儀"其實是其所在整個段落的主旨。這意味着,貌恭作肅,言從作乂,視明作哲,聽聰作謀,思睿作聖,是威儀,是禮容,而其達到的效果是治國理政。

筆者曾作《商周禮容考論》一文,揭示了傳世文獻與出土資料所載商周禮容,進而證明《洪範》第二疇"五事"記載的是禮容,指出"《洪範》對於貌、言、視、聽、思五種禮容的解説,是從三個層次展開的,第一個層次歷數貌、言、視、聽、思五種面容,第二個層次指出貌、言、視、聽、思的五種表情或屬性,即恭、從、明、聰、睿。第三個層次指出五種面容、表情或屬性應該達到的效果,即肅、乂、哲、謀、聖。前兩個層次是客觀描述,謂語用'曰',第三個層次是主觀認識,謂語用'作',是轉化的意思。在第三個層次上,禮容的作用已經從個人修養發展到社會政治領域",從而"與八政、皇極等組成九個範疇,共同成爲治理國家的根本大法"。[4] 現在由王孫遺者鐘的"余溫恭舒遲,畏忌趯趯。肅哲聖武,惠于政德,淑于威儀,謀猷丕飤"來看,筆者的結論經受住了考驗,因而能夠成立。

"和恊民人,余溥徇于國"與《洪範》"三德"

再來看第二點。"簡簡和鐘,用宴以喜,用樂嘉賓父兄,及我朋友。余恁台心,誕中余德,和恊民人,余溥徇于國"。這句話的内容是,作者説明作器目的與表達美好願望。初看起來似乎與其他青銅器銘文中的祈願之辭没有什麽不同,但仔細對比分辨,可以發現其中的"余恁台心,誕中余德,和恊民人,余溥徇于國"一句話,是其他青銅器銘文中相應位置所没有的文字。現在將王孫遺者鐘的文本結構與同是春秋晚期且内容相近的王孫誥鐘[5]的文本結構做一對比,可以看得更加清楚。爲此,製作成如下表格形式。

---

[1] 彭林:《論郭店楚簡中的禮容》,《郭店楚簡國際學術研討會論文集》,湖北人民出版社,2000年。
[2] 張懷通:《商周禮容考論》,《古代文明》2016年第2期。
[3] 楊伯峻:《春秋左傳注》,中華書局,1990年,第1194頁。
[4] 張懷通:《商周禮容考論》,《古代文明》2016年第2期。
[5] 劉雨、盧岩:《近出殷周金文集録》60-85,中華書局,2002年,第114-209頁;郭國權:《河南淅川縣下寺春秋楚墓青銅器銘文集釋》,吉林大學碩士學位論文,2008年,第58-68頁。

表一　王孫遺者鐘文本結構與王孫誥鐘對比表

序號	王孫遺者鐘	王孫誥鐘	結果
1	唯正月初吉丁亥,王孫遺者擇其吉金,自作龢鐘。	唯正月初吉丁亥,王孫誥擇其吉金,自作龢鐘。	相同
2	中翰且廛,元鳴孔煌。	中翰且廛,元鳴孔煌。	相同
3	用享以孝,于我皇祖文考,用祈眉壽。	有嚴穆穆,敬事楚王。	相同
4	余溫恭舒遲,畏忌趩趩。肅哲聖武,惠于政德,淑于威儀,謀猷丕飤。	余不畏不差,惠于政德,淑于威儀,溫恭舒遲,畏忌趩趩。哲聖臧御,聞于四國。恭厥盟祀,永受其福。武于戎攻,謀猷丕飤。	相同
5	簡簡和鐘,用宴以喜,用樂嘉賓父兄,及我朋友。	簡簡和鐘,用宴以喜,以樂楚王諸侯嘉賓,及我父兄諸士。	相同
6	余恁台心,誕中余德,和汋民人,余溥徇于國。		不同
7	皇皇熙熙,萬年無期,世萬孫子,永保鼓之。	皇皇熙熙,萬年無期,永保鼓之。	相同

由該表可知,王孫遺者鐘的第六項内容,王孫誥鐘完全缺如。其他類似青銅器銘文,如梁其鐘、[1]許子醬師鎛、[2]沇兒鎛[3]等,也没有這項内容,爲了節省篇幅,此處不再一一贅舉對比。

爲什麽是這樣? 這句話表達了什麽意思? 要回答這個問題,需要將其與第五項内容結合起來一同考察。

"簡簡和鐘,用宴以喜,用樂嘉賓父兄,及我朋友",與王孫誥鐘相對應的部分在宴樂對象上有較大差異。王孫誥鐘的宴樂對象是楚王、諸侯、嘉賓、父兄、諸士,而王孫遺者鐘宴樂對象是嘉賓、父兄、朋友。兩相對比,不難看出,王孫誥鐘具有濃重的政治色彩,王孫遺者鐘則有强烈的家族意識。

父兄,概指父老兄弟;朋友,與父兄略有重合,是同胞兄弟或從父、從祖兄弟;[4]嘉賓,由衛鼎、[5]乖伯簋[6]看,指稱的或是君主的使者,或是婚媾姻婭。前者説明王孫遺者與君主

---

[1] 西周晚期,《集成》1.187-7。
[2] 春秋晚期,《集成》1.153。
[3] 春秋晚期,《集成》1.203。
[4] 朱鳳瀚:《商周家族形態研究》(增訂本),天津古籍出版社,2004年,第292-297頁。筆者按:朱鳳瀚先生説"西周青銅器銘中所見'朋友'、'友'是對親族成員的稱謂……即使在東周文獻中,'朋友'一詞有時仍用來指稱本家族的親屬"。見氏著:《商周家族形態研究》(增訂本),第293頁。青銅器銘文的遣詞用字相對於文獻較爲保守,因而王孫遺者鐘中的"朋友"指稱親族成員,應該没有問題。
[5] 西周早期,《集成》5.2733。
[6] 西周中期偏晚,《集成》8.4331。

有一定的聯繫,後者則是家族範圍的進一步擴大。承接着強烈的家族意識,於是就有了王孫遺者的"余恁台心,誕中余德,和汝民人,余溥訇于國"的表白。恁,念。台,我。汝,戾、善、和。溥,敷,遍、廣泛。訇,行示,宣令。[1] 民人,百姓與官員。[2] 這句話的大意是,我誠心敬意,發揚美德,和諧百姓與官員,并且使之廣泛地傳布於整個國家。[3] 於是才有了其他青銅器銘文嘏辭中所不具備的獨特内容。

先是表達宴樂嘉賓、父兄、朋友,團結家族成員的願望;繼而要求自己正心誠意,發揚美德;再以此爲基礎進展到和諧百姓、友好官員的境界;最後達到將美德普遍實行於整個國家的高度。這樣層層遞進的思路,與《洪範》第六疇"三德"有相通之處。"三德"云:

  六,三德:一曰正直,二曰剛克,三曰柔克。平康,正直;強弗友,剛克;燮友,柔克;沈潛,剛克;高明,柔克。惟辟作福,惟辟作威,惟辟玉食。臣無有作福、作威、玉食。臣之有作福、作威、玉食,其害于而家,凶于而國。人用側頗僻,民用僭忒。[4]

與王孫遺者鐘稍微有些不同的是,"三德"是從反面來講這個問題,即如果不能尊辟抑臣,就會造成"害于而家,凶于而國","人用側頗僻,民用僭忒"的嚴重後果。換言之,發揚了三德,做到了尊辟抑臣,就可以實現民人和諧、家國平安的局面。之所以王孫遺者鐘中没有出現"臣",那是因爲臣僕是貶抑的對象,作爲表達美好願望的嘏辭中怎能有臣僕的位置? 雖然二者講述的角度有正反之别,但所用辭彙——德、民、人、友、國等完全相同,希望達到的民與人、家與國和諧美滿的目標相同,更主要的是其從家到國的遞進思路也完全相同。

據筆者研究,《洪範》第六疇"三德"論述的是貴族家族内部關係準則的問題,可以分爲兩節,"平康正直"一節講宗子與兄弟等親屬成員之間的關係,"惟辟作福"一節講宗子與臣僕之間的關係,由於前者居於主導地位,所以就用"三德"來賅下,以概括整章的内容與主題。[5] 現在王孫遺者鐘的"簡簡和鐘,用宴以喜,用樂嘉賓父兄,及我朋友。余恁台心,誕中余德,和汝民人,余溥訇于國"一句話充分證明,筆者的主張能够成立。

---

[1] 于省吾:《雙劍誃吉金文選》,第 108 頁。
[2] 《詩經·大雅·假樂》云:"宜民宜人。"《毛傳》云:"宜安民,宜官人也。"見阮元校刻:《十三經注疏》,第 540 頁。程俊英、蔣見元先生認爲:"民,庶民。人,指在位的貴族。"見氏著:《詩經注析》,中華書局,1991 年,第 820 頁。總之,民爲庶民百姓,人爲各級官員。
[3] 于省吾先生將這句話翻譯爲:乃遍示於國以宣其以德愛民之意也。見氏著:《雙劍誃吉金文選》,第 108 頁。于先生没有將民和人分别對待,似有不妥,因此本文此處對於該句話大意的撮述,在借鑒于先生觀點的基礎上,根據自己的理解,重新進行了表達。
[4] 顧頡剛、劉起釪:《尚書校釋譯論》,第 1172－1173 頁。
[5] 張懷通:《〈洪範〉"三德"章新釋》,《中國經學》第 24 輯,廣西師範大學出版社,2019 年。

由王孫遺者鐘看《洪範》的時代

王孫遺者鐘的"惠于政德,淑于威儀"一段話與《洪範》第二疇"五事"可以互證,"和沴民人,余溥徇于國"一段話與《洪範》第六疇"三德"的內容可以互證,已如上述。接下來的問題是,能否由王孫遺者鐘來判斷《洪範》的大致時代?

答案是肯定的。上文筆者已經指出,王孫遺者鐘對於禮容的引述,除了"乂"、肅、哲、聖、謀,還有一個"武"。這個武,由所在語境看,也應該是禮容,具體講是軍旅中的禮容。《周禮·地官·保氏》記載了六種禮容,其中之一是"軍旅之容",具體表現是"軍旅之容,闞闞仰仰"。[1]《詩經·小雅·六月》云:"薄伐玁狁,以奏膚公。有嚴有翼,共武之服。共武之服,以定王國。"有嚴有翼,即嚴嚴翼翼,威嚴謹慎之貌。[2] 這也是軍旅禮容。雖然用以描繪的詞語有所不同,但儀表威嚴、鬥志昂揚應是軍旅禮容的共同特點。

與王孫遺者鐘性質類似、時代接近的青銅器銘文,在大致相同的語境中有的也出現了"武",例如春秋晚期王孫誥鐘的"溫恭舒遲,畏忌趩趩,肅哲臧御","武于戎攻,謀猷丕飭"。[3] 臧,善。[4] 御,敔,禁、强壯。[5] "肅哲臧御",春秋早期的曾伯漆簠作"哲聖元武",[6] 所用字詞與王孫遺者鐘互有交叉,都是列舉四種禮容、威儀或美德。"武于戎攻",西周晚期的虢季子白盤作"壯武于戎工"。[7] 戎,大。[8] 攻、工,通功。大意是"在軍事上有重大功勞"。[9]

無論是武,還是御、臧、元,都是比《洪範》第二疇"五事"肅、乂、哲、謀、聖多出來的字詞,這一方面說明上述青銅器是在約引"五事",另一方面說明是在發展"五事"。這與《詩經·小雅·小旻》"國雖靡止,或聖或否。民雖靡膴,或哲或謀,或肅或艾"[10] 較爲忠實地引用"五事"有一些區别,但與禮容或威儀從商周之際"五十頌",[11] 到春秋時代"禮儀三百,威儀三

---

[1] 鄭玄注,賈公彦疏:《周禮注疏》,阮元校刻:《十三經注疏》,第731頁。
[2] 程俊英、蔣見元:《詩經注析》,第501頁。
[3] 郭國權:《河南淅川縣下寺春秋楚墓青銅器銘文集釋》,吉林大學碩士學位論文,2008年,第58頁;伍仕謙:《王子午鼎、王孫誥鐘銘文考釋》,《古文字研究》第九輯,中華書局,1984年。
[4] 許慎:《説文解字》,中華書局,1963年,第66頁。
[5] 伍仕謙:《王子午鼎、王孫誥鐘銘文考釋》,《古文字研究》第九輯,中華書局,1984年。
[6] 春秋早期,《集成》9.4631。
[7] 西周晚期,《集成》16.10173。
[8] 《詩經·周頌·烈文》,朱熹:《詩集傳》,中華書局,1958年,第224頁。
[9] 趙世綱:《淅川下寺春秋楚墓青銅器銘文考索》,《淅川下寺春秋楚墓》,第358-359頁。
[10] 程俊英、蔣見元:《詩經注析》,第592頁。筆者按:西周春秋之際衛武公的謚號,在武之前還有"睿聖"二字,韋昭、王引之等學者都已指出,這兩個字或出自《洪範》"五事"章中的"睿作聖"句。
[11] 癲鐘,西周中期,《集成》1.251-6。

千"[1]的逐漸繁複的發展趨勢基本符合。

由以上分析梳理可知,武與從戈從盾原義是軍事的戎有一些區别,具備明顯的褒義,即戢兵、定功,[2]而成爲禮容之一,從現有材料看,大約是西周中後期的事情,王孫誥鐘中的武顯然是承續《六月》、虢季子白盤、曾伯㬊簠的思想觀念而來。那麽,王孫遺者鐘與《洪範》第二疇"五事"的關係,就應當是王孫遺者引用"五事",而不是相反。再加上王孫遺者鐘對於《洪範》第六疇"三德"的約引,表明春秋時代晚期《洪範》的影響非常廣泛深遠,人們對其不僅能夠靈活運用,而且可以有所發展。究其原因,首先在於《洪範》是治國大法,其次在於"五事"、"三德"都與個人的作爲與修養有較大關係。據此,可以明確地得出判斷,《洪範》的形成時代應該遠在王孫遺者鐘所在的春秋晚期之前。而由王孫遺者鐘對於"五事"講的是禮容、"三德"講的是貴族家族内部關係準則的確認,必然促使我們認真思考、樂觀對待此前筆者據此得出的《洪範》第二疇"五事"、第六疇"三德"的形成時代是商代末年以前的論斷。

餘　論

主要内容已經論述完畢,現在談一談由此而衍生的兩個問題。

第一,對於王孫遺者鐘作者與國屬的新認識。方濬益、孫啟康、劉翔等學者主張是楚國器物,伍仕謙先生不僅認爲是楚器,而且認爲"王孫遺應爲王孫誥兄弟輩"。[3] 吴闓生、于省吾、郭沫若等學者主張是徐國的器物,郭沫若先生甚至認爲王孫遺者是容居,他説:"遺者者,余意當即容居。《檀弓下》'邾婁考公之喪,徐君使容居來弔含。……曰容居聞之,事君不敢忘其君,亦不敢遺其祖。昔我先君駒王西討,濟於河'云云。遺容雙聲,者居疊韵,此自稱'王孫',與祖其先君駒王正相合。"[4]筆者認爲郭先生的説法有道理。容居出使邾國參加國君喪禮并有突出言行,表明容居對於禮儀非常熟稔,而容居之容,似可表明容居的出身或職業與禮容有較大關係,這些與王孫遺者鐘"温恭舒遲,畏忌趩趩。肅哲聖武,惠于政德,淑于威儀,謀猷丕飾"是威儀,是禮容,正相照應。王孫遺者是容居的證據的增加,當然也相應地爲

---

[1]《禮記·中庸》,王文錦:《禮記譯解》,中華書局,2001年,第793頁。
[2]《左傳》宣公十二年,楊伯峻:《春秋左傳注》,第745-746頁。
[3] 筆者按:爲了行文簡潔,本文引用伍仕謙先生的論述,以見諸家主張的概況。伍先生説:"(王孫誥鐘)有些句子,也見於王孫遺鐘、沇兒鐘等銘文。究竟孰先孰後,是誰模仿誰? 我認爲最早應爲王子午鼎。王子午死於楚康王八年即魯襄公之二十一年,公元前五百五十一年。王孫遺鐘,郭沫若以爲徐器,謂其銘辭字體與沇兒鐘如出一人手筆。其實王孫遺鐘銘文字體更接近王孫誥鐘。再就器形而言,都是甬鐘,只是王孫遺鐘銘文在鉦間,及左右鼓部,王孫誥鐘銘文在甬鐘之正、背兩面。王孫遺應爲王孫誥兄弟輩,銘詞都是仿王子午鼎。王孫遺鐘絶非徐器。至於子璋鐘、沇兒鐘銘詞相同,大概當時徐、楚接近……蓋春秋時徐究竟是一個小國,其國力、文化各方面遠不如楚,而又密通於楚,宜其受楚文化之影響。"見氏著:《王子午鼎、王孫誥鐘銘文考釋》,《古文字研究》第九輯,中華書局,1984年。
[4] 郭沫若:《兩周金文辭大系圖録考釋(二)》,《郭沫若全集》考古編第八卷,第347頁。

王孫遺者鐘是徐器的説法增添了一些可靠性。

至於王孫遺者鐘與楚器王孫誥鐘,以及楚器王子午鼎的"温恭舒遲,畏忌趩趩,敬厥盟祀,永受其福。余不畏不差,惠于政德,淑于威儀"[1]的遣詞用字的相近,應該是中原文化長期以來浸潤江淮、廣被南國的反映,可以無論了。

第二,怎樣看待《洪範》與青銅器銘文的互證。在《尚書》篇章中,《洪範》與青銅器銘文的互證,就筆者目力所及,目前可能有兩條。一是于省吾先生指出的第六疇"三德"中的"'强弗友剛克,燮友柔克,沈潛剛克,高明柔克'與沈子它簋'戲吾考克淵克'句例同"。[2] 沈子它簋蓋是西周早期器物。[3] 然而于省吾先生却認爲,"《洪範》乃晚周人所作,决非西周之文。此數語頗古質,當係雜采舊籍而成"。接着于先生又指出《洪範》的一些"俗稚"例句,以證成自己的觀點。[4] 二是李學勤先生指出的第八疇"庶徵"中的"王省唯歲,卿士唯月,師尹唯日"與西周晚期叔多父盤"能多父眉壽巧事,利于辟王、卿事、師尹,朋友、兄弟、諸子、婚媾"相互印證,因而認爲"《洪範》爲西周作品是完全可能的"。[5] 叔多父盤的真偽存在争議,所以《殷周金文集成》没有將其收録。

這兩條互證,都是字詞語句的層面,而本文指出《洪範》與王孫遺者鐘的互證,則上升到了範疇的層面,尤其難得的是,"五事"與"三德"兩個範疇一同出現,又上升到了結構的層面。筆者認爲,範疇與結構兩個層面之上的證明,相對而言,所得結論應該更爲可靠。

---

[1] 郭國權:《河南淅川縣下寺春秋楚墓青銅器銘文集釋》,吉林大學碩士學位論文,2008年,第26頁。
[2] 于省吾:《雙劍誃尚書新證》,第100頁。
[3] 西周早期,《集成》8.4330。
[4] 于省吾:《雙劍誃尚書新證》,第100-101頁。
[5] 李學勤:《叔多父盤與〈洪範〉》,《中國古代文明研究》,華東師範大學出版社,2005年。

"周公居東"新解*

張　海**

周公東征，平定武庚和"三監"的叛亂，進而繼續向東"踐奄"，使西周王朝的東部疆域大爲擴展，這是周初的重大武功。然事關周初東征的一些問題，在學界仍有爭議，并無定論。如"周公居東"，就尚有討論的餘地。[1] 西周王朝對東土的開拓，主要是在周公的主持下而進行的。商王朝晚期時便已經營今豫東魯西地區，這在甲骨卜辭中頗有體現。[2] 周公率軍向東方深入，一是徹底鏟除舊商勢力，一是繼續進行商王朝未竟之經營"尸（夷）方"的事業，使得王朝在東方的邊域發生了深刻的變化，亦對整個"東國"的政治地理態勢產生了深遠的影響。

關於"周公居東"，《尚書·金縢》和《史記·魯周公世家》所記皆爲二年，而清華簡《周武王有疾周公所自以代王之志》則曰三年。然下文并不討論何者之記載爲確，只論周公所居之"東"及"周公居東"之成果。這就涉及西周王朝早期，其東土邊域在一系列軍事行動後發生了哪些變化。

《尚書·金縢》："周公居東二年，則罪人斯得。"[3] 從文句、詞語及人物言語上看，《金縢》應是戰國時人追述周初史實的《尚書》篇章。[4] 偽《孔傳》注曰："周公既告二公，遂東征之。二年之中，罪人此得。"[5] 亦是指周公的東征時長爲二年。又《史記·魯周公世家》："管、蔡、武庚等果率淮夷而反。周公乃奉成王命，興師東伐，作《大誥》。……寧淮夷東土，二年而畢定。"[6] 是説周公率師東征的整個過程只用了兩年，也與今本《金縢》同。

---

* 本文爲河北省社會科學基金項目"商周時期太行山兩麓異族研究"（項目類別：一般項目；項目批准號：HB19LS020）的階段性成果。河北大學"一省一校"專項經費項目"商周時期的邊疆研究"（編號：801260201254）階段性成果。
** 河北大學歷史學院講師。
[1] 關於"周公居東"，有兩種意見：一是"避居於東"，參見彭裕商：《〈尚書·金縢〉新研》，《歷史研究》2012年第6期；一是"東征"，參見杜勇：《清華簡〈金縢〉有關歷史問題考論》，《古籍整理研究學刊》2012年第2期及羅恭：《清華簡〈金縢〉與周公居東》，《文史知識》2012年第4期。
[2] 韋心瀅：《殷代商王國政治地理結構研究》，上海古籍出版社，2013年，第282-290頁。
[3] 《尚書正義》卷十三《金縢》，阮元校刻：《十三經注疏》（清嘉慶刊本），中華書局，2009年，第418頁。以下所引"十三經"内容，皆自此版本。
[4] 朱鳳瀚、徐勇編著：《先秦史研究概要》，天津教育出版社，1996年，第55頁。
[5] 《尚書正義》卷十三《金縢》，第418頁。
[6] （漢）司馬遷撰：《史記》卷三十三《魯周公世家》第三，中華書局，1959年，第1518頁。

而《史記·周本紀》則曰："初,管、蔡畔周,周公討之,三年而畢定。"[1] 又《詩·豳風·東山》："我來自東,零雨其濛。……自我不見,于今三年。"[2]《〈東山〉序》云:"《東山》,周公東征也。周公東征三年而歸。勞歸,士大夫美之,故作是詩也。"[3] 鄭玄注:"三監及淮夷叛,周公乃東伐之,三年而後歸耳。"[4] 清華簡《周武王有疾周公所自以代王之志》:"周公石(宅)東三年,禍(禍)人乃斯旻(得)。"[5] 新出土的簡文與傳世文獻一對照,則可證"周公居東"期爲三年,且"居東"就是指"東征"。[6]

周公東征長達三年之久,《尚書大傳》曰:"一年救亂,二年克殷,三年踐奄。"[7] 所言整齊而簡練,基本涵蓋了周公東征的一系列成果。因武庚及管、蔡等勢力在同一地區,故周公平"三監"之亂和第二次克殷應是近乎同步的戰役。在戡定叛亂後,周公進一步向東,繼續消滅商人在今山東西部的勢力(即"踐奄"),而且展開了西周王朝對東方夷人的戰爭,這使得王朝東方的邊域發生了根本性的變化。

武王翦商時,原商王朝之東方諸"侯"似主動降服於周人。《逸周書·大匡解》第三十七云:"東隅之侯咸受賜於王,王乃旅之,以上東隅。"[8] "王"指周武王,"東隅",孔晁注曰"自殷以東",又"旅,謁。名使陳其政事也"。"上",潘振以爲"'上'與'尚'通"。陳逢衡云"東隅之侯,東方諸侯也,咸受賜於王,蓋因舊封而命之"。[9] 意爲,克商後,原商王朝所封的東方諸侯來謁見武王,得到武王的賞賜,并仍命這些"侯"掌管東方。故陳逢衡之論得其大意。商王朝之"侯"基本爲臣服於商人的異族首領。[10] 商王朝在經營尸(夷)方時,也對當地若干與族之首領授予了"侯"職。這些商人的舊"侯"在商王朝滅亡之時采取了向周人臣服的態度,故而周武王對之嘉勉,并令其繼續爲"侯",可見西周王朝創建伊始,商奄地區的統治秩序和政局基本上沒有變化。

武庚和"三監"叛亂時,這些商王朝的舊"侯"和當地其他族屬却加入了對抗西周王朝的

---

[1]《史記》卷四《周本紀》第四,第132頁。
[2]《毛詩正義》卷八之二《豳風·東山》,第846頁。
[3]《毛詩正義》卷八之二《豳風·東山》,第844頁。
[4]《毛詩正義》卷八之二《豳風·東山》,第844頁。
[5] 清華大學出土文獻研究與保護中心編、李學勤主編:《清華大學藏戰國竹簡(壹)》,中西書局,2010年,《金縢》簡八。
[6] 李學勤:《清華簡九篇綜述》,《文物》2010年第5期。
[7] 皮錫瑞撰:《尚書大傳疏證》,《續修四庫全書》編纂委員會編:《續修四庫全書》第55冊,上海古籍出版社,2002年,第769頁。
[8] 黃懷信、張懋鎔、田旭東撰,黃懷信修訂,李學勤審定:《逸周書彙校集注》(修訂本)卷四《大匡解》第三十七,上海古籍出版社,2007年,第362頁。
[9]《逸周書彙校集注》(修訂本)卷四《大匡解》第三十七,第362頁。
[10] 朱鳳瀚:《殷墟卜辭中"侯"的身份補證——兼論"侯"、"伯"之異同》,《古文字與古代史》第四輯,臺灣"中研院"歷史語言研究所,2015年,第10、22頁。

陣營。《逸周書·作雒解》:"周公立,相天子,三叔及殷東徐奄及熊盈以略。"[1]孔晁注曰:"殷,禄父。徐,戎。奄,謂殷之諸侯。"[2]陳逢衡曰:"殷,武庚所封;東,管叔所建也。"又引金履祥:"東至於奄,南及于淮夷、徐戎,自秦漢之世言之所謂山東,大抵皆反者也。"[3]孔晁所云近是。然"東"能否爲具體一地點,尚不可確知,陳逢衡之說恐受本篇前文"建管叔于東"[4]的影響,似有失查之嫌。又上引《史記·魯周公世家》:"管、蔡、武庚等果率淮夷而反",[5]所言簡略,將從亂者總稱爲"淮夷",不及《逸周書·作雒解》所陳。

徐和盈有可能皆屬於淮夷,[6]但熊似非淮夷之屬,有學者認爲其有可能是楚人之近親,楚人南遷,與其同族屬的部落似仍有留在豫東魯西地區者。[7]"奄"於史籍又稱"商奄",[8]其在出土文獻中稱"蓋"或"商蓋"。[9]清華簡《繫年》第三章有"飛曆(廉)東逃于商盍(蓋)氏。成王伐商盍(蓋)殺飛曆(廉),西罣(遷)商盍(蓋)之民于邾虘以御奴虘之戎,是秦先人",[10]是說被周人強迫西遷的商蓋(奄)之民爲秦的祖先。秦爲嬴姓,盈和嬴同爲喻母耕部字,音近可通,[11]故史籍中此兩姓實爲一姓。[12]《左傳》杜預注:"(徐、奄)二國皆嬴姓。《書序》曰:'成王伐淮夷,遂踐奄。'徐即淮夷。"[13]孔穎達疏曰:"二國皆嬴姓,《世本》文也。"[14]由此看來,徐、奄二邦應是嬴姓淮夷中較强、具有代表性者。

西周銅器銘文中有"蓋侯","蓋"在後世史籍中被寫成"奄",二者似於上古音近可通。禽簋(《銘圖》04984)銘:"王伐埜(蓋)侯,周公某(謀),禽祝,禽又(有)啟(振)祝,王易(賜)金百守(鋝),禽用乍(作)寶彝。"此器爲西周早期器,"禽"應是周公之長子伯禽。銘文

---

[1]《逸周書彙校集注》(修訂本)卷五《作雒解》第四十八,第514頁。
[2]《逸周書彙校集注》(修訂本)卷五《作雒解》第四十八,第514頁。
[3]《逸周書彙校集注》(修訂本)卷五《作雒解》第四十八,第515頁。
[4]《逸周書彙校集注》(修訂本)卷五《作雒解》第四十八,第511頁。
[5]《史記》卷三十三《魯周公世家》第三,第1518頁。
[6]顧頡剛:《徐和淮夷的遷、留——周公東征史事考證四之五》,《文史》第三十二輯,中華書局,1990年。
[7]顧頡剛:《三監及東方諸國的反周軍事行動和周公的對策——周公東征史事考證之三》,《文史》第二十六輯,中華書局,1986年。
[8]《春秋左傳正義》卷四十五,昭公九年,第4466頁及《春秋左傳正義》卷五十四,定公四年,4635頁。
[9]此外,《墨子》和《韓非子》中亦稱"商蓋",見孫詒讓撰,孫啟治點校:《墨子閒詁》卷十一《耕柱》第四十六,中華書局,2001年,第433頁;王先慎撰,鍾哲點校:《韓非子集解》卷第七《說林上》第二十二,中華書局,1998年,第180頁。
[10]《清華大學藏戰國竹簡》(貳),簡一四至簡一五。
[11]史籍中亦有實例,"秦之先爲嬴姓。其後分封,以國爲姓,有徐氏、郯氏……",見《史記》卷五《秦本紀》第五,第221頁;"臨淮郡……縣二十九:徐,故國,盈姓。……",見(漢)班固撰,(唐)顏師古注:《漢書》卷二十八上《地理志》第八上,中華書局,1962年,第1589頁。
[12]傅斯年:《夷夏東西說》,《民族與古代中國史》,河北教育出版社,2002年,第47頁。
[13]《春秋左傳正義》卷四十一,昭公元年,第4388頁。
[14]《春秋左傳正義》卷四十一,昭公元年,第4388頁。

禽簋器形圖像　　　　　　　　　犅劫尊銘文拓本

記西周王朝征伐蓋侯,是"王伐"而"周公謀",説明出師是以周王的名義,可能是年幼的成王隨軍而來,[1]但真正的主謀及率軍者是周公。祝,應是一種祭祀或祝禱之名。[2] 伯禽亦隨軍東征,然此時其身份尚不是魯侯,有可能擔任周人"祝宗卜史"一類的職務。又犅(犅)劫尊(《銘圖》11763)銘:"王征塋(蓋),易(賜)犅(犅)劫貝朋,用乍(作)魚(余)薵(高)且(祖)缶(寶)陴(尊)彝。"亦是西周早期器。另有犅(犅)白(伯)誃卣(《銘圖》13280),學者據其形制與銘文,認爲應屬商晚期器。[3] 犅白(伯)誃卣和犅劫尊可歸爲同時代之器,而犅伯誃與犅劫應該不是一人。[4] 故犅劫應爲犅氏家族中在周王身邊任職者,且隨成王出征,在伐蓋一役中立功受賞。

禽簋和犅劫尊兩器銘文中的"伐蓋"一事,便是史籍所記之周公"踐奄"。而"蓋侯"應與甲骨卜辭中之其他"侯"一樣,是商王朝在邊域地區所命之侯。蓋侯及其下屬可能原爲夷人之一支,應是商王朝晚期征尸(夷)方前後臣屬於商人。奄(蓋)之地望舊説在今山東曲阜

---

[1]　"成王自奄歸,在宗周,作《多方》",見《史記》卷四《周本紀》第四,第133頁。
[2]　唐蘭:《西周青銅器銘文分代史徵》,中華書局,1986年,第38頁。
[3]　裘錫圭:《犅伯卣的形制和銘文》,載《保利藏金(續)——保利藝術博物館精品選》,嶺南美術出版社,2001年;李學勤:《犅伯卣銘文考釋》,載《保利藏金(續)——保利藝術博物館精品選》,嶺南美術出版社,2001年。
[4]　裘錫圭先生認爲"犅劫即犅伯後人,於殷周之際背商而附周。也有可能犅伯之國先爲周人所滅,犅劫爲周王所封於其他者或此被封者之族人,故亦以犅爲氏",參見《犅伯卣的形制和銘文》一文。

市,[1]典籍中以"商奄"、"商蓋"稱之,説明其與商王朝關係較爲緊密,其族也應商化較深。因其反周態度較爲强烈,周人將其征服後,還强迫其族人遠遷至宗周之西陲。又《史記·周本紀》:"召公爲保,周公爲師,東伐淮夷,殘奄,遷其君薄姑。"[2]則是言周人令蓋侯遷居到同樣是新征服的薄姑之地,使其與原土原民分離。

西周銅器銘文中尚不見周初與徐戰争(或曰伐徐)之事。與奄(蓋)之命運不同,史籍中的徐雖爲周人所敗,但并未滅亡,只是流徙而已,[3]且一直與西周王朝爲敵。因資料所限,徐人是否臣服於商王朝,於今不得而知。史籍將徐、奄二邦并提,其地望亦當相近。顧頡剛先生考證其地起初在商奄以東,[4]因《詩·魯頌·閟宮》等傳世文獻有相關内容,故此説近是。

除滅奄(蓋)、敗徐外,西周王朝亦征伐了豐、薄姑等東夷諸邦。塱方鼎(《銘圖》02364)銘:"隹(惟)周公珏(于)征伐東尸(夷),豐白(伯)、専(薄)古(姑)咸㦰,公歸禦(襫)珏(于)周廟。戊辰,酓(飲)秦酓(飲),公賞塱貝百朋,用乍(作)隣(尊)鼎。"此是西周早期器,記周公率軍征伐東夷一事。"豐白(伯)、専(薄)古(姑)咸㦰",《説文》:"咸,皆也,悉也。"[5]又"㦰",其意是"搏殺"、"剿殺"。[6] 是説豐伯、[7]薄姑兩部被周公率軍平滅。此兩部應是東夷中具有代表性的强邦。

塱方鼎銘文拓本

---

[1] 顧頡剛:《奄和蒲姑的南遷——周公東征史事考證四之四》,《文史》第三十一輯,中華書局,1988年。
[2] 《史記》卷四《周本紀》第四,第133頁。
[3] 參見顧頡剛:《徐和淮夷的遷、留——周公東征史事考證四之五》一文。
[4] 參見顧頡剛:《徐和淮夷的遷、留——周公東征史事考證四之五》一文。
[5] (漢)許慎撰,(宋)徐鉉校定:《説文解字》,中華書局,2013年,第26頁下。
[6] 張政烺:《釋"㦰"》,《古文字研究》第六輯,中華書局,1981年。
[7] 豐伯,學者多據史籍釋"🌱"爲"豐"(陳夢家先生認爲即古豐國,或在今曲阜西南,見《西周銅器斷代》,第18頁;唐蘭先生認爲其是後來的豐侯之國,在今江蘇省豐縣,見《西周青銅器銘文分代史徵》,第42頁。又有學者以爲其爲周初居於今臨淄附近之所謂逄國,譚戒甫:《西周〈塱鼎銘〉研究》,《考古》1963年第12期;蔡運章、陳長安:《豐國銅器及相關問題》,《考古與文物》1983年第6期;尚志儒:《西周金文中的豐國》,《文博》1991年第4期。亦有人根據高青陳莊出土之銅器銘文,認爲其氏後來成爲齊庶子之氏,曹斌:《豐國小考》,《東嶽論叢》2015年第3期),然其字上從兩"亡",并不與豐鼎(《銘圖》02200)、瘌鼎(《銘圖》02369)、豐侯母鬲(《銘圖》02840)、豐伯盨父簋(《銘圖》05845)等器中之作人名、地名、侯號以及族氏名的"豐"字相類(字在這幾器中亦有細微不同,如豐侯母鬲似從兩 (轉下頁)

薄姑,史籍亦作蒲姑,《左傳》昭公九年:"及武王克商,蒲姑、商奄,吾東土也。"[1]杜預注曰:"樂安博昌縣北有蒲姑城。"[2]又《水經注·濟水注》:"濟水又經薄姑城北,《後漢郡國志》曰:博昌縣有薄姑城。《地理書》曰:吕尚封于齊郡薄姑。薄姑故城在臨淄縣西北五十里,近濟水。史遷曰:獻公徙薄姑。城内有高臺,《春秋》昭公二十年,齊景公飲于臺上,曰:古而不死,何樂如之。晏平仲對曰:昔爽鳩氏始居之,季萴因之,有逢伯陵又因之,薄姑氏又因之,而後太公因之。……即于是臺也。"[3]是曰商周時期的薄姑在故博昌縣境内。《水經注》所引《春秋》實際是《左傳》昭公二十年所載之事。[4]《史記·齊太公世家》:"胡公徙都薄姑,而當周夷王之時。……獻公元年,盡逐胡公子,因徙薄姑都,治臨菑。"[5]是西周晚期早段時,齊胡公曾將齊之邦邑遷到薄姑舊地,而其弟齊獻公在繼齊侯之位後又將邦邑遷到臨淄,故薄姑應距臨淄不遠。《讀史方輿紀要》青州府博興縣條下:"薄姑城,縣東北十五里。殷末薄姑氏國也。亦曰蒲姑。"又引《括地志》曰:"薄姑在博昌縣東北六十里。"[6]古薄姑氏之地望在今山東博興縣境内,正在齊都臨淄西北方向不遠處。《水經注·濰水注》則曰:"其水東北逕姑幕縣故城東……故薄姑氏之國也。"[7]姑幕縣在今山東安丘市南,位於古臨淄東南方向較遠的地方,應不是周公所伐之薄姑的地望所在。

周公居東,就是指周公率領西周軍隊東征三年之事。而周公東征是西周王朝初年一次重大的軍事行動。關於周公東征的路綫,有學者指出其"殆自成周出發,經由衛地,在大野澤北端汶水入濟處附近渡過濟水,然後沿汶水而上,攻克商(郕),進而駐扎于商(郕)東成(或郕),這一段主要與討伐商奄有關;此後,周公沿着'魯道'北進,一舉征服臨淄一帶的伯、薄姑等部族,最終實現了王朝勢力之東拓",[8]此是通過對相關古地名之地望的考證,大致勾勒

(接上頁)"木",其他則似從兩"㯱")。又習稱豐伯車父簋(《銘圖》05081)中之"㱿",字上無任何筆畫,故應釋作"豈(鼓)"爲好,此"豐伯"乃是"豈伯"。西周早期的豐公㝬鼎(《銘圖》01551)出土於陝西寶雞竹園溝西周墓地七號墓(編號 BZM7:3)(盧連成、胡智生:《寶雞強國墓地》,文物出版社,1988年,第108頁圖八五·1),此鼎口呈桃圓形,兩索狀立耳卷沿上,直口,腹較深,腹壁直,下腹微鼓,腹底平闊,三柱足,腹上部飾一周夔龍紋間圓渦紋,各九組,夔龍紋用粗陽綫勾勒,夔體粗短,雲雷紋襯地,爲周人風格,且銘文中没有族氏銘文,故豐公爲周人貴族,其有"公"稱,應是西周早期王朝的重要大臣之一。可能是豐氏賻贈此鼎於強氏,因此它出土於強伯墓地。而此豐公或爲宗周畿内貴族,與屬夷人的豐伯似無直接關係。惟此豐伯與其族人之結局如何,於史無徵。

[1]《春秋左傳正義》卷四十五,昭公九年,第4466頁。
[2]《春秋左傳正義》卷四十五,昭公九年,第4466頁。
[3](北魏)酈道元著,陳橋驛校證:《水經注校證》卷八《濟水》,中華書局,2007年,第213頁。
[4]《春秋左傳正義》卷四十九,昭公二十年,第4549頁。
[5]《史記》卷三十二《齊太公世家》第二,第1481頁。
[6](清)顧祖禹撰,賀次君、施和金點校:《讀史方輿紀要》,中華書局,2005年,第1633-1634頁。
[7]《水經注校證》卷二十六《濰水》,第631頁。
[8]陳絜:《〈塱方鼎〉銘與周公東征路綫初探》,《古文字與古代史》第四輯,臺灣中研院歷史語言研究所,2015年,第261-290頁。

出一條行軍路綫,應是較爲接近史實的。周人進一步向東對夷人地區的征伐,使得西周王朝之東部疆域由今河南安陽一綫擴展到了今山東中西部地區,達到淄博——曲阜一綫,東土邊域大爲推進,以至春秋時人説"蒲姑、商奄,吾東土也"。[1]

---

[1]《春秋左傳正義》卷四十五,昭公九年,第4466頁。

長子就封與庶子就封
——西周早期高等級宗族分宗模式探析

楊　坤[*]

周革殷命，周人集團諸貴族因追隨天子滅商立國有功而獲得厚賞，所屬宗族規模和實力迅速擴大。與此同時，周天子爲鞏固統治而大行分封，衆多親戚功臣被封往各地鎮撫民人。宗族分宗與政治分封緊密結合，成爲西周制度的一大特色。不過政權新立，朝堂上亦需能臣賢佐協助天子穩定政局。因此部分重臣雖有分封，亦兼任王朝職官。他們需留在王朝任職，往往改令族人子弟代其就封。在世官制下，其王朝職事也會由後人繼承，因此宗族會被明顯地分爲畿內家族和封地家族等多個部分。在這種情況下，外封和留王畿該如何選擇？司馬貞《史記索隱》載"周公元子就封於魯，次子留相王室，代爲周公"、"（召公）亦以元子就封，而次子留周室，代爲召公"。[1]"元子"即長子，司馬貞認爲周公、召公均是讓長子代往封地就封爲侯，而將次子留在王朝接替職事。按司馬貞所言周、召二公分宗情況是否可信？"長子就封，次子留相王室"而外，是否還有其他的分宗模式？外封家族與留王畿家族關係如何？這些問題既與西周政局緊密相連，也是宗法制度的重要內容。以往學者雖有所論及，[2]但并不全面。近幾年新的考古發現又爲此問題的深入討論提供了新的綫索。下面我們便以周公、畢公、召氏、南宮氏等宗族爲例，結合金文與傳世文獻對西周早期高等級宗族分宗模式試做探索。

一、周公宗族內部結構及關係探討

周公名旦，是文王之子，武王之弟，周公事迹及子嗣文獻多有記載，其宗族分宗比較清楚。周公原封於魯，因留相王室，由伯禽代爲就封。《魯周公世家》有：

> （周武王）封周公旦於少昊之虛曲阜，是爲魯公。周公不就封，留佐武王……周

---

[*] 北京大學歷史學系博士後。
[1] 《史記》卷三十三、卷三十四，中華書局二十四史點校本，1982年，第1524、1549頁。
[2] 比較有代表性的著作有陳夢家：《西周銅器斷代》，中華書局，2004年；朱鳳瀚：《商周家族形態研究（增訂本）》，天津古籍出版社，2004年；韓巍：《西周金文世族研究》，北京大學博士學位論文，2007年。此外還有不少學者就某一宗族或幾個宗族內部關係做過詳細探討，部分見於下文，此不詳引。

公卒,子伯禽固已前受封,是爲魯公。[1]

伯禽是周公嫡長子,"伯"爲排行稱謂,表嫡長之意。《史記》稱周公、伯禽受封在武王之時,但《詩經·魯頌·閟宫》明言在成王時。[2] 從西周早期東土態勢來看,武王之時山東之地并未歸周所有。只有在周公東征平定東夷叛亂以後,周人才有在商奄舊地一帶封邦建侯之可能,因此伯禽侯魯應在成王之時。[3] 伯禽是實際上魯國始封君,也被稱作"魯公"。[4]

《史記索隱》載周公將次子留在畿内繼承其職事。西周金文見有周公之子擔任王朝大臣者,如夨令方彝(13548[5])有銘文作:

> 唯八月,辰在甲申,王令周公子明保尹三事四方,授卿事寮,丁亥,令夨告于周公宫,公令誕同卿事寮……

"周公子明保"即周公之子明保。銘文記載周天子令明保管理王朝内外之事(尹三事四方),可知其爲王朝執政大臣。明保也被稱作"明公",見於夨令方尊(11521)、魯侯尊(04955)等,應是繼承其父"周公"職位,與傳世文獻相合。陳夢家認爲明保乃周公次子君陳,[6]可能是正確的意見。

此外周公還有不少子嗣,《左傳》僖公二十四年有"凡、蔣、邢、茅、胙、祭,周公之胤也"。[7] 這些均是周公之後,各有分封,多數也見於西周銅器銘文。由此可知,西周早期周公宗族是由多個以其子爲祖而獨立成氏、各有分封的分族組成。

既是同屬周公宗族,内部當有大宗、小宗之别。周公諸子孰爲大宗?尤其是對於周公長子與次子而言,分别繼承其畿外封地與王朝職事,二者宗族地位孰高孰低?這一點或可從祭

---

[1]《史記·魯周公世家》,第1515、1524頁。
[2]《詩經·魯頌·閟宫》有:"王曰:叔父,建爾元子,俾侯于魯。大啟爾宇,爲周室輔。乃命魯公,俾侯于東。錫之山川,土田附庸。"(《毛詩正義》卷二十,阮元校刻:《十三經注疏》,中華書局影印版,第1328頁)時王稱周公爲"叔父",是成王無疑,這說明伯禽侯魯在成王之時。
[3] 成王之時,"周公攝政,一年救亂,二年克殷,三年踐奄,四年建侯衛"。朱鳳瀚認爲伯禽侯魯很可能是在周公東征克商、踐奄之後,隨即將伯禽留在奄地,建立魯國,成爲周人鎮守新開發的東土邊域的重鎮。朱鳳瀚:《魯國青銅器與周初魯都城》,《青銅器與山東古國學術研討會論文集》,上海古籍出版社,2017年,第177頁。
[4]《閟宫》"乃命魯公"之"魯公"即是指伯禽,西周早期魯侯熙鬲(02876)有銘文作"魯侯熙作彝,用享鬲厥文考魯公",魯侯熙即魯煬公熙,煬公爲伯禽之子。銘文所言祭祀"文考魯公",也是指伯禽。
[5] 吴鎮烽:《商周青銅器銘文暨圖像集成》,上海古籍出版社,2012年,第13548號。本文引用銅器出處,如無特殊說明,均引自該書,以下不再注明。
[6] 陳夢家:《西周銅器斷代》,中華書局,2004年,第37頁。
[7]《春秋左傳正義》卷十五,《十三經注疏》,第3944頁。

祀規格與等級的差別中找到答案。

祖先祭祀在周代社會中占有重要地位,西周時代宗廟祭祀制度謹嚴,一般由宗子主持宗族祭祀,其他宗族成員不得僭越,所謂"庶子不祭,明其宗也"。[1] 祭祀主導權的歸屬、祭祀對象和祭祀規格的不同均是祭祀者身份高低的體現。文獻所見魯侯在宗廟祭祀中的地位明顯要高於其兄弟輩,這主要體現在如下兩個方面:

首先,從宗廟設置情況來看,魯侯立廟規格高於其他兄弟之族。魯國有文王廟,魯侯可以祭祀文王。《左傳》襄公十二年有:"秋,吳子壽夢卒,臨於周廟,禮也。"杜預注云:"周廟,文王廟也。周公出文王,故魯立其廟。"[2] 周公其餘諸子,包括畿内周公一支,均只能立周公宗廟,作器祭祀周公,而不見立文王廟或祭祀文王的記載。[3]

其次,從祭祀規格來看,魯國因周公之故,祭祀規格秩比天子,這也是其他兄弟宗族所不能比的。《禮記·繼統》云:

> 昔者周公旦有勳勞於天下。周公既没,成王、康王追念周公之所以勳勞者,而欲尊魯,故賜之以重祭。外祭則郊社是也,内祭則大嘗禘是也。夫大嘗禘,升歌清廟下而管象,朱干玉戚以舞大武,八佾以舞大夏,此天子之樂也。[4]

周公之子均能祭祀周公,但天子褒揚周公勳勞而獨尊魯,説明魯侯在周公宗族中的地位要比其他兄弟高。這種祭祀上的差別,正是宗族内部地位高低的體現。因此,伯禽封魯,不僅僅是代父就封,更是周公傳重之所在。"傳重者,傳所受宗廟、土地、爵位、人民之重也",[5] 説明外服魯侯一支應是周公宗族大宗,畿内周公家族及其餘諸子只能算是小宗。

二、畢公宗族分宗情況探析

畢公名高,也是文王之子,武王之弟。《左傳》僖公二十四年有:"管、蔡……畢、原、酆、郇,文之昭也。"[6] 畢公是西周早期重要的輔政大臣,畢公宗族分宗全貌已不得而知。從銅器銘文來看,至少有畿外楷侯與畿内畢氏兩支。

---

[1]《禮記正義》卷三十四,《十三經注疏》,第3268頁。
[2]《春秋左傳正義》卷三十一,《十三經注疏》,第4236頁。
[3] 沈子它簋(05384)"周公宗"爲凡國祖廟,矢令方彝(13548)"周公宫"是周公之子明保祭祀周公的場所。邢侯簋有"作周公彝"(05274),柞伯簋銘文"用作周公寶尊彝"(05301),刑、柞(胙)亦是周公之子。銅器銘文表明他們均只能立廟祭祀周公,而不能祀文王。
[4]《禮記正義》卷四十九,《十三經注疏》,第3488-3489頁。
[5] 陳立:《白虎通疏證》卷四《封公侯》,中華書局,1994年,第152頁。
[6]《春秋左傳正義》卷十五,《十三經注疏》,第3944頁。

獻簋有銘文作：

圖一　獻簋器形及銘文拓本

　　唯九月既望庚寅，楷伯于遘王，休亡尤。朕辟天子、楷伯令厥臣獻金車，對朕辟休，作朕文考光父乙，十世不忘，獻身在畢公家，受天子休。（05221）

　　該器從器形來看在西周早期，郭沫若、彭裕商等認爲是康王時器。[1] 器主名"獻"，稱天子、楷伯爲"朕辟"，而自稱"厥臣"。辟，君也，可知獻爲楷伯屬臣（若只是天子之臣，則不應稱楷伯爲"朕辟"）。"楷"爲地名，學者或認爲即傳世文獻之"黎"，其地在今山西黎城附近。[2] 銘文記載了楷伯賞賜厥臣獻的事情，開頭"楷伯于遘王，休亡尤"是賞賜之起因與背景。獻很有可能跟隨楷伯前往覲見周天子，故而有此賞賜。銘文末尾"十世不忘獻身在畢公家"，可知楷伯與畢公當有密切聯繫。從銅器年代來看，"畢公"應指畢公高。郭沫若曾指出楷伯爲畢公之子，[3] 學者多從之。[4] "楷"是其封地所在，"伯"表排行，說明楷伯爲畢公嫡長子。

　　畢公還有子孫留在畿內，世代以"畢"爲氏。清華簡《祭公之顧命》記載祭公謀父臨終前

---

[1] 郭沫若：《兩周金文辭大系圖録考釋》下册，上海書店出版社，1999年，第四十五頁下；彭裕商：《西周青銅器年代綜合研究》，巴蜀書社，2003年，第246頁。

[2] 高智、張崇寧：《西伯既戡黎——西周黎侯銅器的出土與黎國墓地的確認》，《中國古代文明研究通訊》2007年總第34期；李學勤：《從清華簡談到周代黎國》，《出土文獻（第一輯）》，中西書局，2010年，第1頁。

[3] 郭沫若：《兩周金文辭大系圖録考釋》，第45頁。

[4] 韓巍《西周金文世族研究》，第55-65頁；李學勤：《從清華簡談到周代黎國》，第2-3頁；陳穎飛：《清華簡畢公高、畢桓與西周畢氏》，《中國國家博物館館刊》2012年第6期，第35-49頁。

與穆王的對話,有"乃召畢桓、井利、毛班"(簡9),《逸周書·祭公》也有相似内容。"畢桓"之"畢"爲氏名,于鬯指出"畢桓者,人氏名,疑畢公高之後",[1]應是可信的意見。由簡文可知畢桓爲穆王朝三公之一,當是繼承畢公職事的結果。畢氏族人還見於金文,如梁帶村出土畢伯克鼎(02273)有銘文作:

畢伯克肇作朕丕顯皇祖受命畢公彝,用追享孝,子孫永寶用。

銅器年代近兩周之際。銘文所見"皇祖受命畢公"即是畢公高。"畢伯克"當是畿内畢氏後代。

畢公長子既然已經就封於楷,畿内畢氏之祖只能是其庶子,[2]段簋(05234)銘文或可佐證這一點:

……王蔑段曆,念畢仲孫子,令龏釱逾大則于段,敢對揚王休,用作簋,孫孫子子萬年用享祀,孫子取引。

圖二　段簋器形及銘文拓片

---

[1]（清）于鬯:《香草校書》,中華書局,1984年,第201頁。
[2] 不同的傳世文獻對嫡子、長子、庶子等的界定有所不同,胡培翬《儀禮正義》云:"長子、衆子與嫡子、庶子,名異實同。凡長子者,則不獨長子之弟爲衆子,而妾子亦爲衆子。言嫡子,則不獨妾子爲庶子,而嫡子之母弟亦爲庶子。經中凡以嫡對庶言者,嫡爲嫡長一人,其餘皆庶也。"（[清] 胡培翬:《儀禮正義》卷二十二,廣西師範大學出版社,2018年,第1857頁）胡氏觀點可從。

從器形及銘文風格看，銅器年代在西周中期。器主名段，天子賞賜段，其原因是"念畢仲孫子"，説明段爲畢仲之後。"畢"爲氏名，仲是排行，陳夢家認爲畢仲是畢公之子，[1]韓巍、陳穎飛進一步認爲畢仲可能是楷伯之弟，[2]當是可信的意見。畢公長子已就封於楷，畿内畢氏則當是畢公次子畢仲之後。畢公宗族分宗正與周公"長子就封，次子留相王室"相同。

　　畢公宗族分宗之後孰爲大宗？韓巍認爲畢仲繼承畢氏大宗，因此其宗子可以稱畢伯，[3]李學勤也認爲楷伯是畢公别子。[4]按此説或可商榷。伯仲叔季是同父兄弟之間的排行稱謂，無論大宗小宗，所在家族之内均可各有伯仲。畢仲之後每代嫡長子均可稱畢伯，但只代表其爲畿内畢氏一支宗子，如周公宗族凡伯、祚伯爲凡氏、祚氏宗子，并不能説明他們是整個周公宗族大宗。從獻簋、段簋銘文内涵來看，畢公嫡長子楷伯當爲大宗，庶子畢仲一支爲小宗。

　　獻簋銘文記載獻感念楷伯賞賜，言及"十世不忘獻身在畢公家"。是在獻看來，服事楷伯即等於服事畢公之家，將楷伯與畢公之家等同。楷伯若非畢公繼承人，亦即是傳重者，應當不得"畢公之家"之名，可見楷伯并非"别子"。同時，段簋銘文只言"王念畢仲孫子"却不言"畢公孫子"，這種表述的差異或暗示畢仲一支的小宗地位。西周晚期禹鼎有銘文作：

　　　　禹曰："丕顯桓桓皇祖穆公，克夾召先王，奠四方，肆武公亦弗遐忘朕聖祖考幽
　　　大叔、懿叔，命禹纘朕聖祖考，政于井邦……"（02498）

　　器主禹受武公之命爲政于井邦，其皇祖爲"穆公"。長安張家坡西周井叔家族墓地出土井叔采鐘有銘文作"文祖穆公"，朱鳳瀚認爲是同一人，[5]是禹爲井氏族人。禹之聖祖爲幽大叔，"幽"爲謚號，"叔"是排行，説明非嫡長子。學者早已指出，穆公原爲井氏大宗，幽大叔是穆公庶子，"幽大叔-懿叔-禹"一支是井氏小宗。[6] 銘文所見武公命禹之時，不言"穆公孫子"，只是"弗遐忘朕聖祖考幽大叔"，恰好點明其井氏小宗的身份。段簋銘文與此類似，只言"王念畢仲孫子"却不言"畢公孫子"，正説明段與畢仲關係密切而與畢公有隔，可見畢仲一支是畢公宗族之小宗。[7]

---

[1] 陳夢家：《西周銅器斷代》，第54頁。
[2] 韓巍：《西周金文世族研究》，第58頁；陳穎飛：《清華簡畢公高、畢桓與西周畢氏》，第40頁。
[3] 韓巍：《西周金文世族研究》，第58頁。
[4] 李學勤：《從清華簡談到周代黎國》，第2頁。
[5] 朱鳳瀚：《商周家族形態研究（增訂本）》，第351頁。
[6] 陳夢家：《西周銅器斷代》，第272頁；韓巍：《西周金文世族研究》，第144－148頁。
[7] 類似的例子還有西周中期的禹簋（05233），器主名禹，由應侯禹盨（05639）可知爲一代應侯。銘文有"王弗忘應公室"，應公即應國始封君，原爲武王庶子，是應侯禹直系祖先。銘文言"王弗忘應公室"而不言"王弗忘武王孫子"，是在天子看來，應公是武王别子，應侯一脉爲王室小宗。因此只需提及應公，而不宜上繫武王。

綜上，畢公長子楷侯一系爲畢公宗族大宗，畿內畢氏爲畢仲之後，是小宗，分宗情況與周公宗族相同。

三、召公宗族內部結構分析

召公名奭，與周同爲姬姓，召公所在召氏宗族本是姬姓支族，[1] 東漢及以後或有文獻言召公是文王之子，學者早已指出不可信。[2] 現在看來，至遲在文王以前召氏宗族就已經分族而出。召公奭并非召氏始祖，當商末周初召公任宗子之時，召氏宗族應已經有相當規模。召公歷事文、武、成、康四朝，地位很高，因此召氏宗族在西周早期就有多個分族，目前可以確定的有燕侯家族、太保家族和召氏家族等。

文獻記載召公受封於燕，[3] 傳世小臣豐鼎（02102）有銘文作：

召公建[4]匽（燕），休于小臣豐貝五朋，用作寶尊彝。

"召公建燕"即召公建立燕國，這與文獻所載相合。不過召公本人并未就封，實際就封者應是其子。北京房山琉璃河西周燕國墓地M1193出土克罍、克盉（13831、14789）有銘文作：

王曰：太保，唯乃明乃心，享于乃辟。余大對乃享，令克侯于燕……

銅器年代在西周早期偏早，器主名"克"。銘文記載周天子感念召公勤勞王室，服事天子，於是命令克去往燕地爲侯，克因此作器紀念。天子因召公功勞而封克爲燕侯，說明召公與克有着極爲密切的親緣關係。參照天子封周公而其子伯禽侯魯，克應是召公之子，這一點已經爲學界所公認。

---

[1]《史記集解》引譙周曰："周之支族，食邑於召，謂之召公。"《史記》卷三十四，第1549頁。
[2]《白虎通·王者不臣篇》："文武受命，召公維翰。召公，文王子也。"王充《論衡·氣壽篇》："邵公，周公之兄也。"皇甫謐《帝王世紀》："邵公爲文王之庶子"。但在此之前，如《左傳》、《史記》等所記文王之子并無召公，因此梁玉繩云："皇甫之說，本于《白虎通》《論衡》，然不可信。孔穎達、陸德明并言《左傳》富辰數文昭十六國無燕，則召公必非文王子，斥士安（皇甫謐）爲謬。蓋既爲周同姓，稱分子也可，稱支族也可。"（[清] 梁玉繩撰，賀次君點校：《史記志疑》卷十九，中華書局，1981年，第892頁）還有學者從其他方面推測召公是文王庶子，論據皆不够充分，任偉曾有詳細論證，可以參看。任偉：《西周封國考疑》，社會科學文獻出版社，第161－162頁。
[3]《史記·燕召公世家》有"周武王之滅紂，封召公於北燕"（《史記·燕召公世家》，第1549頁）是召公受封在武王之時。不過《穀梁傳》莊公三十年有："燕，周之分子也。"范甯注云："燕，周大保召康公之後，成王所封。分子，謂周之別子孫也。"（《春秋穀梁傳注疏》卷六，《十三經注疏》，第5184頁）從武王在位年限及西周早期形勢來看，當以范甯之說爲是。
[4] 裘錫圭：《釋"建"》，《裘錫圭學術文集》第三卷，復旦大學出版社，2012年，第39－42頁。

西周早期還有以"太保"爲氏者,如多件器主爲"𧽙"的銅器有銘文作:

    𧽙作尊彝,太保。(𧽙鼎,01527－01531)
    太保,𧽙作宗室寶尊彝。(𧽙鼎,01863)
    𧽙作尊彝,太保。(𧽙觚,09820)

這幾件銅器年代較早,唐蘭定在康王時期。[1]"𧽙作尊彝"與"太保"之間有明顯的間隔,并不連在一起。此"大保"性質與商周常見族氏銘文相近,當表示器主"𧽙"所在宗族之名。太保爲職官名,此屬於典型的"以官爲氏"。西周早期任"太保"者爲召公奭,因此太保氏應爲召氏宗族的一支。𧽙屬於太保氏,結合銅器年代,很有可能是召公奭之子。

西周早期召氏宗族還有名"召伯父辛"者,如伯龢諸器有銘文作:

    龢作召伯父辛寶尊彝。(龢爵,08569)
    伯龢作召伯父辛寶尊鼎。(伯龢鼎,01900)

"召伯父辛"即召氏之"伯",日名爲"辛",生前可能是召氏宗族宗子。清末山東壽張梁山出土"梁山七器"中召公銅器與召伯父辛共出,說明二者應有密切聯繫。"梁山七器"銘文作:

    太保鑄。(大保鼎,01065)
    王伐錄子耵,徂厥反,王降征令于太保,太保克敬亡譴,王侃太保,賜休余土,用茲彝對令。(大保簋,05139)
    伯憲作召伯父辛寶尊彝。(伯憲盉,14752)
    唯九月既生霸辛酉,在燕,侯賜憲貝、金,揚侯休,用作召伯父辛寶尊彝,憲萬年子子孫孫寶光用。太保。(憲鼎,02386)
    太史友作召公寶尊彝。(太史友甗,03305)
    丁巳,王省夒𠊊,王賜小臣艅夒貝,唯王來征夷方,唯王十祀又五,肜日。(小臣艅犀尊,11785)

這批銅器的年代不一,小臣艅犀尊年代在殷墟晚期。其餘六件在西周早期,年代也有早晚,從器形看,憲鼎與伯憲盉的年代要晚於大保和大史諸器,約在昭王時期。[2]

伯龢與伯憲諸器年代相近,均提到"召伯父辛",所指應是同一人。與此同時,西周早期

---

[1] 唐蘭:《西周青銅器銘文分代史徵》,中華書局,1986年,第145頁。
[2] 彭裕商:《西周青銅器年代綜合研究》,第242－245、277－278頁。

燕侯旨鼎有銘文作：

> 燕侯旨初見事于宗周，王賞旨貝二十朋……（02203）
> 燕侯旨作父辛尊。（01716）

所謂的"初見事于宗周"，是指旨初任燕侯來宗周述職。上文已經説到，克是燕國始封君，根據燕侯旨銅器的年代來看，旨應是第二任燕侯，爲克之弟或子。燕侯旨與伯憲的活動年代近同，二者均屬於召公之後。因此學者普遍認爲燕侯旨鼎之"父辛"很有可能即伯龢、伯憲器之"召伯父辛"。[1]

伯龢、伯憲與燕侯旨均曾祭祀日名爲辛的召氏父輩先人。他們之間以及與召公、燕侯克的關係值得探討。不少學者曾做過研究，[2]但并未取得一致的意見，故在此仍需做進一步討論。

銘有"父辛"的燕侯旨屬於燕侯一脉，伯龢與伯憲的稱名方式均爲"排行+私名"。西周時期伯、仲、叔、季用以表排行時，同稱仲、叔者可以有多人，但稱伯、季者往往只有一個，似未見有反例。《白虎通》云"積於仲、積於叔……不積於伯、季，明其無二也"，[3]説的就是這種情況。因此伯龢與伯憲當不會是親兄弟，只能是從父兄弟。憲鼎銘文末尾有"大保"，説明伯憲很有可能屬於大保氏，如此伯龢最有可能屬召氏。

關於召公與召伯父辛的關係，學者或謂召公即召伯父辛。但召公奭生前均稱"大保"或"召公"，未見稱"召伯"者。且若是如此，伯憲與伯龢的從父兄弟關係便不好理解。西周時期繼承制度以傳子優先，召公原爲召氏宗子，此宗子之位當由其親子繼承。同時，召公也是太保氏始祖，太保之職也應由其親子而非其弟繼承。若召公是召伯父辛，則伯憲與伯龢爲親兄弟，這與西周兄弟排行只有一位稱"伯"的規律不符。并且，伯憲器的年代在西周早期偏晚昭王時，而召公在商末周初便已活躍在政治舞臺，二者時間差距過大，解作父子并不合適，當以作祖孫爲宜。最關鍵的一點是，從相關銅器銘文來看，召公奭日名并不是"辛"。洛陽北窑出土西周早期叔造尊有銘文作：

> 叔造作召公宗寶尊彝，父乙。（11736）

---

[1] 李寶軍：《西周早期的召公家族世系——以青銅器銘文爲中心的考察》，《洛陽考古》2013年第3期，第68頁。

[2] 關於召公奭與召伯父辛的關係，以往學界有多種説法：召伯父辛是召公奭之父、召伯父辛即召公奭、召伯父辛是召公奭之子，以及"召伯父辛"爲"召伯"、"父辛"二人等。任偉曾對諸家觀點做過詳細辨析（任偉：《西周封國考疑》，第159-178頁）。此後韓巍、曹斌等亦曾詳細討論此問題。韓巍：《西周金文世族研究》，北京大學博士學位論文，2007年；曹斌：《匽侯銅器與燕國早期世系》，《江漢考古》2016年第5期，第70-76頁。

[3] 陳立：《白虎通疏證》卷九，第418頁。

圖三　叔造尊器形及銘文拓片

　　銘文雖不長，但內涵及人物關係值得探索。西周早期稱"召公"者多指召公奭，此銘"召公"也應作如此理解。"叔造"是作器者，銘末"父乙"爲受祭者，是叔造之父。"叔造作召公宗寶尊彝"之斷句有兩種理解：一是斷作"叔造/作/召公宗/寶尊彝"，二是斷作"叔造/作/召公/宗寶尊彝"，二者的意思并不相同。

　　若是前者，則"召公宗"即（祭祀）召公之宗廟，銘文意思是叔造鑄造了一件在召公宗廟內使用的祭器，用來祭祀父乙。叔造能在召公宗廟內祭祀父乙，説明父乙、叔造均是召氏族人，此祭祀行爲很有可能是與附祭有關，即是將父乙祔於召公宗廟，如此則父乙很有可能是召公之子，叔造爲召公之孫。[1]

　　若是後者，則該器是叔造爲召公而作，召公、父乙是同一人，召公爲尊稱，父乙是對受祭者信息的補充。銘文的意思是叔造爲召公父乙作了一件宗廟祭器，召公日名爲"乙"，叔造是召公之子。這兩種斷讀意見哪種合適，可從對"宗寶尊彝"的分析説起。

　　"宗寶尊彝"之宗、寶、尊均修飾"彝"，西周金文常見宗彝、寶彝、尊彝，"宗、寶、尊"三者合起來修飾"彝"的情況也不少見，如銘"宗寶尊彝"的還有：

　　（保）用作父癸宗寶尊彝。（保尊，11801）
　　轂作父乙宗寶尊彝，子子孫孫其永寶。（轂尊，11760）
　　公作宗寶尊彝。（公卣，13120）
　　伯揚作寶彝（器銘）；作宗寶尊彝，萬年孫子用（蓋銘）。（伯揚卣，30879）

---

[1] 發掘者即持類似意見，參洛陽市文物工作隊：《洛陽北窑西周墓》，文物出版社，1999年，第362頁。

前兩件銅器在"宗寶尊彝"之前有受祭者信息,與叔造尊相同。後兩件則無受祭者,僅是"作宗寶尊彝"。可知"宗寶尊彝"爲固定詞組,"宗"無需與"寶尊彝"斷開。

不僅如此,"宗寶尊彝"還可以作"寶尊宗彝",如西周日己方尊、方彝、觚有銘文作:

作文考日己寶尊宗彝。(11777、13537、13664)

或是省略"寶"、"尊",作"宗尊彝"、"寶宗彝"、"宗寶彝"等,如:

豫作父乙宗尊彝。(豫角,08785)
異作厥考伯效父寶宗彝。(異卣蓋,13274)
周兔旁作父丁宗寶彝。(旁尊,11709)

"寶尊宗彝"、"宗尊彝"、"寶宗彝"、"宗寶彝"與"宗寶尊彝"內涵相同,"宗"字可前後移動,説明"宗"用以修飾"彝",而不當與前連讀。因此,"叔造作召公宗寶尊彝"的斷讀當如第二種理解,即叔造鑄造一件用以祭祀召公的宗廟彝器。銘末"父乙"則是對受祭者召公信息的補充。銘文完整語序應是"叔造作召公父乙宗寶尊彝"。這種在銘末補充受祭者信息的情況在金文中還有,如許仲㑅尊、卣(11740、13267)有銘文作:

許仲㑅作厥文考寶尊彝,日辛。

"許仲㑅"是作器者,銘末"日辛"即其文考日名,完整語序應是"許仲㑅作厥文考日辛寶尊彝",與叔造尊幾乎一致。[1] 准此,召公奭日名爲"乙",與"召伯父辛"顯然不是同一人。再結合相關銅器的年代,召伯父辛最有可能是召公之子,伯憲、伯龢與燕侯旨爲召公孫輩,這一點已經爲多位學者所指出。

召伯父辛爲召公之子。燕侯一支已經"胙土命氏",以燕侯爲稱,所以不會再稱"召伯",因此燕侯克不會是召伯父辛,兩人應爲兄弟關係。燕侯旨稱燕侯克兄弟爲"父辛",則只能是燕侯克之子,而非其弟。禱和伯憲均屬於太保氏,禱器的年代早于伯憲器,則禱應是伯憲的父輩,很有可能是其生父。如此則屬於召氏家族之伯龢當即是召伯父辛親子。

此外西周早期銅器銘文還見有召氏族人,召仲卣(13201)有銘文作"七五六六六七,召仲","召仲"在銘文末尾,若解爲人名,則爲召氏排行爲"仲"者。若解爲族名,則屬召氏宗族分支"召仲"家族。以字體年代推論,此"召仲"當爲召公同輩或子輩。

---

[1] 西周早期受祭者既名公,又有日名的,亦不止此"召公父乙",宜侯夨簋的"宜侯夨揚王休,作虞公父丁尊彝"(05373),"虞公父丁"與"召公父乙"的稱謂形式全同。

綜上,西周早期銅器銘文所見召氏宗族的分宗情況可圖示如下:

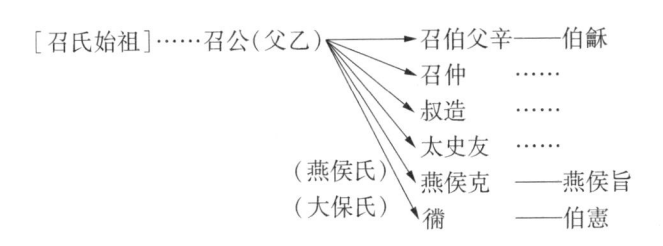

```
                        ┌─→ 召伯父辛 ── 伯龢
                        ├─→ 召仲    ……
                        ├─→ 叔造    ……
[召氏始祖]……召公(父乙)  ├─→ 太史友   ……
              (燕侯氏) ├─→ 燕侯克   ── 燕侯旨
              (大保氏) └─→ 𢦚       ── 伯憲
```

召氏分宗既已如上所述,那麼召氏、大保氏和燕侯三者孰爲大宗?學者或以爲也是"長子就封,次子留相王室",因此以燕侯克爲召公長子。如此一來,參照周公宗族情況,則燕侯一系當爲召氏宗族大宗。還有學者認爲繼承太保氏者才是召氏宗族宗子,如此則太保氏當爲召氏之大宗。

按兩説均有可商。"召伯父辛"既是召公之子,"伯"表示排行,應是召公嫡長子。司馬貞所言召公以"長子就封"并不確。以往學者認爲燕侯克爲召公長子只是依據周公宗族推測而來,并未得到銅器銘文的證實。西周時期燕侯一系無論在祭祀還是其他方面并未見有高過召氏者。并且燕侯一系若果真爲召氏大宗,那麼燕侯克就封之時理應攜召氏宗族大部去往燕地。因爲宗子承重,當總管族人,不然所謂大宗將有名無實。然而并不見召氏宗族大部遷往燕地的景象,從西周早期銅器銘文來看,畿內召氏家族包含衆多分支,宗族規模和勢力要高過燕侯一系。至於太保氏,西周中期以後便基本不見,可能宗族消散,或重新并入召氏宗族。存在時間如此之短,難以當得上大宗之名。上引憲鼎銘文曾記載憲與燕侯的交往,"在燕,侯錫憲貝……(憲)用作召伯父辛寶尊彝",憲鼎年代在西周早期偏晚,故"(燕)侯"不會是始封君燕侯克,而是燕侯旨。(伯)憲屬於太保氏,與燕侯旨平輩。從銘文語氣來看,憲的地位并不會高於燕侯。如此則太保氏爲召氏大宗也得不到銘文的支持。反觀召氏宗族召伯一支,從西周早期到春秋晚期一直存在,長期占據王朝要職。因此,最有可能的情況是,召伯父辛爲召公嫡長子,繼召公而爲召氏宗子,其所在畿內召伯一支(召伯父辛—伯龢)是整個召氏宗族之大宗。召公宗族分宗屬於"庶子就封、長子留王畿",與周公、畢公宗族并不同。

四、南宮氏與曾侯關係探析

南宮氏也是與周同爲姬姓。[1] 南宮括也稱伯括,[2] 在先周時代就已經受到重用,是

---

[1] 西周銅器有南宮佣姬簋(04603),佣爲媿姓,"南宮佣姬"是南宮姬姓女子嫁給佣氏者。近出曾侯與鐘曾侯與自述爲南宮後代,自稱"稷之玄孫",是南公氏確爲姬姓無疑。有學者認爲南宮氏姬姓爲賜姓,似缺乏明顯的文字證據。
[2] 《論語·微子》有"伯括",學者認爲即南宮括。隨州文峰塔曾侯與鐘有"伯括上帝,左右文武"。曾侯爲南宮氏之後,所言"左右文武"之"伯括"無疑就是指南宮括。

"文王四友"[1]之一。武王克商之時也曾做出重要貢獻。[2] 但文獻并未明言南宫括是某王之子,則南宫氏很有可能如召氏一般,爲姬姓支族,很早就已經分族而出。《逸周書·克殷》記載克商之時輔佐周天子的還有南宫百達和南宫忽,[3] 説明商末周初南宫宗族服事於周者不少,并且取得高位,故南宫宗族在周初應已有相當的規模。

南宫宗族在西周早期分宗全貌已不得而知,但從目前材料來看,至少可以分爲畿内南宫氏和畿外曾侯兩支。

畿内南宫氏見於西周早期文獻的還有南宫毛,成王去世時曾受命爲康王顧命大臣,很有可能是南宫氏宗子。《書·顧命》有:"越翼日乙丑,(成)王崩。太保命仲桓、南宫毛,俾爰齊侯吕伋以二干戈、虎賁百人逆子釗于南門之外。"[4]據此可推測南宫毛主要活動年代當在成王、康王時期。再結合南宫括的活動年代推算,南宫毛很有可能是南宫括之子。

西周早期大盂鼎和小盂鼎有銘文作:

……唯九月,王在宗周,令盂……王曰:命汝盂型乃嗣祖南公……盂用對王休,用作祖南公寶鼎,唯王二十又三祀。(大盂鼎,02514)

……盂與諸侯𫝀侯、田、男□□從盂征……□□用牲祎周王、武王、成王……王令賞盂,□□□□,弓一、矢百……用作□伯寶尊彝,唯王二十又五祀。(小盂鼎,02516)

兩件銅器器主爲同一人。從小盂鼎"用牲祎周王、武王、成王"來看,時王爲康王。大盂鼎銘文記載康王對盂的訓誡與賜命。盂之祖爲"南公",南宫乎鐘(15495)器主亦稱其祖爲"南公",學者早已指出"南"當爲"南宫"省稱。[5] 因此,盂爲南宫氏族人。

大盂鼎、小盂鼎年代在康王二十三年和二十五年,此時盂在朝廷獲得重要職事并立有大

---

[1]《尚書·君奭》有"惟文王尚克修和我有夏,亦惟有若虢叔,有若閎夭,有若散宜生,有若泰顛,有若南宫括"(《尚書正義》卷十六,《十三經注疏》,第477頁);《漢書·古今人物表》有"大顛、閎夭、散宜生、南宫适"顏師古注云"大顛以下,文王之四友也"(《漢書》卷二十,中華書局二十四史點校本,第892頁)。

[2]《史記·周本紀》有"(武王)命南宫括散鹿臺之財,發鉅橋之粟,以振貧弱萌隸。命南宫括、史佚展九鼎保玉"(《史記》卷四,中華書局二十四史點校本,第126頁)。

[3]《逸周書·克殷》有"乃命南宫忽振鹿臺之財、巨橋之粟;乃命南宫百達、史佚遷九鼎三巫"(黄懷信等:《逸周書彙校集注》,第357-358頁)。《論語·微子》有"周有八士:伯達、伯括、仲突、仲忽、叔夜、叔夏、季隨、季騧"(《論語注疏》卷十八,《十三經注疏》,第5497頁)。學者或認爲伯達、伯括、仲忽即南宫百達、南宫括與南宫忽。

[4]《尚書正義》卷十八,《十三經注疏》,第507頁。

[5] 李學勤:《大盂鼎新論》,《李學勤集》,黑龍江教育出版社,1989年,第162頁;朱鳳瀚《商周家族形態研究(增訂本)》,第339頁。

功。参照之前南公毛的活動年代和地位,孟很有可能是南宫毛子輩。[1] 小孟鼎銘文末尾有"用作□伯寶尊彝",唐蘭認爲"□伯"當即孟之父。[2] 因此南宫毛很有可能即"□伯"。如此,畿内南宫氏一支在西周早期的傳承爲南宫括(伯括)—南宫毛(□伯)—孟。[3]

湖北隨州葉家山西周早期曾侯墓地 M111 出土簋有銘文作"㝬作烈考南公寶尊彝"(30371),同墓所出還有曾侯㝬簋,銘文作"曾侯㝬作寶尊彝"(30362),可知曾侯㝬之父是"南公"。同城文峰塔墓地出土春秋晚期曾侯與編鐘有銘文作"曾侯與曰:伯括上甞,左右文武,撻殷之命,撫定天下,王遣命南公,營宅汭土,君庇淮夷,臨有江夏……"(31029)、"曾侯與曰:余稷之玄孫……"(31032)。曾侯與既稱"稷之玄孫",無疑是姬姓。追敘祖先功績提及"伯括"、"南公",伯括即南宫括,南公是南宫氏祖先,説明曾侯一支確爲南宫氏後代。

曾侯一支是否屬於"長子就封"? 要解決這個問題,首先需要確定葉家山曾侯墓地墓主人的關係,然後再與畿内南宫氏世系做對比。

葉家山曾侯墓地從北至南大致在一條綫上有多座大墓,據已發表的資料,墓主人相當於曾侯身份的可能有 M65、M28 和 M111。[4] M65、M28 出土有"曾侯諫"銅器,M111 出土"曾侯㝬"銅器。從墓葬排列及隨葬品的時代特徵來看,M65 年代最早,可能在成康之際;M28 稍晚,大體在康王之時;M111 最晚,應該在昭王時代。[5] 有關三座墓的性質以及曾侯諫、曾侯㝬的關係,學界有很多爭論,尚未形成共識。由㝬簋銘文可知曾侯㝬之父爲"南公",西周時期貴族受封爲侯後往往以封地地名爲氏,稱"某侯"或"某公",而不會再沿襲宗族原氏。如伯

---

[1] 韓巍或根據大孟鼎銘文常提其祖南公,而不提其父等情況推測孟之父很有可能先於其祖而去世,孟之爵位乃直接襲自其祖,其祖爲南宫毛。按康王屢屢提到其祖南公可能是感念其在開國之初的輔弼之功,并無明確證據表明其父早逝。大孟鼎銘文中康王還歷數文王、武王創業功績,同樣也沒有提到其父成王,我們不能據此得出成王早亡的結論。而小孟鼎中即沒有再提其祖南公,而是爲其父"□伯"作器。可見孟父早逝之説缺乏明顯證據支持。從人物活動的年代推算,孟之祖爲南宫括,其父爲南宫毛的可能性更大。韓巍意見參《西周金文世族研究》,第 118 頁。
[2] 唐蘭:《西周青銅器銘文分代史徵》,第 190 頁。
[3] 李學勤認爲南宫乎鐘銘之"先祖南宫、亞祖公仲必父"是王朝南宫氏的最前兩代。小孟鼎之"□伯"可能是南宫未嗣位而卒的長子,公仲必父爲"□伯"之弟,孟之父(李學勤:《試説南公與南宫氏》,《出土文獻》第六輯,中西書局,2015 年,第 8 頁)。按"□伯"早逝似缺乏明顯證據,且若未繼位而亡,作爲從子之孟在爲其所作祭器上書寫如此重要之銘文亦難以理解。
[4] 湖北省博物館、湖北省文物考古研究所、隨州市博物館編:《隨州葉家山——西周早期曾國墓地》,文物出版社,2013 年。
[5] 朱鳳瀚指出 M111 部分出土器物有西周早期偏晚的特徵,如 M111 出土的"曾侯㝬作寶尊彝"的兩件簋,與 M28 和 M65 所出一對曾侯諫簋(M28:162、M65:49)相比,形制相近,只是腹壁較斜直,垂腹程度更大,表現出相對較晚的形制特徵。而 M111 出土方鼎垂腹已達極致,腹最大徑即在腹底,反映了其年代已在西周早期偏晚。因此,M111 墓葬年代當已進入西周早期偏晚,大致可定在昭王時。朱鳳瀚:《葉家山曾國墓地諸大墓之墓主人關係再探討》,《青銅器與金文(第一輯)》,上海古籍出版社,2017 年,第 228-239 頁。

禽稱魯侯或魯公,而不稱周公。燕侯不稱召公,楷侯可稱楷公而不會稱畢公等,所謂"胙土命氏"大概就是這個道理。因此曾侯戌之父既爲"南公",則不會是同墓地之曾侯諫,而只能是畿内南宫氏宗子。[1] 如此一來,曾侯諫與曾侯戌的關係無外乎三種:叔侄、兄弟以及并非同族。[2]

曾侯諫、曾侯戌如果是兄弟,根據 M28 的年代,則"南公"最有可能是南宫括。如此曾侯諫、曾侯戌與南宫毛當爲兄弟。由上文可知南宫毛或即"□伯",依據"伯"稱的内涵可知南宫毛爲南宫括嫡長子,如此則曾侯諫、曾侯戌只能是庶子;如果曾侯諫、曾侯戌是叔侄,則曾侯諫與南宫毛爲兄弟,曾侯戌與盂爲兄弟,曾侯諫是庶子自不待言,而從大盂鼎中康王對盂的訓誡來看,作爲南宫氏宗子的盂很有可能即南宫毛長子,如此則曾侯戌也只能是南宫毛庶子。如果曾侯諫、曾侯戌并非同族的話(M65、M28 兩墓并未出任何南宫氏器物,故這種可能性不能排除),根據 M111 的年代,曾侯戌可能是南宫括或南宫毛之子,從以上分析來看也只能是庶子而非長子。因此,綜合畿内南宫氏與葉家山曾侯墓地的情況,南宫氏宗族西周早期分宗情況當與召公宗族類似,也是"庶子就封,長子留王畿"。

畿内南宫氏在西周時期長期身居高位,上舉銅器外,傳世"安州六器"還記載南宫氏受天子之令征伐虎方的事情(中方鼎"唯王令南宫伐反虎方之年"),南宫氏職位與實力并不比曾侯低。再結合嫡長子傳承的情況,畿内南宫氏一支很有可能是大宗,而曾侯一支爲小宗。

五、不同分宗模式形成原因探析

以上便是西周早期周公、畢公、召氏和南宫氏宗族分宗的基本情況,可知當時高等級貴族分宗存在兩種模式:

第一種是"長子就封,庶子留王畿",如周公、畢公宗族。這種模式下出封之長子爲整個宗族大宗,其餘諸子,包括留在王畿繼承王朝職事者均是小宗;第二種是長子率領大部分族人留在王畿,庶子出封,新建分族而爲小宗,召氏、南宫氏即是此類。傳世文獻所言"長子就封"并不能涵蓋全部分宗情況。兩種分宗模式的共通點在於無論哪種,嫡長子所在家族往往是宗族大宗,説明至遲在西周早期,嫡長繼承制已經確立。

不同分宗模式産生的原因,則很有可能與分宗之初各自宗族形態有關。在"長子就封"模式中,就封者之父往往剛從原屬宗族分宗而出,屬於"別子"。如周公、畢公均是文王庶子,他們從王室分族而出,成爲各自宗族始祖,所謂"別子爲祖"是也。對於周公、畢公這種王室

---

[1] 南宫氏宗子均可稱南公,西周中期有南公有司鼎,銘文作"南公有司督作尊鼎"(02230),此"南公"即當時南宫氏宗子。
[2] 朱鳳瀚對這三種可能曾有詳細探討,參朱鳳瀚:《葉家山曾國墓地諸大墓之墓主人關係再探討》,第 228-239 頁。

別子而言，分封既是政治行爲，也有鮮明的宗法意義。分封的同時也意味着別子從本宗分離而出建立小宗。所謂胙土命氏，分封之地便是別子開宗立氏之起點和根本所在。理論而言，周公、畢公當與其兄弟如管叔、蔡叔、曹叔等一般，前往封地就封。只是爲周初政局穩定而留在王都輔佐天子。因此他們安排繼承者代其就封，不僅僅只是封地政治權力的交接，也意味着繼任者應擔起在封地之内代其開宗立氏的責任。所以繼任者是傳重之人，會成爲整個宗族之大宗。在西周繼承制度下，往往是嫡長子擔此重任。所以周公、畢公宗族才會選擇"長子就封"。

"庶子就封"的情況則有所不同，就封者之父往往并非是宗族始祖。如召氏、南宫氏本是姬姓支族，至少在文王以前就已經分族而出，召公奭、南宫括均非宗族始祖。西周早期召氏、南宫氏實力擴大，伴隨着分封制的推行，分宗是勢所必然。但召公奭、南宫括已是宗子，這與周公、召公爲別子不同。他們的首要任務應該是延續召氏、南宫氏宗嗣不絶。就封諸侯對他們來說，更多的只是意味着分立支族，當不得開宗。如以召氏宗族而言，太保氏與燕侯均是因召公功勳而存在，在本身已有召氏宗族的情況下，二者從宗族分出之後不再以召氏爲名，自然當不得召氏大宗。就整個宗族而言，召氏宗族在長期發展過程中會不斷有族人分宗而出（如晚期琱生家族也是召氏小宗），太保氏和燕侯不過是其中較早，也比較受人矚目的兩個分支而已。南宫氏也是如此，西周立國之前就已經存在，西周晚期仍然存在，當不會因爲某代一個分支宗族的出現而使得原是本支宗族的地位降爲小宗。

對於已有相當規模和世代的宗族而言，如果將新封之地視爲根本，勢必要舉族（或宗族大部分）遷往封地，宗族實力在短時間内無疑會大有折損，這是周初統治者用以對付殷遺民的手段之一，《左傳》定公四年有："分魯公以……殷民六族：條氏、徐氏、蕭氏、索氏、長勺氏、尾勺氏，使帥其宗氏，輯其分族，將其類醜。"[1] 宗氏即宗子族長，分族、類醜均是指六族之小宗與分支。[2] 殷民六族原居地應在殷墟，周人將其整族遷出，藉賞賜功臣之機削弱殷遺民宗族實力，防止其反叛。周人統治者當不會用鎮壓殷遺民的手段來對待開國功勳之族。因此，在分封此類貴族宗子時，胙土命氏只能算是擴大已有宗族之規模與實力。如果宗子不能親自就封，往往會派庶子前往，由此形成新的分支和小宗。宗族大部將留在居地由嫡長子繼承而爲大宗。文獻所言"長子就封，次子留相王室"只適用於受封者自身是"別子爲祖"者，對於原已有相當規模的貴族宗族而言，應該是以庶子就封。基於不同的宗族情況採用不同的策略和模式，可見分封制下貴族分宗的複雜情況。

---

[1]《春秋左傳正義》卷五十四，《十三經注疏》，第 4635 頁。
[2][日] 竹添光鴻：《左氏會箋》，遼海出版社，2008 年，第 543 頁。

金文"蒡京"若干問題的再檢視[*]

趙慶淼[**]

"蒡京"之名,史籍未載,目前僅見於西周金文。"蒡京"或單作"蒡",稱"京"現象尤較其他地點特殊,早已引起了學術界的關注。自晚清以來,研究者圍繞"蒡京"的文字釋讀、地理位置及空間景觀展開了一系列論述,形成的學術積澱不可謂不豐富,但在若干關鍵問題的認識上,言人人殊的局面迄今并無明顯改觀。筆者不敢奢望彌除分歧,僅希望通過本文的撰寫,試對"蒡京"在西周都邑中的特殊性作一重新審視,并就前人在史料運用方面存在的疑問略作補正,同時結合考古資料提供的一些新綫索,以期對"蒡京"地望的探尋有所裨益。

一、"蒡京"的特徵與地位

據銅器銘文所示,周王自西周早期就開始駐蹕於"蒡京",在此發布王命或舉行祭祀、頒賞等重要活動。如:

唯五月既望甲子,王〔在蒡〕京,令師田父殷成周〔年〕。

(小臣傳簋,《集成》4206)

唯十又二月,王初饗旁(蒡),唯還在周。辰在庚申,王飲西宮,烝。咸䩄,尹賜臣雀、䁀,揚尹休。高對作父丙寶尊彝,尹其亘(恒)萬年受厥永魯,亡兢在服。吴長矣其子子孫孫寶用。亞。

(高卣蓋,《集成》5413)

唯四月初吉丙寅,王在蒡京。王錫靜弓,静拜稽首,敢對揚王休。用作宗彝,其子子孫孫永寶用。(静卣,《集成》5408)

唯八月辰在乙亥,王在蒡京。王錫歸斝進金,肆敢對揚王休,用作父辛寶齋。亞束。

(歸斝進鼎,《集成》2725)

小臣傳簋年代約在昭王前後,是較早出現"蒡京"的器物之一。[1] 高卣"饗"字或讀爲"館",

---

[*] 本文爲國家社科基金重大項目"出土先秦文獻地理資料整理與研究及地圖編繪"(批准號:18ZDA176)的階段性成果;國家社科基金青年項目"西周王朝政治地理研究"(批准號:19CZS015)。

[**] 南開大學歷史學院講師。

[1] 馬承源等先生定小臣傳簋爲昭王世器,較爲可信。唐蘭先生定爲穆王,似失之稍晚。

似可疑。按"館舍"之"館"初文作"官",西周金文習見,可表示官署之内的行館,作"館"乃後造本字。[1] "䈀"又作"宛",如西周中期小臣静卣(《新收》1960)的"王宛莽京",所增"食"旁具有表意作用,説明其義或與設饌有關。因此,舊説該字讀"祼"雖未必確詁,但理解爲祭祀動詞則殆稱穩妥。至於周天子設在"莽京"的王居情況,金文記載也頗爲詳盡,即:

> 唯八月既死霸戊寅,王在莽京濕宫,親令史懋賂筮。咸,王呼伊伯錫懋貝。懋拜稽首,對王休,用作父丁寶壺。　　　　　　　　　　(史懋壺,《集成》9714)
> 唯正月初吉,王在莽京。丁卯,王格濕宫,穆王親命及曰:"更乃祖考疋(胥)乃官。"　　　　　　　　　　　　　　　　　　　　　　　　(及簋,《銘續》456)
> 唯三月既死霸甲申,王在莽上宫,伯揚父乃成𧶠(讞)。　(𤼈匜,《集成》10285)
> 唯王六月初吉,王在莽京。丁卯,王令静䢃(司)射學宫,小子眾服、眾小臣、眾夷僕學射。　　　　　　　　　　　　　　　　　　　　(静簋,《集成》4273)
> 王作莽京中寢浸盂。　　　　　　　　　　　　　　　　　　(王盂,《新收》668)

"濕宫"和"上宫"俱爲"莽京"範圍内的宫室之名。"濕"可讀爲"隰",《公羊傳》昭公元年:"上平曰原,下平曰隰。"盧連成先生謂"濕宫"即原下近水的低地宫室,"上宫"與之相對,當指原上高地之宫。[2] 其説甚是。顧名思義,"射學宫"即周人貴族學射及演習射禮的專門場所。王盂乃周王自作的實用器,《爾雅·釋宫》曰:"無東西廂有室曰寢。""中寢"或指王居寢宫之正室。"莽京"設有王之寢宫,據麥方尊(《集成》6015)"王以侯入于寢"可以證實。羅西章先生認爲"中寢"相當於漢制"中宫",即王后之寢宫。[3] 亦可備一説。通過以上討論可知,"莽京"一地的宫室建築不僅種類繁多,而且在管理方面自成體系,似非一般的離宫别館可以匹及。

此外,"莽京"同樣可見"大室"建築,似與岐周、宗周等地并無二致,即:

> 唯五月初吉甲戌,王在莽,格于大室。　　　　　　(弭叔師察簋,《集成》4253)
> 唯三月初吉丁亥,王在莽,格大室。　　　　　　　　(夨盤,《銘圖》14528)

又,穆王時期的鮮簋銘文(《集成》10166)云:"唯王卅又四祀,唯五月既望戊午,王在莽京,啻

---

[1] 俞樾曾提出"官"爲"館"字古文的看法。參見俞樾:《兒笘録》卷4,轉引自于省吾主編:《甲骨文字詁林》,中華書局,1996年,第3052頁。西周早期戒鬲銘文(《集成》566)云:"戒作莽官明(盟)尊彝。"此"官"即可讀爲"館",殆指設在莽地的官署或館舍。
[2] 盧連成:《西周金文所見莽京及相關都邑討論》,《中國歷史地理論叢》1995年第3期。
[3] 羅西章:《西周王盂考——兼論莽京地望》,《考古與文物》1998年第1期。

(禘)于瑂(昭)王。"按金文所見的禘祭對象每爲貴族之先祖考,[1]而行祭地點亦多位于宗廟,如《左傳》僖公三十三年:"凡君薨,卒哭而祔,祔而作主,特祀於祖,烝、嘗、禘於廟。"此言穆王在"莽京"禘祭先考昭王,可知該地立有昭王之廟,然則上揭銘文中的大室,當屬王室宗廟建築的可能性較大。

最富有特點的是,"莽京"一地還建有"辟雍"和"大池",并且成爲周王乘舟、漁獵、宴饗及舉行祭祀活動的重要場所,例如:

王令辟井侯出𡊍(秅),侯于井。雩若二月侯見于宗周,亡尤。迨(會)王饗莽京酻祀。雩若翌日,在璧(辟)雍,王乘于舟,爲大豐(禮)。王射大龏(鴻)禽,侯乘于赤旂舟從。　　　　　　　　　　　　　　　（麥方尊,《集成》6015）

乙卯,王饗莽京。[王]俫(禱)辟舟,臨舟龍。咸俫(禱),伯唐父告備。王格乘辟舟,臨俫(禱)白旂。用射兕、犛(犀)、虎、貉、白鹿、白狐于辟池。咸,□蔑曆,錫矩鬯一卣、貝五朋。對揚王休,用作安公寶尊彝。　　　（伯唐父鼎,《新收》698）

唯六月既生霸,穆=王在莽京,呼漁于大池。王饗酒,遹御,亡譴。穆=王親錫遹爵。[2]遹拜首稽首,敢對揚穆=王休,用作文考父乙尊彝,其孫孫子子永寶。

（遹簋,《集成》4207）

唯七月,王在莽京。辛卯,王漁于𡓷池,呼井從漁。攸錫魚,對揚王休,用作寶尊鼎。　　　　　　　　　　　　　　　　　　　（井鼎,《集成》2720）

唯五月初吉,王在莽京,漁于大溥。王蔑老曆,錫魚百。老拜稽首,皇揚王休,用作祖日乙尊彝,其萬年用夙夜于宗。　　　　　　（老簋,《新收》1875）

據麥方尊銘所言,邢侯前往宗周述職之後,又隨周王在"莽京"舉行"酻祀"。"酻"即傾酒行祭的一種儀式。[3]唐蘭先生謂此即諸侯助祭,[4]甚是。次日,周王至"辟雍"乘舟舉行"大禮",并射取鴻雁,邢侯乘赤旂舟隨從。"辟雍"之名金文僅此一見,乃天子所立之貴族學宮。《禮記·王制》曰:"大學在郊,天子曰辟雍,諸侯曰泮宫。"《白虎通·辟雍》云:"天子立辟雍何? 所以行禮樂、宣德化也。辟者,璧也。象璧圓,以法天也。雍者,壅之以水,象教化流行也。"[5]由此可見,辟雍除學宫主體建築之外,周圍尚有大片水面環繞,故周王與邢侯須泛舟

---

[1] 參見劉源:《商周祭祖禮研究》,商務印書館,2004年,第71頁。
[2] 周忠兵:《遹簋銘文中的"爵"字補釋》,吉林大學古籍研究所編:《吉林大學古籍研究所建所30周年紀念論文集》,上海古籍出版社,2014年,第48-52頁。
[3] 朱鳳瀚:《論酻祭》,《古文字研究》第24輯,中華書局,2003年,第87-94頁。
[4] 唐蘭:《西周青銅器銘文分代史徵》,上海古籍出版社,2016年,第257頁。
[5] 陳立:《白虎通疏證》卷6,中華書局,1994年,第259頁。

而行。"大禮"一詞,尚見於武王時期的天亡簋(《集成》4261),何尊銘文(《集成》6014)亦言成王"復禀武王禮,裸自天",説明"大禮"當是致祭先王的盛大典禮。

經張政烺、劉雨等先生的考釋研究,伯唐父鼎的銘文大意現已基本清楚。其銘言周王先臨"舟龍"而行禱,事畢之後乘坐"辟舟",致禱於白旂,繼而在"辟池"射牲,斬獲頗豐。劉雨先生指出,古之辟雍建在環水如璧的島上,故水池稱爲"辟池",其内行舟又稱"辟舟"。[1] 其說可從。遹簋銘文稱王在"大池"進行漁獵,後又設酒宴饗。除"辟池"、"大池"之外,"菱京"一地可供漁獵的地點還有"窩池"和"大瀧",前者與"辟池"可能通過水道相連,共同構成了"菱京"地區的池渠系統。

值得注意的是,前揭諸器不僅在銘文内容上多有關聯,而且時代特徵也較爲接近。麥方尊年代當在西周早期偏晚,唐蘭先生定爲昭王時器,[2] 大致可信。由於遹簋銘文出現了"穆王"生稱,其所屬王世相對明確。伯唐父鼎出自灃西張家坡洞室墓M183,發掘者認爲該墓年代可能在穆王前期。[3] 另外,結合器形、紋飾及銘文特徵判斷,井鼎和老簋也應屬於西周中期偏早之器。由此不難看出,周王在"菱京"地區舉行祭祀、游獵活動,大體當以昭、穆之世最爲集中。

"菱京"範圍内既然建有宫廟、"辟雍"、"大池"等王家設施,則理應居住着一定數量的服務人群及其管理者,以便效命於以周王爲核心的貴族階層。西周中期偏晚的楚簋銘文(《集成》4246-4249)有云:

> 唯正月初吉丁亥,王格于康宫。仲偁父入右楚,立中廷。内史尹氏册命楚赤宫市、鑾旂,取賸五鋝,嗣(司)菱啚(鄙),官内師、舟。

簋銘的"司菱鄙,官内師、舟"一語,盧連成、羅英傑先生解釋爲"管理菱京四鄙政務,兼職領菱宫内宰,掌治舟船";[4] 馬承源等先生以"司"至"舟"字作一句讀,理解爲職司"菱京"郊鄙的内師所屬之舟官。[5]

竊以爲"官"、"司"二字均有管理之義。"司菱鄙"即管轄"菱京"四周的鄙屬之地,其間可能存在類似於"奠(鄭)還(縣)"的自然資源區域,[6]屬於王家產業;而"官内師、舟"則同

---

[1] 劉雨:《伯唐父鼎的銘文與時代》,《考古》1990年第8期。
[2] 唐蘭:《西周青銅器銘文分代史徵》,第255-259頁。
[3] 中國社會科學院考古研究所灃西發掘隊:《長安張家坡M183西周洞室墓發掘簡報》,《考古》1989年第6期。
[4] 盧連成、羅英傑:《陝西武功縣出土楚簋諸器》,《考古》1981年第2期。
[5] 馬承源主編:《商周青銅器銘文選》第3卷,文物出版社,1990年,第162頁。
[6] 免簋銘文(《集成》4626)載周王命免擔任司土之官,職司"奠(鄭)還(縣)"的"林、虞、牧"。"林"即"林衡",掌管林麓所產之木材。"牧"爲"牧人",負責牲畜的飼養和放牧。另據《周禮·地官》記載,司徒屬官尚有"山虞"、"澤虞",爲管理山澤之利的官員。

"莽鄙"爲對,應指掌管"莽京"的"内師"和舟船之屬。《左傳》襄公二十六年曰:"寺人惠牆伊戾爲大子内師而無寵。"孔疏云:"内師者,身爲寺人之官,公使之監知大子内事,爲在内人之長也。"[1]楚簋的"内師"大概亦指内官之長,負責"莽京"王家設施内外的雜役事宜,前者與池渠内的舟船統歸專人管理,恰好便於周王駐蹕之際進行集中差遣。因此,器主楚的身份當爲地位較高的王室内臣,他全面職掌"莽京"一地的王家事務,且直接聽命於周王,權力自然不容小覷。

綜上所述,"莽京"一地不僅設有宮室、宗廟、"辟雍"等禮制建築,同時還有"大池"等池沼及舟船設施,自然生態環境頗爲良好,可供周王舉行典禮或處理政務,亦可安排泛舟、漁獵、習射、宴饗等活動。衆所周知,上述具有娛樂性表徵的貴族活動,實際往往與饗、射之禮存在緊密聯繫,而作爲國之大學的"辟雍",也是貴族子弟研習六藝、接受王化的重要場所,凡此皆體現出"莽京"異於其他都邑的文化教育功能。相較而言,"莽京"的宗教地位主要體現在周王舉行"禘"、"大禮"等祀典和致禱儀式方面,這類活動集中發生於西周早期後段至中期前段,尤以穆王之世最爲頻見,并未延及整個西周時期。即便就上述階段來看,"莽京"的政治功能亦不甚突出,明顯遜色於同時段的宗周和成周,説明該地當不具備行政中樞的地位,不少學者視之爲具有陪都性質的城邑,總體而言是符合史實的。到了西周晚期,"莽京"則不再頻繁出現於銅器銘文,目前所知似僅有王盂、儼匜和六年琱生簋三例,這種現象是否與周人核心區(傳統意義上的"王畿")領土的集權化及王朝政權中心回歸岐周有關,竊以爲值得進一步考慮。[2]

需要説明的是,儘管"莽京"範圍内的王室領地占據了較大比重,但也不乏私家貴族聚居的情况存在,這與西周王朝的其他都邑具有一致性。西周中期的卯簋蓋銘(《集成》4327)有云:

> 唯王十又一月既生霸丁亥,榮季入右卯,立中廷。榮伯呼令卯,曰:"䢅(載)乃先祖考死(尸)䕃(司)榮公室,昔乃祖亦既令乃父死(尸)䕃(司)莽人,不盄(淑),爰我家寍用喪。今余非敢夢先公有遺(退),余懋再先公官。今余唯令汝死(尸)䕃(司)莽官、莽人,汝毋敢不善。"

據引文所言,器主卯的先祖和父考均效命於榮公室,先後擔任榮氏家臣。卯祖曾令卯父管理"莽人",不幸中道崩殂,[3]今榮伯秉承先公旨意,命卯接替其父祖職事,繼續管理"莽宮"、

---

[1]《春秋左傳正義》卷37,阮元校刻:《十三經注疏》,中華書局,2009年,第4322頁。

[2] 關于這一問題,詳參 Maria Khayutina(夏玉婷),"Royal Hospitality and Geopolitical Constitution of the Western Zhou Polity", *T'oungPao* 96(2010), pp. 1–73;拙作:《再論西周時期的"周"地及相關問題》,中國社會科學院考古研究所夏商周考古研究室編:《三代考古》(八),科學出版社,2019年。

[3] 諸家對"不淑,爰我家寍用喪"一句的理解存在分歧,但在卯遭遇親喪的問題上,意見則大致相近,今暫取此説。

"莾人",可見西周世族内部的家臣職務同樣具有世襲特徵。需要注意的是,這裏的"莾宫"、"莾人"屬於榮氏家臣管轄,顯然是指榮氏一族在莾地擁有的私家宫室及其附屬人群,而與王家產業無關。

此外,洛陽北窑墓地 M418 曾出土西周早期莾龇觶一對,據其銘文"莾龇作父己寶"(《新收》357－358)推測,器主的族屬當爲殷遺民,該族可能是因爲歸附周人而被安置在莾地定居,於是"以地爲氏",遂得氏曰"莾"。2006 年,寶雞鳳翔縣小沙凹村的一處窖藏内發現了二罍一簋,罍的肩部綴有銘文"郟中盥作其宗器尊鑪"等字,時代約在春秋中期前後。[1]"郟中盥"或即器主之名,唯其人與西周莾氏的關係尚不易判斷。

二、"莾京"地理問題的辨正

關於"莾京"一詞的考釋及其地望推定,迄今主要有鎬京説、蒲阪説、方地説、豐邑説、幽地説、鎬京之旁説和岐周近地説等觀點,長期訟爭不休。近來杜勇先生撰文對諸説作了詳細梳理和總結,可資參考。[2] 現僅擇要予以平議如次。

鎬京説爲吳大澂首倡,其依據在於釋"莾"爲"鎬";[3] 陳夢家先生以文獻僅鎬京稱"京",并建有辟雍大池,乃謂"莾京"當指鎬京。[4] 此後陳雲鷟、周宏偉等先生亦持相同意見。[5] 不過,誠如有學者所指出的,"莾"、"鎬"二字音義均無可通,[6] 況且天子"辟雍"與其他大型禮制建築一樣,未必僅爲鎬京獨有。如《詩·大雅·靈臺》云:"於論鼓鐘,於樂辟廱。"此"辟廱"即建在文王所作豐邑的範圍之内。平心而論,某地存在"辟雍"、"康宫"一類建築,無疑屬於當地的重要特徵;但揆情度理,既然周天子的王居具有分散性,那麼設有上述建築的地點也不必是唯一的。因此,相同名稱的建築不宜作爲地名考證的基礎。

蒲阪説和幽地説分别爲王國維、唐蘭先生所創。王氏基於"莾"、"蒲"陰陽對轉立論,[7] 依據相對薄弱,今人多不以爲然;而唐先生晚年亦放棄此説,轉而主張"莾京"是宗周

---

[1] 中國國家博物館、寶雞青銅器博物院編:《守望家園:陝西寶雞群衆保護文物成果》,北京時代華文書局,2014 年,第 167 頁。《銘圖》一書公布了該器拓本,并將其歸入缶類,時代定在戰國早期,參見吳鎮烽:《商周青銅器銘文暨圖像集成》第 25 册,14087 號,上海古籍出版社,2012 年,第 249 頁。
[2] 杜勇:《〈詩經·六月〉與金文莾京的地理問題》,《中國史研究》2018 年第 3 期。
[3] 吳大澂:《説文古籀補·附録》,中華書局,1988 年,第 69 頁。
[4] 陳夢家:《西周銅器斷代》,中華書局,2004 年,第 373 頁。
[5] 陳雲鷟:《西周莾京新考》,《中華文史論叢》1981 年第 1 輯;周宏偉:《西周都城諸問題試解》,《中國歷史地理論叢》2014 年第 1 期。
[6] 值得注意的是,李學勤先生認爲"莾"字可能是以"旁"爲聲,"旁"即"敦"字初文,與"高"聲之字可通,故"莾"可讀爲"鎬"。參見李學勤:《王孟與鎬京》,《當代名家學術思想文庫·李學勤卷》,萬卷出版公司,2010 年,第 184－186 頁;李學勤:《再説鎬京》,《當代名家學術思想文庫·李學勤卷》,第 187－190 頁。此承王澤文先生惠示有關資料,謹致謝忱。
[7] 王國維:《周莾京考》,《觀堂集林》卷 12,中華書局,1959 年,第 525－528 頁。

鎬京的一部分，[1] 故可暫且不論。豐邑説係郭沫若先生最早提出，他認爲"蒡"字古讀爲"豐"，"蒡京"就是"豐京"。[2] 宗德生、張懋鎔及黄盛璋先生早年皆持相同意見。[3] 豐邑説的主要依據，一是"豐"、"蒡"音近可通，再則豐邑建有靈臺，内有靈沼和辟雍，與"蒡京"所見的人文、自然景觀頗爲趨同。然而以上兩點均非確證，前人已作出有力駁議，筆者在此毋庸贅述。更何況，豐邑在西周金文中固自作"豐"，與"蒡"涇渭分明，向不混淆，無緣將二者牽合爲一。

黄盛璋先生後來修正前説，認爲"蒡京"乃沿灃水而建，應在鎬京之旁，因舊都建築已滿，故於附近另築離宫別館。[4] 此後，劉雨、王玉哲、王輝諸位先生相繼撰文，皆力主"蒡京"位於鎬京附近，但具體觀點亦不盡相同。[5] 如王玉哲先生指出"蒡京"與秦之"阿房宫"有關，其地當在灃水以東的渭河南岸，與渭北的鎬京爲相鄰的兩京。王輝先生主張"蒡京"最先是指鎬京之旁的豐邑，後來逐漸向北、向東擴展至於鎬北，相對豐鎬而言，"蒡京"只是其範圍的擴大。尹盛平、邵英等學者認爲"蒡京"地處豐邑，屬於宗周的宫室宗廟區，也即康王之世的"酆宫"。[6] 杜勇先生則提出"蒡京"位于鎬京南郊，即今長安區斗門鎮以南一帶。[7] 綜上可知，鎬京之旁説大體又可分爲兩派意見：其一認爲"蒡京"是由宗周鎬京或豐邑擴建的產物，仍屬於前者的組成部分；另一派主張"蒡京"雖在鎬京附近，但應視作并立的兩處都邑。就具體地望而言，則有鎬北、鎬西和鎬南之分歧，可謂見仁見智。

筆者在綜合諸家意見的基礎上，通過重新梳理有關金文和文獻資料，猶覺此説在立論方面尚欠完備，需作幾點辨析與澄清。

首先，從地理稱謂上講，"蒡京"與豐邑、鎬京之間理應按照原始命名的殊異而有所區别。"蒡京"既非豐邑，也不能等同於鎬京。劉雨先生曾據"同銘地名互相排斥"的原則，指出士上諸器和麥方尊銘均已出現"蒡京"、"宗周"并舉之例，故可推斷二者并非一地。[8] 這是很有道理的。設若"蒡京"包攝於宗周之内，則金文自可單言其一，而不必作如此嚴格的區分。況

---

[1] 唐蘭：《西周青銅器銘文分代史徵》，第 139–140 頁。
[2] 郭沫若：《兩周金文辭大系圖録考釋》，《郭沫若全集·考古編》第 8 册，科學出版社，2002 年，第 81–82 頁。
[3] 黄盛璋：《周都豐鎬與金文中的蒡京》，《歷史研究》1956 年第 10 期；宗德生：《〈西周蒡京新考〉質疑》，《中華文史論叢》1981 年第 4 輯；張懋鎔：《鎬京新考》，《中華文史論叢》1981 年第 4 輯。
[4] 黄盛璋：《關於金文中的"蒡京（蒡）、蒿、豐、邦"問題辨正》，《中華文史論叢》1981 年第 4 輯。
[5] 劉雨：《金文蒡京考》，《考古與文物》1982 年第 3 期；王玉哲：《西周時蒡京地望的再探討》，《歷史研究》1994 年第 1 期；王輝：《金文"蒡京"即秦之"阿房"説》，《一粟集：王輝學術文存》，藝文印書館，2002 年，第 179–192 頁。
[6] 尹盛平：《西周史徵》，陝西師範大學出版社，2004 年，第 97–99 頁；邵英：《宗周、鎬京與蒡京》，《考古與文物》2006 年第 2 期。
[7] 杜勇：《〈詩經·六月〉與金文蒡京的地理問題》，《中國史研究》2018 年第 3 期。
[8] 劉雨：《金文蒡京考》，《考古與文物》1982 年第 3 期。

且,"菶京"亦有相對獨立的禮制建築群,西周貴族在此游獵、宴饗,更是獨具特色,并未與宗周鎬京產生交織,這是一個基本的事實前提。

其次,宣王時期的吳虎鼎銘文(《新收》709)詳細記載了王賜吳虎土田的疆界四至,其中出現的"厥西疆菶姜眔疆"一語,引起了學界的重點關注。不少研究者據此認爲,既然吳虎與"菶姜"之田東西比鄰,所以吳虎鼎的出土地(今長安區申店鄉一帶)對於解決"菶"的地望具有關鍵的座標意義。在筆者看來,這種理解未免有失偏頗。按照金文人稱的常例分析,吳虎鼎的"菶姜"實爲貴族婦女之名,跟同銘出現的"涵人"、"官人"、"畢人"等集合稱謂并無可比性。其人若非出身菶氏之女,便無外乎嫁至菶族的姜姓女子,從她擁有土田的情形推斷,"菶姜"屬於既嫁女子的可能性更大。[1] 但無論如何,這裏的"菶"均僅限於標識"菶姜"個人的出身或婚姻關係,而跟她領有田邑的地望毫不相涉。正如我們不會將吳虎得到的"吳䘌舊疆"等同於吳地,完全是相同的道理。衆所周知,先秦時期族名與地名的統一,通常是以族氏與族居地的結合作爲前提,若吳虎田的西疆確與菶地相鄰,則器銘理應以"菶"、"菶人"或"菶氏"等詞來表明土地的歸屬,而不會采用女子之名來加以標識。相反,這恰恰説明上述土田僅爲"菶姜"個人所有的采地,與季姬方尊(《新收》364)的"空木"性質相似,而跟菶地本就是互相懸隔的。[2] 因此,吳虎受賜田邑毗鄰"菶姜"之田,顯然無法作爲推定菶地方位的直接證據。

再者,自晚清以降,不少學者都將"菶京"與《詩·小雅·六月》的"侵鎬及方"相聯繫,此説濫觴於清人方濬益,迄今影響甚巨。方氏認爲金文"菶"字從"方"得聲,當爲"方"字繁文,并謂《六月》的"鎬"是指鎬京,"方"即此"菶京"。[3] 劉雨先生則據《六月》"鎬"、"方"連言,進一步指出二地互相毗鄰,故金文"菶京"當在宗周鎬京附近。[4] 王玉哲、王輝、杜勇等先生均贊成此説,王輝先生同時推測"鎬"、"菶(方)"二地原在豐鎬以北,後來才隨着周人的

---

[1] 如季姬方尊銘(《新收》364)記載君氏賜帠季姬佃臣於空木。空木乃采邑之名,帠季姬的帠則爲夫家氏名。此即既嫁女子獲賜田邑的明證。參見嚴志斌:《季姬方尊補釋》,《中國歷史文物》2005 年第 6 期;陳絜:《周代農村基層聚落初探——以西周金文資料爲中心的考察》,朱鳳瀚主編:《新出金文與西周歷史》,上海古籍出版社,2011 年,第 106－167 頁。
[2] 隨着采邑制度的推行和宗族組織的發展,私家貴族勢力不斷膨脹,畿內地區可供王室直接支配的土地、人力資源日益有限,動輒賞賜大面積采邑的舉措自然難以爲繼。到了西周中期以後,周王授予臣下的采邑多以"田"爲單位,其疆界四至務必釐清,且所賜之田往往分散在各地,亦須一一加以注明,這種情形在師永盂(《集成》10322)、大克鼎(《集成》2832)、敔簋(《集成》4323)、四十二年逑鼎(《銘圖》2501－2502)諸銘中均有很好的體現。所以,同一領主所擁有之土田的分布越來越分散、規模越來越小,當是西周晚期王朝核心區的客觀景象。
[3] 方濬益:《綴遺齋彝器款識考釋》卷 13,劉慶柱、段志洪、馮時主編:《金文文獻集成》第 14 册,綫裝書局,2005 年,第 215－216 頁。
[4] 劉雨:《金文菶京考》,《考古與文物》1982 年第 3 期。

遷徙而移植於此。[1]

實際上,《六月》"侵鎬及方"的地理問題不宜孤立看待,而需結合《詩經》所見周伐玁狁戰爭的相關文句加以排比分析。進一步説,倘若我們仔細梳理戰事經過及所涉地名群,則不難發現上述"鎬"、"方"二地恐與豐鎬地區無涉。

> 玁狁匪茹,整居焦穫。侵鎬及方,至于涇陽。織文鳥章,白旆央央。元戎十乘,以先啟行……薄伐玁狁,至于大原。文武吉甫,萬邦爲憲。吉甫燕喜,既多受祉。來歸自鎬,我行永久。飲御諸友,炰鱉膾鯉。侯誰在矣?張仲孝友。
>
> (《小雅·六月》)
>
> 王命南仲,往城于方。出車彭彭,旂旐央央。天子命我,城彼朔方。赫赫南仲,玁狁于襄。
>
> (《小雅·出車》)

上引《六月》詩文已基本揭示出此次戰事的來龍去脉,其内容可分爲三部分:首節記載玁狁入寇,先行侵及"鎬"、"方"二地,乃至"涇陽";次云尹吉甫佐王出師迎擊,討伐玁狁至于"大原";卒章則言周人得勝,自"鎬"班師歸來,舉行飲至之禮。整個事件的經過和前後邏輯關係是非常清楚的。

鄭玄云:"鎬也、方也,皆北方地名。"今之研究者多將"鎬"、"方"與"鎬京"、"蒡京"相聯繫,自然對鄭箋持以否定態度。如黃盛璋、杜勇先生認爲,"侵鎬及方"只是講玁狁來犯之目的地,而非實至其地。此説似可斟酌。按古書與出土文獻所見"侵伐A、至于B"一類的文例,通常包括以下兩種情況:

(一) 伐某國至于某地例

> 十一年春,楚子伐麇。成大心敗麇師于防渚。潘崇復伐麇,至于錫穴。
>
> (《左傳》文公十一年)
>
> 諸侯遷于制田,知武子佐下軍,以諸侯之師侵陳,至于鳴鹿。
>
> (《左傳》成公十六年)
>
> 十八年春,晉侯、衛大子臧伐齊,至于陽穀。　(《左傳》宣公十八年)

上揭引文均屬侵伐某國至于某地之例。由于各國都是相對獨立的政治實體,擁有所轄的領域幅員和衆多屬邑,因而可以視作一個整體,其國名即代表了征伐的對象,而"至于"之後則

---

[1] 王輝:《金文"蒡京"即秦之"阿房"説》,《一粟集:王輝學術文存》,第179-192頁。

通常注明入侵的具體地點。

（二）伐某地至于某地例

唯噩侯馭方率南淮夷、東夷廣伐南國、東國,至于歷、内。（禹鼎,《集成》2833）
王令敔追禦于上洛㷊谷,至于伊班。（敔簋,《集成》4323）
戊子,敗秦師于令狐,至于刳首。（《左傳》文公七年）

上揭引文則屬攻伐某地至于某地之例。"至于"一詞在此起到承接作用,不僅表示攻擊行爲的先後連續關係,而且也可體現出地點的空間關係,從施動者的角度來説,"至于"前後的地名通常是由近及遠分布的。

當然,類似的句式在出土文獻中還有很多,如"王其田,涉滴至于蓼"（《合集》28883）、"遹涇東至于京師"（克鐘,《集成》208）等,不煩枚舉。至于上述兩種文例相結合的情況,還可舉出《左傳》襄公三年的一段記載爲例：

三年春,楚子重伐吳,爲簡之師。克鳩兹,至于衡山。

"伐吳"即首先説明征伐的對象,"克鳩兹,至于衡山"則是強調進攻兩處具體地點的先後順序,整個史事的脉絡十分清楚。

綜合以上討論可知,《六月》的"侵鎬及方,至于涇陽"顯然屬于第二種文例,畢竟"鎬"、"方"并非國名,不宜視作整體性的軍事目標。然則就獫狁入寇的次第來看,"鎬"、"方"二地無疑首當其衝,"涇陽"則處於前者之後,彼此相距周都的遠近關係可謂一目了然。關於"涇陽"的具體方位,鄭玄認爲在涇水之北,[1]顧炎武、陳奂均以《漢書·地理志》安定郡屬縣"涇陽"當之,[2]即今甘肅平涼附近,王國維則指出秦之涇陽已在今地一帶,周時亦不例外。[3]考慮到獫狁整師而居的"焦穫"即漢之"瓠中",在今涇陽西北,[4]地望基本明確,故王氏之説相對較爲合理。以是觀之,"鎬"、"方"二地顯然當在涇水以北,而不可能坐落於渭南的豐鎬地區,鄭玄謂之爲"北方地名",適與獫狁入侵的地理情勢最爲吻合。此即其一。

---

[1] 孔穎達：《毛詩正義》卷10,阮元校刻：《十三經注疏》,中華書局,2009年,第909頁。
[2] 顧炎武著,陳垣校注：《日知録校注》卷3,安徽大學出版社,2007年,第135-136頁;陳奂：《詩毛氏傳疏》卷17,商務印書館,1934年,第43頁。陳氏嘗言："然則當時獫狁交侵之患,近在焦穫,居心腹之内;遠在鎬、方,居肘腋之間。涇東、涇北皆是北狄蹂躪之處,而實未嘗逾涇也。"
[3] 王國維：《周莽京考》,《觀堂集林》卷12,第526頁。
[4] 《爾雅》"周有焦穫"下郭璞注云："今扶風池陽縣瓠中是也。"參見譚其驤主編：《中國歷史地圖集》第1册,中國地圖出版社,1982年,第17-18頁。

第二，《六月》卒章載尹吉甫率師出伐玁狁，"來歸自鎬"。王肅以"鎬"即鎬京，王基駁之曰："據下章云'來歸自鎬，我行永久'，言吉甫自鎬來歸，猶《春秋》'公至自晉'、'公至自楚'，亦從晉、楚歸來也。故劉向曰：'千里之鎬猶以爲遠。'"[1]所言甚有理據。王國維就此進一步指出：

> 《小雅》云"薄伐玁狁，至于太原"，又云"來歸自鎬，我行永久"，極其所至之地曰"太原"，著其所由歸之地曰"鎬"，則"鎬"與"太原"殆是一地，或"太原"其總名，而"鎬"與"方"皆"太原"之子邑耳。[2]

王氏推斷"大(太)原"當在河東，雖未必確詁，[3]但謂"鎬"非鎬京，而是位於周人追擊玁狁的前沿地帶，則堪稱卓識。學者或據兮甲盤銘(《集成》10174)所記兮伯吉父受命管理"成周四方積"一事，而將"來歸自鎬"解釋成尹吉甫自鎬京回到任職之地成周，未免可疑。按詩文既言出伐玁狁直至大原，後面又說尹吉甫得到天子厚賜，并舉行飲至之禮宴饗僚屬，故而"來歸自鎬"作爲事件發展的中間環節，理應視作班師凱旋之辭。若以尹吉甫由鎬京返歸成周來取代前者，則影響了文意的前後銜接，多少顯得節外生枝。更何況，西周季世周人與玁狁之間戰爭頻仍，兮甲盤銘雖爲"四要素"俱全，[4]但《六月》僅以月次見載，二者所記實未必爲同年之事，在缺乏確鑿證據的前提下，這種繫聯本身也具有一定或然性，需要謹慎對待爲妥。

第三，《小雅·出車》也是記録西周晚期周伐玁狁的戰爭史詩，一般認爲它和《六月》屬於同時代作品。其文既言"王命南仲，往城于方"，又云"天子命我，城彼朔方"，反復吟詠，是知"方"與"朔方"有關。毛傳曰："方，朔方，近玁狁之國也。"毛氏謂"方"即"朔方"，雖不夠確切，但指其地近於玁狁的活動範圍，則甚得該詩原旨。按"朔方"一詞原本泛指北方。《尚

---

[1] 孔穎達：《毛詩正義》卷10，阮元校刻：《十三經注疏》，第909頁。"劉向"原作"知嚮"，今據校勘記改。
[2] 王國維：《周荍京考》，《觀堂集林》卷12，第526頁。
[3] 關於"大(太)原"的地望問題，學界一直存在"隴右説"和"汾域説"之分歧。參見李峰著，徐峰譯，湯惠生校：《西周的滅亡：中國早期國家的地理和政治危機》，上海古籍出版社，2007年，第192－197頁。平心而論，"隴右説"的合理成分，主要在於玁狁的入侵地點多在涇水中游；不過，早期文獻中出現的"大(太)原"，如《左傳》昭公元年"宣汾、洮，障大澤，以處大原"，《禹貢》"既修太原，至于岳陽"等，其地望則明確位於汾水流域，這大概就是兩説長期并峙的主要原因。竊以爲，玁狁的族居地與活動地域是兩個完全不同的問題，玁狁的入侵範圍是以其根據地爲頂點、大致呈扇形分布的，而周伐玁狁的戰事發生地"大原"，儘管一定坐落於上述區域之內，但不能直接視同於玁狁的根據地，此即其一。再者，上述兩説在推定"大原"地望時，基本都是采用文獻比對的方法，而缺乏相同史事背景的地名繫聯作爲基礎，也沒有充分考慮到"異地同名"的問題。换言之，無論金文所見玁狁侵周的地點多在涇水流域，抑或位於汾水流域，都無法直接證明《六月》"薄伐玁狁，至于大原"的地理位置。關於這一問題，我們將另文進行討論，此不贅述。
[4] 盤銘首句云："唯五年三月既死霸庚寅，王初格伐玁狁于䤶盧。"

書·堯典》:"申命和叔,宅朔方,曰幽都。"蔡沈曰:"朔方,北荒之地。"[1] 又《爾雅·釋訓》:"朔,北方也。"漢武帝元朔二年,北取河套之地而置朔方郡,"朔方"遂演變爲地名專名。因此,《出車》"朔方"當作方位詞講,即北方、北邊之義,與"往城于方"的"方"含義有别。進而聯繫《六月》之文,可知此"方"當即"侵鎬及方"的"方",係一具體地名而非泛稱,曩者曾爲獫狁所侵擾,周王遂命南仲前往城之,以定北邊,以備不虞,故曰"獫狁于襄"。

綜合以上三點推斷,《詩經》所見獫狁襲擾的鎬、方二地,其實均爲涇水以北的邊裔地名,[2] 與王畿腹地的鎬京、菶京山川懸隔,不應將彼此加以牽合。參考虢季子白盤(《集成》10173)"搏伐獫狁,于洛之陽"的記載看,獫狁侵周的前沿地帶當在涇、洛二水沿綫,大致相當於關中平原北部邊緣和陝北高原的交界區域,而周師的反擊則不排除會將局部戰綫向西、向北推進。[3] 但總的來説,目前尚無確鑿證據顯示,獫狁入寇曾經兵臨以宗周爲中心的豐鎬地區,《小雅》諸篇也不宜作爲推定"菶京"地望的重要證據。

岐周近地説雖相對晚出,但影響不小,與鎬京之旁説幾成對峙之勢。李仲操先生根據楚簋銘文的"菶鄌"字樣,認爲"菶京"就在該器的發現地——今漆水河東岸、武功鎮以北的黄土臺原上。[4] 盧連成先生又結合扶風劉家出土的王盂殘底,進一步申論"菶京"位於岐周附近

---

[1] 蔡沈撰,錢宗武、錢忠弼整理:《書集傳》卷1,鳳凰出版社,2010年,第3頁。
[2] 《集成》11785著録的西周早期鄘司土斧,其銘文作"鄘司土北𢓊菶甫"。唐蘭先生釋爲"鄘司土北征菶甫",并謂菶地當在北方,與鎬京有别(參見唐蘭:《西周青銅器銘文分代史徵》,第139頁)。杜勇先生指出,金文凡言"東征"、"南征"、"北征"者,其後通常并不跟以討伐對象(參見杜勇:《〈詩經·六月〉與金文菶京的地理問題》,《中國史研究》2018年第3期)。杜説很有道理。然筆者細審拓本發現,"北"後一字實作"𢓊"形,舊釋爲"征"并不準確。今按"𢓊"爲反書,係从彳、从𡰥之字。"𡰥"形與西周金文常見的"𡰥"、"𡰥"諸形一致,主要出現在"𡰥"(柞伯簋,《集成》)、"𡰥"(令方尊,《集成》6016)、"𡰥"(班簋,《集成》4341)等字形中,過去一般釋爲"征(延)"字。陳劍先生指出,上述一系列字形與"征(延)"有别,當改釋爲"造"(參見陳劍:《釋"造"》,《甲骨金文考釋論集》,綫裝書局,2007年,第127-176頁)。"造"有詣、至之義。《説文》:"造,就也。"《戰國策·宋衛策》"將移兵而造大國之城下"高誘注:"造,詣也"。"菶"舊釋爲"甫"字,亦不可信。竊以爲"菶"即"弋"字異體。殷墟甲骨文中"弋"字或作"弋"形(《合集》20607),比較可知,"菶"是在"弋"形上端加綴"H"形而成。"H"形是古文字形體演變過程中經常出現的增飾構件(參見劉釗:《古文字構形學》,福建人民出版社,2006年,第26頁),并無表意或表音作用。因此,斧銘似可釋讀爲"鄘司土北菶造弋"或"鄘司土北造菶弋",前一種斷句中的"北菶"或可視作"鄘司土"的私名,如按後一種理解,則銘文大意殆爲鄘司土北行至於菶弋。不過,"菶弋"究竟應理解爲複音節詞地名,還是視作菶、弋二地,筆者尚無確定的看法,以俟他日再作探討。
[3] 如多友鼎銘(《集成》2835)載獫狁"廣伐京師",武公命多友前往禦敵,自筍西追,先後在穰、龔、世、楊冢等地取得勝利。不嬰簋銘(《集成》4329)則言獫狁"廣伐西俞",王命伯氏"羞追于西",伯氏又遣不嬰"御追于䂂"。竊以爲"京師"當從李學勤先生説,地望在今陝西彬縣一帶,與"筍"(今陝西旬邑)相鄰;"䂂"可讀爲"鄂",即清華簡《繫年》之"少鄂",大致坐落於涇水上游的陝甘交界地帶,與"西申"相近。參見拙作:《不嬰簋"䂂"地與〈繫年〉"少鄂"》,《江漢考古》待刊。
[4] 李仲操:《菶京考》,《人文雜志》1983年第5期。

的合理性。[1] 羅西章先生亦主此説,并指出"莽京"範圍大致包括岐山縣王家溝以東至扶風縣西部一帶。[2] 平心而論,此説多以有銘銅器的出土地信息作爲綫索,其研究思路無疑值得稱道。然而衆所周知,青銅器往往具有較强的流動性,在缺乏必要佐證的前提下,恐難遽定其銘文所涉地點與器物出土地之間存在何種關聯,加之楚簋和王盂均係窖藏出土,二者爲異地舶來的可能性無法輕易排除。另一方面,帶有"莽京"字樣的銅器之發現地其實也并不單一,如前揭伯唐父鼎、歸妘進鼎即分别出土於灃西張家坡和灃東花園村,它們均爲同時期的墓葬所出,[3]但同樣無助於確定"莽京"的地望。此外,參考雷興山等先生利用"GIS系統"繪製的周原遺址聚落功能區分布圖,我們可以清楚地看到:自先周時期至西周早中期之際,周原劉家西部一直分布着一處較大規模的單純墓地,東部則爲"居葬合一"的聚落功能區;到了西周中期至中期偏晚時,劉家西墓地已爲大型夯土建築所取代,其東部的聚落功能區類型則基本維持原狀。[4] 然據西周金文所示,"莽京"的禮制建築群至遲於西周早期後段便已開始發揮功能,這與劉家附近的考古工作結論頗有出入,職是之故,出土王盂的劉家一帶不太可能作爲"莽京"的核心區域。

三、"莽京"地望的新探索

通過以上辨析可知,金文"莽京"既非豐邑,亦非鎬京,而現今頗爲流行的宗周之旁説和岐周近地説,實際也多少存在論證上的薄弱之處,部分史料的學術價值和證據作用,也許被不同程度地誇大或低估了。不過,綜合銅器銘文和考古資料來看,筆者認爲"莽京"坐落於王畿西部都邑聚落群,亦即豐鎬和岐周地區的可能性仍然是最大的。爲説明問題,我們不妨先以麥方尊和士上諸器爲例:

雩若二月,侯見于宗周,亡尤。迨(會)王饗莽京酌祀。雩若翌日,在辟(辟)雍,王乘于舟,爲大豊(禮)。王射大龏(鴻)禽,侯乘于赤旂舟從,死(尸)咸。[5] 之(是)日,王以侯入于寢,侯錫玄珪戈;雩王在寢,已(祀)。夕,侯錫者(諸)妘臣二百家。
(麥方尊,《集成》6015)

---

[1] 盧連成:《西周金文所見莽京及相關都邑討論》,《中國歷史地理論叢》1995年第3期。
[2] 羅西章:《西周王盂考——兼論莽京地望》,《考古與文物》1998年第1期。
[3] 中國社會科學院考古研究所灃西發掘隊:《長安張家坡M183西周洞室墓發掘簡報》,《考古》1989年第6期;陝西省文物管理委員會:《西周鎬京附近部分墓葬發掘簡報》,《文物》1986年第1期。
[4] 雷興山、种建榮:《周原遺址商周時期聚落新識》,湖北省博物館編:《大宗維翰:周原青銅器特展》,文物出版社,2014年,第18-29頁。
[5] "死咸"可讀爲"尸(事)咸",即大禮之事皆已告成。參見馬承源主編:《商周青銅器銘文選》第3卷,第46-47頁。

唯王大龠(禴)于宗周,徣饔蒡京年。在五月既望辛酉,王令士上眔史寅殷于成周,𦫵(穀)百生豚。眔賞卣、鬯、貝,用作父癸尊彝。臣辰𠕋。

(士上尊,《集成》5999;士上卣,《集成》5421;士上盉,《集成》9454)

麥方尊銘的重要價值,前賢時彥已多有揭示。銘文講到邢侯前往宗周述職,整個過程非常順利,適逢王赴"蒡京"舉行祭祀,邢侯遂同往助祭。有學者認爲"零若翌日"即邢侯結束朝見的次日,可見宗周距"蒡京"至多一日行程。這種理解未免有臆斷之嫌。盧連成先生通過梳理銘文的敘事順序,強調"翌日"當指王在"蒡京"舉行酌祀的第二天。[1] 其說至確。儘管宗周述職與"蒡京"酌祭無法進行干支繫聯,但可以想見二地不會相去甚遠,否則邢侯在宗周朝覲事畢之後,斷無隨王遠行助祭的道理。

士上諸器銘文的"徣"字,楊樹達先生嘗謂"用於兩事之間,與經傳'遂'字相近",於義而言大致可從。[2] 相同的用例在金文中頗爲常見,如:

唯王伐逨魚,徣伐淖黑。至,燎于宗周。　　　　　(郭伯馭簋,《集成》4169)

唯十月月吉癸未,明公朝至于成周,徣令舍三事令:眔卿事寮、眔者(諸)尹、眔里君、眔百工、眔者(諸)侯:侯、田(甸)、男,舍四方令。(令方尊,《集成》6016)

王呼作冊尹冊命山,曰:于入(納)蒢侯,徣徵蠚(郜)、刑(荆)、方服,眔亢(?)虘服、履服、六孳服。　　　　　　　　　　　　(士山盤,《新收》1555)

顯而易見,上揭諸例的"徣"字皆用於承接前後兩事,具有表示動作和時間先後關係的作用。至於該詞前後之事所涉地點的空間關係,雖然需要結合上下文意加以考察,但一般來說不會天各一方,如郭伯馭簋的"伐仇魚"和"伐淖黑"、士山盤之"納蒢侯"及徵取郜、荆、方諸邦的職貢,[3] 大抵皆屬順道而行之舉。士上諸銘稱周王先在宗周舉行"大龠"之祀,後赴"蒡京"繼續行祭,這儘管不能視作宗周、"蒡京"毗鄰的直接證據,但若聯繫麥方尊銘加以推測,"蒡京"和宗周恐怕也不至過於懸遠。

令人慶幸的是,通過近年豐鎬遺址和周原遺址的考古調查與發掘,適可爲探尋"蒡京"地望提供一些新的綫索。基于上文形成的初步認識,并結合已刊考古資料的分析,竊以爲關中

---

[1] 盧連成:《西周金文所見蒡京及相關都邑討論》,《中國歷史地理論叢》1995年第3期。
[2] 楊樹達:《積微居金文説》(增訂本),中華書局,1997年,第94頁。陳劍先生認爲,這類"用於兩事之間"的"徣(造)"字,都是對其後所接動詞的肯定和強調,但所表示的詞尚待進一步研究。參見陳劍:《釋"造"》,《甲骨金文考釋論集》,第173、176頁。
[3] 士山盤銘的斷句和理解,主要參考董珊先生之說。參見董珊:《談士山盤銘文的"服"字義》,《故宫博物院院刊》2004年第1期。

地區可能與"蒡京"遺迹相關的地點主要有兩處。

其一,不少學者認爲"蒡京"與豐邑、鎬京當位于同一個大的區域之内,只是在具體地望的判斷上存在出入,這種分歧與諸家對豐鎬遺址的認識有關。張禮艷女士通過分析灃西地區西周遺存的分布特徵,認爲其間可能存在南、北兩個中心:北部以客省莊和馬王村爲中心,先周文化遺存主要分布於此,或即文王遷豐之地和西周豐京所在,其西的張家坡、大原村一帶爲集中的墓葬區。後來聚落逐漸向南擴展,突破了曹寨南至大原村西的河道規劃,又在南部的新旺村、馮村一帶形成了另一個中心。她進而結合金文"蒡京"建有辟雍、大池的現象,并聯繫近年在馮村東部發現的人工水池,推測"蒡京"可能位於南部的馮村、新旺村一帶。[1] 所論頗具啟發性,尤其整個遺址是否存在南、北兩個中心的分區現象,很值得我們深入考察。

根據灃西地區最新的考古調查和鑽探顯示,除了北部的馬王村、客省莊和大原村等地之外,郿塢嶺以南的曹寨、新旺村和馮村附近也分布着大量的居址、灰坑、墓葬和製陶、製骨作坊,其中尤以大原村南和曹寨西北一帶的西周遺存最爲豐富,新旺村周圍還發現了多處銅器窖藏。[2] 2012 - 2013 年,考古工作者在曹寨西北發現一處水池遺址。經鑽探發掘表明,曹寨水面最長 384 米,最寬 261 米,總面積約 6.35 萬平方米,應是西周時期發揮重要作用的人工水池,廢棄時間不晚於西周晚期。2013 年,曹寨南至大原村西一綫又鑽探發現了一條人工河道遺迹。該河道橫貫整個灃西遺址中部,呈圓弧形,總長約 2 600 餘米,東引自灃河,西接靈沼河,形成年代不晚於西周,西周晚期開始出現斷流現象,以致逐漸淤廢。[3] 值得注意的是,曹寨西北的西周遺存一部分沿人工水道南北分布,部分則環繞於曹寨水池周圍,這種現象大概表明,曹寨西北一帶很可能曾形成過一個以河道和水池爲中心的重要聚落(參見圖一)。而連接上述水面與灃河的引水渠内,還出土有完整的馬骨遺存,發掘者認爲當與水祭有關,[4] 如是,則更暗示出曹寨水面及周邊遺存也許具有特殊的宗教意義。總之,上述現象均與"蒡京"的特徵存在一定的相似性,應該引起足够重視。不過,曹寨附近似乎迄今尚未發現大型建築基址,則是不利於"蒡京"定點的一個因素。

第二,根據雷興山等先生建立的"周原遺址田野考古與文化遺産保護 GIS 系統"及公布的聚落功能區分布圖,可以看出周原遺址東部區域在西周早期以後發生了較大變化,最爲顯著的特徵即整個聚落向東大幅擴展。早在西周早期,齊家溝東岸便已形成了一個南北走向

---

[1] 張禮艷:《豐鎬地區西周墓葬研究》,社會科學文獻出版社,2015 年,第 266 - 271 頁。
[2] 中國社會科學院考古研究所、陝西省考古研究院、西安市周秦都城遺址保護管理中心編著:《豐鎬考古八十年》,科學出版社,2016 年,第 57 - 60 頁。
[3] 中國社會科學院考古研究所、陝西省考古研究院、西安市周秦都城遺址保護管理中心編著:《豐鎬考古八十年》,第 60 - 61 頁。
[4] 中國社會科學院考古研究所、陝西省考古研究院、西安市周秦都城遺址保護管理中心編著:《豐鎬考古八十年》,第 60 頁。

的手工業作坊區,其東北方向的齊鎮附近,則有一定範圍的單純居址區分布。到了西周中期,上述區域以東出現了一個大型夯土建築帶,自雲塘窯廠向南延伸至召陳一帶,南北長約1 700米,總面積近80 萬平方米。[1] 自2009 年以來,該夯土建築帶附近還發現了密集的池渠遺存:如雲塘西南水池的面積可達3.2 萬平方米,塘底用石塊拼接鋪設而成,使用年代約在西周早中期;由該水池向東延伸的溝渠G1 長1 700 餘米,并在齊鎮以東與另一溝渠G2 近乎垂直相交,所構成的水網系統恰好緊鄰召陳建築群。[2] 從空間關係和形成年代來看,雲塘—召陳池渠系統所處的區域,是以王家溝、齊家溝爲中心的周原核心區在西周早期向東擴張的産物,而近年在雲塘窯廠附近發現的西周早期遺存,則證實同時期的居民點已擴展至雲塘、召陳一帶。[3] 不過,雲塘水池遺存位於齊家溝東沿,同雲塘製骨作坊、齊家製玦作坊等手工業作坊區非常接近,作爲大型禮制建築的附屬設施未免可疑。王占奎先生傾向於其性質爲人工蓄水池,主要通過溝渠設施供給周邊聚落的生産、生活用水。[4] 這是有道理的。

2012 年,考古人員在雲塘—召陳建築帶以東、美陽河西岸的姚家南部也鑽探發現了一處大型水池遺迹,據初步估算,其面積約有12 萬餘平方米,遠遠超過雲塘西南水池和灃西地區的曹寨水面。發掘者根據該水池遺存南緣爲姚家墓地M8 所打破的現象,推斷其使用年代當在西周早期,廢棄於西周中期前段,即姚家墓地的啟用時期。[5] 如前所述,"荴京"的辟雍、大池主要見於昭、穆之際的銅器銘文,而姚家水池的使用年代下限,適與前者大致相合。尤爲關鍵的是,姚家水池地處周原遺址的東部邊緣,其遺存堆積中曾經出土有少量瓦片,説明當地很可能存在建築類遺存。[6] 總之,該處水池遺迹及其附屬遺存,無論就時代背景抑或功能布局而言,均與金文"荴京"具有一定的相似性。我們知道,先秦時期都邑聚落的擴張與發展,往往是采取在原中心聚落附近擴建新邑的辦法,最終形成兩城乃至多城并立的空間景觀,諸如西周豐邑與鎬京遺址、成周遺址、韓旗故城與春秋王城遺址,以及東周以後的臨淄齊

---

[1] 雷興山、种建榮:《周原遺址商周時期聚落新識》,湖北省博物館編:《大宗維翰:周原青銅器特展》,第18-29頁。
[2] 寶雞市周原博物館、寶雞市考古研究所:《周原遺址池渠遺存的鑽探與發掘》,寶雞市周原博物館編:《周原》第1輯,三秦出版社,2015年,第264-296頁。
[3] 陝西省考古研究院、北京大學考古文博學院、寶雞市周原博物館編著:《周原遺址東部邊緣:2012年度田野考古報告》,上海古籍出版社,2017年,第434頁。
[4] 王占奎:《周原遺址扶風雲塘陂塘與水渠三題》,寶雞市周原博物館編:《周原》第1輯,第40-44頁。
[5] 陝西省考古研究院、北京大學考古文博學院、寶雞市周原博物館編著:《周原遺址東部邊緣:2012年度田野考古報告》,第479-479、483頁。
[6] 陝西省考古研究院、北京大學考古文博學院、寶雞市周原博物館編著:《周原遺址東部邊緣:2012年度田野考古報告》,第480頁。此外,姚家水池西北方向的姚家村西亦發現有居址遺存和多件板瓦,時代均爲西周早期,説明該地可能存在夯土建築。但是,姚家西功能區相距水池遺存數百米,至少不太符合辟雍、大池相鄰的空間布局。

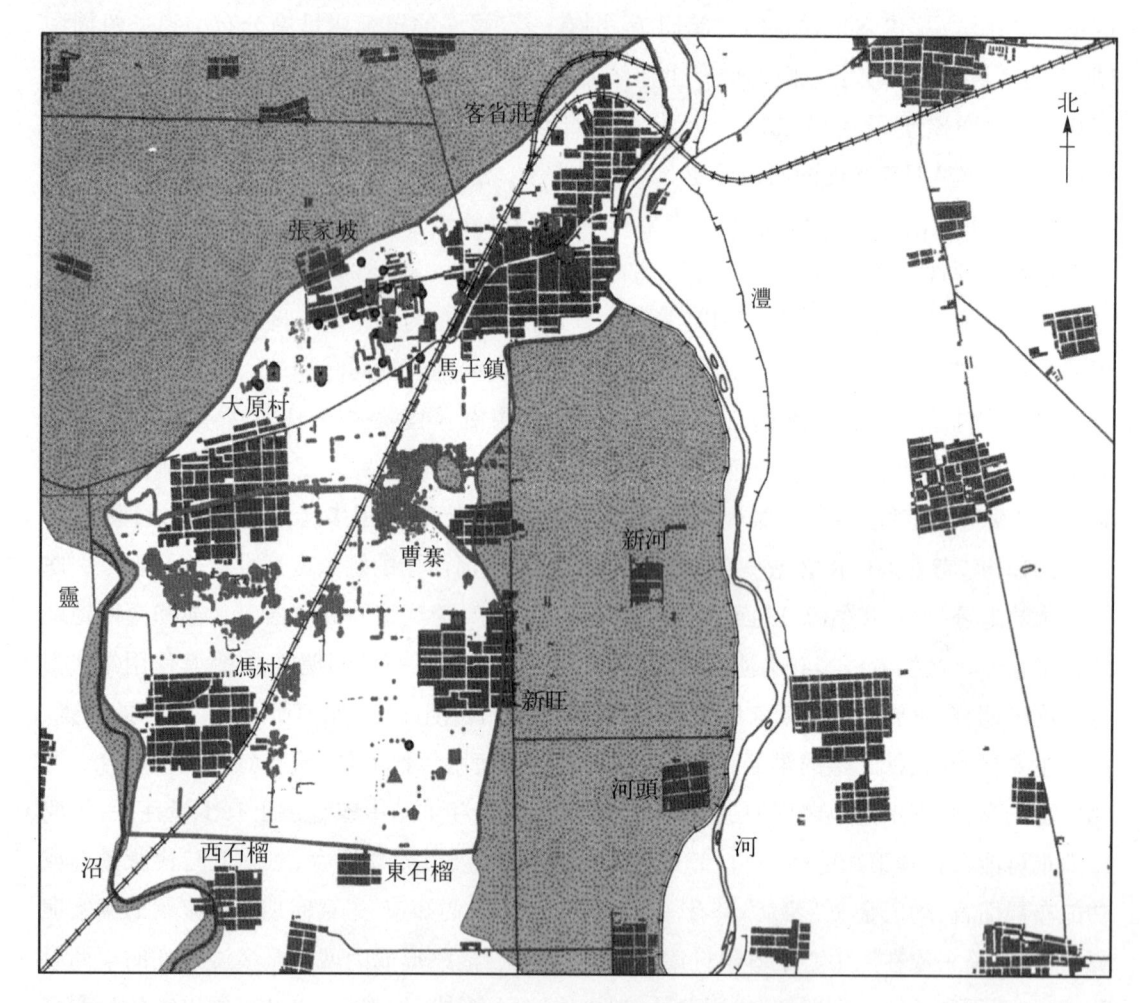

圖一　曹寨西北水面與周邊西周遺存分布圖
（采自《豐鎬考古八十年》圖版三）

故城、鄭韓故城、邯鄲趙王城、易縣燕下都等遺址皆是如此。[1] 清華簡《楚居》就曾提到，楚武王徙居免地之後，"衆不容于免，乃渭（潰）疆淫之陂而宇人焉，氐今曰郢"，即是説楚人在免地旁邊填湖成陸，用以安置民衆，遂衍生出"疆郢"這一都邑和地名。整理者指出，疆郢是由免郢擴建的一部分。[2] 甚是。從這一角度來看，"莽京"是否爲西周早期後段隨周原遺址東擴而產生的聚落和地理稱謂，也許值得考慮。

---

[1] 參見李學勤：《東周與秦代文明》，上海人民出版社，2007 年，第 39、47、69、79 頁；許宏：《先秦城市考古學研究》，北京燕山出版社，2000 年，第 62-65 頁、第 126 頁。當然，戰國時期的都城結構往往還涉及城、郭布局，跟早先兩城並立的情形猶有不同。

[2] 清華大學出土文獻研究與保護中心編，李學勤主編：《清華大學藏戰國竹簡》（壹），中西書局，2010 年，第 187 頁。

西周金文"執駒"及《詩經》相關内容考述

劉海宇**

西周金文中有周王"執駒"一事,首見於 1955 年陝西眉縣出土的盠組器。[1] 郭沫若先生認爲"執駒"是周王親自參加的典禮,指出《詩經·小雅·白駒》中的"皎皎白駒……縶之維之"即此銘中的"執駒",但他未討論"執駒"的具體方式。[2] 陳夢家先生釋"執駒"是"始於駒首加以籠頭與繮繩",[3] 該説至今爲多數學者所信從。最近又見數件與執駒有關的西周銅器,發布者朱鳳瀚先生[4]與曹錦炎先生[5]均沿襲陳夢家舊説。我們曾在《漢代畫像石中的縶馬圖像解讀》(以下簡稱《解讀》)一文中指出,西周金文中的執駒應與絆住駒腿的縶絆習俗有關,[6]但因研究對象不同,彼文中未及詳論。據筆者所見,迄今已有四批次八件銅器銘文與周王執駒有關,可知執駒是西周時期重要的王家禮儀活動。本文擬結合《詩經》中的相關内容,就西周金文"執駒"的方法與意義進行研究,希冀大方之家不吝指教。

一、西周金文所見執駒資料與諸家考釋

1. 盠組器

盠組器(包括盠駒尊一件、尊蓋兩件以及盠方彝、盠方尊各一件)1955 年出土於陝西眉縣,屬於西周中期器物。駒尊通耳高 23.4 釐米,通尾長 34 釐米,銘文鑄於胸前,駒尊背部有尊蓋一件,腹内尚有另一螭鈕殘蓋。[7]

---

* 本文獲得巖手大學"平成 30 年度(2018 年度)教員の海外渡航支援經費"的資助,特此致謝。
** 日本巖手大學平泉文化研究中心教授。
[1] 李長慶等:《祖國歷史文物的又一次重要發現》,《文物參考資料》1957 年第 4 期。
[2] 郭沫若:《盠器銘考釋》,《考古學報》1957 年第 2 期。本文所引郭沫若説均據此文,不再加注。
[3] 陳夢家:《西周銅器斷代》(上册),中華書局,2004 年,第 173 頁(據陳氏自注,此考釋作於 1957 年 3 月)。下文陳夢家説均據此書,不再加注。
[4] 朱鳳瀚:《簡論與西周年代學有關的幾件銅器》,朱鳳瀚主編:《新出金文與西周歷史》,上海古籍出版社,2011 年,第 45－51 頁。
[5] 曹錦炎:《趞簋銘文考釋》,李學勤主編:《出土文獻(第八輯)》,中西書局,2016 年,第 42－48 頁。
[6] 劉海宇:《漢代畫像石中的縶馬圖像解讀》,《文物》2014 年第 5 期。以下簡稱《解讀》。
[7] 陝西省博物館等:《青銅器圖釋》,文物出版社,1960 年,説明第 19－20 頁、圖版及拓本第 54－56 頁;陝西省考古研究所等:《陝西出土商周青銅器(三)》,文物出版社,1980 年,圖版及拓本第 185－186 頁、説明第 31 頁。

駒尊銘文中有關執駒的內容爲(《集成》6011－6012,圖一):[1]

  隹(惟)王十又二月,辰在甲申,王初執駒于岸,王乎(呼)師豦召(詔)盠,王親
旨(詣)盠駒,賜兩……

尊蓋銘文曰:

  王拘駒岸,賜盠駒勇雷雅子。

螭鈕殘蓋銘文曰:

  王拘駒昇(校),賜盠駒勇雷駱子。

圖一　盠駒尊及銘文拓本
(器影取自《陝西出土商周青銅器(三)》185頁,拓本取自《集成》3701頁)

  盠組器出土之後,學者們展開了熱烈的討論,除單純的文字釋讀之外,涉及執駒的有以下諸家:郭沫若先生《盠器銘考釋》一文認爲"執駒"是周王親自參加的典禮,非常敏銳地指出《詩經·小雅·白駒》中的"皎皎白駒……縶之維之"即此銘中的"執駒"或"拘駒",但他没有討論"執駒"的具體方式,只是把"縶之維之"翻譯作"抓着它,拴着它"。陳夢家先生在《西

---

[1] 中國社會科學院考古研究所編:《殷周金文集成(修訂增補本)》,中華書局,2007年,第3701頁。簡稱《集成》。

周銅器斷代》中明確指出"執"讀爲"繫","繫"在《説文》中是"毄"的或體字,執駒的具體方法是"始於駒首加以籠頭及繮繩"。李學勤先生《郿縣李家村銅器考》一文認爲"所謂執駒便是訓練小馬駕車",[1]未明言具體訓練方式。沈文倬先生《"執駒"補釋》一文認爲"執"讀作"繫",是馬絡頭的一部分,"執駒是給駒套上絡頭"。[2] 日本學者白川静先生《金文通釋》認爲"執駒"是《周禮·圉人》中"凡賓客喪紀,牽馬而入陳"的牽陳義。[3] 馬承源先生《商周青銅器銘文選》云執駒禮是爲幼馬初繫馬具時所行之禮,[4]未明言何種馬具。張慶久先生《馬踏千秋》一文亦認爲執駒即是給幼馬套上籠頭。[5]

2. 達盨蓋

1984-1985年陝西長安張家坡井叔家族墓地M152井叔墓出土三件鑲嵌在漆器盨蓋中的有銘銅版,漆胎已腐,銅版尚存。銅版長12釐米,寬5.8釐米,厚0.2釐米,西周中期器物。三件銅版銘文相同,內容如下(《近出》506,圖二):[6]

隹(惟)三年五月既生霸壬寅,王才(在)周,執駒于滆応(廄)。王乎(呼)蔦趩召達,王易(賜)達駒。達拜稽首,對揚王休,用作旅盨。

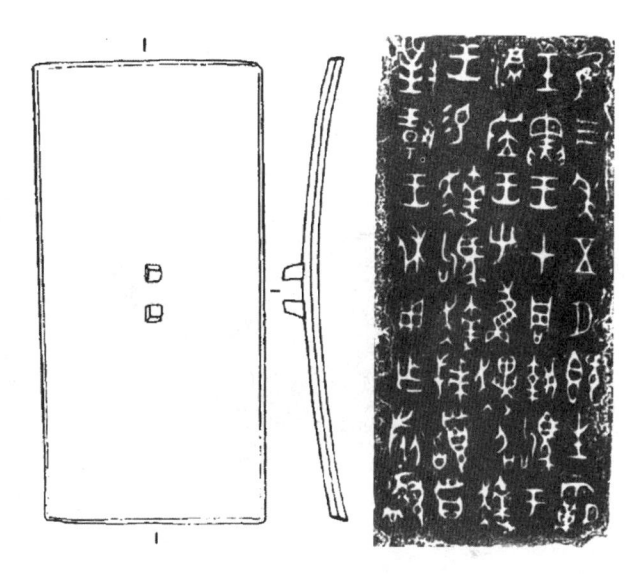

圖二 達盨漆蓋中的鑲嵌銅版及銘文拓本
(取自《張家坡西周墓地》311-312頁)

張長壽先生認爲M152墓主或爲西周孝王時的井叔達。[7] 蔡哲茂先生在《談周代的"執駒"禮》一文中舉出盉駒尊和達盨銘文,認爲沈文倬"執駒是給駒套上籠頭"說最爲可信。[8] 楊

---

[1] 李學勤:《郿縣李家村銅器考》,《文物》1957年第7期。
[2] 沈文倬:《"執駒"補釋》,《考古》1961年第6期。本文所引沈説均據此,不再加注。
[3] 白川静:《金文通釋2》,平凡社,2004年,第311-338頁(首見《白鶴美術館志》第19輯,1967年9月)。
[4] 馬承源主編:《商周青銅器銘文選》第三卷,文物出版社,1987年,第189-190頁。
[5] 張慶久:《馬踏千秋——中國先秦時期幾件馬文物賞析》,《中國文物報》2014年1月29日。
[6] 中國社會科學院考古研究所編著:《張家坡西周墓地》,中國大百科全書出版社,1999年,第310-312頁;劉雨、盧巖編著:《近出殷周金文集録》,中華書局,2002年,第405頁,簡稱《近出》。
[7] 張長壽:《論井叔銅器——1983-1986年灃西發掘資料之二》,《文物》1990年第7期。
[8] 蔡哲茂:《談周代的"執駒"禮》,《故宫文物月刊》第99期(1991年第3期)。

寬先生在《西周史》一書中亦探討了盠駒尊和達盨蓋銘文,云"所謂執駒,就是給二歲小馬套上絡頭及馬具"。[1]

3. 吴盉

2011 年朱鳳瀚先生公布一件香港私人收藏的吴盉,器身罐形,器底銘文 6 行共 50 字,未見公開銘文拓片,只有器内底 X 光片。[2] 此器又著録於吴鎮烽編著《商周青銅器銘文暨圖像集成》(14797 號器,以下簡稱《銘圖》),稱作册吴盉(圖三)。[3]

佳(惟)卅年四月既生霸壬午,王才(在)𣪘南林,衣(卒)執駒,王乎(呼)巂偈召作册吴立唐(庫)門。王曰:易(賜)駒。吴拜稽首,受駒以出。吴敢對揚天子不(丕)顯休,用作叔姬般(盤)盉。

图三 作册吴盉器形、銘文 X 光片及銘文摹寫
(均取自《銘圖》第 26 卷 224－226 頁)

朱先生主張該盉是西周末年宣王三十年器,認爲執駒"即給幼馬套上籠頭及繮繩",明顯承襲陳夢家説。夏含夷先生認爲器物不可能晚到西周晚期,銘文中的卅年應爲穆王三十年。[4] 張德良先生亦認爲年代應爲西周中期晚段。[5] 吴鎮烽先生《銘圖》認爲屬於西周中期前段。

銘文中的"唐"字,朱先生無釋。字形從广害聲,我們認爲或可讀爲"庫","害"在古文字

---

[1] 楊寬:《西周史》,上海人民出版社,2003 年,第 828－829 頁。
[2] 朱鳳瀚:《簡論與西周年代學有關的幾件銅器》,朱鳳瀚主編:《新出金文與西周歷史》,上海古籍出版社,2011 年,第 45－51 頁。
[3] 吴鎮烽編著:《商周青銅器銘文暨圖像集成》第 26 卷,上海古籍出版社,2012 年,第 224－226 頁。
[4] 夏含夷:《從作册吴盉再看周穆王在位年數及年代問題》,朱鳳瀚主編:《新出金文與西周歷史》,上海古籍出版社,2011 年,第 52－55 頁。
[5] 張德良:《新出作册吴盉時代研究》,張光明、徐義華主編:《甲骨學暨高青陳莊西周城址重大發現國際學術研討會論文集》,齊魯書社,2014 年,第 345－349 頁。

中與魚部字關係密切,曾侯乙墓編鐘、編磬的音律名"姑洗"的"姑"字大多寫作從害聲字,裘錫圭、李家浩兩先生列舉諸多例子說明"害"、"古"等字古音相近。[1] "啹"字從害得聲,古音讀匣母魚部,"庫"字溪母魚部,韻部相同,聲母旁紐,古音相近。"庫門"在文獻中也作"厫門",《禮記·郊特牲》"獻命庫門之內",鄭玄注云"庫或爲厫"。此器銘中,王家牧場在艴南林,其中理當有厫舍,周王在厫門賞賜作册吴。

4. 趞簋

2016 年曹錦炎先生公布一件與執駒有關的西周中期銅簋,稱趞簋,器物爲私人收藏,銘文位於器底,5 行共 42 字(含重文)。[2] 吴鎮烽先生《銘圖續編》著録兩件趞簋,稱趞簋甲與趞簋乙,銘文相同。[3] 從照片看,曹錦炎先生所公布的器物即《銘圖》中的趞簋甲。器物照片與銘文拓本如下(圖四)。

佳(惟)四月,王執吾(牧—牡)駒,至于異(廙)。内(入)光趞(趞)官,休,無眈(尤)。趞(趞)敢對揚天子光,用作朕文考日癸寶簋,其子₌孫₌(子子孫孫)萬年永寶。

圖四 趞簋器形及銘文拓本
(左爲甲器,右爲乙器,均取自《銘圖續編》第二卷 106－111 頁)

曹錦炎先生亦承襲陳夢家説,謂執駒是"始於駒首加以籠頭與繮繩"。他把"吾"讀爲"魏",認爲古國"魏"位於山西芮城,"王執吾(魏)駒"即"王於魏地參加執駒活動"。吴鎮烽先生《銘圖續編》亦括讀"吾"爲"魏"。"吾"讀爲"魏"没有問題,[4] 但如果表述在魏地執

---

[1] 裘錫圭、李家浩:《曾侯乙墓鐘、磬銘文釋文與考釋》,湖北省博物館編:《曾侯乙墓》,文物出版社,1989 年,第 554 頁。
[2] 曹錦炎:《趞簋銘文考釋》,李學勤主編:《出土文獻(第八輯)》,中西書局,2016 年,第 42－48 頁。
[3] 吴鎮烽編著:《商周青銅器銘文暨圖像集成續編》第二卷,上海古籍出版社,2016 年,第 106－111 頁。
[4] 參見裘錫圭:《復公仲簋蓋銘補釋——兼説珥生器銘"寑氏"》,《裘錫圭學術文集》第三卷,復旦大學出版社,2012 年,第 195－199 頁。

駒,一般説"執駒于魏"或"執駒魏",而很少會説"執魏駒"。我們認爲在該銘中"毒"應讀爲"牧","毒"從每得聲,每字古音明母之部,"牧"爲明母職部的字,兩字雙聲,韵部對轉,古音相近。從典籍用字情況看,"每"聲的"坶"字或"母"聲的"坶"字讀作"牧",例如:《詩經·大雅·大明》"矢于牧野",《正義》云"《禮記》及《詩》作坶野,古字耳",《説文》引《周書》作"坶野",李富孫《詩經異文釋》云"《廣韵》云古文尚書作此坶。則坶爲坶之省。牧、坶聲相近"。[1] 而"牧"字又作"牡",例如:《詩經·魯頌·駉》"駉駉牡馬",《正義》云"定本'牡馬'字作'牧馬'",陸德明《釋文》云牡"本或作牧"。[2] 可見,"毒"讀作"牧",通作"牡",應無疑問。《説文》云"牡,畜父也",銘文中的"毒(牡)駒"即指公駒。文獻中的"執騰駒",《禮記·月令》與《吕氏春秋·仲夏紀第五》作"縶騰駒",《淮南子·時則篇》作"執騰駒"。"騰駒",《吕氏春秋》高誘注釋爲"父馬",《説文》云"騰,一曰犗馬",段注云"犗馬謂之騸,則是騰爲騸之假借字",[3] 則"騰"與"騸"通用,"騰駒"即"騸駒",意爲去勢後的公駒。這或與器銘的記載相一致。

二、《詩經》相關内容以及傳統訓釋

上文已經指出,郭沫若先生首先把西周金文"執駒"與《詩經》中的"縶駒"聯繫起來,他把"縶之維之"翻譯作"抓着它,拴着它",但未討論"執駒"的具體方式。其後,學者們一致同意西周金文"執駒"即文獻中的"縶駒",但多從陳夢家説,認爲執駒的具體方法是"始於駒首加以籠頭及繮繩"。而在《詩經》的傳統訓釋中,"縶駒"是絆住駒腿。《詩經·小雅·白駒》:"皎皎白駒,食我場苗。縶之維之,以永今朝……皎皎白駒,食我場藿。縶之維之,以永今夕。"毛傳:"縶,絆。維,繫。"鄭箋:"絆之繫之。"孔穎達正義:"縶之謂絆其足,維之謂繫其靷。"《詩經》中又有"縶馬"之事,《周頌·有客》"言授之縶,以縶其馬",毛傳:"欲縶其馬而留之",鄭箋:"縶,絆也……而言絆其馬,意各殷勤。"

其他古文獻中也有相關記載,例如:《周禮·校人》"校人掌王馬之政……春祭馬祖,執駒",鄭玄注曰:"執猶拘也。"《禮記·月令》"縶騰駒",《玉燭寶典》引《月令·章句》云:"縶,絆。"[4]《左傳·成公二年》"執縶馬前",杜預注:"縶,馬絆也。"又,《襄公二十五年》載鄭國子展率軍攻入陳國都城,將要俘獲陳侯時,"子展執縶而見,再拜稽首,承飲而進獻",杜預注曰執縶以獻以示"修臣僕之職",孔穎達疏云:"不忍即加屈辱,所以申貴賤之義。"孔疏較爲準確,執縶以獻應源於《詩經》中的"言授之縶,以縶其馬",是欲拘囚敵國君主的委婉表示。有

---

[1] 李富孫:《詩經異文釋》,《續修四庫全書》第75册,上海古籍出版社,1994年,第242頁。
[2] 參見宗福邦等主編:《故訓匯纂》,商務印書館,2003年,第1400-1401頁。
[3] 段玉裁撰:《説文解字注》,上海古籍出版社,1981年,第468頁。
[4] 轉引自孫詒讓撰:《周禮正義》,中華書局,1987年,第2615頁。下文孫詒讓説均據此書,不再加注。

學者認爲"授縶"是周代賓禮中的一種重要禮節,具有濃厚的留客意味。[1] 古代"駒"亦或稱"馬",《周禮·校人》"頒馬"條,孫詒讓《周禮正義》引《大戴禮記·夏小正》"頒馬,分夫婦之駒也"云"頒馬即頒駒也",又云"對文駒爲小馬,散文駒馬亦通稱"。

可見,古注中"縶駒"或"執駒"均爲絆住駒腿,這是調教馬駒服役的一種重要手段。幼駒長大之後,縶絆馬足這一手段也是經常使用的馭馬方法,文獻中多有記載,又爲漢代畫像石中多見的"縶馬圖像"所證實,可參見小文《解讀》,兹舉一例(見圖五),[2]以説明具體縶絆方式。

圖五　漢代畫像石中的縶馬圖像

三、"執駒"的具體方法與意義

駒有四足,"執駒"究竟要絆住幾條腿呢?其具體方法是怎樣的呢?絆住馬腿的目的是什麽?周王親自執駒的意義何在?下面我們討論這些問題。

上文已經指出駒亦稱馬,幼駒習慣了縶絆這種調教方式之後,御者會一直使用這種手段控制馬匹。反過來説,成年馬只有對從幼駒時期就熟悉的調教方式才能適應而毫無反抗。所以我們認爲,"縶駒"的具體方式無疑與"縶馬"相同。在《解讀》一文中,我們收集到漢代畫像石中的12幅縶馬圖像,總結出兩種具體的縶絆方法,一是交叉絆住馬的前後兩蹄,二是縶絆住同側的前後兩蹄,前者比較多見,後者則較少見。

最近,我們在河南輝縣出土的戰國時代刻紋殘銅鑒上看到一幅縶馬圖像,該殘銅鑒以及圖像摹本在河南博物院展出。從摹本看,第三層刻紋的左側(以觀察者爲準)有一墻垣,上有一鳥,右側一樹,樹右有被絆住前後馬蹄的馬匹,其後刻一人,人的右側刻一輛車。縶馬作回首張望狀,因刻畫的是側視圖,所以只刻出被縶絆住的兩條馬腿(圖六)。[3]

此外,文獻中還有縶絆住馬的前面兩足的記載。《説文》收録"䪽"字,訓爲"絆前兩足也"。《莊子·馬蹄》"連之以羈馽,編之以皂棧"的"馽"字,陸德明《釋文》云司馬彪、向秀、崔

---

[1] 姚小鷗等:《〈周頌·有客〉與周代賓禮》,《學術研究》2011年第6期。
[2] 山東省博物館等編:《山東漢畫像石選集》,齊魯書社,1982年,圖479。
[3] 該殘銅鑒資料不見於《輝縣發掘報告》(科學出版社,1956年),不知具體出自輝縣何處墓葬。

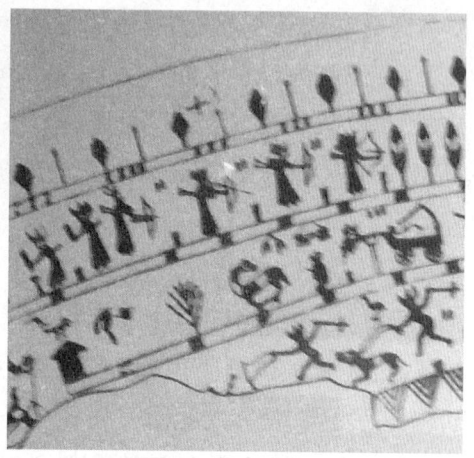

圖六　輝縣出土戰國刻紋殘銅鑒及摹本局部（筆者攝）

譔本均作"纇"字，東晉崔譔訓"絆前兩足也"，[1]"纇"與"纇"爲一字異體，或省作"纇"。不僅中國古代有絆住馬匹前兩足的記載，西方也可見同樣的縶絆方式。據孫機先生《中國古代物質文化》一書介紹，公元5世紀以前的斯基泰大銀瓶上有馴馬圖，該銀瓶出土於德聶伯河下游契爾托姆雷克巨冢，圖中可見御者正在給馬匹的前兩足繫馬絆（圖七）。[2]

圖七　斯基泰人馴馬圖
（取自《中國古代物質文化》193頁）

絆住馬腿的目的是爲了便於控制馬匹，不使其隨便逃逸，正如《釋名·釋車》所説"拘使半行，不得自縱也"。據有草原生活經驗的學者介紹，即使在今天，牧民騎馬到達目的地之後，也一般會在馬蹄上套上絆馬索，其目的一是爲了使馬匹不至於隨意奔逸，牧人可以隨時

---

[1] 郭慶藩撰：《莊子集釋》，中華書局，1961年，第330-332頁。
[2] 孫機：《中國古代物質文化》，中華書局，2014年，第192-193頁。

追得上馬匹;二是草原上有狼來時,因其他兩蹄未被絆住,尚可以走動和自衛。[1]

關於周王親自執駒的意義,沈文倬認爲幼駒經過執駒儀式之後,"正式編入王的六閑或十二閑,登記上王的財産簿籍,作爲增加王的財産。唯其是這樣,執駒才能成爲古代一種重要的典禮,才有王親自參加的必要"。我們認爲,周王親自執駒,不僅僅是因爲增加了財産,更爲重要的是馬匹作爲重要的戰略軍用物質,周王親自參加執駒禮表示對軍政的重視。唐代杜佑《通典》一書即把包括執駒禮在內的馬政劃入五禮中的軍禮。[2]

餘　論

古代的相馬法中,馬蹄腕部的間隙才可容絆是一項重要的相馬標準。《齊民要術》云:"蹄欲得厚而大。踠欲得細而促。踠欲促而大,其間才容絆。"《元亨療馬集》亦曰:"踠欲結而促,又欲促而大(細),其間才容絆。"胡平生先生解釋爲"蹄腕部細而緊促,間隙甚小,即'其間才容絆'之義"。[3] 仔細觀察盠駒尊,可以看到駒尊的蹄腕部有一條較深的凹槽,大概表示這是一匹踠間才可容絆的良駒吧。

西周金文中的"執駒"即文獻中的"縶駒",其具體方法無疑與"縶馬"同,均是以繩索縶絆住馬蹄,而不是多數學者所說的給爲馬駒套上籠頭及韁繩的方法。[4] 縶絆的方法有三種,一是交叉絆住馬匹的前後兩蹄,二是縶絆住同側的前後兩蹄,三是絆住馬匹的前面兩蹄。絆住馬駒的蹄足是使之習於服役的一種調教方式,周王親自參加的執駒禮應屬於軍禮的一種,表示周王對軍政的重視。《詩經》中縶駒或縶馬均表示主人的殷勤挽留之意,"授縶"或是周代賓禮中的一種重要禮節,具有濃厚的留客意味。

初稿　2014 年 8 月
修改　2018 年 9 月

附記:在本文修改過程中,曾得到曲阜師範大學孔子研究所陳東教授、中國社會科學院考古研究所嚴志斌先生等諸位學者的指教,在此一并謹致謝意。

---

[1] 就現今馴馬中的絆馬情況,我們曾求教過有草原生活經驗的福建省文物考古研究所栗建安先生以及內蒙古自治區正藍旗元上都遺址文物事業管理局蘇伊拉局長,在此謹表謝意。
[2] 杜佑撰:《通典》,中華書局,1988 年,第 2121－2122 頁。
[3] 胡平生:《"馬踏飛鳥"是相馬法式》,氏著:《胡平生簡牘文物論稿》,中西書局,2012 年,第 521－531 頁。
[4] 最近我們欣喜地看到部分學者已經認爲金文中的執駒與縶絆駒腿有關,例如:凡國棟先生《金文讀本》(鳳凰出版社,2017 年,第 92－94 頁);李零先生《我們的中國》第 4 編(生活・讀書・新知三聯書店,2016 年,第 65 頁注 2)。

翼城大河口 M1017、M2002 兩墓的年代及相關問題

韓 巍*

　　山西翼城大河口西周墓地的發掘資料，前些年曾有陸續公布，發表了 M1、M1017、M2002 等墓出土的一些青銅器。[1] 2018 年上半年，《考古學報》又連續刊載了 M1017、M2002 這兩座重要墓葬的發掘報告，[2] 資料介紹非常全面、詳盡。研讀兩篇報告之後，我感到這兩座墓葬正處於西周青銅器由前期向後期轉變的關鍵節點，對於西周中期青銅器的斷代研究具有重要價值，而且出土銅器銘文含有豐富的歷史信息，值得進一步深入探討。

　　M1017 共出土食器 29 件（含匕 2 件）、酒器 19 件（含斗 1 件）、水器 2 件、樂器 3 件（表一），不僅數量衆多，而且器類組合和形制、紋飾非常複雜。可以看出，這些銅器的鑄造年代前後相差很大。銅器銘文也顯示，這些銅器的鑄造者不僅不是同一人，而且可能出自不同家族。

表一　M1017 出土青銅禮樂器

器　類		數量	備　　注
鼎	直角方鼎	3	2 件器主爲"伯"，1 件爲"伯🦌"
	圓角方鼎	2	
	圓鼎	8	發表 1 件，器主爲"伯"
簋	侈口圈足簋	2	器主爲"伯荊"
	斂口圈足簋	2	器主爲"霸伯"

---

* 北京大學中國古代史研究中心、出土文獻與中國古代文明研究協同創新中心副教授。

[1] 謝堯亭、王金平：《山西翼城大河口西周墓地》，收入《2008 中國重要考古發現》，文物出版社，2009 年；衛康叔：《大河口西周墓地——小國的霸氣》，《中華遺產》2011 年第 3 期；山西省考古研究所大河口墓地聯合考古隊：《山西翼城縣大河口西周墓地》，《考古》2011 年第 7 期；山西省考古研究所、山西博物院、首都博物館編：《呦呦鹿鳴——燕國公主眼裏的霸國》，科學出版社，2014 年；深圳博物館、山西省考古研究所、山西博物院編：《封邦建霸——山西翼城大河口墓地出土西周霸國文物珍品》，文物出版社，2016 年。

[2] 山西省考古研究所等：《山西翼城大河口西周墓地 1017 號墓發掘》，《考古學報》2018 年第 1 期；《山西翼城大河口西周墓地 2002 號墓發掘》，《考古學報》2018 年第 2 期。

續表

器　類	數量	備　　注
盉	2	與斂口圈足簋銘文相同，器主爲"霸伯"
鈚	1	器主爲"霸伯"
鬲	1	銘文"作父癸彝"
甗	1	器主爲"伯☒"，即霸伯尚
豆	4	器主爲"霸伯"
盆	2	器主爲"倗伯"
盂	1	器主名"尚"，又稱"霸伯"
匕	2	
觚	2	發表1件，銘文"父辛"
爵	7	發表2件，1件銘文"吹作寶"，1件銘文"籃"
觶	1	
斝	1	銘文"子祖丁"
尊	3	1件銘文"伯作彝"
卣	3	發表2件，1件銘文"洛仲作寶彝"
壺	1	未發表
罍	1	器主爲"霸伯"
斗	1	
盤	1	器主爲"霸伯"
盉	1	器主爲"霸伯"
甬鐘	3	

　　根據這些銅器的器類組合和形制、紋飾特徵，按照邏輯上的年代先後順序可將其分爲三組。

　　A組銅器，包括直角方鼎3件、圓鼎1件、[1]尊1件、卣1件、斝1件。

　　三件方鼎中，有兩件的大小、形制、紋飾基本相同，器身四面正中飾曲折雲雷紋，其外圍是"凹"字形乳釘紋帶，口沿下飾兩兩成組、兩組互相對稱的蛇紋；其中M1017∶2銘文爲"伯

---

[1] 此圓鼎爲已發表者，另有7件未發表者情況不詳。

作齋"(圖一),M1017:24銘文爲"伯🀄作寶齋"(圖二),兩器很可能是同時鑄造,作器者當爲同一人,"伯"是其排行,"🀄"是其私名。這兩件方鼎與長安花園村出土的歸𡡗進方鼎(《集成》2725 - 2726、《銘圖》2337 - 2339)最爲相似,[1] 後者的年代一般認爲在昭王前後。[2] 方鼎 M1017:3(圖三)器身四面均飾大獸面紋,獸面正中有扉棱,銘文也是"伯作齋"三字,與前兩件方鼎的"伯"可能是同一人。這種飾大獸面紋的方鼎多見於西周早期偏早階段,如成王時的德方鼎(《集成》2661、《銘圖》2266)、叔矢方鼎(《銘圖》2419)等,但完全有可能延續至昭王前後。圓鼎(M1017:25,圖四)體型較大而厚重(通高 45.9 釐米),腹部傾垂,蹄足上端飾有浮雕獸面,口沿下飾兩兩相對的夔紋,每對夔紋又共同構成一個獸面,夔紋

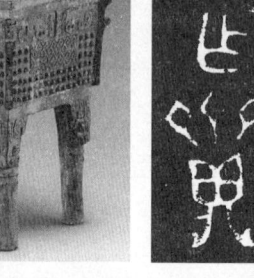

圖一　伯方鼎(M1017:2)　　　　圖二　伯🀄方鼎(M1017:24)

圖三　伯方鼎(M1017:3)　　　　圖四　伯圓鼎(1017:25)

---

[1] 本文引用青銅器和銘文資料,均直接在器名之後用括號注明出處,形式爲"書名簡稱+器號"。中國社會科學院考古研究所編:《殷周金文集成》,中華書局,1984 - 1994 年,簡稱"《集成》";吴鎮烽編著:《商周青銅器銘文暨圖像集成》,上海古籍出版社,2012 年,簡稱"《銘圖》";吴鎮烽編著:《商周青銅器銘文暨圖像集成續編》,上海古籍出版社,2016 年,簡稱"《銘圖續》"。凡前後多次引用者,只在第一次出現時注明。引用銘文一律采用寬式釋文,常見字直接寫爲通行字,不作嚴格隸定和括注。
[2] 李學勤:《論長安花園村兩墓青銅器》,《文物》1986 年第 1 期。

之間以扉棱隔開。這種大型圓鼎多見於西周早期，一般只出 1 件，其代表有大盂鼎、堇鼎（《集成》2703、《銘圖》2290）、旟鼎（《集成》2704、《銘圖》2321）、外叔鼎（《集成》2186、《銘圖》1597）等，流行下限約在西周早中期之際。M1017 的這件圓鼎體型較上述諸鼎小得多，其腹部傾垂明顯，與外叔鼎接近，其年代估計已在昭王前後；其銘文曰"伯作寶尊"，與前述三件方鼎銘文書風相似，作器者可能是同一人。

洛仲卣（M1017：5，圖六）器形寬矮，下腹傾垂，提梁兩端飾有獸首，口沿下飾一周雲雷紋襯底的顧首夔紋，其餘部分皆爲素面，與其最爲相似者有昭王時的遣卣（《集成》5402、《銘圖》13311）。大河口 M1 出土的匽侯旨卣（《銘圖續》874），[1]造型、紋飾與洛仲卣也很接近，但蓋頂兩端有犄角，年代亦當在康昭之際。"洛仲"之"洛"，疑當爲"霸"之異體，"洛仲"即"霸仲"。[2] 大河口 M1 出土霸仲甗（《銘圖》3200）、霸仲簋（《銘圖續》323）、霸仲盉（《銘圖續》963）各一件，該墓墓主被推定爲"霸伯"；"霸仲"應爲墓主"霸伯"之弟，與此"洛仲"可能是同一人。伯尊（M1017：81-1，圖五）形制爲西周早期常見的"三段式"圓尊，中段外鼓，飾有兩周雲雷紋襯底的顧首夔紋，其紋飾風格與洛仲卣基本一致。二器體量亦相當，雖然作器者不同，但鑄造時代應該接近，原先很可能作爲配套的酒器使用。[3] 伯尊的作器者"伯"，與前述三件方鼎的器主"伯"和"伯❉"或爲同一人，大約活動於康昭時期，可能就是 M1 的墓主"霸伯"。另外 A 組銅器中還有一件"子祖丁"斝（M1017：73，圖七），與扶風莊白一號窖藏出土的折斝（《集成》9248、《銘圖》11062）非常相似，後者亦爲昭王時器。這種通體素面的分襠鬲形斝是從晚商延續而來，其流行下限不過西周早中期之際。目前所見大河口墓地出土的霸氏族人所作銅器銘文，都沒有出現日名和"子"的稱謂，可見這件斝應非霸氏族人之器，器主當是殷遺民，通過賵贈或其他渠道傳入霸氏。

圖五　伯尊（M1017：81-1）

---

[1] 山西省考古研究所大河口墓地聯合考古隊：《山西翼城縣大河口西周墓地》，《考古》2011 年第 7 期，第 13 頁，圖 2：5。
[2] 大河口墓地出土銅器銘文中，霸氏之"霸"字往往從"各"，也寫作"格"（詳下文）。此處之"洛"與"格"皆從"各"得聲，很可能是"霸"的另一種異體。
[3] 大河口 M1 也出土一件形制、紋飾類似的圓尊（M1：273），說明其年代接近。

圖六　洛仲卣（M1017∶5）　　　　　　　圖七　"子祖丁"斝（M1017∶73）

綜上可見，A組銅器的年代大約在康王晚期至昭王時，與大河口M1出土銅器中年代較晚者同時。M1的下葬年代約在西周早中期之際，從目前已發表資料看來，其墓主可能是大河口墓地埋葬的第一代"霸伯"。[1] A組銅器中有不少作器者稱"伯"，如伯方鼎、伯䍘方鼎、伯圓鼎、伯尊，這位"伯"有可能是M1之墓主"霸伯"。而洛仲卣的器主，則可能是M1墓主"霸伯"之弟"霸仲"。

圖八　圓角方鼎（M1017∶23）

B組銅器，包括圓角方鼎2件、甗1件、鬲1件、尊2件、卣1件、[2] 爵2件、[3] 觶1件、觚1件。[4]

圓角方鼎2件（圖八），形制、紋飾相同，立耳、垂腹、柱足，器身飾"上卷角"大獸面紋，獸面以器身四角爲對稱中軸。其體形寬矮，腹部傾垂較甚，與扶風莊白出土的伯戜方鼎（《集成》2789、《銘圖》2448）相似。器身所飾"上卷角"獸面紋是一種很有特點的紋飾，以往所見數量不多，且多裝飾於方尊、方彝、觚等成套酒器的器身上，如扶風齊家出土的日己方尊（《集成》5980、《銘圖》11777）、方彝（《集成》9891、《銘圖》13537）和觚（《集成》9302、《銘圖》13664）；據

---

[1] 參看韓巍：《橫水、大河口西周墓地若干問題的探討》，收入上海博物館、陝西省考古研究院編：《兩周封國論衡——陝西韓城出土芮國文物暨周代封國考古學研究國際學術研討會論文集》，上海古籍出版社，2014年。
[2] 另有1件卣未發表，情況不詳。
[3] 該墓共出土爵7件，發表2件，其餘5件情況不詳。
[4] 另有1件觚未發表，情況不詳。

崎川隆研究,此類獸面紋的年代約在昭王末年至穆王初期。[1] 伯◯甗(M1017：22,圖九)形制爲侈口、立耳、分襠、蹄形足,袋足上飾牛角獸面紋;甑部中部偏上處飾兩兩相對的長尾鳥紋,鳥身後下方各有一條S形顧首龍紋;這種紋飾配置方式極爲罕見,而同類的鳥紋和龍紋主要流行於西周中期前段。銅鬲(M1017：31,圖一〇)器身低矮,立耳、束頸、分襠,足根爲圓柱形,通體素面;與之相似的銅鬲多見於西周中期偏早階段,如寶雞茹家莊M1出土的強伯鬲(《集成》507、《銘圖》2689)和M2出土的夌姬鬲(《集成》527、《銘圖》2715)。[2] 茹家莊兩墓的下葬年代一般認爲在穆王後期。

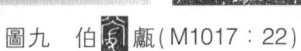

圖九　伯◯甗(M1017：22)　　　圖一〇　銅鬲(M1017：31)

大鳥紋尊(M1017：21,圖一一)形制爲"兩段式"尊,體形低矮,大口外侈,腹部傾垂較甚;器身四面有凸起的扉棱,口沿下飾兩兩相對的卷尾小鳥紋;腹部飾兩兩相對的大鳥紋,立體感甚強,鳥頭部和喙凸起并與扉棱融合爲一,鳥爪向下延伸至圈足處。晉侯墓地M114亦曾出土一件造型、紋飾風格相似的鳥尊。大鳥紋卣(M1017：16,圖一二)體形寬矮,腹部傾垂,蓋頂兩端的犄角已退化接近消失;蓋緣和口沿下飾S形顧首龍紋,蓋頂和腹部飾顧首垂冠大鳥紋;其造型與紋飾與穆王時期的豐卣(《集成》5403、《銘圖》13316)、效卣(《集成》5433、《銘圖》13346)、庚嬴卣(《集成》5426、《銘圖》13337)等器相似,而與前述大鳥紋尊有明顯差異。此卣無銘文,大鳥紋尊則有銘文"作寶尊彝",可見兩者并非同時所作的成套酒器,但可能是作爲配套酒器下葬。鳥紋尊(M1017：4,圖一三)體形與前述大鳥紋尊接近,無扉棱,器身中部的紋飾帶是兩兩相對、以浮雕獸首隔開的小鳥紋,其餘部分皆素面。另外一件尚未公布的卣估計是與此尊配套使用。這三件尊、卣的形制、紋飾風格均爲西周中期前段的

---

[1] 崎川隆:《關於西周時期飾有"上卷角獸面紋"的青銅器》,北京大學出土文獻研究所編:《青銅器與金文(第一輯)》,上海古籍出版社,2017年。
[2] 盧連成、胡智生:《寶雞強國墓地》,文物出版社,1988年,下册,圖版一五八：2、圖版一九九：2。

穆王時期所常見,明顯要晚於 A 組中的伯尊和洛仲卣。吹爵(M1017：7,圖一四)器身中部飾獸面紋,籃爵(M1017：17,圖一五)則通體素面。觶(M1017：19,圖一六)體形瘦高,喇叭口,細腰,下腹傾垂,通體素面。觚(M1017：90,圖一七)爲喇叭形的"周式"觚。這幾件酒器

圖一一　大鳥紋尊(M1017：21)

圖一二　大鳥紋卣(M1017：16)

圖一三　鳥紋尊(M1017：4)

圖一四　吹爵(M1017：7)

圖一五　籃爵(M1017：17)

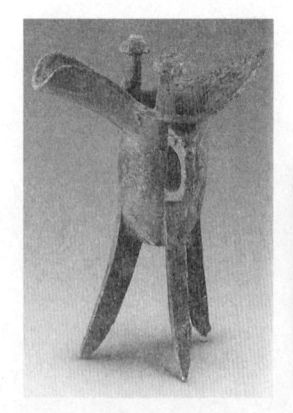

圖一六　銅觶(M1017：19)

圖一七　"父辛"觚(M1017：90)

的形制和紋飾也是西周中期前段所常見,故歸入本組。籃爵有族氏銘文"籃",觚有日名"父辛",其作器者應該都不是霸氏族人。吹爵的器主私名爲"吹",也不能肯定是否屬於霸氏。

綜上可見,B組銅器的年代應晚於A組,約在西周中期偏早的穆王時期。其中伯![字]甗的"![字]"字上部從"尚",應是其聲符,這個字很可能是"尚"字的異體。[1] "伯![字]"應即M1017的墓主"霸伯尚",這件甗可能是他在位早期所作。吹爵、籃爵、父辛觚皆非霸伯尚之器。B組的其餘銅器多無銘文,或銘文不見器主之名,也不能肯定是霸伯尚所作。

C組銅器,包括侈口圈足伯荆簋2件(M1017:27),斂口圈足霸伯簋2件(M1017:8、40)、霸伯盨2件(M1017:35,原定名"山簋")、霸伯鈙1件(M1017:42,原定名"方簋")、霸伯豆4件(M1017:11-1、14、34)、霸伯盂1件(M1017:6)、倗伯盆2件(M1017:9、26)、霸伯罍1件(M1017:66)、霸伯盤1件(M1017:41)、霸伯盉1件(M1017:70)、甬鐘3件(M1017:15、84、86)。

伯荆簋(圖一八)體形較爲寬矮,侈口卷沿、垂腹,形制與恭王時的廿七年衛簋(《集成》4256、《銘圖》5293)、召簋(《銘圖》5230)、獄簋(《銘圖》5315-5318)、曶簋(《銘圖》5217)等器相似,口沿下飾兩隻成組、兩組之間以浮雕獸首爲對稱的短身夔紋,其年代應在穆、恭之際。器主"伯荆"與霸伯尚不是同一人,也不能肯定是否爲霸氏族人。

圖一八　伯荆簋(M1017:27)

霸伯簋(圖一九)形制爲斂口,矮圈足,獸首半環形耳,通體飾瓦紋。這種通體飾瓦紋的斂口圈足簋大約在西周中期前段出現,如晋侯簋(《銘圖》4736-4737)、[2] 賢簋(《集成》

---

[1] 據北京大學中文系王精松同學提示,"![字]"字下部所從應是"長"字的異體或訛寫,這個字可能是兩聲字。
[2] 《銘圖》收錄晋侯簋一對,稱"器藏成都華通博物館,蓋藏北京大學賽克勒考古與藝術博物館"。北趙晋侯墓地M114(晋侯燮父墓)也出土有形制、紋飾非常接近的銅簋(M114:219),見《文物》2001年第8期,第10頁,圖一三:2,可見流散的晋侯簋有可能是從M114盜出。

4104－4105、《銘圖》5070－5071)、昚簋(《集成》4194、《銘圖》5204)等,其雙耳皆爲獸首半環形耳。至稍晚的恭懿時期,這類銅簋開始流行獸首銜環耳,其典型代表如豆閉簋(《集成》4276、《銘圖》5326)、師虎簋(《集成》4316、《銘圖》5371)、乖伯簋(《集成》4331、《銘圖》5385)等。在同類簋中,像霸伯簋這樣體形特別寬而低矮的例子以前從未見過,這也説明其年代應晚於西周中期前段的晉侯簋、賢簋等器。霸伯簋銘文中的"井叔",應該與曶鼎(《集成》2838、《銘圖》2515)、趞尊(《集成》6516、《銘圖》10659)、免簋(《集成》4240、《銘圖》5268)、免尊(《集成》6006、《銘圖》11805)等器銘文中的"井叔"是同一人。根據我以往的研究,"井叔"就是西周王朝貴族"井叔氏"的宗子,"井叔氏"是"井伯氏"的小宗,大約在恭王後期從"井伯氏"分出。第一代井叔很可能是恭懿時期擔任周王朝"冢司馬"的顯要人物井伯親的同母弟,因爲他是"井叔氏"家族的始封之君,所以在厲王時期的禹鼎(《集成》2833、《銘圖》2498)銘文中被尊稱爲"幽大叔"。灃西張家坡井叔家族墓地中年代最早的大墓 M170 應該就是這位井叔的墓葬。他的從政時間大致與井伯親同時,即恭懿時期。[1] 霸伯簋的銘文書體結構鬆散,字間距小,行款不夠整齊,也是恭懿時期的典型風格。

圖一九　霸伯簋(M1017∶8)

霸伯盨(圖二〇)的形制極爲奇特,前所未見。器身整體呈圓角長方形,深腹、直壁,兩側有粗壯的龍首形鋬;蓋緣四周飾有 8 個大小相間的立體"山峰狀"凸起,蓋面飾有 4 只兩兩相對的大鳥紋,鳥的身體、羽冠和尾羽極爲細長而綫條化;蓋緣和口沿下飾兩兩相對的小鳥紋,鳥身簡化,羽冠和尾羽伸長,整體上已向"竊曲紋"演化;腹部飾大波帶紋,與蓋頂"山峰狀"凸起的紋飾相似。此器銘文自名爲"山簋",也是前所未見。從形制上看,這件"山簋"其實應歸入"盨"類。盨這種粢盛用器最早出現於西周中期偏晚的恭王前後,分爲四足盨和圈足盨兩類;四足盨是由附耳帶蓋的圓角小方鼎演變而來,圈足盨應是受小方鼎的影響從圈足簋分化而出,因此早期的

---

[1] 參看韓巍:《西周金文世族研究》,第三章第一節"井氏",北京大學中文系博士論文,2007 年。

盨大多自名爲"盨"。[1] 霸伯盨自名"山盨"的"山"字,應是指"山峰狀"的蓋面凸起裝飾和腹部波帶紋而言,這也提示我們,波帶紋可能源於對山峰形狀的模仿。[2] 器蓋上的立體波帶紋裝飾以往僅見於西周晚期偏晚的晉侯蘇壺(《銘圖》12396－12397)和梁其壺(《集成》9716－9717、《銘圖》12420－12421)。恭王時期的親盨(《銘圖》5362)和應侯再盨(《銘圖》5639)已出現近似鏤空波帶紋的圈足,但波帶紋作爲器身主體紋飾開始流行要遲至西周中晚期之際。霸伯盨的波帶紋已與西周晚期典型的波帶紋非常接近,這也說明其年代不會太早。霸伯盨的銘文內容與前述霸伯簋完全相同,字體和書風也非常接近,說明它們很可能是同時所作。[3]

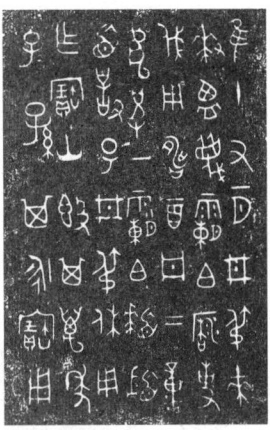

圖二〇　霸伯盨(M1017∶35)

霸伯鈇(圖二一),報告定名爲"方簋",其銘文自名爲"鈇",與其器形一樣皆爲前所未見。王子楊將其與西周晚期一種原定名爲"方鼎"或"方鬲"的橢方形溫器相聯繫,認爲它屬於鼎類而非簋類,應從其自名稱爲"鈇"。[4] 王祁則指出其器形是由晚商時期的一種方形器(功能或爲烤爐)演變而來。[5] 器身除腹壁外側飾兩周弦紋外,均爲素面。其附耳截面呈方形,是較晚的特徵。

---

[1] 參看韓巍:《由新出青銅器再論"恭王長年說"——兼談西周中期後段青銅器的變化》,浙江大學藝術與考古研究中心編:《浙江大學藝術與考古研究(第二輯)》,浙江大學出版社,2015年。
[2] 2017年4月我陪同朱鳳瀚、李零二位先生在山西省考古研究所侯馬工作站庫房觀摩大河口墓地出土銅器,當時大家看到霸伯盨就不約而同產生了這種看法。其後付強在復旦大學出土文獻與古文字研究中心網站發表《談談霸伯山盨的自名和青銅器中舊稱所謂的波曲紋》一文(2018年4月28日),也表達了類似觀點。最近李零先生發表《山紋考——説環帶紋、波紋、波曲紋、波浪紋應正名爲山紋》(《中國國家博物館館刊》2019年第1期),就此問題做了更爲深入的論證。
[3] 霸伯簋、盨銘文所記錄的"井叔來求鹽"之事,包含有豐富的歷史信息,對此我另外撰有《西周王朝與河東鹽池——新出霸伯青銅器的啟示》一文(待刊)。
[4] 王子楊:《大河口霸國墓地M1017出土青銅銘文材料的幾點認識》,中國社會科學院歷史研究所先秦史研究室網站(http://www.xianqin.org/blog/archives/9917.html)。
[5] 王祁:《略談商周青銅鈇》,中國社會科學院歷史研究所先秦史研究室網站(http://www.xianqin.org/blog/archives/10111.html)。

圖二一　霸伯鈌(M1017∶42)

霸伯豆(圖二二)形制近似西周中期的陶豆,豆盤外側飾一周圓渦紋與四瓣目紋相間的紋飾帶,豆柄中部飾分解狀獸面紋。銅豆在西周時期比較少見,從霸伯豆的紋飾特徵看來,很可能是模仿漆木豆。豆柄中部的獸面紋呈分解之勢,應已進入西周中期偏晚階段。

圖二二　霸伯豆(M1017∶11-1)　　　　圖二三　倗伯盆(M1017∶9)

倗伯盆(圖二三)的肩部外鼓,口沿之下有明顯的收束,肩徑略大於口徑,肩部以上飾一周小鳥紋,這些特徵都比西周中晚期之際的微癲盆(《集成》10324-10325、《銘圖》6252-6253)更早,應是目前所見最早的銅盆。但其年代上限恐怕也不會早到穆王,作器者"倗伯"很可能是絳縣橫水倗氏墓地 M2 的墓主"倗伯禹",其活動年代主要在恭王時,下葬於恭懿之際。倗和霸同爲"懷姓九宗",二者族源和文化屬性相近,[1] 封地亦相距不遠,平日聯繫應該相當密切。倗伯盆可能是倗伯禹的贈賄之器。

霸伯盂(圖二四)造型奇特,器底不是像一般銅盂那樣下接圈足,而是直接加上三個象首

---

[1] 參看韓巍:《橫水、大河口西周墓地若干問題的探討》。

狀小足。李學勤定其年代爲穆王前後,[1]學者多從之。但其雙耳上端明顯高於口沿,在銅盂中是年代較晚的特徵;口沿下所飾分解狀獸面紋(過去籠統歸入"竊曲紋"),也是從恭懿時期開始流行,穆王時期尚極罕見,其銘文書體也更接近恭懿時期的風格。

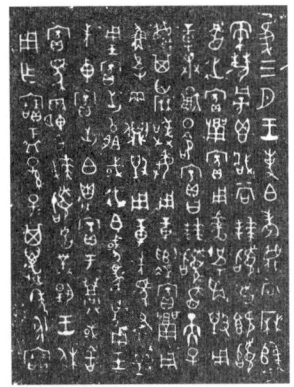

圖二四　霸伯盂(M1017∶6)

霸伯罍(圖二五)的形制與灃東普渡村長甶墓出土的𧯌罍(《集成》9822、《銘圖》13822)近似,肩部飾圓渦紋與目紋相間的紋飾帶,腹部所飾垂鱗紋以往多見於西周晚期,而頸部所飾長尾小鳥紋已極爲簡化,尾羽與鳥身分離。故其年代應不會早到穆王。

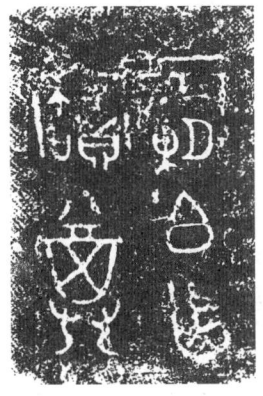

圖二五　霸伯罍(M1017∶66)

霸伯盤(圖二六)器身較低矮,雙耳上端高於口沿,腹部飾四組長尾小鳥紋,每組三隻,鳥的尾羽與鳥身分離。霸伯盉(圖二七)爲橢方形四足盉,與西周早期至中期前段的同類盉相比,其器身和四足都顯得甚爲低矮,是年代較晚的特徵。其蓋緣和口沿下飾有與霸伯盤相似的小鳥紋,説明它們鑄造時間相近,但兩器銘文記事不同,在成套的盤盉中甚爲少見。估計最初兩器各有與之配套的同銘盉、盤,後來在使用中或下葬時被拆散而重新組合。

---

[1] 李學勤:《翼城大河口尚盂銘文試釋》,《文物》2011年第9期。

圖二六　霸伯盤(M1017：41)

圖二七　霸伯盉(M1017：70)

圖二八　甬鐘(M1017：15)

甬鐘三枚,大小相次,其中 M1017：15(圖二八)鉦部和篆間均隔以乳釘紋,鼓部飾"工字形"雲紋,與灃東長由墓出土的編鐘非常相似。[1] 長由墓出土的長由盉因銘文中出現"穆王",在"王號生稱説"指導下長期被當作穆王標準器,而該墓也因此成爲穆王時期銅器墓的斷代標桿。但如果將"穆王"視爲死後謚號,則長由盉的鑄造年代應已到恭王初年,而該墓的下葬年代最早也不過恭王早期。

綜上可見,C 組銅器的器類組合與 A、B 兩組相比發生了明顯的變化。第一是酒器基本消失,僅有 1 件罍。第二是盛食器中湧現出一些新器類,比如盨、盆和豆。形制方面也有新因素出現,如斂口全瓦紋簋。此外銅器的外形普遍趨於寬矮。紋飾方面,穆王時期的長尾小鳥紋仍在流行,但標志性的大鳥紋已經不見,另外又出現了竊曲紋(分解狀獸面紋)、波帶紋、垂鱗紋等新元素。銅器銘文的書體大多結構鬆散,行款不够整齊,字間距小,與穆王時期字形小巧拘謹、行款嚴整、字間距大的風格判然有别。[2] 這些都與我以前提出的西周青銅器在

[1] 見陝西省文物管理委員會:《長安普渡村西周墓的發掘》,《考古學報》1957 年第 1 期,圖版貳: 1。

[2] 霸伯鈛的銘文書體比較接近穆王時的典型風格,是本組唯一的例外,但書體和其他考古學特徵一樣,都會有前後交錯,前一階段的少量因素延續至後一階段的較早時期是完全正常的。

恭王時期發生重大變化的觀點相吻合。[1] 銘文顯示 C 組銅器的作器者非常集中,除伯荊簋、佣伯盆外,皆爲"霸伯"(其私名爲"尚"),也就是 M1017 的墓主。而 A、B 兩組銅器主要是霸伯尚繼承的前代之器,其中一些可能是其父輩或祖輩所作,還有一些是來自外族。

以往學者在對墓葬進行斷代研究時,往往將一座墓葬視爲一個"統一而單純"的整體。但高等級墓葬的隨葬品大多來源複雜,隨葬品的製作年代早晚不一,這種現象在西周早中期更爲明顯。大河口 M1017 就是這樣一個典型,其隨葬銅器可以分爲前後相繼的三期:第一期即 A 組銅器,年代約在昭王前後;第二期即 B 組銅器,年代約在穆王時;第三期即 C 組銅器,年代已進入西周中期偏晚的恭王時期。我們通常所說的墓葬"年代",是指墓葬作爲一個考古單位的形成時間,亦即墓葬的下葬年代。而推斷一個考古單位的形成時間,只能根據其中最晚的包含物,這是考古學的常識。因此 M1017 的下葬年代只能根據最晚的 C 組銅器來確定,即西周中期偏晚的恭王時期。發掘報告認爲 M1017 的年代"屬西周中期偏早階段",[2] 顯然是受到年代較早的 A 組、B 組銅器的影響。下文還要結合 M1017 出土銅器銘文進一步論證這個問題。

大河口 M2002 共出土青銅禮器 13 件,其中食器 11 件(含匕 2 件)、水器 2 件(表二)。與 M1017 相比,不僅銅器數量少,而且器類非常簡單,没有酒器和樂器。銅器的形制和紋飾風格非常一致,説明其鑄造時間相當接近。

表二　大河口 M2002 出土青銅禮器

器　類		數　量	備　　注
圓鼎		3	兩件有銘文,器主一作"格仲",一作"霸仲"
簋	侈口圈足	1	
	斂口圈足	2	器主爲"格仲"
鬲		2	
甗		1	器主爲"霸仲"
匕		2	
盤		1	器主名爲"气",應即霸仲之名
鳥形盉		1	與盤配套,銘文較盤簡略

格(霸)仲鼎(圖二九)體形寬矮,立耳、垂腹、柱足,口沿下飾有獸面紋演變而來的"竊曲紋"。霸仲鼎(圖三〇)形制與格仲鼎近似,三足内側已成平面,横截面呈半圓形,通體素面,

---

[1] 參看韓巍:《由新出青銅器再論"恭王長年説"——兼談西周中期後段青銅器的變化》。
[2] 見《考古學報》2018 年第 1 期,第 138 頁。

僅腹上部飾弦紋一周。另有一件無銘文圓鼎（M2002：29），形制、紋飾均與霸仲鼎相似。這三件圓鼎體型都比較寬矮，腹部與底部之間的夾角較小，接近懿王初年的五祀衛鼎（《集成》2832、《銘圖》2497）、九年衛鼎（《集成》2831、《銘圖》2496），以及橫水 M1、M2 出土的圓鼎。過去謝堯亭和黃錦前、張新俊等學者根據大河口墓地出土銘文指出"格"就是"霸"的一種異體，[1]我曾對此表示懷疑。現在看到 M2002 出土銘文"格仲"與"霸仲"共存，顯然"格仲"就是"霸仲"，"格"是"霸"的異體，應讀爲"霸"，這是沒有問題的。

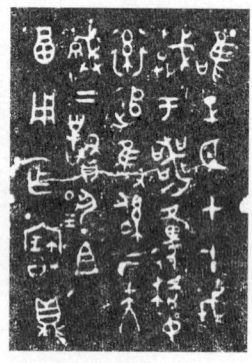

圖二九　格（霸）仲鼎（M2002：9）　　　圖三〇　霸仲鼎（M2002：34）

繩紋鬲（圖三一）體形寬矮、折沿、束頸、圓肩、弧襠、柱足，口沿上有一對立耳，肩部飾舌狀扉棱，器身飾有模仿陶器繩紋的斜綫紋。橫水 M1 出土的一件銅鬲（M1：198）與之非常相似，[2]只是雙耳爲頸部伸出的附耳。素面鬲（圖三二）體形與前者接近，口沿更平，肩部外鼓，飾有齒狀扉棱，通體素面。這兩件銅鬲的形制都是模仿同時期的周式聯襠陶鬲，屬於西周中期新出現的類型，有別於西周早期流行的立耳分襠銅鬲。這種"仿陶"銅鬲最早見於寶雞茹家莊 M1、M2，[3]在兩座墓葬中都與立耳分襠銅鬲共存；且茹家莊的幾件"仿陶"銅鬲體形較瘦高，明顯早於大河口 M2002 的兩件銅鬲。

鳥紋簋（圖三三）形制爲侈口、束頸、垂腹、圈足，口沿下飾有兩兩成組的小鳥紋；其體形矮扁，腹部傾垂較甚，與恭王時期的趞簋（《集成》4266、《銘圖》5304）相似。格（霸）仲簋（圖三四）的形制、紋飾、體量均與 M1017 出土的霸伯簋極爲相似，銘文書體亦接近，很可能是同時所作之器。

---

[1] 謝堯亭：《"格"與"霸"及晉侯銅人》，收入上海博物館、陝西省考古研究院編：《兩周封國論衡——陝西韓城出土芮國文物暨周代封國考古學研究國際學術研討會論文集》，上海古籍出版社，2014 年；黃錦前、張新俊：《説西周金文中的"霸"與"格"——兼論兩周時期霸國的地望》，《考古與文物》2015 年第 5 期。

[2] 山西省考古研究所等：《山西絳縣橫水西周墓地》，《考古》2006 年第 7 期，第 19 頁，圖二：3。

[3]《寶雞弓魚國墓地》，下册，圖版一五八：3、圖版一九九：3、4。

翼城大河口 M1017、M2002 兩墓的年代及相關問題　　245

圖三一　繩紋鬲（M2002：31） 　　圖三二　素面鬲（M2002：32）

圖三三　鳥紋簋（M2002：24）  　　圖三四　格（霸）仲簋（M2002：8）

　　霸仲甗（圖三五）體形低矮，襠部近於弧形，通體近於素面，僅甑部偏上處有一周弦紋，鬲部所飾獸面紋已極爲退化，幾乎難以辨認。橫水 M1、M2 出土的銅甗均與此甗相似。與 M1017 的伯[image]甗相比，它們的年代明顯要晚一些。

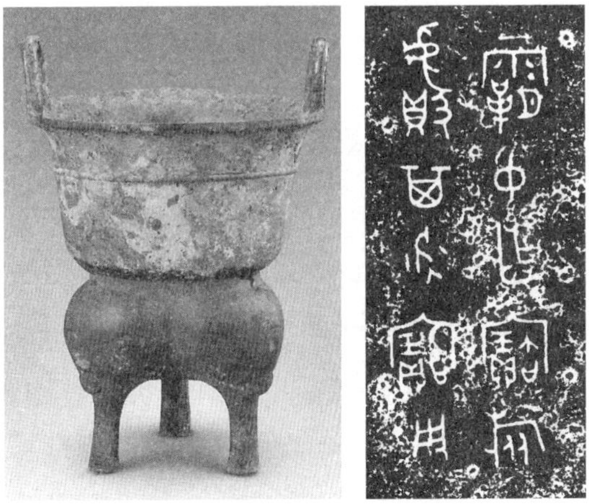

　　气盤（圖三六）的形制與 M1017 的霸伯盤相近，但雙耳基本與口沿平齊，圈足壁斜直，底部沒有明顯的折沿，在類型學的邏輯序列上還要略早於霸伯盤。其腹部飾橫 S 形顧首龍紋，龍腦後有冠，是恭懿時期常見的紋

圖三五　霸仲甗（M2002：52）

飾。气盉（圖三七）造型獨特，缺乏可比較的同類器，但其鳳鳥外形與晉侯墓地 M114 出土的晉侯鳥尊相似，而顯得較爲生硬。

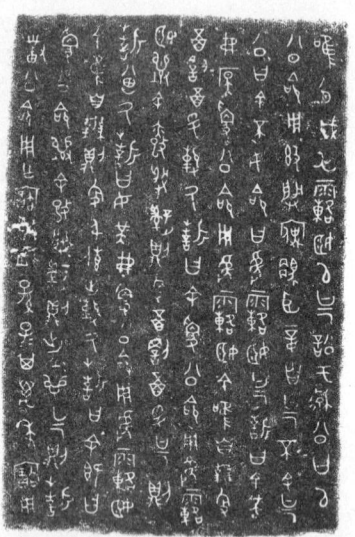

圖三六　气盤（M2002∶5）

圖三七　气盉（M2002∶23）

总之，M2002 出土铜器的考古学特征，無論是器類組合、形制、紋飾還是銘文書體，都與 M1017 的 C 組銅器非常接近。其中的格（霸）仲簋，與 M1017 的霸伯簋很可能是同時鑄造。M2002 的墓主"霸仲"，應該是 M1017 墓主霸伯尚的同母弟。[1] 气盤、气盉的作器者"气"，應是霸仲的私名（詳下文）。發掘報告認爲"M2002 的年代屬西周中期偏早，與大河口

---

[1] 兩周金文和文獻中凡"國名（氏名）+仲、叔、季"類的稱謂，大多是指國君或宗子的同母弟（参看韓巍：《重論單氏家族世系——兼談周代家族制度的一些問題》，收入朱鳳瀚主編：《新出金文與西周歷史》，上海古籍出版社，2011 年）。大河口 M1 霸伯墓中也出土"霸仲"所作銅器，那位霸仲應該是 M1 墓主霸伯的同母弟，而非 M2002 墓主霸仲的直系祖先。目前所見銘文資料并不能说明霸氏曾經形成一個獨立的小宗"霸仲氏"。

M1017 同時或略晚,可能屬西周中期穆王、恭王之際",[1] 這個斷代仍然偏早。我也認爲 M2002 的年代與 M1017 同時或略晚,但 M1017 的下葬年代既然已進入恭王時期,那麼 M2002 的下葬年代自然只能在恭王時。

以上主要從出土銅器的考古學特徵討論了大河口 M1017、M2002 兩墓的年代。如果要做出更準確的斷代,還需要參考銅器銘文的內容。兩墓出土銅器銘文中,有明確記時、記事者主要有以下幾件:

1. 霸伯簋:
唯十又一月,井叔來求鹽,蔑霸伯曆,事(使)伐。用壽(幬)二百、丹二量、虎皮二。霸伯拜稽首,對揚井叔休,用作寶簋。其萬年子子孫其永寶用。(霸伯盨銘文大致相同)

2. 霸伯鉞:
唯正月,王祭、烝于氏,大奉。王賜霸伯貝十朋。霸伯用作寶鉞。其萬年孫子子其永寶。

3. 霸伯盤:
唯正月既死霸丙午,戎大捷于霸伯,搏戎,獲訊一。霸伯對揚,用作宜姬寶盤。孫子子其萬年永寶用。

4. 霸伯盉:
唯正月,王在氏。霸伯作寶盉。其萬年孫子子永寶。

5. 霸伯盂:
唯三月,王使伯考蔑尚曆。……(以下省略)

6. 格(霸)仲鼎:
唯正月甲午,戎捷于喪原,格(霸)仲率追,獲訊二夫、馘二。對揚祖考福,用作寶鼎。(格仲簋銘文大致相同)

7. 气盤:
唯八月戊申,霸姬以气訟于穆公曰:……(以下省略)

8. 气盉(銘文省略)

霸伯鉞銘文的"唯正月,王祭、烝于氏,大奉",與霸伯盉的"唯正月王在氏"顯然是同時之

---

[1] 見《考古學報》2018 年第 2 期,第 260 頁。

事。王子楊等學者已指出，中國國家博物館藏任鼎（《銘圖》2442）銘文稱"唯王正月王在氐"，也是同時之器。此外，平頂山應國墓地 M50 出土的匍盉（《銘圖》14791）銘文曰："唯四月既生霸戊申，匍即于氐，青（静）公使司史艮贈匍于柬，麀韋兩、赤金一鈞。"李學勤認爲銘文中的"青公"即吴方彝銘文中的"青尹"，"柬"爲地名，"氐"地因泜水而得名，即流經平頂山的沙河，[1] 其說甚是。我也曾指出，"青"應讀爲"静"，乃謚號；"静尹"即册命銘文中常見的"尹氏"，爲尹氏家族之宗子，世代執掌太史寮，故"司史艮"爲其下屬。[2] 應國貴族"匍"在四月到達"氐"地，受到尹氏的饋贈。將此事與前述"王在氐"的記載相聯繫，可知周王在"氐"地舉行的這次大祭非同一般，不僅有尹氏這樣的王朝高級貴族隨行，而且各諸侯國的國君或大臣也紛紛前往朝見。霸伯應該參加了正月在"氐"地的大祭，受到周王的賞賜。霸伯簋、盨銘文記載的"井叔來求鹽"之事可能發生在此前一年的十一月，"求鹽"之舉或與籌備祭祀有關。

M1017 出土的霸伯盤銘文曰："唯正月既死霸丙午，戎大捷于霸伯，搏戎，獲訊一。"M2002 出土的格（霸）仲鼎、簋銘文亦曰："唯正月甲午，戎捷于喪原，格（霸）仲率追，獲訊二夫，馘二。"王子楊等學者已指出，"丙午"在"甲午"之後一旬，説明霸仲和霸伯"搏戎"的兩次戰事前後相連，所搏之"戎"也應是同一族群。如果將此處之"戎"理解爲霸地附近即晉南山區的戎狄，那麼此次戰事發生的"正月"，與王在"氐"地舉行大祭的"正月"必定不在同一年，因爲霸伯顯然不可能在參與大祭後一月之内趕回本國。如果要將霸伯、霸仲"搏戎"之事與"王在氐"繫於同時，則必然導致一個結論，即"搏戎"之地距離"氐"地不遠，此處之"戎"并非晉南之戎狄。[3]

實際上黃錦前已經指出，霸伯盤銘文中的"戎"應是南方淮河流域的淮夷。他還舉穆王時期的彧方鼎（《集成》2824、《銘圖》2489）、彧簋（《集成》4322、《銘圖》5379）銘文爲例，此二器記載伯彧率師討伐淮夷，即稱之爲"戎"和"淮戎"。[4] 西周金文中的"戎"，多數是對敵對異族的泛稱，尤其是在"搏戎"的辭例中更是如此。稱淮夷爲"戎"，可能是穆王時期周人剛剛與淮夷發生衝突時對他們的稱呼，同爲穆王時器的班簋（《集成》4341、《銘圖》5401）銘文也稱

---

[1] 李學勤：《論平頂山墓地出土的匍盉》，《平頂山師專學報》1999 年第 1 期。另外王龍正等學者認爲"氐"地即河北元氏西張村出土臣諫簋（《集成》4237、《銘圖》5288）銘文中的"軝"（参看王龍正、姜濤、婁金山：《匍鴨銅盉與覜聘禮》，《文物》1998 年第 4 期），在今河北元氏縣，但其立論的重要前提是將銘文中的"青公"讀爲"邢公"，即邢國國君，這顯然是不合理的；而且"氐"與"軝"字形不同，文獻和金文中也從未見過周王巡狩到達河北中部一帶的記録。

[2] 韓巍：《西周金文世族研究》，第五章第一節"尹氏"。

[3] 除非將"氐"地的地望定於晉南，但這於文獻無徵，可能性較小。

[4] 黄錦前：《金文所見霸國對外關係考查》，收入上海博物館、陝西省考古研究院編：《兩周封國論衡——陝西韓城出土芮國文物暨周代封國考古學研究國際學術研討會論文集》，上海古籍出版社，2014 年。

徐夷爲"東國瘠戎"。"氏"地距離應國應該不遠,正處於淮夷的活動範圍内。霸伯和霸仲兩次"搏戎"的戰果不過寥寥數人,可見戰事規模很小。淮夷顯然不是大舉入侵,而是針對周王在"氏"地舉行大祭且殷見諸侯的活動,進行的試探性騷擾。霸伯、霸仲當時可能率本族軍隊前來朝見周王,而且在"氏"地附近執行防衛任務,故率師與淮夷作戰,將其驅逐。由此看來,周王這次親臨南土舉行大祭和朝會,應該也有震懾淮夷的用意。

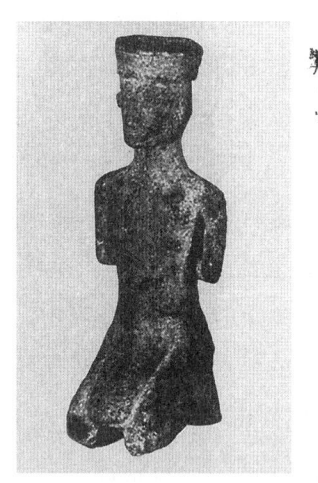

圖三八　M1017"銅人頂盤"　　　圖三九　晋侯銅人及其銘文拓本、摹本

由霸伯、霸仲諸器還可聯繫香港私人收藏的晋侯銅人(《銘圖》19343,圖三九),其銘文曰:

唯五月,淮夷伐格,晋侯搏戎,獲厥君冢師,侯揚王于兹。

這件銅人最早由蘇芳淑、李零在 2002 年召開的"晋侯墓地出土青銅器國際學術研討會"上加以介紹,[1] 目前我們能看到的仍然只有當時發表的照片和李零先生所作銘文摹本。李學勤認爲銘文中的"格"即戰國時韓地格氏,河南滎陽北的張樓村曾出土"格氏"陶文,應即其所在。[2] 劉緒也認爲淮夷距晋甚遠,故淮夷入侵的格地不可能在晋境,晋侯是奉周王之命出境作戰。[3] 然而此後謝堯亭根據大河口墓地出土銅器銘文,指出銅人銘文的"格"就是"霸",即翼城大河口一帶的霸國,而非河南滎陽附近的"格氏"。[4] 這就給晋侯銅人所涉地

---

[1] 蘇芳淑、李零:《介紹一件有銘的"晋侯銅人"》,收入上海博物館編:《晋侯墓地出土青銅器國際學術研討會論文集》,上海書畫出版社,2002 年。
[2] 李學勤:《晋侯銅人考證》,收入《中國古代文明研究》,華東師範大學出版社,2005 年。
[3] 劉緒:《晋文化》,文物出版社,2007 年,第 219 頁。
[4] 謝堯亭:《"格"與"霸"及晋侯銅人》。

理問題造成新的困擾。黃錦前雖然指出晉侯銅人與M1017出土霸伯盤銘文所記乃同時之事，霸伯所搏之"戎"就是銅人銘文的"淮夷"，[1]但他并未解釋爲何遠在南方的淮夷會渡過黃河向北深入晉南翼城一帶。淮夷與周王朝交鋒自穆王時開始，一直延續到西周末年，其侵擾的地域主要是周王朝的"南土"，即今河南中南部。即使在淮夷對周王朝威脅最嚴重的厲王時期，從敔簋（《集成》4323、《銘圖》5380）、禹鼎等銅器銘文看來，淮夷的兵鋒最遠也不過到達成周附近的伊、洛河流域。對於植根南土的淮夷來説，跨過黃河北上，深入晉南的霸地，既無經濟利益的驅使，又要冒後路被切斷的巨大風險，其可能性真是微乎其微。

如果我們將"淮夷伐格"、晉侯與霸伯兄弟"搏戎"以及"王在氐"這幾件事聯繫在一起，這一矛盾似可得到較合理的解釋。晉侯銅人銘文中的"格"，以及霸伯盤銘文中的"霸"，[2]并不是指山西翼城的霸地，而是指在"氐"地附近擔任防衛的霸伯兄弟所率領的霸氏家族武裝。正因爲"氐"地臨近淮夷，周王要在此地舉行大型禮儀活動，召集諸侯之師加強防衛是十分自然的，晉國及其屬下的霸氏的軍隊應該都在其中。霸氏從屬於晉侯，受其節制，因此霸氏遭到淮夷進攻時，晉侯有救援的義務。從絳縣橫水倗氏家族墓地出土的一些銅器銘文看來，周王直到此年五、六月間仍然停留在"氐"地；[3]而在周王駐留"氐"地期間，諸侯之師應該始終駐扎護衛，淮夷也可能多次前來騷擾，故該年正月和五月都留下與淮夷交戰的記録。[4] 謝堯亭已指出，晉侯銅人的形象與大河口M1017出土的"銅人頂盤"（M1017：20，圖三八）非常相似，[5]兩者的製作年代也應該接近。學者一致認爲晉侯銅人的形象是模仿晉侯俘獲的淮夷君長，而M1017"銅人頂盤"也應該是霸伯爲紀念其俘獲淮夷之"訊"而作，銅人模仿的也是淮夷俘虜的形象。李伯謙認爲晉侯銅人最有可能出自北趙晉侯墓地被盗的M6、M7，即晉成侯夫婦墓。[6] 劉緒亦贊同此説。[7] 現在有了M1017出土銅器的佐證，這一看法已可成爲定論。晉侯墓地中年代最早的M114、M113被認爲是晉侯燮父夫婦墓，下葬年代約在昭穆之際。其次的M9、M13被推定爲晉武侯夫婦墓，下葬年代應在穆王時期。

---

[1] 黄錦前：《金文所見霸國對外關係考查》。另外黃文將霸伯盤銘文中"宜姬"的"宜"誤釋爲"晉"，并與傳世的格伯作晉姬簋（《集成》3952、《銘圖》4923）相聯繫，認爲霸伯夫人爲晉國女子。現在銘文拓本公布，此字明確爲"宜"而非"晉"，霸伯夫人"宜姬"應爲出身宜國的女子。
[2] 霸伯盤銘文稱"戎大捷于霸伯"，"霸"字之下應該漏鑄了重文符號。
[3] 這些銘文尚未公布，我在2017年4月觀摩橫水出土銅器時曾經獲見。
[4] 晉侯銅人銘文中"五"月的"五"字拓本模糊不清，李零先生的摹本寫作"五"，據其介紹此字"從左上到右下作一斜筆"，"只能是'五'字"（蘇芳淑、李零：《介紹一件有銘的"晉侯銅人"》）。但西周中晚期金文中"正"字中間的豎筆有些也是從左上向右下傾斜，故此字仍不能排除是"正"字的可能。
[5] M1017出土銅人頭頂一個帶附耳的銅盤，發掘報告已指出其功能應該是油燈。晉侯銅人頭頂似是圓形的"平頂帽"，但不能排除原先也有類似的銅盤，只不過盗掘出土時遭破壞，其功能很可能也是油燈。
[6] 李伯謙：《關於有銘晉侯銅人的討論》，收入《文明探源與三代考古論集》，文物出版社，2011年。
[7] 劉緒：《晉文化》，第210-220頁。

M6、M7 排在第三，其下葬年代應該已經到恭王時，與大河口 M1017、M2002 接近。

另外，霸伯盂銘文記載周王在"三月"派伯考前來"蔑曆"霸伯，可能就是出於對霸伯在正月間"搏戎"所立戰功的獎勵。因此 M1017 的 C 組銅器中，凡是霸伯尚所作之器，其銘文記事大多相距不遠且前後相關，其作器年代亦應相近。

同樣記載"王在氏"的任鼎，目前學者多將其年代籠統定於西周中期。任鼎的形制為立耳、垂腹、柱足，穆王至恭懿時期都很常見，但其口沿下所飾竊曲紋與南季鼎（《集成》2781、《銘圖》2432，或名"庚季鼎"）和師西鼎（《銘圖》2475）相似。南季鼎銘文中出現"伯俗父"，亦即師西鼎銘文的"師俗"；此人又見於懿王時期的五祀衛鼎（《集成》2832、《銘圖》2497）和十二年永盂（《集成》10322、《銘圖》6230），因此南季鼎和師西鼎多被定於懿孝時期。匐盂的年代，學者多認為在穆王時。但其銘文書體更接近恭懿時期，而與穆王時的流行風格不類。其造型雖極為罕見，[1] 但器身顯得較寬而低矮，四足較短，與大河口 M1017 霸伯盂接近。因此我認為任鼎與匐盂的年代均應在恭王時，而"王在氏"這件大事最有可能發生在恭王前期。

M2002 出土的气盤、气盂銘文對於判斷墓葬年代也至關重要。二器銘文涉及西周時期的司法和訴訟，其中的一些關鍵字詞頗為費解，因此目前學者對其內容的探討尚處於起步階段。本文限於篇幅和主旨，不打算就銘文全部內容展開討論，只想對其中涉及的人物關係提一些看法。气盤銘文中一共出現了三位人物：原告人"霸姬"、被告人"气"和主持裁決的"穆公"，而气盤、气盂又出土在霸伯尚之弟霸仲的墓中。目前討論气盤銘文的學者，如裘錫圭、嚴志斌、謝堯亭等，皆認為霸姬是 M2002 墓主霸仲之夫人；"气"的身份雖然不能確定，但至少不是霸氏族人；而且幾位學者都認為气盤、气盂實際上的器主是霸姬而非"气"。[2] 對此我有一些不同看法。

首先，從气盤銘文所述事件經過看來，"气"應該是侵奪了原屬霸姬的"僕馭臣妾"，以致霸姬只能向朝廷重臣穆公控告，穆公判決"气"將"僕馭臣妾"歸還霸姬，[3] 并且立下誓言。如果霸姬真的是霸仲的夫人，就不能不引起一個疑問：為何這樣一起涉及家族重大經濟利益的糾紛，不是由一家之主霸仲提出訴訟，而要讓霸姬一個婦道人家出面？以往所見涉及訴訟

---

[1] 指其管狀流前端作鴨首形，且器蓋與把手之間的鏈接做成人形。
[2] 參看裘錫圭：《大河口西周墓地 2002 號墓出土盤盂銘文解釋》，復旦大學出土文獻與古文字研究中心網站，2018 年 7 月 14 日；嚴志斌、謝堯亭：《气盤、气盂與西周誓儀》，《中國國家博物館館刊》2018 年第 7 期。
[3] 气盤銘文中"用▨朕僕馭臣妾自气"的"▨"字，嚴志斌、謝堯亭釋為"殷"，認為有"治理"之義，此句是說穆公命"气"將原屬於"气"的"僕馭臣妾"交給霸姬；下文"虎霸姬"的"虎"字，他們讀為"伏"，義為"屈服、順從"。而裘錫圭將"▨"字讀為"討"，義為"責求"，將"虎"讀為"付"，義為"交付"，銘文是說霸姬要求向"气"追討原屬於她的"僕馭臣妾"，穆公判決"气"將這些屬民交還霸姬。相比之下裘說顯然更為合理。

的西周銅器銘文,如師旂鼎(《集成》2809、《銘圖》2462)、散氏盤(《集成》10176、《銘圖》14542)、𤼈匜(《集成》10285、《銘圖》15004)等,出場人物均爲男性,霸姬是第一位出現在訴訟銘文中的女性。這一現象本身就非同尋常。假如當時霸仲已經去世,繼承人又年幼無法出面,霸姬作爲主婦來擔當此重任當然也是合理的。然而記録訴訟過程的气盤、气盉又出土於霸仲墓中,這就意味着這場官司從頭到尾(包括其後鑄造銅器)必須在霸仲去世到下葬的短暫時間内完成,這種可能性可以説微乎其微。

其次,"霸姬"的稱謂只是在气盤銘文的開頭出現一次,雖然其後反復出現在"气"的誓詞中,但在最後的"作器銘辭"中又"被省略",這種情況也是不多見的。如果説气盤銘文還可以解釋爲"霸姬"已在篇首出現,因而結尾處的"對公命"之前可以省略,那气盉銘文中完全不出現"霸姬"就不合情理了。金文"作器銘辭"的功能之一,就是彰明作器者的身份,讓觀者知道這件器物是由誰所作、用來祭祀誰。如果霸姬真的是作器者,那麽在這樣一篇重要的約劑類銘文中,她爲何不明確表明自己的身份?試想如果盤、盉分開,觀者只看到盉,還能明白這件銅器是霸姬所作嗎?實際上在气盤公布之前,我們今天的研究者不正是處於這樣的境地,以至於把盉的主人認定爲"气"嗎?相反,如果我們將盤、盉的作器者認定爲"气",則盤銘最後的"對公命"緊接於"气則誓"之後,盉銘的"對公命"也是緊接於"气"的誓詞之後,蒙上文而省略主語是十分自然的。

第三,遍檢兩周金文資料,我發現西周時期盤、盉組合的作器者基本上都是男性。唯一的例外是西周中期的季嬴霝德盤(《集成》10076、《銘圖》14392)、盉(《集成》9419、《銘圖》14738),但彼二器的銘文只是"季嬴霝德作寶盤(盉)",其篇幅和重要性遠遠無法與气盤、气盉相比。實際上西周時期的盤、匜組合,由女性所作者爲數也不多,且年代多已接近兩周之際,春秋時期其數量才有明顯增加。西周時期的女性自作器數量不及男性作器的零頭,器類也主要集中在鼎、簋、鬲等食器,以及少量壺、尊、卣等酒器。這應該是由已婚女性在家族中的地位及其在祭祀中的作用所决定的。

從上述疑點出發,我對气盤、气盉所涉人物關係有完全不同的理解。我認爲二器的作器者不是霸姬而是"气",他也就是 M2002 的墓主霸仲。霸姬不是霸仲的夫人,而應是霸仲之兄、霸氏宗子霸伯尚的夫人,也就是 M1017 霸伯盤銘文中的"宜姬",是出身姬姓宜國的女子。[1] 當霸伯尚在世之時,霸仲恐怕不敢公然攘奪宗子占有的"僕馭臣妾";即使兄弟之間發生糾紛需要打官司,也應該由霸伯出面。從霸姬獨自向穆公提出訴訟這一點看來,此時霸伯尚很可能已經去世。M2002 霸仲墓的發掘報告中提到,墓主是一位 35-39 歲的男性。[2]

---

[1] 嚴志斌、謝堯亭因爲看到霸姬在訴訟中得到穆公支持,而穆公又屬於井氏,所以推定霸姬是出身井氏的女子,其證據顯然不足。
[2] 山西省考古研究所等:《山西翼城大河口西周墓地 2002 號墓發掘》,《考古學報》2018 年第 2 期,第 224 頁。

由霸仲死亡時的年齡推測，霸伯尚去世時年紀也不會太大，因此他的繼承人有可能還很幼小，家事遂暫時由宗婦霸姬代爲主持。正因爲霸伯尚去世較早，繼承人幼弱，霸姬婦人當政，霸仲見有機可乘，於是大膽奪占了大宗屬下的"僕馭臣妾"。這種行爲當然是對宗法制度的嚴重挑戰，因此當宗婦霸姬向穆公提出控告時，馬上得到穆公的支持。穆公要求霸仲將"僕馭臣妾"歸還霸姬，霸仲雖表面上立下誓言（即銘文中的第一次誓言），却故意拖延不執行。霸姬不得已再次向穆公申訴，穆公可能向霸仲下達"最後通牒"，霸仲這才遵命而行，於是有了銘文中的"增厥誓"，即第二次誓言。霸仲第二次誓言中的"笰傳出"和"出棄"，學者大多認爲是用傳車將其放逐。裘錫圭指出"大概盤、盉銘文所說的是一種很嚴厲的驅逐出境，被驅逐者原來的身份和財產全都要被褫奪"。嚴志斌、謝堯亭進一步認爲這裏的"出"是指"出族"，即被驅逐出宗族，讓其無所憑依。這些意見無疑是很有道理的。將霸仲驅逐出霸氏宗族的權力當然掌握在霸氏宗子的手中，而此時代行宗子之權的是宗婦霸姬。霸仲在第二次誓言中以"出族"作爲對自己的最高懲罰，正是表達了對霸姬所掌握的宗子之權的臣服。顯然霸仲的屈服是在穆公高壓下被迫做出的讓步，他鑄造一套盤盉作爲憑證也并非出於情願。這或許可以解釋這套盤盉爲何會在他死後用來隨葬——按照通常的作法，這類用作"約劑"的特殊銅器會被當作家族檔案留傳子孫後世，例如著名的"裘衛"諸器、儺匜和琱生尊（《銘圖》11816-11817），都是出土於窖藏而非墓葬中。在霸仲及其後人眼中，這場失敗的官司顯然不是什麼光彩的事情。因此在霸仲死後，他的後人就迅速利用安排葬禮的機會，將見證物埋入霸仲墓中，以此來消除這一事件在家族記憶中的影響。[1]

气盤、气盉銘文中的司法裁判者"穆公"是幫助我們推斷兩器年代的關鍵人物。穆公以往見於盠方尊（《集成》6013、《銘圖》11814）、盠方彝（《集成》9899-9900、《銘圖》13546-13547）、㦰簋（《集成》4255、《銘圖》5289）、尹姞鬲（《集成》754-755、《銘圖》3039-3040）銘文，其自作之器還有穆公簋蓋（《集成》4191、《銘圖》5206）和新見穆公鼎（《銘圖》1242）。另外澧西張家坡井叔墓地 M163 出土的井叔采鐘（《集成》356-357、《銘圖》15290-15291）銘文稱"文祖穆公"。[2] 我曾指出穆公是井氏家族的宗子，其子井伯親和井叔在恭王後期至懿王時分别形成"井伯氏"和"井叔氏"兩個分支。[3] 李學勤認爲穆公主要活動於穆王晚期，[4] 學者多從之。我則根據與穆公相關銅器的銘文内容和考古學特徵，推定其活動年代

---

[1] 當然霸姬或其後代很可能也鑄造了作爲憑證的銅器，并一直保存在霸氏大宗手中。
[2] 穆公有自作之器，説明他生前確實自稱"穆公"；而"穆公"在他死後又成爲子孫對他的尊稱，相當於諡號。這種"生稱兼死諡"的現象，與西周金文中"王號"皆爲諡號的制度不同，僅見於個别稱"公"的高級貴族（另一個例子是屬王時的"武公"，巧合的是二者都屬於井氏家族），其原因尚待探究。
[3] 參看韓巍：《西周金文世族研究》，第三章第一節"井氏"。
[4] 李學勤：《穆公簋蓋在青銅器分期上的意義》，收入《新出青銅器研究》，文物出版社，1990年。

大約從穆、恭之際至恭王前期。[1] 西周中晚期王朝貴族中稱"公"者爲數很少，如穆公、益公、武公、毛公等，都是位高權重的大臣，其地位在"三有司"（司馬、司土、司工）之上。這一時期王朝公卿一級的重臣多被賦予"訊訟"之權責，即負責裁決貴族之間的訴訟争端。如穆公之子井伯親在恭王二十四年接受册命，被任命爲"冢司馬"，其職司即有"諫訊有誖"一項，見於親簋（《銘圖》5362）銘文。穆公地位尚在井伯親之上，自然也有"訊訟"之權。而在霸伯簋和霸伯盨銘文中，前來向霸伯"求鹽"的井叔就是穆公之子，他應該是王朝掌管河東池鹽生產和運輸的官員，霸伯乃其下屬。[2] 正是因爲這層職務統屬關係，霸伯尚的家族才攀上了王朝卿士穆公的"高枝"。於是在霸伯尚死後，其遺孀霸姬可以藉助穆公的權威壓服圖謀不軌的霸仲，維護了霸氏大宗搖搖欲墜的地位。

處理霸氏訴訟之時應該已是穆公在位的晚期，此時霸伯尚去世不久，霸仲還在世。可見"王在氏"舉行大祭和霸伯兄弟"搏戎"等事件，最有可能發生在恭王早期。因此 M1017 的 C 組銅器以及 M2002 全部銅器的鑄造年代，應該在恭王早期或略晚，這與前文從銅器的考古學特徵而得出的結論是一致的。M2002 墓主霸仲死時還不到 40 歲，因此雖然他去世和下葬要晚於 M1017 墓主霸伯尚，但應該也晚不了太多。M1017 的 C 組銅器與 M2002 銅器相比，其時代特徵基本是一致的，尤其霸伯簋和霸仲簋造型、紋飾、體量幾乎完全相同，極有可能是同時鑄造。兩墓出土的兩件陶鬲，特徵也基本相同（圖四〇）。[3] M2002 出土銅器的整體觀感似乎晚於 M1017，這主要是因爲前者缺乏後者 A、B 兩組那樣的前代遺留銅器。

與大河口墓地的這兩座墓葬相比，絳縣橫水墓地 M1、M2（倗伯爯與其夫人墓）的下葬年代要晚一些，大約在恭懿之際。[4] 而新近公布的橫水墓地 M2158 則要早一些，下葬年代可能在穆王晚期。[5] 三組墓葬等級相當，構成了自穆王至恭王時期基本完整的年代序列。橫水 M1、M2 出土銅器的總體特徵與大河口 M1017 的 C 組銅器和 M2002 銅器接近，但是不見 M1017A、B 兩組那樣的前代遺留之器。橫水兩墓雖然也有尊、卣、爵、觶等酒器，但製作粗陋，基本素面無紋，與同出其他銅器的鑄造年代應相去不遠。這說明在橫水兩墓的時期，這

---

[1] 參看韓巍：《眉縣盠器群的族姓、年代及相關問題》，《考古與文物》2007 年第 4 期；《親簋年代及相關問題》，北京大學中國考古學研究中心編：《古代文明》第六卷，文物出版社，2007 年；《由新出青銅器再論"恭王長年説"——兼談西周中期後段青銅器的變化》。

[2] 井叔作爲册命銘文中的"右者"主要活動於懿王時，恭王早期他應該年紀尚輕，因此擔任的是管理食鹽生產的低級職官。參見韓巍：《西周王朝與河東鹽池——新出霸伯青銅器的啓示》（待刊）。

[3] 值得注意的是，這兩件陶鬲雖然屬於西周墓葬中最爲常見的聯襠鬲，但與同時期其他墓葬出土同類陶鬲相比，其特徵明顯偏早，甚至接近西周早期的聯襠鬲。這一現象或許説明西周時期不同區域之間陶器演變的不平衡性，值得深入探索。

[4] 參看韓巍：《橫水、大河口西周墓地若干問題的探討》。

[5] 山西省考古研究所等：《山西絳縣橫水西周墓地 M2158 發掘簡報》，《考古》2019 年第 1 期。該簡報將墓葬年代定在西周中期偏早階段，是非常正確的。

圖四〇　M1017 出土陶鬲（左）和 M2002 出土陶鬲（右）

些傳統酒器已經處於消亡的前夜。另外橫水兩墓均出土 5 件編鐘，多於大河口 M1017 的 3 件，這當然可能與橫水兩墓的規格較高有關，但也不能排除有年代較晚的因素。橫水 M2158 出土銅器的總體風格比較接近，大致與大河口 M1017 的 B 組銅器相當；其中也有少數銅器可能與 M1017 的 A 組同時，如獸面紋圓鼎（M2158：172）、扁足温鼎（M2158：160）、柱足分襠鼎（M2158：138）、高柱足分襠鬲（M2158：139）等。M2158 所有已發表的銅器中，僅有一件"仿陶"銅鬲（M2158：166）與大河口 M2002 的銅鬲相似，屬於較晚的因素，但對此更合理的解釋是這種銅鬲在穆王時期已開始零星出現。橫水 M2158 出土的銅鼎多爲垂腹柱足鼎，腹部多爲素面或加一周弦紋，這種風格的銅鼎在整個西周中期都很常見；但大河口 M2002 的圓鼎，其柱足橫截面呈半圓形，[1] 而 M2158 的圓鼎柱足橫截面皆爲圓形，年代明顯要更早。橫水 M2158 不見大河口兩墓的斂口全瓦紋圈足簋，也不見盨、盆、豆等食器中的新器類。而且作爲與大河口 M1017 同等級的大墓，M2158 没有隨葬編鐘，這可能也與其年代較早有關。總之，橫水 M2158 的年代明顯要早於大河口 M1017 和 M2002。如果將橫水 M2158 定於西周中期偏早階段的穆王時期，大河口兩墓就不可能與之同時，而只能在較晚的恭王時期。

大河口 M2002 隨葬銅器不僅數量遠遜於 M1017，而且器類也要簡單得多，没有後者那麽多從前代繼承下來的銅器，没有樂器編鐘，甚至連酒器也付諸闕如。其中的主要原因恐怕不是年代早晚差異，而是墓主的身份等級不同。霸伯作爲霸氏宗子，掌握着整個家族的政治和經濟資源，自然有能力鑄造數量和種類更多、更精美的銅器。更重要的是，霸伯掌握着宗廟祭祀大權，歷代祖先遺留下來的祭器也歸他支配，因而能夠在墓葬中隨葬大批前代遺留之器。霸仲作爲宗子之弟，雖然自己也可以鑄造少量祭器，却没有霸伯那種對前代遺留之器的

---

[1] 大河口 M1017 還有 7 件圓鼎未發表，估計其特徵應該與 M2002 或橫水 M2158 的多數圓鼎接近。

處置權。霸仲甚至要將自己鑄造的銅器供給宗子霸伯使用,或者在霸伯下葬時貢獻一些助喪之器,如大河口 M1 就出土多件霸仲之器,M1017 也出土洛(霸)仲卣。另外作爲家族代表的霸伯還控制了霸氏與朝廷和外族之間的禮儀來往,因此生前可以得到更多的賞賜和餽贈,死後也會得到不少賵賻之器。M2002 缺少酒器和樂器,則更與霸仲的地位較低有關。比 M2002 年代略晚的橫水 M1、M2,雖然也不見前代遺留之器,但仍有提梁壺、尊、卣、爵、觶等同時期製作的酒器,且有成套編鐘。可見作爲一族之長的霸伯和倗伯,他們的隨葬銅器規格基本相當。而霸仲儘管是與霸伯血緣最近的嫡親兄弟,其墓室面積和隨葬品規格却與霸伯有非常顯著的差距。至於其他血緣更爲疏遠的普通族人,差距自然會更大。這一考古學上的證據,十分鮮明、直觀地表現出宗法制度下宗子在族内的崇高地位。

從發掘報告公布的墓地平面圖看來,M2002 位於 M1017 西南約 30 米處。兩墓之間還間隔有一些中小型墓葬,那些墓葬是否屬於霸伯或霸仲的家人?還有待將來更多考古資料的公布。從霸伯盤、霸仲鼎等銘文看來,霸仲在霸伯生前曾跟隨他前往今河南中部的"氐"地朝見周王,并與霸伯并肩與淮夷作戰,[1] 兩人的關係應該相當密切。但气盤、气盉銘文則顯示霸伯死後,霸仲竟然趁寡嫂主政之機,侵奪大宗占有的奴隸。儘管這一違反禮制的舉動在朝廷代表穆公的干預下最終被挫敗,但畢竟説明宗法制此時已開始出現裂縫。雖然正常情況下宗子對族人享有絕對支配權,但若遇到宗子軟弱無力的特殊情況,像霸仲這種地位較高的近支就會挑戰宗子的權威,進而覬覦甚至奪取宗子之位。這種現象在西周晚期至春秋時期將會愈演愈烈。大河口墓地的這兩座墓葬提供了一個鮮活的例證,讓我們得以窺見西周中期貴族宗族内部關係的新動向。

附記:本文初稿曾在 2018 年 10 月 19-20 日在山東濰坊舉辦的"青銅器、金文與齊魯文化"學術研討會上宣讀,收入本集之前又做了較多的修改和增補。

---

[1] M2002 發掘報告提到"墓主右側自上而下第四根肋骨有外傷痕迹"(《考古學報》2018 年第 2 期,第 224 頁),不知是不是這次作戰中留下的舊傷。

裘衛鼎盉銘文與西周土田移轉

馮　時[*]

裘衛四器自出土以來,學者多有研考,取得很大成績。其中因五祀衛鼎及三年衛盉銘文涉及土田移轉,事關西周土地制度,故尤受學者關注。然二器銘文的解讀,特別是有關三有司在土田交易活動中的作用問題,或存分歧,或未予討論,直接影響到我們對西周土地制度的認識。本文在已有研究的基礎上,對二器銘文重做考釋,以求揭示西周土田移轉的具體細節。

一、五祀衛鼎銘文考釋

五祀衛鼎銘(圖一)云:

> 隹(唯)正月初吉庚戌,衛以邦君厲告于丼伯、伯邑父、定伯、䣝伯、伯俗父,曰:"厲曰'余執龏王卹工(功),于卲(昭)大室東逆(朔)㳄(營)二川',曰:余舍女(汝)田五田。"正廼嚃(訊)厲曰:"女(汝)貯(賈)田不(否)?"厲廼許曰:"余審貯(賈)田五田。"丼伯、伯邑父、定伯、䣝伯、伯俗父廼顜。事(使)厲誓,廼令(命)參(叁)有嗣(司)嗣(司)土(徒)、邑人趞(撫),嗣(司)馬、頌人邦,嗣(司)工(空)隋(隨)矩,内史友(佑)寺(峙)芻,帥履裘衛厲田四田。廼舍寓(宇)于乓(厥)邑。乓(厥)逆(朔)彊(疆)眔(逮)厲田,乓(厥)東彊(疆)眔(逮)散田,乓(厥)南彊(疆)眔(逮)散田、眔(逮)政父田,乓(厥)西彊(疆)眔(逮)厲田。邦君厲眔(逮)付裘衛田,厲叔子夙,厲有嗣(司)齮(申)季、慶癸、燹禰、荆(荆)人敢、丼人鄔屖,衛小子逆,其郷(饗)僃(俻),衛用乍(作)朕文考寶鼎,衛其萬年永寶用。隹(唯)王五祀。

"衛以邦君厲告于丼伯、伯邑父、定伯、䣝伯、伯俗父"。"以",因也。《論語·衛靈公》:"君子不以言舉人,不以人廢言。"《史記·張釋之列傳》:"以不能取容當世,故終身不仕。"用法相同。"邦君",王朝内服之官,非邦伯,邦伯則爲諸侯。静簋銘:"王以吴㦰、吕剛鄉(合)戁、益自、邦君射于大池。"周王所合射的對象則爲戁師、益師及邦君。豆閉簋銘:"用俌

---

[*] 中國社會科學院學部委員,考古研究所研究員。

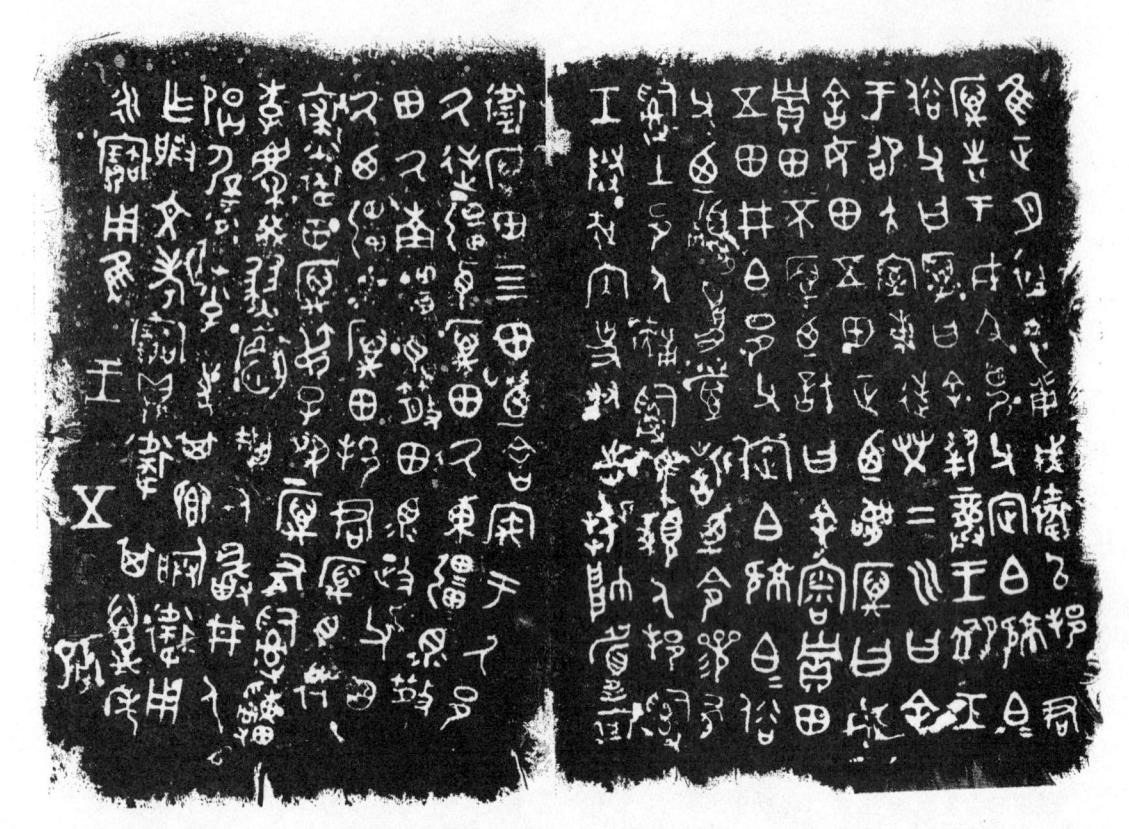

圖一　五祀衛鼎銘文拓本(《集成》2832)

（肖）乃祖考事,嗣(司)寇俞邦君嗣(司)馬弓矢。"梁其鐘銘:"梁其肇帥型皇祖考秉明德,虔夙夕辟天子,天子肩(夷)事(使)梁其身邦君大正,用天子寵,蔑梁其歷。"知梁其更爲邦君大正,皆係周王寵臣。《詩·小雅·雨無正》:"三事大夫,莫肯夙夜。邦君諸侯,莫肯朝夕。"鄭玄《箋》:"王流在外,三公及諸侯隨王而行者,皆無君臣之禮,不肯晨夜朝暮省王也。"鄭氏以"三事"爲三公,其文對大夫,故"邦君"文對諸侯,自非諸侯可明。偽《古文尚書·冏命》:"今予命汝作大正,正于群僕侍御之臣。"孔穎達《正義》:"作大正,正,長也。作僕官之長,正於群僕。"銘言厲但爲邦君,大正自有他人。"告",曉諭也。《吕氏春秋·贊能》:"敢以告于先君。"高誘《注》:"告,白也。"《說文·言部》:"諭,告也。"段玉裁《注》:"凡曉諭人者,皆舉其所易明也。《周禮·掌交注》曰:'諭,告曉也。'曉之曰諭,其人因言而曉亦曰諭。諭或作喻。"《爾雅·釋詁上》邢昺《疏》:"告,謂告諭也。"故銘言裘衛因邦君厲之事告曉於五大臣。

"余執龏王卹工,于邵大室東逆熒二川,曰:余舍汝田五田"。此爲邦君厲所言。"執",執掌。《詩·周頌·執競序》陸德明《釋文》:"執,持也。"又引《韓詩》云:"執,服也。"《爾雅·釋詁下》:"秉,執也。"邵晉涵《正義》:"執謂持也。"《論語·述而》:"詩書執禮。"劉寶楠《正義》引《論語駢枝》:"執猶掌也。""卹工",讀爲"卹功"或"恤功"。《尚書·吕刑》:"乃命三后,恤功于民。伯夷降典,折民惟刑。禹平水土,主名山川。稷降播種,農殖嘉穀。"偽孔

《傳》："伯夷下典，禮教民而斷其法。禹治洪水，山川無名者主名之。后稷下教民播種農畝生善穀。所謂堯命三君憂功於民。"《説文·卩部》："卹，憂也。"又《心部》："恤，憂也。"《詩·唐風·羔裘序》："晉人刺其在位不恤其民也。"鄭玄《箋》："恤，憂也。"陸德明《釋文》："卹本亦作恤。"《國語·周語上》："勤恤民隱。"韋昭《注》："恤，憂也。"知"卹功"當爲王憂卹人民之功。周王卹民，故其功爲卹功。而邦君厲掌之者則即下文所謂"于卲大室東朔禜二川"。

"卲大室"，康宫之中昭王廟之大室。[1]"東逆"，讀爲"東朔"，東北方。《爾雅·釋訓》："朔，北方也。"《尚書·堯典》："宅朔方，曰幽都。""熒"，讀爲"禜"。[2]《説文·示部》："禜，設綿蕝爲營，以禳風雨雪霜水旱癘疫於日月星辰山川也。從示，從營省聲。一曰禜，衛使災不生。"段玉裁《注》："《史記》、《漢書·叔孫通傳》皆云爲綿蕞，野外習之。韋昭云：引繩爲綿，立表爲蕞，蕞即蕝也。"叔孫通定朝儀之事，以引繩爲"綿"，束茅表位爲"蕝"，其制度古老。《左傳·昭公元年》："子産曰：山川之神，則水旱癘疫之災，於是乎禜之。"杜預《集解》："禜，祭爲營攢，用幣以祈福祥。"《周禮·春官·大祝》："三曰禬，四曰禜。"鄭司農云："禜，日月星辰山川之祭也。"鄭玄《注》："禬、禜，告之以時有災變也。"《周禮·地官·黨正》："春秋祭禜亦如之。"鄭玄《注》："禜謂雩禜水旱之神，蓋亦爲壇位如祭社稷也。"《禮記·祭法》："幽宗，祭星也。雩宗，祭水旱也。"鄭玄《注》："宗，皆當爲禜，字之誤也。幽禜亦謂星壇也。星以昏始見。禜之言營也。雩禜亦謂水旱壇也。"孔穎達《正義》："禜，壇域也。禜是除去凶災之祭也。"《史記·鄭世家》："山川之神，則水旱之菑禜之。"裴駰《集解》引服虔云："禜爲營，攢用幣也。"禜爲山川之祭，故所祭之二川應即穀、洛二水。《國語·周語下》："穀、洛鬭，將毁王宫。王欲壅之，太子晉諫曰：'不可。……今吾執政無乃實有所避，而滑夫二川之神，使至於爭明以妨王宫，王而飾之，無乃不可乎！……王將防鬭川以飾宫，是飾亂而佐鬭也，其無乃章禍且遇傷乎？'"韋昭《注》："滑，亂也。"徐元誥《集解》："二川，謂穀、洛也。"成周有康宫，見載於作册令方彝銘文。故鼎銘言禜穀、洛二川而非壅之，當亦如《周語》所記二川激鬭毁宫之事。古之禜祭，設綿蕝爲營屬臨時圈地，將茅草捆束立於其中，作爲祭祀者的位置標記。此邦君厲曾爲恭王掌事，亦見其爲内服之官。

"曰余舍女田五田"之"曰"，同時説、曾經説也，即與禜二川之事同時。事實上，禜二川與舍田二事並無因果聯繫，故前文追述厲爲恭王禜祭，其實只是爲其所説的話提供一個明確的時間背景。"舍"，予也。《左傳·昭公十三年》："施舍不倦，求善不厭。"《逸周書·糴匡》："舍用振穹。"朱右曾《集訓校釋》："舍，讀爲施舍不倦之舍。"《墨子·耕柱》："舍余食。"又《非攻中》："施舍群萌。"孫詒讓《閒詁》："舍，予之叚也。古賜予字或作舍。舍、予聲近字通。"曾鼎銘："余其舍汝臣十家。"矢人盤銘："矢舍散田。"用法相同。銘言邦君厲在爲恭王掌

---

[1] 唐蘭：《西周銅器斷代中的"康宫"問題》，《考古學報》1962年第1期。
[2] 唐蘭：《陝西省岐山縣董家村新出西周重要銅器銘辭的譯文和注釋》，《文物》1976年第5期。

持在昭宫大室之東北祭二川之時，即已承諾給予裘衛田五田。《周禮·考工記·匠人》："田首倍之。"鄭玄《注》："田，一夫之所佃百畝。"五田即五百畝。[1]

"正廼嚳厲曰：女貯田否"。"正"，大正，邦君之首。"訊"，本作"嚳"，金文習見"執嚳"，"嚳"讀爲"訊"。《説文·言部》："訊，問也。""貯"，字本作"⿱宀貝"，從"宁"從"貝"。金文或作"⿱宀貝"，象貝貯於櫝中。又作"賈"、"賣"、"⿰貝貝"，其與"賈"本同字，至戰國分爲二字。"貯"、"賈"古音同在魚部，讀音也同。《説文·貝部》："貯，積也。從貝，宁聲。"又："賈，賈市也。從貝，西聲。一曰坐賣售也。"段玉裁《注》："（貯）此與宁音義皆同。今字專用貯矣。《周禮注》作褚，俗字也。（賈）市，買賣所之也，因之凡買凡賣皆曰市。賈者，凡買賣之偁也。《酒誥》曰：'遠服賈。'漢石經《論語》曰：'求善賈而賈諸。'今《論語》作'沽'者，假借字也。引申之凡賣者之所得，買者之所出，皆曰賈。俗又別其字作價。"《周禮·地官·司市》："以商賈阜貨而行布。"鄭玄《注》："通物曰商，居賣物曰賈。"《左傳·成公二年》："賈余餘勇。"杜預《集解》："賈，賣也。"《漢書·甯成傳》："賈不至千萬。"師古《注》："賈，謂販賣之。"《慧琳音義》卷八十注引《説文》："賈，易財也。"又引郭璞注《爾雅》云："賈，廣易也。"兮甲盤銘："淮夷舊我貟晦人，毋敢不出其貟，其積，其進人，其賈毋敢不即次即市，敢不用命，則即刑撲伐。其唯我諸侯百姓厥賈毋不即市，毋敢或入蠻宄賈，則亦刑。"故銘文"貯田"即言賈田，意爲交易耕地。銘言邦君大正詢問厲是否真的有過交易耕地的承諾。

"厲廼許曰：余審貯田五田"。《孟子·梁惠王下》："則王許之乎。"趙岐《章句》："許，信也。"朱熹《集注》："許，猶可也。"《吕氏春秋·首時》："王子許。"高誘《注》："許，諾。"《説文·釆部》："宷，悉也，知宷諦也。從宀從釆。審，篆文宷從番。"《吕氏春秋·先己》："審此言也。"高誘《注》："審，實也。"銘言厲答覆邦君大正之詢問，承認確有此易田之諾。

"丼伯、伯邑父、定伯、㚰伯、伯俗父廼顠，事厲誓"。永盂銘載易田事，丼伯亦爲五大臣之首而主其事。"顠"，和也。或讀爲"講"。《集韻·講韻》："顠，和也。"《史記·曹相國世家》："顠若畫一。"司馬貞《索隱》："顠，《漢書》作講。"師古《漢書注》："講，和也。"《説文·言部》："講，和解也。"《戰國策·西周策》："而秦未與魏講也。"鮑彪《注》："講，和解也。"《史記·穰侯列傳》："今王背楚趙而講秦。"司馬貞《索隱》："講，和也。"《説文·言部》："誓，約束也。"《左傳·文公十六年》："作誓命曰。"杜預《集解》："誓，要信也。"《楚辭·惜誓》："誓者，信也，約也。"銘言裘衛告邦君厲於五臣，蓋因厲前有承諾予田，但自恭王而至今王，久未兑現，[2]故衛俱告其事而起訴訟。然歷時雖久，但厲俱認前諾，並無反悔，此亦周人信實之表現，故五大臣調停兩造以和解之，遂使厲立誓約。

《周禮·秋官·司約》："司約掌邦國及萬民之約劑。治神之約爲上，治民之約次之，治地

---

[1] 唐蘭：《陝西省岐山縣董家村新出西周重要銅器銘辭的譯文和注釋》，《文物》1976年第5期。
[2] 李零：《西周金文中的土地制度》，《學人》第2輯，江蘇文藝出版社，1992年。

之約次之,治功之約次之,治器之約次之,治摯之約次之。凡大約劑,書於宗彝,小約劑,書於丹圖。若有訟者,則珥而辟藏,其不信者服墨刑。若大亂,則六官辟藏,其不信者殺。"其中即有地約。鄭玄《注》:"地約,謂經界所至,田萊之比也。"孫詒讓《正義》引惠士奇云:"地約者,封人所封之四疆,量人所量之涂數,形方所正之華離,遂人所造之形體,匠人所畫之溝洫皆是。"孫氏又以"田萊之比"即《小司徒》之"地比",《朝士》先鄭《注》所謂"田地町畔相比屬"也。故銘言五大臣使厲所立之誓以成約劑,其內容實即包括厲舍予裘衛田地的經界所至及田萊之比。立誓在於明信,此地約之誓,必有約劑。《周禮》於其事或屬司約、司盟,鄭玄《注》:"約,言語之約束。盟,以約辭告神,殺牲歃血明著其信也。"孫詒讓《正義》:"司約者,此官與司盟並掌盟約之官,與刑禁事相成,故亦屬司寇。《釋名·釋書契》云:'約,約束之也。'《大史注》云:'約劑,要盟之載書及券書也。'盟辭、券書並以言語相約束之事也。"是知邦君厲立誓以成約劑。據《周禮》,約劑有大小。鄭玄《注》:"大約劑,邦國約也,書於宗廟之六彝,欲神監焉。小約劑,萬民約也。丹圖,未聞。或有彤器簠簋之屬有圖象者與?《春秋傳》曰:斐豹,隸也。著於丹書。今俗語有鐵券丹書,豈此舊典之遺言。"孫詒讓《正義》:"小約劑事輕文約,則書於竹帛,取足檢考而已,不必鏤之金石也。"此耕田移讓之事,關乎邦國土地使用權人的變更,自屬大約劑,非當萬民之約,故當鏤之於尊彝,而裘衛也以鼎彝具載其詳。

"廼令參有嗣嗣徒、邑人趙,司馬、頌人邦,司空隋矩,內史友寺芻,帥履裘衛厲田四田。廼舍寓于氒邑"。舊皆以邑人趙、頌人邦、隋矩和寺芻爲三有司及內史友之私名,不合金文通制。盠方彝銘:"用司六師、王行、叄有司司徒、司馬、司空。"毛公鼎銘:"命汝尹司公族雩(與)叄有司、小子、師氏、虎臣雩(與)朕執事,以乃族捍禦王身。"此雖但述官職,不必稱人,然於王朝,一世之三有司昭明於王庭,人物特定,人人皆知,故全無必要具書其名。此其一證。"寺芻"當讀爲"峙芻"。《尚書·費誓》:"甲戌,我惟征徐戎,峙乃糗糧,無敢不逮,汝則有大刑。魯人三郊三遂,峙乃楨榦。甲戌,我惟築,無敢不供。汝則有無餘刑,非殺。魯人三郊三遂,峙乃芻茭,無敢不多,汝則有大刑。"僞孔《傳》:"峙,儲峙。"孔穎達《正義》:"峙,具也。預貯米粟,謂之儲峙。鄭云:茭,乾芻也。"蔡沈《集傳》:"峙,儲備也。"《詩·大雅·崧高》:"以峙其粻。"朱熹《集傳》:"峙,積。"《爾雅·釋詁下》:"峙,具也。"郭璞《注》:"峙,謂備具。"字於典籍或作"偫"、"庤"。《説文·人部》:"偫,待也。"段玉裁《注》:"偫,謂儲物以待用也。"《國語·周語中》:"偫而畚挶。"韋昭《注》:"偫,具也。"《漢書·平帝紀》:"置什器儲偫。"師古《注》:"偫,具也。"又《説文·广部》:"庤,儲置屋下也。"段玉裁《注》:"庤,與偫音義同。"《詩·周頌·臣工》:"庤乃錢鎛。"毛《傳》:"庤,具。錢,銚。鎛,鎒。"《魯詩》"庤"作"峙",《齊詩》作"偫",明三字同義。《説文·艸部》:"芻,刈艸也。"准此,則鼎銘"寺芻"之義顯即《費誓》之"峙乃芻茭",芻即芻茭,乾芻之謂。故"內史友"之"友"或讀爲"佑"或"右"。《尚書·君奭》:"天惟純佑命。"蔡沈《集傳》:"佑,助也。"《尚書·召誥》:"粵友民。"江聲《集注音疏》:"友,猶助也。"《尚書·酒誥》:"矧太史友、內史友。"孫星衍《疏》:"友,俱讀爲右。

《覲禮》：'大史是右。'《注》云：'右，讀如周公右王之右。'《廣雅·釋詁》云：'右，比也。'言左右史尤比近於王，故曰右。"《説文·口部》："右，助也。"《易·繫辭下》："右者，助也。""内史友寺芻"既非列述内史之名，實言内史輔助備齊芻菙之作爲，則以此例彼，三有司之後的文字也必不當爲人名，而皆應有其具體内容。此其二證。

《禮記·祭統》："及迎牲，君執紖，卿大夫從，士執芻。"鄭玄《注》："紖，所以牽牲也。《周禮》作紖。芻謂藁也，殺牲時用薦之。《周禮·封人》祭祀飾牲，共其水藁。"《周禮·地官·封人》："封人掌詔王之社壝，爲畿封而樹之。凡封國，設其社稷之壝，封其四疆。造都邑之封域者亦如之。令社稷之職。凡祭祀，飾其牛牲，設其楅衡，置其紖，共其水藁。"鄭玄《注》："壝謂壇及堳埒也。畿上有封，若今時界矣。不言稷者，社之細也。封國，建諸侯，立其國之封。飾，謂刷治潔清之也。……水藁，給殺時洗薦牲也。"此以芻藁用以祭祀薦牲，然鼎銘之峙芻則應於土田交易中用以芻藁表位。

惠氏以爲，田地交易以成契約之事，參與者有封人、量人、形方、遂人、匠人，封人、遂人屬地官司徒，量人、形方屬夏官司馬，匠人屬冬官司空，皆爲三有司之屬官，故内史輔助其事，當輔司空。有鑒於此，則知三有司之後的内容顯然皆爲官名官事，不爲人名。準確地説，參加勘劃田地的有司徒及其屬官邑人，司馬及其屬官頌人，司空則徑往，内史輔之，共成其事。

邑人爲官，金文習見。其例如：

> 今余命汝嫡官司邑人（詢簋）。
>
> 司乃祖嫡官邑人（師酉簋）。
>
> 命汝官司邑人、師氏（師瘨簋）。
>
> 王呼史翏册命此曰：旅邑人、膳夫（此鼎）。

皆其明證。邑人之職在於掌理聚邑族邑。因易田之事牽涉民人居邑之變遷，故必有邑人參與其事。

司徒與邑人所關之事，鼎銘稱之爲"趙"，當爲"逋"之古體。《説文·辵部》："逋，亡也。從辵，甫聲。逋，籀文逋，從捕。"《易·訟》九二曰："歸而逋。"《説文·手部》："捕，取也。"臣如逋逃，捕歸而安之，故"逋"、"捕"義有關聯。於銘可讀爲"撫"。《説文·人部》："俌，輔也。從人，甫聲。讀若撫。"是其證。《説文·手部》："撫，安也。"《國語·周語下》："子以君命鎮撫弊邑。"韋昭《注》："撫，安也。"《周禮·秋官·大行人》："王之所以撫邦國諸侯者。"鄭玄《注》："撫，猶安也。"《左傳·桓公十三年》："其謂君撫小民以信。"洪亮吉《詁》："撫，安也。"《左傳·定公四年》："若以君靈撫之。"杜預《集解》："撫，存恤也。"《大戴禮記·五帝德》："撫教萬民而利誨之。"王聘珍《解詁》："撫，安存也。"《漢書·高帝紀上》："鎮撫關外父老。"師古《注》："撫，慰也。"《廣雅·解詁一》："撫，有也。"王念孫《疏證》："撫有相親有之有。"西周大盂鼎銘有"匍有四方",文獻則作"撫有四方","撫有"也撫安之義。[1] 遷邑之民易亡,故撫而安之,此司徒之職事。

《周禮·地官·敘官》:"乃立地官司徒,使帥其屬而掌邦教,以佐王安擾邦國。"鄭玄《注》:"教所以親百姓。擾,亦安也,言饒衍之者。"賈公彦《疏》:"以言饒益衍長,亦是安義。以其民爲邦本,不安則散,特須安而復安,故云擾亦安也。案《天官·教典》鄭《注》擾爲馴者,以其司徒主教,教使馴順,馴亦是安之義也。"土田易主必影響其耕者及居者,故須教馴安擾之。而鼎銘之邑人正爲司徒屬官,其與司徒共安邑民,使其安居故土,不致因土田主人的變更而有所散亡,所記與文獻密合。

"頮"字從"殳"從"頁"。殳爲長杆。《説文·殳部》:"殳,以杸殊人也。《周禮》:殳以積竹,八觚,長丈二尺,建於兵車,旅賁以先驅。從又,几聲。"《周禮·考工記·總敘》:"殳長尋有四尺。"《周禮·夏官·司戈盾》:"祭祀授旅賁殳。"鄭玄《注》:"殳如杖,長尋有四尺。"《文選》張平子《西京賦》:"竿殳之所揘畢。"薛綜《注》:"殳,杖也,八稜,長丈二而無刃,或以木爲之,或以竹爲之。"古以杖爲測影之槷表。《山海經·海外北經》記夸父追日之典,其追日影,道渴而死,棄其杖,化爲鄧林,反映了遠古先民揆度日影的歷史,所持之杖即爲揆影之槷表。[2] 槷表測影須先柱正,以八繩垂以校之,故表的形制或作八稜,與殳形類同。先民立表測影之歷史乃由人體測影的事實發展而來,故最早的表乃爲摹仿人的高度而創製。[3] 准此制度,則知"頮"字從"殳"爲表,從"頁"爲人,"頁"即原始測影之體,反映了立表測影本之於人體測影,且殳高本同人高的基本事實。據此分析,則頮人似即司馬之屬官量人,或也兼土方、形方之職。

《禮記·王制》:"凡居民,量地以制邑,度地以居民,地、邑、民居,必參相得也。無曠土,無游民,食節事時,民咸安其居,樂事勸功,尊君親上,然後興學。"知制邑安民使居,必有量地之事,此爲安民的首要工作。《周禮·夏官·量人》:"量人掌建國之法,以分國爲九州,營國城郭,營后宮,量市朝道巷門渠,造都邑亦如之。……邦國之地與天下之涂數,皆書而藏之。"鄭玄《注》:"建,立也。立國有舊法式,若匠人職云。分國,定天下之國分也。后,君也。言君,容王與諸侯。……書地,謂方圜山川之廣狹。書涂,謂支湊之遠近。"孫詒讓《正義》:"王引之謂掌固渠當與'櫨'同,即籬落也。"是量人之作爲。《周禮·夏官·土方氏》:"土方氏掌土圭之法,以致日景,以土地。相宅,而建邦國都鄙。"鄭玄《注》:"土地,猶度地,知東西南北之深,而相其可居者。宅,居也。"此亦與大司徒之職相合。知土田交易,丈量土地是不可或缺的工作。

---

[1] 楊樹達:《積微居金文説》(增訂本),科學出版社,1959年,第62頁。
[2] 馮時:《中國古代物質文化史·天文曆法》緒論,開明出版社,2013年。
[3] 馮時:《文明以止——上古的天文、思想與制度》第一章第二節,中國社會科學出版社,2018年。

一國之土田形狀遠近不定,或集中,或分散,或規整,或斜曲,交易之時也需丈量調整。《周禮·夏官·形方氏》:"形方氏掌制邦國之地域,而正其封疆,無有華離之地。使小國事大國,大國比小國。"鄭玄《注》:"杜子春云:'離當爲權,《書》亦或爲權。'玄謂華讀爲瓜哨之瓜,正之使不瓜邪離絕。比猶親也。《易·比·象》:'先王以建萬國,親諸侯。'"賈公彥《疏》:"王者地有瓜邪離絕,遞相侵入不正,故今正之。瓜者,兩頭寬中狹;邪者,謂一頭寬一頭狹。"孫詒讓《正義》引段玉裁云:"華、瓜古音同在魚、虞、模部。鄭易華爲瓜,釋瓜離爲瓜邪離絕。瓜邪謂地偏長,則去國遠;離絕謂若間以他國之地,逾竟而治之,皆爲邦國之不便。"華離之土田牽涉他邦,故鼎銘述司馬與頫人之作爲曰"邦"。《玉篇·邑部》:"邦,亦界也。"明"邦"當爲定界之謂。其於司徒與邑人安民鎮撫之後,因土田變更而重新勘劃疆界。

　　如此所謂華離之地,於史習見。《左傳·隱公八年》:"鄭伯請釋泰山之祀而祀周公,以泰山之祊易許田。三月,鄭伯使宛來歸祊,不祀泰山也。"又《桓公元年》:"元年春,公即位,修好于鄭。鄭人請復祀周公,卒易祊田。公許之。三月,鄭伯以璧假許田,爲周公、祊故也。"杜預《集解》:"成王營王城,有遷都之志,故賜周公許田,以爲魯國朝宿之邑。後世因而立周公別廟焉。鄭桓公,周宣王之母弟,封鄭,有助祭泰山湯沐之邑在祊。鄭以天子不能復巡狩,故欲以祊易許田,各從本國所近之宜。恐魯以周公別廟爲疑,故云已廢泰山之祀而欲爲魯祀周公孫辭以有求也。許田,近許之田。魯不宜聽鄭祀周公,又不宜易取祊田,犯二不宜以動,故隱其實不言祊。稱璧假,言若進璧以假田,非久易也。"事述鄭桓公助天子祭泰山,受賜近泰山之祊以爲湯沐邑。周成王營成周,故賜周公許田以爲魯君朝見周王時朝宿之邑。《詩·魯頌·閟宮》:"居常與許。"鄭玄《箋》:"許,許田也,魯朝宿之邑也。"此鄭之祊、魯之許,皆離絕之地,事涉他邦。鼎銘言"邦"以明土田交易,知邦君厲之田也必有離絕之地,故不僅安民以撫,而且須測影勘劃。

　　"隋矩",讀爲"隨矩"。此乃司空之事,故矩即距度、度量之謂。金文"矩"作人執矩尺之形。矩尺既爲方圓畫具,也爲度量工具。《周髀算經》卷上言古用矩之道云:"圓出於方,方出於矩,矩出於九九八十一。……平矩以正繩,偃矩以望高,覆矩以測深,卧矩以知遠,環矩以爲圓,合矩以爲方。方屬地,圓屬天,天圓地方。方數爲典,以方出圓。"知矩尺之應用廣泛。《周禮·考工記·輪人》:"凡斬轂之道,必矩其陰陽。"鄭玄《注》:"矩,謂刻識之也。故書矩爲距。鄭司農云:'當作矩,謂規矩也。'"賈公彥《疏》:"此欲斬轂之時,先就樹刻之記識其向日爲陽、背日爲陰之處。必記之者,爲後以火養其陰故也。"知矩有刻識計量之義。《説文·工部》:"巨,規巨也。從工,象手持之。"段玉裁《注》:"凡識其廣長曰矩,故凡有所刻識皆謂之矩。"故"矩"於鼎銘實乃對土田的計度測量之謂。

　　古執矩用矩之人爲匠。"匠"字見於戰國,從"匸"從"斤"。《説文·匸部》:"匠,木工也。從匸斤。斤,所以作器也。"段玉裁《注》:"匸者,袤也。"《説文》以"匸"讀若方,甲骨文上甲之

"甲"外繪盛主之方作"口",匸乙、匸丙、匸丁之"匸"則作側視方匿之形,[1]以此例之,則"匠"字所從之"匸"實即以矩所出之方形。顯然,"匠"爲會意字,其從"匸"實乃取矩爲意,矩爲法度規矩,運斤者必守之,是爲匠也。矩爲法度及於百工,故匠也不應獨指木工而言。《禮記·曲禮下》:"曰土工金工石工木工。"鄭玄《注》:"木工,輪輿弓廬匠車梓也。"孔穎達《正義》:"匠,能作宮室之屬者。"《莊子·人間世》:"匠石之齊。"成玄英《疏》:"匠是工人之通稱。"《文選》殷仲文《南州桓公九井作》:"哲匠感蕭晨。"李周翰《注》:"匠謂善宰萬物者。"故"匠"字之所以從"斤",唯因斤爲斫木之器,係古之工具中的必備之器而已。匠人屬司空,鼎銘言司空隨矩,與制度全合。

司空繼司徒及屬官邑人安民、司馬及屬官頌人測量之後,循行之而勘記標識,是謂"隨矩"。《說文·𠂤部》:"隨,從也。"《尚書·皋陶謨》《禹貢》並云:"隨山刊木。"《史記·夏本紀》作"行山表木"。蔡沈《書集傳》:"隨,循也。"《廣雅·釋詁二》:"栞,識也。"王念孫《疏證》:"今人謂刻木石作字曰刊,刊即表識之意。"很明顯,"司空隨矩"意猶"隨山刊木",言司空循司馬與頌人重定之田界而標識之。其隨新勘之田界而標定位置,故事在司馬與頌人之後。標識田界的具體位置必藉助可標之物,如禹行山之"刊木",即立木以表位。而鼎銘則明言樹芻以表位,此芻苃乃由内史輔助籌備,即下文所言之"内史佑埼芻"。由此可見,銘文所揭其人其事先後有序,衡之於制度,無有不合。

内史備芻苃表位,應即所謂蒅蕝。《史記·叔孫通列傳》:"爲緜蕞野外。"裴駰《集解》:"《春秋傳》曰:置茅蕝。如淳曰:蕞,謂以茅翦樹地爲纂位。"司馬貞《索隱》:"韋昭曰:立表爲蕞。賈逵云:束茅以表位爲蕝。"《說文·艸部》:"蕝,朝會束茅表位曰蕝。《春秋》、《國語》:致茅蕝表坐。"《國語·晉語八》:"置茅蕝。"韋昭《注》:"蕝,謂束茅而立之,所以縮酒。"此束茅表位爲蕝之作爲,鼎銘則明言以芻苃表位。很明顯,此制至遲於西周早已成熟,後爲漢人所繼承。

三有司及其屬官安民、測量、表位事畢,便一同履田,銘稱"帥履",永盂銘作"率履"。《逸周書·祭公》:"俾百僚乃心率輔弼予一人。""率"有皆意,故銘文"率履"意即三有司及其屬官一起勘田,永盂銘之"率履"亦爲衆人履田之義。"履"謂踏察土田四境。[2]《左傳·僖公四年》:"賜我先君履。"杜預《集解》:"履,所踐履之界。""裘衛屬田四田",意即今屬裘衛的屬之四田。前文述屬本承諾貯舍裘衛五田,今經調整華離之地後,則統爲四田,其中應包括給與裘衛使之安撫其民的居邑。此前後田數之不同,也可證明三有司之後的内容並非只是人名,而應爲交易土田過程的具體作爲。銘文以下的履田當僅履此田四田,不應包括舍寓之邑。

---

[1] 王國維:《戩壽堂所藏殷虛文字·考釋》,藝術叢編第三集石印本,1917年,第5頁。
[2] 裘錫圭:《西周銅器銘文中的"履"》,《古文字論集》,中華書局,1992年。

"邑"本爲族邑,乃族聚而居之地,其起源於新石器時代之圍邑。[1] 此舍邑而居族人,仍承古制。六年琱生簋銘謂"余以邑訊有司","邑"顯指召氏家族附庸獄擾之事,同樣以"邑"爲族邑。因族居以邑,故邑自可言及族事。

"氒逆彊眔厲田,氒東彊眔散田,氒南彊眔散田、眔政父田,氒西彊眔厲田"。"逆",讀爲"朔",北方。"氒",讀爲"厥"。"彊",讀爲"疆"。《說文·畕部》:"畺,界也。從畕,三其介畫也。疆,畺或從土,彊聲。""眔",讀爲"遝"。《說文·辵部》:"遝,迨也。從辵,眔聲。"段玉裁《注》:"《廣韵》:'迨、遝,行相及也。'《文賦》:'紛葳蕤以馺遝。'《方言》:'迨、遝,及也。東齊曰迨,關之東西曰遝,或曰及。'《公羊傳》:'祖之所逮聞也。'漢石經作'遝聞'。"是知"遝"訓及,字亦通"逮"。遝之所及乃裘衛田之四至,分別與厲田、散田、政父田接壤,其田之北界接邦君厲之田,東界接散之田,南界接散及政父之田,西界接邦君厲之田。其以北方爲始,左旋而數之。邦君厲之田則在其西、北區域,散田在其東、南區域。散即矢人盤銘所見之散。

"邦君厲眔付裘衛田,厲叔子夙、厲有嗣瓛季、慶癸、燹禰、荆人敢、丼人鍰犀"。"眔",讀爲"遝",訓及。《爾雅·釋言》:"逮,遝也。"《廣雅·釋言》"遝,及也。"此謂邦君厲親臨現場。"付",給付。《說文·人部》:"付,予也。從寸持物以對人。"字本從"人"從"又","又"者,手也。《尚書·高宗肜日》:"天既孚命正厥德。"漢石經本"孚"作"付"。此時所付者當爲田契地約。"叔子",凡子非爲伯、仲、季之輩皆爲叔,"夙"爲其私名。瓛季、慶癸、燹禰皆爲邦君厲之有司。"荆"即"荊"字,荊人,官名,當《周禮·秋官》柞人、薙氏之類,以除木艾草爲職,"敢"爲荊人私名。《說文·艸部》:"荊,楚木也。"又《林部》:"楚,叢木,一名荊也。"荊是荊棘之木。《周禮·秋官·叙官》:"柞氏。薙氏。"鄭玄《注》:"柞,除木之名。除木者必先刊剥之。書薙或作夷。鄭司農云:掌殺草。"知荊人之職事。"丼人"即掌井田之官[2],又見於大克鼎及丼人鐘銘,"鍰"爲其私名。易田勘界,清除荊棘,正離絕之地,必有荊人與丼人參與。《說文·尸部》:"犀,犀遲也。"徐鍇《繫傳》:"犀遲,不進也。"段玉裁《注》:"犀遲,即《陳風》之棲遲也。毛《傳》:棲遲,游息也。"《玉篇·尸部》:"犀,今作棲。"《木部》:"棲,鳥棲也。也作棲。"五年琱生盨銘:"有司遝,𥁕兩犀。""兩犀"即兩造。[3] 鼎銘之意則爲衆人隨邦君厲一同到場。

"衛小子逆,其鄉俟"。《說文·辵部》:"逆,迎也。從辵,屰聲。關東曰逆,關西曰迎。"三年衛盉銘作"逆書",意謂迎受記錄土田交易之書册。"鄉","饗"之本字。"俟",讀爲"佚"。《說文·人部》:"佚,送也。從人,夆聲。吕不韋曰:有佚氏以伊尹佚女。古文以爲訓字。"銘言邦君厲與其叔子、有司等親來行付田之事,故裘衛之子迎之,宴饗而後送之。

"隹王五祀",銘已見稱恭王,故此五祀或屬懿王五年。

---

[1] 馮時:《文明以止——上古的天文、思想與制度》,中國社會科學出版社,2018年,第249-251頁。
[2] 馮時:《霸伯治鹽與西周井田》,《中原文物》(待刊稿)。
[3] 馮時:《琱生三器銘文研究》,《考古》2010年第1期。

二、三年衛盉銘文考釋

三年衛盉銘云(圖二):

隹(唯)三年三月既生霸壬寅,王爯(稱)旂于豐。矩伯庶人取堇(觀)章(璋)于裘衛,才(在)八十朋,氒(厥)貯(賈)其舍田十田。矩或取赤虎(琥)兩,麀韋(韠)兩,䩓(韎)韐一,才(在)廿朋,其舍田三田。裘衛廼龏(矢)告于伯邑父、榮伯、定伯、琼伯、單伯,伯邑父、榮伯、定伯、琼伯、單伯廼令(命)參(叄)有䚴(司)䚴(司)土(徒)微(嫩)邑,䚴(司)馬單(禪)旗(旗),䚴(司)工(空)、邑人服。眔(遝)受田,燹趞、衛小子逑逆者(書),其鄉(饗),衛用乍(作)朕文考惠孟寶般(盤),衛其萬年永寶用。

圖二 三年衛盉銘文拓本(《集成》9456)

"隹三年三月既生霸壬寅,王爯旂于豐"。此"三年"或屬孝、夷二王之一。懿、孝、夷三王在位時間皆不長,故裘衛可爲三朝老臣。"爯旂",周原甲骨文又作"爯中"。《説文・冓部》:"爯,並舉也。"今俗作"稱"。稱旂即謂建旂,王旂必爲大常,[1]其建於王庭,位於地中,故稱

---

[1] 李學勤:《試論董家村青銅器群》,《文物》1976年第6期。

旂亦云"稱中",其事當爲合聚四方諸侯。"豐",文王所作之豐邑,西周舊庭在豐鎬宗周,成王以後已就地中而定王庭於洛邑,去豐稍遠,故銘文但言稱旂,不言稱中。

"矩伯庶人取堇章于裘衛,才八十朋,氒貯其舍田十田"。"矩伯"之矩,以官爲氏。豐尊銘:"唯六月既生霸乙卯,王在成周,命豐殷大矩。大矩錫豐金、貝,用作父辛寶隣彝。木羊册。"此大矩當爲矩官之長,或當《周禮》之匠人。《説文·水部》:"渠,水所居。從水,榘省聲。"許慎以"榘"爲"巨"之或體,其爲氏,後世或作"渠"。《元和姓纂》卷二:"渠,周大夫渠伯之後。"蓋渠伯本即矩伯,出自周之大矩。

"堇章",讀爲"覲璋",朝覲所用之璋。《左傳·僖公二十八年》:"受策以出,出入三覲。"頌鼎銘:"册佩以出,反入,堇(覲)章(璋)。"五年琱生簋銘:"琱生則堇(覲)圭。"覲圭猶覲璋,唯用法小别,且以圭强調信實而已。

"才",讀爲"直"。古音"才"在之部,"直"在職部,對轉可通。《尚書·金縢》:"植璧秉珪。"《史記·魯周公世家》"植"作"戴"。"戴"從"𢦔"聲,"𢦔"從"才"聲,是"才"、"直"通用之證。《管子·輕重》:"民之能明於農事者,置之黄金一斤,直食八石。"馬非百《新詮》:"謂設立獎金,定爲黄金一斤或給以相當於黄金一斤之穀凡八石也。"《戰國策·齊策三》:"象床之直千金,傷此若髮漂,賣妻子不足償之。"《史記·魏其武安侯列傳》:"生平毁程不識不直一錢,今日長者爲壽,乃效女兒呫囁耳語!"亢鼎銘:"乙未,公大保買大珏(瓉)于亞,才(直)五十朋。公命亢歸羌亞貝五十朋,貽柔綴、𩰿醴、牛一,亞賓亢辟、金二鈞。亢對亞宦(穀),用作父己。夫册。"與盉銘用法相同。或以字讀爲"裁"。[1]《廣雅·釋言》:"裁,制也。"《戰國策·秦策一》:"大王裁其罪。"高誘《注》:"裁,制也。"《淮南子·主術》:"取民則不裁其力。"高誘《注》:"裁,度也。"雖義猶可通,但不合作價估值之用法。矩伯未能如上録亢鼎銘一樣給予貝幣,而是以田十田付與裘衛以完成交易。

"矩或取赤虎兩、麀韋兩、賁韐一,才廿朋,其舍田三田"。"或取",又向裘衛取物。"赤虎",即赤琥。《周禮·春官·大宗伯》:"以白琥禮西方。"鄭玄《注》:"禮西方以立秋,謂白精之帝,而少昊蓐收食焉。……禮神者必象其類……琥猛象秋嚴。"賈公彦《疏》:"以玉爲琥形,猛屬西方,是象秋嚴也。"孫詒讓《正義》引孔廣森説又以琥非即刻爲虎形,或刻爲虎紋以象嚴猛,未嘗有别。其配以秋白以應方面,本當在秋分之時,故嚴猛之説當不致誤。然此六瑞之白琥本爲祭天地四方之器,與銘文所言"赤琥"顯然不同。《周禮·秋官·小行人》:"小行人掌邦國賓客之禮籍,以待四方之使者。……合六幣,圭以馬,璋以皮,璧以帛,琮以錦,琥以繡,璜以黼。此六物者,以和諸侯之好故。"鄭玄《注》:"禮籍,名位尊卑之書。使者,諸侯之臣使來者也。合,同也。六幣,所以享也。五等諸侯享天子用璧,享后用琮,其大各如其瑞。皆

---

[1] 唐蘭:《陝西省岐山縣董家村新出西周重要銅器銘辭的譯文和注釋》,《文物》1976年第5期。

有庭實,以馬若皮。皮,虎豹皮也。用圭璋者,二王之後也。二王後尊,故享用圭璋而特之。《禮器》曰:'圭璋特。'義亦通於此。其於諸侯亦用璧琮耳。子男於諸侯則享用琥璜,下其瑞也。凡二王後諸侯相享之玉,大小各降其瑞一等,及使卿大夫覜聘亦如之。"此子男聘享之琥以和諸侯,自與祭方之白琥不同,或即盂銘所謂之赤琥。其配以繡繪,或徑以琥色爲赤紅。

"麀𢁉",讀爲"麀幣"。匍盂銘云:"青公使司史盾贈匍于館,麀𢁉、韋兩、赤金一鈞。""麀𢁉"亦讀爲"麀幣","𢁉"當即"蔽"字或體,唯聲符互換而已。《說文·鹿部》:"麀,牝鹿也。從鹿,從牝省。麤,或從幽聲。"又《巾部》:"幣,帛也。"《儀禮·聘禮》:"幣美則設禮。"鄭玄《注》:"幣,謂束帛也。"《周禮·地官·媒氏》:"入幣純帛無過五兩。"賈公彥《疏》:"古者二端相向卷之共爲一兩。"故"麀幣"即爲幽色之幣,或玄纁之色。上引《小行人》鄭玄《注》謂"二王後尊,故享用圭璋而特之","特之"即謂唯皮馬,無束帛,也以束帛特書之。

"韎韐",讀爲"韎韐"。古音"韎"屬幫紐月部,"末"屬明紐月部,同音可通。《說文·市部》:"韐,士無市有韐。制如榼,缺四角。爵弁服,其色韎。賤不得與裳同。從市,合聲。韐,韐或從韋。"段玉裁《注》:"大夫以上祭服用玄冕爵弁服,其韠曰韍。士與君祭之服用爵弁服,其韠曰韐,不曰韍。故曰士無韍有韐也。《玉藻》之縕韍即韎韐,則非不可稱韍也。《玉藻》曰:韠,天子直,四角直,無圜殺也。公侯前後方,殺四角,使之方,變於天子也。所殺者去上下各五寸。大夫前方後挫角,圜其上角,變於君也。韠以下爲前,以上爲後。士前後正。士賤,與君同,不嫌也。正,直、方之間語也。天子之士則直,諸侯之士則方。按許云韐缺四角者,正謂如公侯殺四角使之方也。所謂殺四角使之方者,合上下成八角之形。方之言柧也。《正義》云'既殺而補之使方',非是。云如榼者,古榼之制蓋八角,故《木部》椑下云'圜榼也'。可以見榼之有棱而不正圜也。韠之制,下廣二尺,上廣一尺,長三尺。韐之制,則大體圜而八角。故毛公云:韐所以代韠也。《士冠禮注》云:'韐之制似韠。'許云士無韍有韐,蓋其制不同,惟缺四角者略同諸侯大夫之韠耳。……《士冠禮注》曰:'韎韐,縕韍也。合韋爲之。士染以茅蒐,因以名焉。'今齊人名蒨爲韎。韐之制似韠。按凡言韎韐者,韐謂其物,韎謂其色。故《士喪禮》設韐帶,不連韎緇言。……《士喪禮》曰:'爵弁服,纁裳純衣,緇帶韎韐。'纁,淺絳也,三入爲纁,韎則茅蒐一入而已,不與裳同色也。凡韠同裳色。上文云:'天子朱市,諸侯赤市,卿大夫赤市蔥衡。'蓋天子朱裳,諸侯卿大夫赤裳,士賤則裳韠色不同。若皮弁服素韠,則士亦與裳同色也。"於蔽膝之形制分析明白。《說文·市部》:"市,韠也。上古衣蔽前而已,市以象之。天子朱市,諸侯赤市,卿大夫蔥衡。從巾,象連帶之形。韍,篆文市,從韋從犮。俗作紱。"又《韋部》:"韠,韍也。所以蔽前者,以韋。下廣二尺,上廣一尺,其頸五寸。一命縕韠,再命赤韠。"又《衣部》:"襜,蔽厀也。"皆異名而同物。《方言》卷四:"蔽厀,江淮之間謂之襜,或謂之袚。魏宋南楚之間謂之大巾。自關東西謂之蔽厀。齊魯之郊謂之袡。"知其名稱又有地域之別。

"韎"言蔽膝之色。《說文·韋部》:"韎,茅蒐染韋也。一入曰韎。從韋,末聲。"《詩·小雅·瞻彼洛矣》："韎韐有奭。"毛《傳》："韎韐者，茅蒐染韋也，一入曰韎韐，可以代韠也。"鄭玄《箋》："韎韐，祭服之韠，合韋爲之，其服爵弁服纨衣纁裳也。"《毛詩》之"奭"，《魯詩》作"赨"，並訓赤。是韎韐即爲淺赤色之蔽膝。

　　上古服制未備之時，先民唯繫獸皮蔽前以遮羞，形成蔽膝，後世漸成制度，傳統古老。《釋名·釋衣服》："韍，韠也。韠，蔽膝也，所以蔽膝前也。婦人蔽膝亦如之。"知蔽膝於男女通繫，其於所出古代人像或見之，[1]與文獻所記形制有別。《禮記·玉藻》："韠，君朱，大夫素，士爵韋。圜、殺、直。天子直，公侯前後方，大夫前方後挫角，士前後正。韠，下廣二尺，上廣一尺，長三尺，其頸五寸，肩，革帶，博二寸。……一命緼韍幽衡，再命赤韍幽衡，三命赤韍蔥衡。"鄭玄《注》："此玄端服之韠也。韠之言蔽也。凡韠，以韋爲之，必象裳色，則天子諸侯玄端朱裳，大夫素裳，唯士玄裳、黄裳、雜裳也。皮弁服皆素韠。目韠制，（天子）四角直，無圜、殺。（公侯）殺四角，使之方，變於天子也。所殺者去上下各五寸。（大夫）圜其上角，變於君也。韠以下爲前，以上爲後。士賤，與君同，不嫌也。正，直、方之間語也。天子之士則直，諸侯之士則方。頸五寸，亦謂廣也。頸中央，肩兩角，皆上接革帶以繫之。肩與革帶廣同。此玄冕爵弁服之韠，尊祭服，異其名耳。韍之言亦蔽也。緼，赤黄之間色，所謂韎也。"是韎韐即爲一命之緼韍，其藏於司裘，以待頒賜。《周禮·天官·司裘》："季秋，獻功裘，以待頒賜。"蔽膝或也屬功裘之列，裘衛爲司裘官，適掌其事。"舍"訓棄。《國語·楚語上》："女無亦謂我老耄而舍我。"韋昭《注》："舍，棄也。"《論語·雍也》："山川其舍諸?"皇侃《疏》："舍，猶棄也。"《説文·手部》："捨，釋也。從手，舍聲。"段玉裁《注》："釋者，解也。按經傳多叚舍爲之。"朱駿聲《説文通訓定聲》："捨，經傳皆以舍爲之，訓放、訓棄、訓止、訓去、訓除、訓縱皆是。"矩伯所取之赤琥兩、麂幣兩、韎韐一，價值廿朋，其抵三百畮田。倗生簋銘："格伯取良馬乘于倗生，厥賈三十田。"用法相同。"舍田三田"與"賈三十田"意皆交易田地，唯遣辭不同而已。

　　"厽告"，讀爲"矢告"，意即陳告。"厽"從"矢"聲。《爾雅·釋詁上》："矢，陳也。"《逸周書·世俘》："武王乃翼矢珪矢憲告天宗上帝。"孔晁《注》："矢，陳也。"陳告如實，則"矢"亦訓誓。《尚書·盤庚》："出矢言。"蔡沈《集傳》："矢，誓也。"孫星衍《疏》引《爾雅》："矢，陳也。"《論語·雍也》："夫子矢之曰。"何晏《集解》引孔安國曰："矢，誓也。"陸德明《釋文》引蔡謨云："矢，陳也。"《爾雅·釋言》："矢，誓也。"郭璞《注》："矢，相約誓。"銘謂裘衛將矩伯兩次取物抵田之事如實稟告了五大夫。

　　"伯邑父、榮伯、定伯、琼伯、單伯迺令參有嗣嗣土微邑，嗣馬單旟，嗣工、邑人服"。此三有司後所綴之"微邑"、"單旟"、"邑人服"如依舊解爲人名，則與五祀衛鼎所見三有司不同。然二器同記五大夫監事，唯人物及次序稍異而已，故兩器之時代必相去不遠，若短期内將三

---

[1] 馮時：《文明以止——上古的天文、思想與制度》，中國社會科學出版社，2018年，第433、437頁。

有司全部易主,雖不無可能,但考慮到五大夫多相一致,故不免蹊蹺。實際所謂三有司之人名並非人名,而應與五祀衛鼎銘文所記一樣,皆爲三有司所行之事。

司徒言"邑",意即撫安其邑,故"微邑"讀爲"媺邑"。《周禮·地官·師氏》:"師氏掌以媺詔王。"賈公彦《疏》:"媺,美也。"孫詒讓《正義》:"媺,古美字。"杜佑《通典》引馬融曰:"媺,媺道,告王以美道。"《詩·周南·關雎序》:"美教化。"孔穎達《正義》:"美,謂使人服之而無厭也。"故"媺邑"即言美其邑,也安民之法。或"微"亦可讀爲"撫"。《爾雅·釋地》:"有醫無閭之珣玗琪焉。"《楚辭·遠游》"醫無閭"作"於微閭",是"微"、"撫"二字通假之證。"撫邑"自爲撫安其邑。

古制又以司馬掌旗,故"單旟"讀爲"禪旟"。"旟"字從"㫃""與"聲,實即"旟"字。[1]《說文·㫃部》:"旟,錯革畫鳥其上,所以進士衆。旟旟,衆也。從㫃,與聲。《周禮》曰:州里建旟。"《周禮·考工記·輈人》:"鳥旟七斿。"鄭玄《注》:"鳥隼爲旟,州里所建。"《詩·鄘風·干旄》:"孑孑干旟。"朱熹《集傳》:"旟,州里所建鳥隼之旗也。"《詩·小雅·無羊》:"旐維旟矣。"朱熹《集傳》:"旟,州里所建,統人多。"知旟即以鳥隼爲畫章之旗,取象星宿,建於州里。《周禮·春官·司常》:"及國之大閱,贊司馬頒旗物。……州里建旟。"鄭玄《注》:"仲冬教大閱,司馬主其禮。……州里,縣鄙鄉遂之官,互約言之。鳥隼,象其勇捷也。"旟爲州里所建之旗,而邑也即里。《周禮·地官·里宰》:"掌比其邑之衆寡。"鄭玄《注》:"邑,猶里也。"准此制度,則"禪旟"意即轉授其旗。

"禪"有傳授意。《後漢書·崔駰傳》:"世禪雕龍。"李賢《注》:"禪,謂相傳授也。"《莊子·山木》:"而不知其禪之者。"陸德明《釋文》引司馬云:"禪,授予也。""單"或可讀爲"嬗"。"單"、"嬗"通用,文獻不乏其證。《尚書·盤庚》:"誕告用亶。"陸德明《釋文》:"亶,馬本作單。"《史記·孝文本紀》:"而禪天下焉。"《漢書·文帝紀》"禪"作"嬗"。"嬗"於此有轉授之意。《說文·女部》:"嬗,一曰傳也。"《漢書·賈誼傳》:"形氣轉續,變化而嬗。"師古《注》引蘇林曰:"嬗,相傳與也。"裴駰《史記集解》引服虔曰:"嬗,謂變蛻也。"轉授旂旗乃在不同氏姓之間,故言變化。知銘言因田地易主,司馬將州邑所建之旟從舊主改授新主。矢人盤銘稱"司馬單貘","貘"讀爲"羆",乃熊虎之旗,事類相同,彼由司馬轉授熊虎之旗,制度相同,其皆非人名可知。

《周禮·夏官·大司馬》:"大司馬之職,掌建邦國之九法,以佐王平邦國。制畿封國,以正邦國。設儀辨位,以等邦國。……中春教振旅,司馬以旗致民。……中秋教治兵,如振旅之陳。辨旗物之用,王載大常,諸侯載旂,軍吏載旗,師都載旜,鄉遂載物,郊野載旐,百官載旟,各書其事與其號焉,其他皆如振旅。"鄭玄《注》:"平,成也,正也。封謂立封於疆爲界。儀

---

[1] 唐蘭:《陝西省岐山縣董家村新出西周重要銅器銘辭的譯文和注釋》,《文物》1976年第5期。

謂諸侯及諸臣之儀。辨,別也,別尊卑之位。以旂者,立旂期民於其下也。野謂公邑。"可明司馬掌旂。土田交易涉及地主變更,故旂旗必由舊主轉予新主,此授旂之事也由司馬所掌。

"邑人服",邑人本屬司徒之官,已見五祀衛鼎。此則輔佐司空用事。"服",從官事也。《尚書·酒誥》:"惟亞惟服宗工。"服即從官。《周禮·夏官·職方氏》:"乃辨九服之邦國。"鄭玄《注》:"服,服事天子也。"《墨子·經上》:"服執說。"孫詒讓《間詁》:"服,謂言相從而不執。"此銘但言從事,不具言矩量,蓋因田界清楚。

"眔受田,爨趡、衛小子廷逆者,其卿"。"者",讀爲"書"。《說文·聿部》:"書,箸也。從聿,者聲。"《周禮·天官·司書》:"司書掌邦之六典、八法、八則、九職、九正、九事邦中之版,土地之圖,以周知入出百物,以敘其財,受其幣,使入于職幣。凡上之用財用,必考于司會。三歲,則大計群吏之治,以知民之財器械之數,以知田野夫家六畜之數,以知山林川澤之數,以逆群吏之徵令。凡稅斂,掌事者受法焉。及事成,則入要貳焉。凡邦治,攷焉。"《周禮·天官·司會》:"司會掌邦之六典、八法、八則之貳,以逆邦國都鄙官府之治。……掌國之官府、郊野、縣都之百物財用凡在書契版圖者之貳,以逆群吏之治,而聽其會計。"鄭玄《注》:"逆受而鉤考之。郊,四郊,去國百里。野,甸稍也。甸去國二百里,稍三百里,縣四百里,都五百里。書謂薄書。契,其最凡者。版,戶籍也。圖,土地形象,田地廣狹。"孫詒讓《正義》:"形象謂方圓邪正之形,田地廣狹謂廣輪步畝之數,並載於圖也。"《管子·霸形》:"市書而不賦。"尹知章《注》:"書,謂錄其名籍。"知此書即記錄田地交易、地之形貌甚至戶籍名冊之薄書。

鄭玄訓"逆"謂逆受而鉤考之。《周禮·天官·小宰》:"以逆邦國都鄙官府之治。"鄭玄《注》:"逆,迎受之。"《周禮·地官·鄉師》:"以逆其役事。"鄭玄《注》:"逆,猶鉤考也。"知"逆書"應有迎受鉤考校核薄書之義,恐有濫失奪誤,故鉤考之。《周禮·天官》之職內、職歲、職幣皆有考校之責,爨趡或即此類小官,衛小子與其事。此於五祀衛鼎銘但言"逆"。

"逆書"於矢人盤銘則言"受圖","書"亦即盤銘之"要"。《周禮·夏官·大司馬》:"大役與慮事,屬其植,受其要,以待攷而賞誅。"鄭玄《注》:"要者,薄書也。考,謂考校其功。"孫詒讓《正義》:"要爲役薄。"知成質者必有考校之事。

盉銘記天子建旂而合諸侯,故有聘問之事。然因某些貴族家財匱乏,席上無珍,只能取物於他人,並以田相抵。然裘衛雖應即《周禮》之司裘,爲掌皮之官,或家資殷實,但不掌玉器,故矩伯取玉於裘衛,自非公事,當屬私易,則其土田交易必告五大夫以爲質。

三、餘 論

《詩》曰"溥天之下,莫非王土",[1]此三代土地國有制度之本。故天子大社取五色土布

---

[1] 見《詩·小雅·北山》。

設,以象天下之土,而封建諸侯必分茅列土,在方色觀念的支配下,各以諸侯所在之方面土授之,且蔂以黄土,以示攝於王權之下的外服統治。[1] 這些制度顯示,由於諸侯擁有的土地源於王賜,實爲王土,故受土立國者僅享占有權,而並無所有權,土地的所有權統歸天子,這是國有土地制度的實質。

在西周土地國有制的背景下,貴族之間的田邑轉讓必須得到王朝的認可才能實現,私相授受買賣都是不能被允許的,《禮記·王制》所謂之"田里不粥",説的就是這種情況。顯然,西周時期的土田交易活動乃由王朝的五大臣及三有司所主導,其作用並非僅限於安邑撫民、勘劃疆界、授旗易主、作書製圖等具體作爲,以避免日後交易雙方對移轉土田的疆界及邑里民人的確定可能產生的糾紛,更重要的則是通過王朝臣官的親臨監督完成本屬王朝土田交易的合法化轉移。這是體現土地國有制的重要步驟,也是國有土田交易所確定的必然原則。至少在西周中期,這一原則還基本没有改變。

誠然,儘管各級貴族對於其受封土地僅享有占有權,但長期的合法占有其實已逐漸使土地的實際所有者發生了轉變。隨着王權的衰落和諸侯勢力的强大,這些爲貴族長期占有的土地淪爲他們的私有財産成爲勢之所必然,[2]從而最終導致了土地國有制的解體。

綜觀金文,西周早期國勢强盛,土地轉移之事幾不見記載。但至西周中期的穆恭二王以後,相關的交易與訴訟則頻繁出現。究其根本,周穆王之奢靡則是造成西周國勢由盛而衰的重要轉折。

穆王以後,社會凋弊,經濟衰頹。逨盤銘稱周穆王"盜徵",[3]致財用耗竭,國力驟衰,聘問而無餼牽之用,[4]臣官或有借貸之窘,[5]足見穆天子肆游對王朝造成的嚴重影響。九年衛鼎銘記"眉敖者肤卓使視于王,王大黹",遂命矩取物於裘衛。"王大黹"應讀爲"王大希"。《周禮·春官·司服》:"則希冕。"鄭玄《注》:"希或作黹。"《尚書·皋陶謨》:"黺絺繡。"劉逢禄《今古文集解》:"蓋希、黹古今字。"孫星衍《疏》:"希蓋黹字省文也。"朱駿聲《説文通訓定聲》:"希,此黹之古文也。"《爾雅·釋言》:"黹,紩也。"郝懿行《義疏》:"黹,借作絺。"皆"黹"、"希"通用之證。《論語·公冶長》:"怨是用希。"皇侃《疏》:"希,少也。"《爾雅·釋詁下》:"希,罕也。"《史記·貨殖列傳》:"地廣人希。"字後作"稀"。是"王大希"顯謂王庭之財

---

[1] 《尚書·禹貢》:"厥貢惟土五色。"僞孔《傳》:"王者封五色土爲社。建諸侯,則各割其方色土與之,使立社,蔂以黄土,苴以白茅。茅取其絜,黄取王者覆四方。"皮錫瑞《今文尚書考證》云:"《漢書》武帝賜齊王閎策曰:'受兹青社。'燕王旦曰玄社,廣陵王胥曰赤社。"
[2] 林甘泉:《對西周土地關係的幾點新認識——讀岐山董家村出土銅器銘文》,《文物》1976年第5期。
[3] 馮時:《史牆盤銘文與西周政治史》,《第四屆國際漢學會議論文集——出土材料與新視野》,中研院,2013年。
[4] 馮時:《貉子卣銘文與西周聘禮》,《南方文物》2018年第3期。
[5] 張程昊:《農卣銘文考釋》,《考古》2018年第12期。

物絶少而無所賜臣,故恭王以後,國庫空虛之現實昭然明白。由此可見,穆王修刑,[1] 改禮從儉,[2] 實爲形勢所迫,乃屬不得已之作爲。[3] 然其時雖財物匱乏而無可用,但土地廣袤,故凡交易或争訟,唯土地可用以抵償,土田交易之事便由此而發生。曶鼎銘述曶訟匡季寇禾一案,於饑饉之年寧多賠土地民人而不賠禾苗,即爲地廣之典型。[4]

約西周中晚期之交,私有土地開始出現,土地的移轉不再需要王朝官吏的監督和主導,矢人盤銘文便清晰地反映了這一史實。銘文所見土地易主僅有當事人雙方在場,並無王朝五大臣及三有司,可見在西周晚期,土地的轉讓已不必徵得王朝的承認,這體現了土地私有化的顯著特點。有關問題容另文討論。

2019 年 2 月 21 日據舊札寫於尚樸堂

---

[1] 馮時:《周代的臣扁與陪臺——兼論穆王修刑與以刑輔德》,《考古學報》2019 年第 4 期。
[2] 黄益飛:《霸伯盂銘文與西周朝聘禮——兼論穆王制禮》,《考古學報》2018 年第 1 期。
[3] 馮時:《穆天子的奢靡與崇儉》(未刊稿)。
[4] 郭沫若:《兩周金文辭大系圖録考釋》第七册,科學出版社,1957 年,第 99 頁。

畿內丼氏家族世系補議[*]

韋心瀅[**]

丼氏是西周中晚期參與王朝政權的重要世族之一。丼氏家族除以丼伯爲核心外，尚衍生出丼叔、奠丼、豐丼等分支，其代表人物丼伯、丼叔、丼公在王朝享有較高的政治地位，故研究丼氏家族世系對於瞭解西周貴族家族形態與結構具備典型意義。經過數代學者的努力，加上科學考古發現灃西丼叔家族墓地，使得丼氏家族世系的面貌更加清晰，學界亦對其有較深刻的認識。近幾年因新出媿鼎、衍簋、槐鼎、槐簋、叔禹父盨、奠丼子伯良父簠、奠丼伯孝父甗等器物，對於丼氏家族世系提供了可進一步研究的新證據。本文擬在前人研究的基礎上，[1]提出一得之見，粗淺舛漏，尚祈方家指正。

一、第一代丼叔與丼叔氏分立節點

丼叔氏從本家分出的時間，學界多認爲約在恭王或不晚於恭王。[2] 目前所見銘文中最早出現丼叔的青銅器是季魯簋。

清宮舊藏之季魯簋（4924），[3]原物已佚，但曾著録於《西清古鑒》中，形制爲侈口垂腹、雙獸首半環形耳，下有鉤狀小珥，矮圈足外撇成階。器腹飾對稱垂冠顧首大卷尾花翎鳳鳥紋，圈足飾兩道弦紋。垂冠顧首大卷尾鳳鳥紋普遍流行於西周早期晚段至西周

---

[*] 本文爲上海博物館科研課題"克器及相關研究"的階段性成果。
[**] 上海博物館青銅器研究部副研究員、出土文獻與中國古代文明研究協同創新中心副研究員。
[1] 樋口隆康：《西周銅器の研究》，《京都大學文學部研究紀要》，1963年，第85－104頁；張長壽：《論丼叔銅器》，《文物》1990年第7期；陳夢家：《西周銅器斷代》，中華書局，2004年，第178－182頁；李仲操：《論丼叔年代》，《周秦文化研究》，陝西人民出版社，1998年，第316－321頁；李先登：《西周丼叔青銅器年代的初步研究》，《夏商周青銅文明探研》，科學出版社，2001年；朱鳳瀚：《商周家族形態研究（增訂版）》，天津古籍出版社，2004年，第348－351頁、633－658頁；韓巍：《西周金文世族研究》，北京大學博士學位論文，2007年，第127－152頁；龐小霞：《商周邢都、邢國、邢地研究》，鄭州大學博士學位論文，2007年；陳穎飛：《清華簡丼利與西周丼氏之丼公、丼侯、丼伯》，《出土文獻》第二輯，中西書局，2011年；葉先闆：《由新見五器試論西周鄭丼氏世系》，《文物春秋》2018年第5期。
[2] 朱鳳瀚師認爲丼叔氏從丼氏大宗分出之時不晚於恭王；韓巍先生則認爲從丼叔墓地的上限看來，其分立時間當不早於恭王。朱鳳瀚：《商周家族形態研究（增訂版）》，天津古籍出版社，第351頁；韓巍：《西周金文世族研究》，北京大學博士學位論文，2007年，第140頁。
[3] 本文引用青銅器著録編號采用吳鎮烽編著《商周青銅器銘文暨圖像集成》以及《商周青銅器銘文暨圖像集成續編》。

中期早段，[1]但加飾花翎者不多見。此種獨特的紋飾，尚可見於同爲丼氏作器之丼季㜏尊（11603）與丼季㜏卣（13102）上。

丼季㜏尊垂腹，腹部紋飾作垂冠顧首大卷尾花翎鳳鳥紋，頸部裝飾兩對長卷尾鳥紋，圈足裝飾兩道弦紋。丼季㜏卣直口垂腹，上承蓋，蓋上有圈足狀捉手，兩端突起犄角，矮圈足外撇成階，提梁兩端爲獏首。蓋面與腹部飾垂冠顧首大卷尾花翎鳳鳥紋，器頸飾長卷尾鳥紋，圈足飾兩道弦紋。尊卣具相同紋飾組合，應爲同時製作之組器。季魯簋腹部紋飾與丼季㜏尊、卣的對稱垂冠顧首大卷尾花翎鳳鳥紋如出一轍，且圈足同爲簡單兩道弦紋的設計，或與丼季㜏尊、卣爲組器（圖一）。[2]

1　　　　　　　　　2　　　　　　　　　3

圖一　丼季㜏尊、丼季㜏卣與季魯簋器形圖
1. 丼季㜏尊　2. 丼季㜏卣　3. 季魯簋

季魯簋銘文如下：

季魯肇乍（作）氒文考丼叔寶障彝，子子孫孫其永寶用。

季魯已故之父爲丼叔，故知季魯是丼氏，而季㜏亦是丼氏之人。魯，從㐭酉聲；㜏，從㐭史聲。酉爲幽部喻母，史爲之部心母，心母爲齒音，喻母爲舌音，上古音中齒音多讀爲舌音，之、幽旁轉。因此㜏、魯可能是一字異寫，丼季㜏和季魯應是同人。[3]

---

[1] 李學勤：《穆公簋蓋在青銅器分期上的意義》，《新出青銅器研究》，人民美術出版社，2016年，第61頁。
[2] 韓巍先生認爲丼季㜏諸器應爲同一人所作。見韓巍：《西周金文世族研究》，北京大學博士學位論文，2007年，第129頁。
[3] 彭裕商先生認爲季魯可能就是邢季㜏（彭先生筆誤寫成邢季魯）。韓巍先生認爲㜏和魯爲古文字中常見同一個字換用不同偏旁的現象。見彭裕商：《西周青銅器年代綜合研究》，巴蜀書社，2003年，第323頁；韓巍：《西周金文世族研究》，北京大學博士學位論文，2007年，第129頁。

從上述器形、紋飾特徵判斷,季嬰應是穆王時人,[1]則其父丼叔約爲昭穆時人,有可能即爲第一代丼叔。[2]

從時間節點觀之,丼叔在昭穆之際從本家分出自立,説明丼氏至遲在昭王晚期便已發展成爲較大的世族。[3] 此現象可在新出的嬡鼎(0214)中得到驗證。

嬡鼎窄沿方唇、圜底垂腹、雙立耳,三柱足,器腹上部飾渦紋和四瓣目紋相間飾帶。從器形來看,與1971年扶風黃堆齊鎮村M2出土的約屬昭王時期的鼎、[4]1975年臨潼南羅墓出土穆王時期的3號鼎與1954年長安斗門鎮普渡村長由墓出土穆王時期的鼎(003)相似。[5](圖二)從紋飾來看,與2011年隨州葉家山M15出土的西周早期叔㝨鼎(M15∶3)近似。[6]故嬡鼎器形約在西周中期,但紋飾仍具西周早期遺風,綜合來説其所屬年代應在西周早、中期之際,約昭王晚段至穆王初期。

圖二 嬡鼎形制紋飾比較圖
1. 嬡鼎 2. 齊鎮M2出土的鼎 3. 南羅墓出土的3號鼎 4. 叔㝨鼎

嬡鼎銘文共5行31字,現將釋文隸定如下:

丁卯,退事于內宫。嫣易(錫)嬡玄衣,曰:"唯女(汝)聿(律)丼,嗣宗臣妾。"用

---

[1] 陳夢家先生將季魯簋與丼季嬰尊、卣時代定在昭穆時期;唐蘭先生與彭裕商先生認爲屬穆王時期;劉啟益先生則認爲屬昭王時期。參見陳夢家:《西周銅器斷代》,中華書局,2004年,第180頁;唐蘭:《西周青銅器銘文分代史徵(下)》,中華書局,1986年,第379頁;彭裕商:《西周青銅器年代綜合研究》,第322-323頁;劉啟益:《西周紀年》,廣東教育出版社,2002年,第155頁。
[2] 韓巍先生認爲丼季嬰之父丼叔可能活動於康昭時期,目前尚難斷定是否就是丼氏家族的始祖。參見韓巍:《西周金文世族研究》,北京大學博士學位論文,2007年,第130頁。
[3] 韓巍先生認爲丼氏家族至遲在康昭時期就已存在。參見韓巍:《西周金文世族研究》,北京大學博士學位論文,2007年,第130頁。
[4] 朱鳳瀚:《中國青銅器綜論》,上海古籍出版社,2009年,第1280頁;陝西省考古研究所、陝西省文物管理委員會、陝西省博物館:《陝西出土商周青銅器》(三),文物出版社,第67頁。
[5] 趙康民:《臨潼南羅西周墓出土青銅器》,《文物》1982年第1期,第90頁;陝西省文物管理委員會:《長安普渡村西周墓的發掘》,《考古學報》1957年第1期,第81頁。
[6] 湖北省文物考古研究所、隨州市博物館:《湖北隨州市葉家山西周墓地》,《考古》2012年第7期。

乍（作）寶鼎，其萬年用事宗。

通篇銘文大意爲嫚從内宫退職，丼氏宗婦嫚賞賜她玄衣，并説：你要以法治理丼氏家族事務，并管理在宗廟内工作的男女奴僕。嫚因之作寶鼎，萬年供奉於宗廟祭祀。[1]

昭穆時期的嫚鼎銘揭示了丼氏貴族家族内朝的運作方式，其仿王朝的册命形式，説明丼氏家族此時應已發展至一定規模，且熟稔王朝政治運作模式。

二、從新出青銅器析論奠丼氏世系

近年吴鎮烽先生於《商周青銅器銘文暨圖像集成續編》收録了槐鼎（0175）、槐簋（0453、0454）一式二件；衍簋（0455）一式四件，[2] 傳出山西；叔禹父盨（0468、0469、0470）一式三件；奠丼子伯良父簠（0487）一式二件、[3] 奠丼伯羍父甗（3333），共十三件過去未見著録的新出青銅器，其共同特徵爲皆屬奠丼氏作器。這十三件新出青銅器爲進一步研究奠丼氏世系帶來了新的曙光。

槐鼎形制爲半球形腹、雙立耳，圜底下接三蹄形足，[4] 口沿下周飾重環紋和一道弦紋。其形制與任家村窖藏出土宣王時期的仲義父鼎近似，紋飾近似幽王時期的善夫吉父鼎（圖三），[5] 重環紋作爲主要紋飾流行於西周晚期至春秋早期，[6] 綜合形制與紋飾特徵槐鼎的年代約屬宣王。

图三　與槐鼎形制、紋飾相似器物比較圖
1. 槐鼎（私人收藏家）　2. 仲義父鼎（北京故宫博物院藏）　3. 善夫吉父鼎（西安博物院藏）

---

[1] 有關嫚鼎銘文考釋與相關問題的討論，請參見韋心瀅：《嫚鼎相關問題試析》一文。
[2] 吴鎮烽先生書中僅收録一件器物圖像與銘文，但備注同坑出土四件形制、紋飾、大小、銘文相同的簋。
[3] 吴鎮烽先生書中僅收録一件器物圖像與銘文，但備注同坑出土一對形制、紋飾、大小、銘文相同的簠。
[4] 槐鼎位於圖片後方的蹄形足已接近柱形，右側足根外撇亦不明顯，但觀察左側足根外撇明顯，説明兩足或有殘損，故圖片中的鼎呈現仰角拍攝之感。
[5] 韋心瀅：《克之家族結構與相關問題研究》，《青銅器與金文》第二輯，上海古籍出版社，2018年，第139頁。
[6] 朱鳳瀚：《中國青銅器綜論》，上海古籍出版社，2009年，第577頁。

槐簋一式二件，形制爲斂口鼓腹，上承蓋，蓋上有圈足狀捉手，雙獸首銜環耳，圈足外撇、附有三象鼻卷足。蓋沿、口沿周飾變體獸面組成的竊曲紋，餘飾瓦紋。其形制與夷王時期的揚簋、厲王時期的王臣簋近似（圖四），[1]然由於圈足下接三象鼻卷足的形式亦見於史頌簋（5260）、虢季氏子組簋（4929）、師寰父簋（4570）等，年代都不早於宣王，[2]則此種簋的形制可能主要流行於西周晚期早段，即夷厲二世，其下限或至宣王早段，故槐簋年代約在厲王晚期。

　　衍簋一式四件，傳出土於山西。形制、紋飾與槐簋無異，大小近似，或許是出自同一個青銅作坊，則衍簋與槐簋的時代接近，其所屬年代亦約在厲王晚期。

圖四　槐簋、衍簋與王臣簋、揚簋形制比較圖
1. 槐簋　2. 衍簋　3. 王臣簋　4. 揚簋

槐鼎、槐簋、衍簋的銘文隸定迻錄如下：

　　奠丼叔槐肈乍（作）朕皇且（祖）文考寶鼎，子子孫孫永寶。——槐鼎

　　隹正月初吉丁亥，王才（在）宗周，各（格）于大室。卿事內右槐。命乍（作）典尹册命槐曰：易女（汝）幽黄、鋚勒，用死嗣王家。槐捧頴首，敢對覭天子不（丕）顯休，用乍（作）朕皇且（祖）文考寶殷，用追孝百神，其子子孫孫永寶用。奠丼槐。——槐簋

　　隹三月初吉戊寅，王才（在）宗周，各（格）于大室。焚白（伯）內右衍，王命女（汝）曰：死嗣王家，易女（汝）同衣、赤舄、幽黄、鋚勒。易女（汝）田于盍、于小水。

---

[1] 陳夢家先生和劉啟益先生將揚簋的年代定爲懿王時期；劉啟益先生與吳鎮烽先生將王臣簋定爲懿王時期；彭裕商先生將揚簋的年代定在夷王，王臣簋的年代定在厲王初年。朱鳳瀚先生利用西周金文年曆將王臣簋的年代定在夷王。參見陳夢家：《西周銅器斷代》，中華書局，2004年，第192－193頁；劉啟益：《西周紀年》，第299－300、317－318頁；吳鎮烽、王東海：《王臣簋的出土與相關銅器的年代》，《文物》1980年第5期；彭裕商：《西周青銅器年代綜合研究》，第357、367頁；朱鳳瀚：《關於西周金文曆日的新資料》，《故宮博物院院刊》2014年第6期，第24頁。

[2] 彭裕商：《西周青銅器年代綜合研究》，第399頁。

用乍(作)朕文考奠丼季寶毁,子子孫孫其萬年永寶用,趞姞眔作。——衍簋

由上知,槐和衍的職務皆是"死嗣王家",槐在簋銘末尾自稱"奠丼槐",在槐鼎銘中自稱"奠丼叔槐",可判定"奠丼叔"爲槐所從出之氏,又可省稱爲"奠丼"。應是爲區別本家丼叔氏,而前加上所封地名"奠"。[1] 在奠丼氏中職務亦爲"死嗣王家"者尚見康鼎銘中的器主康。現將康鼎銘隸定迻錄如下:

唯三月初吉甲戌,王才(在)康宫,燢白(伯)内右康,王命死嗣王家,易女(汝)幽黄、鋚革(勒),康捧頜首,敢對訊天子不(丕)顯休,用乍(作)朕文考釐白(伯)寶隣鼎,子子孫孫其萬年永寶用。奠丼——康鼎

原藏清宫,現藏臺北故宫博物院的康鼎(2440,圖五),形制爲半球形腹、雙立耳,圞底下接三蹄形足。口沿下周飾變體獸面組成的竊曲紋和一道弦紋。康鼎的年代馬承源與彭裕商先生皆定爲厲王,[2]可從。

康所作器除康鼎外,尚有康盨(5592),銘文如下:

奠丼叔康乍(作)旅盨,子子孫孫其永寶用。

圖五 康鼎

結合康鼎、康盨兩銘中康的自稱來看,其語法稱謂和奠丼叔槐相同。

康、衍、槐三人活動時代接近,又出身同一個家族,職務亦同,甚至康與衍册命時的右者皆爲燢伯,又衍與槐所作數簋若無視銘文内容,則會認爲是同組器物。這種種現象皆表明三人的關係極爲親近,但三人的關係究竟爲何?釐清三人的關係是解决奠丼氏世系與分立初封時點問題的鎖鑰。吴鎮烽和葉先闖兩先生曾先後提出過討論,兹將重要觀點摘錄如下:

(1)吴鎮烽先生:衍簋中王賜田于盉,于小水,即是鄭邢衍這支的初封,其時代定在懿王世。康與衍接受册命時,都是燢伯擔任右者,其時代與之相去不遠,所以康是衍的兒子,定爲

---

[1] 朱鳳瀚:《商周家族形態研究(增訂版)》,第351頁。除了本文采納的觀點外,還有另一種觀點認爲奠丼叔一支是丼氏在奠地的分族,是直接自丼氏大宗分出來遷居於奠地的另一小宗分支。參見松井嘉德:《西周期鄭(奠)の考察》,《史林》1986年69卷第4期;韓巍:《西周金文世族研究》,北京大學博士學位論文,2007年,第140頁。

[2] 陳夢家先生將康鼎年代定在孝王,白川静先生定在夷王。參見陳夢家:《西周銅器斷代》,第220-221頁;白川静:《金文通釋》卷三上,白鶴美術館,1969年,第304-314頁;馬承源:《商周青銅器銘文選》三,文物出版社,1986年,第288頁;彭裕商:《西周青銅器年代綜合研究》,第434-435頁。

孝王比較合適,康鼎中的文考釐伯就是衍。槐的生世當在夷王。[1]

(2)葉先闖先生:衍、槐、康有可能是主要生存或任職年限有先後的同一代人,爲同族從兄弟的關係,衍與槐約爲夷王時人,時代略早於康。衍簋製作時,其父已經故去,稱作"文考鄭丼季",這或當表明至少從衍的父輩開始,"鄭丼"已見諸於世,鄭丼季的主要生存年代定在懿孝夷比較合適。"鄭丼季"作爲鄭丼氏分立出來的第一代是有相當可能,即生存於懿孝世的一代丼叔之弟被稱作丼季者,移封於鄭地。[2]

在此,筆者認爲康稱其父考爲"釐伯",釐爲謚號、伯爲排行,亦爲宗族長稱,可知康之父爲一代奠丼叔。衍稱其父考爲"奠丼季",一般稱父考爲表尊敬,不會直接稱其名諱,故此處的"季"應是排行。又從槐簋與衍簋的形制、紋飾、大小幾乎無二,傳出晉南,皮殻銹色接近,可能是同一墓地出土的現象來看,[3]兩人爲兄弟的機率極大。康與衍、槐非同父,又王册命康和衍之右者皆爲焭伯,前已述康、衍約屬王時人,此時的焭伯爲榮夷公,其活動年代或可到宣王初年,[4]則焭伯跨厲王之世皆活躍於王朝。《夏商周斷代工程》西周金文曆譜所得厲王37年、共和14年;李峰先生則是提出厲王16年、共和14年的說法,[5]如此一來厲王(加上共和)積年約在30年至51年,或可傳襲兩代人。

由上,康或爲衍的父輩,與奠丼季爲兄弟行,由槐鼎觀知槐的生存下限可到宣王,則槐或是衍之弟。康之父釐伯爲第一代奠丼氏,其生存年代當在孝夷時期,於夷王時從丼叔氏分出自立。

除了上述康、衍、槐自作器外,屬於奠丼氏所作器尚有奠丼叔鐘(15138)、奠丼叔甗(3320)、奠丼伯㝬父甗(3333)、奠丼叔蒦父鬲(2809)、叔禹父盨(0468)、奠丼子伯良父簠(0487)等。

奠丼叔鐘爲甬鐘,一式兩件。長枚、篆間飾S形雙首顧龍紋,鼓部飾交纏的夔龍紋。其形制、紋飾近似師臾鐘(15350),師臾鐘的年代彭裕商先生認爲約在厲王之世,韓巍先生認爲

---

[1] 吳鎮烽:《商周青銅器銘文暨圖像集成續編》卷一,上海古籍出版社,第8頁。
[2] 葉先闖:《由新見五器試論西周鄭丼氏世系》,《文物春秋》2018年第5期,第24頁。
[3] 吳鎮烽:《商周青銅器銘文暨圖像集成續編》卷一,第6頁。
[4] 韓巍認爲周厲王推行專利政策的榮夷公應該就是康鼎的榮伯。陳夢家認爲"元年師詢簋銘中'榮內右詢',右者是榮,必非孝王器之右者榮白;若是文獻上厲王時的榮夷公或榮公,似不能省去'公'字。然摹本'内'字有可能是公字之誤,則右者榮公是榮夷公"。李學勤先生與彭裕商先生將元年師詢簋定在宣王。參見韓巍:《西周金文世族研究》,北京大學博士學位論文,2007年,第110頁;陳夢家:《西周銅器斷代》,第309頁;李學勤:《西周中期青銅器的重要標尺——周原莊白、強家兩處青銅器窖藏的綜合研究》,《新出青銅器研究》,第77頁;彭裕商:《西周青銅器年代綜合研究》,第16-17、165頁。
[5] 夏商周斷代工程專家組:《夏商周斷代工程1996-2000年階段成果報告・簡本》,世界圖書出版公司,2000年,第37頁;Li Feng, *Landscape and Power in Early China: The Crisis and Fall of the Western Zhou, 1045-771BC*, Cambridge University Press, 2006.

其年代定於孝夷,下限可進入厲王。[1] 則奠丼叔鐘之年代約在厲王前期,則作器者應即康。

奠丼伯桒父甗爲連體,甑部腹壁斜直,口沿平折。上有雙立耳,鬲部爲聯襠,三蹄形足外撇。鬲腹飾目紋,甑腹飾兩道弦紋(圖六,1)。其形制、紋飾與扶風齊家村窖藏出土的西周晚期弦紋甗近似,惟蹄足更加外撇,顯示其年代應屬西周晚期晚段。"奠丼伯桒父"即"奠丼叔"氏的"伯桒父",排行爲伯,應是奠丼叔氏的宗子,爲一代奠丼叔。

圖六 西周晚期銘文中所見奠丼叔氏青銅器
1. 奠丼伯桒父甗 2. 叔冉父盨 3. 奠丼子伯良父簠

叔冉父盨一式三件,呈橢方體,雙附耳,圈足外撇成階,每面開長方形孔。蓋面隆起,上有四曲尺形捉手。蓋面捉手內飾夔龍紋,蓋沿、口沿飾重環紋,餘飾瓦紋(圖六,2)。與其形制、紋飾相近者是文盨(5664),但文盨圈足飾竊曲紋。依據文盨銘所記"殷南邦君諸侯"內容,判斷文盨應爲宣王時器。[2] 叔冉父盨銘曰:

叔冉父乍(作)寶盨,其萬年子子孫孫永寶用。奠丼

説明叔冉父爲奠丼氏,排行爲叔,叔冉父與槐的時間有所重叠,或叔冉父即是槐。[3]

奠丼子伯良父簠一式兩件,器、蓋對稱,皆呈長方形斗狀、平沿外折、四壁斜直,器、蓋兩短邊有獸首環耳,長方形圈足,每面皆有長方形缺口。圈足內飾中目竊曲紋,腹壁周飾卷龍紋,口沿飾變體雲紋(圖六,3)。由形制、紋飾特徵來看,時代約屬春秋早期,作器者爲"奠丼子白(伯)良父"。奠丼子的"子"該如何理解?春秋時期子前冠以國氏如曾子、楚子等,此種

---

[1] 彭裕商:《西周青銅器年代綜合研究》,第423-425頁;韓巍:《周原強家西周銅器群世系問題辨析》,《中國歷史文物》2007年第3期,第72頁。
[2] 李學勤:《文盨與周宣王中興》,《文博》2008年第2期。
[3] 西周晚期常見貴族男子稱字,從槐與叔冉父的活動時間約在宣王,又是同家族的關係來看,很有可能冉父即是槐之字號,叔爲排行,亦符合槐爲衍之弟的推論。

"子"稱可以視爲"公子",即凡具有公子身份者皆得稱之。[1] 然奠丼氏非國氏,將氏名後接之"子"視爲公子,是否恰當,仍需進一步研究。故此處仍將"子"視爲宗子,"伯"是排行,兩者皆標志自己爲奠丼叔氏宗子的身份。

奠丼叔蒦父鬲口沿寬平外折、束頸連襠,腹部有兩道扉棱,下接三蹄形足。腹部以斜角對稱竊曲紋周飾,[2] 從形制與紋飾來看其時代應在春秋早期。[3] 奠丼叔甗已佚,不見器型,難以準確判斷時代。

綜合前說,奠丼叔氏是在約孝夷時期從丼叔氏分出,第一代奠丼叔是鼇伯。第二代奠丼叔爲康,第三代奠丼叔爲衍,衍與槐爲兄弟,衍不知何故過世後職務由槐接任,槐或稱叔畀父,爲第四代奠丼叔。從目前已知的青銅器銘文判斷,第五代奠丼叔應是伯㝬父,第六代奠丼叔是伯良父,其時代可晚至春秋早期。(圖七)

除了康、衍、槐三代職司王家外,自第五代以後便未見奠丼氏擔任王官的記載,說明自宣王晚期開始,奠丼氏家族失去原有在王朝的地位,或已成爲一般中小貴族。又奠丼氏常與姞姓女子聯姻,如衍之妻爲趞姞、某代奠丼叔之妻爲季姞(見奠丼叔甗)。丼氏爲姬姓,與姞姓女子通婚,仍循姬姞世代通婚之制。

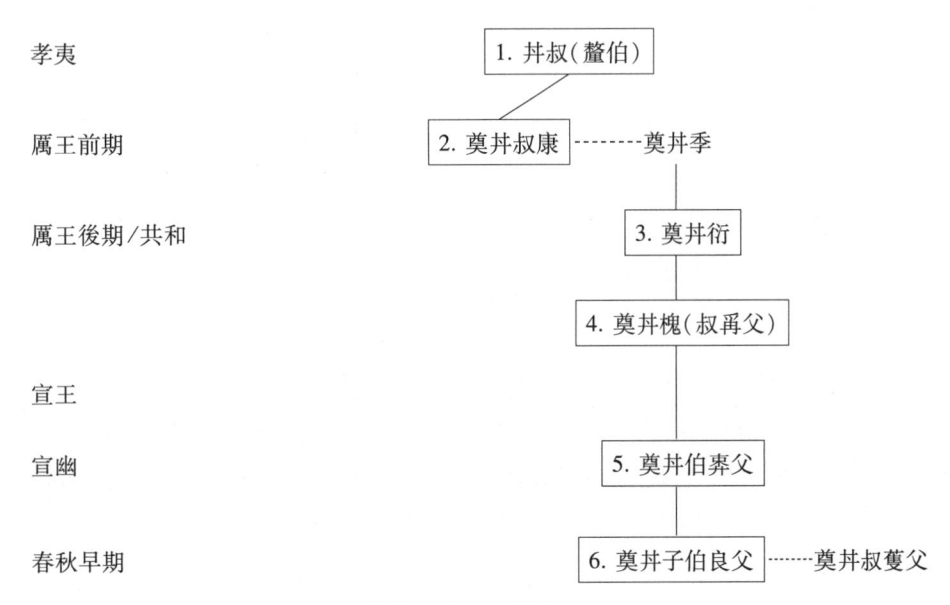

```
孝夷                                    ┌──────────────┐
                                        │ 1. 丼叔(鼇伯) │
                                        └──────┬───────┘
厲王前期                              ┌──────────────┐
                                      │ 2. 奠丼叔康   │- - - - - 奠丼季
                                      └──────┬───────┘
厲王後期/共和                         ┌──────────────┐
                                      │ 3. 奠丼衍    │
                                      └──────┬───────┘
                                      ┌──────────────────┐
                                      │ 4. 奠丼槐(叔畀父) │
                                      └──────┬───────────┘
宣王

宣幽                                  ┌──────────────┐
                                      │ 5. 奠丼伯㝬父 │
                                      └──────┬───────┘
春秋早期                              ┌──────────────┐
                                      │ 6. 奠丼子伯良父│- - - - - 奠丼叔蒦父
                                      └──────────────┘
```

圖七 奠丼氏世系示意圖

注:方框表示一代奠丼叔,方框內阿拉伯數字表示奠丼叔的世代。虛綫表示旁系。

---

[1] 朱鳳瀚:《關於春秋金文中冠以國名的"子"的身份》,《古文字與古代史》第五輯,中研院歷史語言研究所,2017年,第158頁。
[2] 奠丼叔蒦父鬲現藏北京故宮博物院,經故宮友人提供圖像參考,在此致謝。
[3] 吳鎮烽先生將時代定於西周晚期,吳鎮烽:《商周青銅器銘文暨圖像集成》第6卷,上海古籍出版社,2012年,第193頁;中研院歷史語言研究所殷周金文暨青銅器資料庫將時代定在春秋早期。

周代的婚姻和社會網絡：青銅器銘文所見女性稱名原則之考察

李 峰[*]

一、稱名問題及其重要意義

《詩經·衛風·碩人》：

> 碩人其頎，衣錦褧衣。齊侯之子，衛侯之妻。東宮之妹，邢侯之姨，譚公維私。
> 手如柔荑，膚如凝脂，領如蝤蠐，齒如瓠犀，螓首蛾眉，巧笑倩兮，美目盼兮。
> 碩人敖敖，說于農郊。四牡有驕，朱幩鑣鑣。翟茀以朝。大夫夙退，無使君勞。
> 河水洋洋，北流活活。施罛濊濊，鱣鮪發發。葭菼揭揭，庶姜孽孽，庶士有朅。

　　在先秦時期的文學作品中很難找到另外一首詩，它能以如此高超的筆調來頌揚女子的美麗。特別是詩中"巧笑倩兮，美目盼兮"一句，由於它的生動描述，曾經俘獲了歷代文人墨客的心靈；我們甚至在唐代詩人白居易《長恨歌》的名句"回眸一笑百媚生"中仍可以看到它的影子。而詩中周代古典語言的豐富語匯更是為它添加了一種深層的美麗。

　　但是，只有我們將詩中女主人公還原到她特定的社會背景中去，我們才能真正地欣賞和理解她的美麗，如詩中講到她受到眾多姜姓女子的奉伺，并有眾"大夫"或"庶士"的隨從——她是一位出身高貴的貴族女子。事實上，初讀這首詩的人都會被它第一段所描述的複雜的社會關係所迷惑：她是位於今天河南北部的衛國的衛莊公之妻，位於山東的齊國國君之女，齊國太子之妹，北方邢國國君之小姨，也是齊國的近鄰譚國國君的小姨。在這個通過婚姻編織起來的複雜網絡中，這位女子和其中每一位君主都保持着一種特殊的關係，包括齊、衛、邢和譚等國。

　　傳統文獻告訴我們，衛國和邢國是周王室姬姓所建立——衛國始君為武王之弟，而邢國始君為周公之子。至於齊國，它則是周人傳統婚姻對象姜姓的後裔。[1] 這裏，齊國的國君

---

[*] 哥倫比亞大學教授。
[1] 關於姬姓和姜姓之間傳統婚姻關係及其社會政治意義，見 Edwin Pulleyblank, "Ji and Jiang: The Role of Exogamic Clans in the Organization of the Zhou Polity," *Early China* 25 (2000), pp. 1-27.

將自己的幼女嫁到衛國,而很顯然他先前已將自己的長女嫁往邢國,所以這位衛國夫人要將邢國國君叫姐夫,而邢國國君則將這位新的衛國夫人稱小姨。大家都知道,齊國另一個婚姻對象是南邊姬姓的鄰國魯國,齊國曾經嫁了多位姜姓的公主到魯國,包括那位聲明狼藉的文姜。[1] 至於譚國,傳統文獻記載或以爲子姓,或以爲嬴姓,是齊國的在姬姓以外的一個婚姻對象。[2] 這個以齊國爲中心構建的婚姻網絡在周代社會中是很典型的,基於"姓"和"氏"的基本區別,"同姓不婚"是周代貴族們共同遵守的一個原則。[3] 實際上,西周國家得以建立的基本途徑就是由周王向姬姓的王室成員委任以政治權利,從而以他們作爲代理來統治各地的聚落群體,并以姬姓封國和非姬姓封國之間的婚姻制度作爲輔助。[4]

婚姻關係及其由此形成的社會網絡在周代政治中的重要性在西周和東周的青銅器銘文中均有很好的表現。實際上,婚姻是金文中僅次於戰爭和官僚制度的一個重要主題。但是,和上引《碩人》以詩人的第三人稱來講述婚姻中的貴族女子不同,記述婚姻和婚姻中的女子的青銅器往往由婚姻關係中的當事人或她們的親屬鑄造,因此它們對周代社會中婚姻關係的實際運作及其社會政治網絡的視點是更爲真實的。進而,青銅器銘文中的信息更有它獨特的優勢:當它們被從一個具體的遺址或地點發掘出來時,它們不僅可以指證本地國族,也可以指證它們的婚姻對象。[5] 因此,青銅器銘文爲我們重建《碩人》所描述的那樣的地域性社會網絡提供了一個重要的基礎。

但是,要想正確地理解和運用青銅器銘文中的信息并不容易,爲此我們要面臨幾個重要的方法論的挑戰。與《碩人》中對作爲婚姻主體的女子并不直接指名道姓的情況類似,在青銅器銘文中,不僅常常如此,同時一個女子可以有不同的稱名形式。根據具體的婚姻情況特

---

[1] 文姜的故事見於《左傳》(桓公十八年)。她是齊僖公之女,嫁於魯桓公(711–694 BC)爲妻。但是,在一次回母國齊國時與她表兄齊襄公通奸。齊襄公設法殺死魯桓公之後,魯國發生長期内亂。參見楊伯峻:《春秋左傳注》(中華書局,2006 年),第 152 頁。
[2] 關於譚國,見陳槃:《春秋大事表列國爵姓及存滅表譔異》,上海古籍出版社,2009 年,第 467–469 頁。
[3] "姓"代表血緣團體,擁有共同的祖先;姓與其始祖的母方起源有關。"氏"代表宗族,它是當代周人貴族的社會、政治和經濟實體;宗族是較小的單位,他們彼此之間通過姓的關係發生聯繫。關於"姓"和"氏"的區別,見 Li Feng, *Early China: A Social and Cultural History* (Cambridge, UK: Cambridge University Press, 2014), pp. 140–141.
[4] 關於西周社會中婚姻關係的重要性,見 Edward L. Shaughnessy, "Marriage, Divorce and Revolution: Reading between the Lines of the *Book of Changes*," *Journal of Asian Studies*, 51.3 (1992), pp. 587–599; Li Feng, *Landscape and Power in Early China: The Crisis and Fall of the Western Zhou, 1045–771 BC* (Cambridge: Cambridge University Press, 2006), pp. 292–293.
[5] 地方封國(諸侯國)是周朝貴族地方化了的政體。地方封國主要在東方,它們在周王的總的權力之下擁有行政和軍事的自主權。宗族是陝西周王畿以内擁有地産和人口的社會實體,後來它們在東方的諸侯國内也得到了發展。關於地方封國和宗族的區別,見 Li Feng, *Bureaucracy and the State in Early China: Governing the Western Zhou* (Cambridge, UK: Cambridge University Press, 2008), pp. 43–49.

別是青銅器製作的目的不同,這些形式的構成往往是相關宗族"氏名"和代表宗族起源的"姓"的不同組合。再者,因爲金文語言的特殊性,我們常常并不清楚誰在爲誰作器,或者説誰嫁到誰的宗族或國家,這對理解有關婚姻的意義產生了很多的阻礙。面對着數百的與婚姻有關的青銅器銘文,只有一個系統的、有理論基礎的研究方法才能有效地從這跨越八百餘年的出自中國各地的金文資料中整理出有用的信息。這項研究不僅要解釋某一宗族或國家的具體女子的稱名,更重要的是,它要能系統地解釋這些稱名背後的原理。只有這樣,我們才能讓這些青銅器銘文真正成爲研究早期中國社會史的有效資料。

二、原則及其原理

2015 年起,筆者開始探索一個可以系統地對青銅器銘文中所見的各種女性稱名進行符合邏輯的解釋的理論;或者擴大地講,它也可以解釋包括周代文獻中所見到的女性稱名。我稱之爲"稱名區別原則 I"。我首先在 2015 年 12 月由芝加哥大學和北京大學聯合在北京主辦的國際青銅器研究會議上解釋了這些原則。隨後,在上海華東政法大學舉辦的西周史座談會上我介紹了同樣的內容,其摘要發表於 2016 年 2 月 19 日上海《文匯報》上。[1] 在英文文獻中,這個理論首先發表於由金鵬程(Paul Goldin)主編的《勞特利奇早期中國歷史手册》(*Routledge Handbook of Early Chinese History*)中的由筆者撰寫的一章,於 2018 年 5 月出版。[2]

對"稱名區別原則 I"可簡單描述如下:

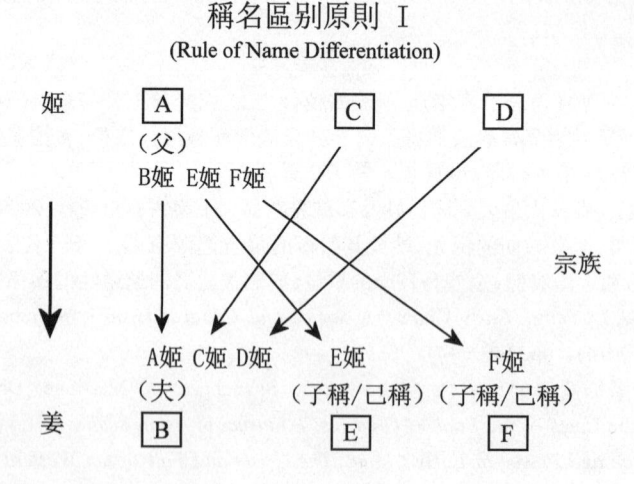

稱名區別原則 I
(Rule of Name Differentiation)

姬 　[A]　　　[C]　　[D]

　　(父)

　　B姬　E姬　F姬

　　　　　　　　　　　　　　宗族

↓

　　A姬　C姬　D姬　E姬　　F姬

姜　　　(夫)　　　　(子稱/己稱)(子稱/己稱)

　　　　[B]　　　　　[E]　　[F]

---

[1] 李峰:《西周宗族社會下的稱名區別原則》,《文匯報》2016 年 2 月 19 日,第 14 - 15 頁。
[2] Li Feng, "The Western Zhou State," in *Routledge Handbook of Early Chinese History*, edited by Paul R. Goldin (London: Routledge, 2018), pp. 101 - 102.

我們首先假定,姬姓有三個同源的宗族,分別爲 A、C 和 D,它們同時與姜姓的三個宗族(B、E 和 F)進行通婚。這個兩姓之間的婚姻關係并非按照一對一的平行關係來建構,而是具有一定的任意性,任何一個宗族的任何一次婚姻都可以在相對的三個乃至更多對象中選擇,只要它不違反"同姓不婚"的原則。西周社會的實況正是如此。

我們先從姬姓 A 宗族的立場看,假設其族長將自己的三個女兒分別嫁入姜姓的 B、E 和 F 三個宗族(當然,它也可以將女兒嫁入姬姓和姜姓以外的其他宗族),在這種情況下,這位父親就要分別稱自己的三位女兒爲"B 姬"、"E 姬"和"F 姬";即是說,他要用自己(也是她們的)姓加上她們夫家的氏名來稱呼自己已婚的女兒(夫家氏名+父家[自家]的姓)。如果不這樣,譬如他如果用自家的氏名來稱他們,他的三個女兒都將被稱爲"A 姬",這顯然是必須避免的。因此,在由父母爲她們所作的銅器上,即父母對女兒的稱呼中,丈夫的"氏名"是一個重要的組成部分。金文中這類例子極多,典型性地出現在媵器上,這些銅器將隨她們一起被送到夫家。譬如,河南平頂山應國墓地曾出土一組四件帶蓋銅簠(JC:3775-3776,NA:0055-0056),[1] 作器者爲鄧國君主鄧公,銘曰:"鄧公作應嫚毗媵簠,其永寶用。"我們知道"嫚"是鄧國的姓,而非本地應國的姓,應國姓"姬",因此,鄧公嫁女兒到應國,作媵器稱她爲"應嫚"。再舉一個東周的例子,魯伯愈父鬲(JC:0692)銘曰:"魯伯愈父作邾姬仁媵羞鬲。"這裏,"邾姬"的"姬"當然是魯國的姓,而"邾"則是夫家的國名,這件銅器正是在邾國所在的山東滕縣發現,而山東大學近年來正是在這裏發掘春秋時期邾國的都城。另一個例子是陳侯簠(JC:3815),發現於陝西臨潼,是位於河南南部的陳國國君陳侯爲嫁給周王的女兒所作的媵器,稱其女兒爲"王媯"。"王"指周王,而"媯"是陳國的姓。通常,這些青銅器出土於女子嫁入的夫國或族,或其臨近地區,并且明確稱爲"媵"器。另一個例子是傳世的倗仲鼎(JC:2462),銘文曰:"倗仲作畢媿媵鼎,其萬年寶用。"器爲媿姓的倗國嫁女入陝西王畿的名族畢氏宗族的媵器。此器雖不知出處,但它和下述新出土的倗伯鼎形成一個很好的對比。

但是,當一位丈夫爲其妻子作器時,不管是作她的祭器或作她的自用器,他都會改變上述原則。同樣,我們假設姜姓的 B 宗族的一位丈夫爲來自姬姓 A 宗族的妻子作器,他一定會稱她爲"A 姬","A"指明妻子父親宗族的氏名,"姬"是她父親的(也是她的)宗族的姓(父家氏名+父家[自家]的姓)。這就引起了一個問題:即"A 姬"和"B 姬"可能指的是同一個女子,取決於誰來稱呼她。女性稱名中的這種換位關係曾經使很多學者感到困惑,這在利用青銅器銘文來推定所屬國族的姓的時候是一個大問題。其實,這種換位後面的原因也很簡單,它所遵循的同樣是上述的"稱名區別原則"。如果一個丈夫用自己(夫家)的氏名和妻子的

---

[1] 本文青銅器銘文的編碼采自中研院歷史語言研究所金文資料庫。其中"JC"者見於中國社會科學院考古研究所:《殷周金文集成》,中華書局,1984-1994 年;"NA"、"NB"爲新收入資料庫者(http://bronze.asdc.sinica.edu.tw/qry_bronze.php)。

（父家的）姓來稱呼她，如果他也曾從姬姓的其他宗族如 C 或 D 迎娶妻子，他將完全無法在稱謂上區別她們。相反，如果他使用她們的父親的宗族氏名，他則可以分別稱呼她們爲"A 姬"、"C 姬"和"D 姬"。這一點在金文資料中有清楚的證明。如散伯簋（JC：3777）是位於寶雞之南的散氏宗族的族長散伯爲其來自寶雞之北姬姓矢國的妻子所作，所以稱她爲"矢姬"。[1] 而位於今寶雞市區的強伯爲其來自鳳翔一帶的姬姓丼氏宗族的妻子作器，則稱之爲"丼姬"。出土於周原的函皇父鼎（JC：2548）爲西周晚期有名的函皇父爲其來自琱氏宗族（妘姓）的妻子作器，稱之爲"琱妘"。[2] 通常，這些銅器出土於作器人即夫家宗族或國家所在地區。最近，對這個原則的一個很好的考古學證明來自山西絳縣橫水的倗國墓地。發掘所見 M1 和 M2 南北相距僅僅 4 米。M2 出土 3 件"倗伯"自作自用之器，是國君倗伯之墓。M1 根據其隨葬物特點，學者們一致認爲是倗伯夫人墓葬，出土了倗伯爲其夫人所作的 4 件銅器，其中包括一鼎一簋兩件，銘文曰"倗伯乍畢姬寶旅鼎（或簋）"（另一件同銘的倗伯鼎則出自倗伯自己埋葬的 M2）。[3] 很明顯，倗伯的夫人來自有名的姬姓的畢氏宗族，爲周初畢公的後裔，故倗伯稱她爲"畢姬"。而上述的倗仲鼎則是倗國嫁女入畢氏宗族的媵器，故銘文中稱其女爲"畢媿"。

但是，這也引起了一個問題：如果一個丈夫從同一個宗族 A 或 C 迎娶了兩位妻子，那他將如何區別她們呢？在這種情況下，他將在她們的姓前面加上女子的長幼排行，以資區別。金文中對同一個家族的同輩男子采用"伯"、"仲"、"叔"、"季"的稱法來區別其長幼；對同輩女子則以"孟"、"仲"、"叔"、"季"來加以區分。雖然我們在金文中尚未發現姐、妹兩人同嫁一夫的情況，但是以"孟"、"仲"來區別女子的稱名確是有很多例子的。如仲生父鬲（JC：0729）講到"丼孟姬"，是姬姓丼氏宗族長女嫁于仲生父者，丈夫爲其作器。膳夫旅伯鼎（JC：2619）講到膳夫旅伯爲"毛仲姬"作尊鼎，則是姬姓毛氏宗族嫁于膳夫旅伯者。從傳世文獻和其他金文資料可知，丼、毛兩個宗族均是出自周王室宗族的分支，屬姬姓。而兩位女子的丈夫爲她們作器稱其爲"丼孟姬"和"毛仲姬"也正符合"父家氏名+父家的姓"的原則。

那麼，當一個兒子爲母親鑄造祭器時，或者一位已婚的女子作自用器時，他們應該怎樣稱呼呢？我們有典型的例子顯示，兒子爲母親作器要用母親自己（也就是母親父家）的姓，前面加上兒子自己的，也就是母親夫家的氏名（夫家[兒子的]氏名+父家的姓）。譬如，一位女子從姬姓的 A 宗族嫁入姜姓的 E 宗族，那麼她兒子爲她作器（一般爲祭器）時就要稱她爲"E

---

[1] 最近研究表明矢國爲姬姓，見李峰：《西周金文中的鄭地和鄭國東遷》，《文物》2006 年第 9 期，第 70－78 頁。

[2] 這個琱/周氏宗族（妘姓）不應與建立西周國家的姬姓周宗族混淆（見下）。

[3] 山西省考古研究所、運城市文物工作站、絳縣文化局：《山西絳縣橫水西周墓發掘簡報》，《文物》2006 年第 8 期，第 4－18 頁。

姬",這和她的丈夫對她的稱名相反,丈夫要稱她爲"A 姬"。這是因爲,丈夫有必要將她(A 姬)和可能來自其他姬姓宗族的妻子們(如 C 姬或 D 姬)相區别;但是兒子只有一位母親,他不必要做這樣的區别。典型的例子是西周晚期的袁盤(JC:10172),其銘曰:"[袁]用作朕皇考鄭伯、鄭姬寶盤,袁其萬年子子孫孫永寶用。"這是一篇册命金文,鑄在袁爲其父"鄭伯"和其母"鄭姬"所作的祭器上。很顯然,袁在稱呼其母親時用了其父親(也就是母親夫家)的氏名"鄭",再加上母親自己的姓"姬";她是一位嫁入了鄭氏宗族的姬姓女子,而這個鄭氏宗族則不是姬姓。當然,金文中也常見兒子作器以父親的謚號來稱呼母親的,如頌鼎(JC:2827)之"皇考龏叔、皇母龏姒"者,或者簡單地稱"皇考、皇母",而不給出具體名號。要之,兒子爲母親作器,要用和父親一致的氏名(或謚號)來稱呼母親,這是一條原則。已婚女子自己作器一般也要遵循這個原則,如散姬鼎(JC:2029)銘曰:"散姬作尊鼎。"我們知道散姬是從近鄰的姬姓矢國嫁入散氏宗族的,[1] 故她作器稱自己爲"散姬"。另一件許姬鬲(JC:0575)銘曰:"許姬作姜虎旅鬲。"許國爲姜姓,無異説,這顯然是嫁入許國的姬姓女子爲許國某位稱"姜虎"的人作器,稱自己爲"許姬"。另外,我們也知道虢姜作器有多件,出自三門峽虢國墓地,如虢姜鼎(NB:1100):"虢姜作旅鼎,永寶用。"虢國爲姬姓宗族,虢姜顯然是嫁入虢國的姜姓女子,他作器稱自己爲"虢姜",用夫家的氏名加上自己的姓。傳世名器晉姜鼎(JC:2826)的"晉姜"更是這種情況,它的長篇銘文是姜姓的晉姜和其夫國晉的關係的最好表述。但是,女性自己作器稱名也有一些例外,即用她們自己父家的氏名加上自己(也就是父家)的姓,如吕姜簋(JC:3348):"吕姜作簋"。吕是姜姓,即可能爲吕姜的出生之國。這一方面可能是未嫁女子自己作器,但也可能是已婚女子由於某種政治原因而强調自己所出之國族。它顯示女子自己作器稱名有一定的靈活性。

總而言之,我們在周代金文中所看到的種種女性稱名形式實際上是制約着周代貴族婚姻關係的三個制度共同作用的結果:第一,貴族宗族之間的交叉婚姻,而不是一對一的平行婚姻制度;第二,族外婚制度,即"同姓不婚",它禁止了同姓貴族之間的婚姻關係;第三,普遍施行的一夫多妻制度,它允許一位丈夫可以迎娶多位女子。這和古代地中海國家中普遍實行的一夫一妻制度(當然也有例外)是非常不同的,[2] 它造成了非常複雜的社會關係。對一位周代貴族而言,那裏存在一群的宗族,他可以從中選擇配偶,只要避開和自己同姓的宗族就可以。這就要求周代貴族采用不同的名稱來區别來自不同宗族的妻子,或稱呼自己嫁入不同宗族的女兒。由於宗族在周代社會生活中的中心地位,宗族的"氏名"於是成爲女性稱

---

[1] 見李峰:《西周金文中的鄭地和鄭國東遷》,第 70-78 頁。
[2] Walter Scheidel, Ian Morris, and Richard Salle red., *The Cambridge Economic History of the Greco-Roman World*, "Household and Gender" (by Richard Saller) (Cambridge, UK: Cambridge University Press, 2007), p. 90.

名中最重要的一部分,置於女性私名之前或取代女性的私名;而私名在大多數情況下是可以省略的。但是,上述制度的影響并不止於女子稱名,它們也影響到男性貴族的稱名,因爲後者是上述婚姻制度的直接産物。

長期以來,學者們對金文中多見的"某生"之稱感到困惑,如"琱生"、"虢生"、"番生"等等,都包括一個"生"字。張亞初先生曾經有一篇名論,他認爲"某生"之"生"應該讀爲"甥",意即外甥。而"某生"之"生"前面的一個字則指某人母親的父家宗族,而某人即是這個宗族的外甥。換言之,"琱生"是由琱氏宗族出嫁的某位女子所生的兒子。[1] 雖然張亞初先生的這個解釋現在已被學者們所廣泛接受,但却少有人解釋這種特殊的稱名後面的原因究竟是什麼。更引起人們疑惑的是,琱生、番生這些人在周朝的官僚體制中占據了很高的位置,特別是西周中期的番生有同時統轄卿事寮和太史寮的權力,站在西周中央官僚機構的頂端,[2]但是他們仍然繼續用其母親的父家氏名來稱呼自己;正常的情況下他們應該用自己的(他們父親的)氏名來稱呼自己。我認爲,現在我們可以用"稱名區別原則Ⅱ"來解釋這個現象,見下:

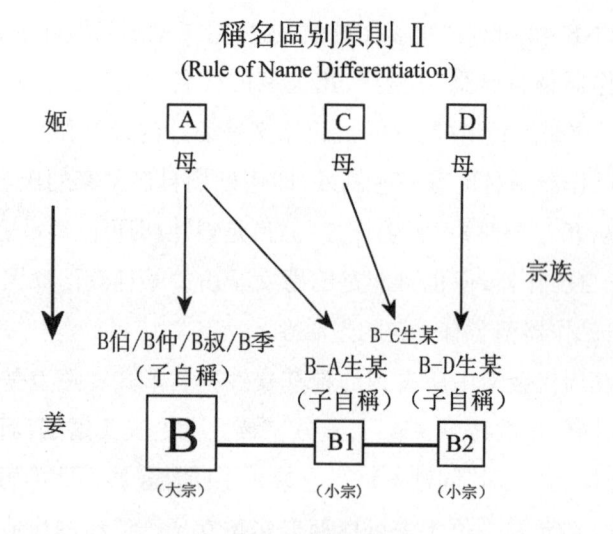

稱名區別原則 Ⅱ
(Rule of Name Differentiation)

我們可以再次假設姬姓有三個宗族A、C和D,它們與屬於姜姓的宗族進行聯姻。但是,在這裏我們只關注其中的姜姓B宗族。根據宗族分化的原理,在長期的發展中B宗族已經發展出了若干的子宗族,就是文獻中所説的"小宗",用B1、B2等表述,它們用同樣的宗族氏名。在嫡長子繼承制度之下,一個宗族的每一代男性貴族都要以伯、仲、叔、季的排行來進行區別,前綴以其所屬宗族的"氏名";且一般長子"伯"可以立爲宗族族長的繼承人。正因爲這

---

[1] 見張亞初:《兩周銘文所見某生考》,《考古與文物》1983年第5期,第83–89頁。
[2] 見 Li Feng, *Bureaucracy and the State in Early China*, pp. 66, 124.

樣,金文中有衆多如毛伯、虢仲、井叔、散季等等的名稱。從理論上講,每一個宗族,不管是大宗還是小宗,都應該這樣稱呼他們的男性成員。但是在實踐上,由於大宗的成員已經用"伯"、"仲"、"叔"、"季"來進行稱呼,如果小宗的男性子弟也用同樣一組稱謂,那勢必造成混亂,將可能有很多的"某伯"或"某叔",這是一定要避免的。爲了避免這種混亂情況的發生,小宗的子弟將被要求不再使用此類稱呼,而是要用母親父家的氏名,後綴以"生"字,也就是"甥"。按照這個原則,一位姬姓 A 氏宗族的女子嫁入姜姓的 B 氏宗族的大宗後,她所生的兒子就要稱爲"B 伯"、"B 仲"、"B 叔"、"B 季"。但是如果她嫁入了 B 氏宗族的小宗 B1 或 B2,那麼她所生的兒子就要稱爲"B－A－生",後可接"伯"、"仲"、"叔"、"季"類的排行;如果需要,還可接私名。如果某人的母親是來自 C 宗族或 D 宗族,他將被稱爲"B－C－生"或"B－D－生"。或者,他們被簡單地稱爲"A 生"、"C 生"或"D 生"。

因此,琱生就是來自琱氏宗族的女子所生之子;由於琱生在其所鑄造的六年琱生簋(JC:4293)和琱生尊(NB:0744)中直接稱召公爲其"烈祖",稱召氏族長爲其"宗君",他顯然是召氏宗族成員,但屬於小宗,因此他也可以稱爲"召琱生"或"琱生"。如函皇父簋(JC:4141)銘文所示,琱氏宗族也曾與著名的函皇父的函氏宗族通婚;函皇父爲其妻子"琱妘"作器,説明確實有一個妘姓的琱氏宗族,它也是琱生母親的父家。兩個宗族氏名重疊使用的例子有如"周𩰬生",或如傳世文獻中講到的"散宜生"。後者是文王時期的重臣,他是散氏宗族成員,母親來自宜國或族。而前者見於周𩰬生簋(JC:3915),銘曰:"周𩰬生作楷妘媵簋。"他是周氏宗族成員,這件青銅器則是他嫁女到楷氏宗族的媵器,遵守了上述"夫家氏名+父家[自家]的姓"的稱名原則。這説明這個"周"氏宗族就是妘姓,也就是琱生母親所出的琱氏宗族。[1] 而周𩰬生自己的母親則來自𩰬氏宗族,因此他自稱爲"周𩰬生",即周/琱氏宗族的那個由𩰬氏宗族女子所生的男子。在"某生"之後再加上私名的例子如陳生雔簋(JC:2468)的"陳生雔",而"某生"加上尊稱或字的如師害簋(JC:4117)的"麋生昔父"等等。總之,只有我們理解了宗族分化的原理,并理解了作爲周代婚姻網絡之基礎的族外婚制度,我們才能真正理解金文中這種種特殊的稱名現象。

簡言之,宗族是早期中國社會的基本構成單位。對宗族之間關係的正確表達乃至於管理是周代社會能够順利運作的關鍵。由於女性提供了社會延續的基本方式,對女性稱名以及可使其永遠記住宗族所屬和起源的形式的嚴格規定,保證了宗族婚姻團體的正確劃分并將這種劃分傳之後代。另一方面,作爲權力和財産傳承的主體,男性貴族被要求準確地表述他們在宗族中的地位,這保證了社會的正常秩序。即使這些男子攀升到了西周官僚政府的頂端,他們繼續以小時候就已經接受的名稱來進行稱呼。這些名稱反映了他們在各自宗族

---

[1] 董珊:《試論殷墟卜辭中的"周"爲金文中的妘姓之"琱"》,《中國國家博物館館刊》2013 年第 7 期,第 48－63 頁。

中的社會地位,也反映了各自的宗族在周代社會中所占有的位置。

三、吴鎮烽的質疑

2016 年 6 月,陝西的資深青銅器學者吴鎮烽先生在復旦大學的出土文獻與古文字研究中心的網頁上發表了一篇文章,質疑我在上海《文匯報》上發表的文章中的有關論點。總的來說,吴先生認爲我在文章中所揭示女性稱名原則在他看來都只是周代女性稱名的幾種具體"方式",而不是原則。他認爲,如果是原則,那麽所有的人或其銘文都應該遵守。但是金文中女性的自我稱名或被家庭成員稱名還有其他各種方式,并且在大多數例子中,女性名字中不包括宗族"氏名"。因此,吴鎮烽先生的結論是:"女性稱名不存在什麽原則,男性也一樣。周代没有什麽稱名原則。"[1]

譬如説父母爲出嫁的女兒作媵器的稱名,吴鎮烽先生列舉了十種所謂的"方式"(實爲九種,吴文漏掉一種)。[2] 但是,讀者一看可知這些不同的形式,特别是第 1－4 種,可以理解爲"夫家氏名+父家[自家]的姓"這一基本結構的變異,不同的只是附加了女子的排行或者是私名,以便進一步區别她們。這當然是合理的;這種更爲複雜的稱名形式的使用既不能消弱上述基本結構的重要性,更不能否定它。至於第 6－10 種,它們都是各種簡化的稱法,譬如只稱女子的姓,或只稱女子的私名,或排行,或者將這幾種因素隨意進行組合。但是,他們終究不構成對上述父母爲女兒作媵器上稱名的基本結構的反證。在周代社會中,父母當然有自由也有權力用這類簡單的形式稱呼自己的女兒。而且,具體用更正式或更簡略的稱呼來稱自己女兒,這可能受到父母與女兒乃至其丈夫的親疏關係的影響,也要受夫家的社會政治地位的影響。要之,他們都不違反"夫家氏名+父家[自家]的姓"的基本結構。

進而,吴鎮烽先生試圖用統計數字來質疑這一結構的正確性。他說,在總數爲 230 件的父母爲女兒作的媵器上,僅有 93 件的女性稱名中包括了"夫家氏名"(於是遵循了上述的基本結構),其餘的 112 件則没有,因此"夫家氏名+父家[自家]的姓"的基本結構不是一個原則。但是,但我們查對他所舉出的 112 件青銅器,我們發現它們屬於吴先生所列舉的共五種"方式",具體數目爲:第 6 種 2 件;第 7 種 4 件;第 8 種 19 件;第 9 種 53 件;第 10 種 34 件;數目最大的兩組(第 9－10 種)實際爲簡單地稱女子排行或女子私名者。换言之,吴先生是在將媵器上列舉"夫家氏名"的例子(93 例)和不列舉"氏名"(而非"夫家氏名")的青銅器總數

---

[1] 見吴鎮烽:《也談周代女性稱名的方式》,復旦大學出土文獻與古文字研究中心網頁,2016 年 6 月 7 日刊出(http://www.gwz.fudan.edu.cn/Web/Show/2822),2017 年 9 月 3 日查看。
[2] 這個單子包括:① 婿家國氏+自家的姓;② 婿家國氏+自家的姓+女兒名字;③ 婿家國氏+女兒姊妹間排行+自家的姓;④ 婿家國氏+女兒姊妹間排行+自家的姓+女兒名字;⑤（缺失）;⑥ 僅稱其姓;⑦ 僅稱其名或字;⑧ 姓名連稱;⑨ 姊妹間排行+自家姓;⑩ 姊妹間排行+自家的姓+女兒名或字。

進行比較。這在邏輯上顯然是錯誤的,因爲他比較的主體(夫家氏名)和被比較的客體(氏名)明顯屬於這個分類系統中不同的級別。從分類學上講,這就等於把某個"屬"級別的概念和屬於"屬"之下的"種"級別的某個概念相比較,這是不能成立的。符合邏輯的比較必須是同質或同級的兩件事物的比較。這裏有效的比較只能是將列舉"夫家氏名"的例子和不列舉"夫家氏名"的例子做比較,兩者必須均在列舉"氏名"的媵器銘文的範疇以内。在 230 件媵器當中,有 93 件之多(40%)的銘文遵循了"夫家氏名+父家[自家]的姓"的基本形式;但却没有一例列舉"氏名"的媵器銘文不列舉"夫家氏名"。换言之,父母爲女兒作媵器只要提到宗族"氏名",那一定是"夫家氏名",再加上"父家[自家]的姓",没有一個例外,這就是一個原則。進而,這 93 件的例子遠遠多於吳鎮烽先生所分的其他任何一種"方式"(6-10)的例子。上述情況表明,我們有充分的理由認爲"夫家氏名+父家[自家]的姓"是父母爲女兒作媵器稱名的基本結構。更重要的是,原則是以原理爲基礎的,而這個原則可以從上述周代社會婚姻關係的制度上得到圓滿的解釋。

用羅列各種"方式"的同樣辦法,吳鎮烽先生也質疑我所提出的有關周代女性稱名原則的其他表現,包括丈夫爲妻子作器,兒子爲母親作器,女性自己作器的稱名等。對於這些質疑我們可以用上述同樣的理由來回答。[1] 本文受篇幅有限,不在這裏一一討論。在吳先生所舉的所有青銅器銘文中,只有三個女性爲自己作器的例子中用了"父家氏名",於是與女性自作器稱"夫家氏名+父家[自家]的姓"的基本結構相矛盾,包括:齊姜鼎(JC:2148)、魯姬鬲(JC:0593)和祭姬爵(《銘圖》08426)。另如我們上面已提到的吕姜簋(JC:3348)也屬於這種情況。我們知道齊國、吕國爲姜姓,魯國、祭國爲姬姓,因此這幾位女子用了"父家氏名"來稱呼自己。這類例子很少,它們説明女性作器的自稱可能有一定的靈活性。特别是其中的齊姜鼎和祭姬爵均出土於西周的都城豐京範圍,是由自東方諸侯國嫁入王畿某個宗族的女子所作。他們用這樣的形式可能正是要强調他們來自東方重要諸侯國的尊貴身份。

在 2017 年答覆吴鎮烽先生的文章中,筆者進一步討論了周代貴族爲他國或族女子鑄造媵器的現象以及同時出現在一件媵器上的兩位女子的稱名原則問題。[2] 有關這種特殊現象的青銅器銘文主要來自南方江淮地區,以楚國爲中心,而正確地理解這些名稱對於我們理解南方地區特别是春秋時期的地域政治秩序至關重要。同一件媵器上記述兩位女子名稱的青銅器主要有三件:

曾侯簠(JC:4598):

---

[1] 見李峰:《再論周代女性的稱名原則:答吴鎮烽先生質疑》,武漢大學簡帛研究中心網頁,2017 年 10 月 6 日刊出(http://www.bsm.org.cn/show_article.php?id=2911)。
[2] 見李峰:《再論周代女性的稱名原則:答吴鎮烽先生質疑》。

叔姬霝乍(作)黃邦,曾侯作**叔姬**、**邛嬭**媵器將彝。

鄦子妝簠(JC：4616)：

唯正月初吉丁亥,鄦子妝擇其吉金,用鑄其簠,用媵**孟姜**、**秦嬴**。

上鄀公簠(NA：0401)：

唯正月初吉丁亥,上鄀公擇其吉金,鑄**叔嬭**、**番改**媵簠。

  首先我們可以看到,前兩篇銘文中所見的第一位女子均與鑄造這些媵器的國君同姓,如曾國爲姬姓,鄦(許)國爲姜姓。因此,她們無疑是國君的女兒,而這些媵器也主要是爲她們所作。但是,銘文中的第二位女子則和作器者没有什麽明確的關係。這怎樣解釋?

稱名區別原則 Ⅲ
(Rule of Name Differentiation)

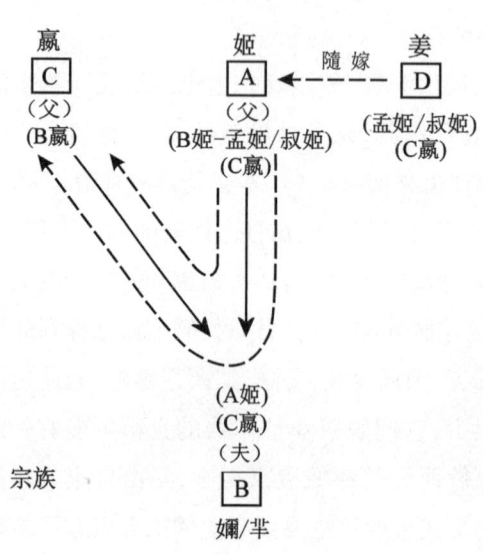

```
    嬴              姬      ←隨嫁──  姜
    [C]             [A]                [D]
    (父)            (父)              (孟姬/叔姬)
    (B嬴)       (B姬-孟姬/叔姬)        (C嬴)
                    (C嬴)

                    ↓  ↓
                    (A姬)
                    (C嬴)
                    (夫)
宗族                 [B]
                   嬭/芈
```

  這裏最合理的解釋是：每篇銘文講到的兩位女子同時嫁入了同一國或族,因此有關媵器爲兩人所作,但是這兩位女子却來自不同的國或族。這當然不可能是國君同時嫁女兒到兩個國或族,因爲每篇銘文的兩位女子都不同姓;且因爲媵器要隨女子帶往夫國并多在夫國地域發現,爲嫁往兩國的女子國君應該單獨作器。在這裏,國君(通常是父親)對第一位來自本國(A)的女子(通常是女兒)按照"夫家氏名+父家[自家]的姓"(或用女子排行代替氏名)的結構進行稱呼。但是對於來自第三國(C)的第二位女子,由於他是通過自己女兒的夫國(B)與她發生聯繫,因此他采用了女兒的夫國或族的立場,以"父家氏名+父家[自家]的姓"的結構來稱呼她。這就是爲什麽在媵器上出現了"邛嬭"、"秦嬴"、"番改"這樣的名字,它們違反了媵器上稱"夫家氏名"的原則。具體地講,第一件銅器是曾國(A)的國君爲自己的女兒叔姬所作媵器,她嫁入了黄國(B);由於邛國(嬭姓,C)同時也嫁女到黄國,故而這件媵器爲叔姬和邛嬭所作。第二件銅器銘文顯示，鄦（許）國國君（A）爲孟姜和秦嬴同時作器，孟姜來自許國（A），而秦嬴則明顯來自遠在今陝西的秦國（C）。第三件銅器上，很有可能叔嬭是楚王（A）之女，上鄀則是楚的屬國（D）；如果這樣，這件銅器應該就是作爲屬臣的上鄀公爲楚王嫁女所作的一件媵器。由於小國番國（C）同時嫁女到楚王之女叔嬭前往的夫國（B），因此上鄀公爲兩位女子同時作器，同樣地稱呼第二位女子是采用了楚王之女夫國（B）的立場。這裏的要點是，當一件媵器爲兩位女子所作，第一位女子是主要新娘，對她的稱名要從父國的立場采用"夫家氏名+父家［自家］的姓"的結構；對第二位女子的稱名則要從其夫國的立場采用"父家氏名+父家［自家］的姓"的結構。前文也已提到，第二位女子的身份類似於傳世文獻中所講的"媵女"的身份。[1] 但是，傳世文獻中"媵"主要是隨嫁女子的意思，這和金文中"媵"的意思并不完全一樣，金文中爲女子出嫁作器均可以稱爲"媵"。

上述例子揭示的"稱名區別原則Ⅲ"也可以在另一件青銅器黽伯鼎（《銘圖》2356、2357）銘文中得到佐證，[2] 儘管我們并不知道其作器者所屬之國族。黽伯鼎銘曰："唯正八月既生霸丙申，黽伯作楚叔妊、樂姬媵盂鼎。"這篇銘文非常讓人困惑，因爲她講到的這位冠以"楚"字的女子是妊姓，而并非傳統上所知道的楚國的嬭（芈）姓；也有學者認爲這件銅器爲嫁入不同的兩國的兩位女子所作。[3] 根據我們上文所揭示的稱名原則，這篇銘文現在能得到清晰的解釋：黽伯在這裏爲一位嫁入楚國（B）的妊姓女子作媵器。雖然銘文没有記載國名，但它可能是位於山東的妊姓薛國，可能就是黽伯的本國（A）。因此他從本國的立場采取了"夫家氏名+父家［自家］的姓"的結構，稱其女爲"楚叔妊"（"叔"說明她是排行第三的女子）。但是，這件銅器同時也爲第二位女子"樂姬"所作，她從小國樂國（C）嫁入楚國。她的稱名則采用了"父家氏名+父家［自家］的姓"的基本結構。這是對這篇銘文的唯一合理的解釋。只有我們對周代社會複雜的婚姻關係及其制約女性稱名一般原則有一個系統的認識，我們才能認識這類青銅器銘文的真正社會和政治意義。

四、進一步討論

當我回覆吳鎮烽先生的文章刊出僅兩星期，吳先生即發表了他的第二篇文章，爲他對我的有關批評進行了辯護。[4] 文章開篇即強烈反對我文章中"原則"的概念。但是，爲了這樣做，吳先生却不慎犯了另一個明顯的邏輯錯誤。目的是否定我所闡述的媵器上"夫家氏名+

---

[1] 對文獻中"媵女"或"媵人"的梳理，見陳昭容：《兩周婚姻關係中的"媵"和"媵器"》，《中研院歷史語言研究所集刊》第七十七本第二分册，2006年，第193－278頁。
[2] 吳鎮烽：《商周青銅器銘文暨圖像集成》，上海古籍出版社，2012年，第128－131頁。
[3] 見劉麗：《一器媵二女現象補説》，《古文字研究》第31輯，中華書局，2016年，第199－204頁。
[4] 見吳鎮烽：《再談所謂的"周代女性稱名區別原則"——答李峰教授》，武漢大學簡帛研究中心網頁，2017年10月21日刊出（http://www.bsm.org.cn/show_article.php?id=2930），2018年12月5日查看。

父家[自家]的姓"基本結構,吳先生説:如果這個結構代表了一個"原則",那麽他的兩個組成部分一個都不能缺失;如果任何一部分缺失,那它就不是原則;父母爲女兒作的所有媵器上都應該如此。爲了支持他的觀點,吳先生舉了兩個例子。第一個例子是中國共産黨的組織原則,即所謂"民主集中制",他説,民主和集中缺一不可,否則就不能成爲中國共産黨的原則。另一個則是水的例子:"水=H_2+O",缺少了H_2或O,它將不能成爲水。

如果説吳鎮烽先生舉這個敏感的政治性例子的目的是爲了終結這場討論,那麽這一目的是部分地達到了,因爲筆者和大部分歷史學者一樣,認爲在這樣純學術的場合不應該討論政治性議題。這裏的問題是:吳先生所舉這兩個例子在邏輯學上都屬於自我証明的,因爲任何反証都會陷入自我矛盾。這就像是東亞人的姓名是"姓"加上"名"組成的(姓名=姓+名),這個等式當然正確,但它説明不了任何問題。至於這個等式是否代表一種"原則",從等式本身既不能得到證明,也不能得到否定,而必須看它在東亞範圍,乃至世界範圍有没有普遍性。因此,吳先生所舉的兩個例子對於解决我們目前的爭論完全没有意義,也不能支持他的觀點。更有問題的是,吳鎮烽先生將完全不同的兩個議題混爲一談:一個是"原則的構成",另一個是"原則的適用"問題。他以對第一個問題的答案來回答第二個問題,這在邏輯上無疑是錯誤的,這是缺乏嚴格的現代學術訓練的一種表現。作爲一個資深學者,吳生完全可以憑藉自己的政治經驗來回答所謂的"民主集中制"原則是否在歷史上的任何時期或任何階層都被嚴格遵循;如果不是,他是否要否定它是一項"原則"呢?

説到底,"夫家氏名+父家[自家]的姓"的結構是否能代表父母爲女兒作媵器的稱名原則,我們還要看它在周代青銅器銘文中使用的廣泛度。利用吳鎮烽先生提供的數據,我已經指出93件媵器中對女性的稱名包括了"夫家氏名+父家[自家]的姓"的結構,而没有一件列舉宗族"氏名"的媵器上出現的不是"夫家氏名"(上述討論的四件媵器上的第二位女子除外,他們不屬於作器者自己的女兒)。换言之,當父母對自己的女兒用宗族氏名進行稱名時,他們所用的必須是女子夫家的"氏名"。這當然是一個原則,儘管父母也可以采用不包括"氏名"的簡單稱名形式來稱呼她們。

吳鎮烽先生文章的一大部分討論具體的銘文,他認爲的這些是對我所論述的周代女性稱名原則的反證。其中有些例子,譬如虢仲鬲(JC:0708),講到"虢改"爲作器的對象,由於其銘文的簡短性,本來在學者間就有不同的解釋(筆者認爲不能確定爲丈夫爲妻子作器),[1]而吳鎮烽先生的討論也只是增加了一些推論,而非證據。另外的例子,如黄子鬲(JC:0624),吳先生則是把它從所出的考古背景中隔開,同出於一墓的12件青銅器的銘文顯示"黄孟姬"的名字顯然是"黄夫人孟姬"的簡稱。因此,這些例子都不能成爲丈夫對妻子

---

[1] 劉社剛:《虢仲甗及相關問題考》,《文博》2011年第6期,第26-27頁。

稱名的"父家氏名+父家[自家]的姓"的基本結構的真正反證。因爲我在前文中已經討論這些例子的問題,這裏無須一一贅述。但是,有兩個例子吳鎮烽先生進行了重點討論,而這些討論涉及我們研究青銅器銘文乃至西周歷史的方法論的大問題,因此我們也要在這裏重點討論一下。

第一個是袁盤(JC：10172)的問題,器作於周宣王28年。袁盤是袁爲其父親"鄭伯"和母親"鄭姬"所作的祭器,他對母親的稱名顯然遵循了"夫家[兒子自己的]氏名+父家的姓"的結構。換言之,鄭姬是嫁入鄭氏宗族的一位來自姬姓的某個宗族的女子,因此這個鄭氏宗族就不是姬姓。吳鎮烽先生在他的第一篇文章中接受了這個解釋,并清楚地說到："西周時期同姓不婚,所以母姓前所冠的"鄭",不是姬姓鄭國,而應是丈夫所屬的非姬姓鄭氏。"[1]但是在他的第二篇文章中,爲了反對我,吳先生突然改變了自己的立場,強烈地保護傳統文獻中周宣王弟友(即鄭桓公)封鄭的說法,因此主張這個鄭是姬姓;同時,他否定了非姬姓的鄭氏宗族的存在。奇怪的是,他總結道："這也是一個兒子爲父母作器對母親的稱謂沒有用岳父家族氏,而用的是自己的族氏+母親的姓。"[2]他的這個結論不僅與我論述的兒子爲母親作器稱名用"夫家[兒子自己的]氏名+父家的姓"的結構完全一致(這本是他想要批判的),而且這樣一來,他製造了一個姬姓的女子嫁入鄭氏這個同爲姬姓(吳的觀點)的宗族的奇怪例子,這是不能接受的。非常遺憾的是,吳鎮烽先生完全忽視了我於2007年發表於《文物》的有關鄭和鄭地的專文。[3] 在那篇文章中我已指出,由於姬姓的鄭(即鄭桓公的鄭)建立於公元前806年,而袁盤作於六年之後的公元前800年,這時袁的父親母親已經死亡(但是,鄭桓公友與周幽王一起死於公元前771年),這說明袁盤的鄭氏宗族本來就不可能是姬姓鄭桓公的鄭氏宗族。這個非姬姓的鄭氏宗族(有證據表明它是姜姓)存在的漫長歷史不僅可以在西周早期的宜侯夨簋(JC：4320)中得到證明,西周晚期的鄭姜伯鼎(JC：2467)更是由這個姜姓鄭氏宗族的族長所鑄造,因此他稱自己爲"鄭姜伯",即在鄭地的姜姓鄭氏的"伯"(遺憾的是這個"姜伯"在過去曾被吳鎮烽先生誤讀爲"義伯",參看銘文照片這是明顯錯誤的)。[4] 進而,夨王簋蓋(JC：3871)爲離開鄭地不遠的夨王爲其妻子"鄭姜"所作,正說明了這個鄭氏宗族爲姜姓,鄭姜則爲姜姓鄭國女子嫁入姬姓夨國者。如果吳鎮烽先生讀過我2007年的文章,他就不會受到傳統文獻之局限的誤導,并輕易改變自己的觀點。總之,吳鎮烽先生在"鄭"的問題上是自相矛盾的,也是拿不定主意的。

---

[1] 見吳鎮烽：《也談周代女性稱名的方式》,第4頁。
[2] 見吳鎮烽：《再談所謂的"周代女性稱名區別原則"——答李峰教授》,第2節。
[3] 李峰：《西周金文中的鄭地和鄭國東遷》,《文物》2006年第9期,第70-78頁。
[4] 見吳鎮烽：《金文人名彙編》,中華書局,1987年,第301頁。在這本書的"鄭義伯"詞條下列着鄭義伯鼎,其實就是鄭姜伯鼎。

第二個例子涉及吳國的問題，特別是伯頵父鼎（JC：2649），其銘文曰："伯頵父作朕皇考屖伯，吳姬寶鼎。"這既是一個重要的歷史問題，也是一個史學史上的大問題，對他的系統討論將超出本文的範圍。吳鎮烽先生認爲，伯頵父鼎是伯頵父爲其父母屖伯、吳姬所作的祭器，吳姬則是來自吳國的一位姬姓女子；如果這樣，它將與我所討論的兒子爲母親作器稱名用"夫家[兒子自己的]氏名+父家的姓"的基本結構相矛盾。在他的第二篇文章中，吳先生極力地維護傳統文獻（主要是漢代文獻）中吳爲姬姓的説法，即吳國爲逃奔到長江三角洲地區的周王室兄弟太伯和仲雍所建立，因此它是姬姓。吳先生強調説，在這個姬姓的吳國之外周代不可能有另一個吳國的存在。在多年前筆者已經指出，傳統文獻中長江三角洲的吳國和周王室的關係很可能是後代史學家所創造，而這個判斷是基於對長江三角洲地區現有考古材料的分析以及對該地區在西周同時期的政治地理中的地位的考慮的。[1] 實際上，我們在西周乃至東周的青銅器銘文中所看到的情況恰恰是佐證了這個判斷的。出土於壽縣蔡侯墓的蔡侯申盤（JC：10171）就是一個很好的證明：由於蔡侯爲其女兒"大孟姬"作媵盤，而大孟姬嫁給了吳王，根據同姓不婚的規則這個吳國顯然不可能是姬姓。同樣重要的一個例子是自匜（JC：10186），它也是一件媵器，銘曰"自作吳姬媵匜"，是自爲嫁入吳國的"吳姬"所作。由於媵器上女子的稱名一般都用"夫家氏名"，按照同姓不婚的規則，它也正好説明這個吳國不是姬姓。[2] 另一方面，我們也明確知道陝西周王畿地區也有一個吳國或族，并且它可能爲姬姓。班簋（JC：4341）中的吳伯受周王命令，和吕伯一同協助毛伯東征，還有静簋（JC：4273）中的吳㚔，他們顯然都是在西周中央王朝服務的官員。師西簋（JC：4288）銘文記載周王曾親自到達吳地，并在吳的太廟裏册命有關官員。這個吳當然不可能是遠在長江三角洲的吳國，而是位於陝西的周王畿之內，這是無疑的。這個吳很可能與位於隴縣之南的吳山有關係。在未講明西周時期可能同時至少存在着兩個吳國的情況下，吳鎮烽先生不應該輕下結論，即認爲伯頵父鼎的"吳姬"是來自吳國，而不是嫁入吳國的。傳世文獻和西周金文相結合，這是研究西周歷史的重要方法。但是傳世文獻除了《詩經》和《尚書》中的某些篇章外，大多屬於戰國以後所做，往往帶有後世對西周歷史的有意或無意的曲解乃至誤解，因此它們較之西周當代的文字資料如青銅器銘文的劣勢是顯而易見的。因此，在傳世文獻和西周青銅器銘文中的信息相抵牾的時候，我們必須以銘文資料爲立足點，并且用銘文中信息

---

[1] 見 Li Feng, *Landscape and Power in Early China: The Crisis and Fall of the Western Zhou, 1045 – 771 BC*. (Cambridge, UK: Cambridge University Press, 2006), pp. 324 – 325; *Bureaucracy and the State in Early China: Governing the Western Zhou* (Cambridge, UK: Cambridge University Press, 2008), pp. 239 – 240.

[2] 這是一個很明確的例子。但吳鎮烽先生却説作器者自一定不是"吳姬"的父親（怎麼證明？），而"吳姬"又是自的女兒的媵女（類似筆者上文討論的一器媵兩位女子中的第二位女子），由於某種原因，自單獨爲她作了媵器。這個解釋包含了至少三個假設，完全沒有任何證據，是不能取信的臆測。

來修正和彌補傳世文獻中的錯誤或缺失。而不應該受困於傳統文獻的束縛,對金文中的信息進行削足適履式的曲解。這是我們作爲現代歷史學家所應秉持的一個基本態度。

吴鎮烽先生説:"周代没有什麽稱名原則。李教授所説的'女性稱名原則',實際上只是女性稱名的一種方式。這就是我和李教授的根本分歧。"[1]

筆者當然同意吴鎮烽先生所强調的"原則"和"方式"在概念上的區别。但是,我認爲我們之間的根本分歧并不在研究的結論上,而在於對歷史研究的目的,乃至於對歷史學這門現代科學的性質的不同理解上。金文中女性的稱名當然有種種不同的形式(也就是吴鎮烽先生的"方式")。但是,當某一種或幾種"方式"達到了非常顯著的多數,乃至於成爲一類或數類稱名中的占有絶對優勢的形式(如父母稱女兒的"夫家氏名+父家[自家]的姓"形式,和丈夫稱妻子的"父家氏名+父家[自家]的姓"形式),那我們就必須想一想這是爲什麽? 要解釋這個問題,我們便不可避免就要探究這種現象的背後隱藏的規則,這就是"原則",并進而從社會政治的廣闊角度再解釋這種"原則"賴以成立的"原理"。從"形式"到"原則"再到"原理",這是研究工作中自然的升華,是從對"現象"的揭示提高到對"原理"的理性思維,這才是我們現代歷史學的目的。否則,一項研究即使它在現象的揭示上再全面,也只能停留在知其然,而不知其所以然的階段。

吴鎮烽先生的研究方法是找出一種現象的盡可能多的"變異",也就是他説的"方式",并在文章中全面地展示這個結果。因此,他在第一篇文章中列舉了父母爲女兒作媵器稱名的9種"方式"(在第二篇文章中增加到了11種),兒子爲母親作器的8種,丈夫爲妻子作器的6種,以及女性自己作器稱名的20種"方式";另外還有幾小類如兄弟和朋友爲女子作器稱名的"方式"等等。只要稱名之間有細微差别就單獨分爲一種"方式"。吴鎮烽先生如此全面地梳理和清晰地展示金文中女性稱名的各種形式,這是我們應該贊賞的。但是,令人深感遺憾的是,基於這樣詳細而繁瑣的展示,吴鎮烽先生得出的結論却是:"(周代)女性稱名不存在什麽原則,男性也一樣。周代没有什麽稱名原則。"[2]

作爲一名現代歷史學家,筆者認爲我們可以做的,也是應該做的要遠遠超過對資料的整理和展示。我們不應該滿足於揭示"事實究竟是怎樣?"(蘭克語),而是應該努力去理解它爲什麽以這樣的方式發生了,而不是以另一種方式。[3] 對資料的清晰梳理是研究的第一步,但是現代歷史學家不應以正確展示它們爲分析資料的目的,而應該力圖去在這些資料中發現規律和結構。更重要的是,我們應該力圖去理解這些規律和結構賴以形成的原則。"原

---

[1] 見吴鎮烽:《再談所謂的"周代女性稱名區别原則"——答李峰教授》,前言。
[2] 見吴鎮烽:《再談所謂的"周代女性稱名區别原則"——答李峰教授》,前言。
[3] 參看李峰:《西周的政體:中國早期的官僚制度和國家》,生活・讀書・新知三聯書店,2010年,中文版序,第Ⅰ-Ⅸ頁。

则"是基於"原理"的,而原理將個人或群體的實踐和他們生存於其中的社會結構連接在一起。因此,有不同結構的社會自然有由其實踐和文化的原因所導致的不同"原則"。當然,作爲一位學者也可以選擇僅僅滿足於只做金文或青銅器的整理性研究。但是,作爲一個學科,我們研究金文和青銅器的最終目的還是要以它們作爲有效的"史料",并通過發現"原則"來研究古代社會,特別是周代社會的制度和文化傳統,及其演變的過程。如果研究青銅器和銘文的學者們都能够理解這一點,本文的目的也就達到了。

2019 年 1 月 12 日於紐約森林小丘家中

關於一千年來中國古代青銅器
研究史的幾點思考

張懋鎔*

中國古代青銅器的研究,自兩宋以來,已有一千多年的歷史,取得了豐碩的成果。當我們跨入 21 世紀後,有必要對一千多年來的青銅器研究歷史做全面而綜合的分析,在總結已有成果的基礎上探討繼續深入和拓展的課題和方向。[1] 限於學力,本文只是談幾點想法,希望得到大家的批評指正。

一、一個基本點

一千多年的中國古代青銅器研究史,它的最基本的特質是什麽? 如果我們用一句話來概括,或者可以這麽說:青銅器的研究完成了從金石學到考古學的蛻變,并成爲中國考古學的重要組成部分。明瞭這一點,那麽青銅器研究史的基本脈絡與特點、青銅器研究者的地位與貢獻等等問題就容易明瞭。

要談這個問題,首先要弄清楚金石學與考古學各自的含義和兩者之間的關聯。關於兩者的關係,梁啟超認爲是一脈相承:"考古學在中國成爲一種專門學問起自北宋時代。"[2] 《中國大百科全書·考古卷》"金石學"條下是這樣闡述的:金石學是"中國考古學的前身"。[3] 這是考古界主流的觀點。權威著作多作如是說,爲大家所熟知,所以這裏不再做解釋。

還有一種觀點,認爲金石學不是中國考古學的前身,二者没有歷史的承繼關係。中國的金石學自有其發展的脈絡,從北宋肇始,到清代末年,有着近千年的歷史。從民國開始,古代的金石學蛻變爲近代的古器物學,而後再演化爲現代的文物學。金石學是現今文物學的前身。中國考古學是從國外傳入的,雖然外國的考古學在中國引進的過程中受到中國金石學

---

* 陝西師範大學歷史文化學院教授。
[1] 李學勤:《新中國的青銅器研究》,《文物》1979 年第 10 期;王世民:《商周銅器考古學研究的回顧與展望》,《商周銅器與考古學史論集》,臺北藝文印書館,2008 年,第 4 – 14 頁;朱鳳瀚:《中國青銅器綜論》,上海古籍出版社,2009 年,第 27 – 76 頁;王巍:《夏商周考古學五十年》,《考古》1999 年第 9 期。
[2] 梁啟超:《中國考古學之過去及將來》,《飲冰室合集》專集之 101,中華書局,1989 年。
[3] 中國大百科全書總編輯委員會《考古學》編輯委員會:《中國大百科全書·考古卷》,中國大百科全書出版社,1986 年,第 236 頁。

的影響,但其本質没有變化。金石學與考古學的最主要區别在於工作的場所不同,前者主要在書齋,後者主要在野外的考古調查和發掘工地。由此引發研究對象不同,前者主要研究傳世品,後者以田野考古調查和發掘的遺迹、遺物爲核心,整理和研究發掘品及其生成環境。并因此影響到研究的理論與方法不同,前者侧重銘文研究,在字形書體研究和結合文獻研究方面多有創獲,後者運用層位學、類型學方法,注重綜合研究。[1] 即便是主張兩者有聯繫的學者,也認爲性質不同。如李濟指出:"金石學與現代考古學之關係,好像煉丹學之於現代化學,采藥學之於現代植物學。煉丹采藥自有他們在學術史上的價值,然而決没人説它們就是化學或植物學。"[2] 蘇秉琦也認爲"考古學并非金石學的發展……它們并非是一脉相承的本家,而是兩個不同的族類"。[3]

以上兩種觀點各有説法,前者重在金石學與考古學的聯繫,後者重在兩者的區别。我們認爲,既要注意兩者的聯繫,更要認清兩者的區分,這對於下面關於中國古代青銅器研究史的總體把握至關重要。

二、兩 大 學 派

任何一門學科的研究史都與研究的對象息息相關,青銅器研究史也不例外。青銅器是一種特殊的文物。一般來説由三要素構成:形制、紋飾、銘文。對青銅器研究來説,三要素都很重要,缺一不可。固然其他的文物也具備這三要素,但是有很大的不同之處。譬如甲骨也有形制,但形制比較簡單,形制研究所占份額很小,甲骨没有紋飾,也就没有紋飾的研究,所以研究甲骨主要是研究文字,文字學家可以成爲甲骨學家,譬如著名的甲骨四大家:王國維、羅振玉、董作賓、郭沫若,但很少有考古學家成爲甲骨學家。與甲骨近似的是簡牘帛書,其形制比較簡單,也没有紋飾,所以僅僅研究文字可以成爲簡牘學家。從某種意義上來説,考古學在甲骨學和簡帛學方面發揮的作用不是很大。然而,青銅器不同,青銅器不僅有形態多變的外觀,還有極其豐富的花紋,研究青銅器不僅需要考古學類型學的基本技能,還要有較高的藝術鑒賞力。况且,青銅器作爲考古遺存中經常出現、大量存在的器物,與考古遺存關係非常密切。考古遺存的性質、主人及其族屬等很多至關重要的問題的解決仰賴於青銅器,如若對考古遺存缺乏瞭解,就不可能對作爲遺存重要組成部分的青銅器有深刻的理解。所以僅僅研究文字的學者在當代很難能成爲研究青銅器的專家。

青銅器數量巨大,估計僅青銅禮器在10萬件左右。青銅器類别衆多,除了禮樂器還有兵

---

[1] 張懋鎔:《漫談文物學建立的必要性》,《光明日報》2000年9月7日;李朝遠:《"金石學是中國考古學前身"説獻疑》,《青銅器學步集》,文物出版社,2007年,第373-381頁。
[2] 李濟:《現代考古學與殷墟發掘》,《安陽發掘報告》1930年第2期,第405頁。
[3] 蘇秉琦:《蘇秉琦考古學論述選集》,文物出版社,1984年,第278頁。

器、工具、車馬器、錢幣、銅鏡、璽印等等。青銅器流行時間長,流行地域廣,不同時期不同地區的青銅器面目各異,[1]因此研究青銅器需要投入更多的時間和精力,所以不僅是文字學家,連一般的考古學家也很難在青銅器方面有特別的建樹。

基於青銅器的特殊性,青銅器研究早在北宋時期就成爲金石學的重要內容,而後更成爲一門獨立的學科分支,造就了衆多的青銅器研究者,在一千年的研究史上形成了不同的學派。衡量一個學科或者研究領域是否成熟,學派的形成與否是一個重要的標志。研究者的基本素養與能力決定了研究的方法與水準。前幾年,我在一篇小文《新版"殷周金文集成"新意迭出》中曾提到這個問題。[2]

從中國古代青銅器及其銘文研究的歷史來看,根據研究者的學術淵源、知識結構、理論觀點,大致可以分爲兩大學派。

從北宋到清代,從呂大臨到吳大澂,凡是金石學家都是文字學家。一脉相承,上世紀以來,以王國維、郭沫若、容庚、陳夢家、唐蘭、李學勤等先生爲代表,他們也都是文字學家,可稱之爲文字學派。有人說陳夢家是考古學家,這是不對的。凡是不以田野考古調查和發掘爲主業,不以地層學、類型學方法爲主要研究手段的學者都不是考古學家。文字學派有深厚的文獻和文字功底,承續中國古代金石學的餘脉,揚長避短,善於將文字考釋與青銅器研究、文獻研究緊密結合,從而發明了"標準器"斷代法、"康宫原則"斷代法等,在青銅器絕對年代的推定上卓有成效,形成了一套獨特的中國青銅器研究的理論與方法,成果斐然。

一派以李濟、郭寶鈞、鄒衡等先生爲代表,他們都是考古學家,可稱之爲考古學派。他們將西方考古學的層位學、類型學研究方法,創造性地運用在中國古代青銅器研究中,在青銅器相對年代的推定上多有發明,并將研究領域從傳統的形制、紋飾、銘文的研究,擴展到青銅器的組合、鑄造以至於青銅礦料的研究,促使中國古代青銅器的研究成爲中國考古學的重要組成部分,開創了中國古代青銅器研究的新局面。

另一方面,也必須清醒地看到,兩大學派各有所長,也各有所短。例如文字學派首先確定青銅器中的標準器,繼而推求其他青銅器的年代,但是由於青銅器中的標準器很少,很多青銅器的年代難以據此而推求,或者推求的結果有差錯。他們對於無銘青銅器年代的判斷明顯遜色於考古學派。他們較少關注出土青銅器的環境問題,在多學科綜合研究青銅器方面,他們顯得有點乏力,這是文字學派的局限性。

考古學派則不擅長文字考釋,對文獻的熟知程度也很有限。不大瞭解或者不能充分運

---

[1] 張懋鎔:《青銅器鑒賞》,灕江出版社,1993年,第1—6頁。
[2] 張懋鎔:《新版"殷周金文集成"新意迭出》,《古文字與青銅器論集》(第三輯),科學出版社,2010年,第288—289頁。

用和發揮青銅器銘文的作用與價值,其結果是:第一,未能充分利用標準器來判斷遺存出土青銅器的絕對年代,從而影響到考古遺存以及其他出土物年代的推定;第二,未能充分藉助有銘青銅器來判斷考古遺存的主人及其族屬。

相比而言,文字學派形成要早,而考古學派是在上世紀 20 到 30 年代逐漸形成的。50 年代之後,隨着中國考古學的日漸成熟,中國古代青銅器及其銘文的研究成爲中國考古學的重要組成部分,兩大學派取長補短,相互借鑒。從學術史的角度來説,近一百年來中國古代青銅器研究的歷史,就是兩大學派并肩前進、相互融合、共同提高的歷史。

中國古代青銅器的研究,與其他國家的古代青銅器的研究不同,不僅要與數量衆多、真僞和成書年代難辨的傳世文獻相參照,還要面對衆多古奥難認的銘文,其問題之多,難度之大,難以想象。任何一個學派都不可能單獨地應對。凡是將兩大學派的優點結合起來的研究者,就有可能取得成就。值得慶幸的是,正是由於兩大學派的支撑,中國古代青銅器研究才能不斷地取得令世人矚目的成就。

作爲文字學派的郭沫若,之所以能寫出《兩周金文辭大系》這樣劃時代的作品,在青銅器的研究方面超越前賢和同輩學者,在於他受到考古學的影響,走出舊金石學的藩籬,在專注於青銅器銘文的同時,也注意到形制、紋飾對斷代的重要意義。[1] 標準器斷代法的提出,是綜合研究青銅器的結晶。

陳夢家先生是一位著名的古文字學家,但他在北京考古所工作,在此之前又多年在歐美游歷,親眼看過很多青銅器,深受西方考古學的影響。試看他的《西周銅器斷代》,特別留意銅器的出土地點;從他對銅卣的類型學分析,可見他對考古學的認識和對青銅器及其銘文的研究的超前意識。[2]

作爲考古學派的郭寶鈞,其《商周銅器群綜合研究》一書,關於鑄造方面的真知灼見,自然是文字學家所不能企及的。他首次提出青銅器群"界標法",在青銅器斷代研究上具有重要意義,這不能不説他受到郭沫若標準器斷代法的啓發。遺憾的是由於他在斷代時不能較好地顧及銘文的價值,不大使用標準器,從而使該書不可避免地存在較大缺陷,[3]這也反證了綜合兩大學派優長的必要性。

隨着時間的推移,兩大學派的結合愈來愈緊密。夏商周斷代工程在青銅器斷代方面做出的貢獻,可視爲兩大學派優長相結合的典範。1999 年出版的王世民、陳公柔、張長壽先生的《西周青銅器分期斷代研究》,就是一個例證。[4]

----

[1] 郭沫若:《兩周金文辭大系圖録考釋》,《郭沫若全集・考古編7》,科學出版社,2002 年,第 69 頁。
[2] 陳夢家:《西周銅器斷代》,中華書局,2004 年,第 528-537 頁。
[3] 郭寶鈞:《商周銅器群綜合研究》,文物出版社,1981 年。
[4] 王世民、陳公柔、張長壽:《西周青銅器分期斷代研究》,文物出版社,1999 年。

可以説，衡量中國古代青銅器研究的水準，就看這兩大學派結合的程度。説到底，任何科學研究都是個人的研究，所謂創新性也就是唯一性，它與個人的學術淵源、知識結構、理論觀點息息相關。一個中國古代青銅器研究者，只有盡可能地兼有兩大學派優長之處，才能有更多的發明創造。

三、三個階段

從前面提到的一個基本點出發，可以將一千年的研究史分爲三個階段。

第一階段：金石學階段，從北宋到清代。此時的青銅器研究遵循金石學研究的主旨與方法。

這一階段的青銅器多是偶然發現或盜掘所出，資料并不算少，但比較零散，看不出器物與器物之間的關聯，基本上只能一件一件孤立地研究。從宋代吕大臨《考古圖》、[1]王黼《博古圖》、[2]薛尚功《歷代鐘鼎彝器款識法帖》[3]到清代乾隆敕令編撰的《西清四鑒》、[4]錢坫的《十六長樂堂古器款識考》、[5]阮元的《積古齋鐘鼎彝器款識》[6]等，這些著録書反映了以上情況。這一階段研究的主要貢獻是整理和保存了一大批青銅器及其銘文資料，確立了青銅器研究的著録形式與研究體例，在定名和分類方面取得顯著成就，在斷代研究上做了有益的探索。

如前所言，這一階段的研究者都是金石學家、文字學家。

第二階段：過渡階段，民國時期（1911年-1949年）。屬於從金石學到考古學蜕變的時代，青銅器研究逐漸脱離金石學範疇，開始成爲考古學的一個重要的組成部分。

一部分是未經科學發掘的青銅器，如1923年河南新鄭李家樓春秋晚期青銅器，[7] 1923年山西渾源李峪戰國青銅器，[8] 1928年陝西寶雞戴家灣商周青銅器，[9] 1928年河南

---

[1] 吕大臨：《考古圖》，清乾隆十八年天都黃晟亦政堂刻本。
[2] 王黼：《博古圖》，清乾隆十八年天都黃晟亦政堂修補明萬曆二十八年吴萬化寶古堂刻本影印。
[3] 薛尚功：《歷代鐘鼎彝器款識法帖》，嘉慶二年阮氏刻本。
[4] 梁詩正：《西清古鑒》，乾隆十四年敕編，光緒十四年邁宋書館銅版影印本；王傑：《西清續鑒甲編》，乾隆五十八年敕編，宣統三年涵芬樓石印寧壽宫寫本影印本；王傑：《寧壽鑒古》，民國二年涵芬樓依寧壽宫寫本石印本；王傑：《西清續鑒乙編》，乾隆年間敕編，民國二十年寶藴樓鈔本石印本。
[5] 錢坫：《十六長樂堂古器款識考》，開明書局翻刻本，1933年。
[6] 阮元：《積古齋鐘鼎彝器款識》，清嘉慶九年阮氏自刻本。
[7] 關百益：《新鄭古器圖録》二卷，1929年商務印書館影印本；孫海波：《新鄭彝器》，1937年影印本。
[8] 商承祚：《渾源彝器圖》，金陵大學中國文化研究所，1936年影印本。
[9] 陳昭容等：《寶雞戴家灣與石鼓山出土商周青銅器》，中研院歷史語言研究所、陝西省考古研究院，2015年。

洛陽金村戰國青銅器,[1]1931年河南濬縣辛村西周青銅器,[2]1938年安徽壽縣朱家集戰國晚期青銅器。[3]

這些青銅器雖然多未經科學發掘,但與第一階段不同,作爲一個器群的資料,它們或多或少地保留了下來,從而使研究者能够更多地從群體的角度而不是個體的角度來觀察。當然也包括一些傳世器。[4]

另一部分是科學發掘的青銅器,主要是考古工作者在安陽殷墟10年的發掘,[5]第一次促使青銅器研究者的眼光從地下移向地下,不僅注意青銅器本身,更注意出土青銅器的文化環境,從而極大地拓展了研究者的學術視野,青銅器研究也開始成爲中國現代考古學的一個分支。一大批研究金石出身的學者,如王國維、羅振玉、馬衡、容庚、陳夢家等先生開始走出書齋關注出土資料。與李濟、董作賓、郭寶鈞等考古學家一起,開創了青銅器研究的新方向,逐漸擺脱了金石學的束縛,使青銅器研究科學化、系統化。具體貢獻是發明了標準器斷代法,開始了青銅器的類型學研究,定名和分類研究較前科學,綜合性的研究著作出版。

第三階段:考古學階段,中華人民共和國時期(1949年迄今)。青銅器研究與考古學的關係日益緊密,真正成爲考古學的一個重要的組成部分。

這一時期由於田野考古工作的蓬勃開展,墓葬、窖藏、遺址出土大批青銅器群,資料十分豐富。隨着田野考古發掘水準的提高,考古工作者更多地注意到青銅器與同出器物的關係,青銅器與周邊環境的關係,其著録的信息更爲詳細,同時采用更多的科技手段,從而爲綜合研究提供了良好條件。

主要著録書有中國科學院考古研究所編著的《美帝國主義劫掠的我國殷周銅器集録》,[6]中國社會科學院考古研究所編著的《殷墟青銅器》,[7]河南省考古研究所編著的《河南出土商周青銅器》,[8]陝西省考古研究所編著的《陝西出土商周青銅器》,[9]盧連成、胡智生的《寶雞強國墓地》,[10]曹瑋主編的《周原出土青銅器》,[11]李濟等編著的《小屯》、

---

[1] 梅原末治:《洛陽金村古墓聚英》,京都小林出版社,1937年。
[2] 孫海波:《濬縣彝器》一册,1938年單行影印本石印本。
[3] 李景聃:《壽縣楚墓調查報告》,《田野考古報告》第一册,商務印書館,1936年。
[4] 梅原末治:《歐米蒐儲支那古銅精華》,山中商會,1933-1935年。
[5] 中研院歷史語言研究所:《安陽發掘報告》1-4册,1929-1933年。
[6] 中國科學院考古研究所編著:《美帝國主義劫掠的我國殷周銅器集録》,科學出版社,1962年。
[7] 中國社會科學院考古研究所編著:《殷墟青銅器》,文物出版社,1985年。
[8] 河南省考古研究所編著:《河南出土商周青銅器》,文物出版社,1981年。
[9] 陝西省考古研究所編著:《陝西出土商周青銅器》(一至四册),文物出版社,1979-1984年。
[10] 盧連成、胡智生:《寶雞強國墓地》,文物出版社,1988年。
[11] 曹瑋主編:《周原出土青銅器》,巴蜀書社,2005年。

《侯家莊》,[1]李學勤、艾蘭的《歐洲所藏中國青銅器遺珠》,[2]劉雨、汪濤的《流散歐美殷周有銘青銅器集錄》[3]等。越是晚近的著錄書,越是注意收集、整理與青銅器同出的其他文化遺存的信息,從而爲青銅器更爲宏觀與更爲微觀的研究提供了條件。

本階段的主要貢獻是青銅器的分期斷代研究更加科學化,在類別研究和區系國別研究方面取得了突破性進展,在青銅器的起源問題和青銅器與文明的關係等新的研究課題方面也卓有成效。

本階段不僅研究深入,而且研究的範圍非常廣泛。除了繼續關注青銅禮樂器的研究以外,在兵器、工具等方面也取得了成就。代表作如林沄的《中國東北系銅劍初論》、[4]陳振中的《先秦青銅生產工具》。[5] 前一階段雖然有涉及鑄造工藝的文章,如劉嶼霞的《殷代冶銅術之研究》,[6]但鳳毛麟角,本階段則越來越重視青銅器的鑄造工藝。代表作如趙春燕的《安陽殷墟出土青銅器的化學成分分析與研究》,[7]李永迪、岳占偉、劉煜的《從孝民屯東南地出土陶範談對殷墟青銅器的幾點新認識》,[8]山西省考古研究所的《侯馬鑄銅遺址》,[9]石璋如的《殷代的鑄銅工藝》,[10]萬家保的《輝縣及汲縣出土東周時期青銅鼎形器的鑄造及合金研究》,[11]華覺明的《失蠟法在中國的起源和發展》。[12]

值得注意的是本階段研究者身份的變化。從上面所舉作者姓名可知,考古學出身的學者數量很多,第一次超過了文字學出身的學者。而且時間越晚,這一點表現得越明顯。近十幾年來比較有影響的新人新作,如岳洪彬的《殷墟青銅禮器研究》、[13]何景成的《商周青銅器族氏銘文研究》、[14]嚴志斌的《商代青銅器銘文研究》、[15]路國權的《東周青銅容器譜系研

---

[1] 《小屯》第一本《遺址的發現與發掘·丙編·殷墟墓葬之三——南組墓葬附北組墓補遺》,臺北歷史語言研究所,1973年;《侯家莊》第二本《1001號大墓》,臺北歷史語言研究所,1962年。
[2] 李學勤、艾蘭:《歐洲所藏中國青銅器遺珠》,文物出版社,1995年。
[3] 劉雨、汪濤:《流散歐美殷周有銘青銅器集錄》,上海辭書出版社,2007年。
[4] 林沄:《中國東北系銅劍初論》,《考古學報》1980年第2期。
[5] 陳振中:《先秦青銅生產工具》,廈門大學出版社,2004年。
[6] 劉嶼霞:《殷代冶銅術之研究》,《安陽發掘報告》1933年第4期。
[7] 趙春燕:《安陽殷墟出土青銅器的化學成分分析與研究》,《考古學集刊》第15集,文物出版社,2004年。
[8] 李永迪、岳占偉、劉煜:《從孝民屯東南地出土陶範談對殷墟青銅器的幾點新認識》,《考古》2007年第3期。
[9] 山西省考古研究所:《侯馬鑄銅遺址》,文物出版社,1993年。
[10] 石璋如:《殷代的鑄銅工藝》,臺北史語所集刊26本,1955年。
[11] 萬家保:《輝縣及汲縣出土東周時期青銅鼎形器的鑄造及合金研究》,《大陸雜志》1975年第50卷第6期。
[12] 華覺明:《失蠟法在中國的起源和發展》,《中國冶鑄史論集》,文物出版社,1986年。
[13] 岳洪彬:《殷墟青銅禮器研究》,中國社會科學出版社,2006年。
[14] 何景成:《商周青銅器族氏銘文研究》,齊魯書社,2009年。
[15] 嚴志斌:《商代青銅器銘文研究》,上海古籍出版社,2013年。

究》，[1]他們四位都是考古出身，而且有的至今還在考古第一綫，有趣的是他們不但研究青銅器，甚至介入以往通常屬於古文字學者固有的領地。

這種變化的主要原因是最先接觸出土青銅器及其銘文的人是考古工作者，而如今在考古第一綫的多爲碩博士出身，他們在攻讀學位期間，受到良好的學術訓練，不僅學習考古學，也涉獵文獻學、古文字學。即便是研究青銅器上的銘文，這些考古出身的學者也有勝出之處。比如族徽文字，以前主要由文字學家在研究，基本上没有逃出識字的窠臼，而如今由具有考古背景的學者來做，就會聯繫這些族徽銅器的出土地點，討論商周族氏的分布和遷徙等問題，從而大大拓展了商周族徽銅器的研究範圍。傳統的族徽文字的研究因族徽銅器的考古學研究而走出困境，是一個很有説服力的例子。古文字出身的學者不大瞭解青銅器出土環境，往往只能就銅器論銅器，無法結合出土的其他遺存做綜合研究，對諸如墓葬主人以及族屬等問題做出判斷，即使有判斷，也很難爲考古界所采信。

可以説更多考古學者的參與，改變了青銅器研究的走向，也必將對今後的青銅器研究產生深遠的影響。

四、四個研究層次

1. 分期斷代研究

這是青銅器研究的基礎，也是各個研究階段表現精彩的層面。第一階段用了900年的時間，但進展不大。第二階段在理論與方法上取得重大突破，基本構建青銅器分期斷代的框架。代表性著作是：郭沫若的《兩周金文辭大系圖編序説——彝器形象學試探》，[2]李濟的《殷墟銅器五種及其相關之問題》和《記小屯出土之青銅器》。[3] 進入第三階段，分期斷代理論與方法日臻完善，從而爲以後的青銅器綜合研究奠定了堅實的基礎。代表性著作是：陳夢家的《西周銅器斷代研究》，唐蘭的《西周銅器斷代中的"康宫"問題》，[4]鄒衡的《試論殷墟文化分期》，[5]中國科學院考古研究所的《洛陽中州路（西工段）》，[6]郭寶鈞的《商周銅器群綜合研究》，劉啟益的《西周紀年》，[7]馬承源的《中國青銅器研究》，[8]王世民、陳公

---

[1] 路國權：《東周青銅容器譜系研究》，上海古籍出版社，2018年。
[2] 郭沫若：《兩周金文辭大系圖編序説——彝器形象學試探》，《郭沫若全集·考古編7》，科學出版社，2002年，第63-76頁。
[3] 李濟：《殷墟銅器五種及其相關之問題》，《慶祝蔡元培先生六十五歲論文集》，1933年；《記小屯出土之青銅器》，中國考古學報第四册，1949年。
[4] 唐蘭：《西周銅器斷代中的"康宫"問題》，《考古學報》1962年第1期。
[5] 鄒衡：《試論殷墟文化分期》，《北京大學學報》1964年第4期。
[6] 中國科學院考古研究所：《洛陽中州路（西工段）》，科學出版社，1959年。
[7] 劉啟益：《西周紀年》，廣東教育出版社，2002年。
[8] 馬承源：《中國青銅器研究》，上海古籍出版社，2002年。

柔、張長壽的《西周青銅器分期斷代研究》,彭裕商的《西周青銅器年代綜合研究》,[1]李學勤的《新出青銅器研究》,[2]白川靜的《金文通釋》[3]等。

2. 分區系、分國別研究

分區系、國別的研究在第一階段還談不上。第二階段從郭沫若的東周國別研究開始,到第三階段取得重大進展。代表作有:高明的《中原地區東周時代青銅禮器研究》,[4]黃盛璋的《山東諸小國青銅器研究》,[5]劉彬徽的《楚系青銅器研究》,[6]肖夢龍、劉偉的《吳國青銅器綜合研究》,[7]劉緒的《晉與晉文化的年代問題》,[8]趙瑞民、韓炳華的《晉系青銅器研究》,[9]李海榮的《北方地區出土夏商周時期青銅器研究》,[10]陳平的《試論關中秦墓青銅容器的分期問題》,[11]岳洪彬的《殷墟青銅禮器研究》,張昌平的《曾國青銅器研究》,[12]李伯謙的《中國青銅文化的發展階段與分區系統》[13]等。

3. 分類別研究

在分類別研究中,首當其衝是青銅器的定名研究。在第一階段,大部分青銅器有了自己的名字,這是宋代金石學的重大貢獻。到了第二、三階段,定名研究有了新的發展,不僅糾正了前人的說法,而且考證更為細密周詳。代表作有王國維《說斝》和《說觥》,[14]李濟的《斝的形制及其原始》,[15]陳芳妹的《簋與盂》和《盆、敦與簋》,[16]高崇文的《西周時期銅壺的形態學研究》,[17]向桃初的《"越式鼎"研究初步》,[18]張懋鎔等編著的多卷本《中國古代青銅

---

[1] 彭裕商:《西周青銅器年代綜合研究》,巴蜀書社,2003年。
[2] 李學勤:《新出青銅器研究》(增訂版),人民美術出版社,2016年。
[3] 白川靜:《金文通釋》,白鶴美術館,1963-1980年。
[4] 高明:《中原地區東周時代青銅禮器研究》,《高明論著選集》,科學出版社,2001年。
[5] 黃盛璋:《山東諸小國青銅器研究》,《華夏考古》1989年第1期。
[6] 劉彬徽:《楚系青銅器研究》,湖北教育出版社,1995年。
[7] 肖夢龍、劉偉:《吳國青銅器綜合研究》,科學出版社,2004年。
[8] 劉緒:《晉與晉文化的年代問題》,《文物季刊》1993年第4期。
[9] 趙瑞民、韓炳華:《晉系青銅器研究》,山西人民出版社,2005年。
[10] 李海榮:《北方地區出土夏商周時期青銅器研究》,文物出版社,2003年。
[11] 陳平:《試論關中秦墓青銅容器的分期問題》,《燕秦文化研究——陳平學術文集》,北京燕山出版社,2003年,第176-200頁。
[12] 張昌平:《曾國青銅器研究》,文物出版社,2009年。
[13] 李伯謙:《中國青銅文化的發展階段與分區系統》,《中國青銅文化結構體系研究》,科學出版社,1998年。
[14] 王國維:《說斝》、《說觥》,收入《觀堂集林》,中華書局,1959年。
[15] 李濟:《斝的形制及其原始》,臺北史語所集刊39本上冊,1969年。
[16] 陳芳妹:《簋與盂》,《故宮學術季刊》,1984年;《盆、敦與簋》,《故宮學術季刊》,1985年。
[17] 高崇文:《西周時期銅壺的形態學研究》,《考古類型學的理論與實踐》,文物出版社,1989年,第177-233頁。
[18] 向桃初:《"越式鼎"研究初步》,《古代文明》(4),文物出版社,2005年,第65-104頁。

器整理與研究》,類别涉及鼎、簋、豆、敦、斝、壺、罍、卣、盉、盤等。[1]

在第一階段,大部分青銅器紋飾有了名稱,這也是北宋金石學的貢獻。不過細緻的研究在第三階段。代表作有:李濟的《殷商時代裝飾藝術研究之一》,[2]陳公柔、張長壽的《殷周青銅容器上獸面紋的斷代研究》和《殷周青銅容器上鳥紋的斷代研究》。[3]

4. 資料整理與綜合研究

青銅器資料的多寡以及初步整理的程度直接影響到研究水準的高下。在第一個階段,青銅器資料很少且零碎。到第二個階段,雖然資料有所增加,但仍然有限。進入第三階段,資料如井噴一般,多得目不暇接,爲窮盡式地收集資料提供了條件,綜合研究自然也就水到渠成,大放異彩。

第三階段青銅器資料整理的代表作有:上海博物館編的《上海博物館藏青銅器》,[4]杜廼松主編的《青銅禮樂器》,[5]臺北歷史博物館編的《館藏青銅器圖録》,[6]陳芳妹編的《故宮商代青銅禮器圖録》,[7]巴納、張光裕的《中日歐美澳紐所見所拓所摹金文彙編》,[8]中國社會科學院考古研究所的《殷周金文集成》,[9]鍾柏生、陳昭容、黄銘崇、袁國華的《新收殷周青銅器銘文暨器影彙編》,[10]吴鎮烽的《商周青銅器銘文暨圖像集成》,[11]中國青銅器全集編輯委員會編的《中國青銅器全集》,[12]張天恩主編的《陝西金文集成》,[13]柏哥雷(W. Bagley)的《賽克勒藏商代銅禮器》,[14]羅森(Jessica Rawson)的《賽克勒藏西周銅禮器》[15]等。

還有字典與索引。第二階段數量少,如容媛的《金石書録目》,[16]容庚的《金文編》。[17]

---

[1] 張懋鎔主編:《中國古代青銅器整理與研究》,科學出版社,2015-2018年,已出版15卷。
[2] 李濟:《殷商時代裝飾藝術研究之一》,臺北史語所集刊34本,1963年。
[3] 陳公柔、張長壽:《殷周青銅容器上獸面紋的斷代研究》,《考古學報》1990年第2期;《殷周青銅容器上鳥紋的斷代研究》,《考古學報》1984年第3期。
[4] 上海博物館編:《上海博物館藏青銅器》,上海人民美術出版社,1964年。
[5] 杜廼松主編:《青銅禮樂器》,《故宮博物院藏文物珍品全集·27》,商務印書館,2006年。
[6] 臺北歷史博物館:《館藏青銅器圖録》,臺北歷史博物館,1995年。
[7] 陳芳妹:《故宮商代青銅禮器圖録》,臺北故宮博物院,1998年。
[8] 巴納、張光裕:《中日歐美澳紐所見所拓所摹金文彙編》,臺北藝文印書館,1987年。
[9] 中國社會科學院考古研究所編:《殷周金文集成》(修訂本),中華書局,2007年。
[10] 鍾柏生、陳昭容、黄銘崇、袁國華:《新收殷周青銅器銘文暨器影彙編》(全三册),臺北藝文印書館,2006年。
[11] 吴鎮烽:《商周青銅器銘文暨圖像集成》,上海古籍出版社,2012年。
[12] 中國青銅器全集編輯委員會編:《中國青銅器全集》(全16册),文物出版社,1993-1998年。
[13] 張天恩主編:《陝西金文集成》,三秦出版社,2016年。
[14] [美]柏哥雷(W. Bagley):《賽克勒藏商代銅禮器》(卷Ⅰ,一册),哈佛大學出版社,1987年。
[15] [美]羅森(Jessica Rawson):《賽克勒藏西周銅禮器》(卷Ⅱ,二册),哈佛大學出版社,1990年。
[16] 容媛:《金石書録目》,商務印刷館排印本,1936年。
[17] 容庚:《金文編》,中華書局,1985年第四版。

本階段數量大增，如孫稚雛的《金文著録簡目》，[1]中國社會科學院考古研究所的《新出金文分域簡目》，[2]孫稚雛的《青銅器論文索引》，[3]張懋鎔、張仲立主編的《青銅器論文索引（1983－2001）》，[4]張懋鎔主編的《青銅器論文索引（2002－2006）》。[5]

綜合研究包括兩個方面，一是通論性著作的出現。在第二階段出現了容庚的《商周彝器通考》[6]那樣的巨著，還有陳夢家的《中國銅器概述》。[7] 在第三階段，通論性著作不但多，而且更爲宏大。如容庚、張維持的《殷周青銅器通論》，[8]馬承源《中國青銅器》，[9]張光直的《中國青銅時代》，[10]朱鳳瀚的《古代中國青銅器》和《中國青銅器綜論》，[11]林巳奈夫的《殷周青銅器綜覽》，[12]白川靜的《金文通釋》等。

另一方面是綜合研究的論著，如李伯謙的《中國青銅文化結構體系研究》、路國權的《東周青銅容器譜系研究》。這些著作資料豐富，分析深入，既是對前一階段分期、分區系、分類別研究的總結，又推動了下一階段分期、分區系、分類別的研究。

只有在以上三方面的研究（分期斷代、分區系與分國別、分類別研究）達到較高水準後，全面綜合的研究才有可能，換言之，全面綜合研究的深入，是青銅器研究到達高度的風向標。最早出現的青銅器研究是類別研究，類別研究是青銅器的基礎研究。青銅器的分期斷代研究是要構築起青銅器研究的時間框架，是青銅器研究第一層次或曰基礎研究，偏重於青銅器的縱向研究；青銅器的分區系、國別研究則是構築起青銅器研究的空間框架，是青銅器研究的第二層次，偏重於青銅器的橫向研究。青銅器的譜系研究出現最晚，因爲它必須在類別研究和分區系、國別研究取得一定成就之後才能進行。譜系研究是以類別研究爲本位，以青銅器時間與空間的交叉研究爲前提，是青銅器研究的第四層次。從青銅器研究的歷史來看，四個層次當有先後，但并非界限清楚，而是互有交錯。誠然，在分期斷代研究時，也有分區研究、分類別的研究，但是由於缺乏基礎，其研究往往膚淺；做分期斷代研究時，對青銅器的數量要求不苛刻，而做分區研究、分類別的研究時，只有當某一區系、某一類別青銅器收集到一

---

[1] 孫稚雛：《金文著録簡目》，中華書局，1981年。
[2] 中國社會科學院考古研究所：《新出金文分域簡目》，中華書局，1983年。
[3] 孫稚雛：《青銅器論文索引》，中華書局，1986年。
[4] 張懋鎔、張仲立編著：《青銅器論文索引（1983－2001）》，香港明石館，2005年。
[5] 張懋鎔主編：《青銅器論文索引（2002－2006）》，綫裝書局，2008年。
[6] 容庚：《商周彝器通考》，哈佛燕京學社，1941年。
[7] 陳夢家：《中國銅器概述》，收入《海外中國銅器圖録》，商務印書館，1946年。
[8] 容庚、張維持：《殷周青銅器通論》，文物出版社，1984年。
[9] 馬承源：《中國青銅器》，上海古籍出版社，1988年。
[10] 張光直：《中國青銅時代》，生活·讀書·新知三聯書店，1983年。
[11] 朱鳳瀚：《古代中國青銅器》，南開大學出版社，1995年；《中國青銅器綜論》，上海古籍出版社，2009年。
[12] 林巳奈夫：《殷周青銅器綜覽》，吉川弘文館，1984年。

定的數量才能研究,所以後一個層次的研究往往在前一個層次的基礎上才能深入。通常在前三個層次之上,第四層次的綜合研究譬如譜系研究方能深入。最終通過譜系研究,發現和總結出中國青銅器產生、發展與消亡的基本規律與特點,從而將青銅器研究水準推向新的高度。

回顧歷史,我們認爲就青銅器基礎性工作而言,研究還遠遠不够。不僅分期斷代研究還存在很多問題,分區系和國別研究、分類別的研究或不系統,或不深入,有些方面甚至是空白,還需要我們做更多的努力。

說明:限於篇幅,本文所列某一階段的代表作只是其中的一小部分,舉例而已,請勿誤解。

凸顯紋飾：商周青銅器填紋工藝

蘇榮譽*

英國藝術史家、詩人、文學批評家和哲學家赫伯特·里德(Herbert E. Read, 1893 – 1968)所歸納的藝術四要素是綫、色調、色和形，[1] 圖案和顏色是其中兩個最直觀的因素。在新石器時代的主要介質中，這兩個因素在陶、漆木和玉石等材質上，反映着那個時代的藝術創造和審美。

據目前考古資料，彩陶大約於公元前 6000 –前 5000 年在中國出現，北有隴東秦安大地灣文化和寶雞北首嶺文化，南有蕭山跨湖橋文化，[2] 此後遍布長城地帶至長江流域。彩繪內容不一，有直綫、曲綫、交叉綫、圈點、波紋綫和網格等簡單綫條或圖案，也有具象的動物或植物紋，更有抽象的、内涵還不能清楚認識的紋樣，但已有紅、黑、白等多種色彩。[3] 到龍山文化晚期，色彩更爲豐富，圖案也更複雜，如陶寺遺址出土的陶器有在黑或紅地上繪紅、白、黄或黄、白圓點、條帶、幾何形紋、渦紋、雲紋、回紋、龍紋和抽象動物紋，某些紋樣和商代青銅器紋飾可能有淵源關係。[4] 進入青銅時代後，自二里頭文化晚期，青銅器和陶器的造型和裝飾相互移借，初期銅器借鑒陶器，約自商代早期開始，隨即仿銅陶器漸多，多是契刻或翻製紋飾，至戰國時期仿銅陶器成堂配套，彩繪逼真。易縣燕下都九女臺十六號墓(JM16)和辛莊頭三十號墓(XZHM30)所出土者堪爲一時的代表，前者修復陶器 135 件，後者修復 90 件，基本都是陶製仿銅禮器，且幾乎全部彩繪，并以朱彩裝飾。紋飾有雲紋、雷紋、鱗紋、山形紋、絢索紋、垂葉紋、柿蒂紋、S 紋、蓮瓣紋、帶紋和獸面紋、鳥獸紋、蟠螭紋等，施加的方式包括繪、刻劃、壓印與模製等。[5] 這些仿銅陶器應是研究青銅器色彩的珍貴資料。

---

* 中國科學院自然科學史研究所、中國科學院大學、南京藝術學院教授。
[1] 王柯平：《譯者前言》，赫伯特·里德：《藝術的真諦》(The Meaning of Art)，王柯平譯，中國人民大學出版社，2004 年，第 7 – 13 頁。
[2] 甘肅省文物考古研究所：《秦安大地灣新石器時代遺址發掘報告》，文物出版社，2006 年，第 43、172 – 176、334 – 336、59 – 562 頁；中國社會科學院考古研究所：《寶雞北首嶺》，文物出版社，1983 年，第 48 – 82、92 – 106 頁；浙江省文物考古研究所、蕭山博物館：《跨湖橋》，文物出版社，2004 年，第 55 – 63 頁。
[3] 張朋川：《中國彩陶圖譜》，文物出版社，2005 年。
[4] 中國社會科學院考古研究所山西工作隊、臨汾地區文化局：《1978 – 1980 山西襄汾陶寺墓地發掘簡報》，《考古》1983 年第 1 期，第 30 – 42 頁。
[5] 河北省文化局文物工作隊：《河北易縣燕下都第十六號墓發掘》，《考古學報》1965 年第 2 期；河北省文物研究所：《燕下都》，文物出版社，1996 年，第 684 – 705 頁。

  目前所知最早的漆器也可上溯到跨湖橋文化。[1] 1958 年在吴江袁家埭出土良渚文化陶器上,在棕色薄髹漆上繪金黄、棕紅弦紋,其間繪絲絞紋,或爲最早漆繪。[2] 在中原的龍山文化,襄汾陶寺遺址大型墓葬出土成組的漆繪木器,多以紅彩爲地,繪白、黄、黑、藍、緑色條帶紋、幾何勾連紋和雲氣紋圖案。[3] 進入青銅器時代,漆木器因新的生産工具得到了長足發展,并出現了不少仿銅漆器,不僅造型一致,而且紋飾相同,還有玉石或貝、蚌殼鑲嵌等。美國漢學家顧立雅(Herrlee. G. Creel, 1905 – 1994)在二十世紀三十年代參觀安陽發掘現場并研究安陽青銅器,他曾注意到出土漆器碎片的紋飾和青銅器完全一致。[4] 春秋中期之後生産力的發展和社會變革促進了漆器生産的迅速繁榮,其產品不僅有大量髹漆的木質生活用具、車器和裝飾品,而且有成組的仿銅漆木器,并在楚文化圈中占據特别重要地位。曾侯乙墓出土大量漆木器,歸類在生活用具下 230 件,其中不少當屬禮器,多是整木斫削或剜鑿而成,或浮雕或透雕紋飾,或黑漆爲地,再以朱漆、金漆或黄漆描繪圖案。圖案既有具象動物、植物、花朵或故事,也有裝飾的綫條與幾何紋樣,還有抽象的雲紋、龍鳳和神獸等。[5] 江陵雨臺山戰國中晚期諸多小型墓葬中,隨葬不少漆木器,其中不乏仿銅製品。雕刻和彩繪紋飾,與曾侯乙墓大同小異。[6] 新近公布的棗陽九連墩 M2 發掘簡報,出土漆木器 105 套 122 件,多是仿銅器形,包含了青銅器的主要器類,被認爲有成組代替青銅器者,體現了戰國晚期楚地的禮制和社會、經濟面貌。[7]

  玉器幾乎是中國獨特的藝術媒介,濫觴於新石器中期,在新石器時代晚期的多個地域臻於興盛。玉材出自天然,具有温潤細膩的半透明質地,其上所琢磨的紋飾自然不易看清,古人如何表現這類藝術品,令人費解。循陶、木之例,但在玉石器上進行彩繪或填紋的實例頗爲少見。安陽賽格金地城市廣場商墓出土一片玉獸面飾 M13∶8,梯形,右下有半圓凹口,通高 16、寬 18 – 10、厚 2 毫米,淺黄色,背光素,正面琢獸面紋。[8] 照片明顯表現出紋綫中填有硃砂,目的當然是爲了凸顯紋飾。在滕州前掌大商晚期到西周初期墓地出土的 362 件玉器

---

[1] 張飛龍、趙曄:《中國史前漆器文化源與流——中國史前生漆文化研究》,《中國生漆》2014 年第 33 卷第 2 期,第 1 – 7 頁。

[2] 江蘇省文物工作隊:《江蘇吴江梅堰新石器時代遺址》,《考古》1963 年第 6 期,第 308 – 318 頁,圖 6。

[3] 中國社會科學院考古研究所山西工作隊、臨汾地區文化局:《1978 – 1980 山西襄汾陶寺墓地發掘簡報》,《考古》1983 年第 1 期。

[4] Herrlee G. Creel, On the Origins of the Manufacture and Decoration of Bronze in the Shang Period, *Monumenta Serica*, 1(1), 1935, pp. 40 – 41.

[5] 湖北省博物館:《曾侯乙墓》,文物出版社,1989 年,第 352 – 382 頁。

[6] 湖北省荆州地區博物館:《江陵雨臺山楚墓》,文物出版社,1984 年,第 91 – 102 頁。

[7] 湖北省文物考古研究所、襄陽市文物考古研究所、棗陽文物考古隊:《湖北棗陽九連墩 M2 發掘簡報》,《江漢考古》2018 年第 6 期,第 3 – 55 頁。

[8] 安陽市文物考古研究所:《安陽殷墟徐家橋郭家莊商代墓葬: 2004 – 2008 年殷墟考古報告》,科學出版社,2011 年,第 75 頁,彩版 30.1。

中,據發掘報告公布的彩圖,不少玉器上殘留有填充物,且顏色有別,約略可辨填朱紅者有鳥 M120∶40 和 M109∶9,牌飾 M206∶22、BM3∶60 和 M119∶2;填鐵紅有璜 BM3∶5 和 M11∶68、牛 M222∶56、蟬 M13∶22 和笄帽 M40∶12;填淡紅者有虎 M221∶8 和牛 M132∶11;填灰黑者有璜 M11∶68 和虎 M222∶57,但發掘報告并未記此細節。[1] 在另一處圖錄中,則明確指出出自四號墓的一件青玉蟬,"刻紋間塗有朱彩"。[2] 長安張家坡西周墓地出土玉器中,M60 的一件龍和琮 M170∶197,[3] 它們的紋綫中均有紅色填充物。固始侯古堆春秋晚期墓出土的玉器中,多件玉璜(M1∶36－7、M1∶36－8、M1∶36－9)和絞絲環(M1∶36－16)紋飾中填充紅色,[4] 惜此細節也未見於考古報告。玉器填紋工藝的廣泛性和針對性如何,是一個尚未深究的問題。

陳夢家研究商代甲骨刻辭,發現不少填塗過顏料的實例,有朱有黑。[5] 商周紡織和皮革製品彩繪、髹漆、刺繡乃至提花各色圖案的實例很多,不遑列舉。

汪濤研究商周的顏色及其社會文化諸方面,揭示出顏色在商代祭祀系統中扮演了重要角色。[6] 青銅器晚出於陶、玉石和漆木器,它如何借鑒這些材質器物的造型和紋飾,又如何發展出自己的裝飾系統,應當是值得中國藝術史、古器物學、考古學和技術史等學科關注的問題。青銅器紋飾如何凸顯使觀者易於看見,既涉及對古代青銅器的全面認識,關乎青銅器的功能、藝術表現和工藝,也涉及對新出土青銅器的清理與修復,關乎對收藏青銅器的研究,但却是一個長期被忽視的問題。[7] 作者不揣淺陋提出這一問題,并依據圖錄粗略搜集了商周青銅器填紋材料,以期引起相關學者的重視,并期望得到方家批評指正。爲此,本文考慮多引用出自不同墓葬、藏於不同博物館的實例,期待同好復檢并深入研究這些器物,以勘正拙作。

---

[1] 中國社會科學院考古研究所:《滕州前掌大墓地》,文物出版社,2005 年,第 411,彩版 61.1;411－412,彩版 61.6;426－427,彩版 66.2－3、7;375,彩版 52.2、4;414,彩版 62.5;417,彩版 63.5;426,彩版 65.8440－441,彩版 57.4;414,彩版 62.4;375,圖版 52.4;400,彩版 57.3。
[2] 楊伯達主編:《中國玉器全集》(上),河北美術出版社,2005 年,第 165 頁。
[3] 楊伯達主編:《中國玉器全集》(上),河北美術出版社,2005 年,第 196 頁;中國社會科學院考古研究所:《張家坡西周玉器》,文物出版社,2007 年,No.45。
[4] 河南省文物考古研究所:《固始侯古堆一號墓》,大象出版社,2004 年,第 88－89 頁,彩版 43－44;楊伯達主編:《中國玉器全集》(上),河北美術出版社,2005 年,第 260 頁。
[5] 陳夢家:《殷墟卜辭綜述》,科學出版社,1988 年,第 15－16 頁。
[6] 汪濤:《顏色與祭祀:中國古代文化中顏色涵義探幽》(《早期中國研究叢書》),郅曉娜譯,上海古籍出版社,2013 年,第 8、116－190 頁。
[7] 事實上,可能不少青銅器研究者都注意到本文所討論的填紋現象,只是未見諸文字。曹瑋和汪濤的討論內容還包括合金與彩繪。見汪濤:《〈曶簋〉銘文中的"赤金"及其相關問題》,《顏色與祭祀:中國古代文化中顏色涵義探幽》附錄三,上海古籍出版社,2013 年,第 294 頁注①。

一、凸顯青銅器紋飾：認識填紋

中國青銅器的起源問題雖然還不清楚,但二里頭文化進入青銅時代當無可疑,標志是自二里頭三期出現的青銅容器爵,年代大約在公元前十七世紀。爵的造型僅中原文化獨有,使用頗爲不便,但却與新石器時代的陶爵相一致。事實上,二里頭文化一期已有銅刀和鏃出土,都是鑄造成形,和晚出的容器相同,而且没有發現鍛造銅器,和其他文明多鍛造銅器截然不同。偃師二里頭遺址中發現的鑄銅遺址和所出銅器高度一致,表明銅器全部是泥範塊範法鑄造成形的,没有使用石範和失蠟法,青銅生産工藝獨樹一幟。泥範塊範法傳統及銅容器造型,當然和早期的陶器密切相關,是故古文獻往往"陶"與"鑄"并稱。

二里頭文化開啓了中國青銅時代。在這個時代,青銅器製作的繁榮興盛是其他文明無法比肩的,集中表現在形形色色、造型古怪的青銅容器上,而實現的手段是單一的泥範塊範法,并且達到了青銅藝術和技術的頂峰,持續了一千五百年。商周青銅器獨特的造型、紋飾和附飾,與其特殊的製作工藝相表裏,也應與其非常的功能、使用甚至標志性有關,惜這類問題長期被忽視。

二里頭文化是青銅容器的出現階段,造型源自早期陶器,多光素;二期銅器上開始出現弦紋,但一件牌飾1981YLVM4：5(圖1),長圓形束腰,142×98毫米,[1]透空銅框爲稀疏的勾雲形,獸面結構模糊,只可辨識兩隻突出的眼珠,眼眶與鼻的輪廓不明確,無耳,下端有長伸的舌或上頜。橙黄色銅上嵌淡綠色綠松石,十分醒目,是青銅器鑲嵌綠松石的傑作。到二里頭文化三期,銅器增加了雲紋,四期出現了方格紋,均屬鑄造紋綫。綠松石鑲嵌的銅牌飾依然沿用。

繼二里頭文化的二里崗階段,青銅器紋飾得到了長足發展,新出現了雷紋、圓圈紋、斜角雲紋和獸面紋,特别是後者,是商代和西周早中期青銅器的主題紋樣。到殷墟早期所謂三層花的出現,青銅器紋飾的發展趨向是不斷繁複,從簡單綫條到帶狀、從局部到滿器、從平鋪到浮雕到高浮雕、從單層到有地紋到多層,夔、鳥等動物紋樣開始較多出現,和獸面紋相得益彰。但這些趨勢并不具備年序功能,某個

圖1 二里頭文化二期嵌綠松石銅牌飾
(引自《中國青銅器全集》1.20)

---

[1] 中國社會科學院考古研究所二里頭工作隊：《1981年河南偃師二里頭墓葬發掘簡報》,《考古》1984年第1期,第37-40頁;《中國青銅器全集》(1)：10。本文較多引用《中國青銅器全集》(文物出版社,1996-1998),具體記作V.N,V是卷號,N是圖的序號。

時段和某個考古單元所出土的器物,往往會多個類型并存,殷墟婦好墓即是明顯例證。此外,明顯的事實是殷墟中期青銅器紋飾開始趨簡以至出現不少素面無飾之器,但殷墟晚期至西周早期的一批器物如尊、卣、罍、方彝等,紋飾誇張,頗曾華麗一時。[1] 西周中期之後青銅器紋飾的程式化續接商晚期的格局,儘管出現了交龍紋,但隨着獸面紋的衰退,環帶紋、竊曲紋和重環紋這類純裝飾性紋樣成爲主流,隨着春秋晚期社會的鼎革,細密紋飾迅速成爲主導,紋飾的母題身份轉化爲裝飾,青銅器進入了一個新階段,青銅器紋飾由鑄造成形發展出多種工藝。[2]

青銅器紋飾困惑了學者千餘年,金石學家將之與隻言片語的典籍對應,如以《呂氏春秋·先識覽》中的"周鼎著饕餮",稱獸面爲饕餮紋。但所謂的饕餮紋以商代爲盛,至西周中期已走向衰落,陳奇猷以爲"則此饕餮是非一般商、周鼎所著獸面花紋也",[3]究竟如何,歧義紛紜,來日再論。無論是考古學和藝術史,均認爲青銅器紋飾非常重要,爲中國青銅器所獨有,但那些構圖詭譎、形式繁複、紋綫細膩流暢甚或富有層次的紋飾,其内涵和寓意到底如何,迄今未有令人誠服之論。正因爲不認識其含義,從其形式變化以探討青銅器屬性、年代或産地的努力,還難以得到自洽信服的結論。青銅器的紋飾爲何、爲誰而作,視覺上讓誰觀看并如何看見,則是罕見討論的問題。與之相關,在數以萬計且不斷出現的青銅器中,有一個現象尚未引起足够關注,即本文所討論的填紋工藝,關乎如何凸顯紋飾。

商周青銅器的主體材料是銅-錫二元合金和銅-錫-鉛三元合金,而且趨勢是向三元合金發展。錫、鉛含量分布較爲分散,錫集中在6%-20%,鉛集中在8%以下。[4] 純銅呈紅橙色,錫和鉛均呈銀白色,它們的合金顔色較爲豐富。二元合金的顔色與三元合金差别不大,商周青銅合金色呈淺黄到橙黄(圖2),[5]顔色鮮艷。這樣質地的材料,鑄造出任何紋飾均難以

---

[1] 關於中國古代青銅器風格(器形與紋飾)的代表性研究是羅越(Max Loehr),1953年發表了安陽青銅器五種風格,第一種爲細綫紋帶,第二種爲寬綫紋,第三種爲大面積紋飾,第四種爲具有浮雕的滿紋飾,第五種爲帶地紋的三層花(Max Loehr, The Bronze Styles of the Anyang Period (1300-1028B.C.), Archives of the Chinese Art Society of America, Vol. 7, 1953, pp. 42-53)。這只是一種風格劃分,雖蘊含着紋飾進化問題,但很多一器兼具兩個類型紋飾的器物即無法劃分(Max Loehr, Ritual Vessels of Bronze Age China, The Asian Society Inc, 1968),素面或僅具突弦紋者不包括,更不涉及多類型并存和紋飾退化現象。然有論者將之擴大用以斷代,實爲濫用。關於羅越風格問題的評述見貝格立著作(Robert Bagley, Max Loehr and the study of Chinese Bronzes, Style and Classcification in the History of Art, New York: Ithaca, 2008),貝氏從學於羅越,絕大多數研究都以羅越風格劃分爲手段,并對之有所完善。但最終還是放棄了羅越的類型,參見 Robert Bagley, Gombrich among the Egyptians and other Essays in the History of Art, Seattle: Marguand Books, 2015.
[2] 蘇榮譽、華覺明、李克敏、盧本珊:《中國上古金屬技術》,山東科學技術出版社,1995年,第325-343頁。
[3] 吕不韋著,陳奇猷校釋:《吕氏春秋新校釋》,上海古籍出版社,2002年,第964-965頁。
[4] 蘇榮譽、華覺明、李克敏、盧本珊:《中國上古金屬技術》,第243、271-272、274頁。
[5] W. T. Chase, Comparative Analysis of Archaeological Bronze, in C. W. Beck ed., Archaeological Chemistry (Advances in Chemistry Series 138), Washington D.C.: American Chemical Society, 1974, pp. 148-185.

辨識，距離稍遠則模糊不辨，無論是青銅器紋飾的内涵抑或是其裝飾意義均難以傳達。欲表現紋飾，則需要對之進行處理。

在既往的研究中，已經確知二里頭銅牌飾以鑲嵌緑松石凸顯紋飾，緑松石和銅、青銅有明顯色差，可突出表現紋飾。而鑲嵌技藝并不複雜，但需將緑松石切割磨合，以膠將之黏附在鑄就的紋飾溝槽中。爲使表面平整，緑松石片的厚度應一致，且會在溝槽中鋪墊某些物質。這一工藝在二里崗期未見發展，殷墟時期數以百計的青銅兵器紋飾鑲嵌緑松石或玉石，容器上罕見。此後這一工藝長期沉寂，在春秋晚期再度勃興，不僅出現了細密如綫的玉石鑲嵌，還將新出現的玻璃、琉璃等嵌入銅器。

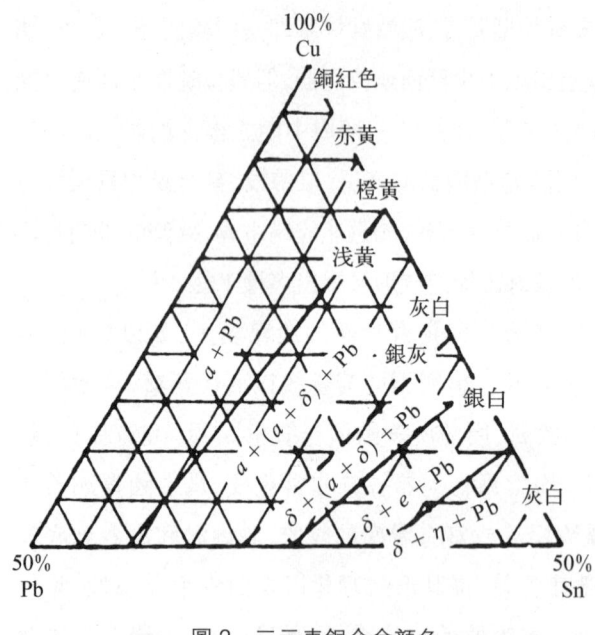

圖2 三元青銅合金顔色
（引自 W. T. Chase, 1974）

另一種是彩繪處理，源自早期的彩陶和陶器、漆木器的彩繪。但繪製的顔料容易剥落，在墓葬中因青銅器銹蝕，有限的殘留很容易在出土後被洗濯、清理去掉。因此，目前所見彩繪器很少，出現也較晚。[1] 鑒於二里崗以後青銅器普遍有紋飾，懷疑那些素面青銅器甚或某些有紋飾器的素面部分曾經彩繪，不是没有道理。彩繪紋樣當然可以模擬玉石鑲嵌，其顔色也可豐富多彩，前述戰國仿銅陶器可見一斑。

錯是青銅器的一類裝飾工藝，包括錯金、銀和紅銅，做法是將這些金屬絲、條或片嵌進器表的凹槽中，再錘擊金屬，利用金屬的塑性形變使二者結合緊密。銀白嵌入橙黄或淡黄銅中，可謂華美，但銀在中國出現晚至春秋，或泊自域外而稀少。紅銅嵌入青銅中，顔色相靠，雖不突出，但顔色相諧，别有含蓄之味。令人費解是錯金，金雖貴重難得，但顔色與青銅差别微小，錯金紋飾難以看見，效果不彰。是否銅器在錯金之外部位曾經塗色處理，是值得調查研究的問題。

和錯紅銅效果相同的是紅銅鑄鑲，與錯金可比的是鎏金，前者可能是工匠炫技，造就了難度最高的鑄造工藝，後者幾乎出於誇富，色調上并無新意。很明顯，顯示紋飾關聯着特殊

―――――――――
[1] 對這一論題的研究剛開始。初步的整理見何媛盟《早期中國彩繪青銅器研究》（陝西師範大學2013年碩士論文），所及材料十分有限，也僅及戰國晚期及其之後部分材料。對成組出土器的初步研究見朱丹丹《三星堆器物坑施彩銅器的初步研究》（《四川文物》2018年第2期，第74-79頁）。

凸顯紋飾：商周青銅器填紋工藝　　319

的加工工藝，其中包含着某個工匠發明的獨門絕技。深入的研究對於理解商周青銅器功能和使用，對於認識青銅器生產，對於研究青銅器的斷代和產地，都具有重要學術價值。

在凸顯青銅器紋樣的工藝中，另有一類是未被關注的填紋。其填料（填充物）材質是細粉狀顏料或沙土，介入工藝則是（用膠或水）將填料調和成糊狀或膏狀，將其注入紋飾溝槽中，乾燥後填充物存留紋飾中，因顏色或朱或白，或藍或綠，或黑或褐，與青銅橙黃色或淡黃色反差明顯，達到了凸顯紋飾的效果。填紋效果和工藝與玉石鑲嵌接近，因此西方學者也以鑲嵌（inlay）描述之。[1] 然而二者的區别是明顯的，鑲嵌物是固態，填紋是流態；鑲嵌物下往往有鋪墊，填紋則没有；因此，鑲嵌物結實，脱落後可在遺迹中找到，具有長久性，填紋的填充物可能酥鬆，易於脱掉，脱掉後化泥難以辨識，實際上表現出臨時性。當然，填紋的臨時性和其功能脱不開關係。因此，填紋可以從鑲嵌中獨立出來，英文采用 infilling 是否貼切，有請方家指正。

商周青銅器從製作完成到今朝，歷經三兩千年。它們多出自墓葬和窖藏，瘗埋前的歷史難以稽考，是否因不同用途而有不同處理、呈現不同色調，缺乏研究。器物上附麗的製作和早期使用信息，被後期的使用、埋藏、銹蝕、清理與修復等過程一次次抹去，信息損失多而所存留者十分有限，填紋處理即屬此類。1976 年扶風莊白一號窖藏中出土的父乙觚 76FZH1：85，圈足内壁鑄三字銘，被推測爲微氏家族折組器，年代屬昭王時期。觚圈足飾變形夔紋帶、上下各布目雷紋帶。出土時，夔紋中尚殘存少許紅色填充物，很快剥落盡净（圖3）。[2] 可以推測，此觚鑄造後主紋中填紅色物質以凸顯花紋，自昭王流傳一百多年至厲王入窖藏，填充物已經剥落不少，殘存不多。若非考古發現并載之考古報告，現存器物不能反映經過填紋處理的事實。

因此，搜集填紋工藝信息，考古現場第一重要。早先注意到這個問題的是加拿大聖公會河南主教懷履光（William C. White，1873 - 1960）。1934 年他觀察洛陽古墓出土的器物，注意到一個飾對稱紋飾的大鼎，紋中填黑漆，并指出："三代青銅容器填漆做法習見，可斷爲商或西周早期的青銅禮器，常可見到紋飾中深填黑漆。"他指出中國古代以猪血調石灰

圖3　父乙觚 76FZH1：85
（引自《周原——莊白西周青銅器窖藏考古發掘報告》圖版27）

---

[1] 如華盛頓弗利爾藝術館圖録，詳見本文引文。
[2] 寶鷄市周原博物館編著：《周原——莊白西周青銅器窖藏考古發掘報告》，科學出版社，2016 年，第 28 - 29 頁圖 12，圖版 27 - 28。

做出似漆的填紋,并做進一步發揮:"填漆處理主要在鼎和角類器物上,其他類型的器物上未見。"[1] 不久,顧立雅也發現殷墟出土的青銅器的紋飾中填充了黑色顔料,并確認不是後期處理所致。[2] 但這些觀察并未引起國外内學者的注意。

　　實驗室調查和分析青銅器,往往可以揭示出一些與慣常所見不同的現象。首先是大英博物館科學家普林德雷斯(Harold J. Plenderleith, 1898 - 1997),在二十世紀三十年代率先研究其館藏中國青銅器,初次在實驗室辨識出紋飾中的黑色殘留物是一種"鑲嵌"(inlay),黑色物包括碳、矽酸鹽和磷酸鹽,可能屬常言的漆的某種原始形式。[3] 此後,直到六十年代,蓋滕斯(Rutherford J. Gettens, 1900 - 1974)在觀察弗利爾藝術館(Freer Gallery of Art, Smithsonian Institution)藏青銅器時,關注到了填黑飾(filling black)現象,并對之進行了研究。

　　弗利爾藝術館收藏的一件商代青銅盤(器號 56.26),直徑 324、通高 123 毫米,圈足底沿樣品的濕法分析結果是含銅 87.2%、錫 9.9% 和鉛 0.4% 的低鉛錫青銅。盤内外幾乎滿布紋飾,以細密雲雷紋襯地。腹部爲夔紋帶和三角紋,圈足爲 S 形夔紋帶,盤内自行蜷曲一龍紋,外周布三足鳥、夔、魚紋。除突出的龍眼珠外,紋飾平鋪。器内外均布淺灰緑色,局部有孔雀石和紅色赤銅礦,後者在盤内龍身紋綫中較爲突出,更多是黑色赤銅礦。經分析,黑色赤銅礦在灰緑色銹下,可認爲是製作盤時,爲使之呈黑色,將赤銅礦與炭研粉調和爲紋飾填充物(圖4)。[4]

圖 4.1　蟠龍紋盤
(引自《中國青銅器全集》3.174)

---

[1] William C. White, *Tombs of Old Lo-yang*, Shanghai, 1934, p. 25; Herrlee G. Creel, On the Origins of the Manufacture and Decoration of Bronze in the Shang Period, *Monumenta Serica*, 1(1), 1935, pp. 46, 147.

[2] Herrlee G. Creel, *The Birth of China*, *A Study of the Formative Period of Chinese Civilization*, sixth printing, New York: Frederick Ungar Publishing Co., 1936, p. 113, pl. VI.

[3] H. J. Plenderleith, Technical notes on Chinese bronzes with special reference to patina and incrustation, *Oriental Ceramic Society Transactions*, v. 16 (1938 - 1939), p. 38.

[4] John Alexander Pope, Rutherford John Gettens, James Chihill, and Noel Barnard, *The Freer Chinese Bronzes*, *Volume I: Catalogue*, Washington D.C.: Smithsonian Institution, 1967, pp. 34 - 39.

凸顯紋飾：商周青銅器填紋工藝　　321

圖 4.2　蟠龍紋盤內
（引自《中國青銅器全集》3.175）

圖 4.3　蟠龍紋盤內填紋
（引自 A. Pope, 1967, p. 39）

對於相當普遍存在的紋綫中的黑色物質，初開始曾想當然爲黑銅礦類氧化銅，或輝銅礦或靛銅礦的硫化銅，但無法證實；更不是在西方曾廣泛用作黑色裝飾的烏銀（niello）。對一件捐贈的鼎（V54.60）取樣經 X 光衍射分析，材質是地道的石英及石英與赤銅礦的混合物（圖 5）。開始以爲石英是不經意的雜質，但在顯微鏡下展現出自身特點。石英顆粒是主組分，粒度均勻且棱角分明，和黃土所製作的泥芯接近。這都是奧陶紀原生黃土的特點，石英占比爲 60%–80%，粒度均勻，棱角分明。硝酸實驗還證明黑色絶非中國古墨的煙黑。

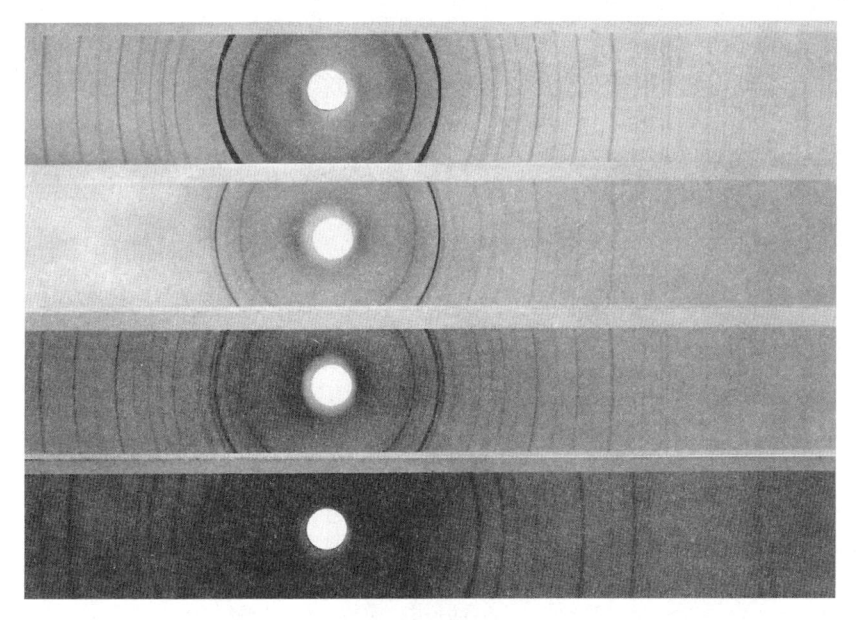

圖 5　填充物分析
（引自 R. Gettens, 1969, p. 199 fig. 265）

弗利爾藝術館有一批研究性收藏,主要是器物殘片,可以破壞取樣。一件殘觚(器號 SC529)的紋飾部分,兩組獸面紋組成紋帶,獸面紋中間有脊棱,較細綫勾輪廓,再飾細綫并作地紋,紋綫中明顯有黑色填充物(圖6.1)。這些填充物在放大視場泛白(圖6.2),切取樣品拋光,紋飾溝槽中填充物相當緻密(圖6.3),在顯微鏡下,石英顆粒細小、多角而白亮,散布在黑色碳素體中(圖6.4),很明顯,填充物不是黄土,而是有意加工的細石英。顏色既有黑色,也有發白的,黏結劑似乎是漆。即以漆調和多角、勻細石英粉并將之填入紋飾的溝槽或坑點之中。由於某些銅器曾作炊器,底部和器表殘留煙炱,易於與填紋混淆。但在顯微鏡下,二者還是易於區分的。[1]

圖6.1 殘觚(Freer SC529)　　　　　　　圖6.2 殘觚紋飾
(引自 R. Gettens, 1969, p. 201 fig. 266, x1.5)　(引自 R. Gettens, 1969, p. 201 fig. 267)

經對弗利爾藏中國青銅器的系統調查,填紋工藝處理紋飾具有相當的普遍性。辨識不難,但各博物館圖錄和考古報告極少涉及這一現象,完全忽視了這一問題。

考古發掘中,填漆處理的青銅器偶有報導,如淅川和尚嶺楚墓出土的兩件漆鼎,太原金勝村趙卿墓出土的四件粗糙紋蓋豆紋中填黑,[2]太原金勝村趙卿墓出土的"鑲嵌"豆等。[3]

---

[1] Rutherford J. Gettens, *The Freer Chinese Bronzes*, Volume II, Technical Studies, Washington D.C.: Smithsonian, 1969, pp. 197–205.

[2] 河南省文物考古研究所、南陽市文物考古研究所、淅川縣博物館:《淅川和尚嶺與徐家嶺楚墓》,大象出版社,2004年,第9頁、圖11-13、彩版5-6;陶正剛、侯毅、渠川福:《太原晉國趙卿墓》,文物出版社,1996年,第38、40頁,圖版30。

[3] 陶正剛、侯毅、渠川福:《太原晉國趙卿墓》,文物出版社,1996年,第38、40-41頁。

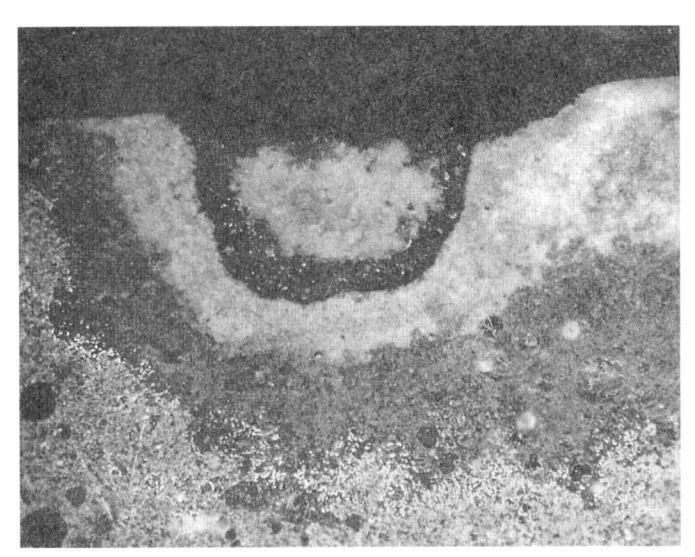

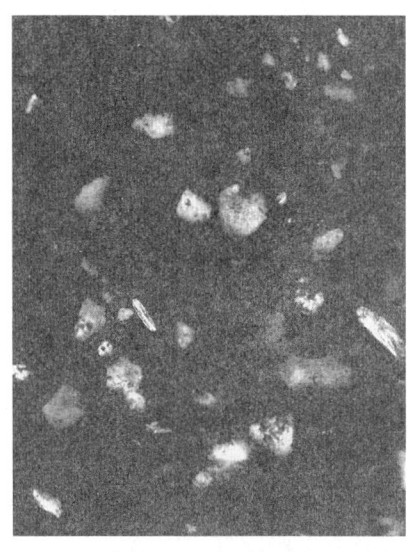

图 6.3　残觚样品断面　　　　　　　　　　　图 6.4　残觚样品纤维视场
（引自 R. Gettens, 1969, p. 201 fig. 268）　　（引自 R. Gettens, 1969, p. 201 fig. 269）

1978年發掘的曾侯乙墓,大量青銅器紋飾經填紋處理,成爲一個重要特色。發掘報告指出,所出117件青銅禮器中,鑲嵌和鑄鑲紋飾者65件,是出土青銅器中最多的一類,説明以不同工藝凸顯紋飾顔色非常重要,普遍性於此可見一斑。其中鑄鑲紋飾者三件,鑲嵌紋飾器62件。發掘報告介紹鑲嵌工藝:在器體上預先鑄出花紋凹槽,在凹槽内鑲嵌緑松石等物,然後加以磨錯,使之與器體緊密結合并顯出光澤。許多器物花紋凹槽中,不同程度地保存着一些緑松石,少數器物已脱落不見。[1]

對於填充物,經對升鼎 C90 和小口鼎 C185 紋中粉末樣品的 X 射綫熒光光譜分析,Fe_2O_3 分别爲 0.4% 和 1%、SiO_2 分别 30% 和 10%、Al_2O_3 均 2%、CaO 均 1%、MgO 均 0.2%、TiO_2 分别 0.3% 和 1%、K_2O 均 0.4%、Na_2O 分别 2% 和 0.1%、Pb 均 0.6%、S 均 1%、Cu 均 15%,組分之合分别 51.1% 和 32.6%,前者近乎一半、後者三分之二物質,可能屬於有機輕物質,無法分析。后德俊據此結果得出三點結論:

1. 粉末是一種含銅較高的天然礦物,經研磨作爲填料;

2. 在部分粉末填充物表面還留有一些凹坑,可能是鑲嵌其他飾件(如緑松石)的痕迹;

3. 粉末填充物表面,多數都有一層黑色物質,有些地方黑色層剥落後,露出近似灰白色的粉末,質地較疏鬆,而表面的黑色層較牢固。放大觀察,該層呈黑色和

---

[1] 湖北省博物館:《曾侯乙墓》,文物出版社,1989年,第178頁。

棕黑色,推測爲天然漆塗層。因爲天然漆一則耐久;二則具有較好的光澤,黑色或棕褐色漆與青銅的亮黄色對比明顯,較爲美觀;三則是很好的黏合劑。[1]

對此結論,漆爲黏(調)合劑應無異議。至於填充物,由於没能觀察結構,無法知道其組成。黑色和灰白色粉末的物質性不清楚,緣何酥鬆不得而知。其中銅含量很高,但存在狀態不明,是否基體銹蝕進入所致,值得復檢。若斷爲銅礦,必須指出其種屬,還需要澄清銅與氧化矽、氧化鋁等的關係問題。其次,氧化矽和三氧化二鋁的關係也需要探明,尤其是後者的存在狀態,是否屬耐火土之類,需要回答。根據上述分析結果和討論,屬於銅礦的可能性很小。參照對弗利爾青銅器的研究,推測填料主體依然是黄土中的極細石英顆粒,多角。當然,這需要進一步分析予以研判。

此外,無論是發掘報告還是填充物的初步分析,都指出填充物表面的凹坑,稱是鑲嵌如緑松石類的遺迹,發掘報告稱尚有緑松石依然還在填充物上。果真如此,填充物的性質當不同,工藝性質也發生了變化,從填紋工藝演變爲鑲嵌的附屬工藝,或作爲鑲嵌的鋪墊,或作爲緑松石的黏結劑。

《曾侯乙墓》發掘報告將青銅器的紋飾鑲嵌和填紋工藝混在一起,這裏有必要加以辨析。鑲嵌是指將固態客體(通常是玉石、寶石、玻璃或琉璃)置於器表某一結構(槽或坑)内,或以膠黏劑固定,或者使包含客體的結構發生形變以固定客體,鑲嵌後客體與器表平甚至突出器表。填紋則不同,客體通常是粉狀或超細粉,爲便於介入器表的結構中,往往要加黏結劑製成糊或膏狀,填入結構中乾燥後,客體與器表平,通常因乾燥收縮會低於器表。

很明顯,即使填紋占比很高的曾侯乙墓青銅器,填紋現象的材料和工藝還認識模糊,其他的偶然發現,被長期忽視的事實不難理解。2018年夏筆者和王全玉博士一道研究大英博物館所藏侯馬風格青銅器,發現填紋工藝實則是個普遍現象,且内涵深刻,在研究大英博物館藏器的同時(研究報告將陸續另發),便着手搜集填紋青銅器實例。由於對這一工藝的忽視,絶大多數圖録和發掘報告不涉及此點,只能靠高質量的圖片進行推測,錯認錯識在所難免。草此拙文,一方面希望引起學術界的關注,注意和研究此一現象,探討其内涵和外延;另一方面,籲請考古學家和青銅器修復保護專家,在清理、修復青銅器時,切莫把殘存的填紋剔除了。

二、商代填紋青銅器

考古發現和研究表明,商代青銅器上承二里頭文化,可分爲早期的二里崗時期、晚期的殷墟時期和二者過渡的中商時期,每個時期又可分若干階段,每個階段的青銅器,都可辨識

---

[1] 后德俊:《曾侯乙墓青銅器表面花紋内填充物試析》,湖北省博物館編:《曾侯乙墓》附録十五,文物出版社,1989年,第647-648頁。

出一批填紋處理的器物。

1. 二里崗時期

二里崗時期通常分爲上層和下層，重要遺址包括鄭州商城和黃陂盤龍城，所出銅器多屬晚段上層者，多具有寬綫帶狀紋飾，圖案多屬獸面紋、雲紋和幾何紋飾。

1982年，鄭州向陽回族食品廠窖藏出土的一批商早期青銅器中，有一對兩件扁足圓鼎XSH1：9和XSH1：10，二鼎造型一致，大小相若，通高317、口徑190毫米。發掘報告認爲二鼎爲同模範鑄造。[1] 二鼎均弧沿方唇，一對拱形立耳，淺腹，腹飾一周勾連雲紋帶，上下以圓圈紋鑲邊。三夔形板狀足承圜底，其中夔紋紋綫中填充有褐色物質（圖7）。上海博物館收藏一件同時期的球腹扁足鼎，平折沿，小拱形耳內斜，一足斷脱後補鑄，腹部飾長身獸面紋并以圓圈紋上下鑲邊，其紋綫中填帶灰色細膩物質。[2]

圖7　鄭州商城雲雷紋扁足鼎
（引自《中國青銅器全集》1.40）

2. 中商時期

中商時期的典型青銅器群以藁城臺西、安陽小屯、西安老牛坡以及阜南月兒河銅器群爲代表，零星出土、散布於長江兩岸具有南方風格和工藝特徵的器物，據筆者研究，也應屬於中商階段。

1982年，農民在洪洞上村掘出幾件青銅器、玉器和金耳環等，其中有一件青銅鬲，[3] 據韓炳華測量，通高178、口徑142毫米（圖8.1）。[4] 盤口，對生拱形立耳，束頸。上腹飾三組獸面組成的紋帶，以陰綫勾出。獸面長身，一對長圓形眼珠，無耳無角，鼻、嘴不明，額上有雲形寬冠飾。下腹聯襠，袋足外各飾一獸面紋，一對臣字眼中眼珠圓突，其上有兩側橫出并上斜的大角，角面陰綫勾雲紋。兩眼中間飾菱形紋，獸臉勾雲紋，但鼻、嘴不明，無耳，和腹部紋帶一樣，處在獸面紋未定形階段，但與突起的獸角和鼻（頭）相應，內壁相對下凹。即足上獸面紋以模芯合作完成，保證器壁厚度一致，這是典型的南方青銅器工藝，年代應在殷墟之前，

---

[1] 河南省文物研究所、鄭州市博物館：《鄭州新發現商代窖藏青銅器》，《文物》1983年第3期，圖版4.1、圖22-23；河南省文物考古研究所：《鄭州商城：1953-1985年考古發掘報告》，文物出版社，2001年，第800頁，圖540，彩版20、圖版212.3-4；《中國青銅器全集》(1)，No.40。

[2] 《中國青銅器全集》(1)，No.38。

[3] 起先報導稱"鼎"或"鬲鼎"或"分襠鼎"，尺寸為通高157、口徑136毫米。見朱華：《山西洪洞縣發現商代遺物》，《文物》1989年第12期，圖1、2.1、2.3；《中國青銅器全集》(1)，No.58。

[4] 韓炳華：《晉西商代青銅器》，科學出版社，2017年，第535-539頁。

屬中商階段。[1] 袋足下端出錐足,屬張昌平劃分的截足形。[2] 足中空,并與腹部貫通,但足中泥芯尚存,用於烹飪,泥芯會摻入食物之中,而一足因脹裂致泥芯外露,或是泥芯未被掏出的原因。器底設有墊片,可見三處補塊,還有一小透空。説明補塊係補鑄大氣孔或澆不足缺陷而爲,但小氣孔的存在表明此鬲不能用於烹煮。説明此器的用途在於陳設和隨葬。鑒於上腹獸面紋帶和足部獸面紋的紋綫中填入黑色物質以凸顯紋樣(圖8.2-3),此器可能先用於陳設而後隨葬。當然,經歷三千餘年,紋綫中原填物質的色調或已變化,原色需要研究確定。

圖8.1 洪洞上村獸面紋鬲
(2018.3.10 山西博物院惠允任超先生拍攝)

圖8.2 洪洞上村獸面紋鬲腹紋
(引自《晉西商代青銅器》539頁圖886)

圖8.3 洪洞上村獸面紋鬲足紋
(引自《晉西商代青銅器》539頁圖887)

---

[1] 蘇榮譽、楊夏薇、李鍾天:《阜南月兒河龍虎尊研究——兼論南方風格商代青銅器的淵源》,《藝術史研究》第十九輯,中山大學出版社,2017年,第1-43頁。
[2] 張昌平:《論濟南大辛莊遺址 M139 新出青銅器》,《江漢考古》2011年第1期,第65-72頁。

1966 年忻州羊圈坡出土的青銅器中，三件錐足鼎具有過渡期特徵，應屬中商時代。其中的一件夔紋鼎（S35）現藏山西博物院，通高 270、口徑 202 毫米。斂口斜沿，方唇立耳，腹部飾寬片狀夔紋帶。圜底下接三錐足，鑄型由"過足包底"三範一芯組成，空足與腹腔貫通，紋帶下可見一周六個墊片。[1] 因鑄造時兩足未澆足，補鑄時在腹內封閉，但迭經多次補鑄。此鼎係農民掘出，出土信息不全，簡報過於簡略，[2] 紋帶中填黛褐色細土類物質，推測清理時將部分剔出，但尚殘餘不少（圖 9）。

圖 9 忻州羊圈坡夔紋鼎
（引自《晉西商代青銅器》490 頁圖 808）

廣漢三星堆器物坑中出土的青銅容器，有幾件經過填紋處理。大口折肩尊 K2②：151 侈口尖沿，束頸飾三周凸弦紋。寬斜肩面紋飾由六個象鼻夔紋、三隻片狀伏鳥、三隻犧首組成。腹部滿布高浮雕紋飾，被三道勾牙形扉棱分爲三組，每組由散列式獸面紋和兩側的夔紋組成。高圈足壁弧形外張，頂部一周均布三方形透孔，兩周凸旋紋通過中間。透孔下各有片狀勾雲形扉棱，扉棱間飾浮雕型連體無角散列式獸面紋（圖 10.1）。[3] 肩面紋帶、肩片狀伏鳥和犧首上所勾紋綫、腹部和圈足紋帶的紋綫內均存留硃砂，屬填紋遺物（圖 10.2－5）。另一件大口折肩尊 K2②：79，通高 442、口徑 415 毫米（圖 11.1），[4] 造型、紋飾和鑄造工藝與 K2②：151 均相同，只是紋飾構圖略有出入，腹部和圈足的紋綫中也有硃砂痕跡，後者的局部相當明顯（圖 11.2），肩部的夔紋獸首和一隻伏鳥的一側紋綫中也可見填有硃砂。可推斷此尊經填紋處理。這兩件尊腹內壁與高浮雕紋飾相應凹陷，尊 K2②：79 圈足內壁也有相應凹陷；而它們肩部的犧首，均是鑄鉚式後鑄，這些都具有商代南方青銅器造型和工藝特點，可據以推斷它們是長江中游鑄造輸入的產品，年代在殷墟之前。[5] 但填紋是鑄後立即施加，抑或傳入當地由使用者所爲，難以判斷，由作器者加工的可能性大。

---

[1] 韓炳華：《晉西商代青銅器》，第 489－493 頁；《中國青銅器全集》(4)，No.13。
[2] 沈振中：《忻縣連寺溝出土的青銅器》，《文物》1972 年第 4 期，第 67－68 頁。
[3] 四川省文物考古研究所：《三星堆祭祀坑》，文物出版社，1999 年，第 242、252 頁，圖 142，圖版 95。
[4] 四川省文物考古研究所：《三星堆祭祀坑》，第 238、241 頁，圖 138，圖版 92.1，彩圖 70。
[5] 蘇榮譽：《巫山李家灘出土大口折肩青銅尊探微——兼據同類尊的風格和關鍵工藝探討其年代和擴散》，《南方民族考古》第十四輯，科學出版社，2017 年，第 131－187 頁。

圖 10.1　三星堆大口折肩尊 K2②.151
（本文插圖未注明來源者均是作者拍攝）

圖 10.2　尊 K2②.151 肩紋帶及鳥填朱

圖 10.3　尊 K2②.151 犧首填朱

圖 10.4　尊 K2②.151 腹紋填朱

圖 10.5　尊 K2②.151 圈足紋帶填朱

圖 11.1　三星堆大口折肩尊 K2②.79

圖 11.2　尊 K2②.79 圈足填朱

紐約首陽齋收藏的一件扁足鼎，口敞腹淺，斜沿方唇，方立耳，腹壁弧收出圜底。腹部飾寬綫鳥紋帶，鳥形不够完整，作顧首狀，高冠長翅，兩兩成組，三組紋飾界與三足相應，紋帶上下以圓圈紋鑲邊。器底以板狀三夔足承托，夔張口翹鼻，尾端回勾，兩側勾紋。通高 155、口徑 181 毫米。[1] 腹部和足上紋飾溝槽中填飾黑色物質（圖 12）。

3. 晚商殷墟時期

殷墟時期屬於商晚期，中心是安陽小屯，早於它的洹北商城屬於中商晚期。若認爲武丁自洹北遷都小屯，早年發掘的小屯墓葬和後來發掘的三家莊墓葬則屬於中商晚期，因此，殷墟四期

圖 12　鳥紋扁足鼎
（引自《首陽吉金》頁 35）

説的第一期可歸入中商，而二至四期正可對應殷墟的早、中、晚期。

殷墟早期主要是武丁時期，代表性青銅器群是 M5（婦好墓）、M17 和 M18 以及郭家莊 M26、花園莊 M60 和 M54 等，三層花紋飾是這一時期的突出特徵。

婦好墓中的婦好偶方彝 M5：791 是一件獨特孤器（圖 13.1），形似兩件方彝聯在一體，其蓋如之。體量巨大，通高 600、通長 882、口 692×175 毫米，重 71 千克。[2] 器截面爲長方形，

---

[1] 首陽齋、上海博物館、香港中文大學文物館：《首陽吉金：胡盈瑩、范季融藏中國古代青銅器》，上海古籍出版社，2018 年，第 34-35 頁。
[2] 中國社會科學院考古研究所：《殷墟婦好墓》，文物出版社，1980 年，第 50 頁，圖 33，彩版 6、圖版 18.1。

四角和四邊中間設長條形扉棱,扉棱兩側勾 I、T 陰綫。口呈長方形,稍斂,方唇。口沿外長邊一邊設七個方管形筒、另一邊設七個尖錐形筒,面飾夔紋。頸肩一體,微弧凹并出折肩。肩面長邊中心是圓雕犧首,大角盤卷,長吻伸出肩沿,兩側布淺浮雕鳥紋。短邊中心飾圓雕象首,耳高聳、眼圓睜、鼻長伸、牙長呲,兩側亦布鳥紋。腹部向下弧收,長面中心以扉棱對稱布浮雕獸面紋,闊鼻高冠,嘴角深咧露出獠牙,臣字眼中眼珠圓突,外有樹葉形耳;眼上聳起的大角分三層橫伸,前端曲尺形,最高部分布細密雷紋,其邊緣勾 I、T 陰紋,外伸的平行綫下勾,或若羽毛。獸面外填飾張口翹鼻夔紋,兩側飾浮雕豎起夔紋。側面僅布造型相近的獸面紋,并在嘴角設向外倒 U 形雙耳,截面扁圓,滿勾雲紋。平底下有圈足,底沿的長邊有大缺,短邊有小缺。四角布以扉棱爲對稱的浮雕獸面紋,長邊中間扉棱兩側各布一浮雕 S 形蟠蛇紋。蓋作盝頂式,頂橫通脊,設兩個盝頂式方鈕,側面飾蕉葉紋,底棱飾一周人字紋。長面中間飾浮雕獸面,獸面不完整,超大圓眼眶上飾鱗紋,中間突出圓眼珠。其中間有圓凹坑;眼上爲樹葉形大耳。獸面紋兩側飾浮雕鳥紋。兩側側面爲三角形,以中間扉棱爲對稱飾獸面紋。器滿紋飾,均有雲雷地紋,層次豐富。底中部鑄銘"婦好",係婦好自作器。此器紋飾是否經過彩繪和填飾處理,需要稽考。從照片看,象首之鼻根雲形或簡化獸面陰綫中,填有孔雀石藍色物質(圖 13.2),[1]其成分和結構有待研究。

圖 13.1 婦好偶方彝
(引自《中國青銅器全集》3.60)

圖 13.2 婦好偶方彝象首飾
(引自《中國青銅器全集》3.61)

[1]《中國青銅器全集》(3),No.60－62。

紐約大都會藝術博物館（The Metropolitan Museum of Art）收藏的寧尊屬大口折肩式，傳出安陽。[1] 大口，尖沿方唇，頸根部平鋪一周夔紋帶，其上方飾蕉葉紋。肩部均布三長條形扉棱，與之相間均布三圓雕犧首，其間平鋪夔紋帶。腹相對較淺，壁微弧鼓，滿布紋飾。與肩犧首對應設扉棱，獸面紋以之對稱展開，寬綫平鋪，闊鼻高冠無耳，C形大角開口向下，僅眼珠突出，且中心有陰橫綫。獸面紋上有窄鳥紋帶，十二鳥均右向。與肩扉棱相應的三道扉棱爲三組獸面紋界。高圈足壁斜外撇，中間均布六道扉棱，其間平鋪寬紋帶。紋帶下欄爲一周鱗紋，少見。其上的獸面紋同樣闊鼻，臣字眼中眼珠圓突，中有短陰綫。獸面嘴較模糊，一對樹葉形大耳高聳眼上方。獸面兩側填竪立的夔紋，全部紋飾以細密雲雷紋襯地，腹内鑄銘"寧"。紋綫中填細膩黑色物質（圖14）。

圖14 寧尊
（引自《中國青銅器全集》3.99）

從造型看，此器年代屬於殷墟早期晚段，或者早、中期之交。與之時代接近的兩器，另一件是科隆東亞藝術館（Museum für Ostasiatische Kunst Köln）寧方彝，紋綫中也充填了物質，可能與寧尊相同。[2] 另一是弗利爾藝術館藏乳釘紋鼎（器號59.15），通高207毫米，斂口斜沿，方唇立耳，口沿下平鋪窄夔紋帶，有六短長條形扉棱，扉棱兩側只勾短橫綫；腹部寬勾連菱形格中填雷紋，中心爲乳釘；三空心柱足承器。紋帶中填黑色和泥類物質（圖15.1-2）。[3]

填紅色物質的實例不少，上海博物館收藏的一件獸面扁貫耳壺，通高297毫米，[4] 橢圓形截面，斂口平沿，沿下飾兩周凸弦紋，頸、腹飾面呈十字形的高浮雕獸面紋，其兩側填竪起的高浮雕夔紋，雲雷紋襯地；圈足平鋪雙雲紋帶。此器具有南方風格，當是南方工匠遷殷墟後所鑄，年代在殷墟早期。[5] 圈足紋綫中明顯填充鐵紅物質，腹部紋飾中僅可見部分殘留（圖16）。弗利爾藝術館收藏的一件鴞卣（器號42.14），造型作兩鴞相背，首在隆蓋，蓋頂有盝頂形鈕，四道長條形扉棱對稱設在蓋和腹部，腹另有一對貫耳，足爲柱形。器滿布浮雕三重

---

[1]《中國青銅器全集》(3)，No.99。
[2]《中國青銅器全集》(3)，No.59。
[3] John Alexander Pope, Rutherford John Gettens, James Chihill, and Noel Barnard, *The Freer Chinese Bronzes*, Volume I: Catalogue, Washington D.C.: Smithsonian Institution, 1967, pp. 164-169.
[4] 陳佩芬：《夏商周青銅器研究：上海博物館藏品》（夏商篇上），上海古籍出版社，2004年，第149-150頁；《中國青銅器全集》(4)，No.146。
[5] 蘇榮譽、傅聚良、吴小燕、袁鑫：《石門卣初探》，《湖南省博物館館刊》第十二輯，2016年，第46-59頁。

圖 15.1　乳釘紋鼎　　　　　　　　　　圖 15.2　乳釘紋鼎填紋
（引自 A. Pope, 1967, pl. 29）　　　　　（引自 A. Pope, 1967, p. 165）

花紋，紋中填充鐵紅色物質。[1] 神户白鶴美術館所藏的一件史方彝，傳出安陽，飾浮雕型獸面紋，年代可能略早，紋飾中填鐵紅物質（圖 17）。[2] 布倫戴奇（Avery Brundage, 1887 - 1975）收藏、現屬舊金山亞洲藝術博物館（Asian Art Museum of San Francisco）的一件筒形盉（B60 B995）有 C 形獸頭鋬，管流從 90 度方向側出，頸部一對貫耳，蓋中央環形握手，長腹素面，蓋面、頸部和圈足均平鋪細綫鳥紋，管流飾蟬紋。這些紋帶和紋綫以至獸鋬上，均填紅色物質。一件方彝（B60 B997），[3] 蓋面盝頂，前後獸面紋中明顯填充紅色物質，口沿下的夔紋帶大致相同，但腹部的獸面紋則似填充黑色物質。

　　劍橋菲茨威廉博物館（Fitzwilliam Museum）收藏的一件鴞卣，作雙鴞相背連體形，鴞首在蓋，蓋頂設盝頂鈕，腹滿布紋飾，足肖生，鈕、蓋、腹和足的紋綫均經填紋處理，多爲褐色或淡紅褐色（圖 18）。[4] 此器的填紋可將顔料污染與有意配製的填充料區分開來，頗有進一步研究的價值。南京博物院收藏的父庚扁足鼎，據傳出自殷墟，通高 273、口徑

---

[1] John Alexander Pope, Rutherford John Gettens, James Chihill, and Noel Barnard, *The Freer Chinese Bronzes*, *Volume I: Catalogue*, Washington D.C.：Smithsonian Institution, 1967, pp. 268 - 273.
[2] 《白鶴美術館名品撰集》，神户白鶴美術館，No.12；《中國青銅器全集》（3），No.68。
[3] René-Yvon L. d'Argencé, *Bronze Vessels of Ancient China in The Avery Brundage Collection*, San Francisco：Asian Art Museum of San Francisco, 1977, pp. 50 - 51.
[4] 《中國青銅器全集》（3），No.118。

凸顯紋飾：商周青銅器填紋工藝　　333

圖 16　獸面紋壺
（引自《中國青銅器全集》4.146）

圖 17　史方彝
（引自《中國青銅器全集》3.68）

圖 18　斁卣
（引自《中國青銅器全集》3.138）

圖 19　父庚鼎
（引自《中國青銅器全集》2.57）

214毫米。[1] 這件鼎口微斂,斜平沿,方唇,拱形立耳。腹較淺,外飾一周獸面紋帶,三組獸面紋位於三足之間,有窄棱形鼻,雲形長身,外填飾豎立的夔紋。三組紋飾分界之下所設的三扁形夔足張口承器,臣字形眼中眼珠圓突,身勾雲紋。這些雲紋和眼眶中填土紅色物質,而腹部紋帶中似填褐色物質(圖19)。

很明顯,殷墟早期的填紋工藝發展很快,硃砂、鐵紅、藍綠、黑及褐色等物質,使得青銅器紋飾呈現出不同的色調,其社會與藝術背景有待揭示,從技術角度上,是否與南方工匠的遷入有關,[2] 也是饒有趣味的問題。

殷墟中期代表性的器群出自安陽戚家莊M269和郭家莊M160。[3]

1990年發掘的郭家莊M160,據出土陶器,時代屬殷墟中期偏晚;出土的44件青銅禮樂器中,絕大多數有銘文,33件銘"亞址",被認爲是墓主,係址族首領或尊長。"亞"爲武職官,墓中出土青銅兵器230件,職位崇高。一件亞址鼎形卣M160:32,體橢方,有蓋有提梁,通高330、腹最大尺寸240×280、壁厚3-5毫米。[4] 器弇口平沿,上出高子口;腹壁向下斜外撇,口沿下飾細綫獸面紋帶,上下以圓圈紋鑲邊,局部紋飾清楚,獸眼形狀與蓋側獸面相同;腹底垂鼓,素面。底略圜,下以四素面柱足承器,足根較足端略粗。長邊紋帶中央對置縱向的半環鈕,與索狀提梁兩端的環鏈接。蓋扣在口之子口上,側壁斜直,飾細綫四組獸面組成的紋帶,并以圓圈紋鑲上下邊。發掘報告認爲其獸面由兩條頭頭相對的夔紋組成,但除長圓形眼睛和其中的短橫陰綫外,嘴、角、鼻、耳及身軀均不明,未必屬於夔紋。獸面紋也只是一對眼睛清楚,餘皆不明,眼後三連續的雲紋含義不清。蓋面隆,對稱縱置兩槽形長立扉。蓋、腹紋帶的紋綫中填黑色物質(圖20)。[5]

上海博物館藏一對爻爵,通高分別爲200毫米和198毫米。尖尾長流均上翹,侈口方唇,流根豎兩短柱,頂有傘形柱帽,其面陰勾渦紋。腹壁微弧,一側設C形板狀獸鋬,鋬下之腹壁鑄銘"爻",兩側各分布半個獸面紋,幾字形角,眼珠圓突,獸身端部爲鳥獸形,尖喙大眼,眼珠圓突且中有圓坑。陳佩芬指出此種紋飾稀見。[6] 獸面紋帶上爲均布的三角形紋。圜底下三刀形足承器。此爵紋綫中填硃砂(圖21)。

---

[1] 《中國青銅器全集》(2),No.57。

[2] 蘇榮譽:《婦好墓青銅器與南方影響——殷墟青銅藝術與技術的南方來源與技術選擇新探》,河南省文物考古研究院、香港承真樓編:《商周青銅器鑄造工藝研究》,科學出版社,2019年,第1-68頁。

[3] 岳洪彬:《殷墟青銅禮器研究》,中國社會科學出版社,2006年,第149-154頁。

[4] 中國社會科學院考古研究所:《安陽殷墟郭家莊商代墓葬:1982年-1992年考古發掘報告》,中國大百科全書出版社,1998年,第70-126頁,圖57.4、58.2、62,彩版5.1、圖版37。

[5] 《中國青銅器全集》(2),No.66。

[6] 陳佩芬:《夏商周青銅器研究:上海博物館藏品》(夏商篇下),上海古籍出版社,2004年,第188-189頁;《中國青銅器全集》(2),No.29;《中國青銅器全集》(3),No.24。

图 20　亞址鼎形卣
（引自《中國青銅器全集》2.66）

圖 21　爻爵
（引自《中國青銅器全集》3.24）

殷墟晚期代表性的器群是劉家莊 M9，戚家莊 M63、M231 和 M235，郭家莊 M50 和 M53 等。[1] 紋飾有強烈的趨簡現象，紋飾多趨平鋪型，缺乏層次，少有地紋。銘文開始出現較長篇幅的記事内容。

郭家莊 M50 出土的一件鬲 M50：6，發掘報告稱分襠鼎，通高 194、口徑 123 毫米，重 2.3 千克。侈口，尖沿方唇，對生拱形立耳。束頸，飾三組夔紋組成三獸面紋帶，獸面有凸起的短扉棱鼻，紋帶上下以圓圈紋鑲邊。鼓腹分襠，三袋足外側設勾牙形扉棱，獸面紋以之爲鼻對稱展開，臣字眼中眼珠圓突，眼上雙角向兩側横伸并上翹，角飾鱗紋。扉棱兩側及冠飾雲紋。扉棱下端爲上吻，兩側勾出鼻翼，吻下出截錐足，發掘報告指出袋足爲象面而截錐足爲象鼻。鬲內壁鑄三銘"乍册兄"。[2] 但從此器勾牙式扉棱，可推其年代不晚於安陽中期。紋綫中填有鐵銹紅物質（圖 22）。[3]

圖 22　作册兄鬲
（引自《中國青銅器全集》2.67）

---

[1] 岳洪彬：《殷墟青銅禮器研究》，中國社會科學出版社，2006 年，第 149－154 頁。
[2] 中國社會科學院考古研究所：《安陽殷墟郭家莊商代墓葬：1982 年－1992 年考古發掘報告》，中國大百科全書出版社，1998 年，第 37－38 頁，圖 25.4、26.2、27.6，彩版 2.1、圖版 10。
[3] 《中國青銅器全集》(2)，No.67。

2006 年郭家莊東南發掘的一批墓葬所出青銅器中,斝 M13∶7 尖沿方唇,侈口上竪一對矮方柱,頂有傘形柱帽。較高束頸飾兩周凸弦紋。鼓腹分襠,袋足肥碩,腹與足飾雙折綫,腹側置 C 形獸鋬,獸頭在上,鼻頭凸出,兩耳在側,雙眼向上,眼珠圓突,頂面一對大角,鋬下腹壁鑄銘"保父癸",袋足下出柱足。通高 153 毫米,重 2.7 千克(圖 23.1)。[1] 此斝獸鋬眼眶中填橙紅顔料(圖 23.2),具體材質有待分析,填色目的在於凸顯或强調紋飾或其局部,有如同墓所出玉獸面飾 M13∶8,紋飾中填硃砂。[2] 首陽齋所收藏的子父丁豆,大口淺腹,筒形粗校。通高 97、口徑 112 毫米。斜沿方唇,腹部飾一周渦紋,上下以凸弦紋爲欄,校飾兩周凸弦紋,盤底鑄三字銘"子父丁"。[3] 渦紋的勾綫雖窄而淺,但其中填紫紅色物質如錯紅銅。

圖 23.1　青銅斝
(引自《安陽殷墟徐家橋郭家莊商代墓葬》彩版 27.1)

圖 23.2　青銅斝鋬
(引自《安陽殷墟徐家橋郭家莊商代墓葬》彩版 27.2)

上海博物館收藏的商晚期青銅鼎,據圖片推測經填紋處理的不少。劉鼎通高 229、口徑 184 毫米。[4] 口微斂,斜平沿,厚方唇,一對厚拱形立耳。腹壁微外鼓,飾三組浮雕寬獸面

[1] 安陽市文物考古研究所:《安陽殷墟徐家橋郭家莊商代墓葬——2004－2008 年殷墟考古報告》,科學出版社,2011 年,第 72－73 頁,彩版 27.2、27.7,拓片 6。
[2] 安陽市文物考古研究所:《安陽殷墟徐家橋郭家莊商代墓葬——2004－2008 年殷墟考古報告》,科學出版社,2011 年,彩版 30.1。
[3] 首陽齋、上海博物館、香港中文大學文物館:《首陽吉金:胡盈瑩、范季融藏中國古代青銅器》,上海古籍出版社,2018 年,第 60－61 頁。
[4] 陳佩芬:《夏商周青銅器研究:上海博物館藏品》(夏商篇上),第 112－113 頁;《中國青銅器全集》(2),No.29。

紋,其上均布六道長條形扉棱,扉棱兩側交替勾 T、I 陰綫,三扉棱是獸面紋鼻梁,另三道爲獸面紋組界。獸面紋以扉棱對稱展開,寬鼻上勾雲紋和鼻頭,嘴角深剛露出一對尖長獠牙。長圓形眼眶中滿實突出的眼珠,中間有橫陰綫段;眼上有勾眉,外有尖葉形耳;獸身沿耳側張,腹下出足,四趾展開,足中向後出上翹的長距,含義不明。獸身上折及上欄,尾再回卷。額中飾陰綫菱形紋,其上竪冠飾,兩側爲開口向下的 C 形大角,上勾雲紋,高度幾爲獸面寬之半。整個紋帶以細密雲雷紋爲地。圓底下三柱足承器,足外幾乎滿鋪陰紋飾,頂端爲雲紋,其下爲三蕉葉紋。腹部紋帶内滿填帶黑色細腻物質(圖 24)。另一件獸面紋鼎,通高 164、口徑 134 毫米。[1] 口微斂,斜平沿,方唇,拱形立耳。腹壁微外鼓,圓底下以三柱足承器。口沿下飾上獸面平鋪的紋帶,獸面有窄矮扉棱,長身。獸面紋屬容庚列舉的第十二型,"身作兩歧,下歧上卷",與武英殿收藏的一件無耳簋圈足紋帶相一致。[2] 紋帶下垂一周内填雷紋的三角紋。紋帶中填帶黑色物質(圖 25)。該館收藏的分襠亞鼎,[3] 三足獸面紋與之接近,但紋帶以圓圈紋鑲邊。紋綫很細,其中也填飾帶黑色物質。這些黑色填充物的材質有待分析,但凸顯紋飾的功能不言而喻。結合前述對弗利爾藏青銅器的研究,石英粉和碳素是主要組分,期待新研究予以駁正。

圖 24　劉鼎
(引自《中國青銅器全集》2.29)

圖 25　獸面紋鼎
(引自《中國青銅器全集》2.30)

---

[1] 陳佩芬:《夏商周青銅器研究:上海博物館藏品》(夏商篇上),第 116 - 117 頁;《中國青銅器全集》(2),No.30。

[2] 容庚:《商周彝器通考》,哈佛燕京學社,1941 年,103 - 104,圖 68;容庚:《武英殿彝器圖錄》,哈佛燕京學社,1934 年,第 51 頁。

[3] 《中國青銅器全集》(2),No.61。

舊金山亞洲藝術博物館收藏的叙觶傳出安陽,[1] 有隆蓋,沿下出子口與腹扣合,頂設傘狀鈕,鈕面飾渦紋。四道 G 形透空的扉棱對稱布局在蓋面,左右兩道是浮雕獸面紋鼻,前後兩道是兩獸面分界。侈口,尖沿方唇,矮直壁圈足。腹、足有相應的扉棱,但多未透空。束頸,頸飾一周雷紋帶,其上均布十二幅三角紋。一條窄素帶下爲主紋帶,由兩組獸面紋組成,方向與蓋面獸面紋錯 90 度。獸面紋屬浮雕散列式,鼻較寬并有綫盤旋的鼻翼,兩側有向內勾的嘴角。臣字形眼內眦多,眼珠圓突;外有開口向內的 C 形大耳,再外是拉長的 S 形獸身。鼻上豎高冠飾,其兩側爲蜷曲成 C 形開口向下的觥角,觥滿飾雲紋,張口,頭頂樹葉形大耳。獸身下填飾夔紋,獸面以雲雷紋爲地,係三層花類型。內底中央鑄銘叙,圈足平鋪雙行雷紋。頸、腹和圈足紋帶的紋綫中填硃砂,蓋應依然(圖 26)。

圖 26 叙觶
(引自《中國青銅器全集》2.140)

圖 27 戈鼎
(引自《中國青銅器全集》4.11)

上海博物館收藏的戈鼎,通高 237、口徑 190 毫米。[2] 口微斂,寬斜沿,厚方唇,拱形立耳微外侈。腹壁微外弧,飾三組浮雕獸面紋。紋帶甚寬,均布六道長條形扉棱,三道是獸面鼻,三道是紋飾組界并與三足相應。獸面闊鼻,張口露出尖利獠牙,臣字眼中長圓形眼珠突出,中間有短陰橫;眼外小葉形耳貼身,身下出四趾展開的利爪,足後是否爲翅不知;後身上翹,尾向下回卷。額中有菱形陰綫,與其上的高冠飾均壓在扉棱下,兩側豎起開口向內的 G

---

[1] René-Yvon L. d'Argencé, *Bronze Vessels of Ancient China in The Avery Brundage Collection*, San Francisco: Asian Art Museum of San Francisco, 1977, pp. 54-55;《中國青銅器全集》(2), No. 140。

[2] 陳佩芬:《夏商周青銅器研究:上海博物館藏品》(夏商篇上),第 106-107 頁;《中國青銅器全集》(4), No.11。

形大角,角與獸面、獸身勾雲紋,以細密雲雷紋襯地。圈底下三柱足承器,足根陰勾雲紋帶,下接蕉葉紋。這是典型三重花式殷墟器,當在殷墟中期。足蕉葉紋綫中填白色粉末以凸顯紋飾,雖然腹部紋飾中難以辨識,推測也經過類似處理(圖27)。

很明顯,商代青銅器紋飾中填充物種類不少,雖然不同填充物的社會、經濟、宗教背景如何難以知曉,但石英無疑是最普遍的一類。弗利爾藝術館收藏的觚(器號40.3),通高286毫米,大口細腹高胴足,上腹平鋪四蕉葉紋,中腹和胴足布四道長條形窄扉棱,腹飾兩組浮雕獸面紋,胴足飾蟬紋帶,緊接浮雕獸面紋帶,這些獸面紋帶有細密雲雷地紋,胴足下出立裙,腹與胴足間對設十字形透孔。觚屬典型殷墟三層花式器,由對開範與腹芯、足芯組成鑄型鑄造(圖28.1)。[1] 對胴足紋飾的顯微觀察,確知紋綫中有淺色填充物(圖28.2 - 28.4),局部間有綠銹。分析表明淺色填充物主要是半透明的易碎物質,多角,勻稱,明顯以膏狀介入。X光衍射分析確定爲細石英粉。

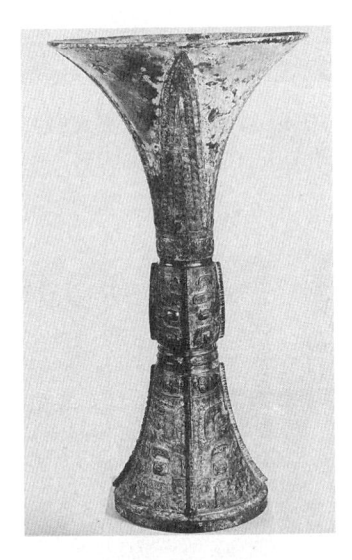

圖28.1 觚
(引自 A. Pope, 1967, pl. 18)

圖28.2 觚紋中填充石英粉
(×6.5[2],引自 R. Gettens, 1969, p. 203 fig. 270)

青銅器紋飾中填物處理以凸顯紋飾,不僅施於容器中,也施於兵器和用具。1969年安陽孝民屯出土一件直内銎戈 M928:1,通常238毫米,援中起脊,方内飾寬綫獸面紋,紋綫中填灰綠粉末(圖29),發掘報告將墓葬年代確定在殷墟三期,[3]此戈的年代可能更早,填飾和

---

[1] John Alexander Pope, Rutherford John Gettens, James Chihill, and Noel Barnard, *The Freer Chinese Bronzes*, *Volume I: Catalogue*, Washington D.C.: Smithsonian Institution, 1967, pp. 58 - 63.
[2] 此處的"×"表示放大倍數,下同。
[3] 中國社會科學院考古研究所安陽工作隊:《1969 - 1977年殷墟西區墓葬發掘報告》,《考古學報》1979年第1期,圖64.5;《中國青銅器全集》(3),No.204。發掘簡報和圖錄均未涉及紋飾中的填充物。

呈色效果或許與婦好墓偶方彝肩部象首面部勾紋一致。上海博物館收藏的一件弓形器，弓背中心設圓突，兩側布寬綫神面紋，紋綫中填褐紅色細土類物質(圖 30.1-2)。[1]

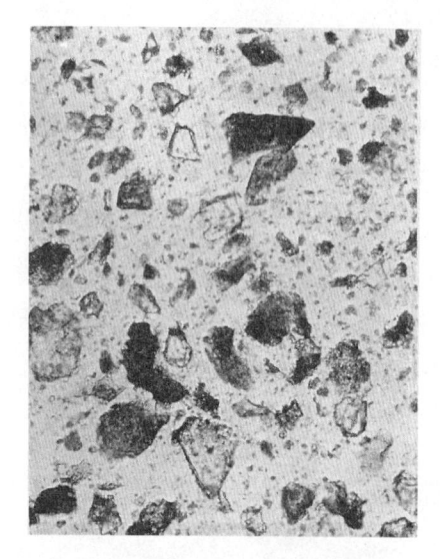

圖 28.3　觚紋填充物粉末顯紋視場
(×170,引自 R. Gettens, 1969, p. 203 fig. 271)

圖 28.4　觚填充物粉末纖維偏光視場
(×170,引自 R. Gettens, 1969, p. 203 fig. 272)

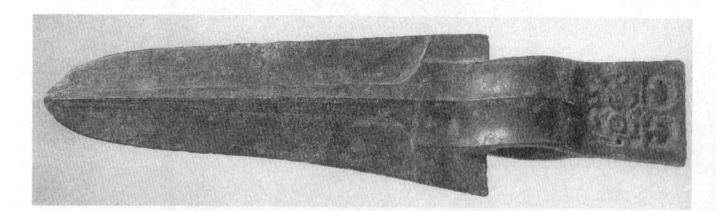

圖 29　䇽戈
(引自《中國青銅器全集》3.204)

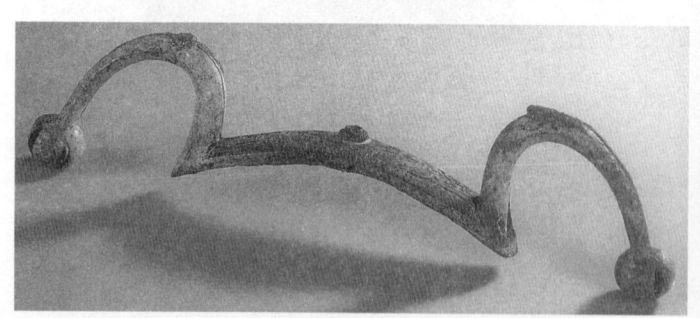

圖 30.1　神面獸紋弓形器
(引自《中國青銅器全集》3.212)

圖 30.2　神面獸紋弓形器䇽戈填紋
(引自《中國青銅器全集》3.213)

---

[1]《中國青銅器全集》(3),No.212。

三、西周填紋青銅器

西周青銅器不少具有長篇銘文，是十分珍貴的早期文獻，其中也涉及不少顏色問題，但却未見涉及紋飾和銘文顏色者。[1]

西周早期青銅器出土地域較晚商廣袤，成周、宗周、岐周至隴東、漢水流域以及北方地帶，均有出土。房山琉璃河西周墓地是召公所封燕的貴族墓地，堇鼎 M253：12 於 1974 年出自一座中型墓，形頗碩大，通高 620、口徑 470 毫米，重 41.5 千克，[2] 腹内壁鑄銘四行二十六字，唐蘭釋讀後斷其年代屬成王晚期。[3] 口微斂，平斜沿外折，厚方唇、拱形耳。腹壁微弧鼓，上腹飾一周浮雕獸面紋帶，由六組獸面紋組成；獸面紋以長條形扉棱對稱展開，扉棱兩側陰勾綫，獸身和角均勾綫，細密雲雷紋襯地，紋帶還是三重花形式。圜底下以柱足承器，足根粗，中略束腰，端平。根部飾高浮雕獸面紋，長條形扉棱中間有突，角、眉、耳、面、鼻、額和扉棱均有勾綫，但無地紋，屬兩層花紋。足上段中空透鼎底，下段中空實以泥芯。腹獸面紋帶和足獸面紋中，尚有鮮紅和褐色填充物殘留（圖 31），入葬前紋飾部分應顏色鮮亮，器身是否彩繪，難以推測。

圖 31　堇鼎
（引自《中國青銅器全集》6.4）

圖 32.1　安大略鼎
（引自 R. Gettens, 1969, p. 203 fig. 273）

---

[1] 汪濤：《顏色與社會關係——西周金文中之證據與闡釋》，《顏色與祭祀：中國古代文化中顏色涵義探幽》附錄二，第 250-279 頁。

[2] 北京市文物研究所：《琉璃河西周燕國墓地》，文物出版社，1995 年，第 101 頁，圖 72，彩版 4；《中國青銅器全集》(6)，No.4。

[3] 唐蘭：《西周青銅器銘文分代史徵》(《唐蘭全集》七)，中華書局，2015 年，第 100-101 頁。

多倫多皇家安大略博物館(Royal Ontario Museum)收藏的一件大鼎(ROM 947.33.1,圖32.1),造型和紋飾與堇鼎十分接近,口沿下紋帶中滿布填充物,係碳素、石英和銅的混合體(圖32.2),分散性甚好(圖32.3),顯然是特意製作而填入的。[1] 前文提到對曾侯乙墓青銅器紋飾填充物的分析,表明含有較高的銅,需要微觀相分析確定其賦存狀態。

圖 32.2 安大略鼎紋銅與碳黑填充物
(×120,引自 R. Gettens, 1969, p. 203 fig. 274)

圖 32.3 安大略鼎填充物均匀性
(×120,引自 R. Gettens, 1969, p. 203 fig. 275)

首陽齋收藏的山父丁鼎,年代也屬西周早期。通高 328、口徑 270 毫米。圖錄指出其形近於堇鼎,紋飾十分相似,同爲西周早期遺物。但山父丁鼎獸面扉棱兩側勾綫深竣,獸面紋綫特別——獸角、身、足面的勾綫多且流暢,地紋細密整齊;柱足上下粗細差别不大,足根獸面不僅有地紋,且扉棱筆直(圖33.1)。足的獸面紋綫中填帶黑色細膩顏料(圖33.2),推想腹部獸面也有類似處理,值得深究。

隨州、京山和棗陽曾國墓地的發掘,揭示了一個重要方國數百年的歷史,爲研究西周至戰國青銅器的多個層面,提供了不可多得的材料,研究也取得了重要成果。[2] 隨州葉家山墓地年代在西周早期。2011 年出土的一件蟬紋鼎 M27∶20,通高 219、口徑 174 毫米。[3] 鼎口微斂,斜平沿方唇,雙立耳外撇,腹壁微弧鼓,沿下飾一周由三組寬綫浮雕蟬紋組成的紋帶,每組均是兩相對蟬紋中設長條形扉棱鼻的變形獸面紋,細密雲雷紋襯地,紋飾組界與三足一致。細密雲雷紋中填飾細膩黑色物質,以凸顯浮雕蟬紋(圖34)。同年出土的曾侯諫作媿甗 M2∶1,通高 388、口徑 232 毫米,腹内壁鑄兩行七字銘文,爲曾侯諫作器。[4] 肩沿方

---

[1] Rutherford J. Gettens, *The Freer Chinese Bronzes*, *Volume II*, *Technical Studies*, Washington D.C.: Smithsonian, 1969, pp. 202–203.
[2] 代表作參見張昌平:《曾國青銅器研究》,文物出版社,2009 年。
[3] 湖北省博物館、湖北省文物考古研究所、隨州市博物館:《隨州葉家山西周早期曾國墓地》,文物出版社,2013 年,第 187 頁。
[4] 《隨州葉家山西周早期曾國墓地》,第 176–179 頁。

凸顯紋飾：商周青銅器填紋工藝 343

圖 33.1 山父丁鼎
（引自《首陽吉金》頁 81）

圖 33.2 山父丁鼎足紋
（引自《首陽吉金》頁 81）

圖 34 葉家山鼎
（引自《隨州葉家山曾國墓地》頁 187）

圖 35 曾侯諫作媿銅尊
（引自《隨州葉家山西周早期曾國墓地》頁 83）

唇，索狀立耳。甗壁較直，口沿下平鋪三組細雲紋勾獸面紋，有矮條狀扉棱，臣字眼中長圓形眼珠圓突，眼白居半。鬲分襠較高，三袋足獸面噙柱足。獸面浮雕型，張口，鼻頭凸起，臣字眼中圓眼珠超大而突出，中間有卵形坑點，外有葉形耳，上有勾眉，額中菱形突起上豎高冠，兩側爲橫伸節狀大角。甑、鬲結合處收束，腹內置桃形箅，其上五個十字透空，有半環鈕，并以勾環約束於器壁。鬲獸面紋飾的勾綫中填飾黑紅色物質，使之凸顯；據此，推測甑上紋帶也經填紋處理，幾乎全部脫落，填色或者爲土褐色。2013年出土的曾侯諫作媿尊 M28：174，屬於筒形尊，通高205、口徑25毫米。口敞、圈足底沿直徑大，底鑄銘兩行八字。[1] 尊尖沿方唇，束頸，頸下飾凸弦紋兩周，腹微鼓，上腹飾半圓雕犧首兩側布長冠鳥紋帶，下腹飾具直棱鼻的變形獸面紋，兩側布同樣鳥紋帶，細密雲雷紋地。胴足上部飾兩周凸弦紋，餘素面，下段向外弧撇并下折有高裙。腹部兩紋帶中填飾細膩灰土紅色物質（圖35）。

弗利爾藝術館收藏的作册大方鼎（器號50.7，圖36.1），通高267毫米，直口斜平沿，厚方唇，方立耳外勾兩道隨形陰綫，長方形腹壁近直，四角設出雙歧的長條形扉棱，其兩側勾T形綫。四壁中間有長方形素面，上邊四面浮雕蛇首雙身紋帶，曲身蛇上勾菱形和點紋，身上下布乳釘，細密雲雷紋襯地。另三面均布三行（列）圓乳釘，平底下四高柱足承器。足根飾浮雕獸面紋，有中間出歧的長條形扉棱，中腰飾凸弦紋。鼎腹内鑄銘八行四十一字，[2] 郭沫若和陳夢家均據以斷其爲西周康王時器，由作册大製作，出自洛陽。[3] 唐蘭進一步考其鑄於康王三年。[4] 紋飾中有黑色充填物，與器表灰緑色銹層對比强烈。經分析，填充物是含碳與石英的混合物（圖36.2）。此外，鼎身無紋飾處有一層普通的碳（圖36.3），似乎説明此器原本的炊器功能。顯然，填紋處理和使用痕迹有時不易區分，但在顯微鏡下，填紋物質的特徵明顯。[5]

圖36.1 作册大方鼎
（引自 A. Pope, 1967, pl. 34）

---

[1] 湖北省博物館、湖北省文物考古研究所、隨州市博物館：《隨州葉家山西周早期曾國墓地》，第82-83頁。
[2] John Alexander Pope, Rutherford John Gettens, James Chihill, and Noel Barnard, *The Freer Chinese Bronzes*, *Volume I: Catalogue*, Washington D.C.：Smithsonian Institution, 1967, pp. 190-195.
[3] 郭沫若：《兩周金文辭大系圖録考釋》（修訂版），《郭沫若全集》"考古編"第七卷，科學出版社，2002年，第33頁；陳夢家：《西周銅器斷代》，中華書局，2004年，第93-94頁。
[4] 唐蘭：《西周青銅器銘文分代史徵》（《唐蘭全集》七），中華書局，2015年，第151-155頁。
[5] John Alexander Pope, Rutherford John Gettens, James Chihill, and Noel Barnard, *The Freer Chinese Bronzes*, *Volume I: Catalogue*, Washington D.C.：Smithsonian Institution, 1967, pp. 193-194; Rutherford J. Gettens, *The Freer Chinese Bronzes*, *Volume II, Technical Studies*, Washington D.C.：Smithsonian, 1969, pp. 198, 200.

圖 36.2　作冊大方鼎紋內填飾
(×2,引自 R. Gettens, 1969, p. 198 fig. 263)

圖 36.3　作冊大方鼎底部煙炱
(引自 R. Gettens, 1969, p. 205 fig. 276)

　　同樣充填黑色填料的還有弗利爾藝術館收藏的臣辰盉(器號33.2,圖37),通高226毫米,侈口,尖沿方唇,束頸較高,平鋪獸面紋帶。腹外鼓下分襠,四袋足外各平鋪一大獸面紋。獸面闊口露齒,臣字眼中眼珠突出,上有寬綫勾眉,頗醒目,但再上的幾字形大角和眼外的 C 形耳均是細綫勾出,與細密雲雷地紋一樣,視覺不顯。前面向上斜出管流,流根勾雲紋而身勾蟬紋,相對的後面設 C 形獸鋬,獸頭不張,頂設半環鈕通過 8 形鏈節與蓋緣半環鈕鏈接,鋬身勾雲紋。四袋足下接高柱足,素面。穹蓋下出子口插入腹口,蓋面飾獸面紋帶,中央和緣側各設一半環鈕。蓋內和鋬下的腹壁共五十字銘文,據傳此盉於1929年出自洛陽馬坡,年代屬西周早期。[1]　盉紋帶中填飾黑色充填物,尤以管流爲清楚。經 X 光衍射分析樣品,填充物主要組分爲石英,黏合物可能是漆。填充物中的白鉛礦很可能來自銅器的銹蝕。[2]

　　成都金沙遺址出土了一批造型別致的青銅器。一件獸IT8004⑦:37(圖38)被斷爲西周中期,長高53、長43、寬29毫米。作伏臥狀,前出巨大勾喙,腦後出一對大長頸鹿角。身作板狀,且有一個穿孔,可推本類方尊先鑄的肩角附飾,獸身滿布鱗紋,其中充滿土灰色填充物。一件鳥IT8205⑦:48(圖39),通高53、長50毫米。引頸揚喙翹尾,眼圓睜,足前抓,垂尾撑

---

[1] John Alexander Pope, Rutherford John Gettens, James Chihill, and Noel Barnard, *The Freer Chinese Bronzes*, *Volume I: Catalogue*, Washington D.C.: Smithsonian Institution, 1967, pp. 232-237;吴鎮烽編著:《商周青銅器銘文暨圖像集成》第二十六卷,上海古籍出版社,2012年,14792號。

[2] Rutherford J. Gettens, *The Freer Chinese Bronzes*, *Volume II*, *Technical Studies*, Washington D.C.: Smithsonian, 1969, pp. 197-205.

圖 37　臣辰盉
（引自 A. Pope，1967，pl. 41）

圖 38　金沙銅獸
（引自《金沙遺址祭祀區出土文物精粹》頁 93）

圖 39　金沙銅鳥
（引自《金沙遺址祭祀區出土文物精粹》頁 94）

地。遍身飾點紋并陰勾綫，其中有相同的填充物，但原色待考。[1]

　　保利藝術博物館收藏的一對叔豐簋，通高 180、口徑 180 毫米。斂口鼓腹，對設 C 形獸耳，銜圓環，圜底下接矮圈足。穹蓋中央有圈形握手，蓋面和上腹飾窄顧首龍紋帶，下腹飾瓦

---

[1] 成都文物考古研究院、成都金沙遺址博物館：《金沙遺址祭祀區出土文物精粹》，文物出版社，2018 年，第 92－94、96、99 號。

棱紋。蓋內和內底對銘三行十七字。李零和董珊認爲器屬西周中期。[1] 從圖片明顯可見，蓋和上腹紋帶中殘留有填充物，爲灰白土色，局部顯橙紅色，另處爲淡綠色（圖40）。橘紅色可能是另一種顏色填充物，淡綠色應與銅銹有關。保利收藏的應侯盤，通高133、口徑340毫米，侈口平沿，方唇壺腹，平底高圈足，口沿下一周寬綫夔紋帶，其下欄對置n形附耳，平底下接高圈足，頂上均布三不規則孔，餘素面（圖41.1）。底鑄銘二行六字，稱"盤盉"。有論者以爲其年代屬西周晚期。[2] 紋帶中原有土紅色或灰色填充物（圖41.2），細膩結實，但多被剔除。

圖40　有蓋叔豐簋
（保利藝術博物館惠供）

圖41.1　應侯盤
（保利藝術博物館惠供）

圖41.2　應侯簋腹紋
（保利藝術博物館惠供）

普林斯頓大學藝術博物館（The Art Museum Princeton University）收藏的一件鼎（編號65-67）係Chester Dale和Dolly Carter的捐贈之一，通高195、寬183毫米。斜沿尖唇，一對薄的方立耳，束頸鼓腹，下接三足根部飾獸面紋，下半直立光素。上腹飾六頭順向右夔龍組成的紋帶，無地紋。有圖錄指出寬紋綫中填黑色物質（圖42）。[3] 此鼎具有西周南方風格，年代或在西周中期。

北京頤和園收藏的虢宣公子白鼎是西周晚期代表性器物，通高330、口徑320毫米。[4] 口微斂，斜平沿方唇，一對拱形立耳較厚。腹壁弧鼓，中腰飾一周突棱紋，其上爲竊曲紋帶，

---

[1] 李零、董珊：《有蓋叔豐簋（一對）》，《保利藏金》，嶺南美術出版社，1999年，第69-72頁。
[2] 李家浩：《應侯盤》，《保利藏金》，第113-116頁。
[3] Eleanor Von Erdberg, Wen C. Fong, Chinese Bronzes From the Collection of Chester Dale and Dolly Carter, *Artibus Asiae*, *Supplementum*, Vol.35, 1978, pp. 44-45, No. 31.
[4] 《中國青銅器全集》(6), No.141。

其下爲三行重環紋，紋均帶狀，平鋪型。半球形底以三蹄足承器，足素面，底端大而平。紋帶中曾經填飾處理，但多已脱落，僅存痕迹（圖43）。

圖42　普林斯頓大學藝術博物館鼎
（引自 Eleanor Von Erdberg, 1978, No. 31）

圖43　虢宣公子白鼎
（引自《中國青銅器全集》6.141）

1976年在蓬萊柳格莊清理的西周晚期墓（M11）中，出土一件青銅鼎，通高和口徑均410毫米。口微斂，平沿方唇，兩直立耳微外侈，扁半球形腹上腹和下腹均平鋪細密蟠虺紋帶，虺眼圓突，耳外面紋飾相同，上紋帶均布六道長條形扉棱。圜底外三蹄足承器，足根粗，外飾浮雕獸面紋，有中間出歧的長條形扉棱，足下收束，端爲大蹄。[1] 此鼎形態早於紋飾，所出墓葬爲西周，説明細密紋飾可以上溯到那時，而這類紋飾自春秋中期後蔚然成風，侯馬風格銅器基本如此。此鼎紋帶中填滿黑色物質（圖44），也是細密紋飾内填充處理以凸顯紋飾較早的例證。

1979年，農民在禹縣吴灣取土發現三座西周諫氏墓葬，出土八件西周晚期青銅器。其中二號墓出土一對簋M2：1和M2：2，海碗形，敞口，尖沿方唇，上腹飾寬帶竊曲紋，其中隱約有地紋；紋帶上對置橋鈕銜圓環，高圈足承器。圈足下端外撇，中飾大竊曲紋帶，有細綫勾地紋。腹内壁鑄銘兩行八字"諫作寶簋，用日食賓"，通高167、口徑238毫米。[2] 器銹蝕甚輕，

---

[1] 山東省煙臺地區文管組：《山東省蓬萊縣西周墓發掘簡報》，《文物參考資料》（3），1980年，第50－55頁，圖版9.1。此簡報稱出土地爲"劉格莊"，後續的簡報和圖錄稱"柳格莊"，見煙臺市文物管理委員會：《山東蓬萊縣柳格莊墓群發掘簡報》，《考古》1990年第9期；煙臺市博物館編：《煙臺市博物館藏品選》，山東文化音像出版社，2006年，第157頁。後圖錄稱鼎口徑380毫米。
[2] 河南省文物研究所、禹縣文管會：《禹縣吴灣西周晚期墓葬清理簡報》，《中原文物》1988年第3期，第5－7頁；《中國青銅器全集》（6），No.99。

呈紅銅底色。腹部紋帶保留部分填充物,呈灰綠色(圖45)。可以推知腹部紋帶中所謂地紋,可能是爲填充物牢固而作,故而模糊不連續;圈足地紋較完整,或者具有彩繪亦未可知。

圖44 柳格莊虺紋鼎
(引自《煙臺市博物館藏品選》頁157)

圖45 獸目交連紋簋
(引自《中國青銅器全集》6.99)

1979年隨州桃花坡一號墓出土的瓦棱紋蓋壺,通高400、口徑116毫米,是西周晚期器。[1] 壺身修長,口微侈,平沿無唇,頸微束,口下是環帶紋,再下飾竊曲紋帶。一對C形聳螺旋角的獸耳銜圓環置於頸部,腹部飾多組水準分組紋帶,自上而下依次爲瓦棱紋、變形蟬紋、瓦棱紋、S形龍紋、瓦棱紋,下接圈足。圈足飾S紋帶,底外撇作喇叭口。覆盆式蓋下出子口,一周飾竊曲紋,頂平,中間飾鳥紋,有厚實圓圈形握手,一周飾鱗紋。壺頸、腹和圈足的山紋帶、竊曲紋帶、蟬紋帶和S紋帶中均填白褐色物質,局部呈土紅色,可能是兩種填充物并用以凸顯紋飾(圖46.1-2)。

1983年農民在棗陽曹門灣發現一座兩周之際墓,出土四件青銅器,其中一件鼎,口微斂,斜平沿方唇,一對立耳較厚,腹壁略外鼓,上腹是一周竊曲紋帶,底略平,外以三素面蹄足承器。足內則不封閉,其中磚紅色泥芯暴露(圖47)。[2] 上腹紋帶似經處理,紋綫中殘留不少土褐色物質。鑒於填充物直抵口唇下,可能和其他填紋工藝有所不同。器腹散布很多氣孔,其中也有土色填充物,進一步分析這些填充物的異同,俾可助於探討填紋工藝的内涵和性質。

---

[1] 隨州市博物館:《隨州出土文物精華》,文物出版社,2009年,第35,40號;湖北省文物考古研究所:《曾國青銅器》,文物出版社,2007年,第242-245頁。
[2] 田海峰:《湖北棗陽縣又發現曾國銅器》,《江漢考古》1983年第3期,第101-103頁;湖北省文物考古研究所:《曾國青銅器》,第71-72頁。

圖 46.1　竊曲紋壺
（引自《曾國青銅器》頁 243）

圖 46.2　竊曲紋壺
（引自《曾國青銅器》頁 245）

西周青銅器具有鑄紋、填紋工藝,或者鑄紋、填紋與彩繪配合呈現紋飾的實例應該不少,惜年代既久,保存有限,缺乏研究,未引起足夠重視。翼城大河口霸國墓地出土的青銅器中,從西周早期到兩周之際銅器的填紋和彩繪實例不少,有待來日深入研究。

四、春秋填紋青銅器

春秋中期社會和青銅器同步發生了巨大變化,甚至可以將青銅器以之劃分爲古典階段和新興階段。青銅器紋飾以細密裝飾爲基調,包括蟠龍紋、蟠蛇紋、蟠螭紋、蟠虺紋、卷雲紋、絢索紋、貝紋等,這些紋飾多以嵌紋飾範塊法鑄造（pattern block）。春秋晚期,二里頭文化和殷墟時期一度繁榮的玉石

圖 47　竊曲紋鼎
（引自《曾國青銅器》頁 72）

鑲嵌工藝,在青銅器上再度復活,并以更細密的、更繁複的姿態呈現出來。同時,還在塊範鑄造的基礎上,發展出鑄鑲紅銅工藝;也由於鋼鐵技術的不斷成熟和發展,刻紋工藝亦發展起來。當然,錯金銀工藝的出現和繁榮,可能具有更複雜的背景,但視覺表現則一致且明顯:將

具有顔色反差的珍貴物質,以精巧的工藝,時新的構圖裝飾青銅器,使之華美非常,甚至極盡奢華。

在此背景下,以泥砂、顔料或樹脂等填入紋飾的裝飾工藝,相當普遍地存在着。突出表現在楚系和三晋系青銅器中。

1976 年農民在隨縣周家崗發現一批青銅器,簋有銘"曾太保",推測出自一墓,年代屬春秋早期。[1] 一對圓壺通高 374 毫米,口沿生花瓣,束頸大垂腹,頸對置兩 C 形耳,大圈足承器。口沿外飾一周龍紋,頸與腹飾勾連雙首龍紋。張昌平指出此器屬竊曲紋尾聲及向細密蟠螭紋過渡形態。[2] 兩件壺均經修復,據清理簡報,一件殘缺較重,它們保留多少原始信息待考。據照片,其中一件腹部紋飾中明顯有硃砂類填充物,同出的另十五器則没有,佐證這些硃砂并非污染所致。另一件壺紋飾中殘留物較少,爲土褐色和藍色(圖48),是否成對器以不同填充物處理成不同色調,頗值得研究。

圖 48　龍紋壺(一對)
(引自《曾國青銅器》頁 286)

2002 年棗陽郭家廟發掘的春秋早期曾國墓地,出土的一件附耳鼎 M6∶1,通高 212、口徑 250 毫米。侈口弧沿方唇,腹較淺,口沿下是一周竊曲紋帶并對設兩方形附耳,耳内外平鋪重

---

[1] 隨州市博物館:《湖北隨縣發現隨州青銅器》,《考古》1984 年第 6 期;湖北省文物考古研究所:《曾國青銅器》,第 270 – 292 頁。
[2] 湖北省文物考古研究所:《曾國青銅器》,第 284 – 287 頁。

環紋,其内側有銅梗連接口唇。底微圜,上素面蹄足承器。[1] 口沿下紋帶局部模糊,紋綫中棕黑色填充物保留甚多(圖49)。

圖49 郭家廟鼎
(引自《曾國青銅器》頁88)

圖50 季氏梁墓鼎
(引自《曾國青銅器》頁303)

　　1979年隨州義地崗發現的季氏梁墓,年代屬春秋中期。出土的一件平蓋鼎,蓋、腹殘缺,三足殘斷,鼎殘高和口徑均250毫米。斂口出子口,弧腹外鼓,口沿下飾細蟠虺紋帶,對置方形附耳,下飾一周凸弦紋,再下一周三角垂葉紋。圜底外三素面蹄足承器,三足分鑄。平蓋折沿扣合子口,中置橋形鈕,外飾兩周蟠虺紋帶,緣邊竪立三L形板狀鈕。[2] 三角垂葉紋和腹部蟠虺紋綫中,明顯填充黑色物質(圖50)。類似的實例很多,如隨州八角樓采集的一件蟠虺紋平蓋鼎,造型和紋飾與上述器物一致,[3] 紋飾經過了同樣的填紋處理。值得對二器進行對照分析。

　　淅川和尚嶺一號楚墓,發掘報告明確指出有兩件一對卷雲紋填漆蓋鼎。鼎腹沿口并出子口,腹壁弧鼓,上腹飾雙行卷雲紋帶、下腹單行卷雲紋,中間一周凸弦紋。上腹對設方附耳,内外飾卷雲紋。圜底,以三獸面蹄足承器,足根飾卷雲紋。穹蓋與腹以子母口扣合,蓋中心平鋪細綫卷雲紋團,外環三周卷雲紋,間以素面環。外環與此環間均布三半環形鈕,鈕飾細雲紋。發掘報告明確指出,此鼎花紋中填漆并打磨光亮。鼎HXHM1:4通高355、口徑320毫米(圖51)。該墓曾遭嚴重盜掘,出土有克黄升鼎兩件(M1:2和M1:3),盜出有克黄之壺和克黄之豆,發掘報告認爲墓主爲克黄,時代爲春秋中期,但其他器年

---

[1] 襄樊市考古隊、湖北省文物考古研究所、湖北孝襄高速公路考古隊:《棗陽郭家廟曾國墓地》,科學出版社,2005年,第117-118頁;湖北省文物考古研究所:《曾國青銅器》,第87-89頁。

[2] 隨縣博物館:《湖北隨縣城郊發現春秋墓葬和銅器》,《文物》1980年第1期,第34-41頁;湖北省文物考古研究所:《曾國青銅器》,第302-306頁。

[3] 湖北省文物考古研究所:《曾國青銅器》,第304-306頁。

代較晚,墓葬屬春秋晚期,[1]前後矛盾。據《左傳·宣公四年》,知克黃爲楚令尹子文之孫,曾任楚莊王箴尹。莊王九年(前605年)若敖氏之亂後改名曰生,説明此器鑄於此前。因墓中出土春秋晚期器,故認爲墓主并非克黃,當然也不是銘曾太師奠鼎M1:5的曾太師。[2]

圖51　卷雲紋填漆鼎
(引自《淅川和尚嶺與徐家嶺楚墓》彩版5)

圖52　鑲嵌粗蛇紋豆
(引自《中國青銅器全集》8.39)

春秋中晚期晉系青銅器幾乎都具有侯馬風格。早年渾源李峪出土的器物或許是略早階段的代表,其中錯紅銅龍紋鼎、獸紋敦和鑄鑲狩獵紋紅銅豆,[3]以及普林斯頓大學藝術博物館收藏的一件豆,腹部紅銅錯四虎,[4]這些都是以紅銅表現紋飾,紅銅與金黄燦然相配,體現紋飾的華美與工藝的精巧。

太原金勝村墓地出土青銅器集中體現了春秋晚期侯馬風格,趙卿墓一組四件寬綫虺紋蓋豆(M251:576、574、575、577)成列,形制和紋飾一致,大小有差,其中M251:576通高180、口徑155毫米。扁半球形豆腹下接底外撇的胴足,腹置一對環耳,口豎高子口爲隆蓋扣合,蓋頂設圈形捉手。蓋面、豆腹、足面和環耳外飾連續的粗虺紋。發掘報告描述豆"在粗條花紋中填以黑褐色塗料"(圖52),指出"這種紋樣常見於春秋末戰國初錯金銀銅器",推測"這四件豆可能專門用於殉葬,未完成錯金工藝"。[5]據《中國青銅器全集》,豆的紋綫中填

---

[1] 河南省文物考古研究所、南陽市文物考古研究所、淅川縣博物館:《淅川和尚嶺與徐家嶺楚墓》,大象出版社,2004年,第9頁、圖11-13、彩版5-6。

[2] 賈連敏:《淅川和尚嶺、徐家嶺楚墓銅器銘文簡釋》,見《淅川和尚嶺與徐家嶺楚墓》,第358-364頁。

[3] 《中國青銅器全集》(8),No.15、46、37。

[4] Eleanor Von Erdberg, Wen C. Fong, Chinese Bronzes from the Collection of Chester Dale and Dolly Carter, *Artibus Asiae*, *Supplementum*, Vol.35, 1978, pp. 146-147.

[5] 陶正剛、侯毅、渠川福:《太原晉國趙卿墓》,文物出版社,1996年,第38、40頁,圖版30。

有磚紅色物質(圖52),[1]應是對李峪所出錯紅銅豆紋飾效果的模仿,并非是未完成的錯金工藝品,當然,其功能是否專用於殉葬,則需再深探。

同墓出土一對高柄小方壺 M251∶560、561,大小、形制和紋樣相同,M251∶561 通高275、壺腹徑 89 毫米。壺口小而腹鼓,平底下接胴足高柄,蓋下出子口插入口内,蓋面飾二相對的龍,其一紋綫中填彩,現爲黑色;四側面飾心形紋,其中飾出鰭的半環鈕。壺頸和腹部飾銀錠形、槽形和疊環形紋。柄上飾三組鳥紋,上段和中段一周各四鳥,下段一周八鳥,均引頸上視(圖53)。腹、足部紋綫中均填"礦物質,用黑色顔料襯底"。發掘報告認爲此壺是"未完成的錯金銀工藝品,作爲明器入葬",并指出蓋頂面一龍紋填黑"以示雌雄",進而引申"似寓伏羲和女媧的形象",[2]聊備一説。

圖53 鑲嵌幾何紋高柄方壺
(引自《中國青銅器全集》8.77)

圖54 蟠龍紋敦
(引自《中國青銅器全集》9.110)

很多東周時期燕國青銅器,多具有侯馬風格,應屬春秋晚期,不少紋飾也作填充處理使之凸顯。1981 年通縣中趙甫墓出土的幾件青銅器,包括一件三犀鈕蓋鼎和一件變形蟠龍紋敦,其蟠螭紋和蟠虺紋的較大空隙處分别填黑色和褐色細泥(圖54),清理簡報認爲墓葬屬戰

---

[1]《中國青銅器全集》(8),No.39。
[2] 陶正剛、侯毅、渠川福:《太原晉國趙卿墓》,文物出版社,1996 年,第 42、44 頁,圖 23、彩版 4、圖版 37。

國晚期燕文化,[1]明顯偏晚。與之相類的一件三環鈕蓋鼎,於 1970 年出自平山訪駕莊,蓋面和腹部的交龍紋及下腹的蕉葉紋,較大空隙中同樣填有黑色物質,被認爲屬戰國早期中山國器。[2] 1982 年農民在順義大北務發現的一組青銅器,據判斷出自墓葬,其中一件蓋豆,蓋、腹和校飾蟠虺紋、三角紋、鋸齒紋和菱形紋,清理簡報指出其中鑲嵌紅銅,屬戰國時期燕文化器物,[3]後入藏故宮博物院。有介紹稱豆腹飾蟠龍紋和三角雲紋,捉手邊緣等處嵌綠松石(圖 55),斷代爲戰國早期。[4] 從照片看,捉手周緣的菱形塊具有綠松石色,與豆蓋、腹和校上紋綫顔色一致,若前者爲綠松石鑲嵌,後者因紋綫纖細,均匀一致,屬綠松石鑲嵌的可能性不大,更大可能是填某種物質模擬綠松石鑲嵌,或者達到綠松石鑲嵌的效果。

圖 55 蟠龍紋豆
(引自《中國青銅器全集》9.115)

弗利爾藝術館收藏的狩獵紋四耳鑒(編號 15.107,圖 56.1),屬所謂李峪風格的特别類型。通高 280、寬 610 毫米;圈足取樣經濕法分析,含銅 63.7%、錫(+銻)7.9%、鉛 26.0%,而發射光譜分析確定銻含量大於 1%,屬於含銻高鉛錫青銅。四耳銜圓環,是否屬於原配尚不可知,均鑞焊於頸部,且鑞料過量;一耳明顯爲後配,當然,四環也可能是後配的。平沿,方唇,矮圈足。束頸,鼓腹,頸下和下腹各設一道凹箍,連同唇外飾三角形紋。頸部、腹部和圈足外紋帶上有三道鑄造披縫,還有拼紋飾範塊的接縫。腹部和底部可見多處墊片,其中某些已經脱落或鬆動。底部殘存澆道茬口,沿下和底還殘存少量範、芯。腹内有幾周浮雕鵝、魚、龜紋,而頸、上腹和下腹爲車馬狩獵紋,重複七遍,圈足外飾瓣紋。狩獵紋綫中填白色物或看似錯銀,實則爲鉛白,近於鉛的腐蝕物(圖 56.2)。波普他們開始認爲紋中錯銀,但没有痕迹。難以解釋鉛白充填,覺得可能與通體的機械清理和打磨有關,將鉛的銹蝕從高處推到了紋綫槽中。[5]

---

[1] 程長新:《北京市通縣中趙甫出土一組戰國青銅器》,《考古》1985 年第 8 期,第 694 – 700 頁;《中國青銅器全集》(9),No.99、110。
[2] 唐雲明、王玉文:《河北平山縣訪駕莊發現戰國前期青銅器》,《文物》1977 年第 2 期,第 96 頁;《中國青銅器全集》(9),No.145。
[3] 程長新:《北京市順義縣龍灣屯出土一組戰國青銅器》,《考古》1985 年第 8 期,第 701 – 703 頁。
[4] 《中國青銅器全集》(9),No.115。
[5] John Alexander Pope, Rutherford John Gettens, James Chihill, and Noel Barnard, *The Freer Chinese Bronzes*, *Volume I: Catalogue*, Washington D.C.: Smithsonian Institution, 1967, pp. 484 – 489.

356　青銅器與金文(第三輯)

圖 56.1　鑒
(引自 A. Pope, 1967, pl. 89)

圖 56.2　鑒壁 X 光片
(弗利爾藝術館惠供)

圖 57.1　大英博物館鼎(1949,0711.1)

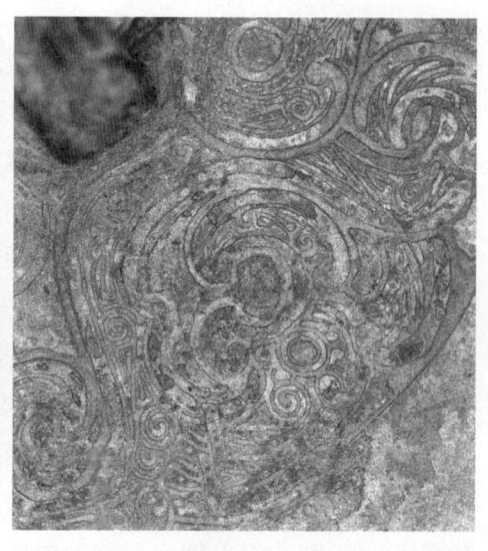

圖 57.2　大英博物館鼎蓋微觀照片

大英博物館收藏一件侯馬風格聯襠蓋鼎(編號 1949,0711.1；圖 57.1)係 1949 年購藏，未曾見諸著錄。鼎通高 216、直徑 241 毫米。整體作扁球形，隆蓋，蓋沿向內平斜，微向內折；蓋頂微鼓。蓋面飾三組紋飾：外周紋帶環形、中間環形紋帶和蓋心圓形紋飾團。圓形紋飾團中央置拱形鈕，銜截面圓形圓環，環兩面飾細密雷紋和三角紋。紋綫極細，不足三分之一毫米，深度大體相若。外周與中環間的隔帶上，對稱分布三相同的臥獸。三獸造型一致，均銜圓環，前腿後踞臥於蓋面，抬頭向外平視，口銜圓環。中腹設一道凸棱，上飾規矩的兩股繩紋，每股雙綫，兩股交迭處上股連續而下股斷開。凸棱直徑最大，上腹紋帶由蟠龍紋糾結組成，下腹平鋪幾何形紋帶。底聯襠，三矮蹄足。足下段爲插口式鑄接，和趙卿墓、陝縣上村嶺所出列鼎，以及侯馬鑄銅遺址所出鑄型一致，是侯馬作坊某工匠的炫技之作。[1] 鼎紋滿布器蓋和上腹，十分繁縟細密，溝槽中滿布土色填充物（圖57.2）。[2] 青銅器的細密紋飾更需要填紋處理，紋飾才能顯現出來。

五、戰國填紋青銅器

戰國青銅器屬於新興期，是春秋中晚期青銅器的繼續和發展，早期的青銅器承春秋中晚期餘緒，甚至難以區分。中期開始出現衰退態勢，青銅器造型和紋樣逐漸趨於簡率，青銅器開始走向衰落。

1965年長治分水嶺墓地出土的犧背立人擎盤M126：541，通高150、通長175、盤徑140毫米，年代被定爲戰國早期。[3] 是一件罕見的青銅玩物，一人坐犧背持柄，柄端爲一周緣透空圓盤，犧肥碩富態，昂首豎耳，雙眼圓睜，面與耳飾鱗紋，眼上飾瓣紋，粗頸帶貝紋項圈。身肥腿短，偶蹄。肩、臀壯，外飾絞絲帶。短尾飾垂葉紋。身披氈毯并蓋住人下身，氈毯滿布細鱗紋，上織祥雲紋，兩邊鑲瓣紋。犧背前端設孔直插圓柱，柱可轉動，柱頭設圓套筒，支撐圓盤，盤底平，壁弧形透空，内底中央有圓盤形凸起。犧背後邊端坐一女，束髮，着右衽飾麻點紋窄袖長袍，腰繫帶，兩臂前伸雙手持圓柱。這件器物出土信息公布不多，從器身殘留物看，此器曾經填色，犧耳鱗紋上點亮橘色，鱗紋間點白褐色或白色，氈毯如之（圖58）。可以推測，人及其衣服、柱和盤均經彩繪，也就是說，原物可能鮮艷奪目。

戰國初期的青銅器的傑出代表是1978年發掘的隨州曾侯乙墓器群，共出青銅禮器和用具117件、重逾兩噸；其中有銘文器83件，比例之高十分罕見，都銘"曾侯乙作持"，可見是曾侯乙自作自用器，時代和作坊相同，墓主是曾侯乙；同出一件鎛銘文記鑄於楚惠王五十六年，即公元前433年，曾侯乙下葬與之不遠，發掘報告推測爲公元前433－前400年間。[4] 前文已及，據發掘報告統計，曾侯乙墓出土的117件青銅禮器中，嵌錯和填飾紋飾者65件，剔出鑲嵌加工的數件，填紋處理的器物多達數十件。

---

[1] 蘇榮譽：《論三足鋸齒形鑄接青銅鼎——兼論聯襠鼎和侯馬鑄銅作坊生産諸題》，《高明先生九秩華誕慶壽論文集》，科學出版社，2016年，第152－187頁。

[2] 蘇榮譽、王全玉：《青銅器工藝與青銅器斷代和鑄地——基於叉口鑄接青銅鼎的案例研究》，待刊；Q. Wang, R. Su, D. Oflynn, Y. Chen, A Bronze Ding Vessel Collected in the British Museum, under printing.

[3] 邊成修：《山西長治分水嶺126號墓發掘簡報》，《文物》1972年第4期，第38－43頁，圖版1；山西省考古研究所、山西博物院、長治市博物館：《長治分水嶺東周墓地》，文物出版社，2010年，第298－313頁；《中國青銅器全集》(8)，No.140。

[4] 湖北省博物館：《曾侯乙墓》，文物出版社，1989年，第175－178、186、459－464頁。

圖 58　犧背立人擎盤　　　　　　　　　　　　　圖 59　曾侯乙鼎
（引自《中國青銅器全集》8.140）　　　　　　（引自《中國青銅器全集》10.112）

　　曾侯乙大鼎 C96 通高 646、口徑 642 毫米,重 54.8 千克。直口斜平沿,厚方唇;束頸,飾一周寬綫勾連雲紋帶;紋帶上對置方附耳,耳內、外兩面飾寬綫勾連雲紋,兩側上部飾工字紋,下部飾雲紋;腹壁弧收出平底,上腹飾寬綫蟠龍紋帶,下接一周內填寬綫雲紋的垂葉紋。三蹄足承托下腹。足根粗,外飾卷寬鼻的浮雕獸面紋,中間有出歧的板狀扉棱,足中較細,足端爲大蹄,底平。腹內壁鑄銘兩行七字"曾侯乙作持用終"。發掘報告指出此鼎除足根獸面紋外,其餘紋飾均經填紋(原文"鑲嵌",下同不俱)處理,但多已脫落,"僅留下白色粉末狀充填物"(圖 59)。[1]

　　九件一列曾侯乙升鼎(C87 - C95)也出自中室,九鼎形制相同而尺寸互有出入,高度與口徑差不過十毫米,重量相差不過五百克。C89 通高 352、口徑 458、壁厚 5 - 13.5 毫米,重 20.5 千克。敞口,平沿外侈,厚方唇,唇外飾一周工字紋,沿上一對方耳向外弧撇,耳外面飾勾連雲紋,兩側飾工字紋。鼎腹較淺,以突棱束腰,上腹壁內斜而下腹壁直。上腹平鋪一周寬綫鳥獸龍紋帶,下腹平鋪兩周不同的寬綫勾連雲紋帶。腹外均布四條拱身圓雕爬龍,龍足、腹緊貼鼎腹壁,口銜鼎唇沿,尾上翹,龍身飾鱗紋和渦雲紋。平底以三蹄足相承。蹄足內側平,根粗壯,外飾高浮雕獸面紋,中間有出兩歧的板狀扉棱。足中段收束,底爲蹄形。內壁鑄同樣銘文。鼎的紋飾中均有填充物,鼎口沿、耳、腹的寬綫紋飾中,全部填充了白色物質,而且保存很好(圖 60.1)。發掘報告稱"個別部位有綠

---

[1]　湖北省博物館:《曾侯乙墓》,第 190 - 191 頁,圖 93、圖版 50.2;《中國青銅器全集》(10),No.112。

松石黏附在充填物面上",[1] 惜未有詳細描述。從照片看,鼎腹部爬龍龍身雲紋和鱗紋中所填飾,顏色近於孔雀藍(圖60.2)。個中差異,值得研究。

圖60.1 曾侯乙升鼎
(引自《中國青銅器全集》10.109)

圖60.2 曾侯乙升鼎爬獸
(引自《中國青銅器全集》10.110)

曾侯乙小口提梁蓋鼎C185或歸類爲湯鼎,通高385、口徑257、腹徑436毫米,重29.8千克。小口直,斜平沿外侈出方唇,下有短頸。鼎弧肩,腹扁圓外鼓。肩平鋪一寬綫蟠龍紋帶,其中對置龍鈕。龍下身蟠曲肩面,上身昂起,眼中銜圓環與提鏈鏈接,龍身滿布細密鱗紋。上腹平鋪寬綫鳥獸龍紋帶,其中均布八個突出的圓渦紋,紋帶上下以工字紋窄帶界邊。圜底有煙炱,下出圓平面,三蹄足承下腹。足根粗,外飾浮雕獸面紋,足中爲上粗下細柱形,足端蹄形,均素面。盒形蓋扣在鼎口上,蓋頂平,中心布圓餅形寬綫四鳳紋,外圈爲寬綫勾連雲紋,二者間以工字紋環,外圈紋帶中均布四扁圓環鈕,蓋側壁平鋪寬綫勾連雲紋。提鏈上端爲雙頭蜷曲蛇形提手,蛇頭各銜一圓環,下鏈接三8形鏈節,端部的圓環鏈接鼎肩部螭鈕,提手和鏈節、圓環上滿布細勾雲紋。肩部和蓋內壁鑄七字銘。發掘報告籠統指出"紋飾主要爲鑲嵌綠松石(大多脫落)的花紋"。[2] 從照片可知蓋、肩、腹和足紋飾中均經填紋處理,大多呈白色,少量爲灰綠色(圖61),發掘報告所言綠松石也可能飾在這些部位。足根獸面紋中填充物顏色發褐,可能原本爲另一種色調。鼎底煙炱,但上邊界整齊位於腹下側工字紋帶下,

---

[1] 湖北省博物館:《曾侯乙墓》,第192-194、196頁,圖96,圖版51.2,彩版7;《中國青銅器全集》(10),No.109-110。

[2] 湖北省博物館:《曾侯乙墓》,第235-236頁,圖134、圖版76.1-2,彩版8;《中國青銅器全集》(10),No.114。

恰在足根頂面位置,燒火煙熏不會如此齊整且繞過鼎足根,推測原本經過某種處理,至於提鏈、鼎足原色如何,需要普遍而深入的實驗室調查,或許可明瞭某些部分。

圖 61 曾侯乙鼎
(引自《中國青銅器全集》10.114)

圖 62 曾侯乙鼎
(引自《中國青銅器全集》10.111)

曾侯乙墓出土五件牛鈕蓋鼎(C98－C104),形制、紋飾、大小基本相同,可謂一列或一組,C98 通高 393、口徑 396、壁厚 5 毫米,重 25.3 千克。體作扁球形,弇口,平沿内出子口,爲蓋扣合。蓋穹形,面平鋪三環紋帶,内圈爲聯鳳紋、中間爲勾連雲紋、外周爲蟠龍紋,紋帶間以工字紋繞環區隔。蓋中央有蛇形拱鈕銜圓環,外兩周紋帶工字紋環上均布三圓雕牛鈕,牛周向站立,顧首向外,獸身飾渦雲紋。口沿下對生方附耳,附耳内外平鋪寬綫勾雲紋,兩側工字紋。上腹平鋪勾連雲紋帶,上下以順向工字紋鑲邊。鼎有小平底,但三蹄足承器於中腹紋帶下。足背近平,粗足根外飾浮雕寬卷鼻獸面紋,其下素面,端爲蹄足。蓋内和腹壁内鑄相同銘文。發掘報告和圖録均指出蓋、耳和腹部紋飾"槽内有褐黑和白色的充填物,個别地方有綠松石微粒存留"。[1] 從照片看(圖 62),鼎蓋、腹、耳的寬綫紋飾中,填滿了土紅色物質,局部爲白色,至於顏色如何組合,尚是一項缺失的研究。是否局部嵌入綠松石以及尺度如何,值得深究。其實,所配的一對鼎鉤 C149,飾細綫卷雲紋,也鑄七字銘文,從照片看,卷雲紋中很可能也填飾白褐色物質,若果,蓋面牛鈕乃至足根獸面中,有可能經過了類似處理(參見圖 59)。同樣,曾侯乙環鈕蓋鼎 C103、蓋面和腹部寬綫勾連雲紋帶中填充他物,而足根的細綫浮雕獸面紋中没有填飾。三環鈕蓋鼎 C102 和獸鈕蓋鼎 C236,蓋、腹飾細綫蟠蛇紋、絢索紋、幾

---

[1] 湖北省博物館:《曾侯乙墓》,第 196 頁,圖 97,圖版 52,彩版 7.3;中國國家博物館、湖北省博物館:《江漢湯湯:湖北出土商周文物》,北京時代華文書局,2015 年,第 178 頁;《中國青銅器全集》(10),No. 111。

何雷紋、蟠螭紋，[1]和上述鼎足根紋飾一樣，是否經過填充處理，也是有待探究的問題。

八件曾侯乙簋（C105－C112）形制相同，均是方座雙耳帶蓋簋，尺寸重量一致，微有出入，實爲一列，與九件升鼎相配，僭越了所謂的鼎簋等級制度。C108 通高 318、口徑 222 毫米，重 12.8 千克。簋侈口尖沿，束頸飾一周工字紋帶，鼓腹滿布寬綫鳥首龍紋，對生鳥首外顧的 S 形龍，龍身滿布細鱗紋。簋底平，矮圈足置於方座上，方座四面均有幔帳形缺口，上下布工字紋，中間平鋪寬綫鳥首龍紋。穹蓋下出子口插入腹口扣合，蓋面平鋪兩圈寬綫紋帶，内圈聯鳳紋，外圈勾連雲紋，二者之間以工字紋環區隔；蓋頂中央飾五蓮瓣捉手，花瓣飾雲紋。蓋周緣均布三小獸形扣，蓋、腹内壁鑄七字銘（圖 63）。考古報告指出蓋、腹紋填飾，器"紋槽内個别部位有緑松石"，[2]但未説明緑松石塊尺寸，墓室中也未見報道清理出的細碎緑松石，或者緑松石細粒是紋飾的填充物中的粗料亦未可知。據照片，簋蓋、腹和方座寬綫紋中填充物保存甚好，其表面呈多孔并有坑點，顔色亦分灰緑色、白褐色、土褐色多種。多孔是膏狀充填物乾燥後的慣常現象，坑點當然和剥落有關，也可能是小片或小塊緑松石脱落所致，至於多色填料，由於埋藏、腐蝕和污染，難以還原原色，但可知原色豐富。若以淡緑色爲主調，和黄銅色對比强烈，易於凸顯紋飾。至於腹側爬獸，也許和前述升鼎爬獸一樣，獸身細紋中也經填色處理。

圖 63　曾侯乙簋
（引自《中國青銅器全集》10.108）

九件曾侯乙鬲（C156－C164），造型、紋飾和大小、輕重相差無幾，屬列器或一組器，最大的 C156 通高 130、口徑 155 毫米，重 2.5 千克。斂口，寬斜沿外折，方唇，束頸，腹壁弧鼓，底分襠，袋足下接蹄足承器。袋足外側中間設甚高的板狀雲形扉棱，器壁布較寬綫鳥首龍紋，口沿鑄七字銘。腹紋飾經填飾處理（圖 64）。

四件曾侯乙簠（C122－C125）的形狀、紋飾、大小、輕重一樣，微有差别，應爲一套。簠作長方形，器、蓋同形，只是蓋沿外壁在長邊有兩個、短邊一個小獸面，扣合後卡住腹壁。蓋、腹内底鑄銘七字。C122 通高 262、口 314×241、壁厚 3 毫米，重量 13.4 千克。直口，上腹壁直而下腹弧内收，短邊弧壁中間設 C 形粗壯獸耳。平底，四邊出向外弧撇圈足。腹、蓋滿鋪紋飾，上腹平鋪較寬綫 T 勾連紋，弧壁和蓋面平鋪寬綫龍鳳勾連紋，足飾寬綫鳥首龍紋，發掘報告

---

[1] 湖北省博物館：《曾侯乙墓》，第 197－201 頁。
[2] 湖北省博物館：《曾侯乙墓》，第 207 頁，圖 107，圖版 58.1－2，彩版 7.5；《中國青銅器全集》(10)，No.118。

圖 64　曾侯乙鬲（九件一列中四件）
（引自《中國青銅器全集》10.116）

指出這些紋飾，"紋槽内有褐、白色充填物"，特别指出"未見緑松石"。[1] 事實上，曾侯乙簠上的紋綫較上述鑄器略窄，其中填滿物質，表面爲灰土色，但灰土色下爲白色（圖65），説明原填充物爲白色，和曾侯乙升鼎與鬲一樣，所填或石膏或石灰，表層灰土色爲埋藏污染。蓋與腹四隻獸耳上所飾細卷雲紋中，可能也經填飾處理。

圖 65　曾侯乙簠
（引自《中國青銅器全集》10.119）

兩件一對的曾侯乙圓鑒（C128、C127）造型比較特殊，蓋與腹内鑄銘七字，通高290、口徑446毫米，C128重23.5千克。[2] 侈口方唇，束頸甚短，飾粗勾連雲紋帶。紋帶對置兩龍形

---

[1] 湖北省博物館：《曾侯乙墓》，第209-211頁；《中國青銅器全集》(10)，No.119。
[2] 湖北省博物館：《曾侯乙墓》，第240-241頁，圖138，圖版79、彩版11.2；《中國青銅器全集》(10)，No.116。

耳,昂首雙翼,腹設圓環鏈接提鏈。腹上邊一工字紋帶,下有勾連雲紋帶,再下爲垂葉紋。兩半環鈕跨工字紋帶和雲紋帶而設。矮圈足外飾工字紋帶,内壁均布三"貫耳"。隆蓋中央設鈕銜圓環,外環三圈勾連雲紋,均以工字紋帶區隔,外圈均布三環鈕。提鏈與前述小口提梁蓋鼎 C185 相若。此鑒紋飾填滿白色填充物,甚至工字紋亦不例外(圖 66)。發掘報告指出"所鑲嵌綠松石大多脱落",如紋飾中都嵌綠松石,填充物即爲鋪墊和黏合劑。此説不免以偏概全。

圖 66　曾侯乙提鏈鑒
(引自《中國青銅器全集》10.128)

圖 67　曾侯乙甗
(引自《中國青銅器全集》10.117)

　　曾侯乙墓青銅器中,類似的填紋器很多,其他如成套的曾侯乙盤 C148 和匜 C147、提鏈壺 C182,紋飾填白色填充物,是曾侯乙墓青銅器紋飾工藝的主流,其源流和藝術、技術屬性有待探討。同出的分體甗 C165,鬲素面,紋飾在甑上。頸部和上腹是寬綫勾連雲紋,中間以工字紋隔開,下腹是垂葉紋帶。耳飾渦紋和斜角雲紋。發掘報告稱"甑腹嵌錯灰白色石質紋飾",[1] 但從圖片看,寬勾連雲紋帶溝槽中,填滿黑色填充物,雖比較緻密,但遠較石質粗疏(圖 67)。圖片中,紋帶灰色泛白的部分,連着基體,自然緻密。紋飾填黑色填充物,這件甗是典型。

　　曾侯乙匜 C190,通高 155、通長 318 毫米。[2] 瓢形,前出槽形流,後設龍形鋬。平沿方唇,腹微鼓。腹飾龍鳳勾連紋帶,近平底下三獸足承器。足根粗爲獸頭,勾勒陰紋,足中素面斜直,足端大蹄,整器造作獸形。腹部紋帶内塞滿填充物,質地較疏鬆多孔,有較大顆粒的硃砂、有白綠色綠松石屑,有褐色土質和石英,還有黑色團粒。足部細紋綫中亦可見淡綠色(圖 68)。此器顯然是一種混色填紋,需要進一步研究確定其材料。

---

[1] 湖北省博物館:《曾侯乙墓》,第 203-204 頁。
[2] 湖北省博物館:《曾侯乙墓》,第 243 頁,圖 139.2,圖版 80.4;《中國青銅器全集》(10),No.125。

圖 68　曾侯乙匜
(引自《中國青銅器全集》10.125)

曾侯乙墓出土一組十件青銅鼎形器(C113－C121、C136),體作半蛋形,三細長蹄足承器,造型十分别致。腹部飾勾連雲紋帶,下接垂葉紋,均爲細綫。發掘報告指出"上腹部所鑲绿松石大多脱落",[1] 但據照片難以確定紋綫中鑲嵌绿松石。一則紋綫甚細,绿松石嵌成綫難度過大,二則器表的绿松石色爲點狀,無成圖案之意,三則紋綫中填充物有土褐色和粉绿色,紋飾填多色的可能性大。

最後來討論曾侯乙蓋豆C194,通高264毫米,蓋内和腹内鑄七字銘。直口平沿方唇,有收束短頸,飾一周工字紋帶。微鼓腹面飾鳥首龍紋帶,兩側對出環耳。圜底下接筒形柄,柄下喇叭形足。柄和足滿布變形蟠龍紋,足裙飾一周工字紋(圖69.1)。隆蓋中央飾團鳳紋,外周一環鳥獸龍紋,獸面均布四環鈕(圖69.2)。[2] 此豆除環鈕外,紋綫寬窄相當一致,不僅紋綫中填充物清楚,很多鑲嵌的绿松石依然保留着,尤其以蓋面、柄和足保存最多。從蓋面造型團鳳團紋看,所嵌玉石種類較多,有孔雀藍、孔雀绿、松石绿、青、蛋殼白,可能還有深棕色,尺度在毫米級,且往往將不同色塊錯開排列,但整體色調爲藍绿,玉石脱落處顔色灰白。柄、足與之相同。具有反差的是,蓋緣和頸、腹紋帶,幾乎没有殘留玉石,只見灰白色填料,局部鐵紅。可能的解釋是這些紋帶根本不嵌玉石,只有填紋處理。偶見的绿色星點,可能是蓋中或足玉石脱落粘上的。若是,則是嵌玉石與填紋工藝結合裝飾器物。

---

[1] 湖北省博物館:《曾侯乙墓》,第213頁,圖113.1,圖版56.1－2;《中國青銅器全集》(10),No.142。
[2] 湖北省博物館:《曾侯乙墓》,第211、213頁,圖111.2,圖版59.2－3,彩版8.3－4;《中國青銅器全集》(10),No.120－121。

圖 69.1　曾侯乙豆
（引自《中國青銅器全集》10.120）

圖 69.2　曾侯乙豆
（引自《中國青銅器全集》10.121）

與之可參比的是曾侯乙匕 C169，出土自大鼎 C95 腹內，長 458 毫米。長柄淺勺，柄弧形板狀，前段窄，鑄銘七字，後段寬并鏤空。柄上寬綫紋嵌玉石，泰半已脱落。所嵌玉石尺度在毫米級，主要爲孔雀藍、孔雀綠兩色，玉石脱落處可見鋪墊填料，看起來像泥，土紅色，粒度較大而不匀，與填紋工藝的填充物頗不相同。蓋滕斯説在顯微鏡下可辨别填紋，簡便實用。

六、結語與問題

嚴格來説，本文還不是一項研究，而是在揭示青銅器的填紋現象。填紋工藝曾相當普遍地施於青銅器紋帶中以凸顯紋飾，但由於種種原因，這一現象被長期忽視。個別賢明曾注意到這一問題并做出了開創性研究，但對這一現象的忽視或漠視，幾乎没有後來者跟進。導致這一工藝所體現和蘊含的學術問題——可能包括青銅器的表現、青銅器紋飾的視覺表達、青銅藝術的色調、青銅器的功能和使用、青銅紋飾與其他介質藝術表現的關聯等等，被長期忽略或隱匿。

由於對填紋現象的忽視，也無由留心新出土青銅器的表面處理，易致在青銅器清洗和清理、修復等過程中，誤除填紋殘留物。概而言之，拙文可歸結如下幾點：

1. 青銅器紋飾是青銅藝術發展的必然，也是古代青銅器的重要組成部分。雖然商周青銅器紋飾的含義還難以確知，但構圖複雜，做工精細，是花費了大量智力和勞動的結果，無疑具有十分重要的内涵和地位。然而，青銅材質本色淡黄，鑄造紋飾不易被觀察清楚，其獨特詭秘的藝術和高超的工藝技巧難以爲觀者所看見。爲此，填紋工藝應運而生，其工藝可能移借了陶器和漆木器的彩繪以及玉器的填紋處理,以及二里頭時期的青銅器玉石鑲嵌工藝。青銅器鑄造紋飾出現於二里頭文化後段,填紋工藝可能出現在二里崗下層階段。

2. 填紋即是將某種或某些粉末,通常是超細的顏料或石英砂,用膠黏劑(通常可能用漆)調和成膏狀,形成填充物,填入紋飾的溝槽之中,既有單色,也有混色和配色,待其乾燥,形成特定顏色,或達成模擬某種工藝視覺效果的圖案裝飾。填充物乾燥過程中,水或油分揮發形成多微孔結構,故而填充物往往是多孔物質。當然,這些細膩的填充物外也可黏結某些較為粗大的粒狀或片狀物質,如玉或綠松石。因此,填紋工藝與鑲嵌、錯、鎏鍍、貼附、彩繪等不同,不可相混。

3. 經過對青銅器填紋材料的初步調查,這些材料相當均質(或者均匀的混合物),粒度細微而均匀,石英粉多棱角,分散性高,黏結劑或調和劑為碳素物質。這些特徵與土壤和自然污染物明顯不同,在顯微鏡下易於辨識。當然,要確定填充物的材質,則需要進行儀器分析,X光衍射分析最常用。

4. 初期的填紋可能模擬陶器、漆木器彩繪或玉器紋飾填彩,其效果在於凸顯紋飾,使之易於被看見。這樣的視覺目標在東周階段依然重要。由於春秋中期以後青銅器裝飾工藝更加豐富,填紋有了更多的模擬對象。填紋不僅模擬玉石鑲嵌,還要達到錯金銀或紅銅、鑄鑲紅銅甚至鍍錫、鎏銀或彩繪的效果。這些華麗的加工工藝不僅顯示花紋圖案,而且華貴富麗,價值和地位甚高。或者說,這些填紋是那些特種工藝的低價模仿品或替代品。若特種工藝處理有某種文化、宗教或藝術符號功能的話,填紋處理可能是更簡便實現那些功能的手段。若以價值論,填紋處理也可以是在無法得到特種工藝品情況下,為達到某種效果的替代品。

5. 就現有資料看,填紋工藝用之於青銅器紋飾有相當的普遍性,似乎自二里崗階段開始有日益普遍的傾向。但歷時的普遍性如何演變,是受訂做者或製作者支配,還是受使用環境與目的影響,均不清楚。同樣,青銅器填紋工藝是否有其地域性,或者各地域各作坊各自有何不同,均有賴材料的不斷積累進行探討。可以預料,填紋工藝和填充物研究,不僅擴展了青銅藝術的內容和視野,也將有助於青銅器時代、風格、產地等的研究。

6. 需要強調的是,青銅器的填紋本較脆弱,易於脫落。再經數千年地下埋藏,所依附的青銅基體首先會銹蝕,銅銹體積膨脹,更易將填充物剝蝕,所以出土時某些填充物已殘留不多。由於埋藏環境中水的浸泡、糟朽有機物的浸染、硃砂和泥土粘連,所存不多的填充物往往不顯眼,容易在清洗、清理青銅器時去除。所以有必要籲請考古學家、文物保護和修復專家,意識到青銅器可能會有填紋處理,對新發現和將進行修復的器物,檢查是否經過填紋處理。

需要再次強調的是,本文的討論基於某些清晰的圖像資料,從中辨識出填紋工藝,方法上的局限性很明顯,不排除某些假象存在其中。本文旨在拋磚引玉,希望引起學術界的重視,關注并從多角度研究填紋工藝。當然,在希冀考古學界多貢獻新資料的同時,也籲請博物館查驗所收藏的青銅器有無填紋處理,填紋如何,并請發表相關資料,記入藏品檔案。若確認所涉及的近百件青銅器的填紋有無或更進一步的填紋信息,懇請不吝賜教。

附識:

2016 年開始,繼續推進中斷一時的課題——與三星堆博物館合作研究三星堆祭祀坑出土青銅器。考察器物過程中,再度思考和面對它們的彩繪和填紋裝飾工藝。2018 年,有幸得到英國科學院(The British Academy of Science)的資助,赴大英博物館進行三個月的訪問研究,和王全玉博士一道研究館藏侯馬風格青銅器。這些器物普遍的填紋處理,促使我開始較系統地搜集填紋資料。在大英博物館舉行題爲"東周金屬技術"(Eastern Zhou Metal Technologies)(2019 年 9 月 21 日)研討會上,和王全玉博士以《侯馬作坊鑄銅:大英博物館藏品研究》(Eastern Zhou Bronzes from Houma Foundry: A Case Study of Bronze Objects in the British Museum Collection)爲題,匯報了我們的研究,其中填紋只占很小一部分。2018 年 10 月 18–20 日,"青銅器、金文與齊魯文化學術研討會"在濰坊召開,蒙組織者錯愛,在會上以《商周青銅器的填紋———一種被忽視的工藝》爲題做了簡單報告,爲使聽衆易於理解鑄造青銅的顏色和紋飾視覺,筆者求助山西宇達青銅文化藝術股份有限公司和銅陵新九鼎銅文化產業有限公司,他們都熱情發來剛鑄造出來的青銅器照片。在拙文寫作過程中,成都文物考古研究院江章華院長寄贈一大批材料,本文討論的金沙銅器受惠於此。上海古籍出版社張亞莉女士及時寄贈我他們新再版的《首陽吉金:胡盈瑩、范季融藏中國古代青銅器》,好雨知時節。2019 年 1 月,我如約在侯馬工作站研究翼城大河口霸國青銅器,留意填紋和彩繪,確有不少發現。適值洪洞南秦墓地、襄汾陶寺村北墓地出土青銅器在修復,兩位領隊楊及耘先生和王京燕女士惠允觀察了修復前的部分碎片,填紋現象相當普遍,增強了完成此稿的信心。初稿殺青後,請求保利藝術博物館萬利群館長惠賜兩件器物照片,迅即慷慨賜寄。初稿曾呈請師友斧正,李零先生立即看過并指出原稿饕餮紋之說欠妥,需再斟酌。美國路易維爾大學(University of Louisville)中國藝術史教授賴德霖兄仔細順通了原稿,改正了含混語句和誤植,使拙作順暢許多。上述諸機構和師友的隆情高誼,作者在此致以深深的感謝。

山東益都蘇埠屯貴族墓葬的銅禮器器用[*]

楊 博[**]

商周時期，青銅器的生産、使用對社會的發展甚至對早期國家的形成都産生了重要影響。青銅器的規模化生産意味着手工業的專門化。青銅器的生産和使用，包括采礦、冶煉、運輸、鑄造等諸多環節，并涉及納貢、分配等社會組織、管理和控制方式；青銅器因具有特定的功能，對它的使用還體現出人們的價值觀。[1]《左傳》成公二年載孔子云："唯器與名不可以假人，君之所司也。名以出信，信以守器，器以藏禮，禮以行義。義以生利，利以平民，政之大節也。"杜預注"器，車服。名，爵號"，"名位不愆，爲民所信。車服所以表尊卑"。[2] 其初始含義是政治統治秩序有賴於禮制運行的通順，而禮制的外在體現是作爲"器"、"名"的車服和爵號。後世學者以禮器泛指古代祭祀、宴饗等禮儀活動中使用的器具，包括青銅器、玉器等。

青銅器作爲商周貴族社會政治、倫理、宗教等一切禮儀制度的器用標志，同時也是貴族階層身份地位和權力的象徵。青銅器的使用遍見於貴族社會生活的方方面面，諸如政典官儀、册封賜命、慶賞宴饗、聘使盟會、婚喪嫁娶、車馬出行等各種禮儀場合，無有例外。可以説，青銅器是商周時期貴族生活須臾難離的物質依托。[3] 周秦漢唐至宋，對出土及傳世銅器的研究即不絶如縷。近代以來，1931 年山東益都蘇埠屯的銅器出土在當時是一個有較大影響的事件，山東乃至北平等地的報紙均做了報導。上海博物館藏張履賢《蘇埠屯銅器圖録》是有關 1931 年山東益都蘇埠屯出土銅器的早期著録和研究。[4]

蘇埠屯墓地位於今青州市（原益都縣）東北約 20 千米蘇埠屯村東的埠嶺上。1965 年秋至 1966 年春，山東省博物館曾發掘了四座商代墓葬和一座商代車馬坑。[5] 後由於修築公

---

[*] 本文爲國家社科基金青年項目"西周諸侯墓葬青銅器用與族群認同研究"（17CZS005）的階段性成果之一。
[**] 中國社會科學院古代史研究所、出土文獻與中國古代文明研究協同創新中心助理研究員。
[1] 施勁松：《商時期南方地區的青銅器與社會：複雜性與多樣性的例證》，《考古》2018 年第 5 期。
[2] 《春秋左傳正義》卷二五，成公二年，杜預注、孔穎達疏：《春秋左傳正義》，阮元校刻：《十三經注疏》（清嘉慶刊本），中華書局，2009 年，第 4111 頁。
[3] 朱鳳瀚、楊博：《多卷本"中國古代青銅器整理與研究"簡評》，《中國史研究動態》2017 年第 2 期。
[4] 張履賢：《蘇埠屯銅器圖録》，唐友波整理，上海書店出版社，2014 年。
[5] 山東省博物館：《山東益都蘇埠屯第一號奴隸殉葬墓》，《文物》1972 年第 8 期。

路,埠嶺被劈成南北兩半。改地、燒窯等大量用土,使埠嶺日漸縮小,墓地遭受了很大破壞。爲進一步瞭解蘇埠屯墓地的保存情況,加強保護工作,山東省文物考古研究所亦曾於1986年春對埠嶺進行了全面勘探,并發掘清理了八座墓葬。[1] 本文討論的M7、M8即是本次發掘僅見保存完整的兩座墓葬。

一

M7(圖一)位於南埠嶺的東北邊沿,上部爲M6打破,方向10°。長方形豎穴土坑墓,一棺一槨。墓室面積約9.5平方米,南北長3.65、東西寬2.6、墓口距墓底2.9米。墓底四周有二層臺,墓底有腰坑,殉狗,狗頭向北。墓內三人殉葬,分別在東、南、西三面外層的生土二層臺上,爲二成人(圖一殉1-2)一兒童(圖一殉3)。

隨葬品除兩隻牛腿置於槨頂,大部分在棺槨之間,亦有少數在棺內。墓主頭前有銅鼎、銅簋、銅觚、銅爵、銅鈴與陶簋、陶觚、陶爵、陶豆、陶罐等;棺南有陶盤、陶罐;棺西側有銅戈、石鏃;棺內隨葬一套觚、爵,製作精美,紋飾細緻,有"亞醜"銘文(圖二);另有銅戈、陶拍。棺槨之間隨葬銅器製作簡陋,只有凸弦紋及由突棱、乳釘紋構成的簡化獸面紋,據推測爲隨葬而鑄造的明器。殷墟銅器中,明器流行在三期第Ⅱ階段,與該墓所出器物形制相合。[2]

M8(圖三)爲帶一條墓道的"甲"字形大墓,位於南埠嶺中部,方向6°。長方形豎穴土坑墓,兩槨一棺。墓室面積約48.8平方米,墓口南北長7.5米、東西寬6.5米,墓口距墓底4.46米,口大底小。墓壁經加工修整,未見工具痕迹。墓地四周有生土二層臺,墓底中部有腰坑。墓道開於墓室南壁,墓道上口長9.7、外口寬2.1、內口寬2.4米,墓道坡長11.2、底寬1.46、深3.3米。墓室內有兩隻殉狗,一在東二層臺上,一在槨頂,頭均向北。

隨葬品除一組銅泡及一對玉珮飾分別見槨頂和棺內,其餘均在棺槨之間。銅斝、銅罍、銅尊、銅卣、銅觚、銅爵、銅觶、銅斗、銅鈴以及陶簋、陶罐、蚌泡和石磬等在棺北。五件銅鼎和一件銅簋分別置於棺西北角和東北角,鼎內多有動物骨骼。棺西側放銅兵器弓柲、鉞、戈及削刀、鐯、鑿等銅工具。棺東側亦見銅兵器矛、鉞及樂器鐃等。棺西南角有一長胡二穿戈,銅鏃則成束散置各處。槨室北部禮器出土時,器表可見有約0.5釐米之麻織物附着,多帶有銘文"融"(圖四)、"册融"(圖五)。該墓所出銅器組合與殷墟三期第Ⅱ階段形式相同,器物形制亦多與殷墟三期同類器相同,如該墓所出中胡一穿直內戈,亦是殷墟三期第Ⅱ階段始出現之形制,故蘇埠屯M8墓葬大致年代與M7一致。[3]

---

[1] 山東省文物考古研究所、青州市博物館:《青州市蘇埠屯商代墓葬發掘報告》,《海岱考古》(第一輯),山東大學出版社,1989年,第254-274、408頁。
[2] 朱鳳瀚:《中國青銅器綜論》,上海古籍出版社,2009年,第1055頁。
[3] 朱鳳瀚:《中國青銅器綜論》,第1056頁。

圖一　蘇埠屯 M7 平面圖

（《青州市蘇埠屯商代墓葬發掘報告》第 257 頁圖三）

1. 銅簋　2. 銅鼎　3. 銅鈴　4-6. 銅觚　7-9. 銅爵　10-16. 銅戈　17. 陶拍　18. 石鏟　19. 陶罐　20. 陶爵　21. 陶觚　22. 陶豆　23、26-28. 陶小罐　25. 陶簋　27. 陶罐　30. 陶盤　31. 貝　32. 蛤蜊殼

圖二　M7 棺內出土觚、爵
(《銘圖》09378、07064)

蘇埠屯 M7、M8 銅器形制、紋飾之總體特徵與殷墟銅器基本相合，而關於"亞醜"等銘文究竟爲何族？目前所見主要觀點有以下四種：

其一，商人。李學勤先生即認爲其爲小臣醜封國所在。[1] 王恩田先生進一步認爲亞醜是商人建立的方國，首領稱"小臣醜"，墓主爲殷商諸侯"方伯一類人物"，亞醜應是文獻中的"九侯"，最後爲商紂所滅，"融"是從亞醜族中分化出來的子族。[2] 郭妍利先生指出蘇埠屯墓地的墓葬形制、埋葬制度、隨葬品組合及風格與殷墟地區商人墓葬保持極高的一致性，幾乎完全反映了商文化的禮制特點，認爲蘇埠屯墓地的墓主對商文化有極高的認同。[3] 王進鋒先生則認爲蘇埠屯大墓主人身份、所處時代與甲骨卜辭中的小臣旨相當，其可能就是小臣旨。[4]

其二，東夷。早年殷之彝先生等以爲其應即文獻記載之薄姑氏，乃殷王國在山東地方之主要盟國。[5] 李零先生曾發表《蘇埠屯的"亞齊"銅器》，認爲"醜"應讀爲妻(齊)，商代本既

---

[1] 李學勤：《走出疑古時代》，遼寧大學出版社，1997 年，第 333 頁。
[2] 王恩田：《益都蘇埠屯亞醜族商代大墓的幾點思考》，陳光祖主編：《金玉交輝——商周考古、藝術與文化論文集》，中研院歷史語言研究所，2013 年，第 23-39 頁。
[3] 郭妍利：《也論蘇埠屯墓地的性質》，《三代考古》(三)，科學出版社，2009 年，第 247-272 頁。
[4] 王進鋒：《亞旨銅器、蘇埠屯一號墓與小臣旨》，《中國國家博物館館刊》2011 年第 12 期。
[5] 殷之彝：《山東益都蘇埠屯墓地和"亞醜"銅器》，《考古學報》1977 年第 2 期。

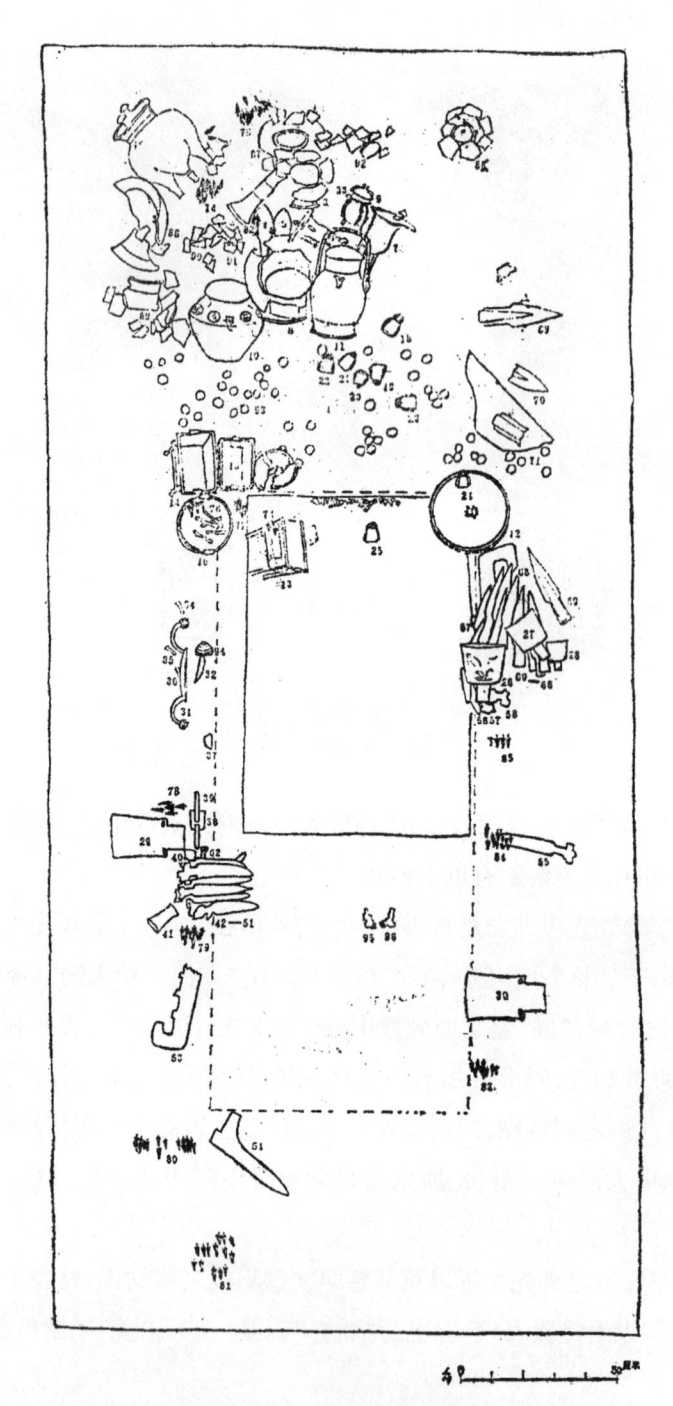

圖三　蘇埠屯 M8 槨室器物分布
（《青州市蘇埠屯商代墓葬發掘報告》第 262 頁圖八）

1. 銅罍　2、3. 銅觚　4–7. 銅爵　8. 銅尊　9. 銅斝　10. 銅甗　11. 銅卣　12. 銅簋　13–15. 銅方鼎　16、17. 銅圓鼎　18–25. 銅鈴　26–28. 銅鏡　29、30. 銅鉞　31. 銅弓柲　32. 銅削　33. 銅斗　34–36. 骨飾　37. 銅鑿　38. 銅斧　39. 銅管　40、41. 銅鋒　42–51、54–58、61. 銅戈　52. 銅環首刀　53、68. 銅刀　59–66、69、70. 銅矛　71. 石磬　72. 銅箍　73. 玉柄形器　74–85. 銅鏃　86. 陶簋　87–92. 陶罐　93. 蚌飾　94. 蛤蜊殼

圖四　M8 出土"融"方鼎、"融"觶
（《銘圖》00135、10051）

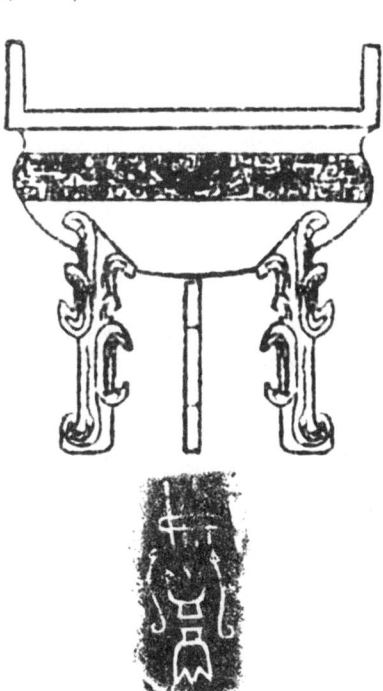

圖五　M8 出土"冊融"扁足方鼎、扁足圓鼎
（《銘圖》00060－00061）

有以"齊"爲國氏之族,後來周人封齊,只是因襲舊名。薄姑與齊,可能是國族之不同氏稱,亦可能是兩個不同國族。[1] 方輝先生推測"商末征夷方之攸當在魯北地區,且與青州相距不會太遠",故蘇埠屯很有可能是"東攸"。[2] 孫華先生則基於臣服於商王朝的外服侯伯是不應該使用十字形墓葬的觀點,將蘇埠屯大墓視爲反叛商王朝的東夷首領之墓。[3]

其三,周人。黄川田修先生亦認爲"醜"應讀爲齊,但進一步認爲蘇埠屯遺址可能是周初齊侯始封地。[4]

其四,夏人。如亦有學者認爲其或與夏后斟、斟灌有關;[5]王迅先生則將"融"與祝融族氏相聯繫,以爲"醜"、"融"均可能是祝融族中的不同支系。[6]

可以看出,有關蘇埠屯墓地的族屬、墓主,學界還存在不小的爭議,筆者下文擬在前輩學人探討之基礎上,對其青銅禮器器用所能反映出的這一族氏之文化形態與殷墟文化、周初周人文化間關係,做一簡單討論,以供師友同好批評。

二

M7 隨葬青銅禮器爲實用器觚爵+明器鼎簋觚爵的組合。與之相應,殷墟青銅禮器組合以"觚、爵"爲核心,[7]觚爵套數反映了墓葬等級與社會關係變化,殷墟銅器三期第Ⅱ階段觚、爵組合的墓極少,兩套或三套觚、爵配以其他器物組合的墓迅猛增加,并且出現青銅禮器與青銅"明器"組合搭配的現象。[8] 就蘇埠屯 M7 器用組合而言,其用三套觚爵(實用器一、明器二)和明器鼎簋觚爵的組合形式與前輩學者於殷墟銅器組合發展諸階段的認識是相合的。

殷墟地區同屬三期二階段的典型墓葬,如郭家莊 M50(圖六),墓室面積約 5.4 平方米,墓底有腰坑殉狗。隨葬器物在槨室內,有些或原在棺頂板上,隨着棺腐朽而跌入棺室。[9]

---

[1] 李零:《蘇埠屯的"亞齊"銅器》,《文物天地》1992 年第 6 期。
[2] 方輝:《從考古發現談商代末年的征夷方》,《東方考古》(第 1 集),科學出版社,2004 年,第 249-262 頁。
[3] 孫華:《匽侯克器銘文淺見——兼談召公建燕及其相關問題》,《文物春秋》1992 年第 3 期。
[4] 黄川田修:《齊國始封地考——山東蘇埠屯遺址的性質》,藍秋霞譯,許宏校,《文物春秋》2005 年第 4 期。
[5] 杜在忠:《關於夏代早期活動的初步探索》,《夏史論叢》,齊魯書社,1985 年,第 245-265 頁;王樹明:《"亞醜"推論》,《東夷古國史研究》(第二輯),三秦出版社,1990 年,第 76-99 頁。
[6] 王迅:《東夷文化與淮夷文化研究》,北京大學出版社,1994 年,第 142 頁。
[7] 鄭振香、陳志達:《殷墟青銅器的分期與年代》,《殷墟青銅器》,文物出版社,1985 年,第 39-56 頁。
[8] 孟憲武、楊松山、李貴昌:《殷墟南區墓葬青銅器群綜合研究》,《安陽殷墟青銅器》,中州古籍出版社,1993 年,第 16 頁。
[9] 中國社會科學院考古研究所:《安陽殷墟郭家莊商代墓葬——1982-1992 年考古發掘報告》,中國大百科全書出版社,1998 年,第 10 頁。

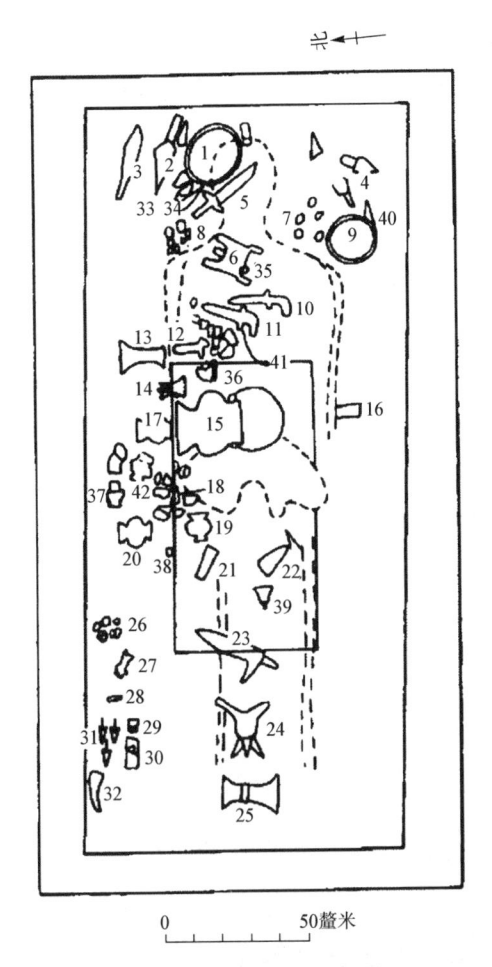

图六　郭家莊 M50 平面圖
(《安陽殷墟郭家莊商代墓葬》第 10 頁)

1. 銅簋　2. 銅矛　3. 銅矛　4. 銅矛　5. 銅矛　6. 銅鼎　7. 毛蚶　8. 毛蚶　9. 陶簋　10. 銅戈　11. 銅戈　12. 銅鼎　13. 陶觥　14. 陶爵　15. 銅卣　16. 玉管　17. 陶小罍　18. 陶尊　19. 陶小罍　20. 陶小罍　21. 銅錛　22. 銅矛　23. 銅戈　24. 銅爵　25. 銅觚　26. 小石子　27. 玉兔　28. 玉飾　29. 銅罍　30. 銅錛　31. 銅鏃　32. 石鐮　33. 銅矛　34. 銅矛　35. 銅鈴　36. 銅鼎　37. 陶小罍　38. 貝　39. 銅鈴　40. 銅矛　41. 銅戈　42. 陶小罍

可先將蘇埠屯 M7 與郭家莊 M50 器用情況比較如下表：

表一　蘇埠屯 M7 與郭家莊 M50 禮器器用比較

類　　別		墓　　號	相鄰器物	銘　　文
實用器	酒器	7 爵	蘇埠屯 M7	6	亞醜
^	^	6 觚	^	7	亞醜
^	^	24 爵	郭家莊 M50	25	兄冊
^	^	25 觚	^	24	兄冊
^	^	15 卣	^	12	無
^	食器	6 鼎	^	1	乍冊兄

續表

類　　別			墓　號	相鄰器物	銘　　文
明器	食器	1 簋	蘇埠屯 M7	2	無
		2 鼎		1	
		1 簋	郭家莊 M50	6	
		12 鼎		36	
		36 鼎		12、15	
	酒器	4 觚	蘇埠屯 M7	5、8	
		8 爵		4、9	
		5 觚		4、9	
		9 爵		5、8	

　　上表可見，兩座墓葬均爲實用器與明器兩套組合，族氏銘文均銘刻在實用器上，分別見於爵、觚與鼎等基本器類。實用器爵、觚基本組合在墓葬中似應是獨立成羣（圖七），單獨置用。另一由明器爲主體組成的器羣中，在隨葬器物種類較少的墓葬中，食器與酒器存在組合器如鼎簋、爵觚鄰近置用的情況。此外，兩座墓葬實用器加明器的組合，亦出現偶數同形現象，[1] 如蘇埠屯 M7 隨葬兩套明器觚爵，郭家莊 M50 兩件鼎即大小、紋飾相近。

圖七　蘇埠屯 M7 槨室器物分布
（《青州市蘇埠屯商代墓葬發掘報告》圖版五-1）

---

[1] 學者或將其稱作"偶數配列"，認爲殷墟部分中型墓隨葬的青銅禮器中，存在一種較爲固定的配置模式。它以成套觚爵爲核心，搭配偶數配列的方鼎、分襠鼎、簋、方尊、卣等，以及奇數的圓鼎、甗、圓尊、盉、盤、觶等。參見湯毓贇：《殷墟墓葬青銅禮器組合的新思考》，《江漢考古》2018 年第 2 期。但是圓鼎并非以奇數配比常見，而多用偶數，如蘇埠屯 M7 圓鼎即爲偶數。

蘇埠屯 M8 的器用情況則可由表二來表示,是可見其器用特色可總結爲:

表二　蘇埠屯 M8 的禮器器用情況

類　別		相鄰器物	銘文	形　制
食器	簋	12 簋		
	鼎	13 方鼎	15、16、17	融	近同
		14 方鼎	15、16、17		
		15 扁足方鼎	13、14、16、17	册融	
		17 扁足圓鼎	13、14、15、16		
		16 柱足圓鼎	13、14、15、17		
酒器	斝	1 斝	2	融	
	觚	2 觚	3、4、5		近同
		3 觚	2、6、7、9		
	爵	4 爵	2、5		近同
		5 爵	2、4		
		6 爵	3、7		
		7 爵	3、6		
	尊	8 尊	4、10、11		
	觶	9 觶	3、6、7		
	罍	10 罍	8		
	卣	11 卣	6、7、8、9		
	斗	33 斗	9 觶		
樂器	鐃	26 鐃	27、28		近同
		27 鐃	26、28		
		28 鐃	26、27		

其一,均爲實用器,器用組合以兩套觚一爵二爲核心,食器鼎(方鼎、圓鼎、分襠鼎)、簋加酒器罍、斝、尊、卣、觶。觚爵、鼎簋、尊卣等基本組合器物上帶有單一族氏銘文"融"。

其二,食器方鼎存在偶數同形,樂器三件鐃爲列器組合,形制、紋飾相近,大小遞減。

其三,器用區位可分兩種視角觀察:

一是酒器、食器群間有間隔,酒器聚堆置放(圖八)。

二是食器群分開,但若將以蚌飾、蛤蜊殼等爲間隔的酒器、食器視爲同一器群(它們均處在槨室北部,即墓主人頭部),則其亦可視作酒器聚置、食器分置,方鼎與罍、簋與卣相鄰的置器模式。

圖八　蘇埠屯 M8 槨室器物分布
(《青州市蘇埠屯商代墓葬發掘報告》圖版五-2)

　　這種酒器聚置、食器分置,鼎罍、簋卣相鄰的置器方式在殷墟地區隨葬食、酒器等多器類的墓葬中習見。[1] 如同屬殷墟三期的郭家莊賽格金地 M13(圖九),墓室面積約 4.3 平方米,大件青銅器主要放置在墓室南部。[2] 隨葬銅容禮器情況可見表三。

表三　賽格金地 M13 隨葬青銅禮容器區位關係

類　別		出土位置	相鄰器物	銘　文
食器	1 圓鼎	槨室東南角	2 觶、6 卣	保父癸
	3 簋	槨室西南角	4 爵、7 斝	
酒器	2 觶	槨室東南角	1 圓鼎	
	4 爵	槨室西南角	3 簋、7 斝	
	5 觚	槨室南部	4 爵、6 卣、7 斝	
	6 卣	槨室東南	1 圓鼎、5 觚	
	7 斝	槨室西南	3 簋、4 爵、5 觚	保父癸
	18 爵	槨室東北角	19 觚	
	19 觚	槨室東北角	18 爵	

---

[1] 參見拙作:《殷墟貴族墓葬青銅禮容器的區位特徵》,北京大學出土文獻研究所主辦,河南省文物考古研究院、鄭州古都學會承辦"商周青銅器與金文研究學術研討會"論文,河南鄭州,2017 年 10 月,第 393－451 頁。
[2] 安陽市文物考古研究所:《安陽殷墟徐家橋郭家莊商代墓葬——2004－2008 年殷墟考古報告》,科學出版社,2011 年,第 63 頁。

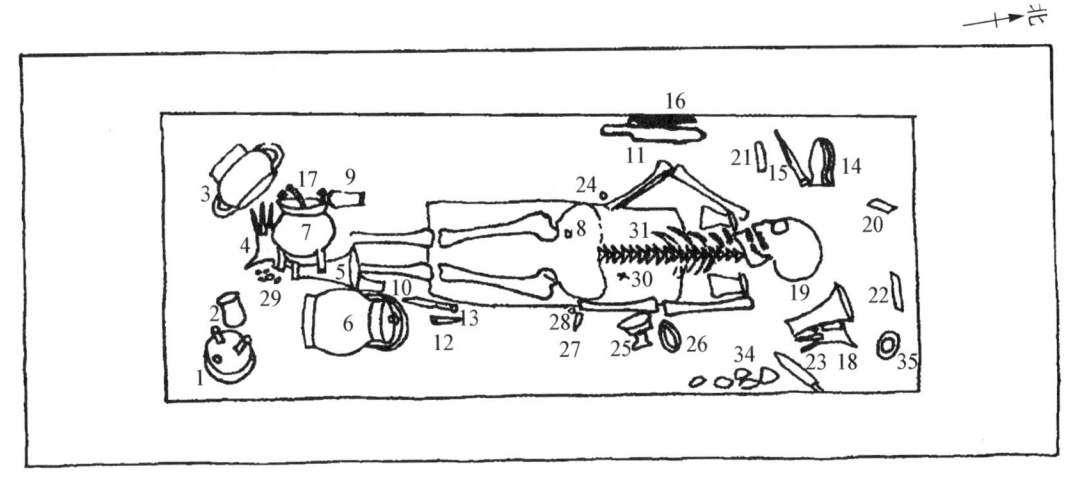

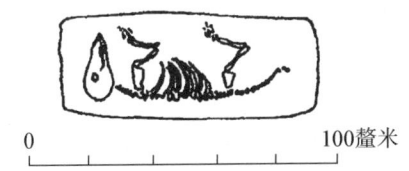

圖九　郭家莊賽格金地 M13 平面圖
(《安陽殷墟徐家橋郭家莊商代墓葬》第 63 頁)

1. 銅鼎　2. 銅觶　3. 銅簋　4. 銅爵　5. 銅觚　6. 提梁卣　7. 銅斝　8. 玉飾　9、10. 銅錛　11. 銅戈　12. 銅鑿　13. 銅削　14. 銅矛(3)　15. 銅矛　16. 銅戈　17. 銅弓形器　18. 銅爵　19. 銅觚　20. 玉戈　21. 玉柄形器　22. 玉戈　23. 銅戈　24. 貝(7,西側手)　25. 陶豆　26. 陶簋　27. 玉戈(東側手)　28. 貝(東側手)　29. 貝(12,東腳底)　30. 銅鏃　31. 骨鏃(3)　32. 銅鈴(出於北部填土中)　33. 綠松石珠(2,頸部下)　34、35. 陶器殘片

　　賽格金地 M13 食器鼎、簋與酒器斝、卣、爵、觚、觶組成器群置於墓室南部墓主人足端,墓主人頭端另有酒器爵、觚一套。器群中似可見鼎、簋位於兩端,東端鼎與觶、卣靠近,西端簋與斝、爵相鄰,爵、觚組合器相鄰,是其區位特徵爲食器位於器群兩端,鼎、簋靠近卣、斝,爵、觚組合置用。

　　食器分置、酒器聚置的器用區位,在入周後的部分地區仍然得到延續,如筆者曾討論過的涇陽高家堡,即采用食器與酒器相鄰,酒器聚置,另一端接以食器的方式;2003 莊李村 M9 與靈臺白草坡 M2 的器物擺放方式亦是食器分置酒水器兩端,酒器聚置的方式。如莊李村 M9(圖十)的食器銅鼎三、銅鬲一與銅甗一在北部二層臺上,銅甗與酒、水器罍一、尊一、爵二、卣一、盉一、斝一相鄰,上述器物自北向南依次擺放在二層臺東北部,食器簋二與斝相鄰。[1] 北窯"登"墓(圖十一),墓室面積約 3.9 平方米,墓底有腰坑殉狗,隨葬器物在槨内北

---

[1] 參見拙作:《高家堡墓葬青銅禮器器用問題簡論》,《商周青銅器與先秦史研究論叢》,科學出版社,2017 年,第 375－381 頁;《青銅禮器的器用内涵與學術價值》,《中國社會科學報》2018 年 6 月 4 日第 5 版。

圖十　莊李村 M9 禮器組合
(《陝西周原遺址發現西周墓葬與鑄銅遺址》第 4 頁)

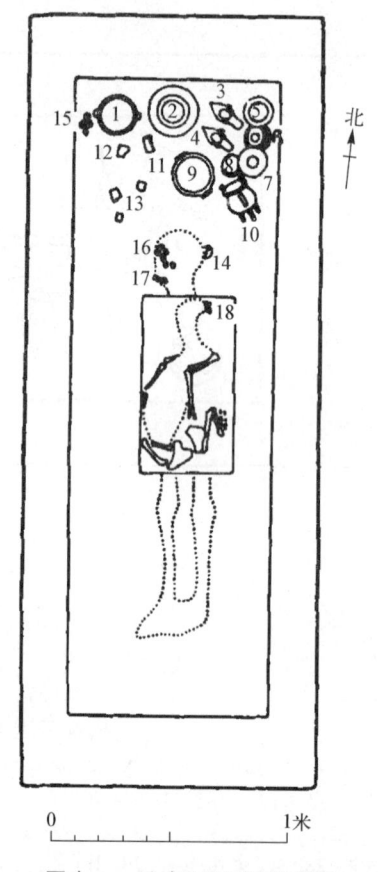

圖十一　北窰"登"墓平面圖
(《洛陽北瑶西周墓清理記》第 35 頁)
1. 銅簋　2. 陶罐　3. 銅爵　4. 銅爵
5. 銅尊　6. 銅卣　7. 銅觚　8. 銅觶
9. 銅鼎　10. 銅斝　11. 銅錛　12、13. 銅塊　14. 玉飾　15. 蚌泡　16. 貝　17. 人齒　18. 狗牙

端排列有序,亦是鼎罍相鄰在器群一端,簋在器群另一端的置放形式。[1]

以上所列均爲西周銅器一期,即西周初期墓葬。年代在西周銅器二期的同屬山東地區之濟陽劉臺子墓地 M6(圖十二),其器物相鄰方式,似基本遵循了按大類分置之原則,但若將之與同時同組墓葬,即 M2 相較,似可發現其還存在另一重要現象,即將酒器聚置,食器分置,M2 食器鼎與簋、鬲分置兩處,M6 食器簋、甗在最北一排,兩座墓葬之酒器(M2 只有一件觶)則聚置一處。[2]

---

[1] 洛陽博物館:《洛陽北瑶西周墓清理記》,《考古》1972 年第 2 期。
[2] 參見拙作:《濟陽劉臺子西周墓葬青銅容禮器的器用問題簡論》,《青銅器與金文》(第二輯),上海古籍出版社,2018 年,第 443－451 頁。

圖十二　劉臺子 M6 北二層臺出土器物
(《山東濟陽劉臺子西周六號墓清理報告》第 5 頁)

三

　　蘇埠屯墓葬的族屬問題向來引起學界重視,筆者上文僅從典型墓葬青銅器用角度對此問題予以簡單討論,所論相當膚淺且未必準確,懇請方家賜正。惟所云如尚可信,則目前所

得認識主要有二:

其一,蘇埠屯墓葬青銅禮器器用特色與殷墟、入周後殷遺存在密切之聯繫,就此角度看,其似亦應屬於廣義之殷人,即在族群與文化認同上與商人一系。

其二,通過蘇埠屯墓葬與殷墟同期及入周後典型殷遺民墓葬之繫聯對比,似可推導出判斷殷人青銅禮器器用的又一標準,[1]即酒器聚置,食器分置。此種器用方式上起殷墟時期,在入周後的很長一段時間内,如山東地區濟陽劉臺子墓葬中仍可見其餘緒,顯示着商周青銅禮器器用的二系分途。

---

[1] 筆者所謂判斷標準并不具有排他性,是指在墓葬考古實踐中見到"酒器聚置,食器分置"情況,似即可考慮其與殷人族屬之關係,并不代表所有殷人或殷遺民均有此種器用特色。

交流策略的演變：從辛莊頭考古發現探討中原與北方民族關係的變遷[*]

金秋月[**]

一、概　　況

辛莊頭墓區位於今河北省易縣，於 1977 至 1978 年進行考古發掘，是燕下都遺址三個墓區之一。在所有已發掘墓葬中，年代屬於戰國晚期的 M30 引人關注。儘管已被盜掘，但依然出土大量器物，包括武器、帶鉤、車馬器部件以及多種陶器和編鐘。其中有 100 餘件器物與歐亞草原藝術有着明顯聯繫。辛莊頭出土器物的器形與裝飾與南西伯利亞、蒙古、貝加爾湖地區出土器物風格接近，有些器物甚至與現甘肅、內蒙古鄂爾多斯地區出土器物相似或相同。

在瞭解燕國形成及歷史的基礎上，通過對墓葬及出土器物的仔細研究，作者認爲戰國時期（公元前 475—前 221 年）燕國貴族改變了應對北方草原民族的政策，有意使用游牧民族的器物不僅顯示燕國對北方地區的接納及欣賞，還表示燕國希望與北方地區加強聯繫。

二、燕國的形成、歷史及意義

據史書記載，公元前 1045 年周武王與商朝大戰於牧野，周軍大勝。周武王建立周朝後，領土擴張。爲維持穩定，有效控制新征土地，周朝實施分封制度，[1]大封宗室及功

---

[*] 此文譯自 Catrin Kost, "Changed Strategies of Interaction: Exchange Relations on China's Northern Frontier in Light of the Finds from Xinzhuangtou", in Katheryn M. Linduff, Karen S. Rubinson (eds.), *How Objects Tell Stories: Essays in Honor of Emma C. Bunker*. Inner and Central Asian Art and Archaeology 1, 2018, pp. 51-73；翻譯：高毓婷。感謝 Maria Khayutina 和 Nicholas Vogt 在文章寫作過程中提出建議，感謝 Shumon T. Hussain 爲本文提供圖片。

[**] 南方科技大學助理教授。

[1] Edward L. Shaughnessy, "Western Zhou History", in *The Cambridge History of Ancient China: From the Origins of Civilization to 221 B.C.*, edited by Michael Loewe and Edward L. Shaughnessy, Cambridge: Cambridge University Press, 1999, p. 311.

臣。[1] 這些封地不僅是周王朝的軍事要地,而且要對當地進行中原文化滲透。

周武王的弟弟召公奭被封於燕。[2] 燕國位於東北部,是北下進入華北平原的入口。周天子在法律效力及政治權威上居於絕對支配地位,諸侯必須服從周天子的命令。[3] 據銘文及考古資料顯示,西周早期燕國與其他諸侯國確實與周王朝保持聯繫。燕國初都琉璃河遺址 M1193 出土兩件鑄有銘文的青銅器,是爲了紀念克,太保(監護與輔弼國君的重臣)之子。太保即召公奭,燕國的諸侯。[4] 另一件帶有銘文的青銅器爲燕侯旨鑄造,記錄他首次拜訪宗周的事情。[5]

公元前 9 世紀初,周王室政權衰微,西北戎狄交侵,周朝實力漸不如前。公元前 771 年,西夷[6] 犬戎攻打周幽王,西周王朝覆滅。東周成立後,雖王室猶存,但管轄範圍大減,也失去了對諸侯國的軍事控制權。由於長期自給自足,各諸侯國已經獨立。[7] 戰國時期,長期以來處於弱勢的燕國躋身七雄。[8] 燕國南毗齊國,西鄰趙國,隨着國力的強大,疆域也大爲

---

[1] 關於各個封地的被封時間、地點及受封諸侯王的概況,參見 Feng Li, *Early China: A Social and Cultural History*, Cambridge: Cambridge University Press, 2013, pp. 123 - 124, 130 地圖 6.3 與 Edward L. Shaughnessy, "Western Zhou History", in *The Cambridge History of Ancient China: From the Origins of Civilization to 221 B.C*, edited by Michael Loewe and Edward L. Shaughnessy, Cambridge: Cambridge University Press, 1999, pp. 311 - 313 與 p. 313,地圖 5.3。有關周朝的婚姻政治和征服異族後的通婚作用,請參閱 Edwin G. Pulleyblank, "Ji 姬 and Jiang 姜: The Role of Exogamic Clans in the Organization of the Zhou Polity", *Early China* 25(2000), pp. 1 - 27。

[2] 關於燕國建立的記載請見(漢)司馬遷撰,(劉宋)裴駰集解,(唐)司馬貞索隱,(唐)張守節正義:《史記》,臺北鼎文書局,1981 年,卷 34,第 1549 頁。

[3] Yan Sun, "Colonizing China's Northern Frontier: Yan and Her Neighbors During the Early Western Zhou Period", *International Journal of Historical Archaeology* 10.2(2006), p. 162.

[4] 有關 M1193 的更多信息,請參閱中國社會科學院考古研究所、北京市文物研究所琉璃河考古隊《北京琉璃河 1193 號大墓發掘簡報》(《考古》1990 年第 1 期);有關克罍和克盉的銘文及燕國的受封情況詳見陳平《克罍、克盉銘文及其有關問題》,(《考古》1991 年第 9 期,第 843 - 854 頁)與孫華《匽侯克器銘文淺見——兼談召公建燕及其相關問題》,(陳光匯編:《燕文化研究論文集》,中國社會科學出版社,1995 年,第 278 - 286 頁)。

[5] 中國青銅器全集編輯委員會:《中國青銅器全集 6:西周 2》,1997 年,文物出版社;欲詳細瞭解燕侯旨及其他記載燕侯拜訪宗周的青銅銘文請參閱 Feng Li, *Landscape and Power in Early China: The Crisis and Fall of the Western Zhou, 1045- 771 BC*, Cambridge et al.: Cambridge University Press, 2006, pp. 114, 117.

[6] 譯者注:原文稱犬戎居於東北部,實爲西北部。

[7] 見 Edward L. Shaughnessy ("Western Zhou History", in *The Cambridge History of Ancient China: From the Origins of Civilization to 221 B.C*, edited by Michael Loewe and Edward L. Shaughnessy, Cambridge: Cambridge University Press, 1999, pp. 350 - 351)寫道:"根據歷史記錄,簡單說來,在周懿王、周孝王、周夷王,尤其是周厲王統治時期,諸侯不再朝拜。說明西周初年建立的東部封地已經與周天子疏遠并走向獨立。"

[8] 與南方諸侯國相比,燕國人口較少,軍隊數量不多。《戰國策》(劉向集錄,上海古籍出版社,1978 年,卷 29,第 1039 頁;卷 12,第 441 頁)記載燕國有 10 萬步兵,七千輛戰車和六千名騎兵。其他諸侯國的軍事武裝力量請參見 Mark E. Lewis, "Warring States: Political History", in *The Cambridge History of Ancient China: From the Origins of Civilization to 221 B.C*, edited by Michael Loewe and Edward L. Shaughnessy, Cambridge: Cambridge University Press, 1999, pp. 627 - 628。

拓展。北至現山西省東北部,南達河北省北部,東至遼寧半島(圖一)。[1] 西部與中山國接壤。[2]

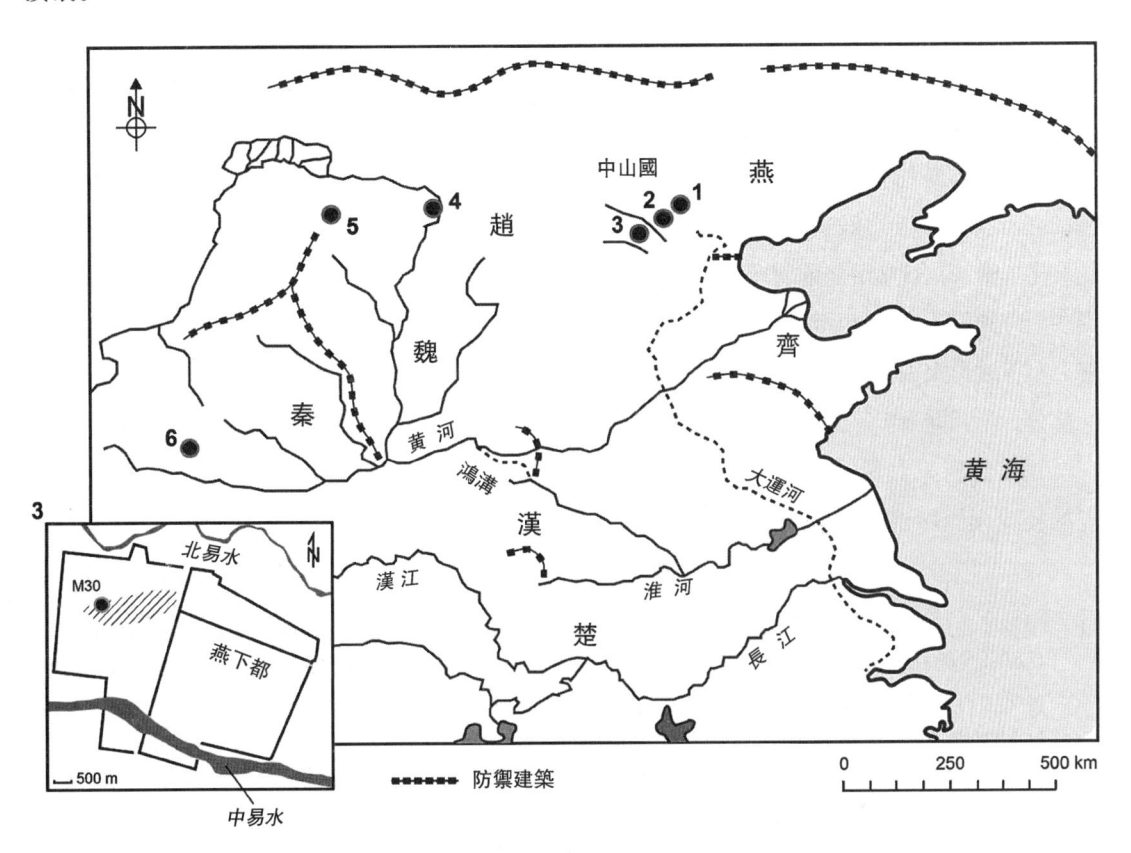

圖一 戰國主要諸侯國及重要遺址

1. 薊 2. 琉璃河,中都 3. 燕下都 4. 西溝畔 5. 阿魯柴登 6. 馬家塬;小地圖爲燕下都輪廓、辛莊頭位置、M30 示意圖

---

[1] 精確邊界無法確定,雖然諸侯國之間的城牆可以作爲指標,但是城牆的位置會隨着時間的推移發生巨大變化(Mark E. Lewis, "Warring States: Political History", in *The Cambridge History of Ancient China: From the Origins of Civilization to 221 B.C*, edited by Michael Loewe and Edward L. Shaughnessy, Cambridge: Cambridge University Press, 1999, p. 593)。

[2] 據史書記載,周朝領土内北方邊境的白狄建立了中山國。史書提到這些邊疆民族在公元前 7 世紀(見 Nicola Di Cosmo, "The Northern Frontier in Pre-Imperial China", in *The Cambridge History of Ancient China: From the Origins of Civilization to 221 B.C*, edited by Michael Loewe and Edward L. Shaughnessy, Cambridge: Cambridge University Press, 1999, p. 951),經常強調他們與華夏文化之間的差異。但考古發現中山國王"䰎"(河北省文物研究所:《䰎墓:戰國中山國國王之墓》,文物出版社,1996 年)的陵墓出土大量符合周朝物質文化傳統的器物組合(討論見 Xiaolong Wu, "Exotica in the Funerary Debris in the State of Zhongshan: Migration, Trade, and Cultural Contact", in *Silk Road Exchange in China* [Sino-Platonic Papers 142], edited by Katheryn M. Linduff, Pittsburgh: Department of East Asian Languages and Civilizations, University of Pennsylvania, 2004, pp. 6-16)。

燕國地處偏遠,北部與不受周朝管轄的北方民族相鄰。[1] 起初所受威脅有限,相安無事。公元前8世紀,隨着戰國時期趙國、秦國和燕國向北擴張疆土,中原與北方民族尤其是與戎族的交往越來越直接,并成爲常態。[2] 期間時有摩擦。從中山國、齊國和魏國於公元前4世紀上半葉建築的長城可見一斑。[3] 約公元前3世紀,燕國在北部邊境也築起長城,形成抵禦北方民族的屏障。[4]

但是在混亂的戰國時期,北方民族并不是燕國唯一要防備的對象。南部鄰國齊,歷史上的盟國,於公元前314年攻破燕國,并占領部分土地。在趙國的幫助下,燕國暫時恢復邊境,且推立了新的君主。齊、韓、魏結盟之前,韓國與魏國在公元前298年打敗燕國。公元前227年,越來越強大的秦國對燕國構成威脅,由此引發史上著名的太子丹派荆軻刺殺秦王政的事件。但刺殺以失敗告終。秦王政後來成爲中國歷史上第一位皇帝。公元前222年,燕國被秦國所滅,成爲秦統一王朝的一部分。公元前207年秦朝覆亡,燕國短暫復興,受西漢政府直接管轄,後被封爲諸侯國。

爲了應對來自其他諸侯國的威脅和北方民族的侵擾,燕國幾易其都。現北京市及河北省的至少五個城市[5]曾被輪換用作燕國都城,[6] 這些城市包括琉璃河、薊(上都)、臨易、

---

[1] 根據隨葬品及克罍上的銘文,游牧民族占有北地(見 Hsiao-Yun Wu, *Chariots in Early China: Origins, Cultural Interaction, and Identity* (BAR International Series 2457), Oxford: Archaeopress, 2013, p. 90-91)。夏家店上層文化遺址少見定居建築,説明其經濟生産以畜牧業爲主(見 Gideon Shelach, *Leadership Strategies, Economic Activity, and Interregional Interaction: Social Complexity in Northeast China*, New York et al.: Kluwer Academic Publishers, 2002, pp. 144, 146-148)。但是零散發現的考古材料還不能讓我們描繪出完整的夏家店上層文化。迄今爲止,赤峰地區尚未找到游牧營地等遺迹,而夏家店上層文化牛骨和猪骨的數量增加,綿羊和山羊骨頭的數量却有所減少(見 Chifeng International Collaborative Archaeological Research Project, *Settlement Patterns in the Chifeng Region*, Pittsburgh: University of Pittsburgh Center for Comparative Archaeology, 2011, p. 129),因此我們應該謹慎得出一般性結論。

[2] Cho-Yun Hsu, Katheryn M. Linduff, *Western Chou Civilization*, New Haven/London: Yale University Press, 1988, pp. 551-552.

[3] 見 Michael Loewe, "The Heritage Left to the Empires", in *The Cambridge History of Ancient China: From the Origins of Civilization to 221 B.C.*, edited by Michael Loewe and Edward L. Shaughnessy, Cambridge: Cambridge University Press, 1999, p. 1021 與 Arthur Waldron, *The Great Wall of China: from History to Myth*, Cambridge: Cambridge University Press, 1992, pp. 13-52.

[4] 關於近400千米的燕長城及不同築造方法,見項春松:《昭烏達盟燕秦長城遺址調查報告》,文物編輯委員會編:《中國長城遺迹調查報告集》,文物出版社,1981年,第8-9頁。有人評論説(Mark E. Lewis, "Warring States: Political History", in *The Cambridge History of Ancient China: From the Origins of Civilization to 221 B.C*, edited by Michael Loewe and Edward L. Shaughnessy, Cambridge: Cambridge University Press, 1999, pp. 629-630),在戰國時期,沿着河流和山脉建造的七個諸侯國之間的"内城墻"比沿着北方邊境築造的"外城墻"更爲重要。

[5] 魏崇武(《説"燕京八景"》,《中國典籍與文化》1996年第2期,第84-90頁)提到總共有八個都城。

[6] 楊玉生、薛蘭霞:《燕文化研究的歷史與現狀》,《河北大學成人教育學院學報》2007年第4期,第79-81頁。

中都、下都(圖一)。其中學界研究最充分的是燕國初都琉璃河,使用時間從公元前11世紀起,主要爲西周早中期。城址位於現北京市西南部,於1972年進行考古發掘,[1]覆蓋面積五千平方米,周圍有城牆和城壕,證明它具有軍事防衛作用。其他遺迹包括宮殿區、祭祀區、居住區和位於城市東南部的墓葬區。後者發現200座商朝晚期至西周中期(公元前12–前9世紀)的墓葬。半數墓葬發現殉人和殉狗,以及位於墓主腰部下方的腰坑。這些墓葬被認爲屬於商朝。[2] 而另外一些出土車馬器和特定器物的墓葬更具有周朝喪葬傳統。由此我們推斷周朝因襲了商朝一些特定的社會習俗,這兩個朝代存在緊密聯繫,由此商朝貴族有可能也積極參與了燕國的建立。[3]

燕國其他都城的文獻及實物資料較少,公元前7世紀,燕國吞并薊國,建都薊,位於今北京市西城區及豐臺區。[4] 燕國都城多數位於現北京市內及周邊,但是約在公元前6世紀中葉,迫於北方民族的威脅,燕國都城南遷至燕下都。

三、燕下都——燕國南都

燕下都遺址位於今河北省易縣東南部[5](圖一)。界於中易水和北易水之間,北部及西北部環山,地勢險要,易守難攻。南面華北平原,是進入中原的軍事要地,燕下都在戰國時期成爲燕國的政治、軍事、文化中心。

燕下都遺址發現於1820年,[6]直至1929年才展開調查,并於1930年進行初次考古發

---

[1] 北京大學考古學系、北京市文物研究所:《1995年琉璃河周代居址發掘簡報》,《文物》1996年第6期,第4–15頁;北京大學考古學系、北京市文物研究所:《1995年琉璃河遺址墓葬區發掘簡報》,《文物》1996年第6期,第16–27頁;北京市文物研究所:《琉璃河西周燕國墓地1973–1977》,文物出版社,1995年;北京市文物研究所、北京大學考古文博學院、中國社會科學院考古研究所:《1997年琉璃河遺址墓葬發掘簡報》,《文物》2000年第11期,第32–38頁;中國社會科學院考古研究所、北京市文物工作隊琉璃河考古隊:《1981–1983年琉璃河西周燕國墓地發掘簡報》,《考古》1984年第5期,第404–416頁;琉璃河考古隊:《琉璃河遺址1996年度發掘簡報》,《文物》1997年第6期,第4–13頁。
[2] Yan Sun, "Colonizing China's Northern Frontier: Yan and Her Neighbors During the Early Western Zhou Period", *International Journal of Historical Archaeology* 10.2(2006), p. 170.
[3] 琉璃河地區的董家林市(中國科學院考古研究所、北京市文物管理處、房山縣文教局琉璃河考古工作隊:《北京附近發現的西周奴隸殉葬墓》,《考古》1974年第5期,第309–321頁)和劉家河的商代墓葬遺址(袁進京、張先得:《北京市平谷縣發現商代墓葬》,《文物》1977年第11期)都進一步證明在周朝建立之前商朝已經在這一帶區域存在(見 Cho-Yun Hsu, Katheryn M. Linduff, *Western Chou Civilization*, New Haven/London: Yale University Press, 1988, pp. 198–200)。
[4] 韓光輝:《薊聚落起源與薊城興起》,《中國歷史地理論叢》1998年第1期,第111–125頁。
[5] 譯者注:原文爲西部,應爲東南部。
[6] 河北省文物研究所:《燕下都》,文物出版社,1996年。

掘。考古工作被中斷了近30年後,於20世紀50年代末又重新開始。[1] 1961年燕下都遺址被公布爲第一批全國重點文物保護單位,[2]并繼續發掘至1982年。考古發掘報告[3]僅包括1982年前發現的資料,從2000年起學者對遺址做了大量研究,包括對其研究歷史的討論、[4]物質文化的研究、[5]特殊墓葬的研究[6]以及與周邊地區關係的研究。[7]

城址平面呈不規則形,占地面積約10 km×30 km(圖一小地圖[8]),部分被城壕包圍,城墙用夯土築實。中部有條縱貫南北的古河道,相傳爲運糧河,該河道把城址分爲東西兩個部分。燕下都的主要遺迹爲由夯土技術建造的高臺,有可能是宫殿的基礎。高臺建築位於東城中心,周邊分布着居民區、製陶作坊、骨器、鐵器、青銅器作坊,以及手工業者的居住區。

燕下都出土器物豐富,包括從商代到秦代乃至漢代的文物遺存。但是大多數器物屬於東周時期[9](公元前770-前221年)。其中最重要的發現是出土於23號遺址的108枚刻有燕王名字的銅戈。[10] 除此之外,學界對錢幣、陶器、建築構件,如瓦、磚、瓦釘以及富有裝飾的筒瓦也有研究。由此可見,燕下都對於研究燕國後期的城市布局以及物質文化非常重要。[11]

目前學界對於燕下都的創建時間尚未達成共識。[12] 不論是《戰國策》還是《史記》,抑或《漢書》都没有給出燕下都在何時由何人建立。北魏時期由酈道元編撰的《水經注》[13]不

---

[1] 李曉東:《河北易縣燕下都故城勘察和試掘》,《考古學報》1965年第1期,第83-106頁;陳惠:《1964-1965年燕下都墓葬發掘報告》,《考古》1965年第11期,第548-561、598頁。

[2] 河北省文物研究所:《燕下都》,文物出版社,1996年,第935頁。

[3] 河北省文物研究所:《燕下都》,文物出版社,1996年。

[4] 薛蘭霞、楊玉生:《燕下都和燕下都發掘研究》,《保定學院學報》2010年第1期,第122-125頁;楊玉生、薛蘭霞:《燕文化研究的歷史與現狀》,《河北大學成人教育學院學報》2007年第4期,第79-81頁。

[5] 鄭君雷:《戰國時期燕墓陶器的初步分析》,《考古學報》2001年第3期,第275-303頁;陳静:《大國興亡、餘音悲壯——燕下都出土的戰國陶禮器》,《東方收藏》2015年第2期,第40-46頁;孫進柱、陳立利:《略論燕文化》,《湖南科技學院學報》2014年第9期,第13-18頁。

[6] 劉世樞:《河北易縣燕下都44號墓發掘報告》,《考古》1975年第4期,第228-240、243頁;喬梁:《辛莊頭30號墓的年代及其他問題》,《華夏考古》2004年第2期,第58-67頁。

[7] 胡傳聳:《東周燕文化與周邊考古學文化的關係研究(上)》,《文物春秋》2007年第1期,第20-33頁;胡傳聳:《東周燕文化與周邊考古學文化的關係研究(下)》,《文物春秋》2007年第2期,第3-9頁;陳慧:《兩周時期的北燕與山戎、東胡等族的關係》,《社會科學戰綫》2007年第5期,第154-158頁。

[8] 河北省文物研究所:《燕下都》,文物出版社,1996年,第12、14-15頁之間圖一、圖二。

[9] 薛蘭霞、楊玉生:《燕下都和燕下都發掘研究》,《保定學院學報》2010年第1期,第123頁。

[10] 河北省文物研究所:《燕下都》,文物出版社,1996年,第167-189頁。

[11] 薛蘭霞、楊玉生:《燕下都和燕下都發掘研究》,《保定學院學報》2010年第1期,第123頁。

[12] 有關城址年代的不同意見請參閱《燕下都和燕下都發掘研究》第125頁。

[13] 酈道元爲《水經》做注。《水經》成書於三國時期(公元220-280年),已散失。《水經注》使用400多條官方記載、銘文碑刻、宗教哲學、漁歌民謡,詳細記錄了1 300餘條河流的相關信息,并結合自身觀察描述了當地風景。有關作者及其作品的更多信息,包括節選段落的翻譯,請參閱Richard E. Strassberg, *Inscribed Landscapes: Travel Writing from Imperial China*. Berkeley/Los Angeles: University of California Press, 1994, pp. 77-90.

僅詳細描述了燕下都遺址及周邊環境,還提到了燕昭王與燕下都的關係。然而,由於燕昭王的生活年代爲公元前 311－前 279 年,屬於戰國晚期。若燕下都爲燕昭王建立,則燕下都的創建時間當在戰國晚期,與考古發現不吻合。燕下都九女臺墓區 M16[1] 和 M29[2] 屬於戰國早期(公元前 5－前 4 世紀),郎井村 13 號作坊遺址第一期可以追溯到春秋早期(公元前 8－前 7 世紀)。[3]

目前燕下都的創建時間尚不清楚。我們可以排除燕昭王在戰國晚期建立整個城市的可能性。根據已發掘的材料推斷,燕下都是在已有聚落的基礎上依據需求另外加固和建設了大面積的建築。因此一些建築在公元前 6 世紀已經存在,後來才成爲燕國南都的一部分。

毫無疑問,直至漢朝燕下都仍在使用。城址南部 6 號遺址發現的七座墓葬中出土墓俑及西漢早期錢幣。[4]

城址南部有三個墓區及祭祀區。[5] 其中,位於東城西北部的九女臺和虛糧冢墓區[6]分別有墓葬 10 座和 13 座。位於西城的辛莊頭墓區有墓葬八座。下文將重點關注辛莊頭 M30。

四、辛莊頭 M30——地點、建造及年代

由於墓葬材料缺乏,主要考古報告僅指出遺址位於燕下都西城中部,現辛莊頭村。[7] 辛莊頭墓區發現八座墓葬(M24－28;M30－32),六座地面有封土。封土大小不一,長、寬約 7－30 米,高約 3.5－4.7 米。除 M24 和 M27 之外,其他墓葬均兩兩一組,其中 M25 和 M26 位於東北部,M28 和 M30 位於西南部,M31 和 M32 位於南部。

M30 發現於公路修建,1977－1978 年進行考古發掘。多數學者認爲 M30 屬於戰國晚期。[8] 墓頂封土大部分被毀,墓葬也被盜掘。根據現存結構可推斷該墓是長方形土坑墓,北向 360°,南北各有一條斜坡墓道。南墓道長 8 米,北墓道長 4.2 米,墓坑長寬爲 12 米×9.5 米。墓室牆壁由夯土打實,夯窩明顯,外面抹一層白灰。從墓口向下設三層臺階,第三層臺階下爲墓室開口。葬具爲一棺一槨,墓室北側放置一頭箱(圖二,A)。

---

[1] 孫德海:《河北易縣燕下都第十六號墓發掘》,《考古學報》1965 年第 2 期,第 101 頁。
[2] 陳應祺:《燕下都第 22 號遺址發掘報告》,《考古》1965 年第 11 期,第 550－553 頁。
[3] 河北省文物研究所:《燕下都》,文物出版社,1996 年,第 85－127 頁。
[4] 王會民:《燕下都"6"號遺址漢墓發掘簡報》,《文物春秋》1990 年第 3 期,第 19－20 頁。
[5] 位於解村東部的 5 號祭祀坑發現 2 000 多個人頭。參見《燕下都》第 768－770 頁,其他遺址見第 749－767 頁。
[6] 河北省文物研究所:《燕下都》,文物出版社,1996 年,第 661－683 頁。
[7] 河北省文物研究所:《燕下都》,文物出版社,1996 年,第 684－731 頁。
[8] 河北省文物研究所:《燕下都》,文物出版社,1996 年,第 730 頁;喬梁:《辛莊頭 30 號墓的年代及其他問題》,《華夏考古》2004 年第 2 期,第 61 頁;胡傳聳:《東周燕文化與周邊考古學文化的關係研究(下)》,《文物春秋》2007 年第 2 期,第 6 頁。

390　青銅器與金文(第三輯)

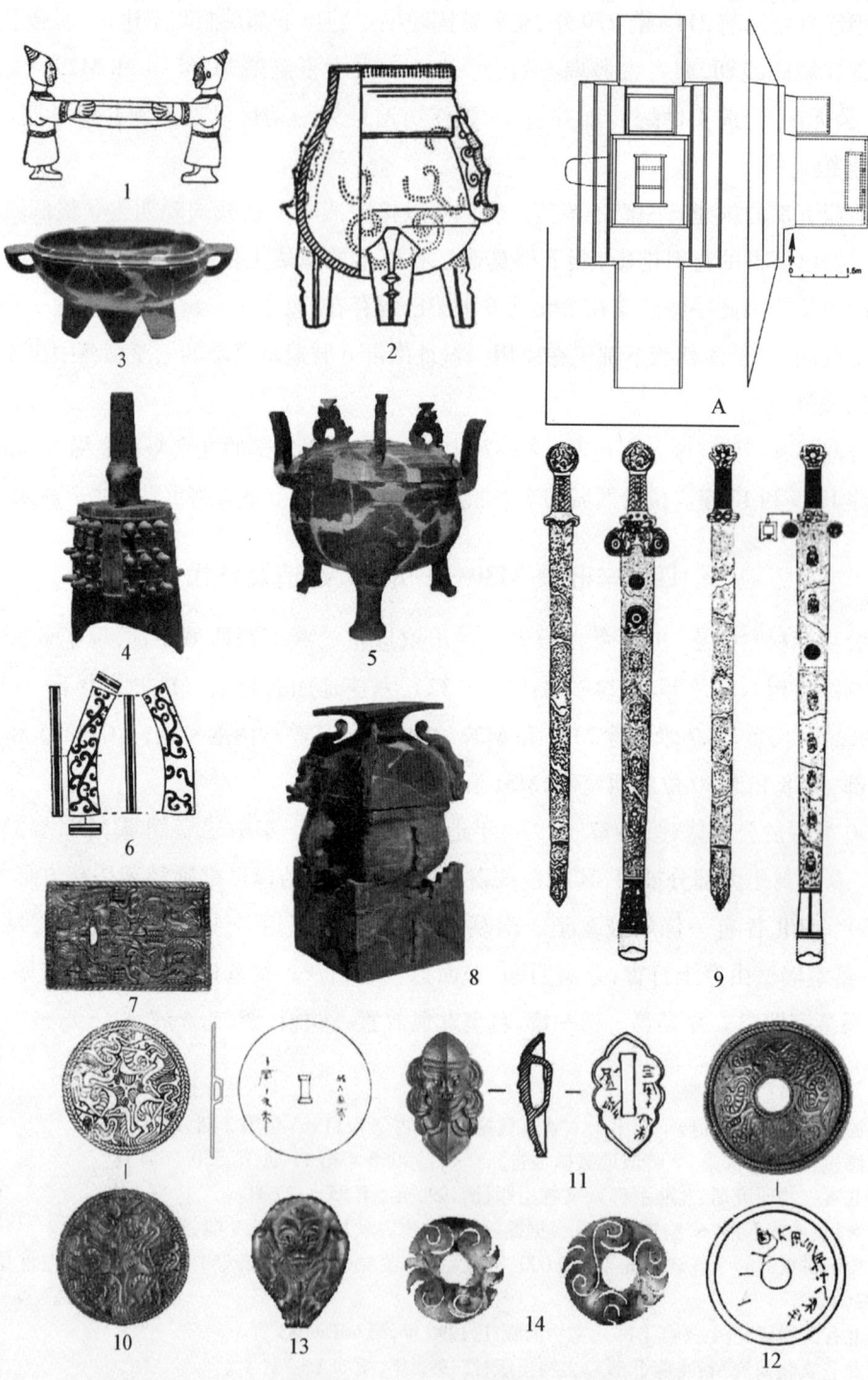

圖二　M30 布局(A)及部分隨葬器物(1-14)

儘管墓葬被嚴重盜擾,[1]但仍有大量器物出土。其中包括 13 000 枚陶珠,90 件輪製或模製的帶有紋飾的陶器。這些陶器包括鼎(圖二,5)、簋(圖二,8)、壺、豆、盤、匜等器類。此外還出土 40 套陶編鎛和甬鐘(圖二,4),一套編磬,含 42 塊帶有紋飾的磬石(圖二,6)。由於這些青銅器屬於周朝貴族墓葬的典型陪葬品,[2]我們可以推斷墓葬出土的陶器是周朝青銅禮器的仿製品。另外墓中還出土大量青銅帶鈎、鋪首、戈、劍、矛、鏡。出土十件鐵製工具和武器,其中包括兩件帶有金把手的鐵劍(圖二,9)。部分馬具、車馬器和武器由鉛製造。除此之外還出土石器、玉器和蚌器。

從辛莊頭墓區及 M30 的出土器物可以看出燕國與朝鮮半島及齊國有着廣泛交流,[3]本文將側重研究燕國與北方游牧民族的關係。從 M30 出土的逾百件金銀器中可明顯看出燕國與北方民族有文化交流。這些金銀器包括牌飾、金質扣飾、金飾件、劍柄、耳環,其造型和紋飾以動物題材爲主。與歐亞草原的物質文化和裝飾傳統有着明顯聯繫。現甘肅及內蒙古地區曾出土相似或完全一樣的器物。以下將詳細介紹相關遺址及考古發現。

五、從考古發現看文化交流

1. 與今內蒙古地區的聯繫

在辛莊頭出土的裝飾物中有兩件金質鳥首形飾(圖三,1)。器物背面有一豎條,有可能被挂在條帶上作裝飾物。初看此物爲帶有突喙的猛禽,細審之下還會發現有一個小羊頭。羊首叠在鳥首上,共用一隻眼睛。卷曲的羊角明顯可見,似可看作鳥冠。屬於歐亞草原文化的巴澤雷克墓葬(公元前 4 世紀晚期至前 3 世紀)[4]曾出土一件器物,是帶耳猛禽的頭部,因此我們也可以把羊角看作是猛禽的耳朵。

內蒙古崞縣窑子出土 12 件類似青銅器,年代爲春秋晚期至戰國早期(公元前 7 - 前 5 世紀)。[5] 後來內蒙古西溝畔出土兩件戰國晚期樣式幾乎相同的青銅飾品(圖三,7)。[6] 在

---

[1] 據考古工作人員(河北省文物研究所:《燕下都》,文物出版社,1996 年,第 685 頁)説僅墓室東部隨葬品在原位,其他的都被擾動。遺憾的是,最初埋葬的位置并不清楚。
[2] 見 Lothar von Falkenhausen, *Chinese Society in the Age of Confucius (1000 - 250 BC): the Archaeological Evidence*, Los Angeles: Cotsen Institute of Archaeology, 2006, pp. 348 - 356。
[3] 胡傳聳:《東周燕文化與周邊考古學文化的關係研究(上)》,《文物春秋》2007 年第 1 期,第 20 - 33 頁;胡傳聳:《東周燕文化與周邊考古學文化的關係研究(下)》,《文物春秋》2007 年第 2 期,第 3 - 9 頁;喬梁:《辛莊頭 30 號墓的年代及其他問題》,《華夏考古》2004 年第 2 期,第 58 - 67 頁。
[4] Wilfried Menghin, Hermann Parzinger, Anatoli Nagler, Manfred Nawroth, *Im Zeichen des goldenen Greifen. Königsgräber der Skythen*. Heidelberg: Prestel, 2007,圖 131.15,圖 126.10。
[5] 內蒙古文物考古研究所:《涼城崞縣窑子墓地》,《考古學報》1989 年第 1 期,第 57 - 81 頁。
[6] 關於墓葬年代存在不同意見。胡傳聳(《東周燕文化與周邊考古學文化的關係研究(下)》,《文物春秋》2007 年第 2 期,第 7 頁)認爲西溝畔墓葬屬於戰國早期,與辛莊頭年代不同,因而出土器物風格不同;伊克昭盟文物工作站、內蒙古文物工作隊:《西溝畔匈奴墓》,《文物》1980 年第 7 期,第 1 - 10 頁。

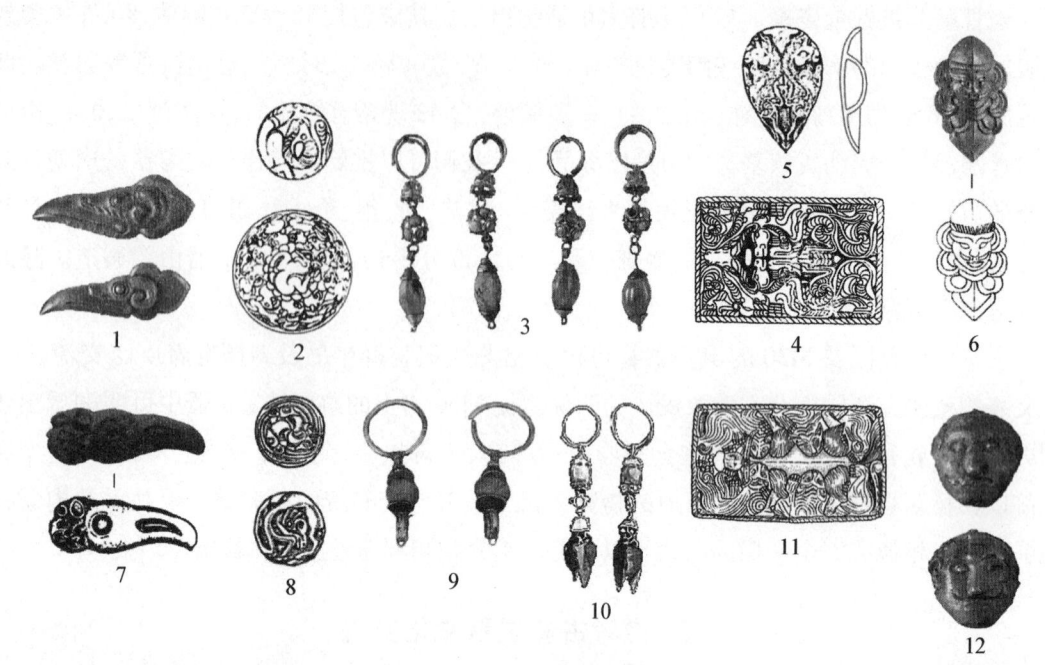

圖三　辛莊頭 M30 出土器物(1-6)、阿魯柴登出土的相似器物(8、10、11)、西溝畔(7)、馬家塬(9、12)

原始的考古報告中没有人類學信息,因此我們不知道青銅飾品的主人(M3 墓主)的性别和年齡。考古工作人員稱南北向的長方形土坑墓主要出土的器物爲青銅器,[1] 其中包括刀、短劍、牌飾、扣形飾及鳥首形飾。墓中還出土一件圓領罐、三枚玉珠以及馬和羊的頭骨。

辛莊頭出土類似的圓形金飾件(圖三,2)。與此類似的器物在內蒙古杭錦旗的阿魯柴登也有出土,只是形狀更小,紋飾更簡單。考古工作人員認爲辛莊頭遺址的年代跨度大,從戰國末期至西漢(即公元前 3—前 1 世紀),其中可能包括三個没有形制、葬具和人類學信息的墓葬。阿魯柴登圓形金飾件(圖三,8)爲一個圓角三角形,內有一隻卷曲的羊和三隻鳥頭。而辛莊頭的金飾件却由於嚴重腐爛而難以辨認。不過也能辨出是由數個帶耳猛禽的頭環繞着一匹後腿交叉的馬(?)組成的。

就像圓形金飾件一樣,桃形飾(圖三,5)也裝飾繁複。裝飾圖案以中間竪軸爲中心左右對稱。兩匹後腿蜷曲的像馬一樣的動物背靠背貼在一起。動物身體由填充了平形刻劃紋的波浪綫裝飾,口鼻部貼伏地面。頂部空間和兩個馬頭之間從正面看是一個牛頭。到目前爲止,我們還没有從北方草原地區發現與此相似的器物。但是這些精美的裝飾讓我們聯想到辛莊頭出土的五件長方形牌飾(圖二,7;圖三,4)。其中有兩塊金牌飾,三塊銀牌飾。牌飾上有鑽孔,表明它們不僅是裝飾物,也可以用來固定條帶。每個牌飾都有兩匹卧馬分布在中軸

---

[1] 伊克昭盟文物工作站、内蒙古文物工作隊:《西溝畔匈奴墓》,《文物》1980 年第 7 期,第 9 頁。

綫兩側。馬的腿部蜷曲於身下，口鼻部貼伏地面。一種不知名的後腿扭曲的動物正在噬咬馬背，而另外一種猛獸正在攻擊馬的頸部。動物身體都由填充着平行刻劃紋的波浪綫裝飾。從正面看，繫孔附近及兩隻猛獸之間有一個牛頭。邊框裝飾繩紋。爪子和牙齒等複雜細節清晰可見，説明製作工藝精湛。

有趣的是，寧夏回族自治區倒墩子 M5 出土類似器物。[1] 墓主爲 35-40 歲男性。除了没有猛獸啄食馬的頸部，M5 出土的兩件鎏金青銅牌飾與辛莊頭桃形飾的裝飾一樣。M5 同時出土 36 枚五銖錢，從而推知該墓年代爲公元前 118 年至西漢中後期（公元前 3-前 2 世紀）。由於年代不同，很難斷定倒墩子墓主與燕國有直接關係。寧夏出土牌飾的年代可能早於墓葬本身，不過作者認爲此類裝飾有可能一直延續到漢代。

胡傳聳進一步指出辛莊頭與阿魯柴登出土牌飾的相似之處。[2] 阿魯柴登發現的 218 件物品中有許多是用於個人裝飾的物品，多數爲金製品，但也不乏銀製品、瑪瑙珠及綠松石，其中包括上繪四隻老虎攻擊一頭臥牛的四個大型金牌飾（圖三，11）。臥牛的每一側有兩隻老虎在噬咬它的脖子和腹部，邊框裝飾繩紋，場景描繪非常細緻，刻劃綫模仿牛腿皮毛，平行波浪綫填充猛獸身體。動物捕食是歐亞草原藝術的常見母題，使得這件牌飾分外獨特的是它的視角，動物捕食場景由俯視角度描繪，觀者僅能看到牛背，其四肢在兩側伸開，頭部爲正面視圖。上文提到的辛莊頭牌飾上的牛頭也使用了類似視角。這兩塊牌飾都是長方形，且用繩紋裝飾邊框。[3] 除此之外都使用俯視角度描繪場景，更加證明辛莊頭與阿魯柴登有文化交流。

最後，我們再看辛莊頭發現的兩對耳墜（圖三，3）。圓形耳環下墜金綫，耳墜由三部分構成，每個部分由小圈連接。上面兩部分鏤空，中間鑲嵌圓形或水滴狀綠松石。下接橢圓形綠松石珠，上下兩端的鑲座由金綫纏繞而成。

雖然迄今爲止中國北方没有出土完全相同的製品，但内蒙古戰國晚期到西漢初年（即公元前 3-前 2 世紀）的碾房渠[4]和西畔溝 M2 却發現了非常相似的器物。考古工作人員稱後者墓主爲男性。尤其是阿魯柴登出土的耳墜（圖三，10）也包括一個圓形耳環、金綫、橢圓形

---

[1] 寧夏回族自治區博物館、同心縣文管所、中國社會科學院考古研究所寧夏考古組：《寧夏同心縣倒墩子漢代匈奴墓地發掘簡報》，《考古》1987 年第 1 期，第 33-37 頁；寧夏文物考古研究所、中國社會科學院考古所寧夏考古組、同心縣文物管理所：《寧夏同心倒墩子匈奴墓地》，《考古學報》1988 年第 3 期，第 333-356 頁。
[2] 胡傳聳：《東周燕文化與周邊考古學文化的關係研究（下）》，《文物春秋》2007 年第 2 期，第 7 頁、圖六.3，第 9 頁。
[3] 胡傳聳：《東周燕文化與周邊考古學文化的關係研究（下）》，《文物春秋》2007 年第 2 期，第 7 頁；喬梁：《辛莊頭 30 號墓的年代及其他問題》，《華夏考古》2004 年第 2 期，第 62 頁。
[4] 伊克昭盟文物工作站：《内蒙古東勝市碾房渠發現金銀器窖藏》，《考古》1991 年第 5 期，第 389、405-408 頁。

綠松石及金綫鑲座,與辛莊頭發現的耳墜高度相似。

2. 與現甘肅地區的聯繫

通過相似耳墜的發現,我們可以假設燕國與居住在現甘肅地區的民族有聯繫,雖然這種關係不明顯。但是張家川回族自治縣木河鄉馬家塬公元前3世紀[1]的考古發現使這一關係逐漸明晰。[2] 馬家塬 M14 出土的耳墜由金、彩陶和玉髓製成,與辛莊頭出土的耳墜相比雖然材料略有不同,但風格相似。

馬家塬 M6 出土八件人像金製品進一步説明辛莊頭與甘肅地區存在聯繫(圖三,12)。這八件人像金製品與辛莊頭出土的九件金製品驚人地相似(圖三,6)。[3] 馬家塬金飾品由金箔捶揲而成,而後在上面繪製圖案;辛莊頭金飾品由純金鑄造而成。雖然製造工藝不同,但圖像驚人相似,證明兩地有過交流。

雖然器物的類型、獨特的裝飾和使用的材料似乎都證明它們是在草原地區製造的,但是20餘件飾品都帶有漢字銘文(圖二,10、12)。銘文鑄在器物背面,詳細説明每件器物的重量。漢字書寫風格與韓、趙、魏三國出土器物所鑄文字相似,記重單位與秦國及楚國相對應。[4]

内蒙古西溝畔遺址也出土鑄有漢字銘文的器物。這裏發現的兩件大型金牌飾和七件銀節約背後的漢字(圖四,5、6)的風格與出土於趙國及秦國的器物類似,以至於許多學者不僅認爲中原地區與北方邊疆民族互相交流,而且猜測中原諸侯國的手工作坊曾爲北部民族生產具有草原風格的器物[5](西溝畔出土器物上鑄有寺工、少府等官方機構的名稱,進一步證明了這一觀點)。但是,辛莊頭出土器物除了重量外没有其他信息。近期一些附有高品質圖

---

[1] 譯者注:原文爲公元三世紀,應爲公元前三世紀。
[2] 甘肅省文物考古研究所、張家川回族自治縣博物館:《2006 年度甘肅張家川回族自治縣馬家塬戰國墓地發掘簡報》,《文物》2008 年第 9 期,第 4－28 頁;早期秦文化聯合考古隊、張家川回族自治縣博物館:《張家川馬家塬戰國墓地 2007－2008 年發掘簡報》,《文物》2009 年第 10 期,第 25－51 頁;早期秦文化聯合考古隊、張家川回族自治縣博物館:《張家川馬家塬戰國墓地 2008－2009 年發掘簡報》,《文物》2010 年第 10 期,第 4－26 頁。
[3] 另見 Xiaolong Wu, "Cultural Hybridity and Social Status: Elite Tombs on China's Northern Frontier During the Third Century BC", *Antiquity* 87(2013), pp. 133－134.
[4] 陳静:《戰國時期燕國金飾件賞析》,《東方收藏》2014 年第 6 期,第 70 頁。
[5] 見 Jenny F. So, Emma C. Bunker, *Traders and Raiders on China's Northern Frontier*, Seattle: Arthur M. Sackler Gallery, 1995, pp. 58－59 與 Katheryn M. Linduff, "The Gender of Luxury and Power Among the Xiongnu in Eastern Eurasia", in *Are all warriors male? Gender Roles on the Ancient Eurasian Steppe*, edited by Katheryn M. Linduff and Karen S. Rubinson, Lanham: Altamira Press, 2008, pp. 175－212;參見 Xiaolong Wu, "Cultural Hybridity and Social Status: Elite Tombs on China's Northern Frontier During the Third Century BC", *Antiquity* 87(2013), pp. 134.在對西溝畔出土的金屬器物做科學分析後,近期一篇文章(王志浩、小田木治太郎、廣川守、菊地大樹:《對鄂爾多斯北方青銅文化時期金銀器的新認識》,《草原文物》2015 年第 1 期,第 113－124 頁)確認了西溝畔出土器物所用金銀確實有一部分來自秦國和趙國。

片的出版物指出這些文字是被"刻"在器物上的[1],因此文字有可能不是模鑄上去的,而是鑄造完成後刻在上面的。

目前我們尚未釐清器物的確切生產地。這些器物有可能產自趙國、秦國、韓國或魏國;也有可能來自草原地區,而在進入燕國時進行記重;也有可能產自燕國本地。我們希望從燕下都已發掘的手工作坊遺址中尋找蛛絲馬迹,然而迄今爲止没有發現一個具有這樣獨特器形和圖案的模具。[2]

其實產地已不再重要,這些與中原常見器物截然不同的"外來物"身上仍然有着中原文化的影子。[3] 在考慮其成因之前,下文將細審前述主要遺址,并討論辛莊頭 M30 墓主的身份。

六、燕國貴族與北方民族的關係

通過仔細觀察器形、圖案和材料,我們可以推斷燕國與中國北方草原的多個地方有交流。顯而易見,辛莊頭器物與現甘肅和内蒙古地區,尤其是西溝畔、阿魯柴登和馬家塬等地的物質文化非常相似。下文將進一步剖析這三處遺址。

西溝畔遺址位於準格爾旗北部,於 1979 年至 1989 年之間進行兩次發掘。[4] 在 12 座南北向長方形土坑墓中,未被盗擾的 M4 非常重要。墓主爲女性,出土金質透雕玉耳墜,由石英、瑪瑙和琥珀製成的項飾及金質嵌蚌冠飾(圖四,3)。上文提到的 M2 也出土大量金銀器,而 M3 則主要發現青銅器。其他墓葬布置簡單,出土陶器、鐵刀及銅環等。前述銘文一方面可以推斷西溝畔遺址與秦國及趙國有文化交流;另一方面也幫助斷定遺址年代約爲戰國時期(公元前 3 世紀)。[5]

阿魯柴登遺址被一位農民偶然發現,墓葬信息不全面。1973 年,在杭錦旗東部、烏蘇加巴山和刀老岱山脉附近發現了戰國晚期的墓葬。墓葬形制、葬具及人類學信息不詳。考古工作者根據兩座墓葬的出土器物及人骨數量得出年代信息。[6] 在出土的大量金質器物中(如圖四,7),尤其引人注目的是由一圈圓形飾物及一頂冠飾組成的頭飾,冠上蹲坐一隻尾巴可以摇動的猛禽(圖四,2),各個部件由金和绿松石製成,可能曾被縫在帽子上。

---

[1] 陳静:《戰國時期燕國金飾件賞析》,《東方收藏》2014 年第 6 期,第 70 頁。
[2] 河北省文物研究所:《燕下都》,文物出版社,1996 年,圖版 56.2-4、圖版 36-37。
[3] 參見陳静(《戰國時期燕國金飾件賞析》,《東方收藏》2014 年第 6 期,第 70 頁),"無論這些器物是如何傳播的,它們都表明在戰國時期,燕國與匈奴及其他中國北疆草原民族有着密切聯繫"。
[4] 伊克昭盟文物工作站、内蒙古文物工作隊:《西溝畔匈奴墓》,《文物》1980 年第 7 期。
[5] 伊克昭盟文物工作站、内蒙古文物工作隊:《西溝畔匈奴墓》,《文物》1980 年第 7 期,第 10 頁;潘玲(《西溝畔漢代墓地四號墓的年代及文化特徵再探討》,《華夏考古》2004 年第 2 期,第 68-74 頁)認爲該遺址爲漢代墓葬,且推斷 M4 處於東漢時期(公元 25-220 年)。
[6] 田廣金、郭素新:《内蒙古阿魯柴登發現的匈奴遺物》,《考古》1980 年第 4 期,第 338 頁。

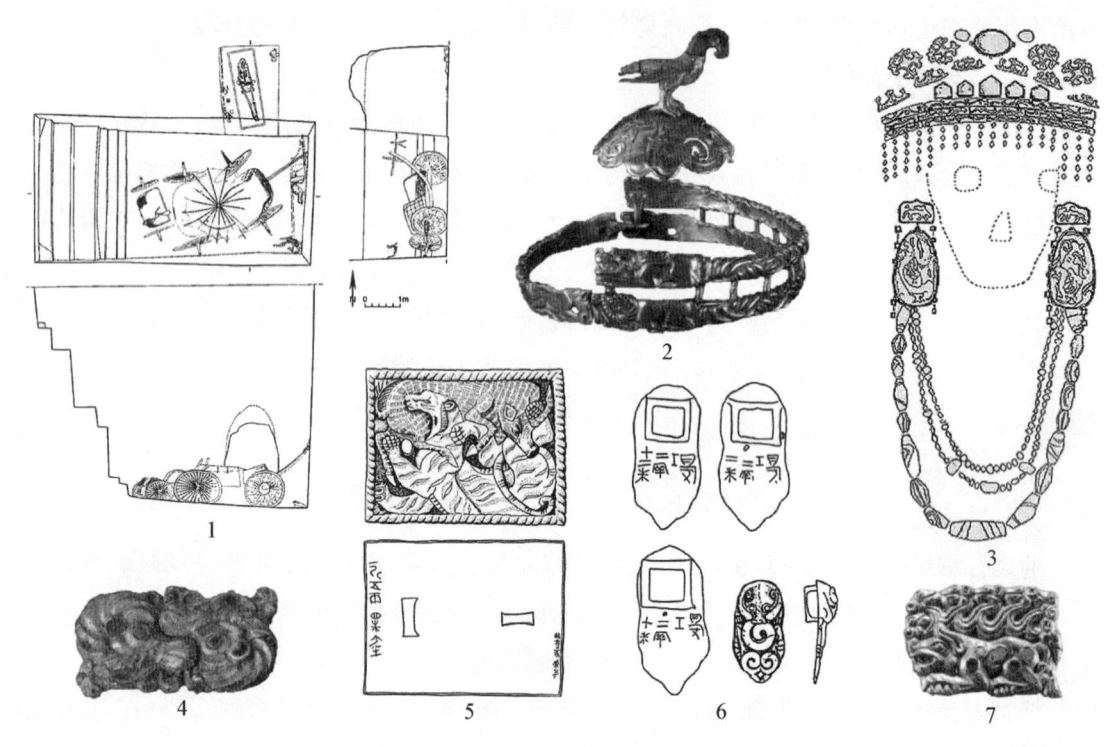

圖四　內蒙古、甘肅地區出土貴族器物
1、4. 馬家塬　2、7. 阿魯柴登　3、5-6. 西溝畔

與阿魯柴登和西溝畔不同,馬家塬遺址信息詳備。該遺址位於甘肅省張家川回族自治縣木河鄉桃園村,年代爲公元前3世紀,共發現59座墓葬,目前已發掘16座。其中多數爲平面是折尺形的土洞墓,葬式均爲仰身葬。墓葬西墻有臺階,發現馬頭、馬蹄、牛、羊等祭祀品,出土車馬器、珠子和大量金銀器及青銅器(圖四,4)。這些臺階形狀不規整且從實用角度講太窄,但基於每座墓葬臺階數量不同,有可能是爲了象徵墓主的社會地位。[1] M14(圖四,1)及上面提到的M6分別在它們的西墻上有七級和九級臺階,并且都屬於墓區最大的墓葬。M6尤其突出,因爲它位於墓區中央,其他墓葬圍繞着它呈半圓形分布。

雖然這三處墓區的可用信息不對等,但有一個共同點,即它們都被稱爲貴族墓葬。阿魯柴登發現的大量金銀器和頭飾,西溝畔出土的耳墜及頭飾,馬家塬發現的車馬器在這個時代這個區域都是前所未有的,所以這種解釋非常合理。根據《史記》記載,田廣金及郭素新進一步推斷西溝畔和阿魯柴登是匈奴單于林胡和白羊的安息地。[2] Wu Xiaolong 認爲馬家塬墓

---

[1] 參見 Xiaolong Wu, "Cultural Hybridity and Social Status: Elite Tombs on China's Northern Frontier During the Third Century BC", Antiquity 87(2013), p. 123.
[2] 田廣金、郭素新:《內蒙古阿魯柴登發現的匈奴遺物》,《考古》1980年第4期,第338、364頁。

葬代表了西戎新興貴族的崛起,[1]他們的成功是通過與華夏及其他民族地區有效的政治政策及商業往來而實現的。[2]

雖然最初的考古發掘報告也將辛莊頭 M30 稱爲貴族墓葬,[3]但它却没有進一步解釋。最近,Alexey Kovalev 對這些發現提供了一個有趣的解讀,他認爲埋葬在辛莊頭墓區的是樓煩人,[4]這支民族居住在燕國北部。[5] Kovalev 認爲上述出土器物代表了墓主身份,并解釋説墓主依從華夏葬制在燕國埋葬,表明他曾經在燕國服務。[6] 他不僅分析了考古發現,而且考證了史書記載,這種觀點值得細究。而他的論據至關重要的是《戰國策》中的一段話,其中陳述如下：

"昔者齊,燕戰於桓之曲,燕不勝,十萬之衆盡。胡人襲燕樓煩數縣,取其牛馬。"[7]

的確,"燕樓煩數縣"這種説法很奇怪。Crump 將其解釋爲"樓煩的燕都的幾個區域",[8]Kovalev 認爲是"燕國的幾個樓煩縣"。[9] 可能早在春秋時期,新近征服的邊疆區域被稱作"縣"。因爲"縣"的人口可以提供軍事服務,是重要的兵馬來源地,具有戰略意義。[10]

---

[1] Xiaolong Wu, "Cultural Hybridity and Social Status: Elite Tombs on China's Northern Frontier During the Third Century BC", Antiquity 87(2013), p. 134.

[2] Katheryn M. Linduff, "The Gender of Luxury and Power Among the Xiongnu in Eastern Eurasia", in *Are all warriors male? Gender Roles on the Ancient Eurasian Steppe*, edited by Katheryn M. Linduff and Karen S. Rubinson, Lanham: Altamira Press, 2008, p. 195.

[3] 河北省文物研究所:《燕下都》,文物出版社,1996 年,第 730 頁。

[4] Alexey A. Kovalev, "The Location of Loufan Tribe in 4-2 Century B.C. and Influence of Its Culture to the Culture of Central Plains and the South",《鄂爾多斯青銅器國際學術研討會論文集》,科學出版社,2009 年,第 390 頁。

[5] (漢)司馬遷撰,(劉宋)裴駰集解,(唐)司馬貞索隱,(唐)張守節正義:《史記》,臺北鼎文書局,1981 年,卷 69,第 2243 頁。

[6] Alexey A. Kovalev, "The Location of Loufan Tribe in 4-2 Century B.C. and Influence of Its Culture to the Culture of Central Plains and the South",《鄂爾多斯青銅器國際學術研討會論文集》,科學出版社,2009 年,第 390 頁。

[7] 劉向集録:《戰國策》,上海古籍出版社,1978 年,卷 12,第 434 頁。

[8] 見 James I. Crump, *Chan-kuo ts'e*, Oxford: Clarendon Press, 1970, p. 198.

[9] Alexey A. Kovalev, "The Location of Loufan Tribe in 4-2 Century B.C. and Influence of Its Culture to the Culture of Central Plains and the South",《鄂爾多斯青銅器國際學術研討會論文集》,科學出版社,2009 年,第 383 頁。

[10] Mark E. Lewis, "Warring States: Political History", in *The Cambridge History of Ancient China: From the Origins of Civilization to 221 B.C*, edited by Michael Loewe and Edward L. Shaughnessy, Cambridge: Cambridge University Press, 1999, p. 614 與頁下注 40)指出,在《左傳》和《戰國策》中,"縣"可以用來衡量各國軍事力量,一個諸侯國擁有縣的數量決定其士兵的多少。

約公元前 350 年,秦國有 41 個縣,每個縣都有一個縣長。[1] 同時存在另一種直轄地區——郡。戰國時期,人口密度因行政區域劃分的變化而不同。郡下轄縣,由此形成二級政權的地方行政制度。[2] 春秋晚期,晉在國內置郡,後來這種制度被秦國、楚國、燕國采用。[3]《隋書》[4]和《宋史》[5]記載過樓煩郡,《漢書》[6]提到過在雁門郡下有一個樓煩縣。張守節《史記正義》也印證了這一信息。[7]《漢書》還記載了雁門郡陰館縣有一個樓煩村。[8]

從史書記載可見,確實存在樓煩這一行政區劃,并屬於雁門郡。然而,值得注意的是,這些史書記載都來自漢朝,由於戰國時期的史料較少,詳細信息匱乏,因此這裏提到的行政區域劃分有可能指的是漢代,而非戰國時期。然而毫無疑問,在燕國的北向擴張過程中,樓煩這一游牧民族的生活區域成爲燕國領土的一部分。因此,這些民族——至少在名義上——成爲燕國屬國,[9]這可能就是上文提到的履行軍事責任。《史記》[10]確實提到樓煩士兵積極參與楚漢之爭,[11]但是在戰國時期沒有任何類似的信息。雖然我們可以肯定燕國與北方

---

[1] Mark E. Lewis, "Warring States: Political History", in *The Cambridge History of Ancient China: From the Origins of Civilization to 221 B.C*, edited by Michael Loewe and Edward L. Shaughnessy, Cambridge: Cambridge University Press, 1999, pp. 613–614.

[2] Mark E. Lewis, "Warring States: Political History", in *The Cambridge History of Ancient China: From the Origins of Civilization to 221 B.C*, edited by Michael Loewe and Edward L. Shaughnessy, Cambridge: Cambridge University Press, 1999, pp. 614.

[3]《戰國策》(見 James I. Crump, *Chan-kuo ts'e*, Oxford: Clarendon Press, 1970, p. 296)中的一篇文章記錄了趙武靈王說"今吾欲繼襄主之業,啟胡翟之鄉……"。

[4] (唐)魏徵等撰:《隋書》,楊家駱主編:《中國學術類編》,臺北鼎文書局,1980 年,卷 3,第 71 頁;卷 30,第 833、853 頁。

[5] (元)脫脫等撰:《宋史》,楊家駱主編:《中國學術類編》,臺北鼎文書局,1980 年,卷 86,第 2134 頁。

[6] (漢)班固撰,(唐)顏師古注:《漢書》,楊家駱主編:《中國學術類編》,臺北鼎文書局,1986 年,卷 28,第 1621 頁。

[7] 在相關段落的翻譯中, Reinhard Emmerich, "Hann Hsin and Lu Wan (Translation of Shih chi 93)", in *The Grand Scribe's Records*, Vol.VIII, edited by William H. Nienhauser, Bloomington: Indiana University Press, 2008, p. 114 注 43 指出樓煩位於現山西省寧武縣。請注意,這一同名區域直到今天仍然存在(見 http://www.sxlf.gov.cn/;最後訪問 2015-08-25)。

[8] (漢)班固撰,(唐)顏師古注:《漢書》,楊家駱主編:《中國學術類編》,臺北鼎文書局,1986 年,卷 28,第 1621 頁。

[9] Kovalev, Alexey A., "The Location of Loufan Tribe in 4–2 Century B.C. and Influence of Its Culture to the Culture of Central Plains and the South",《鄂爾多斯青銅器國際學術研討會論文集》,科學出版社,2009 年,第 384 頁。

[10] (漢)司馬遷撰,(劉宋)裴駰集解,(唐)司馬貞索隱,(唐)張守節正義:《史記》,臺北鼎文書局,1981 年,卷 18,第 904 頁,卷 19,第 982 頁。

[11] Kovalev, Alexey A., "The Location of Loufan Tribe in 4–2 Century B.C. and Influence of Its Culture to the Culture of Central Plains and the South",《鄂爾多斯青銅器國際學術研討會論文集》,科學出版社,2009 年,第 386–387 頁。

游牧民族的交流在這一時期更加頻繁,但是没有史料支持 M30 的墓主是曾爲燕國服務的樓煩的後裔。相反,却有一些材料證明他是燕國貴族。如果細讀《戰國策》,我們會發現著名縱横家蘇秦在建議齊閔王結交什麽樣的盟友時説:

"夫胡之與齊非素親也,而用兵又非約質而謀燕也,然而甚於相趨者,何也? 何則形同憂而兵趨利也。由此觀之,約於同形則利長……"[1]

蘇秦所説"同形"的國家有齊、楚、燕、韓、趙、魏,他試圖説服六國合縱以抗秦。因此上文《戰國策》中的節選有可能是提出合縱優勢的最早文獻資料。

雖然已出土的簡書證明蘇秦確實存在,[2]但是《戰國策》中描述的合縱連横政策已被證明不可行,[3]當爲虚構。還有人提出,這部由西漢時期劉向編撰的作品更像是一本合縱與連横的實戰演習手册,而不是忠實的歷史記載,[4]最新出土的簡牘也有利於重建某些事件的歷史年表,[5]但在試圖重建歷史事實時應該慎用《戰國策》。

不過 M30 本身爲識别墓主身份提供了更多綫索。雖然墓中出土大量北方貴族使用的器物,但是墓葬形制如兩個墓道、一棺一槨都與中原傳統葬制類似。陶禮器及陶編鐘也如此。特别是陶禮器出土數量之多,更是前所未有。[6] 七鼎六簋等成套陶禮器的出土證明墓主人是貴族。[7] 大多數器物的器形與裝飾與中原地區的出土器物相似,但是也有一些燕國的特殊器物,例如三足壺(圖二.2)、V 式陶盤(圖二.1)。[8]

M30 中傳統禮器、本地器物及草原器物的融合有可能是燕下都的獨特現象。雖然没有

---

[1] 劉向集録:《戰國策》,上海古籍出版社,1978 年,卷 12,第 434 頁。
[2] 關於 1973 年出土的馬王堆帛書的内容及價值的討論,參見 Tsuen-Hsuin Tsien, "Chan Kuo T'se", in *Early Chinese Texts: A Bibliographical Guide* (Early China Special Monograph Series 2), edited by Michael Loewe, Berkeley/California: Society for the Study of Early China, 1999, pp. 8 – 9,其中包括文獻資料。
[3] 見 Henri Maspero, "Le roman de Sou Ts'in", *Études asiatiques II*, 1925, pp. 127 – 141.
[4] Tsuen-Hsuin Tsien ("Chan Kuo T'se", in *Early Chinese Texts: A Bibliographical Guide* [Early China Special Monograph Series 2], edited by Michael Loewe, Berkeley/California: Society for the Study of Early China, 1999, p. 4)指出"可被視作歷史記載的段落非常有限"。就連非常重視《戰國策》在中國歷史地位的 Crump(見 James I. Crump, *Chan-kuo ts'e*, Oxford: Clarendon Press, 1970, p. 11)也明確指出"最新的學術研究表明《戰國策》屬於文學作品而非歷史文獻"。
[5] Tsuen-Hsuin Tsien, "Chan Kuo T'se", in *Early Chinese Texts: A Bibliographical Guide* (Early China Special Monograph Series 2), edited by Michael Loewe, Berkeley/California: Society for the Study of Early China, 1999, p. 9.
[6] 河北省文物研究所:《燕下都》,文物出版社,1996 年,第 730 頁。
[7] 河北省文物研究所:《燕下都》,文物出版社,1996 年,第 730 頁。
[8] 河北省文物研究所:《燕下都》,文物出版社,1996 年,第 730 頁。

關於辛莊頭其他墓葬的信息,但我們可以將 M30 與東城虛糧冢 13 座墓葬的其中一座進行比較。[1] M8 爲長方形土坑墓,地表有封土,兩側有墓道。總長度超過 70 米。墓葬可以追溯到戰國晚期(即公元前 3 世紀),包括由漆木製成的二棺二槨。祭祀坑及車馬坑分布周圍。雖被盜掘,但仍出土 600 件青銅器,主要爲車馬器,包括鈴鐺、馬嚼子、銜鑣和裝飾物,以及磬石、鐵器、玉璧和玉貝。與其他隨葬品相比,禮器數量極少,只發現一個陶鼎蓋,[2]這與出土大量陶禮器和陶鐘的辛莊頭 M30 形成鮮明對比。由於兩座墓葬處於同一時期,因此我們可以推斷戰國晚期是否使用禮器基於燕國貴族的個人選擇。雖然與戰車和馬具相關的器物在虛糧冢占多數,但是 M30 的墓葬結構,大量禮器及編鐘,尤其是成套陶禮器的出土説明安排葬禮的人以及死者都深受西周早期喪葬傳統的影響。基於墓葬儀式及隨葬器物的分析,作者認爲辛莊頭 M30 墓主當爲燕國貴族而非樓煩後裔。這座墓葬既有周朝禮器,又有具有本地傳統的器物,還發現一些與北方民族交流而獲得的外來物,是多種器物的組合。因此,我們可以看到本土及跨區域文化對辛莊頭 M30 產生影響。

綜上所述,辛莊頭 M30 墓主是燕國貴族,其隨葬品體現出燕國與現內蒙古及甘肅地區的聯繫。由於在貴族墓葬中出土大量金銀器及車馬器,我們可以進一步推斷在戰國晚期,主要是燕國貴族階層與北方民族進行交流。他們的互動還包括交換珍貴物品,例如在 M30 墓地中發現游牧民族使用的器物。

燕下都其他考古發現表明這些交流只是燕國與北方草原地區關係網的一部分,其他區域還需要進一步研究。目前這個案例還不能讓研究推而廣之,下一部分我們將從更廣的範圍細審兩地的交流互動在戰國晚期形成、發展的背景。

七、交流策略的演變——從分封到合作

由已知材料推斷,戰國晚期主要由燕國當地貴族與北方游牧民族進行交流互動。也有可能早在商朝二者就有交流,但是在西周封地時期兩地關係進入新階段。西周時期對新征服的領土進行分封,導致權利關係不對等,因而北方游牧民族與當地燕國貴族發生衝突。然而,有學者認爲,在西周初期,燕國主要實行懷柔政策("a soft inclusive policy"),[3]對雙方有益。其政策還包括交換青銅器等禮品。雖然燕國社會在很大程度上還繼續使用他們本地的器物,但是也有充分證據表明他們接受并願意在日常生活中使用外來器物。燕山山區及南部沖積平原出土的商周時期青銅器不是被動地作爲喪葬組合的一部分,而是積極地扮演

---

[1] 河北省文物研究所:《燕下都》,文物出版社,1996 年,第 661–684 頁。
[2] 河北省文物研究所:《燕下都》,文物出版社,1996 年,第 684 頁。
[3] Yan Sun, "Colonizing China's Northern Frontier: Yan and Her Neighbors During the Early Western Zhou Period", *International Journal of Historical Archaeology* 10.2(2006), p. 173.

着自己的社會功用。例如在張家川的貴族墓葬中,青銅器就被用作社會地位的象徵。[1]

這種交換關係可以很清楚地從北方民族的出土器物中看到,但是從燕國本地却很少看到。儘管有學者認爲,從琉璃河 M202 出土的大量馬骨可以證明燕國與北方民族存在交流關係,[2] 但是這種關係却很難從器物上得以印證。M202 出土了一些有可能在當地生産的具有草原風格的馬車及車軛裝飾物,M1193 出土少量青銅器及一頂有北方民族風格的青銅頭盔。[3] 昌平白浮 M3 也出土一頂青銅頭盔和幾柄短劍。[4] 西周時期,燕國有可能只是從北方邊境獲取原材料及馬匹,而非日常用品。因而燕國境内出土的北方民族的器物爲數極少,[5] 這與戰國晚期辛莊頭墓區的發現形成鮮明對比。是什麽原因導致燕國與北方草原民族關係發生變化?

最近關於文化交流和相關現象的研究[6] 表明:如何看待并接受外來的事物、群體和觀念取决於文化交流發生時的語境。因此我們應該着眼燕國與北部民族在權力較量後雙方器物不同尋常的呈現方式。

毫無疑問,戰國早期政治環境發生深刻變革,因而影響與北方草原民族的關係。隨着趙、秦、燕向北擴張,已有交往更爲頻繁,衝突次數也在增加。中原諸侯國領土擴張减少了北方草原民族的活動區域,增加了他們的生活壓力,導致他們形成草原聯盟,即中

---

[1] Yan Sun, "Colonizing China's Northern Frontier: Yan and Her Neighbors During the Early Western Zhou Period", *International Journal of Historical Archaeology* 10.2(2006), pp. 173.

[2] 見 Hsiao-Yun Wu, *Chariots in Early China: Origins, Cultural Interaction, and Identity* (BAR International Series 2457), Oxford: Archaeopress, 2013, p. 89 與 William Honeychurch, *Inner Asia and the Spatial Politics of Empire: Archaeology, Mobility and Culture Contact*, New York et al.: Springer, 2015, p. 204.

[3] 中國社會科學院考古研究所、北京市文物研究所琉璃河考古隊:《北京琉璃河 1193 號大墓發掘簡報》,《考古》1990 年第 1 期,第 20 - 31 頁;Maria Khayutina ("The Tombs of the Rulers of Peng and Relationships between Zhou and Northern Non-Zhou Lineages (Until the Early Ninth Century B.C.)", in *Imprints of Kinship: Studies of Recently Discovered Bronze Inscriptions from Ancient China*, edited by Edward L. Shaughnessy, Hong Kong: The Chinese University of Hong Kong Press, 2017, pp. 71 - 132)也指出在琉璃河 M54 墓中出土非本地生産的陶器。

[4] 北京市文物管理處:《北京地區的又一重要考古收穫——昌平白浮西周木槨墓的新啟示》,《考古》1976 年第 4 期,第 246 - 258、228 頁。

[5] 另見孫岩(2006,232),她指出"在琉璃河出土的青銅器上很難看到本地文化的影響",并且"北方"風格在燕國青銅器上的反映也非常有限(孫岩 2006,230)。

[6] 例如 Christoph Ulf, "Rethinking Cultural Contacts", *AWE* 8(2009), pp. 81 - 132 與 Christoph Ulf, "Eine Typologie von kulturellen Kontaktzonen ("Fernverhältnisse"-middle grounds-dichte Kontaktzonen), oder: Rethinking Cultural Contacts auf dem Prüfstand", in *Kulturkontakte in antiken Welten: Vom Denkmodell zum Fallbeispiel*, edited by Robert Rollinger and Kordula Schnegg, Leuven et al.: Peeters, 2014, pp. 469 - 507;另見 Robert Rollinger, Kordula Schnegg (eds.), *Kulturkontakte in antiken Welten: Vom Denkmodell zum Fallbeispiel*, Leuven et al.: Peeters, 2014.

原人所説的"匈奴"。[1]

然而,不僅與草原地區的關係發生變化,燕國的整體地位也有所變動。不同的證據表明,早在西周中後期,燕國屢受挫敗,導致其放棄都城琉璃河,并從遼寧西部等地撤出。在評論這一階段缺乏物質遺存時,孫岩恰如其分地説"西周後期燕國的下落從考古學上説仍然是難以捉摸的"。[2] 史料顯示,燕國都城南遷是爲了免受不斷强大的北方民族的侵擾。《史記》記載,公元前 674 年,山戎——中國北方民族的一支大擧進犯燕國,燕國不敵,向齊國求援。[3] 這些事件直接導致燕國重新考慮與北方邊境的權力關係。西周晚期,燕國不再比北方民族强大多少,甚至被迫向南遷都。公元前 5 世紀初開始,動亂的戰國使燕國的政治氣候更加不穩定。

在最近的一篇文章中,Jessica Rawson 認爲,西周末期和東周早期,中原諸侯國與邊遠地區的合作關係(無論是真實的還是做樣子的)能够體現他們更高的地位,展示他們收服邊地的野心。[4] 但是,上述言論清楚地表明,在戰國末期,燕國無力以軍事力量控制北方民族。受到鄰國夾擊和前盟國的攻擊,燕國處於前所未有的不安全境地,此時尋找新的盟友不再可有可無,而是求生必需。中原鄰國不再是盟國,與北方邊境避免武力衝突的最佳辦法就是保持友好,包括與居住在當地的北方民族交换物品等。因而有意識地使用與草原地區相關的器物,在日常器物中表現這些"外來"圖案是燕國的戰略措施。燕國不僅是接納并欣賞北方民族,而且試圖製造"假想的團結",通過使用與北方草原文化相關的器物來贏得北方草原民族的信任。另一個經常被引用的類似政策是趙武靈王的改革。據史書記載,公元前 4 世紀晚期,趙武靈王采用胡人的作戰技術,增加騎兵,訓練士兵馬上騎射的技能,[5] 這場注重實用的變革使得趙國與北方騎兵作戰時處於優勢。隨後趙武靈王推出"胡服"政策,即改穿胡服上朝。他力排衆議,堅持改革,表明向北擴張不僅是基本的生存需求,也是趙國的政治宏圖。

因此,作者認爲辛莊頭 M30 的考古發現證明在動蕩的戰國晚期,燕國與北方民族的交流策略發生了變化。隨着秦國逐漸吞并其他國家,政治局勢更加緊張,各國當權者不得不發揮

---

[1] 更詳細的討論請參閲 Nicola Di Cosmo, "State Formation and Periodization in Inner Asian History", *Journal of World History* (10.1), 1999b, p. 14,他認爲北方民族爲了應對社會和經濟危機建立草原帝國。

[2] Yan Sun "Colonizing China's Northern Frontier: Yan and Her Neighbors During the Early Western Zhou Period", *International Journal of Historical Archaeology* 10.2(2006), p. 174.

[3] 見史記卷 34,第 1552 頁與 Hongyu Huang, "Hereditary House 4", in *The Grand Scribe's Records V. 1: The hereditary houses of Pre-Han China*, edited by Wiliam H. Nienhauser, Bloomington et al.: Indiana University Press, 2006, pp. 172 – 173.

[4] Jessica Rawson, "Ordering the Exotic: Ritual Practices in the Late Western and Early Eastern Zhou", *Artibus Asiae* 73.1 (2013), pp. 68, 74.

[5] 《史記》卷 110,第 2885、2897 頁;《戰國策》卷 8,第 335 頁和卷 19,第 670、675 頁。

創造力尋找新的對策，以求在不穩定的局勢中重新確立地位。中原各諸侯國衝突加劇，與北方草原民族建立長久聯繫具有新的戰略意義。燕國貴族不僅想維持較高的社會地位，還想通過與北方民族良好互動而保有北方邊境地區的領土，這些都可以從辛莊頭 M30 的出土器物得以印證。

《萊蕪金石志》收録連弧紋銘文鏡銘文研究[*]

亓民帥[**]

2017年9月出版的《萊蕪金石志》收録了一件西漢連弧紋銘文鏡的拓片（圖一），并注明此鏡爲萊蕪城北港里村所出。[1] 由於銅鏡拓片質量欠佳，[2]《萊蕪金石志》提供的釋文亦不完全準確。本文參考其他地區出土漢代銅鏡之銘文的相關辭例，對銅鏡銘文進行釋讀，并附帶談一下銘文反映出的相關問題。

圖一 《萊蕪金石志》收録西漢連弧紋銘文鏡

一

爲便於論述，先將《萊蕪金石志》所作釋文迻録於下：

---

[*] 本文爲2019年度泰安市社會科學課題"泰安古方志中先秦秦漢金石資料整理與研究"（19－YB－058）階段性成果。
[**] 泰山學院歷史學院講師。
[1] 萊蕪市地方史志辦公室編：《萊蕪金石志》，綫裝書局，2017年，第10頁。
[2] 據參與編纂《萊蕪金石志》的吕笑塵先生所述，此銅鏡最早歸入其友之手，故而他得以製作拓片，不過限於當時的條件，拓片不盡如人意。可惜此連弧銘文鏡後來轉鬻他人，下落不得而知。因此，《萊蕪金石志》只能選擇吕笑塵先生的拓片，而無清晰圖像可供一覽。

千秋清冶銅華清而明。出以作鏡而宜文。延年益壽去不羊(祥)。與天毋極朗日而月光。[1]

對照釋文與鏡銘拓片,可知該釋文至少存在以下可商榷之處:
1. 拓片不清楚而强爲釋文,如"清""與";
2. 誤釋,如"冶"當釋爲"治","出"當釋爲"之","作"當釋爲"爲","朗"當釋爲"如";
3. 漏字,"宜文"與"延年"之間明顯有一字。
因此,若依原釋文文字順序,該連弧紋銘文鏡銘文可初步釋爲:

千秋□治銅華清而明之以爲鏡而宜文□延年益壽去不羊□天毋極如日而月光

學界對大多數類型的銅鏡資料之收集和研究較爲豐碩,連弧紋銘文鏡類即在此列,如孔祥星、劉一曼先生在廣泛搜集資料的基礎上,將其分爲"日光連弧紋鏡""昭明連弧紋鏡""清白連弧紋鏡""銅華連弧紋鏡""日有熹連弧紋鏡"等類别。[2] 其分類依據是鏡銘首句中的相關文字。如"日光連弧紋鏡",其銘文第一句爲"見日之光",如河北陽原縣三汾溝漢墓出土日光連弧紋鏡(圖二)之銘文爲"見日之光,長毋相忘"。[3]

圖二 河北陽原縣三汾溝漢墓出土日光連弧紋鏡

---

[1] 萊蕪市地方史志辦公室編:《萊蕪金石志》,第 10 頁。
[2] 孔祥星、劉一曼:《中國古代銅鏡》,文物出版社,1984 年,第 57 頁。
[3] 夏素穎:《河北出土漢代銅鏡(上)》,《文物春秋》2015 年第 3 期。

《萊蕪金石志》收録的連弧紋銘文鏡,其銘文中有"銅華"之語,故而其爲"銅華連弧紋鏡"幾無疑義。目前所見銅華連弧紋鏡銘文,學者往往以"涷冶銅華清而明"爲首句,如浙江温州市郊西山氣功療養院基建工地發現的西漢晚期連弧紋銘文鏡(圖三),王同軍先生釋其銘文爲:

> 涷(煉)治同(銅)華清而明,以之爲竟(鏡)宜文章,長壽益年去不羊(祥),與天毋(無)亟(極)。[1]

圖三　浙江温州發現銅華連弧紋鏡　　圖四　甘肅慶陽發現銅華連弧紋鏡

又如甘肅慶陽地區發現的漢代連弧紋銘文鏡(圖四),張亞萍先生釋其銘文爲:

> 涷治鉛華清而明,以之爲鏡宜文章,延年益壽去不祥,與天無極如日月。[2]

上引二鏡銘文,除後者多"如日月"三字之外,前者中的"長壽益年"與後者中的"延年益壽"含義相同,可知二者銘文基本一致。除了以上二鏡之外,另有數鏡之銘文與此相似,不再一一列舉。

結合以上鏡銘,可以將《萊蕪金石志》所收録連弧紋銘文鏡的釋文補足如下:

---

[1] 王同軍:《温州發現西漢晚期銅鏡》,《考古》1989年第2期。
[2] 張亞萍:《甘肅慶陽地區發現漢代銅鏡》,《考古》1994年第6期。作者按:細審張亞萍先生提供的拓片,其釋文之"鉛"字實爲"銅"字之誤釋。

千秋涷治銅華清而明之以爲鏡而宜文章延年益壽去不羊與天毋極如日而月光。

上文已經結合兩件漢代同類型銘文鏡,爲《萊蕪金石志》所收錄連弧紋銘文鏡作了較爲準確的釋文,但讀通銘文尚需解決"千秋"兩字在銘文中位置問題。由於其他鏡銘顯示其他辭句較爲固定,"千秋"只能放在最前或最後:若放在最前,則銘文首句當作"千秋涷治銅華清而明",意爲此潔净明亮的銅鏡是用青銅之精華經過千年的煉冶製成的;若放在最後,則銘文末句作"與天毋極如日而月光千秋",其義難解。這似乎意味着將"千秋"放在句首爲好,不過再與其他銅華連弧紋銘文鏡之辭例對比,此結論無法確立。《中國銅鏡圖典》收錄一面西漢晚期銅華連弧紋銘文鏡(圖五),孔祥星、劉一曼先生將其銘文釋作:

涷治銅清而明,以之爲宜文章,延年益壽去不羊,與天無極,如日之光,千秋萬歲,長樂。[1]

圖五 《圖典》收錄銅華連弧紋銘文鏡　　圖六 姚莊102號漢墓出土銅華連弧紋銘文鏡

該鏡銘中"千秋"之後還有"萬歲""長樂"之語,再將其放在句首與"涷治"相屬,則明顯不合情理。更直接的證據來自江蘇邗江縣姚莊102號漢墓出土一面銅華連弧紋銘文鏡(圖六),整理者釋其銘文作:

---

[1] 孔祥星、劉一曼:《中國銅鏡圖典》,文物出版社,1992年,第236頁。

涷治鉛華清而明,以之爲鏡宜文章,延年益壽辟不羊(祥),與天無極如日光,千
　　秋萬歲樂未央。[1]

對比以上兩則鏡銘,可知《中國銅鏡圖典》收錄的這面銅華連弧紋銘文鏡的銘文不完整,其後當有"未央"之類或更多的文字。

依上舉兩例鏡銘,則《萊蕪金石志》所收錄連弧紋銘文鏡銘文中的"千秋"應放在最後,且其後應當還有銘文。

綜上所述,《萊蕪金石志》所收錄連弧紋銘文鏡之銘文爲:

　　　涷治銅華清而明,之以爲鏡而宜文章,延年益壽去不羊,與天毋極如日而月光,
　　千秋。

二

閱讀《萊蕪金石志》所收錄連弧紋銘文鏡之銘文,不難發現該鏡銘中的兩個異常之處:一是銘文不完整,前文已經指出"千秋"之後當有"萬歲""樂未央"等語;二是銘文次句的前兩個字顛倒,"之以"當爲"以之",不論從其他鏡銘的辭例還是文獻常見用法來看,皆是如此。那該鏡銘中出現的異常之處是如何形成的呢? 最直觀的解釋是其爲銅鏡製作時出現的錯誤。這種解釋雖然直接,却過於粗暴和簡單,更重要的是無法提供有效的證據。要對上文所述二處異常的形成作出合理解釋,需要將其放入銅鏡銘文尤其是漢代銅鏡銘文的整體中進行觀察。

首先看鏡銘不完整的情況。前文提到,《中國銅鏡圖典》所收錄的一面西漢晚期銅華連弧紋銘文鏡的銘文不完整。現有銅鏡銘文資料中,還可找到不少這樣的例子,如長治市博物館收藏的一件昭明皎光重圈鏡(圖七),其內圈銘文爲:

　　　內清質以昭明,光輝象夫日月,心忽穆願忠,然雍塞不。[2]

很明顯,上引鏡銘的最後一句是讀不通的。根據相關辭例,"雍塞不泄"是常用語句,該昭明皎光重圈鏡內圈銘文不完整,銘尾缺少一個"泄"字。由此可知鏡銘不完整這種現象在銅鏡

---

[1] 揚州博物館:《江蘇邗江縣姚莊 102 號漢墓》,《考古》2000 年第 4 期。作者按:根據該文所附拓片所示,其釋文之"鉛"字爲"銅"字之誤釋。
[2] 崔利民:《長治市博物館收藏的歷代銅鏡》,《文物季刊》1996 年第 4 期。本文根據相關研究成果對崔利民先生的釋文作了改動。

銘文中并非是絶無僅有的。

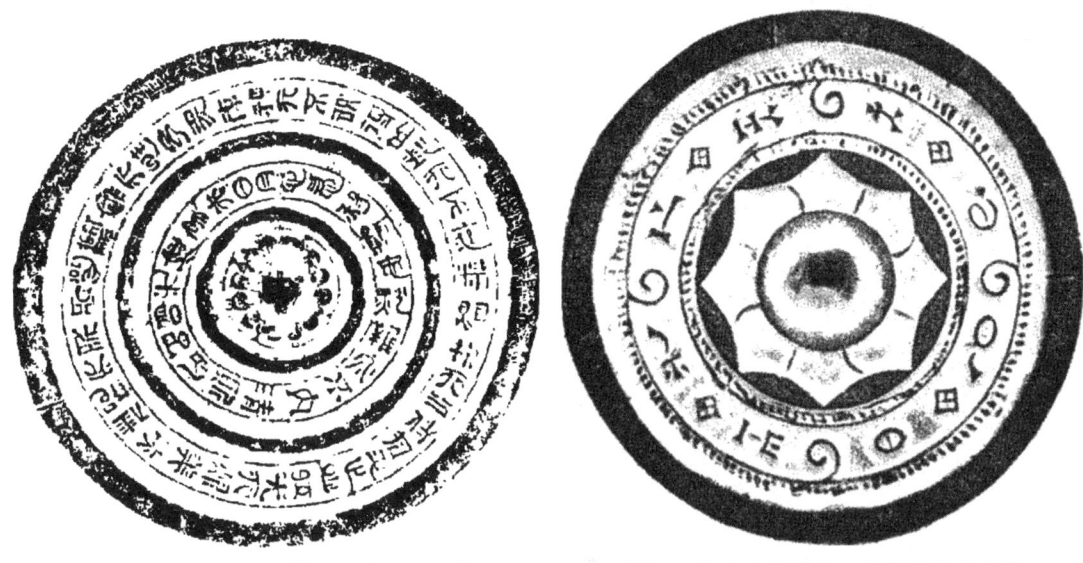

圖七　長治市博物館藏昭明皎光重圈鏡　　圖八　山東臨淄出土日光連弧紋銘文鏡

再看銘文個別字詞顛倒的情況。鏡銘中有一些同義字詞順序顛倒而不影響正常行文的例子，此爲衆所周知之事，兹不贅引。《萊蕪金石志》所收錄連弧紋銘文鏡銘文中的"之以"顯然不是此種情形。與其相似的例子尚有不多的幾個，如山東臨淄出土的一面日光連弧紋銘文鏡（圖八），其銘文爲：

見日之光，下天大明。[1]

"下天大明"之語不通，而"見日之光，天下大明"爲漢鏡銘文常見語句，可以斷定鏡銘中的"下天"爲"天下"之錯亂。

《萊蕪金石志》所收録連弧紋銘文鏡銘文中的兩個異常之處，在其他漢代銅鏡銘文中能夠找到類似的例子，這表明上述異常情況的產生可以在銅鏡尤其是漢代銅鏡銘文的發展演變過程中得到解釋。由於此問題關涉甚大，筆者擬另作專文加以討論，在此僅簡單談一些看法。

銅華連弧紋銘文鏡主要出現於西漢晚期。關於銅鏡銘文最早出現於何時，學界目前有戰國晚期和西漢初兩種觀點。即使以西漢初作爲鏡銘出現的時代，西漢晚期之時的銅鏡銘文已經經歷了長時間的發展，各種銅鏡銘文已爲人所熟知，而且形成了大量套語。銘文的不

---

[1]　王會田：《山東臨淄出土漢代銅鏡》，《文物》2017年第4期。

完整和錯亂，并不影響銅鏡使用者對於鏡銘的理解。另外，雖然擁有作爲文字所自帶的含義，但裝飾性亦是銅鏡銘文的主要功能之一。從這個意義上講，銘文的不完整和錯亂是其紋飾功能的一種體現。

圖書在版編目(CIP)數據

青銅器與金文. 第三輯／北京大學出土文獻研究所編. —上海：上海古籍出版社，2019.12
ISBN 978-7-5325-9421-4

Ⅰ.①青… Ⅱ.①北… Ⅲ.①青銅器（考古）—中國—文集②金文—中國—文集 Ⅳ.①K876.414-53
②K877.34-53

中國版本圖書館 CIP 數據核字（2019）第 255517 號

青銅器與金文（第三輯）
北京大學出土文獻研究所　編
上海古籍出版社出版發行
（上海瑞金二路 272 號　郵政編碼 200020）
（1）網址：www.guji.com.cn
（2）E-mail：guji1@guji.com.cn
（3）易文網網址：www.ewen.co
啓東市人民印刷有限公司印刷
開本 787×1092　1/16　印張 26　插頁 5　字數 536,000
2019 年 12 月第 1 版　2019 年 12 月第 1 次印刷
ISBN 978-7-5325-9421-4
K·2735　定價：138.00 元
如有質量問題，請與承印公司聯繫